ブローデル伝

ピエール・デックス
浜名優美 訳

藤原書店

Pierre DAIX

BRAUDEL

This book is published in Japan by arrangement with
Flammarion SA, Paris,
through le Bureau des Copyrights Français, Tokyo.

フェルナン・ブローデル　1902―1985

(ブローデル夫人提供 © Ulf Andersen)

父シャルル・イレール・ブローデル

母ルイーズ・ファレ（晩年）

リュメヴィル・アン・オルノワの家。（左）父方の祖母、エミリー・ブローデル＝コルノ（『フランスのアイデンティティ』はこの祖母への献辞で始まる）、（右）フェルナン・ブローデル

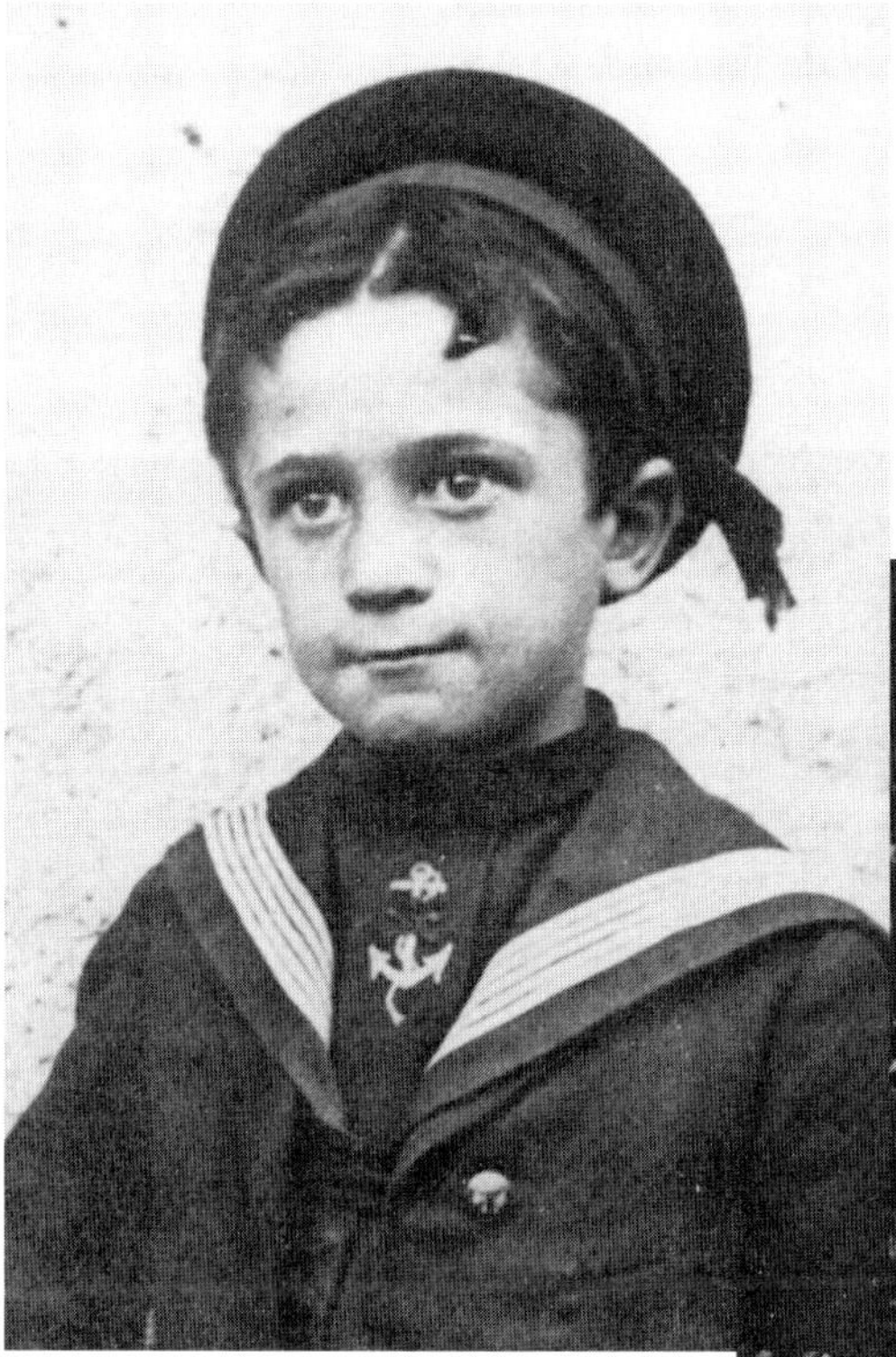
フェルナン・ブローデル６歳

兄のレーモンと一緒のフェルナン・ブローデル

アルジェのグランド・ゼコール予備学級の生徒と一緒に（右端がフェルナン・ブローデル）。前列左から五人目、両手を前にしているのが結婚することになるポール・プラデル。

1932年。ポール・プラデルにあげるために写真をとってもらう。

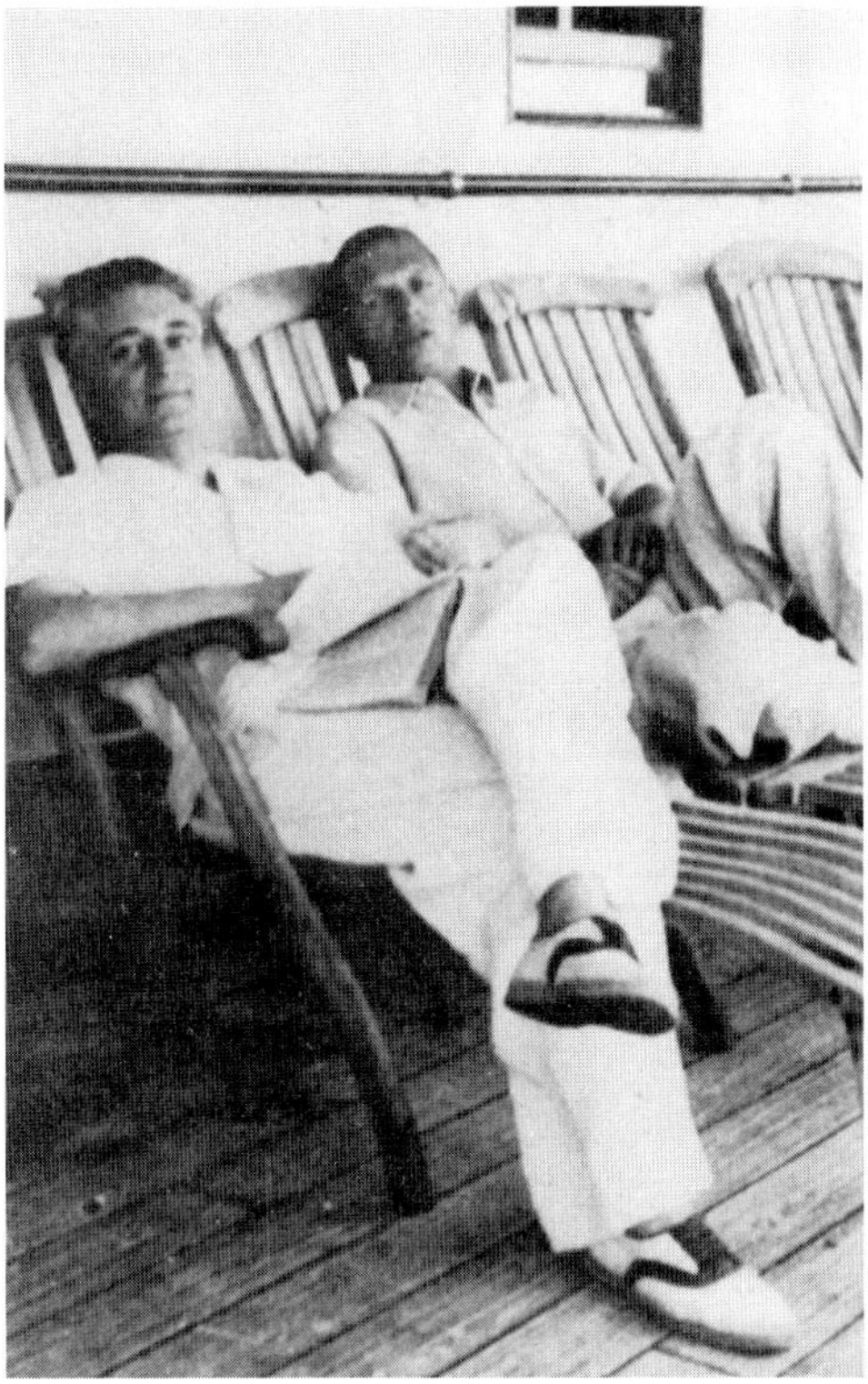

1936 年。（右端）ジャン・モーグエ、（中央）フェルナン・ブローデル。

1936 年。ブラジルに向かう大西洋航路で。

マインツの捕虜収容所にて。（右）フェルナン・ブローデル。

捕虜時代の友人が描いたブローデルの肖像画（油絵）（撮影、シャルル。ブローデル夫人提供）

捕虜時代の友人によるペン画の複製（ブローデル夫人提供）

戦後。リュシアン・フェーヴルの二人目の娘ポーレットと。

1958年。ソ連および東欧諸国旅行。妻のポールと一緒。

1956年夏。ヴェネツィアにて。妻とともに。

1959 年。シマンカス古文書館でのブローデル。

1970 年代。国立図書館にて。（撮影、ジェリイ・バウアー）

1955年。サン・ジェルヴェの別荘にて。

サン・ジェルヴェの別荘の暖炉脇にて。

ル・スージェのリュシアン・フェーヴル

1968年12月。シカゴ大学名誉博士授与式にて。右は学長のエドワード・レヴィ。

1977年5月。「フェルナン・ブローデル・センター」
開設記念の際にニューヨーク州立大学ビンガムト
ン校で名誉博士の称号を受ける。右はイマニュエ
ル・ウォーラーステイン。

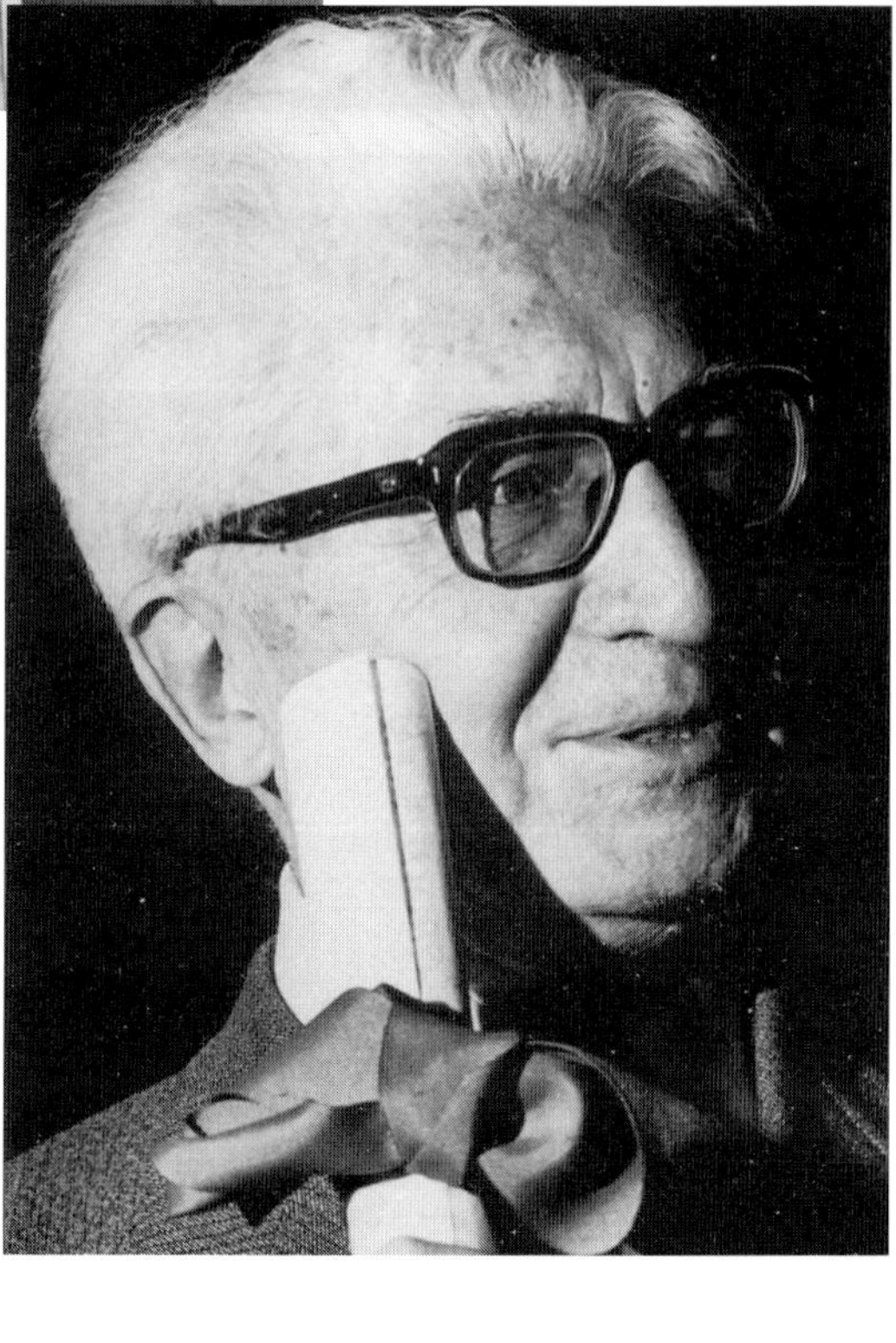

同上。（撮影、デイヴ・ティニー）

1974 年。おじいさんとしての幸せを感じるブローデル。

最後の授業。トゥーロンの中学校 3 年生のクラス。「1707 年のトゥーロンの攻囲について」。1985 年。
（撮影、ソフィー・ド・ダリュヴァール）

フェルナン・ブローデル（撮影、マルセル・アンソン。ブローデル夫人提供）

アカデミー・フランセーズ会員フェルナン・ブローデルのための剣のデザイン。（彫刻家ジョゼフ・エラルディ）

1985年。シャトーヴァロンのシンポジウムにて、左はクリスティーヌ・オクラント（撮影、エリアン・バッシニ）

シャトーヴァロンのシンポジウムにて。亡くなる一か月前。（撮影、エリアン・バッシニ）

（ブローデル夫人提供）

「全体史」について*

——日本語版への序文に代えて——

ポール・ブローデル
（フェルナン・ブローデル夫人）

ロジェ・シャルチエの書いた第十九回歴史科学会議についての報告が二〇〇〇年八月十七日の『ル・モンド』に出た。八月初めオスロで開催されたこの会議には、二二〇〇名の歴史家が出席し、活気があると同時に重大な会議であった。およそ六十か国から参加した歴史家たちは、二十世紀の歴史研究の種々の流れについて、および方向転換が必要になることについて、一種の自己分析を行なった。

この記事に目を通して私が驚いたのは、そこに「全体史」という言葉が出ていることであった。きわめてブローデル的な表現だが、「会議の最大のテーマ」に格上げされているこの表現は、歴史家、少なくともフランスの歴史家の用語法からはずいぶん前に完全に姿を消したものである。ああしかし残念ながら！　少し注意深く読んでみると、そこで用いられている全体史（英語の「グローバル・ヒストリー」）は、かつてブローデルの名前としっかりと結びついたそれとはほとんど関係のないものであることがただちにわかった。それでも、確かにブローデルが問題にされている。ロジェ・シャルチエによれば、「ブローデル的な意味での」全体史は、広い空間と同義であろう。「それは地中海とまったく同じように、広い空間を構成する関係と交換のネットワークのなかでその歴史的な統一性を見いだすものである」。そのような定義がブローデル流であると言われることにはいささかの疑いもないのだが、それはまさにブローデルがほかの人にならって名付けたもの、すなわち経済＝世界を指し示している。これはいったい全体史とどんな関係があるのか。

このような取り違えは特に前述の全体史が、数十年前に、思想的な争いの核心にあっただけにますます驚くべきことである。ロジェ・シャルチエの言葉によれば、論争の結果、全体史が放棄され、モノグラフィーあるいはミクロ・ヒストリー的なアプローチが優勢になって、約三十年前からこの歴史学という学問の中心になってきた。「フェルナン・ブローデル・センター」と名付けられた社会科学の新しい研究センターの開設にあたり、一九七七年五月十五日から十七日までイマニュエル・ウォーラーステインによって組織されたシンポジウムの時に対立が広範に、しかも率直に広がった。シンポジウムのテーマは、「社会科学に及ぼしたアナール学派のインパクト」であった。

議論は、予見可能であったように、「古い」『アナール』と「新しい」『アナール』との対決になった。時にはかなり不一致が見られたので、エリック・ホブズボームが次のように叫ぶほどであった。「けれども、よく考えてみよう。これは世代の対立ではなく、思想の対立なのである！」ブローデルは当初から予告していた通り、シンポジウムの最後に話すことになっていたから、これらの議論が行なわれている間、黙ったままでいた。「結論に代えて」というタイトルで『レヴュー』第一巻第三〜四号（一九七八年〔藤原書店近刊『叢書・世界システム５』〕）にウォーラーステインによって公刊されたあの最後の発言で、ブローデルは、『アナール』の役割とはなんであったのかを思い起こさせている。つまり「一九二九年から一九三九年までの最初期の『アナール』、最も輝かしく、最も知的で、長期にわたって最も行儀がよく、最も革新的であった『アナール』から」、一九四七年に、（今日「社会科学高等研究院」ＥＨＥＳＳと命名し直された）高等研究院に社会科学の第六部門を創設するという、これもまた革命的なことと結びついたあの冒険によって、戦後に新たに『アナール』が作り直されるまでの『アナール』の役割とはなんであったのか、ということである。他方、ブローデルは彼の歴史家としての自身の立場を曖昧さなしに定義し直す——とりわけ彼が「全体史」によってどういうことを意味しているのかを。この点については、録音のおかげで、即興のスピーチの自由を完全に保持しているという利点を持っている二頁をのちほど全文引用することにしよう。

ある著作の終わりに待ちかまえている困難（「私は『地中海』を何度書き直したかわからない」）が「私にとっては、問題は最終的に決して解決されない」ということに由来するということを示したあと、ブローデルは決してなんらかの理論から出発したことはないことを明確にしている。ブローデルが「異なる速度、異なる時間性に従って歴史の時間を分割するに至り、長期持続の弁護人となるに至った」のは、地中海に関する彼の著作を作り上げるときである（「歴史とは再構成である」）。しかしそれは「限界に達した」。だからブローデルは、次のように続ける。

全体性、つまり私が弁護する全体史は、少しずつではあるがどうしても私に必要なものとなってきたのです。それは何か非常に簡単なことで、しかもあまりにも簡単であるがゆえに、私の同僚の歴史家たちの大部分が私のことを理解してくれないのです。それどころか、私を激しく攻撃するのです。そういうわけですから、私は自分で自分のことをはっきりと説明してみることにしましょう。というのもこの問題、つまり私の人格にかかわると思われる問題が、実はこのシンポジウムの論議の中心になっているからです。全体性とは世界の完全な歴史を書くという思い上がりではありません。それはそのような幼稚で、好感のもてる、狂った思い上がりではありません。それはただ、問題に取り組んだとき、徹底的にその限界を乗り越えたいと思う願望にすぎません。私の見るところ、壁に囲まれているとか独立している歴史の問題はありません。二つの例について皆さんにそれを論証することを許していただきたい。このことは私が哲学者ではないことを証明することになります。というのも私がある問題を説明しようとするとき、私は急いで実例に訴えるからです！〔訳者注——ここでブローデルは理論家、哲学者だと主張するギュルヴィッチへの反論をしている。〕

私は生涯でかなり多くの博士論文の指導をしてまいりました。たいていはよい博士論文で、時には非常にすぐれた、例外的な博士論文もありました。今日フランスの歴史家のなかで最も輝かしい歴史家の一人、つまりＥ・

ル＝ロワ＝ラデュリの博士論文の指導をいたしました。それは『ラングドックの農民』という題の博士論文でした。しかしながら、私たちが議論した際に彼と意見が一致しなかったとき、それはまさに私が全体性を大事にしているからでした。私にとって、ラングドックの農民たちは自立した民ではなく、民そのものでもありません。農民は、土がなければ、川がなければ、土壌がなければ、植物がなければ、栽培がなければ、山がなければ、石灰質の荒れ地がなければ、石がなければ、道がなければ、存在しません。したがって私は一種の地理的な予備的研究を要求して、エマニュエル・ル＝ロワ＝ラデュリと戦いました。私にとってはそのような研究はどうしても必要なものでした。最後には彼も譲歩しましたが、譲歩したことを彼は後悔していました。彼は自分の主題から外に出ようとしなかったのです。

彼と私の間の二つ目の議論は、領主についてでしたが、彼は領主の問題を扱わないことに決めていました。アンシャン・レジームのフランスでは、領主を持たない農民などいないと私は言いました。それはラングドックにはあてはまらない、と彼は答えました。ラングドックには本当の意味での領主はいない、と。そうかもしれない、しかしその場合にも、偽の領主がいたし、私としてはそれらの偽の領主が誰であったのかを知りたいと思う、と私は言いました。皆さんは土地の所有者が地代と封建領主の年金で暮らしていて、年金で暮らしながら通常は都市に住んでいることを知らないわけではありません。それに都市と言えば、それは市場です！　だから私は、都市の歴史がない歴史の農民などないと主張するわけです。そしてこの点について、私に反対のことを言うことは難しい。ところがエマニュエル・ル＝ロワ＝ラデュリは「いいえ、私は勉強しすぎましたから、都市のことを研究したくありません」と言ったのです。そういうわけで彼は都市を研究しなかったのです！

私の最後の要求に関しては、彼は以前よりも協調的でした。つまり彼の目の前には十五世紀末から十七世紀中頃または末までの農民がいたのです。すなわち農業生活のあの長いサイクルがあったのです。そのサイクルは、一四五〇年頃にあれほど悲嘆に暮れていたラングドックの田舎を回復させたことに始まって、長期にわたる飛躍ののち、一六五〇年頃に最高潮に達しました。そのとき、長期にわたる情勢の悪化が始まったのです。こうしたことはすべて具体的な現実のなかで見事に提示されています。しかし私がどうしても言いたいのは、これほど重要な現実に直面したときには、つまり平凡な景気変動ではなく、数世紀にわたる景気変動に直面したときには、当然のことながらその事態をそのものとして、しかも仔細に研究する必要があるわけで、それが農民の歴史を超えるやり方でした。ル＝ロワ＝ラデュリの本の最後の二、三頁はその問題を提起しています。ただ問題を提起しているだけですが。それでもこの本が見事な本であることには変わりありません。しかし個人的にはこの本には食い足りないところが残りました。

私にとって歴史における全体性とは何かがおわかりいただけたことでしょう。知識を超えること、問題の最後まで突き詰めてゆこうとする願望です。

もう一つ別の例をよろしいでしょうか。フランソワ・フュレとジャック・オズーフの二人の署名のある実にすばらしい本が間もなくフランスで出版されます〔『読むこと、書くこと』ミニュイ社、一九七七年〕。その本は、大量の、しかも重要な調査を行なったもので、十八世紀フランスの識字教育を対象としています。フランソワ・フュレとジャック・オズーフは、伝統的な、初歩的識字教育、つまり「読み方を習うこと」と、第二段階の識字教育、つまり「読み書きを習うこと」とを区別しています。ところで、十八世紀のフランスを「読み方を習う」という角度から見てみるならば、重要なフランスとは、西の、カトリックのフランスであることに気づきます。つまりキリスト教は書物の宗教です。キリスト教の祈りを習うためには文字の読み方を知らなければなりません。反対に、第二段階の「読み書き」という識字教育のはるかに重要な革命を見てみれば、前進しているフランスは、北のフランスであることに気づきます。北のフランスと南および西のフランスとの間には対照があり、北のフランスはより生き生きとしていて、教養があり、より豊かです。「読み書き」というのは、かなり深層の革命の始まりであり、口承文明から脱すること、神聖な文明から脱することであるという限りにおいて、このような主題はすばらしいものだと皆さんはお考えになるでしょう。言うなれば、これは皆さんが推測なさるようなさまざまな結果を伴う非神聖化なのです。ところで、私はどうかと言えば、完全には満足しておりません。そのことをフランソワ・フュレに伝えましたし、彼は私の論拠を受け入れました。

まず初めに、第一段階および第二段階の識字教育は、十八世紀よりも前に存在しています。私たちが文字の読み書きを習うたびに非神聖化があるのだとすれば、イタリアの都市やヨーロッパの都市ではすでに十二、十三世紀から読み書きを習っていました。その次に、印刷術と呼ばれる、小さな革命がありました。そこで、やはり、印刷術がどんなことを意味したのかを見ておきたいと思います。印刷術は、もっぱら教養ある人々のために使われたのであって、ふつうの人々、つまり教養の初歩的段階の人々には関係がなかったのです。そして特に、おわかりのように、二つの識字教育しかないのではありません。識字教育ということが、大衆が教養の形式のなかに入ることを意味するのであれば、そこには階段の一段でも、二段でもなく、階段がまるごと存在するのです。要するに、私はその後のことを望みます。つまり私が識字教育と呼ぶことができるもの、初歩的な教養が十九世紀および今日までどのようにして広がってきたのかを知りたいと思います。

最後に、識字教育の研究は、アンシャン・レジームのフランスが多様であることを示しています。そのことは前もってわかっていました。アンシャン・レジームのフランスは異なる空間によって構成されていて、それらの空間は互いに関連して、文化および社会の面で、経済の面で、政治の面で作用しています。フランスの分割の問題が、識字教育の諸問題の彼方に見えてくるのです。ちょうど先ほど、ラングドックの農民の歴史の彼方に発展の大きなサイクルの問題が見えてきたように。おわかりのように、全体性とは、良識に支配されているのであり、必然性の印でもあるのです。〔『レヴュー』一九七八年、第一巻、三〜四号、二四五〜二四六頁〕

しかしこれは気質の問題でもあるのだろうか。たぶん。全体的な視点に移行するためには、知性と推論よりも好奇心に任せておかなければならないのか。成果もなしに戻るリスクを気にもかけずに旅に出る用意ができていなければならないのか。ブローデルはリュシアン・フェーヴルには「岸辺のない好奇心」があった点を賞賛していたが、その点ではブローデルにはフェーヴルを羨むところはほとんどなかった。彼ら二人の友情が、不思議なことに、最初の出会いからすぐに結ばれたのは、このような情熱を共有していたからだと思う。

最近私はジャン＝クロード・ギイユボーの「友情にも一目惚れが存在する」という題の記事を読んだ[1]。著者は、そのような一目惚れには身体的なものは何もなく、まして感情的なものは何もない、と言っている。それはまた「アイデンティティの同義語でもない。まさにその反対である。」ただ単に、見かけの上でのさしたる理由もなく、「出会いという奇跡によって」、

「他者のうちに、突然われわれは自分に似たものがあることに気づくのである［……］。突然ことばが互いに反応し、好奇心が一つにつながり、不安が重なる［……］、あたかも直接的なコミュニケーションができたかのように［……］、完璧な互換性、ただちに発見される互換性。何も計算せず、何も望まないのに、無意識にわれわれは他者と同じ歩みで歩いていることに気づく。そしてこの明証性にわれわれはすっかり満足する。［なぜなら］私の進む道の途上に突如出現したこの友人、またただちに友人として同定された人は、明らかに、私が私自身の道を進んでいるのと同じく友人なりの道でまったく同じ地点にいるからである。」

この記事は、個人的な思い出の強烈さを持っているように思われるが、私にとっては、文章の第一行目からして、二つの顔の非常に遠い昔のイメージのなかに具体化していたのである。相対する二つの顔は、注意深く相手を見つめ、そして喜びに照らされている。というのは、ギイユボーが長々と記述しているこの直接的な共犯性が、フェーヴルとブローデルの間で私が見ている前で生まれるのを見るという特権を持ったからである。それは一九三七年十一月、大西洋横断航路の穏やかな三週間の間ほとんど途切れることなく続いた会話と笑いのうちに起きたのである。サントスで、私たちをブラジルからフランスへ最終的に連れ戻してくれる船に乗ろうとしたとき、ブローデルはその船にフェーヴルが

乗っているのを見て驚いていた。フェーヴルはブエノス・アイレスでの長い講演旅行からの帰路であった。これが彼ら二人の本当の意味での最初の出会いであった。(2) しかも、原則として(おそらくフランスの東部の人間であるという無意識のいくつかの態度を別として)、この二人の男を近づけるものは何もなかった。年齢も(三十五歳と六十歳)、社会的出自も、知的経歴や家族や大学の経歴も、そして職業上の経験も。

一方のフェーヴルは、洗練された文学者の息子で、フェーヴルのすばらしいまでの人文主義的教養は父親譲りであった。彼は大学人としての経歴において最も輝かしいものを持っていたし――エコール・ノルマルとティエール財団からストラスブール大学とコレージュ・ド・フランスまで――、またすでに重要な著作を一冊出していた。一九二九年には友人のマルク・ブロックとともに革命的な雑誌、しかも大変評判になる雑誌を創刊していた。『社会経済史年報』である。

他方のブローデルは、小学校教師の息子で、二十歳〔二十一歳〕でアグレジェになり、ただちに北アフリカのリセに任命され、中等教育の優秀な教員としての経歴を積んでいた。アルジェには十年間、続いて二年ほどの短いパリ生活を経て、三年にわたってブラジルにいた。彼の仕事は、いくつかの論文と書評に限られていたが、書物と古文書を夢中になって読む読書家として、博士論文の計画のために十年ほど前から勉強していた。孤独な勉強であり、しかも急ぐ様子は見られず(博士論文の執筆を始めてはいなかった)、それでも何人かの人には知られていて、そのために一九三七年二月にパリに一週間立ち寄る数か月前に、思いもかけず高等研究院の歴史部門に任命されたのだった。そのときには応募書類を出す時間さえないほどであった。

したがって、あれほど異なる二人の男であるが、あの違いこそが互いを惹きつけたのだ。それぞれが互いの好奇心に対してまだ見たこともない展望へと窓を開けていた。それぞれ互いの人生が置かれていた枠組みだけを見ても。北アフリカ、スペイン、ブラジルはリュシアン・フェーヴルにとっては未知の土地であった――ところがブローデルはブラジルにあまりに夢中だったので、ブラジルについて話し出すと、熱中しすぎて話し相手を白けさせるほどであった。(3) しかしフェーヴルはいくつか別の鍵を持っていた。まずパリの付き合いである。特に『総合雑誌』の大変活発な国際的なサークル。この雑誌にはアンリ・ベールのそばで長い間寄稿していた。次に、フランシュ＝コンテ地方。これはよく親しんでいる家族の祖国であり、ここについてはいかようにも話すことができた。フランス中世とユマニスムの芸術と文化に通暁していたので、その知識が、無意識的であっても、彼の会話に思いがけず、つねに簡潔な調子を与え、親しみやすいものにさえしていた。アルゼンチンについてのまったく新鮮な印象を持っていたことを付け加えておこう。当時のアルゼンチンはブラジルとは根本的に異なっていて、はるかに豊かな国で、しかもその豊かさを自覚し、ブラジル自身についてブラジル人が考察したこと、つまりアマドやフレールの本と比較してみると、文化的にはヨーロッパとのつながりを深く感じていた。

反対に、二人の新しい友が共通に持っていたものは、下心のない率直さの傾向であった。同じ本を好きになり、同じ著者が大嫌いであり、このことは正直に言っておかなければならないが、二人とも言葉を濁さずずけずけ言うほうであった。彼らはしばしば辛辣な批評をしたものだが、あえて言えば、意識的に行なったのである。破廉恥にも彼らが（彼らと一緒の私も）笑い飛ばす二人の冗談は、大学人のこれこれの考えや思い上がりを嘲笑するものであったが、人を嘲笑することは決してしてなかった。なぜなら彼らを本当に熱中させていたもの、彼らを不意に驚かせていたものは、会話の端々で、歴史についての同じ情熱について、同じ考えについて同じ言葉遣いで話しているということであったからである。そういうときブローデルは知的にすっかり興奮していた。数か月前にブローデルは地中海に関する博士論文の計画を全面的に拡大することを決意していたから、最後の冬のヴァカンスを旧ラグーザのドゥブロヴニクの古文書館で過ごしたことが博士論文の計画に水をさすことはなかった。その反対である。リュシアン・フェーヴルの方は『アナール』の創設の勢いに乗っていた。創設からまだ八年しか経っていなかった。『アナール』は激しい論戦の的であったが、激情的な編集長にとって論戦は気に入らないものではなかった。ところでブローデルは、『アナール』が一九二九年に誕生して以来、アルジェの遠い任地からその動きを全面的に追っていた。そしてブラジルにおいて、フランスの若き同僚たち、つまりモーグエ、モンベーグ、レヴィ＝ストロースたちはこの雑誌には親しんでいなかったが(4)、彼らは何かにつけて『アナール』を引き合いに出す学生たちの会話を材料にとかくブローデルをからかいながらも、雑誌が出るたびに真剣に議論をしていたものであった。ソルボンヌ大学ではその当時このようなことは行なわれていなかった。

したがってリュシアン・フェーヴルがブローデルを雑誌の編集陣に入れようと考えたとしてもなんら驚くべきことではない。もちろん、フェーヴルはブローデルにそのことについて一言も言わない。きわめて適切な、そしていつでも観察される契約がフェーヴルとマルク・ブロックを結びつけているからである。つまり雑誌に関するいかなる決定も、深い友情で結ばれている二人の編集長の全面的な意見の一致が必要であるということだ。しかしブローデルと私がパリに戻るやいなや、ヴァル・ド・グラース通り〔フェーヴルの家〕から不意に夕食への招待が来た。『アナール』とマルク・ブロック訪問を示唆するものであった。確かに、マルク・ブロックに対してはいかなる一目惚れもなかった！　ブローデルはブロックのことを驚くほど冷徹で、お高くとまっていると思った。そうして個人的な共感を得ないままに、「マルク・ブロックに会いに行きなさい！」という度重なるフェーヴルの手紙による命令をうまく避けることになる[5]。その当時、マルク・ブロックがリュシアン・フェーヴルに宛てた手紙で、ブローデルについて大変慎重な態度を示していたと言われたことがあるが、悪意があったわけではない。その手紙を私自身は読むことができていない[6]が、手紙にどんなことが書いてあろうとも、結局は、この問題においては、フェーヴルに反対したマルク・ブロックが正しいと私は思っている。フェーヴルの言い分はどんなものだったのだろうか。ただ一つ、フェーヴルはブローデルに魅了されていた！　しかしフェーヴルとの出会いが非常に短かったブローデル、それでもフェーヴルがほめちぎったブローデルは、三十五歳にして、まだいかなる著作もなく、先生と仰ぐ人は誰もいず、守ってくれる人も誰もいなかった。いわば、全部で二年しか教えたことがないパリでは、ブローデルを知る人はいなかったのである。ブローデルには博士論文の指導教授さえいなかった。

したがってマルク・ブロックが盟友の興奮にブレーキをかけたのは確かに正しかったのである。しかし二人のうちどちらに分別があったのかと言えば、リュシアン・フェーヴルに直観の正しさがあったことを認めよう。なぜならフェーヴルは見たところマルク・ブロックを説得するのをあきらめたとしても、自分の個人的な選択にこだわったからである。こうして私たちは家族ぐるみでフェーヴルと親しくなったのである。だから次の年の復活祭の休暇には、私たちは全員サン・タムールの素敵な田舎風の宿屋に集まった。そこはジュラ地方の小さな町で、その町でフェーヴル家は別荘購入の交渉をしていたのだった。ブローデルが「私の歴史家修業」で書いているように、

「そのとき［船上で出会った後］私はリュシアン・フェーヴルにとって旅の道連れ以上のもの、やや息子のようなものになった。ジュラのル・スージェの家は我が家になり、彼の子供たちは私の子供同然となった(7)」

実際、私たちが休暇を過ごし、夫が一九三九年に、宣戦布告の二週間前に動員の通知を受け取ったのは、そのル・スージェの別荘においてである。一九四五年夏に、夫が博士論文の最終草稿を再開したのもその別荘においてである。

この相互の信頼関係は決して消えることがなかった。一九五二年のことだと思うが、リュシアン・フェーヴルがある論文の著者に送り返した『アナール』の論文について意見の一致が見られなかったことに関して(8)、リュシアン・フェーヴル自身が自分の悪い癖だと言っていた手紙の応酬のうちの一通の手紙が、ブローデルに送りつけられてブローデルを唖然とさせたときにも、信頼関係は消えなかった。ブローデルはただちに共同編集長の職を辞すると申し出たところ、リュシアン・フェーヴルは、前の手紙の調子ほどには尊大でもなく威張ったふうでもない調子で、編集長の辞職など論外であるとただちに答えたのである。なぜなら……ブローデルだけがフェーヴルの後任になる予定だから！　このときの争いの後であり、またこの争いのせいだと思うが、今度は私自身がびっくり仰天したことに、ある日フェーヴルは私の肩に手を置いて、彼がある特定の状況で構えるのを好んだ真面目で、しかもやや仰々しい言い方で、私の目を見つめながら、「ご存じの通り、フェルナンは大人の男ですよ！」と私に言った。それ以外のコメントはなかった。今日ではこの表現はやや古びたものになった。しかしその日、その言い方に私はほろりとさせられたのであった。

（**訳者付記**　この論考は、『ブローデル伝』の序文を依頼した藤原書店に対してブローデル夫人から送られてきたもので、ペルピニャン大学出版局刊『ブローデルをめぐって』（二〇〇二年）所収の『全体史』について——考察と余談」の前半部分を訳したものである。ブローデル夫人の好意に感謝する。）

＊　Cet article est l'extrait de « A propos de *L'Histoire globale* : Réflexions et digressions », *in* Sous la direction de Paul Carmignani, *Autour de F. Braudel*, Presses Universitaires de Perpignan, 2002, pp. 121-142. L'éditeur japonais est très reconnaissant à Paule Braudel d'avoir autorisé la traduction de son article.

原注

（1）『ル・ヌーヴェル・オプセルヴァトゥール』二〇〇〇年十二月の別冊。

（2）これよりも二、三年前に『アナール』の編集長〔フェーヴル〕をブローデルは訪ねたことがあったが、両者ともにこのときの訪問ははっきりしない思い出しか残っていなかった。

（3）フェーヴルは、捕虜収容所にいるブローデルに手紙を書いたときに、このときの会話の内容を覚えていなかった。「ああ！　いつかあなたのガイドでブラジルを見ることができたら！」しかしブローデルなら同じ確信を持って次のように叫ぶことができたかもしれない。「ああ！　あなたのガイドでブルゴーニュのロマネスク様式の教会を見て回ることができたら！」

（4）レヴィ＝ストロースは一九八五年の『アカデミー・フランセーズ入会演説』（九二頁）の歓迎演説において、この時代のことをブローデルに思い出させている。あの時代に「あなたがわれわれに対してその概要を示してくれた『アナール』の学説はまったく新しいものでした。」

（5）「私の歴史家修業」においてブローデルは、一九三八年と一九三九年の間にブロックには三度しか会っていないと言っている。『歴史学論集』第二巻、二二六頁（文庫版）〔邦訳、『フェルナン・ブローデル』、一五九頁〕。

（6）フェーヴル・ブロックの往復書簡集第二巻。これは印刷所に入ったまま数か月前から残念ながら出版停止のままである。〔ブローデル夫人によれば、三巻まで準備完了しているが、フェーヴル家が出版差し止めにしたので、現在も未刊のままである。〕

（7）「私の歴史家修業」『歴史学論集』第二巻、一四頁（文庫版）〔邦訳、『フェルナン・ブローデル』、新評論、一四〇頁〕。

（8）　ブローデルは当時責任者をしていた高等教育教授資格試験の試験科目をめぐって、共産党系の大学機関誌の偽名の署名記事において、猛烈に、しかも愚かにも攻撃を受けていたところであった。そこにはブローデルは「アメリカに魂を売った」と書かれていた。これに関して、ブローデルは、捕虜時代の友人であり、有名な共産主義者クロード・カーンから『アナール』に掲載すべき長編の論文を受け取っていた。そこにブローデルは、すべての共産主義者がブローデルと『アナール』について同じ判断をしていないことを公にするよい機会を見て取った——実際その通りであった。ところが、リュシアン・フェーヴルは編集部の点数付きのこの論文を受け取っていたのだが、受け取ったことを十か月後には覚えていなくて、ブローデルに知らせることなく、三十頁の論文を十頁に縮めるよう要求する無署名の注意書きを付けて、その論文を著者に送り返してしまった。したがってブローデルに対するカーンの反応はもっともなものであり、ブローデルからフェーヴル宛の手紙は激しいものであったから、嵐のような騒ぎになったのである。

ブローデル伝　目次

ブローデル伝

凡例

一　本書は Pierre Daix, *Braudel*, Flammarion, 1995 の全訳である。
一　原著でイタリック体で表されている著作および雑誌名は『　』で示し、論文名、引用文は「　」で示した。
一　原著でイタリック体で強調されている部分には傍点を付した。
一　引用文の中略は［……］で示した。
一　引用文のなかで原著者デックスによる補足は［　］で示し、訳者による補足は〔　〕で示した。
一　引用文のなかの《　》は『　』を用いて示した。
一　英語やドイツ語などの外国語のままの引用を示すために〈　〉を用いた。
一　原注は（　）付きのアラビア数字で示し、巻末に章ごとにまとめた。
一　訳注は最小限にとどめ、〔　〕で囲って割り注とした。
一　生没年で原著に記載のあるものは（　）で示し、訳者が補ったものは〔　〕で示した。

序文

構造の歴史のパイオニアであるフェルナン・ブローデルの歩みをブローデルの伝記という事件史に移し変えることが理屈に合わないことだとすれば、この向こう見ずなことを試みるのが近代美術史家の私であるのはもっと予期せぬことである。アンリ＝イレーネ・マルー〔一九〇四〜七七年。歴史家、『聖アウグスティヌスと古代文明の終焉』、『歴史の知識について』など〕の言うことを信じれば、私のような歴史家がその研究対象から得る知識は、「歴史家が掘り下げることを選択する問題次第であり、そしてその選択というのは直接に歴史家の個性、歴史家の思想傾向、教養のレベル、そして最後に歴史家の物の考え方と判断原理を保証する人生観によって決まる」。

リュシアン・フェーヴルは、伝記の抱える諸問題について、たまたま芸術史の諸問題から出発してきわめて明快に自分の考えを述べた。フェーヴルは次の点を強調している。すなわち個別研究というものは必然的に「ある芸術家やある作品において何が独創的であり、個性的であり、ユニークであるか――言い換えれば何が芸術家なり作品なりを孤立させ、他の物と区別させているかを明らかにする」傾向がある。「したがって、これは科学的知識の対象ではいささかもないということになる［……］。だが、よくできた個別研究というものは、他から区別させ、孤立させているものを指摘するだけに限られるはずはなく、共通性を持ち、併せ持っているものも指摘するはずである［……］。理論的にはこれほど真実なものはない。だが実際にはどうか。」これより十五年後の一九四八年に、フランソワ・G・パリゼによるジョルジュ・ド゠ラ゠トゥール〔一五九三〜一六五二年、ロレーヌ地方の画家〕の再発見について、リュシアン・フェーヴルは、私の意図に直接通じることをはっきりと述べている。「言い換えれば——ブローデルが『フェリペ二世と地中海』を書いたのではなく、『フェリペ二世時代の地中海』を書いたこと、これはブローデルの貢献すべてに十全な意義をもたらした——それと同様に、私としてはフランソワ・G・パリゼが『ド・ラ゠トゥールとロレーヌ地方の芸術的環境』ではなく、『ラ゠トゥールの時代のロレーヌ地方の芸術的環境』を書いてくれればよかったと思う［……］。美術史家としてだけでなく文明史家として、私は次のように言っておく。ド・ラ゠トゥールのような画家の再発見が行なわれるのは偶然ではない、と。ある特定の時代に再発見が行なわれるのは、それなりのさまざまな理由があるのだ……。ただ、そういう理由を一体どこに探すべきなのか。画家の精神状態にだろうか。なんという危険だ！　学識豊かな人々が画家を日のあたるところに出した後でその画家を受け入れる民衆の精神状態に探すのだろうか。この方が明確にするのは簡単だ。こちらの方が危険でないし、また人類の歴史のなかでわれわれが物の見方の大変革を経験してきたことにかなっている——しかもこの物の見方の大変革というのは、好みやモードの単純な変化よりもはるかに奥が深いのである。というのもそれは人間、しかも人間全体に深い作用を及ぼすという点で包括的であるからである。(1)」

したがって本書にはフェルナン・ブローデルだけがいるのではない。ブローデルは、彼の生きた環境、いやむしろ彼の生きた社会のなかにいるのだ。二つの大戦間から二十世紀後半の終わりまでの、フランスにおける歴史の諸問題のなかにいるフェルナン・ブローデルということである。そして、たとえブローデルの死後十年経って、復活について、いやむしろブローデルがわれわれに遺してくれたさまざまなファイルを単に開くことについて話すことが問題になりえないとしても、私としては、一九七三年以来続いている世界的な経済危機を背景に、ヨーロッパの現在において一九八九年から具体化してきた転換期をなぜ彼の著作が乗り越えることができるのかを明らかにしてみたい。

私はフェルナン・ブローデルとは別の歴史分野に属しているとしても、実際には、基本の問題は――少なくとも私のものである文化史という観点では――同じであると思う。一番手っ取り早い方法を採るために次のように言っておこう。二十世紀の現代史家として、私がこの伝記を書くように勧められたのを引き受けたのは、『アナール』の創設者たち、とりわけブローデルが歴史学をまさにこの現代に組み込むために歴史学の変革のパイオニアであったからである。

事件史と構造史の陳腐な対立は、伝記を書くという作業においては、主題となる人物が月日の流れに沿って何をしたかをいささかも問題にするのではなく、その人物の知的経歴、創造者としての経歴の再構成に関連のある出来事とは何かを問題にする以上、見当違いの問題提起である。それに著者は最後の言葉を知っているし、しかもその最後の言葉は著者の企てを裏付けるものである。こういう種類の出来事は、ピカソのような画家やアラゴンのような作家の場合には確かに同じものではないが、それぞれの芸術において、また彼らが探求したもののなかに、彼らが先行の世代から受け取ったものとの断絶を示し、二十世紀のもろもろの革新に属している、構造的なものに向かう似通った傾向を突き止めることができる。構造的なものに向かう傾向が、ピカソやアラゴンの読んだことのない『アナール』において、同じ種類の反省、変化が同時に起こっているということは、つまらないどころか、実に意味深いことなのである。ドイツ人がある一定の時代に成熟して花開き、すでに認められていた知的な分野を変える問題を Zeitgeist（ある時代の精神）と呼ぶこのような一致、共通性が、特に検証可能なかたちでこのような出会いのなかに実際に現れるのである。

ラヴィッス、セニョボス、ラングロワなどの十九世紀の歴史学の伝統とリュシアン・フェーヴルとマルク・ブロックの「新しい歴史学」との断絶がまさにその証拠であるが、この断絶は――フェーヴルが絶えず繰り返し述べていたように――たとえば物理学ではアインシュタイン、心理学ならびに精神分析ではフロイト、社会学ではデュルケムによって同時に始められた同じ次元の危機と切り離して考えることはできない。経済に関心を持つのは歴史学にはふさわしくないとそれまで判断していたフランスの大学の伝統のせいで、歴史学は遅れていたのだが、「新しい歴史学」は、政治経済においてマルクスとエンゲルスによって以前から始まっていた危機を、フェーヴルとブロックが最新のものにすることに貢献した人間科学のなかに取り込んでゆくことになる。

わが国の大学に馴染み深いさまざまな細分化が今日でもなお隠蔽しようとするばかりか禁じようとする傾向のある、本来の歴史と時代の文化史との間にこのような懸け橋を懸けようとすることとは、『アナール』の精神のなかで仕事をするということに他ならない。ところで、このような文化の時計は「実証主義的」歴史学の時計としては機能しない。あの実証主義的歴史学の時代に、一八七八年生まれのリュシアン・フェーヴルや、一八八四年生まれで、「第一次大戦」の際に動員されたマルク・ブロックは、一九〇二年生まれのフェルナン・ブローデルとは別の物の見方を持っている。ブローデルは、当時のドイツとの国境で過ごした子供時代がまさに終わろうとするとき、まだ子供の傍観者でしかなく、初めは勝利しか見ていない。

しかし、「敵」となったカーンヴァイラー画廊の持っていたキュービストの作品をたたき売るように、戦争で疲弊したフランスが、愛国主義からマックス・ヴェーバーやヴェルナー・ゾンバルトは言うまでもなくフロイトやアインシュタインへの接近にブレーキをかける保守的な「秩序への回帰」に逃げ込もうとする傾向があっても、戦争をまたいで突然文化的な変化が起こる。フェーヴルは、大戦間の最初の十年が終わる前には、歴史学の分野でパイオニアのドイツの雑誌に近いものを出そうとしていたが、経済・社会史の雑誌を実現することはできない。これは一九一四年以前のフランスならびにジェルミナル・フランをあきらめた戦後のフランス（一九二八年）〔この年にポワンカレ政府がフランの平価切り下げを行ない、金本位制に移行したこと〕と経済大恐慌の始まりとの間に連続性がありうるということについての錯覚が終わることと歩を一にしている。

知的な面で話をすれば、この頃、すなわち三十代の頃に、フェルナン・ブローデルは、自分がリュシアン・フェーヴルやマルク・ブロックと同じ考え方を持っているのだということに気づく。歴史学は、鈍重な学問であり、辛抱強い調査や検証、堅固な仕事を念入りに築き上げることを要求するので、実は少しずつしかその新しい流れを受け入れなかったのである。もはやラヴィッスやセニョボスのような大学者のせいではなく、アンリ・ピレンヌやフランソワ・シミアンのような革新的な歴史家を集めているストラスブール大学で行なわれた、マージナルな歴史家たちの熱心な研究によってである。アルジェで教鞭を執っている若きフェルナン・ブローデルが孤立を断ち切るためには、ある歴史学大会が必要なのだが、ブローデルの孤立が完全に断ち切られるのは、彼が一九三二年秋にパリに任命されるときなのだ。ブローデルは一九三五年にはブラジルに向けて旅立つのだが、すでに『アナール』の親しい人の威光を帯びている。

　このように大学ならびに従来の歴史学の外に参照系を拡げるもとは、人生の一部をフランスの国外で過ごした彼の人生にあるが、それだけでなく二人の偉大な先達に比べて、ブローデルの世代の変化ということに原因がある。二人の先達は大戦間にそれぞれの仕事を鍛え上げてきた。それはブローデルの前史の時代である。ブローデルが多くのことを蓄積し、いわば一九三七〜一九三八年頃に、自分の研究の新しさをはっきりさせたとしても、その新しさが具体性を帯びるのは博士論文の執筆に移るときでしかない。一九四〇年の敗北のために、ブローデルは博士論文の執筆の大部分を捕虜生活中に行なう。ところで彼が出会う作品導入部の諸問題は、もちろん主題としてフェリペ二世のような国王ではなく空間を、つまり地中海の空間を選んだことから生じるのだが、この選択自体大変な革新である。だが空間のかかえる諸問題は、さらに、歴史的時間の一様性についても、また一八六〇年代以前の絵画における遠近法と同じく、それまでほとんど問題にされることのなかった平板な物語についても、批判的な態度を示すのである。

　マルク・ブロックはすでにそのことに気がついていて、最近再刊されたばかりの『歴史あるいは歴史家という職業のための弁明』〔邦訳『歴史のための弁明』〕において、次のように書いている。「人間の時間は〔……〕時計の時間の厳密な区分にもあらがいがたい一様性に相変わらず従わないだろう。人間には人間の時間のリズムの変わりやすさに合った尺度が必要である〔……〕。ベルクソンの言葉によれば、歴史が歴史の分類法を『現実の輪郭そのもの』に適合させることができると思うのは、この時間の可塑性と引き替える場合だけである。これは、文字どおり、すべての科学の最終目的である。(2)」

　マルク・ブロックが円熟期の総括においてこのような考察を書き留めているとすれば――もっとも第二次世界大戦の

ためこれが彼の遺書となるのだが――、ブロックよりも十六歳若いフェルナン・ブローデルは、そのような時間の変わりやすさを実際に体験したのである。それはベルクソンの考察ではなく、もっと直接的なかたちで、彼がまだ歴史家としての教養を積む時期に、二十世紀初頭にもたらされたコミュニケーション手段による前代未聞の大変動を経験することによってであり、揺籃期から脱しようとするラジオがさまざまな出来事を生放送で電報のような文体で共有させ始めるときである。

ところでそれはこのときから表現方法に影響し、表現方法が実にばらばらになるのである。ラジオのルポルタージュの生放送は、夕刊紙の広告と頁割り付けの「センセーショナルな」ショックという「キュービスム」や映画のモンタージュのフラッシュ・バックにつながる。だからフェルナン・ブローデルにおいていままでと異なる歴史的物語の時間の扱い方が、それまで「自明のものであった」一様な古典的物語の有効性を問題にし、またたとえばロジェ・マルタン・デュ・ガールが歴史小説の展開において『チボー家の人々』の最後の巻に導入する変更と一致するとしても驚くにはあたらない。

歴史家としてのブローデルの生涯は、こうしたメディアの大変動のたびに区切りがつけられることになる。メディアの大変動は、一九四六年のビキニ被爆事件以来、すなわちトランジスタが普及するよりも十五年前、月面に人間が到着するのをテレビが生放送で伝えるよりも二十三年前に、地球規模での情報聴取をもたらす。歴史家の仕事の重要な部分は相変わらず仕事机や古文書館のなかで行なわれるとしても、歴史家の生活はこれ以後あらゆる所につきまとうメディアを通したものになる。持続期間の多様性について歴史的な説明を有機的に関連させること――これをブローデルは考え出すのだが、それを本当に意識して行なうのは戦争中のことにすぎない――、それは人間の新しい精神的な道具と切り離しては考えられない。パリから車で三十分行けば――これは一九五五年頃にはまだ本当だ――たちまちイル・ド・フランスの片田舎に入り込み、内燃機関が完全に馬に取って代わっていないので、そこでの生活は相変わらず産業化以前のリズムで展開している。そういう時代に、人間は大陸間の距離を縮めることを空想しているのである。ブローデルは一九三五年にはブラジルに行くのにまだ二十日間かけているが、すでに一九三二年にはチュニスとイタリアの間は水上飛行機で一時間しかかからないのである。

たとえブローデルが、いままさに歴史が書かれつつある現代にこのように浸ることについて、リュシアン・フェーヴルと同じ程度に自分の考えを述べていないとしても、彼はそのことをきわめて深く自覚していたし、また絶えず言い続けてきた。だから私が、時にはブローデルを驚かせるかもしれない教訓を引き出したからといって、ブローデルに忠実ではなかったなどと私は思わない。しかし今度は私がブローデルよりも二十歳若く、しかも二十世紀のさまざまなスピードアップのことを考慮に入れるならば、ブローデルと先達との間には一世代以上の開きがあることになる。

一方、私は本来の意味でのこれほど広い歴史学の領域に手を染めなければならないなどということは予期していなかったが、歴史家たちは歴史学の近代化過程の歴史に気をそそられることはほとんどなかった。私の知るかぎり、『アナール』の歴史は次のもの以外はない。クシシトフ・ポミアンの素描である「『アナール』の時代」[3]、一九七九年の『アナール』誕生五十年を記念してアンドレ・ビュルギエールの書いた論文[4]、そしてトライアン・ストイアノヴィッチのエッセイである。もっともストイアノヴィッチの『フランス歴史学の方法、『アナール』のパラダイム』にはフェルナン・ブローデルが序文を寄せている[5]。リュシアン・フェーヴルのまともな伝記は死後四十年経っても一冊もない。ただ一九七一年には『アナール手帳』にごく限定的な伝記が発表され、またマルレーン・ヴェッセルの博士論文が進行中である[6]。それに対して、英語ではマルク・ブロックの伝記としてC・フィンクの『マルク・ブロック、歴史における一つの人生』がある。またベルトラン・ミュレール編集のブロックとフェーヴルの書簡集の出版がちょうど始まったところである[7]。

ブローデルよりも若い人たちが「自分史」と名付けたものに関心を抱くのはフェルナン・ブローデルのやり方ではなかった。私にとってさいわいだったのは、ブローデルが生涯の終わりに、インタビューに応じるのを承諾してくれたことだ。そのなかの一つで、テレビ放送用にジャン＝クロード・ブランギエが行なったインタビューは重要であり、しかもそのインタビューでブローデルがかつてないほど心の内を語っている、未刊行の長いスクリプトが残っている。他方、ブローデルを知っている有名人や友人たちが数多くの証言をしてくれたから、本書で私はそれを補ったり明確にしたりしようとした。

全体として見れば、私がやってきた文化史の仕事はどちらかと言えば助けになったと思うが、歴史家としての私の中途半端な訓練の積み方が、歴史家としてのブローデルが受けた教育とブローデルが歴史家として成長することに関して、地理学の問題を過大に言い立ててしまったのではないかと危惧している。私は一般地理学の修了証書——当時の一般地理学修了証書の範囲内のことであり、また私が受けたばかりの修了試験の範囲内である——をもらおうとするとき、一九四〇年十一月にレジスタンス活動ゆえに初めて逮捕されたために学業を中断させられたのである。いろいろ考えた末に、そのような危惧は何でもなく、今日歴史家の教育においてあまりにも放ったらかしにされている地理学に比べれば、私はブローデルと同じ世代にいたのだと思っている。


私は一九六〇年代の初めにフェルナン・ブローデルに会った。『フランス文芸』の編集長として、私はこの週刊誌を知的な現代化(アッジオルナメント)に役立つものにしようという計画があるということをブローデルに言いに行った。一九四八年から一九五四～五五年のスターリン主義をめぐる論争とスターリン主義の終焉、ならびにマルクス主義の退廃において新聞がどれほど責任を帯びていたかそのことを修正するためだった。マルクス主義のために人間科学の発展についてはべらぼうなほど遅れが生じていたのだ。その遅れの穴を埋める長編対談を計画していた。この雑誌の編集長対談で、すでにアンドレ・ルロワ゠グーランとジョルジュ・デュメジルは(もっとも当時は二人とも流行ではなかった)彼らの専門領域について現状分析を行なってくれていた。ブローデルは、『アナール』、リュシアン・フェーヴル、そしてブローデル自身が標的になっていたさまざまな攻撃を一掃しようとする私を助けるために、歴史に関してこの二人の後を引き継いでくれるだろうか。

こんなふうに単刀直入に質問すると、ブローデルは人間科学館の理事長として研究費配分の裁定を行なわなければならないためにそのような発言はできないと私に答えたが、たぶんその拒絶を大日に見てもらうために話の方向を逆転させた。ブローデルは並外れた聞き上手だったから、私は自分の得意の話を始めたのだった。すなわちなぜフランスにおいて——イタリアでもスペインでもドイツでもなく、また他のいかなる芸術大国のどれでもなく——フランスにおいてだけ絵画の近代化への移行、ならびに彫刻の近代化への移行が発展したかを分析できる近代芸術史は一つもないという話である。そのようなめざましい発展は長期的にはフランス革命の文化的帰結と関係があったのだが、そういう歴史を書くことは一度も試みられていなかった。マルクス主義はそのような歴史を無視していた。フランカステルの芸術社会学は確かに新しい道を切り開いていたが、あまりにも一方向的な関係を越えて、本当の歴史まで行かなければならなかったのである。

そこから私たちの四半世紀に及ぶ会話と友情が出発した。私の書いた『絵画を前にした無分別』が一九七一年に出版されたときには、フェルナン・ブローデルは親切にも『アナール』に短い文を書いてくれた。一九八四年に私の調査の第二部である『秩序と冒険』という本を——この本の執筆を注文してきた出版社はなくなってしまったのだが——出版できたのはブローデルのおかげである。この本で私は、第二帝政および第三共和制からヴィルヘルム二世時代のドイツ、ナチズム、スターリン主義、そしてヴィシー政権に至る、文化的抑圧をもとに美術における近代革命を分析したのだった。

一九七二年に、ブローデルは、私を高等研究院第六部門に入れようと考えたが、私はブローデルの考えを突飛なものと思った。だが、ブローデルの指示に従って、一連の儀礼的な訪問を始めることになった。互いに合意の上でこの考えを捨てる前に、そんなふうにしてほんの少しだけ私は高等研究院に足を踏み入れたわけで、たとえばクレメンス・ヘラーのようなブローデルの主な協力者の何人かと知り合いになった。そのことが今日の私の企画において役立った。特に、さまざまな事件の渦中でブローデルの執筆、彼の偉大な作品である『物質文明・経済・資本主義』の構想過程、そして晩年の関心事をつぶさに追うことができるという幸運に恵まれた。

このブローデルの伝記を書いたらどうかという示唆は、奥様のポール・ブローデルから受けたのだが、彼女は思い出を語ってくれ、やさしさと励ましで絶えずこの伝記が出来上がるのを見守ってくれた。本来の意味での資料調べ、ブローデルの資料、伝記的な資料、捕虜生活中のブローデルとリュシアン・フェーヴルの手紙のやりとりのような重要な書簡を閲覧する際に彼女が手伝ってくれたのは、決定的に重要なことだった。一九七五年以来フェルナン・ブローデルの著作を編集・出版しているロズリーヌ・ド・アヤラにはいくら感謝しても感謝しすぎることはない。彼女は他に比べるべくもない資料作成から徹底的な参考文献作成に至るまでブローデルと緊密に協力するすべを心得ていた人で、彼女の持っている資料と際限のない彼女の経験を絶えず私に利用させてくれた。ブリジット・マゾンは、高等研究院第六部門の歴史に関する彼女の研究の成果を私に提供してくれた。

クロード・レヴィ＝ストロース、ジャン＝ピエール・ヴェルナン、シャルル・モラゼ、エマニュエル・ル＝ロワ＝ラデュリ、フランソワ・フュレ、マルク・フェロー、モーリス・エマール、アンドレ・ビュルギエール、モーリス・アギュロン、これらの方々が私に提供して下さった情報と示唆を読者は本書に見出してくれるものと思うが、別の領域では、ルイ・マゾンとアンリ・フェーヴルにもお世話になった。私が収集した情報のうちかなり重要な一部の情報は、私の責任において、つまり「オフレコで」使うという条件で、重要であった。私がそのようにできたのは私が大学機関とは関係がなかったからである。ジャン＝クロード・ブランギエはフェルナン・ブローデルにかなりうちとけた打ち明け話をさせることができた人で、このインタビューを再録する許可をくれた。そしてインタビューの内容を文章に起こしたものによって、私がブローデルの声を再現しようとすることができたのだから、ブランギエに感謝の意を表しておきたい。同様に、ブローデル夫妻の次女のフランソワーズ・ピノーは、きわめて重要なメモを書いてくれた〔ブローデルには二人の娘がいる〕。そのメモで父親の家族の状況や伝記の数々の不明瞭な点をはっきりとさせてくれ、大いに役立った。この点に関して彼女に感謝しているし、またマリー＝カリヌ・シャウブ、ポーリーヌ・ド・アヤラ、そして息子のダヴィド＝アルチュールが私の資料調べを手伝ってくれたことに感謝している。

もちろん私は、ブローデルの同僚や教え子たちにブローデルのことを教えようなどというつもりはない。だが、ブローデルの死後十年経って、「大きな歴史」への恐れがその大被害をフランスで繰り返し、そこから生じる細分化が見られる時代に、ブローデルの主要著作に通じる道を再び開けることは、二十一世紀を予感することができるこの時点で、われわれの将来についての必要不可欠な反省に属すると私には思われたのである。

一九九五年六月

第一章　最初の蓄積

1　子供が目を向けた世界

長く続く家族というものがまだ存在していた時代には、大人たちは自分の自我について先祖がどんなことを明らかにしうるかを理解するためにそれぞれの出自について考えたものだが、その大人たちは程度の差こそあれ、いわば母方と父方のどちらかを選ぶことを意識的に行なっていたものだ。フェルナン・ブローデルは、もっぱら父方の家系の末子として生まれたので、子供時代の決定的に重要な時期に、そのような問いを行なうことはなかった。まず第一に、一八七〇年の戦争以来ロレーヌ地方の国境の村であるリュメヴィル゠アン゠オルノワで、小学校教師の父親の「休暇の成りゆきで」一九〇二年八月二十四日に生まれたためである。父親はこの村で生まれ、またブローデル家の親戚もこの村に多くいた。次に、パリで中耳炎になったために、この村に住む父方の祖母、エミリー・ブローデル゠コルノのところで、十八か月から七歳まで自己の目覚めの年月を過ごしたからである。最後に、ブローデルは自分でロレーヌの人間になりたいと思ったからであり、その思いは、彼の話を聞くと、先祖全員がそこにいると考えられるほど強かったのである。

村と、その村の周辺に散らばった家族は、フェルナン・ブローデルのなかにその父親の息子の姿しか見ていなかったし、またこの一方だけが支配する家系は、威圧的で厳格な父親が全面的に支配し、母親は発言権を持たないという家族構造によっていっそう強められたのである。老人のすべての思い出のなかに、母親は存在していない。赤ん坊の、その次には子供の無意識が母親の不在を許さなかったのだろうか。きっとそうだ。だが母親の姿が消えることには別のことがあるのだ。

ずっとあとで、すでに確固たる地位を築いた歴史家にとって、母方が蔭から出てきて、問題になるのだが、それはフェルナン・ブローデルが母親を通して自分がパリ・コミューン参加者の孫であり、しかもきわめて痛ましい家系であることを知るときである……。この点に関してフェルナン・ブローデルの打ち明け話が公になるには、晩年のアカデミー・フランセーズ入会演説に対するモーリス・ドリュオンの歓迎の挨拶を待たなければならない。

「この先祖返りのロレーヌに、あなたのお母様は大西洋の風と南フランスの太陽をもたらすことになります。母方の血筋からすると、あなたのお母様はロリアン〔フランス西部の軍港都市〕の船乗りの家系でした。しかしお母様の父親は血の気の多い南仏ニームの人間でした。つまりおじいさまはパリ・コミューン参加者であって、レ島に六年の流刑になり、コレラで亡くなりました。それであなたのお母様は修道女のもとで育てられたわけです。(8)」

釈放されたパリ・コミューン参加者であるブローデルの祖父は、別のパリ・コミューン参加者の未亡人、オードランと人生をやり直した。フランソワーズ・ピノー〔ブローデルの末娘〕はこの点について私に次のように明確にしてくれた。

「私の曾祖母はかなり早く亡くなります。(父は、「心痛のためだ」と言っていました。曾祖母はルイ・ビュテを熱愛していたのです——本当か嘘かわかりませんが、家族の想いのなかではそうでした。)『幼いルイーズ』、私の祖母はほんの五歳で、ファレさんは〔曾祖母はたぶん亡くなるちょっと前にこの方と結婚したのですが(9)〕、祖母を認知しましたが、祖母の世話をどうしていいかわかりませんでした。そこで祖母を孤児院に入れます。シャルトルの『灰色の修道女会』のところですが、ファレさんは祖母にずっと会っています。そして……ファレさんはリュメヴィルで生涯を終えるのです。祖母ルイーズがシャルル・イレール・ブローデルと出会ったとき、祖母はほとんど係累のない娘でした。祖母のルーツは切れてしまっていたからです。祖母がロレーヌ地方にも、また大好きな厳しい夫にも愛着を覚えたのは当然です。祖母は美しい人でした。黒い美しい目をして、ふさふさした髪が真っ白で、これはルイ・ビュテ譲りですが、フェルナン・ブローデルに遺伝し、私にも、またすでに私の子供のうち二人にも遺伝しています。(10)」

したがって、このような秘密ゆえに、ロレーヌ地方が子供の心のなかで(だけでなく成人した後も)戦わずして優位に立つのであり、ブローデルが話し好きの熱情や、思わず引き込まれるような声で聴衆を虜にしてしまうあんなにも南フランスふうの振る舞いを、ニームの先祖と関連づけていたかはわからない。まったくの陸地の人間としてブローデルが自分をロリアンの方に導くものが何であるかに関心を持ったとは思われない。単純に考えて、アルジェリアに赴任するために初めて船に乗るとき、彼は自分に船乗りの足があって船酔いしないことを確認して満足を覚える。あるいは、時には、もう少し後で、先祖のなかに海賊がいたことを思い起こすが、別に自分の母親の家族を指しているわけではない。子供時代に不在であった母親は、しつけにおいても同じく不在であった。なぜなら母親は修道女から教育を受けたので、宗教に愛着を覚えていたからだ。一方、父親は、当時の多くの小学校教師と同様に、強硬な反教権主義者であった。フェルナン・ブローデルは、晩年になって、しつけにおける父と母のこの考え方の違いに苦しんだとほのめかすことになるが、彼は父方の祖母の息子としての自分の姿を見ていたし、またそのように自分を築いてきた。

「子供は母親から引き離されるときにそのことに苦しまないはずがありませんが、私の祖母は十分に母親の代わりを務めていました。祖母は私の人生の情熱でした。穏やかさそのもの、滑稽さ、注意、優しさでした。祖母が私に与えることができた教育は、私が他では絶対に受けることがなかったような教育でした。(11)」

ここでは、立派な数学者たる父親から受ける教育に対して、ブローデルが一定の距離を取っていたことを理解しておこう。またすぐに次の点にも注意を払っておこう。すなわちジャンヌ・ダルクから一八七〇年の戦争に至る歴史地理学は、子供が年寄りたちの話を聞くようになるとすぐに、リュメヴィル＝アン＝オルノワという村を過去の重みをずしりと抱えた場所にしているということである。そのようにして子供のフェルナンはエミリー・コルノから彼女の記憶を受け継ぐのであり――彼女は一八四七年生まれ――、たぶんフェルナンは生きた歴史を世代から世代へと口で伝えることを重要なことだと考える二十世紀西欧の唯一の歴史家である。これは過去についての情報を時代錯誤でないやり方で理解するためにきわめて重要な伝達法である。

ドリュオンの歓迎演説のなかに相変わらず、ただ一人の祖父として父方の祖父が登場するのが見られる。

「当時の法律に従って七年の籤を引いたなかなか風采のいい農民です。一八五七年から一八六四年まで、あなたの祖父は実に多くの道を歩いて靴底をすり減らしました。村に帰ってきてから、彼は靴職人になりました。祖父の先祖たちは、石工、粉屋、日雇い人夫でした。つまり手先の器用な人たちでした。だが、ロレーヌの廷臣とともにオーストリアに行って、かなり奇妙なことですが、アルジェ駐在のウィーン領事になったブローデル家の人間もいます。[12]」

ここでは口で伝えられてきたことが、のちに歴史家が研究・調査したことによって豊かにされている。大事なことは、いまわれわれが話題にしている男の子が、大好きなこの祖母とともに、さまざまな思い出と歴史的な日印にあふれるこの環境のなかで、一人の農民の生涯をまず十全に体験したということである。ブローデルは一九七二年に行なわれたアメリカ人の調査に答えて、こうした歴史的な目印を精密に定義してみせる。

「私の住んでいた家は、一八〇六年に建てられ、そのまま、あるいはほぼそのままのかたちで、一九七〇年まで続きました。農民のごく普通の家としては見事な記録です。思うに、私が歴史家となったいま、この長きにわたる田舎者としての研修段階はそれなりの重要性を持っています。もちろん何度も代が替わっていますが。他の人が本のなかで学んだことを私はずっと前から、生きた情報源を通して知っているわけです。[……] 私は鍛冶屋や村の車大工や臨時の樵が働いているところを見たことがあります。また毎年、村の輪作地を替えるのも見ましたが、いまでは輪作地は牧畜用の牧草地にしか見られません。古い水車の車輪が回転するのも見ました。あの水車はかつて私の曾祖父の親戚によって近隣の領主のために建てられたものだったと思います。[13]」

ブローデルはすべての植物、すべての樹木を見分けることを習う。そして散歩しながら、いろいろなものを見ながら、概念化するよりもずっと前に、「耕作とは何か」を知り、「林や平野がどんな様相を呈しているか、村の位置がどうなっているか」、すなわち町の子供がブローデルと同じようには決して手に入れることのない事柄をすべて知っているのだ。あらゆることに好奇心を持つ、早熟な観察者として、ブローデルはこのようにして季節のリズムを深く刻みつけている。その当時は季節のリズムは、三年目ごとの輪作とアルザスの年老いた羊飼いに連れられて家畜の群が集まることによって区切られていたのである。溶鉱炉と製鋼所という工業都市としてのロレーヌ地方は遠くにあって、当時はドイツ的である。だからブローデルは車大工の仕事に驚嘆する。車大工は、自分が完成させる車輪の真っ赤に燃える鉄の輪を水のなかに投げ込むのである。だがそれだけでなく、ブローデルはぶどう畑が見捨てられることも発見する。ぶどう畑はネアブラムシ病の流行で壊滅し、ぶどう栽培の北の極限地帯では、壊滅したぶどう畑を作りなおすことは行なわれなかったのである。そのことからブローデルはずっと後でぶどう栽培とワインの文明についてのさまざまな考察を引き出し、自分がそのような文明の一つによって形成されたと感じることになる。

「ブルゴーニュの田舎育ちの歴史家、ガストン・ループネルと同じく〔捕虜生活中の一九四三年にブローデルはループネルに夢中になる〕[14]、また何よりもまずフランシュ＝コンテ〔フランス東部の地方〕の人間であるリュシアン・フェーヴル〔ブローデルの指導者〕と同じく、私はあらかじめ農民出身の歴史家であったし、いまでもそうです。[15]」

実際ブローデルは、フランス東部に先祖がいることと当初田舎者として育ったことから、ブルジョワ階級生まれの人々よりも自分をよく理解することができると思った人々の了解を取りつけながら、専門家としての道を進んで行った。退職後のある日、私自身が子供の頃に農民の生活を知っていたことに触れながら、ブローデルが弟子たちの振る舞いをその社会的出自に従ってコメントするのを耳にすることになる。

ついでながら二つのことに注意を払っておこう。まず第一に、フランスでは、十九世紀終わりから二十世紀初めにかけて、ヴィダル＝ド＝ラ＝ブラーシュからマルク・ブロックに至るまで、この「農民出身であること」に知的な貴族の家柄を与えてきたのは、新しい地理学と新しい歴史との特別な関係である。次に、これもまたフェルナン・ブローデルによって再現されることだが、フランシュ＝コンテ人のフェーヴル（ナンシー生まれ）とロレーヌ人であろうとするブローデルとの間の特別な近さがある。同じ郷土への帰属というよりも、同じ国境地帯に属しているということである。

子供がじかに観察して寄せ集めたことが、このようにしてブローデルにとってきわめて貴重なものとなる。なぜなら、生活様式の変化の諸問題（この表現はあまりにも決定論的なのでブローデルはのちに使わなくなる）を扱うことができる新しい地理学の発展が、フランスで、当時恐ろしく実体を欠く「歴史」の改新に必要な堅固な学問的基礎をブローデルの世代にもたらすときに、当初教師になるために教育を受けるからである。ブローデルはこのことを一九四〇年の敗北後の捕虜生活中の同志に対して行なったいくつもの講演で強調することになる。このようにして新しい地理学は、未来の歴史家がまず初めは無邪気に蓄えてきたものに方向付けと影響を与える。産業革命以前の村の実際の体験がなかったら、ブローデルは晩年の主著の鍵である「物質文明」について同じ自覚を持つことはなかっただろう。

この証人としての村の生活を通してブローデルの心に浮かんできたのは、直接には大文字の「歴史」である。事件史(当時はそれが主流であった)は、この国境地帯に深い傷跡を残しているのだ。何でも知りたがり屋のフェルナン・ブローデルは、老人たちの話を聞いて熱中し、村の生活をひどく揺さぶった一八七〇年の普仏戦争だけでなく、クリミア戦争の話も彼らから聞く。村にはクリミア戦争の生存者が一人いたのである。

「この人はロシア人を撃つために灼熱弾をどうやって熱するかその方法を私に話してくれました。あれは一八五四年から一八五六年までのあの戦争後、もう五十年以上も経っていたはずで、私に話をしてくれた人はあのとき八十歳だったはずです……。だからあの人は一八三四年生まれのはずです。上っ張りを着ていましたが、一九〇七〜一九〇八年にはいわばまったく復古調でした。白いひげをはやしていました。私には愛想が良かったのです。なぜならあの人は村はずれに住んでいたので、毎朝、あの人の飼っている羊が村の羊たちの群に合流できるようにするために羊小屋を開けに行ったのがこの私だったからで、そうすればあの人がわざわざ出かけなくてもすんだのです。」

もう一人別の農民がいて、みんなからズアーヴ(アルジェリア歩兵隊)と呼ばれていたが、その人はアルジェリア征服に参加したことがあったからだ。こうして、フェルナン・ブローデルは、歴史家を職業とするよりもずっと以前に、なまの歴史を受け取る。普通の人には年寄りたちの記憶を通して入ってくるあまり深く考えられたことのない歴史である。そしてまず第一に、『フランスのアイデンティティ』の献辞が書かれる祖母エルノの記憶による歴史である。一八七〇年の戦争は、確かに一八七〇年八月九日のトゥールの占領(リュメヴィルの北東約三〇キロにある町)から始まったのであり、そのために村はほぼ九か月間ドイツに占領された。

「私の祖母は、七〇年の戦争をあたかも彼女自身が見たかのようでした[……]。二本の道があって、それが村のなかで交差しているわけですが、一方の道が、ある部隊によって交通が遮断されているときには、別の部隊は立ち止まっていました。彼らはこんな具合に何日もの間プロシアの軍隊が通過するのを見たし、また領土の解放の際にはプロシア軍が別の方角に戻ってゆくのを見たのです。」

占領軍と言うときにはそれが含意するものすべてを含むわけだが、まず何よりも、何ら悪い意味ではなく、最も大事なものとしての「食い物」を乱暴にかき集めることを意味する。その結果、占領軍のいる地域の住民は飢えることになる。一八四七年生まれの祖母は、一八七〇年にはまだ若かったことを思い出しておこう。彼女は無規律な兵士の群にとって魅力的な獲物だったわけで、大変恐ろしかったことだろう……。それだからこそ祖母の話は強烈なのだ。

そのような思い出は、私が先ほどあたかも自明であるかのように言及した歴史地理学に対するセンスを子供のフェルナンにもたらすことになる。当時のほとんどすべての子供にとって、国境という語は、もちろん東で、「ドイツ人がわれわれから取ったもの」を示す地図上の線を指し示すのであるが、それでもやはり抽象から抜け出るのは難しいのに、ブローデルは、小学校に入ったときから、そしてたぶん小学校に入る前に、一八七〇年の敗北以来、数十キロメートル北東でドイツが始まることを知っているのだ。毎年羊の群を連れてリュメヴィルにやってくるアルザスの羊飼いたちはドイツ人である。

「私は、まあ、十歳くらいだったわけですが、いつも彼らの所にいました。しまいにはかなりの数のドイツ語の単語を覚えました。ドイツ語を上手に話していましたが、ただしひどい訛がありました……。その後、ドイツ語に関しては私はいつも大変出来のいい生徒でした……。」

国境、しかもそのうえに、メッスがドイツ人の支配下にあるのだから、いつもピリピリしている国境である。復讐の国境である。一九一四年の夏に、十二歳になったときに、ブローデルはこの復讐のことしか頭にない。

「私は宣戦布告されてうれしかった。私たちはそれほど愛国主義の精神のなかで生きていたのである……。」

その間に、ブローデルはこのしっかりと周りを囲まれた、不動の、そして結局は自閉的な世界からのつらい別れを経験することになる。その結果、夏休みのたびに、父と兄と母という核家族での里帰りが引き起こしていた混乱をブローデルは自分の記憶から抹消してしまったようであるが、たぶんそのような夏の過ごし方が彼と村との関係を本当に一変させることはなかった。村は子供の時の生活の続きであったし、彼が村から引き離されてしまった後も、村との関係を維持していくことになる。

実際、一九〇九年夏の終わり、ブローデル七歳の時、すべてが一挙にひっくり返るのである。というのも父親がパリ地方の自分の家にブローデル少年を連れ帰るからである。これはあらかじめ心の準備をされた帰還である。両親は、子供がもっと健全な環境を享受できるようにとパリ郊外のメリエルに引っ越ししたのである。しかし、祖母コルノの息子が、疑いもなく感じた内面の苦しみを想像することができよう。田舎の生活という自分の持っていた基準をすべて不意に失ったのである。住み慣れた土地を離れて見知らぬ土地で暮らすことである。しかし、当時は、小さな子供の感受性のことなど誰も考慮したりしない。だいいち母親にまた会えるのだから、子供が一体何を不満に思うことがあるだろうか。

フェルナン・ブローデルはこの村を離れたことの詳細を決して語ったことがないが、語らないというそのことが、疑いもなく心に受けた痛手の大きさを示している。ブローデルが悪い思い出を乗り越えてゆくやり方は、そういう思い出を自分の心の奥深くに葬り去るか、時には思い出すのを拒否することであるということがそのうちわかるだろう。しかし、一度も外に出たことのなかった自分の生まれた土地に対するこのような見方の変化は、大いにありうることだが、地理的移動を早い時期に、しかも衝撃的に学習することになる。リュメヴィルは、次の夏休みにしか会えない祖母の家での楽園の幸福に飾られ、美化される。そのうえ、晩年に、ブローデルが若き日を喚起するのを聞いていると、彼が体験した忘れがたきことは、戦後になっても、すべてロレーヌで起こったという印象を受ける。

ムーズ県〔フランス北東部〕、それはもはや単にブローデルの子供時代、そして夏休みが来るたびの逃避だけでなく、村について考察したことがあるように、人生の連続性、子供としての生活が復元される連続性でもある。一九八一年にジャン＝クロード・ブランギエと村について話すときには、六十年以上経った後でも、ブローデルは興奮する。ブローデルの断言するところによれば、彼がいとこのロジェ・サバティエと自転車で行ったり来たりしなかったところは一箇所もない。

「どこにも親戚がいました。いとこは私よりもほんの少し年下でした。いとこは私にどうしても必要な弟だったわけです。二人は本当に仲良しでした。私たちはムーズ渓谷によく降りていきました。オート＝マルヌ県の方に白ワインを飲みに行ったこともありました。」

ブローデルが若くして酒飲みであったと仮定すると、このような思い出は、確かに、ブローデルが十七歳の時に体験する戦後初めての夏休みにまで、一挙にわれわれを連れてゆく。リュメヴィルは、本当に自由であったし、本物の世界、本当の家族であったのだ。

むしろ、たぶん晩年のブローデルが書いた文章の中の次のようなワイン礼讃の話を聞くことにしよう。

「生きる技術というのは、文明というのと同じことである。ぶどうの木は受け入れられるすべての国に己の刻印を記す。すべての国でぶどうの木はいつも驚くべき力強さで成功する。それに、いかなる土壌もぶどうの木を不愉快にすることはない。鉄道の拡大に続くけた外れの危機の結果ぶどうの木が消滅したところにさえ、ぶどうの木は己の通り道に消しがたい刻印を残した。ぶどう栽培者の家はいまでもその刻印で見分けられる。建物が高く、ワイン蔵があり、そこにはワインの保存のために入れられる大樽に見合った大きな車寄せがある〔……〕。ぶどうの木から見捨てられた風景そのものは、はっきりとわかる。ラン〔フランス北部エーヌ県の県庁所在地〕やブザンソンやバール＝ル＝デュック〔ムーズ県の県庁所在地〕周辺の田舎では、昔ぶどう園があった場所は、空き地になった空間を征服した茂みと小潅木で推察されるし、またぶどう収穫の時期に、ぶどうがいっぱいになった背負い籠を運ぶ人が行ったり来たりすることができるジグザグの道で推察される。しかも、オルナン川〔リニー＝アン＝バロワとバール＝ル＝デュックの川〕の昔のぶどう栽培の渓谷に関しては、ぶどうの木は、消滅してしまったが、異常なまでの繁栄とかつてのぶどう栽培者たちの村の優雅さを説明するものだと考えるのは私だけではない。それにこういう村に住む人々には人をばかにしたような陽気さがある。

そしてもちろん、こういう村の人々は、耕作者としての村人が『土くれに翻弄される者』と言われるように、やや愚鈍な田舎者などではないのだ[16]……」

バールはブローデルの子供の時の世界の感情的な首都であり、長い間、心の首都であり続ける。実際には、人生がブローデルをこの首都から外に出すまでである。そしてそれからずいぶんたってからも、この郷十は、歴史家ブローデルにとって常に参照系であり続ける。ブローデルが錨を下ろす場所なのだ。

2 故郷から引き離されたこと。パリから見た郷土

以上のような次第で、一九〇九年、七歳で小学校に入るにあたって故郷から引き離されたのである。ブローデルは、小規模な農民の自由な生活から引き離されて、たとえメリエル（今日ではヴァルドワーズ）は一九〇九年には、リラダンの森とオワーズ川のほとりにある、まだ田舎の町であるとはいえ、すでに標準的な生活の規格になりつつあったパリ郊外の外れに閉じ込められる。

「あそこはほぼ完璧な田舎でした。メリエルは大きな村で、石造りの鈍重な家があり、塀に囲まれた庭があり、庭にはスグリの木や桜の木がいっぱいあり、毎年春になるとライラックの花が咲いてその下に隠れて見えなくなるのでした。このメリエルに沿って流れるオワーズ川には、北の方からベルギーの川船の一団が来ていました。時々は、ランヌ元帥の子孫のモンテベッロ家の人々が猟犬を用いて騎馬で行なう見事な狩りを催していました[17]。」

とりわけ祖母コルノから引き離されたわけで、これはそれまでブローデルがその存在を忘れようと努めていた二歳年上の兄〔レーモン〕に比べて、ブローデルの家族状況の全面的な逆転となって表れる。幼いフェルナンは、ただ単に祖母の家で一人っ子であるというその立場を決定的に失うだけでなく、弟としての立場のもろもろの不都合を味わわなければならないのである。その時までは、さまざまな不都合は、夏休みの滞在という一時的なもののなかに多かれ少なかれ

隠されていたわけである。夏休みの滞在中は、フェルナンこそ、ありとあらゆる場所をよく知っている者であり、村の王様であった。だがパリ近郊に来てからは、フェルナンは新しい土地にまるでなじめない者であり、兄は家族の基盤のなかにいるという習慣からその支配力をさらに強くするのである。

兄は、パリでの学業を続けるために、相変わらずパリで教え続けている父親と一緒に、毎日パリに行く。兄は、並外れた数学の才と整理整頓好きを父親から受け継いでいて、それはのちに軍人エリート養成の理工科学校生としての経歴に示されるわけだが、理工科学校を出た兄は海軍のなかで最高の位にまで達することになる。だから、この兄に対して、フェルナンは、祖母の家では自分の思い通りにふるまう習慣を目に見えてとった他、母方から受け継いだ自由奔放な空想力を見せるが、もちろんよく思われない。フェルナンの母親は、「あまりにも想像力のある人」としてブローデルが描くことになる人であるが、ブローデルはそれ以上のことは言わない。しかしこの想像力はフェルナン・ブローデルが自らについて判断しているなかに見られる。ブローデルは捕虜生活中に博士論文を書く力をその想像力から得たわけだが、具体的な現実に出会って古文書から抜け出るあの能力を想像力から得る。そしてこの能力がブローデルの歴史の書き方を特徴づけることになる。

こうして幼いフェルナンは、父親の直接的な厳しい監督のもとで服従という拘束を受けながら独立を失ってゆく。この父親については、弟のささいな過ちをこっぴどく殴ることでけりをつける――これもブローデルの想像力が過ぎるところか？　――昔気質の厳格な父親であったと誰もが一致して言う。父親から逃げるために、フェルナン・ブローデルは、犬小屋の奥に隠れたり、あるいは隣の家の庭に避難するべく塀を乗り越えたと語ったことがある。メリエルの学校については、フェルナン・ブローデルは、二つの思い出をずっと持っている。一つは目が眩むような思い出であり、もう一つは目印となるものである。目が眩むような思い出は、とブローデルはブランギエにこんなふうに言う。

「私にとってまさに驚異であった先生のことです。私はこの先生に大いに関心を持ちました。また先生は私のことをかわいがりすぎたと思います。でも私の方も先生のことが好きだった。それで一体どういうことになるかはわかってもらえないと思うが。この先生が綴りや計算を教える教え方はもちろんすばらしかったが、特に歴史ですね！　フランスの歴史をまるで聖務日課のように朗唱してくれたのです……。この先生が何か私が関心を持つ方向の引き金になったかどうかわかりません。」

フェルナンはこの先生が兄を嫌いだったから大いに喜ぶ。兄はこの先生の十七歳の息子が答えに詰まった数学の問題を十歳のときに解いて、先生の息子を笑い者にしたのだった。

「視察官が不意にやってきたときには、私は前に進み出て、フランス史の重要な日付をすべて暗唱して見せたものでした。」

目印というのは、俳優ジャン・ギャバンとの仲間意識のことである。

「ギャバンは出来の悪い生徒で、私は出来の良い生徒でした。授業が終わるときに、教科を悪い生徒に暗唱させるのは出来の良い生徒たちの役割でした。この良い生徒たちがそれでよしと判断すれば、罰を受けた者は解放されたのですが、そうでない場合には、教室に残されたのでした。［……］あのかわいそうなギャバンはたいてい居残り組のなかにいました。」

ギャバンは、亡くなる年に（一九七六年）、人間科学館に来て映画を撮っていた。ギャバンが来ていると知ると、ブローデルはギャバンのところに飛んでいって、まるでこの世には彼らしかいないかのように子供時代の思い出に狂おしいほどに話を咲かせたわけで、想像がつくように、映画制作の人々は困ったほどだった……。

目印というのは、この子供時代を同時期に送ったことが、俳優の経歴とあらゆる人々の記憶に残る俳優の成功のせいで、いわば二十世紀の展開においてフェルナン・ブローデルの世代を位置づけるイメージを彷彿とさせるということである。

メリエル滞在はあまり長く続かず、正確には二年である。これについてはそれ以上のことは何もわからない。悪い思い出には蓋をしてしまうということだ。フェルナン・ブローデルは自分が行動するとか選択する可能性があることに属するものしか覚えていず、我慢しなければならなかったことや自分の生活の流れから退去させたいと思うものは覚えていない。父親は、たぶんフェルナンがパリの風土に慣れたと判断して、そこに家族を移す。こうしてフェルナン・ブローデルは、九歳の時に、ベルヴィル大通り七七番地の公立の小学校に入る。少年はこの学校に、幸運なことに、家族の懐の外への逃避を見出す。次いで、少年はリセ・ヴォルテールに入り、ここでは中等教育の生徒としての生活を穏やかに送る。彼は奨学生であり（リセは有料である）、そのために制服を着ていなければならず、制服のせいでもっと裕福な友達とは区別される。ベル・エポックである……。ブローデルの息抜きは詩を書くことである。一九七二年に、あるアメリカの雑誌用に書いた歴史家としての教育を受けた話の要約〔「個人的証言」〕で、「詩を書きすぎた」と書くことになる。彼はこの点を次のようにブランギエに説明している。

「あいにくあまりにも出来の良い生徒だったのです。競争があるところではありませんでした。かなり単純な理由で私は良い生徒だったわけです。つまり父が数学者でしたから、私は数学がよくできたのです。科学もよくできました。また大変記憶力が良かったので歴史もよくできました。フランス語、ラテン語、ギリシャ語の観点からも、私はまずまずよくやっていました。……」

ブローデルは特にラテン語を勉強した。しかしブローデルは良く出来る生徒のために引かれた道という罠に落ちる。この罠から抜け出すのにずいぶん時間がかかるし、それはまた空で覚えてしまった、問題のない歴史という罠でもある。この若き日のことを念頭に置いてブローデルが歴史について語るたびに、頭に入れておかなければならないのは、当時のバイブルであるラヴィッスの凝固した歴史、まったく出来合いの、不可避の歴史である。

「小学校に入ってから、私たちはまるで聖書を暗唱するようにフランス史を暗唱していた。一種の特訓があったのです。成績優秀者への賞の授与のときには、一八七〇年の戦争のなかで数少ない勝利の一つであるバポームの戦いに関する本をもらったものでした。私たちはドイツに対する報復の念のなかで育てられたわけです……」

ロレーヌ人としてのブローデルの愛国心は、実際、パリの近くで生活しているいま、絶えず強くなる一方であるが、それはリュメヴィルでの自由な生活と祖母コルノの愛情を懐かしむからだけでなく、まさに当時のフランス人の生活全体がますますドイツに対する報復の念に染まっていたからでもある。一九一四年の戦争は無から生まれたわけではないのだ。

戦争はブローデルが十二歳になる三週間前に勃発する。ブローデルはいつも通りヴァカンスでリュメヴィルに来ていた。だがリュメヴィルは、九月にドイツ軍に占領される。負けたわけではないサン＝ミイエルの前線とともに、ドイツ側の鍵となり、フランス側の閂となるもののすぐ近く、二八キロメートルのところにある。絶え間ない砲撃の音が家々を震動させている。

「その砲撃の音は何もかも震動させていました。それに一体どれほど多くの軍隊が通過し、前線に行ったり陣地を代えたりしていたことか！　軍隊は村にあふれていました。愛国主義者であることが許されないかのように私は愛国主義者でした。」

ブローデルはこのときの興奮をパリで記憶にとどめている。ブランギエにはただ単に「私は大いに楽しんでいる」とだけ言っている。しかしブローデルが口にしないこと、それは一九一七年まで父親が動員されたので、三年の間ブローデルはすばらしい自由を味わったということである。母親との暗黙の了解が花開く可能性がある。わずかだが家計の足しになるように、母親は子供のとき修道院で習ったことのある裁縫を始める。それまではどの科目でも一番であること、体育でも一番であることを強いられていたのだが、ブローデルは次第にまあいいやという気持ちになって、若くてすてきな女性の先生が教えるロシア語の授業を受ける。強調しておくが、『現代史ジャーナル』のために一九七二年に書かれた「私はいかにして歴史家になったか」〔英語版では「個人的証言」〕という要約のなかで、フェルナン・ブローデルは戦争のことはまったく語らない。第一次大戦も第二次大戦も、ブローデルの心にあまりにも深く刻みつけられる恐れのあるものを、ブローデルは歴史家としての自分の領域から退去させているという印象を持たれることだろう。しかしながら、自分では忘れたいと思っているあの復讐心のあずかり知らぬところで、実際に体験した戦争はブローデルに打撃を与えたのである。パリは「銃後」であるとしても、人々は「大きなベルタ砲」の砲撃と同じくさまざまな砲撃を受け、さまざまな制限を受けたのである。

おそらくブローデルはのちに、子供時代の戦争、ヒステリー、つまり戦争によって始まり、また戦争が絶えずはぐくむあらゆる批判精神の喪失にあまりにも強烈に影響されていたと感じたのであろう。当然のことながら、勝利は相変わらず復讐心を抱えているブローデルを力づけることになる。十六歳の時に休戦協定を迎えるのだからますますもって慰めになる。

「パリの十一月十一日〔第一次世界大戦終結〕、あれが何であったかは君には想像がつかないと思う。一つの町全体が沸き返るのですから。私は第一学級の生徒でしたが、リセを出て、一晩中私たちは異常なまでに興奮で沸き返っているパリの町にいました〔ここでブローデルはある少女と一緒だったことはブランギエに語っていない。ブローデルはめかしこんで、白い手袋を真っ黒にしたわけで、だからしまいにはその少女の頬は黒くなっていた……〕」

ブローデルの思い出をたどりながら、われわれはすっかり編年史を越えてしまったが、あれほど多くの規則を変え、規範を脱して自らを形成し、あれほどあちこちをさまよい歩くのが好きだったこの歴史家をとらえるためには、伝記そのものがあちこちを転々とする必要があるのだ。戦争の準備ならびに戦争が果てしない血なまぐさい展開になるのを予測しながら、ついにはブローデルの青春の時間すべてを満たしてしまう戦争に伝記が運ばれていってもいいのだ。たとえそれがブローデルのあずかり知らぬわれわれの再現であるとしても。

休戦協定のあのひどく興奮した夜を別にすれば、ブローデルの思い出のなかには何も特別なものはない。まるで青年は何も見なかったかのようであり、また町のなかで何も体験しなかったかのようである。戦争という事件に関わるものとともにブローデルはパリを排除してしまったと考えることもできようが、それでもやはりブローデルの生活環境のなかでパリはメリエルよりもいいというわけではないという印象が残っている。ジェノヴァやヴェネツィアのあちこちの小さな路地についても、リュメヴィル＝アン＝オルノワについても、話が尽きないブローデルが、首都パリについては、一言も語らないのである。実際、ブローデルは心の奥では首都を好きになれないし、のちにはアルジェ時代の中断期間も、ブラジル滞在という中断期間のときも、ほぼ一貫して首都を避けるようになる。ブローデルが本当にパリの人間になるのは、一九四五年五月に捕虜生活から帰還した後でしかないし、再び大学の生活に組み込まれた後なのだが、しかしブローデルを感動させたり魅惑したりするものから相変わらず少し遠ざけられたパリ人なのである。このパリ人はパリの人間になる可能性があるやいなやたちまち遠ざかるか、または逃げ出してしまうのだ。農民出身であることから人生を復元することがやはり重要なのか。

おそらくここでわれわれは再び、別のかたちで、悪い思い出の排除に出会う。パリは明らかにブローデルにとって忘れられないかたちで、父親の監督下にある、奇妙な家族生活へのあの追放の刻印を残した。ブローデルが我慢できなかった生活であり――父親が戦争から戻ってくると危機が現れる――できるかぎり早く逃げ出したかった生活である。したがってロレーヌ地方は、単なる地理的状況であったのではなく、故郷を離れたことと、パリにいる父親の杖に対する反動として、失われた楽園をもとに歴史家がより美しく復元したものなのである。七十歳の時に、ブローデルは過去を振り返りながら、フランスに関する個人的な経験について特に注目すべき言葉遣いで、自分の考えていることを要約してみせる。

「私たちロレーヌの人間は、私たちの目の前に、また私たちの周囲に、フランスを持つのではなく、私たちの背後にフランスを持っているのであり、私たちはフランスに背をもたせかけているのです。」

確かにブローデルはパリに背中を向けた。しかし、その結果、行政の偶然のためにブローデルがパリから出るまで、まるで心のなかではロレーヌ地方にずっといるかのように、まず初めはブローデルが子供時代に実際に過ごしたあの国境を目の前に保ってきたのである。ところで、たとえ一九一八年の勝利がこの国境をなくしたとしても、この国境について、少なくとも一九四〇年までは――これはまた別の話だ――ブローデルは絶えず思いを巡らすことになる。それはもはやラヴィッスの歴史の教科書につきまとう国境線ではなく、外の出来事のままに絶えず揺れ動く国境なのであり、そこから思いがけなくもフランスに併合されるということが生じる。歴史家はこのことを特に力を込めて語ることになる。

「私は不安定なバロワに生まれました。揺れ動くバロワはフランスの主権に属しています。したがって私たちはフランス人です。ロレーヌの空間の心臓部まで、たとえばドンレミまでフランス人だと言うことにしよう。もし君がこのかなり奇妙な立場を理解しなければ、ジャンヌ・ダルクについては何もわかるわけがありません。」

なるほどいかにも奇妙だ。フランスを背にしているというこの考えは相変わらず背景にあり、しかも最前線から始まっている。フェルナン・ブローデルは、公立の小学校であのフランス史をまるでそれが歴史全部であるかのように暗唱していたことを覚えている。「私たちは報復の念のなかで育てられたのです……」しかしジャンヌ・ダルクを理解するということは、ブローデルにとってまず第一に隣り村の偉大なヒロインを発見することであった。リュメヴィルからダンヴィルを通り、ヴォーの森を横切ってまっすぐ行けば、現在ドンレミ＝ラ＝ピュセルと呼ばれているドンレミは、二五キロメートル以内のところにある。ゴンドルクールを通って森を迂回して行けば、三四キロメートルである。ジャンヌ・ダルクの生家のあるドンレミは、ムーズ渓谷であり、ヴォークールール渓谷であり、もう少し北のコメルシは、少年が自転車を手に入れるや四方八方に駆けめぐることになる渓谷である。当然のことながら、歴史というものは、小学校で最初の授業を受けたときから、こんなふうにして少年にとってきわめて生き生きとしたローカルな出来事となってゆく。地図を見る必要もないのだ。あるいは、人が特別な場所で成長したことを地図が示す場合には、地図を見る必要があるかもしれない。

私は歴史家フェルナン・ブローデルが郷土に対して抱いている想像力のおかげで自己形成をしたと言いたいのではない。もしそんなふうに言えば、環境の役割に関してイッポリート・テーヌに好都合な概念、もっと正確に言えばブローデルが先生たちから教えを受けることになる新しい地理学に先立つ概念を参照することになるだろう。しかもブローデルはますます歴史を吹き込むことによってこの新しい地理学を変えてゆくのである。ブローデルがロレーヌ地方を心のなかで選んだために現在もなお非常に重くのしかかっている過去の出来事についての、素朴で、自発的な自覚のようなものの輪郭を私ははっきりさせてみたいと思う。ブローデルはロレーヌ地方に対する愛着を断ち切るすべを心得たときにしか歴史家にならないという指摘を行なうことで、ブローデルの精神の持続的な形成の力を測ることは間接的にはできるが、そこにはいささかも曖昧さはない。

しかしながら、この経験を歴史家ブローデルの発展に組み込むためには、領域を現代のさまざまな世代にまで広げなければならない。フランス東部に生まれたことが、フランスの地理学と歴史の背後に、国境という力学――言い換えれば、体験した空間の力学、変わりやすい境界線、侵犯、実際的・社会的な大変動――を読みとるのに強力な励ましとなったということ、それはフェルナン・ブローデル以前の世代にとっても有効である。ブローデルがのちに満足げに指摘するように、『総合雑誌』を創刊したアンリ・ベール、この人のなかにブローデルは新しい歴史の先駆者を見ているし、『アナール』の二人の創設者、フランシュ＝コンテ人のリュシアン・フェーヴル、アルザス出身のマルク・ブロック（それぞれブローデルよりも二十四歳、十六歳年上である）、彼らはブローデルと同様に東部のフランス人であった。これはまたブローデルの後の世代にも当てはまることで、たとえばピエール・ショーニュは、一九二三年にヴェルダンで生まれた……。

したがって、死後出版となったブローデルの名著『フランスのアイデンティティ』のなかで――この本に「空間と歴史」というあの副題をつけたのは正しかった、というのは「空間」とはブローデルの歴史の考え方となるもののなかで〈開けゴマ〉だから――フェルナン・ブローデルがフランス史における市場町の意義と役割を説明している鍵となる章がリュメヴィル＝アン＝オルノワという小さな村がある小郡の中心となる町ゴンドルクールに充てられているとしてもいささかも驚くことはないのだ。ゴンドルクールは正確にはグリニッチの東経五度三十分の子午線上にある。これはアムステルダムよりもわずかに東を通るが、マルセイユの真ん中を通る子午線である。北緯四十八度八十分のところにあり、〔フランス西端の〕ブレストと昔の東側国境にあるストラスブールと同じ緯線上にあり、現在のフランスの最大幅の線上にあることになる。

ムーズ県の南部にある貧しい小郡だが、かなり高いところにあるために気候は比較的寒い。ブローデルはこの小郡を次のように記述している。

「この平凡な小郡は地層の異なる二つの石灰質の高原の境目にある。東には、ムーズ高原（あるいは別の言い方を好むならムーズ丘陵）が、北と西には、バロワ高原（あるいはバール丘陵と言ってもいい）がある。二つの高原が不完全に接する真ん中に、粘土を含むか泥灰岩質の窪地ができる。そういうところにゴンドルクールを含む村々がある。というのもそういう場所にこそ石灰岩の厚みのなかに浸透した水が出てきて、泉とか井戸とか小川とか川が生まれるからである。適切にせき止められた小川は池になり、水車を動かすことができる――たとえばリュメヴィル＝アン＝オルノワの水車はすでに一二六一年には存在していたのである。石灰岩はまた数え切れないほど多くの石切場でもある。だからああいう石造りの家がある村々ができたのであり、そのことは、十八世紀の初めに家というものがまだ藁や葦の屋根のある木と粘土でできていた近隣の湿気の多いシャンパーニュから来た人には大変驚くべきことであったのだ。[18]」

当然のことながら、晩年のこうした回顧では、子供を取り巻き、子供がいろいろなことを習得するこの世界について子供が最初に観察したことには間接的にしか近づくことはできない。鬱蒼たる森はそれでもやはり子供の心に強い印象を与えたに違いないし、その痕跡は『フランスのアイデンティティ』のなかに次のように残っている。

「ムーズ高原では［……］森がすべてというかほとんどすべてを覆い尽くしている。今日でもなお、この森では人は道に迷う。[19]」

ブローデルの精神の輪郭と言葉を改めて取り上げるために、われわれにできるのはせいぜい思考の基層に見当をつけることぐらいである。パリ盆地のこの東端の高原を「丘陵」と同一視することは、学士号とアグレガシオン〔高等教育教授資格試験〕準備のための地理学の授業の問題の基層に、つまり一九二〇～一九二一年の学生ブローデルに属する（つまりあの時代にということだが、戦争によってできた空白期間を埋めるために、学士号は一年で取れたし、ブローデルは引き続いてアグレガシオンに合格したのである)。リュメヴィルの水車の日付は、一九〇九年に出版されたムーズ県の「自然、経済、歴史、行政の」地理学に関するアンリ・ルモワーヌの本を一冊読んで得たものである。[20] この本はブローデルが自分の家族と同様に見ていた人々の過去に対して当初から抱いていた関心事や、自分の家族がブローデルに根を下ろさせたムーズという地方に関連するのであり、ブローデルは自ら進んでムーズ地方の歴史家であると思っている。また、自分ではいつの日かそこを出ることになるなどと思ってもいなかった郷土に関連しているのである。ブローデルはずっと後になってからブランギエにこんなふうに言う。

「私は名誉博士号を何度もらったかわかりませんが、名誉博士になるためにこの世に生まれてきたわけではありません。穏やかに暮らすためにこの世に生まれていたのです。私はバール゠ル゠デュックのリセの先生になりたいと思っていました。」

こんなふうに人生のさまざまな瞬間を行ったり来たりすること、さまざまな現在の体験、それらの矛盾、そして研究者・歴史家がそこから引き出してくるものの間を行ったり来たりすることは、われわれがまさに本書を通じてとらえようと試みるものに起因する。つまりどのようにしてフェルナン・ブローデルはあのような歴史家になったのかということである。リュシアン・フェーヴルとともに『アナール』を創刊したマルク・ブロックは、死後出版の本である『歴史のための弁明』のなかで、「生きているものを把握する能力」を「歴史家の主要な資質」としなかっただろうか。ところでブローデルは、歴史の方を向くや否や、物質的な側面に関することを除いて、完全に、この生きているものを把握することに属する歴史家であった。われわれの知るかぎりブローデルがかつてロリアンに行ったことはないし、大西洋はブローデルにとって歴史上の登場人物でしかなかったし、またブローデルがニームに一度でも立ち寄ったかどうかは定かではない。

水車に向けられる注意は、われわれが見当をつけたのとは別の基層に、おそらく『アナール』の読書に関係がある有能な歴史家の発見に原因がある。『アナール』で初めて、われわれがこれ以後西欧の離陸と名付ける際に、水車が発展途上の農業経済の徴候となり、歴史がその社会・経済的基礎に基づいて考えられるようになるときからは歴史の重要な登場人物になる。そのような注意こそが、ゴンドルクール地方においてコルノという名前が水車に結びつけられるのだという発見、固有名詞の発見につながったのだろうか。祖母はそういうことがわかっていたのだろうか。リュメヴィルの水車がブローデルの「遠縁の親戚」の手でつくられたものであることを子供に伝えたのは、確かに祖母なのである。だからフェルナン・ブローデルは自分の先史のなかにこのような水車との関係を見つけたのである。

このことはわれわれに、地理学の空間には歴史がしみこんでいるというあの基本的な考えとともに、そこに付け加えられる別のことをはっきりと理解させてくれる。つまり若きブローデルが見つめているもののなかに持続についての、ほとんど直感的な、基本的理解があるということである。このような側面は、古い地方に所属しているという感情から生まれるもので、そういう古い地方の生活は時間の闇のなかに消えてしまったが、現代の生活の上でなおも重要であるか重くのしかかっている数々の出来事と常に密接に関わっているものなのである。

ゴンドルクールは、城塞都市という過去を持つために、今日では、ゴンドルクール＝ル＝シャトーという「大げさな名称」を持っている、とブローデルは言っている。

「村と言ってもいいような小さな町が街道（バーゼル／ランス、ショーモン／ヴェルダン）の交差する点を巧みに利用してきたのである。この町を要塞化しても十四世紀と十六世紀に二度にわたって占領されることを妨げることはできず、そのたびに町は焼かれた。この町は、町にとって不幸なことに、シャンパーニュの国境（これは一二八五年以来、フランス王国の国境である）、バール公爵領の国境、ロレーヌ公爵領の国境といった不穏な国境の接するところにある。したがってこの町は、町を支配下に置き、町から搾り取り、税を課そうと願う何人もの支配者を持つことになる。ラングルにつくられたフランス王国の国庫財務官はそのなかでも最も恐るべきものである。(21)」

円熟したブローデルが自分の子供時代を過ごしたこうした場所について立てる道しるべの中から、二つ記憶にとどめることにしよう。一つはブローデルが祖母から受け取った知識の質を明らかにしてくれるものである。

「こういった地方においては、識字教育は古くから行なわれている。リュメヴィルのような平凡な村においては、小学校の先生が、一六八九年からは結婚の際には必ずいたのだ。[22]」

もう一つはブローデルの長い経験から出てこないものだ。ブローデルは、アンシャン・レジーム下のさまざまな村と比べて小郡の中心都市たるゴンドルクールの社会的分化を研究して、職人仕事とサービス活動のために農村の活動が制限を受けていることに着目している。

「以上のことから私は空間の編成はそれだけで不平等と上下の階層関係を作り出すものであると結論する。マルクスは都市／田舎の対立のなかに階級闘争の最も古い例を見ていた。あれは実に見事な見解であった。[23]」

ブローデルの子供時代のこの市場町、つまり彼の子供時代の市場町の発展についてのブローデルの理解に関連して、われわれは完全に円熟した歴史家のあの鍵となる言葉、すなわち「空間」を見出すのである。ブローデルがマルクスという名前に最初に出会ったのは——歴史家としてのブローデルの一生にわたって費やされるマルクスについてのブローデルの考察とは私は言わない——かなり早い時期であり、しかもあのロレーヌという一切れの土地に関係している可能性がある。アルフォンス・オーラール（一八四〇〜一九二八年）は、『バール＝ル＝デュックにおけるフランス革命の始まり』を対象とする、ブローデルの高等教育卒業証書の指導教授であった。この人は『フランス革命の政治史』（一九〇一年）においてロベスピエールに対立するダントンの味方をし、またソビエト連邦において権力を握ったボルシェビキのなかに一七九二年のジャコバン派の好敵手を見た後、ボルシェビキの独裁権力の行使からたちまち離れたために、一九二〇年代の間にマティエスとその後継者たちから人目のつかないところに締め出されたのである。[24]ところでブローデルは、マルクス主義者が大学にはきわめて稀であり、またマルクスがいわば翻訳されていなかった時代に、いかにもフランス最初の「マルクス主義者[25]」の一人であった。

これはわれわれにはもはや察しもつかなくなっている大学という風景のなかで、ブローデル研究をすることにわれわれを立ち戻らせる。ただ単に学生の数が今日に比べて大変限られていたからだけでなく、ブローデルはちょうど変わり目の短い時期に高等教育に達したからでもある。あの時期には、もろもろの事情でブローデルは段階を飛ばして進んでいったのである。戦争によるひどい人的損害の終わりに、行政は国民教育を大急ぎで立て直さなければならなかっただけでなく、ブローデル自身が自分の家族環境から早く逃げ出したいと思っていたのである。

3 近道としての歴史、だがすでに一般史が照準線上にある

フェルナン・ブローデルの思い出の中から理解される以上に、父親との衝突があったと推測される。父親はブローデルの考えではそんなに長く戦争に動員されたわけではなく、したがって父親は改めて家族全員を牛耳る。子供が成長するにつれてますます何度も、激しい衝突があったのは間違いない。ブローデルの末娘のフランソワーズは、私宛の手紙に次のように書いている。

「私の父は医者になりたいと思っていたと断言することができると思います。父は医者になることへのある種のノスタルジーを常に持っていました。」

一九一二年生まれで、のちにジェラール神父になる者――この人はリュメヴィルでクリミア戦争の話をしたあの年寄りの孫である――の思い出は、リュメヴィルでの一九一九年の夏休みに、またすでに理工科学校の学生であった兄のレーモンと一緒に、いろいろな遊びを考え出すフェルナンとの出会いにわれわれを連れてゆく。

「彼らのいとこたちの狭い世界、すなわちリュメヴィルのすべての子供たちを楽しませる遊びである。いとこのシャルロットに濃いメーキャップをして、火にくべて焦がしたコルク栓でシャルロットの眉毛を黒くしているフェルナンの姿がいまでも目に浮かぶ。レーモンもフェルナンも（フェルナンは特に進んで私たちの仲間に加わっていた）わざと私たちに強烈な印象を与えるようなことはしなかった――もちろん！――だが、二人は私たちに畏怖の念を起こさせていた。二人が自分たちのことを話すことがなくても、私たちの両親や彼らのいとこたちが彼らのことを話題にした。村

の人口は一三五人で、互いに相手のことをよく知っていた。『イレール〔レーモンとフェルナンの父親はシャルル・イレール・ブローデル〕の子供たちは〈学校に〉行くか、行っているのだということを思い出させるにはどんな機会も好都合であった——ちなみに私たちはイレールにドイツ語のように固有名詞の前に冠詞を付けていた。［……］フェルナンは、ゴンドルクールの方に目を向けていたから、トリーア〔皇帝アウグスティヌスが建設したケルンの南西にある都市〕からやってくる、コンスタンス＝クロール（この名前は非常に滑稽に思われた）の息子コンスタンタンを見ているような印象をフェルナンの話を聞く子供たちに与えたものだった。子供らしい私の想像力で、私は怠け者の国王のように動き回る未来の皇帝の姿を見ていた。リュメヴィルの人間の盲目的愛国心だろうか。フェルナンは、第二のローマの建設者の手で村の土地を通過させたいと思っていたのかもしれない。』[26]

ここに描かれているフェルナンは——動詞への好みからして——医学を勉強するのを父親が「思いとどまらせた」[27]時期に違いない。それはまた、将来について父親と激しく別の議論を行なった後、年齢をごまかしてある銀行に職を見つけた時期でもある。ブローデルは密告されたのか。銀行の窓口にいるブローデルを父親は発見した。その後は乱暴であったと予想される。なぜならそれは父親が夢見ていて、兄が理工科学校に入学したことで手に入れていた社会的地位の上昇という野心に抵触することだったからである。「私に野心がなかったために、そのとき私は歴史の方に進んでいった」[28]と、フェルナン・ブローデルは、一九七二年に皮肉を込めて付け加えている。ブランギエに打ち明ける話ではブローデルはもっと明快である。

「あるとき、私は自分の家族に対して依存した状態から早く抜け出したいと思いました。私には学士号をとって、教師になるという野心がありました。学士号は一年で終わってしまいました。私にとって歴史は、もっと簡単でした。ソルボンヌ大学に入ったときにはある程度の歴史の知識を持っていました……。だから学士号は一年で終えてしまい、二十歳になっていなかったのでアグレガシオンの試験を受けました。アグレガシオンには合格しました。したがって私は歴史家という天職についたのではなく、歴史家という職業につくことになったのです。歴史に対する情熱は後になってやってきたのでした。」

要するにブローデルは歴史を選んだのだが、それは歴史が一番手っ取り早くブローデルの手の届くところにあったからである。家族のなかに閉じ込められること、父親の権威の束縛から抜け出したいという欲求にせかされて、戦争の空白を埋めるために教育期間が短くなったところに呑み込まれてしまったことを残念に思う気持ち、それはブローデルを高等師範学校《エコール・ノルマル》にまで行かせることになったかもしれない、グランドゼコール予備学級を、つまり当時言われていたように高等修辞学のよきるつぼを通っていく時間の余裕さえなかったということなのか。のちに、ブローデルはそんなことを考えることさえなかったのだから、後悔するまでもないと言う。このことは彼の父親も、リセ・ヴォルテールのどの先生も、ブローデルのために高等師範学校のことを考えなかったということを意味している。ブローデルは、私の場合グランドゼコール予備学級に向かわせたのはリセ・アンリ四世であったと知って、私にそういうことを言うのである。当然、小学校教師の父親にとっては、大学というものは特別なものであった。ブローデルはこんなふうにして長期の教育、「高尚な」教育を受け損ない、「田舎臭さを脱すること」に失敗したのである。しかしこのように学業を大急ぎで終わらせたことは、少なくとも幸運な結果をもたらす。つまりブローデルはたった一人でもっと自由に、そしてほとんど独学のようなかたちで自己形成してゆく。あの当時、もっと長い教育課程であったら、事件史ならびに外交史にとどまったまま何も変えることがなかったということは大いにありうる。要するに、事件史ならびに外交史には、あの一九二〇年代の初めには、勝利の報復を祭り上げることが要求されていたのである。あらゆる差異を考慮した上で、同じように月並みとなった短縮された教育課程を終えた別の改革者、アインシュタインのように、ブローデルは、成功の緒につくのに十分な知識があったが、ブローデルもまたすでに型どおりのものでしかなくなっていたものを習う必要はなかったのである。

「あの頃ほとんど学生のいなかった、好意的なソルボンヌ大学については、私はただ一つしか良い思い出を持っていない。つまりオゼールの教えである。オゼールは他の先生たちとは別の話し方をしていた。経済史と社会史の話し方である。大変に頭の良い方で、先生は何でも知っているし、またこれみよがしの態度をとらずに自分の知っていることを見せる。時代の徴候で、非常にわずかな聴講生の前で、つまり六人か七人の前で先生は話す。公平のために言えば、モーリス・オローの授業を受けるのも楽しみだった。ギリシャ史の大変すぐれた専門家で、この先生もまた三、四人の聴講生のために話していた。[29]」

しかしながら、教育課程が短縮されて青年が失ったもの、それはユルム通りの環境、すなわち高等師範学校がブローデルにもたらしたかもしれない知的な威信と接触であるが、そのことをブローデルが推し量るのは後になってからでしかない。大事なことは、子供のときに、大変なことを経験したという陶酔の他に、自分は単純な歴史を教えてゆくのだという確信をブローデルにもたらしたものを頼みとし続けることである。単純な歴史の意味は明解であった。またはよく選び抜かれた出来事、つまり互いにしっかりと関連づけられた出来事をもとに歴史の意味を明らかにさせることは容易なことであった。ただ単にブローデルは自分の使命がまだわかっていなかっただけでなく、人生の始まりの経験のレベルそのもので自分の将来を考えるだけで満足しているのである。ブローデルの地平はかつてないほどにロレーヌ地方なのである。

「私はバール＝ル＝デュックのリセの先生になりたいと思っていました。私は『ムーズ県の目覚め』新聞に記事を書き始めました。それは三流新聞でしたが、マジノ[30]の新聞でした。だから自慢できるもので、利益をもたらすものだったのですが、私はその恩恵にはあずかれませんでした。バール＝ル＝デュックに任命されるように頼んだのに、行政との対話の結果、私はアルジェリアに派遣されたのでした……」

一九七二年の『現代史ジャーナル』のための自伝のなかで、フェルナン・ブローデルは、一九二三年七月に、二十一歳でアグレジェ〔高等教育教授資格取得者〕であるのは、「それほど喜ぶべきことではない」という事実を強調することになる。

「私は自分の人生をやや安値でたたき売って、安易な道を選択したという気がする。〔……〕もし大学が私に対して親切であったなら、私は一九二三年にバール＝ル＝デュックのリセに任命されていただろうし、あそこで一生を過ごしただろうと思う[31]……」

ここで思い違いをしないようにしよう。こういう屈託のない判断の背後にあまりにも急ぎすぎたという悪い思い出の排除、ブローデルが大文字の歴史にもたらしたもので、一九二〇年にはなかったものの尺度で判断して、自分にできることの野心を持たなかったという悪い思い出の排除があるのだ。父親の懐から抜け出すための短距離競走の間に、立派な、さらには偉大な先生たちからブローデルは多くのものを受け取ったということをわれわれはこれからも発見し続けるだろう。それは一九二二年に自分がそうだと思い込んでいるもののためというよりも、ブローデルがこれからなろうとしているもののためである。それに、ブローデルがすでに線を引かれた枠のなかで実現するものについても事情は同じである。今日、われわれはブローデルが一九二一～一九二二年度に十九歳で書いた、彼自身もすっかり忘れている高等教育修了論文を読むことができるが、この最初の論文を前にしてあれから五十年後のブローデルの慇懃無礼な態度にはまったく賛成できない。

「当時の左翼の学生と同じく、一七八九年のフランス革命は私の心を惹きつけた。［『フランス革命の最初の三年間のバール＝ル＝デュック』は、］良心的な課題である。要するに、私の時計はみんなの時間に合わせてあり、またそうすることが好都合であるので、最も伝統的な先生たちの時間に合わせてあった。先生たちがそうであるのと同じように博識で、誠実であろうと努めるわけだが、できるかぎり事実に重要性を認めていた。私の修了論文はこの忠誠の証拠である[32]。」

「学生の研究」であるとしよう。しかし、繰り返し言っておくが、非常に若い、早熟な学生の仕事である。修了論文の一九八九年版[33]の紹介のなかで、ジャン＝ピエール・アルビュロは、ある種のプロ精神を次のように強調する。

「研究を始める前に［フェルナン・ブローデルは］おそらく県の古文書館にすでに何度も通っていた。地元の学識豊かな人、たとえばリュイリエ中佐や、特に弁護士のリュシアン・ブレのような人と付き合いがあったに違いない。ブレは、その頃、地元の史料をもとに、劇的な事件の一つ、一七八九年七月二十七日、バール＝ル＝デュックで起きた穀物商人ペリシエの〈リンチ事件〉についての研究を行なっていた。」

ブローデルもまたムーズ県の古文書館で勉強したが、国立古文書館、国立図書館でも勉強した。このことはやはり初心者としては悪くないことである。当時の同じタイプの他の研究との比較がわれわれには欠けているとしても、ブローデルの物語はきびきびとした話の進め方、ディテールと紆余曲折のなかにとらわれないことを可能にする適切な高さの見通しで強い印象を与える。当然のことながら、リンチ事件については、ブローデルはリュシアン・ブレの調査に多くを依拠しているわけだが、ブレの調査をブローデルは「決定的な仕事」とか「最新綿密な歴史的正確さのモデル」と形容している。しかしながら、ブローデルはブレを引用しながら次のようなコメントを引き出す。

「このような野蛮な行為の場面が現実にあったと信じるのはつらいことだ。地元の最初の歴史家たちが［……］犠牲者に対する深い共感の念を禁じ得なかったのは当然である。ブレ氏は事態を改めてはっきりとさせ、この仲買人が利得を漁る仕事に就いていたこと、この人が一七九三年にやった不正行為は直ちに死刑にされるものであったかもしれないことを明らかにした。しかし商人を殺害した人々は殺意を持って行動しているわけではない。彼らは、一か月前から、腹一杯食べていないのである。アルコールと同じく、貧困のために頭に血が上る。彼らはかっとなり、殴打し、まるで気が狂ったように無責任な人と同じように行動する。何ものも彼らを止めることはできない。社会的な混乱は法律からも公権力からもすべての力を奪い取る。殺人者たちはもはや自分を抑えることができないのだ……」

もちろん、青年はここで、事態が悪化するにせよ緩和されるにせよ先達の手で明らかにされた事態を細心綿密にたどっている。(34) しかし結局、ブローデルは公正に判断しようとしているし、戦争の年月が日常生活のなかに暴力を生み出すことをつぶさに観察したことを思わせる分別を備えている。ブルジョワの平穏な生活のなかに「閉じこもっていた」少年ならば、確かにそのような考察に身をゆだねることはできなかっただろうが、すでに若きブローデルのなかにはモラリストの顔が現れているのである。しかしながらブローデルの独自性が本当に現れるのはその点ではなく、論文の結論においてである。バール＝ル＝デュックの歴史は、これまではまったく田舎の、しかもロレーヌの範囲に閉じ込められたものと見えていたのだが、それが突然、三部会の議員で、ムーズ県の総代理フランソワ・ゴッサンの悲劇的な運命によって、偉大なフランス史ならびにヴァルミーの戦い〔一七九二年、デュムーリエとケレルマンの率いるフランス軍がプロイセン軍を破った〕の運命に通じるのである。

このような主題を選択するように導いたのはオーラールであると考えることができるだろう。オーラールについては、ブローデルは、新聞に掲載された版のためのあとがきで、自分は「ソルボンヌ大学で彼の最後の弟子であった」[35]と語る。だがおそらくフェルナン・ブローデルは、主題の選択の功績をオーラールに認めるかもしれないが、他方では、ブローデルがこの主題に手をつける以前は、これは確かにムーズ県にしか関係のない問題であったのだ。ヴァルミーへの道を開いたのはリュシアン・ブレから来ているかもしれないとは思われない。というのも、残されている手紙の中で[36]、ある重要な資料を見つけたばかりのブローデルは、この研究においてブレの協力を当てにすることができるかどうかブレに尋ねているからである。実際には、主題を広げて選択したのは結局は青年ブローデルであると思われる。主題を広げることは、成熟期の歴史家ブローデルの知的態度を見事に、また特殊に特徴づけるのだから。

問題になっているのはこういうことである。一七九二年九月三日の晩から四日にかけて、ゴッサンはヴェルダンを占領したばかりのプロイセンの将軍から一通の至急便を受け取る。しかもこの将軍はゴッサンを自分の部下の一人として扱い、ムーズ県の行政府代表テルノーに命令を下すのと同じように、次のような命令を下す。

「間違いなくヴェルダンの市役所に九月四日午後三時に行くこと、そうでなければ軍事行動を起こす。」

ブローデルは、ゴッサン、テルノーの反応ならびに行政機関の反応を報告している。ゴッサンの最初の反応は命令に服従するのを拒否することである。ゴッサンは辞職願いを出しさえするが、県の行政府はこれを却下し、最終的に、ゴッサンが命令を受け入れるのは、「県の方針に従う」ためである。ところが、「県の行政府は、ゴッサンの辞任を認めないことで、彼にプロイセンの命令に従うように断固として勧めたのである。」そのうえに、ブローデルは「ヴェルダンへの旅、神話」と名付けているものを、一七九三年十二月に行なわれた証人尋問の供述をもとに報告しているが、その供述は次のように述べている。

「ゴッサンはヴェルダンに派遣されるが、それは報復に出た敵が火をつけたり略奪したりするかもしれないバールを救うためであり、またケレルマンがデュムーリエを連れて到着することができるようにするためである。」

こうした断言が「まったく空想である」ことを論証するのにブローデルは全然苦労しない。ブローデルの論証はここに転載される価値がある。

「九月四日の午前中に、バールの人々はケレルマンとデュムーリエの軍隊がどこにいるのか本当に知らない。したがって、ゴッサンが『時間を稼いで』この二つの軍隊の合流ができるようにヴェルダンに向かうのだということをどうして認めることができるだろうか。人々はゴッサンがバールの即時占領を妨げるだろう、そうすればケレルマンが到着できると期待している[……]。信頼できる証人のモロー博士は、人々は一週間前からフランス軍の消息を知らなかったと報告している。だいいちフランス軍は存在しているのだろうか。バールの町ではまだフランス側の分遣隊の一つも姿が見られない。したがってケレルマンの軍隊を待つと言っても不安だらけなのである。[……]それゆえ、一週間前から、一通の手紙さえも送ってこないような軍隊の到着を可能にするためにゴッサンをヴェルダンに派遣することはできないだろう。」

しかし最も注目すべきことは、このような事実分析以上に、ブローデルがこうした証人たちの態度について説明を試みていることである。

「証人たちのこうした誤りには説明がつく。証人たちは未来が明らかにしたことをもとにして過去を再構成する傾向があるのだ。一七九二年九月四日に彼らは軍事的要因の目鼻がつくことを知らなかったということを忘れている。すべての人が、政治的正統性のあの年に、本物のサンキュロットにふさわしい態度をとりたいと思った。一七九二年九月に彼らはサンキュロットであり、あるいは一七九三年九月にサンキュロットであると言っている。一七九二年の勝利と彼らの行為の間に、意識的にせよ無意識的にせよ、因果関係を築き上げてしまったのである。」

二十歳の青年としては判断力の見事な成熟ぶりである。ブローデルはその代わりに「ヴェルダンへの旅、現実」と名付けるものを論じている。この現実は神話ほど見事ではない。というのは、プロイセン軍による占領を恐れて、「バールは、あまり名誉とは言えない恐怖の危機に餌食になった町という様相を呈した。武器を捨てたのは国民軍兵士であり、大人げない心配で自分たちの行為の痕跡を消して過去を否認し、一七九二年九月四日の議会を構成するのは愛国主義者たちである。この群衆を支配しているのは、自己本位の恐怖である。」

「臆病者たちの集まり」に対しては「ゴッサンの抵抗はむだであった」のだ。そしてこのゴッサンの旅についての神話全体を一つ一つ解体し続けて、ブローデルは次のような冷淡な結論に至る。

「このヴェルダン行きは無益な行動であった。あれはゴッサンの命を縮めた悲劇的な偶発事であった。[……]ゴッサンは、バールでただ一人、プロイセン軍侵入の際に勇気があった人だが、残酷な皮肉によって、このために裏切りの廉で責められることになる。[……]一七九四年七月には、恐怖政治はかつてないほどに公正を欠いている。ゴッサンは『専制君主』を見た。フーキエ＝タンヴィルの狭量な知性はこういうことを確認するだけで満足してしまい、『元検事総長』は革命暦二年テルミドール五日にギロチンにかけられる。[……]憲法制定議会元議員の話では、[このヴェルダン行きは]重要なことである。だが、膨大な一般史においては取るに足りない事実である。」

若きフェルナン・ブローデルは、結論においてこの地方史を「膨大な一般史」につなぎ合わせるだけでは満足せず、われわれが今日一般史の周期化と呼ぶことになるものにまで達するわけだが、それにしても何と見事な言葉遣いだろう！

「私はこの研究を一七九二年九月二十二日の日付のところで終わりにした[ヴァルミーの勝利の知らせが『一か月前から重くのしかかっているおぞましい悪夢』からバールを解放したときである]。友人の一人はこの日付の選択を厳しく批判した。友人の言うように、私はロベスピエールと恐怖政治の体制の失墜まで研究を続けるべきだったのだろうか。[……]私の考えでは、バールの革命の歴史をどんなに合理的に年代順に分けても、それは一般史のさまざまな考察を拠り所としなければならない。ところでこの一七九二年九月という月は、フランスの生命において決定的な瞬間である。君主制は八月十日に倒された。九月には、共和国が古くからのカペー朝の王権に取って代わった。ヴァルミーの勝利は侵略者を撃退し、亡命貴族の成功とアンシャン・レジームの復活を妨げたのである。」

確かに何も疑うことをしないこの非常に若い青年の権威には敬意を表するが、それ以上に「一般史の考察」についてのすでにきわめて特異な感覚に敬意を表することにしよう。当たり前のことだが、これはブローデル以前のブローデルであるが、最初の一歩からして――一九二二年九月十日に始まった三九のエピソードの発表は一九二三年十月二十五日に終わるわけだから、ブローデルは二十一歳である――ほどほどにブローデルの目標であることはできないにしても、基準になっているのはすでに「膨大な一般史」であると理解できないことがあろうか。ブローデルはまだ自分のことを単なる歴史教師としてしか見ていないが、すでに歴史家として思索しているのだ。

ブローデルは青少年期のあまりはっきりとさせることができない時期に、自分の母親の出自を知った。母親はファレという姓であったが、ビュテという名の、たぶんその妻に密告されたパリ・コミューン参加者の子孫であった――祖母はファレ氏が娘すなわちブローデルの母親ルイーズを認知できるように、死ぬ間際にファレ氏と結婚していたのだ。ルイーズ・ファレは、娘時代に、パリに来て、自分の母親の最初の結婚で生まれた息子のやっているレストランで給仕をしていたことがあった。彼女はシャルル・イレール・ブローデルが二十歳でパリの小学校教師に任命されたときに、このシャルルと結婚したのであった。

フェルナン・ブローデルはこの顔も知らない母方の祖父の一件書類を見つけるために古文書を探していたが、土壇場になって、この祖父の一件書類を受け取ったとき、ブローデルは後込みしてしまい、それを開けてみることもなく外に出ていった。娘のフランソワーズの言うとおり、ブローデルは「このように何度も重なった悲劇に」首を突っ込むのを避けたのである。

人生はこのようにして、祖母コルノと祖父ブローデルに由来する農民であり国境地帯の住民としての歴史に、パリ・

コミューンの悲劇、ニームとロリアン、そして母親のかくも痛ましい前史にブローデルを結びつけるあの先祖を付け加えたのである。しかしこれは付け足しのままであったから、これについては友人や協力者のほとんどは何も知らないままであった。フェルナン・ブローデルに沈黙を守らせ、こうしたエピソードについて自分が知っていることを心の奥底に閉じ込めさせ、あんなにも古文書好きなのに、家族のエピソードの深い原因を眠らせておくのは、ブルジョワの規範を外れた側面ではなく、ロレーヌ側の祖先を、悲劇的であると同時に知的な面では迷惑なもう一方の祖先によって問題にさせるのを半ば意識的にブローデルは拒絶しているのだと考えられるのである。ブローデルの記憶のなかにはもう一つの戦争が突然現れる。それは一八七〇年の戦争を恐ろしいほどに市民戦争の様相によって歪める。ブローデルがいたマインツの捕虜収容所内でド・ゴール派とペタン派の激しい対立について一九八一年にブランギエに語るとき、ブローデルはこんなふうに話し始める。「あれはフランスが分裂していたのでした。私はフランスが分裂しているのがとても嫌です。」

すでにブローデルの場合にわれわれが知っている、つらい思い出を排除したいという欲求をこのことにつなげて考える必要がある。ところで母親、父親、そしてたぶん母親のそのまた母親の歴史は、どの部分をとっても、不幸の歴史であった。しかしその歴史は、あるがままのかたちで、ブローデル自身の家族に対する不幸のなかに影響を及ぼしてもいたのだ。「認められない子孫であるよりもむしろ、悲しみを遠ざけたのです」とフランソワーズ・ピノーは私に注意を促して、次のように言っている。

「何らかの抑制ということではなく、生き方の選択でした。悲しみや泣き言を遠ざけるということです。父は、苦悩している人でしたが、まっすぐな勇気の持ち主でした。[……] 働くことは、悲しみを追い払うことでもあったのです。[……] 父親からも母親からも『見捨てられていること』は隠蔽されて、二人の兄弟の大変な嫉妬とライバル意識にすり替えられています。兄のレーモンは、父フェルナン・ブローデルの言うところでは『父からも母からもかわいがられていて』『父親はレーモンのことを〈わが王様〉と呼んでいた』、優秀で、頭が良く、もったいぶっていたばかりか、仰々しい人でした。父親と仲良くやっていけるようにできていたのです。父親の気に入るように理工科学校に入ります。しかしフェルナン・ブローデルの方は理工科学校に入ろうとしないのでたぶん父親の気に入らないわけですが、あれはきっと認められないというライバル意識からです〔……〕私の父は、遺産を〔一九二七年に父親が死んでから〕母親の面倒を見ている兄のために放棄したので、家具一つ、家の中のもの一つさえもらっていません。父の書いたものや詩は、引越のときに捨てられてしまいました。それが父の成功が大きかったときには、その兄は大いに父のことをうらんだのでした。」

この一九二三年秋は、フェルナンにとって、家族の舞台からの決定的な退場を示している。

第二章　フランスから初めて国外に出たこと

1　地中海とアルジェリアの発見。地理学についての余談

「私は地中海をこよなく愛した。たぶん他の多くの人と同じように、北の出身であるためだろう。」有名になったこの『地中海』の書き出しは、若きフェルナン・ブローデルの人生における最初の大きな変化に通じている。バール＝ル＝デュックに自分のポストがないと知ったとき、『ムーズ県の目覚め』新聞やマジノのコネを使うこともできるということがブローデルの頭には浮かばなかった。アグレガシオンの審査委員長とのいわばこちこちになった面談の後――コンクール第十七位はたぶんそのことに何らかの関係があったが、相変わらず悪い思い出を閉じ込めてしまう――アルジェリアのコンスタンティーヌのリセで初陣を踏むことになる。自分と、兄と父との間にできるだけ大きな距離を置くために無意識のうちにブローデルはコンスタンティーヌのリセに赴任することを求めていたのだろうか。われわれはブローデルの感情については、その羞恥心にぶつかってしまう。ブローデルが好んで言うように、「やや安売りした」青春については、ブローデルの打ち明け話を信じなければならないのだろうか。実際には、植民地帝国の片田舎へのこの任命は、さしあたり物質面の話だけであっても、ブローデルの人生の幸運であることが明らかになるのである。

実際、当時の成年年齢であるブローデル二十一歳のこの秋、『ムーズ県の目覚め』新聞がブローデルの『バール＝ル＝デュック』の掲載を終わる直前に、ブローデルがフランス本土では期待しても得られなかった自立が不意にやってきたのである。なぜなら植民地の特権とともに、ブローデルはバールに任命されたばかりのアグレジェよりもはるかに多くの金を、つまりこれまでまったく考えられなかったような自由な生活を送る手段を手にするからである。

そのうえアルジェリアでは知的にはまったく別のもの、すなわち生活環境の完全な変化に違和感を持つ。あれほど広大な活動範囲を持つ未来の歴史家が、実際フランスについては何も知らないのだ。ムーズ県、パリ、そして一方から他方へと通じる道筋以外には何も知らないというわけである。当時ロレーヌ地方に閉じこもっていたことの奇妙な尺度で

ある。もちろん、あの時代には、若者を旅に駆り立てる流行などないのだが、少なくとも言えることは、フェルナン・ブローデルは、ムーズ県を別にして、地理学的好奇心をほとんど持っていなかったということである。

したがって一九二三年十月に、初めて、ブローデルは南フランスに下って、そこですでに見知らぬ地平を受け取る。またこれも初めてのことだが、海を見るのである。一九八一年にブランギエのために当時の感激を次のように思い出している。

「あれは私にとって大変な驚きでした！　私は海というものを知らなかった。私は地中海を見た。あれこそは神々の贈り物じゃないか。私のような者が初めてローヌ渓谷を下り、マルセイユに立ち寄り、船に乗船し、自分には船乗りの足がある、つまり船酔いしないことに気がついて喜ぶ——これだけでもたいしたもんだ——そして突然地平線上のアルジェに到着するのを想像してみたまえ。［……］アルジェはパリに次いでフランス中で最も美しい町だった。しかもパリとは非常に違う町で、言ってみれば、通りの美しさ、女性たちの常ならぬ美しさが見られた。［……］暑さがあったし、ワインも魚も、欲しいものがすべてであった。私としては、あそこで初めて生活を始めたわけで……」

本来の意味で目がくらんだことを頭に入れておくことにしよう。アルジェは、回りが海に囲まれているのだから、特に夏の終わりの金色に輝く光のもとで、大気の甘いなま暖かさのなかでは、正直言って目がくらむものがあったし、実際忘れられない光景である。しかしあのとき若き教師は比較の材料を何一つ持っていない。彼は単に「興奮している」だけだ。しかしながら彼が植民地の陳列窓であるアルジェに上陸して受けたショックは理解できる。そのアルジェで今日残っているのは建物だけであり、〈白い町〉アルジェでは、あらゆる貧困は周辺部に排除され、なるほど真新しい硬貨のように清潔であり、入植者たちの妻の自由がある。女たちはブローデルがのちに「上流社会」と定義するものに属していることを意識しており、気候のせいで薄ものの洋服を着ることができるので、肉体を解放する戦後の流行のままに飾りたてている……。

ブランギエのためのブローデルの反省は、ブローデルが確かに好きではないパリから遠ざかることに喜びを覚えていることをわれわれに感じとらせる。

しかしあの眩暈はただ単に旅行者の眩暈ではない。若き教師は、これから最初の赴任地に行くわけだが、自分の受けた教育からまぬがれることはできないし、またまったく新しい目を持っているなら、地理学でも歴史学でも、未知のこの地平、この気候も観察するのであり、しかもブローデルは、正確に言えば、この二つの学問分野において、もはや初心者ではない。『地中海』初版の序文で、ブローデルはいきなりこんなふうに言う。

「思うに、人々がながめ、愛することができるような海は、過去の生活について存在する最大の資料であり続ける。ソルボンヌでの私の先生であった地理学者の教えからこの教訓だけを記憶に留めたとすれば、その意味を私の研究計画全体に与えようという頑固さのためである。」

もう少し話を先に進めてみよう。内陸出身で、初めて、フランス本国と自分の生まれ育った大陸から外に出るこの青年は、今日の若い歴史家たちがほとんど味わうチャンスのない仕方で、自分の受けた新しい印象に近づくのである。これは、技術的状況——今日では飛行機の速さが、緩慢な船でのアプローチに起因する発見の質や順応を禁じてしまう——や、政治的状況のせいではまったくなく、一九四五年以来フランスとアルジェリアの間で起こったこと、ならびに現在も起こっていることによる。一九二三年のイメージは別の時代に属している。あの時代にアルジェリアに行っても、若きフェルナン・ブローデルは別にフランスを去ったわけではない。少なくとも、行政的には。

しかしずれの肝心な部分はよそから、つまり地理学そのものの役割からやってくる。今日の教育におけるほとんどマージナルな地理学の地位は、当時地理学が体現していたものとは何ら共通点がない。ブローデルは、地理学が自分にもたらしたものとともに初めて現場にいるのだ。

しかもそれこそは、この若きアグレジェと一九六〇年以後の若者との間に最も大きな溝ができているところだ。一九六〇年以後、ひからびた地理学はアグレジェの教育のなかでやっと生き延びているという有り様である。書物と習慣の外にこのように移行したことが亜熱帯世界の発見という眩暈とたまたま一致したことが、遠く離れて、のちに、『地中海』の構想においておそらく重要であったのだが、それが重要であるのは、当時地理学が持っていた特権的な立場の内部そのものにおいてでしかない。

二十世紀末の読者が一九二三年の若きブローデルの歩みにもう一度足を踏み入れることができるためには、精神的な道具一式の変化が必要である。この分野における変化は、読者と一九二三年のブローデルとを隔てている四分の三世紀がわれわれに予想させるものをはるかに越えている。最も近道をして行くために言えば、地理学は、あの当時、ブローデルのように開かれた精神を持っている者にとっては、古い事件をくどくどと繰り返しているだけの歴史とは反対に、先端の学問であった。前世紀の終わり以来、地理学は、ヴィダル゠ド゠ラ゠ブラーシュの権勢のおかげで、ただ単に国内だけでなく、国際的にも、大変な威信を享受している。地理学は大いにそれだけの価値がある。なぜなら、あの頃は、歴史から、生まれつつある人間諸科学への移行において、地理学は、二十世紀後半の始まりに言語学と人類学が占めることになる知的酵母、構造化のモデルの役割を果たしていたと言っても言い過ぎではないからである。

終末という語を知っているわれわれは、わが若き歴史家の教育の展開において、地理学は、歴史家の人生を「歴史記述重視の」歴史学の因習から抜け出させる途方もない幸運であったと話を進めることができる。実際、地理学という言葉が成功を収める以前に、人間の活動を非常に異なる持続期間を介在させるさまざまな現象に対決させる学問の「モデル」をブローデルに差し出している。

リュシアン・フェーヴルは、晩年に、こんなふうに言う。

「事実、われわれのものである歴史を生み出したのは、ある意味では、地理学であると言うことができるだろう。[1]」

ブローデルの世代のすぐ次の世代に属する、若き歴史家の一人、ジョルジュ・デュビーにとって、この比べようのない充実ぶりは、ブローデルについて話す際に直ちに地理学に言及することになる。デュビーは、次のように地理学に敬意を表している。

「三〇年代の見事なフランス地理学、風景の学問、したがって全体の科学は、多様な要因、つまり一つは自然に属し、もう一つは文化に属する要因が互いに交差した相関関係を解きほぐすことに注意を払うのであり、そういう要因は、物質的ではないが、やはり決定的であることが明らかになる。[2]

デュビーはギイ・ラルドローとの『対話』〔邦訳『歴史家のアトリエ』〕でこのことを次のように明確にしている。

「すでに昔となったあの時代に、フランス地理学は人間科学の前衛にいたのでした。いろいろなこと、社会学の寄与［……］、歴史に絶えず助けを求めること、人間への配慮、それも生きている人間への絶えざる配慮といったことなしに済ませていたのは本当です[3]……」

実際、ブローデルがソルボンヌ大学で勉強していたときに教えられていた地理学は、知的革命の前兆をまだ帯びていた（地理学の影響が通俗化した一般知識のなかにまで及んだので、知的革命であったことがほとんど忘れられてしまった）が、一連の新しい科学や成立しつつある科学、すなわち地質学、地理学、生物学、先史学、社会学に衝撃を与えたばかりであった。一世代前に、オーストリアの地質学者エドアルト・ジュスの『地相論』（一八八三〜一八八五年）が出て、この本は直ちにエマニュエル・ド・マルジュリ[4]（一八六二〜一九五三年）の手で翻訳され、地理学は、チャールズ・ライエル（一七九七〜一八七五年）によって一八三三年の『地質学原理』で聖書に反して明らかにされた――これは大したことだった――地質学的時間の長期持続をその自然分析に取り込んだばかりであった。『地質学原理』はダーウィンに最初の刺激を与えた本である。

ライエルは、一八六三年に『変異による種の起源に関する考察を含む人間の古さに関する地質学的証拠』を出版して、同じ過ちを繰り返した。歴史は皮肉なもので、エドアルト・ジュスの孫、クレメンス・ヘラーは、一九五〇年の初めから、高等研究院第六部門でのフェルナン・ブローデルの最も身近な協力者となるのである。

一八七八年に、移動地層を発見し、氷河による浸食を説明していたのはスイス人のアルベルト・ハイム［一八四九〜一九三七年］である。ジュスは（またもや彼だが）一八九七年に、第四紀の氷河期と関連のある海進と海退の理論を提示していた（ブローデルはアルジェリアの海岸を発見したとき、このことを頭に思い浮かべる）。アルプス山脈の氷河形成についての理解、氷河が間隔をおいて並んでいることを明確にしたこと、これは実際にはギュンツの氷河期と同じく百万年も前のことなのだが、先史学の最初の説明と両立したのである。言い換えれば、二、三十年のうちに、数千年から数百年まで経過した人間の歴史によって生み出された前例のない知的大変動の成果である。こういうことはすべて十九世紀の終わりの数年のうちに起こったのである。

ヴェーゲナー（一八八〇〜一九三〇年）が一九一五年に『大陸と海洋の起源』（大陸漂流の基礎）を出版したことを思い起こせば、こういった学問領域の驚くべき活力についていくらか察しがつくだろう――大陸漂流は一九六〇年以後プレートの構造地質学によって証明された。だが一九四〇年には、学士号やアグレガシオンの持ち主がたまたまそのような考察を必要としたとしても、そういう考え方が存在することを指摘するだけでもまだ許されない。

地理学は、地質学と手を結んで、このようにしてヒト化の過程の近代的な年代学の確実な証拠を提供する。それに一八九六年のベックレル〔一八五二〜一九〇五年、フランスの物理学者〕による放射能の発見は、一九〇六年からは自然の放射性元素の崩壊と地質の年代推定との相関関係をもたらし、地質の年代推定は憶測ではなくなる。こんなふうにして、地質学の進んだところを上手に利用する地理学は、持続の理解についての激変のモデルとなる――これより五十年後に構造主義がこのモデルという語に付与する意味で。まず初めは自分たちの研究計画に十分にそれを取り入れる歴史家にとって。もちろん、何年も観察と反省をした後で、少しずつしかブローデルによって感知されないモデルである。

それでももう少し明確にしてみることにしよう。地理学はただ単に地理学の革命を行なっている最中であるばかりでなく、かつて到達したことのない正確さで、原始時代に対して検証可能な要素をもたらし始めるのである。したがってこれは時間を遡るとてつもない機械であり、その方法ゆえに、精神の道具一式の刷新において、シンボルとなってゆく。それは確かに知的な質に関する大変な飛躍であったし、人間、人間の歴史、そして人間の歴史と地球の歴史との関係について、それ以前にあった考え方のすべてと取り返しがつかないほどに断絶を示したのであった。それに対して、二十年前の一九七四年に発見されたルーシィ〔世界最古三〇〇万年前の女性の化石〕のおかげで、われわれ人類の起源が数百万年

同じように重要である。

ように、これからはフランスの歴史を新石器時代の革命で始めさせるのが普通だと思っていたという事実は、まったく

前になって以来、われわれは一世紀のうちに、小数点の位置を一つ変えただけである。しかし、ブローデルが指摘した

「もっと早い時期、『人間の歴史の最も長い期間の間に、人間の有史以前の仕事が全部ある』と想像してみたまえ――このような省察はニーチェのものである。互いに積み重なった、想像もつかないような時間の塊が、どんなに知覚できないようなかたちであっても、現在のわれわれのところまで滑り込んできているのだ。［……］われわれが測定しているような大文字の歴史は、その持続において考えられる人間の進化の千分の一もないのだ。(5)」

しかし他の多くの知的革命と同じく、新石器時代の革命は、一九二〇年頃にはすっかり闇のなかにあって、十九世紀後半の間ずっと、人間の多様性と行動を説明するために、地理学の最初の発展の時期尚早の直接の利用によって隠蔽されていたのだ。自称歴史学という科学に、形成されつつある地理学をこのようにそのまま注入することは、実際には、科学の改革にも、またどんな科学的データともまったく関係ないままであったから、それは科学としての歴史学の評判を落とすことに行き着くのである。

この流行はミシュレとともに始まっていたわけで、ミシュレは『フランス史』の冒頭で、「歴史はまず第一に地理的である」と予言しているし、一八六九年の序文ではもっと命令的にこのことを話題にしている。その序文でミシュレは、次のように明確にした。「地理的な基盤がなければ、歴史の当事者である民衆は、大気のなかを歩いているように見える。［……］それにこの大地は行動の舞台だけではないことに注意すべきである。食べ物、気候などによって、大地は百通りの仕方で影響を及ぼすのである。これこれの巣があれば、これこれの鳥がいるし、これこれの祖国があれば、これこれの人間がいる。」

そこには、大仰な話し方ではあるが、萌芽として、イッポリート・テーヌが図式化し、あらゆるところに使われる、あの非常に不都合な、しかも不思議な力を持つ「環境の影響」をもって、断定的に言い切るものがあった。この主張は

大きな被害をもたらし、著しく不評で、この種の説明を長く苦しめた。現場で、地質学の途方もない変化を人間の長期持続の歴史の変化につなげるためには、例の「影響」と「環境」のがらくた置き場から抜け出して、さまざまな原因、観察可能な関係を探知し、地理学における観察の基礎そのものに立ち返る必要があった。影響の代わりに人文地理学を配することである——この用語はそのとき使われ始めた。人文地理学は、政治学と外交から人間集団の力学の方に行き、しかも人間集団の物質的基礎の探索を始めている「歴史学」を出迎えに行くことができるのである。

地理学者となった歴史家、ポール・ヴィダル＝ド＝ラ＝ブラーシュ（一八四五〜一九一八年）の名前は、まさにこの人文地理学の整理に結びつけられているのである。一八七〇年代の初めから、ヴィダル＝ド＝ラ＝ブラーシュは、社会の中の人間の生活に向けてこの新しい地理学の拡大を行なうことができたのだが、それは「環境の影響」に関するテーヌの直感的で無鉄砲な見方を、ラヴィッスの『フランス史』への序説として書かれた『フランス地理学一覧』（一九〇三年）というヴィダルの基本的な書物において、物理的変化、歴史の重み、生活様式、そして地域を、互いに結びつける、厳密にして控え目な分析に替えることによってである。一九一七年には、最後の著作『東のフランス』は、そのもっと限定された主題ゆえに、直接、若きブローデルに呼びかけていたのである。

付け加えておけば、ヴィダル＝ド＝ラ＝ブラーシュは同時に『地理学年報』（一八九一年）とともに改革の持続的な道具を作り出したのであり、彼の教えは、彼が一八七七年からはユルム通りの高等師範学校で、また一八九八年からはソルボンヌ大学で教鞭を執っただけにますます強力に広まったのである。ヴィダルは先生たちをつくる先生であったのだ。もちろん、この改革者によって使われ始めたかなりの数の概念が、その後批判された。たとえばあまりにも閉鎖的な「生活様式」の概念がそれである。しかしヴィダルが与えた刺激はそのまま残り、私が前に述べたように、たとえブローデルが歴史的データのために、すなわち最終的には地理学のいろいろな可能性ばかりか誘惑の中から選択するだけでなく、さまざまな可能性を拒絶することも学ぶ人間の役割のために、地理学の精神を根本的に変えたとしても、ブローデルは、一生を通じて、人間の住む惑星の、人間による使用と変形の科学であるこの地理学を拠り所とした。

こうした反省、すなわちブローデルの先駆者たちの見通しの修正は、一九四九年の『地中海』と一九六六年の改訂版、『物質文明と資本主義』(一九六七〜一九七九年)、『フランスのアイデンティティ』というブローデルの三大事業の地平に存在する。

ブローデルがちょうど勉強しているときに、地球の外見の力学をまったく新しい考え方の見事な総和とする、情報と理論におけるこのような一群の激変がなかったら、ブローデルが歴史家になることが理解できないだろう。さらに、ブローデルは、まだ自分たちで切り開いた領域の探索の熱気に包まれたあの一群の若い先生たちから教えを受けた。フェルナン・ブローデルは当時この新しい学問の先端にいたソルボンヌ大学の良き師たる地理学者たちに常に敬意を表することになる――バール人として特に対照的な地域で農民の子として子供時代を送ったことが、町の子にはない、自然地理をあのように直感的に感知する能力をブローデルに与えていたのである。ブローデルはブランギエに次のように言う。

「私の先生たちは本当に並外れて優れた人たちでした。エマニュエル・ド・マルトンヌ〔一八七三〜一九五五年、この先生とはブローデルはまったくそりが合わなかったが、それは別の問題である〕にしろ、アルベール・ドゥマンジョン〔一八七二〜一九四〇年〕にしろ、またこの二人の先輩のリュシアン・ガロワ〔一八五七〜一九四〇年〕にしろ、ヴィダル゠ド゠ラ゠ブラーシュの弟子でした。」

これらの先生たちは本当に人文地理学の創設者だった。それはただ単に『地理学年報』の発展によってばかりでなく(この雑誌のタイトルから思い違いをしてはならない。『地理学年報』は将来の『アナール(年報)』の精神のなかにはいささかも存在しない。『地理学年報』の新しさはもっぱら地理学によるものである)、一九五〇年頃まで教科書として続くド・マルトンヌの『自然地理学論』といわゆる人文地理学におけるドゥマンジョンの市場開拓の功績も挙げられる(ドゥマンジョンは一九〇五年に『ピカルディーと近隣地域』という人文地理学のマニフェストとなる著作を刊行していた)。ドゥマンジョンの研究は、死後の一九四二年になって、『人文地理学の諸問題』という控え目なタイトルでまとめられる。こういう人たちにさらに、すでにジュスの翻訳者、紹介者として話題にしたことがある、どちらかと言えば地質学者のエマニュエル・ド・マルジュリを付け加えなければならない。

フェルナン・ブローデルは二十歳のときに、こうした地理学者たちから地理学が変化しているというニュースを確かに受け取った。それは大学の歴史学に対して、いままで耳にしたこともない開放的な姿勢に満ちていた。それに比べると、歴史学は、シャルル・セニョボス（一八五四〜一九四二年）とセニョボスと結託している古文書学者のシャルル＝ヴィクトール・ラングロワ（一八六三〜一九二九年）による事件の定着という実証主義の長い支配下で、フランスでは、すっかり進展が止まってしまっているように見えただけにますます動かない。この二人は一八九七年に共著で『歴史研究入門』を出していたが、それは大戦間の終わりまで、いやそれ以後までも、ソルボンヌ大学のバイブルであった。

ブローデルは、直接には三人目の銃士で、『外交政策の手引き』の著者であるエミール・ブルジョワ（一八五七〜一九三四年）を先生とした。というのはその頃勉強中にスペインがブローデルに初めての目配せをしたからである。「すばらしい先生でした。あの先生のもとで私は［アンリ四世とフェリペ二世の間で結ばれた］一五九八年のヴェルヴァンの和約について研究をしていました。あれは大変面白かった。つまりヴェルヴァンの和約については、私はエミール・ブルジョワの真似をしていたわけです。あの頃私は若く、影響を受けやすかったのです。」

リュシアン・フェーヴルはのちに、この時代遅れの歴史学と地理学との対比を力を込めて指摘することになる。「若い人たちは当時の歴史学がエミール・ブルジョワ、ラングロワ、セニョボスの流れを汲む歴史学であることをわかっていない――この人たちはみな地理学のどんな影響にも完全に目を閉じていたのだ。(6)」

ブローデルは、当時の教育の状況のなかで地理学と歴史学のこの分岐を自覚して――やせ細った歴史学への反動から――地理学に進むところだった。アグレガシオンが終わったときに、ブローデルはロレーヌ地方の国境に関する博士論文を書くことを考えていた。確かに、それは自分のよく知っているロレーヌ地方に長期にわたって錨を下ろす手段であったが、晩年に、イヴ・ラコスト（新しい世代の地理学者の一人）に打ち明けるところでは、ブローデルが歴史学に進んだのは、「エマニュエル・ド・マルトンヌの性格のある種の特徴に嫌気がさした(7)」からである。このことはおそらく、適性の欠如ないし適性の変化について後になって行なった他の打ち明け話と同様に、尾鰭をつけて話していると考えるべきである。しかし大事なことは、あの当時地理学の博士論文を出すことも、歴史学の博士論文を出すことと同じく念頭にあったと考えておくことである。

一九二二年に――ブローデルが二十歳のとき――『アナール』より前の『人類の進化』というアンリ・ベール編集の「歴史総括」のまったく新しい叢書で出版されたリュシアン・フェーヴルの本は、はっきりとそのことを示している。その本の名前は『大地と人類の進化』である。一九一二〜一九一三年に書かれたが、戦争のために出版が遅れたのである。それは人文地理学という新しい学問の基本理論のかたちを取ったヴィダル＝ド＝ラ＝ブラーシュの概念化であるが、またすでにヴィダルの観念の批判的見直しでもある。この改訂作業の時期の高揚した調子は今日ではもはや察しがつかない。以下にリュシアン・フェーヴルが結論として書いたものを掲げる。

「創世記で言えば、われわれの現状は闇が光とわかたれ始める日にすぎない。われわれにとって、労苦の日々となるとてつもなく大きな展望がかぎりない未来に広がっている。何人かの先駆者が、われわれとしては決して美しさも個人的な価値も疑問視することはないつらい努力を犠牲にして、半ば横柄で半ば恥ずべき決定論という弱な基礎の上に築き上げた、窮屈で不毛な、哀れな取るに足りない学説の怠惰な、おめでたい賛美に眠り込んでいるときではないのだ。そんなところにぐずぐずしているよりも他にきちんとやるべきことがある。仕事をしなければならないのだ。」

出版の日付と、本が浸透し、受け入れられた時期とを混同しないようにしよう。この点については、一九八四年にブローデルは次のように明確にしている。

「私があの本のことを知ったのは一九二四年でした。私はすっかりこの本の虜になってしまいました。一目惚れです。しかしそれにしても地理学的説明を何とややこしくしていたことか！　ほとんどすべての決定論を打ち砕き、非難していました。私はあれほど徹底的に決定論を捨てることはできないと思っています。ある種の決定論はあります。そうでなければ、空間は生きた現実を奪われたようなものになってしまいます。それでも、あの本が直ちに私に深い影響を与えたとは思っていません……」

この話のなかでまず第一に、まだまったく知的な意味での、リュシアン・フェーヴルとの最初の日付を記憶に留めておくことにしよう。手紙のやりとりが行なわれるようになるのはこれから三年後でしかないし、また本当に個人的な出会いがあるのは一九三七年になってからだけである。一九八四年に、ブローデルは、自分と先生を分け隔てているものを、おそらくあまりにも深く、またあまりにも直接的に、指摘することにやっきになっている。後でわかることだが、地理学的決定論と人間の選択とのこの関係についてのブローデルの仕事、前進と後退は、『地中海』初版から第二版まで、またブローデルの傑作『物質文明・経済・資本主義』の周到な準備においても、事実上、生涯にわたってブローデルの心を占めてきたのである。正確に言えば、フェーヴルの本がブローデルの関心事のなかに本当に入り始めるのは、『地中海』の仕事がいったん始められたときである。すなわち一九二九〜一九三〇年以前にはあまり関心を持っていないのである。

ロレーヌ地方の国境に関する博士論文を書くことは、たとえそれが地理学への熱中に由来するとしても、出世するためには、真っ直ぐで、最も単純な道であっただろう。逆説的なことだが、ブローデルが歴史学の方に移ったのは、おそらく町のリセで教えながらバール公爵領の近くのヴェルにある大きな家に住むというブローデルの最初の夢を大学の行政が破って、ブローデルを実際には故郷から引き離したからである。しかしすでに、「一般的には短期で、視野が狭く、範囲の狭い」歴史に対して、次のような考えが少し頭にあったのである。

「地理学は有利である。もちろん、ある種の地理学のことである。地理学は歴史を緩慢にしたようなものである。われわれ歴史家は、歴史の流れを緩慢にする可能性を持っている。だからこそ私は地理学を通して初めて長期持続に達したのだ。」

確かに、地中海に物質的に近づく若者はまだそこにはいない。まだ自分がいつの日か『地中海』を書く、しかもある意味で、歴史学を扱う自分のやり方に地理学を引き入れることになるなどいう考えは持ってもいない。だが初めて家族から自由になって自分自身で何でもできる重大なこの時に、必要があればブローデルがいつでも使えるのは地理学なのである。アルジェリアの征服について試験を受けるために知っておかなければならないことはすべて知っているのだが、この知識を喚問することなど考えてもいない――後でその知識を展開するのが関の山だ。そして彼が調査をするのはそういうことではなく、自分を邪魔しているもの、自分のアイデアを変えてしまうもの、すなわち空間である。

ブローデルは、新しい空間、未知の空間に入った。しかもその空間の座標は、もはやバール人としての自分の持っている座標とは関係がないのだ。確かに、新しさ、しかも自分にとってまったくの新しさにうっとりさせられる。光の輝き、暑さ、いままでとは違う色にうっとりさせられる。近眼のために、この地方の色の「荒々しさ」を自分のなかに取り込むのに他の人よりも長く時間をかけて見るとのちに言う。ブローデルはまた、海岸も見て、最後の氷河期の終わりに、海がいまよりも百メートル低かったとき、すなわち氷河がまさにいままで前進したことがないところにホモサピエンスがすでにせっせと動き回っていたときの地形を想像してみる。しかもこの大規模な高低差がついたために海上の距離が縮まったことが、人間同士のコミュニケーションを容易にしたのだと思ってみたりもする気持ちを抑えられない。

ブローデルが大学から押しつけられたこの生活環境の変化を最良に利用することになるのは、彼が空間に関することのようなダイナミックスを身につけているからである。ブローデルはただ単にフランスを遠方から考察することを身につけるだけでなく、裏返しに、つまり好んで言うように、生活も歴史もフランスと同じリズムを持っていない、要するに歴史的空間が同じ形状をしていない対岸からフランスを見ることを学ぶのである。ブローデルは、特にアルジェリアの高原では、自分が乗馬に向いた人間であり、すぐれた騎手であることを発見するのだから、自分の物の見方を助けられる。すぐれた騎手の能力は、一九一四年以前の農民としての子供時代から手に入れているが、もちろん才能があるのだ。

ブローデルは機械化以前のこの文明に属している――ブローデルは自動車を運転しない。しかもそのことをブラジルのマト・グロッソ高原でも確認することになる。そのことは過去の理解、ブローデルの偏愛する領域となる十六世紀の理解に対して、距離の変化の尺度、そしてその向こうにある生きた地理学の尺度をもたらす。それをブローデルは自分の全経験をぶつける博士論文『地中海』のなかで見事に生かすことになる。ブローデルは『地中海』を構想するにはまだほど遠いのだが、それと知らずに、すでに『地中海』を見たのである。

2　ぶらぶらしていた数年。コンスタンティーヌ、そしてドイツでの兵役

ブローデルは、一九二三年八月十一日、コンスタンティーヌのリセの第六学級教師として臨時に任命され、同時に無料通行の許可書をもらった。いろいろな発見があるために、われわれはこのアルジェリア行きは観光旅行ではないことを忘れてしまいかねなかった。フェルナン・ブローデルは教えるためにアルジェリアにいるのだ。それに年齢ゆえに戦争に行かなくても済んだとしても、この一九二三年秋に、戦争はブローデルを間接的につかまえるのである。というのは四年に及ぶ戦闘と損失の大きさは、大学生の徴兵停止の原因となり、国はまさに立ち直り始めるからである。したがってコンスタンティーヌで、ブローデルは別世界に入る。そこは本国から遠く、前線からはさらに遠く、変動のなかった世界で、教師は、教えるために燕尾服を着ているときを別として、いつでも一張羅を着ている世界である。そこでは規律も規則も、ブローデル自身が勉学の間知らなかったような時代にまでさかのぼる。

ブローデルはそのような世界に行く心づもりはいささかもしていない。だからびっくり仰天するわけで、そのことをブローデルはブランギエにこんなふうに打ち明けているが、もちろん過去を振り返る懐かしさがないわけではない。

「コンスタンティーヌでの最初の日々を我慢するためには心臓が強くなければならなかったのですよ。かなりの数の若い教師が、ずいぶん前から若い教師のいなかったリセに、要するに退職した人とか退職延長の先生たちで我慢してきたリセにやってきたわけだ。だから私たちの赴任は、急に春が来たようなものだった。」

その頃、学校を出たてのわがアグレジェは、自分が教師であること、しかも自分の権威だけで、またおそらく授業のうまさで教室を運営する立派な教師であることを発見するのである。

「コンスタンティーヌのリセは、私の個人的な思い出のなかで、教師生活のなかで一番美しい年だった。教育との出会い、教えるという喜びとの出会い、すばらしい生徒たちとの出会い、このときの生徒たちとはいまでもつきあいがあるんだよ……。ちょっとうぬぼれかもしれないが、私はとてもよい教師だった。もらう給料を使いきれなかったので、毎週木曜と日曜には、私と一緒に昼御飯とか夕食を食べたい生徒は誰でも家に来ていました。……」

ブローデルはただ単にその態度だけでなく、教え方が革命的であった点でもいささか規格はずれである。ブローデルの書簡から、こんな具合にブローデルは生徒の親何人かをまごつかせたことがわかる。暗記して覚えなければならないその日の授業の要約を書き取らせることをやめていなかったのだろうか（私の場合も、第一学級の一九三八年にはリセ・アンリ四世で歴史の教師が、同じようなことをする）。特に、年表に関する宿題と作文では、フェルナン・ブローデルは、扱うべき主題とともに主要な出来事の日付を生徒たちに与えていた。生徒たちが記憶に基づいてではなく、自分たちの推論能力に基づいてそれらの出来事を判断することを望んだのである。親たちは、こういう方法では生徒たちが知識面で秀でることはできないと不満であった。「馬のように大変すぐれた記憶力」のおかげで自分自身が手にしていた成功の無意味さのことを考えて、親の側に不満があってもブローデルはもちろん冷静なままであった。われわれはここで、ブローデルは最初から、一生涯にわたってなろうとしていたものであったことをはからずも発見する。すなわち並外れた教育者であり、本質的に「新しい歴史学」に属する教育の改革者である。しかしその当時、ブローデルは単に昔の歴史学の仕組みに逆らっているだけであり、すでに新しい歴史学はこうあるべきだと想像しているわけではない。

当然のことながら、ブローデルもこの地方を発見することに余暇を利用する。フィリップビルにはオリーブの木の森があり、海があることを発見する。また内陸の方に入って、オーレス山地のビスクラに行く。砂漠の中のトゥーグルトまで足を伸ばす。ブローデルは、当然のことながら、ふたこぶラクダやひとこぶラクダの背中に乗って、砂漠には何度も行く。アンドレ・エマールが一緒である――アグレガシオンの試験の準備を一緒にやった友人である（同期のアグレガシオンで首席合格者）――この人にはずっとあとでパリ大学文学部で会うことになる。「私たちは南部旅行をすべて一緒にやった」とブローデルはのちに言う。確かに、ここで言う南部はそれでもはやりサハラ砂漠の北側の周辺にとどまる。ブローデルはトゥーグルトからチュニジアの国境近くのエル・ウエドまで、中央はラグアットまで、西はコンスタンティーヌのブローデルの基地よりもモロッコにずっと近いフィグイグまで足を伸ばす。こうしてブローデルは決して無視することのできない砂漠体験を得る。もちろんそれは砂漠全体の体験ではないが、いわば、自分ではないものとの断絶の体験である。

したがって、このアルジェリア滞在一年目のうちに、少しずつ、地理の転倒がブローデルの気持ちのなかで形を取り始めるのである。地理の転倒以上に、フランス本国の見方に対して空間の考え方の転倒——地理学であると同時に歴史であって、二つは不可分である——すなわち博士論文の最終的な構想の中心になる転倒が起こるのである。砂漠は海と同じく何もない空間である。サハラ砂漠を背にした地中海は、もう一つの海を背にした海である。これは確かに、こうしたサハラ砂漠の周辺から来る印象であり、その印象は自分がいまは、海の向こうがヨーロッパであるというアルジェリア側の海岸で生活しているという印象でさらに強められる。ブローデルはそこからフランスを裏返しに見ているだけでなく、地中海そのものも裏返しに見ているのである。これは一九二五年からの二回目のアルジェ滞在の間に具体化してくる。なぜならコンスタンティーヌにいた年は、基本的には目が南に向いているからである。

実は、一九二三〜一九二四年は、特に、接触、現地調査、観察の年なのである。というのは、この青年ブローデルは、自分と同じロレーヌの出身であるリセの校長の暗黙の了解につけ込んで、旅が長引いてしまうときに時間割を屁とも思わないのである。

「すばらしい校長だった。休暇の後定刻に帰らないで、私は二、三日遅れて帰ることがよくありました。校長が代わりに私のクラスの授業をしてくれたのです。」

フェルナン・ブローデルは一九二四年の夏休みにフランスに戻るが、このとき自分の子供時代との訣別となる最もつらいショックを受ける。祖母コルノの死である。ブローデル自身はこの祖母の死を決して語らない。われわれがこれを知っているのは、リュメヴィルでの葬式の際のジェラール神父の証言による。

「村の教会の中は人がいっぱいで、大変暑い日でした。私は壁を背にして祭壇の右側の侍者席からやっと顔を左に向けると、参列者が見え、イレール・ブローデルを見ましたが、この人から目を離すことができませんでした。イレールは最前列の席に、つまり棺台の近く、通路を通って左側の一番目のベンチにいました。ひざまずいて、頭を心持ち前の方に傾けて、苦しみのなかに沈み、瞑想していました。二番目の席に、同じくひざまずいて、フェルナンがいました。時々、ハンカチで、父親の額と目を拭いているのです。私はあの場面を決して忘れません。」

休暇の終わりに、フェルナン・ブローデルは、トゥーロンへの配置転換命令には悪意があるとさとる。(9) ブローデルの抗議で、九月十九日アルジェ赴任に訂正される。コンスタンティーヌとは別の場所への赴任であるが、ブローデルはこれを受けざるをえない。ただし我慢してである。ブローデルはコンスタンティーヌに本当に愛着を抱いていた。「アルジェに任命されたとき、それこそ涙がかれるまで泣きました……」ただ一つ慰めとして、ブローデルは軍隊への入隊が一九二五年春にあるはずなので、その学年度末までアルジェにはいないということを知っている。兵役の際に、ブローデルは「[……]モロッコのリオーテ将軍の側近として行く可能性がある」のに、なぜ「そういうことにはならなかったのか」われわれには正確な理由はわからない。ブローデルはドイツ行きを志願したのだった。

ずっと後でブローデルが述べたドイツ行きの理由はたぶん正しい。

「私は自分の兵役の十八か月をむだにしたくなかったのです。あのとき、ドイツに行けば、何か役にたつことができるだろうと思ったのです。」

実際には、晩年の打ち明け話のなかで、フェルナン・ブローデルは自分のたどった道に最初からあまりにも決然とした様子があると見せたくないと思ったのか、ドイツを選んだことが、ブローデル二十二歳の秋に、彼の心のなかにさまざまな影響を及ぼしたことをブランギエにちらりと見せている。

「まあこう言ってよければ、あれは非常に漠然とした気持ちに関係していたのです。歴史の仕事をしようと、つまり博士論文を書こうと思っていました。まあしかし、格別焦っていたわけではないが、ドイツ史に熱中していた、というかドイツにとても関心があったのです。［……］ドイツが好きだった。人はいつだって自分の家から出る必要がある。インテリにはフランスだけでは十分ではない。何か別のものがなくてはならない。ロレーヌの人間にとって、またロレーヌのインテリにとって足りないのは、ドイツです。ドイツは目の前にある、気がかりな国であり、魅力的な国で、なかに入り込むのはそれほど難しくない。まず初めに、私はかなりドイツ語ができた。ドイツに入る鍵を持っていたわけで、その結果ドイツは私に多くのものをもたらしてくれたのです。」

この打ち明け話は、兵役の場所の選択以上のことを語っている。北アフリカに初めて滞在した際の驚きと熱心な観察にもかかわらず、わが若きアグレジェが、祖母コルノがもはやこの世にいなくなっても、どうして自分の郷土ならびにロレーヌ地方で生活した体験をもとに推論する歴史家であり続けたのかその理由がわれわれにも少しわかる。『地中海』の熟成はひそかに進行している。ロレーヌ地方に関する地理学の博士論文からドイツに関する歴史学の博士論文にブローデルの考えは移っていった。最終的には、まだ敗戦のショックから立ち直れないままであったドイツの滞在経験そのものが、ブローデルの行く道を決めるのである。

ブローデルはまず初めにファルツ選帝侯領すなわちマインツ地方の端のアイフェル高原に宿営する。運命の皮肉で、ブローデルは、それから十五年後、今度は戦争捕虜としてマインツの城塞に収容されるのである。そしてこの一九二五年春にブローデルが「勝利者側の軍靴をはいて」発見するものは、ドイツに関する博士論文の計画からブローデルをそらせたものであるように思われる。この数年の生の現実にブローデルを連れ戻したのである。そこにはドイツが未払いの「戦争賠償金」を得るために行なったルール地方に対するフランスの占領政策の失敗が見られる。実際、一九二五年四月から一九二六年十月までのブローデルの十八か月の兵役期間中に、フランスがルール地方で占領していた地域から徐々に撤退というプロセスが、一九二五年十月にあまり名誉でない終わり方をする。ブランギエに対するブローデルの発言の背景はこうである。

「勝利者側の軍靴をはいてドイツ中を歩き回ることは、こう言ってよければ、ばかげた側面（正当化されない、と言ってもいいが）を私が体験したということです。だからドイツを見るために私はある種の無関心な態度を取ろうとしました。それに、私はあるがままのドイツを見たわけで、ドイツはフランスに対して恨みを持っていたし、またかなり苦しんでもいました。私はいつも、戦争はまた始まるだろう、と言っていました。あらゆる障害にもかかわらず、私はこのことをかなりしつこく言いました。知っての通り、フランスは、一九一八〜一九一九年以後、ドイツから驚くべきやり方で離れました。少し言い過ぎかもしれないが、私たちフランス人は、まるでドイツが存在していないかのように、生活したのです。」

誰も、あるいはほとんど誰もそんなことをまだ考えていないときに、戦争が再開するという予感があったことと、ブローデルの場合、この予感はすでにそのような予測される事態を拒絶することを意味していることを頭に入れておこう。二十二歳か二十三歳で、ブローデルが国際的な現実というか、少なくともヨーロッパの現実、ならびに新たな戦争の危険に注意を払っていることに気づく。一九三〇年代の終わりに自分の人生についての発言のいくつかにもかかわらず、ブローデルは国際的な現実に注意を払うのをやめないのだが、この不安はたいていはブローデル自身の心の奥に鍵をかけて、しまい込まれる。痛めつけられたドイツに対して「ある種の無関心な態度」を取るようにしようというこの試みは、ブローデルの考えを変えてゆく。それはブローデルが青少年期まで培ってきた復讐の精神の見直しを含むものである。見直しと却下である。

いずれにしても、フェルナン・ブローデルが、現在の状況ゆえに、自分の計画のなかで、まだロレーヌ地方に由来し、彼をドイツ史の方に向かわせることができたものを放棄するのは、兵役期間中のことである。一九七二年にブローデルは『現代史ジャーナル』で、こんなふうに述べる。

「この歴史は、私のあまりにもフランス的な気持ちによってあらかじめ毒を盛られていたように思われた。[10]」

ヴェルヴァンの和約に関する勉強をしているときに「たまたま」出会ったスペインの歴史について博士論文を書くと

いう計画が、漠然とではあるが、おそらくすでにブローデルの頭に浮かんでいるのだ。言い換えれば、それはただ単にロレーヌ地方との訣別だけでなく、当時最も不安をかきたてるものであった現代史に導いたかもしれないものすべてとの訣別である。一九一四〜一九一八年の戦争中は中立で、時代遅れで、活気のないスペインが、十六世紀のスペインをブローデルに提供する。十六世紀のスペインは、現実の動きが混乱させるすべを知らない客観性の練習に好都合な領域である。ロレーヌ地方から離脱したために、ブローデルはこうして事件に対して上の方から見ることができるようになる。ここからブローデルの歴史家としての本当の使命が生じる。

事件から離れていこうという直観によって得られた過程がわかればいいのだが、われわれにはこの方向に進むフェルナン・ブローデルからの情報は一切ないことを認めざるをえない。またリュメヴィルに対する感情的な疎遠のもととなった祖母コルノの死によって生じた影響についてもわからない。われわれが知っているのは、ドイツ滞在の終わりに、予備大尉の中学校長に出会ったこと、その校長が「何をしたいのか」とブローデルに尋ねると、間もなく復員予定のブローデルが、ためらわずに「アルジェに戻ることです」と答えたことである。

この一九二六年秋に、こうしてブローデルは『地中海』の仕事に足を踏み入れることになる選択をするわけだが、ブローデルの話を聞くかぎり、自分ではそんなことは少しも思ってもいなかったのである。ブローデルは、ただ単純に遠くで暮らしたい、すでに経験して知っている楽な生活を取り戻したいと思っているだけだ。二十四歳になったばかりであった。

第三章　アルジェあるいは中央から離れたための恩恵

1 アルジェの恩恵

二回目のアルジェ滞在は一九二六年十月から一九三二年七月まで続く。まるまる六年である。教えることに多くの時間を割いた。まず初めはリセで、のちにリセ・ビュジョーと呼ばれる「グラン・リセ」では、若いアグレジェは週に二十七時間以下の授業ということはない。これは大変なことだ。次いで、たちまち、リセに加えて、大学の学部で、補助教員として教えた。一九三二年にパリに任命されることになるのは、教え子たちの選抜試験準備でブローデルがよい成績を上げたからである。したがって、職業上の、しかも大学の地位固めは無視することができないものである。ジャック・ベルクが、この一九二六年秋のブローデルの人となりを描いたものが手元にある。ブローデルが「バブ・エル・ウエドの入口の、ペリシエ兵舎に面した」グラン・リセの休憩時間中のことを書いたものである。一九一〇年生まれ——ブローデルよりも八歳年下——のジャック・ベルクは、東洋学者となり、アラブ世界の高名な専門家になった。まず第一にベルクは次のことを思い起こしている。

「ブローデルの話し相手は、眼の青い大変なやさ男で、オルレアンヴィルの太った連隊長の息子である。その名はポール・ロベール。彼がのちにラルース社のライバルになることは誰も知らない〔「プチ・ロベール」というフランス語辞典はラルース社の辞典のライバルである〕。本国よりもやや血の気の多い、暴力が繰り広げられる校庭のなかを探してみれば、たぶん将来の三人のアブルケル博士の一人が見つかる。一人はド・ゴールの手術を行なう。もう一人は、共産主義者で、一九四二年のアメリカ軍上陸に参加し、三人目はブルセ病院で立派に医師の仕事をする。もう少し遠くには、かなりぼろの服を着たプロレタリアのベルクール地区の息子がいる。その子はアルベール・カミュという名である。」(1)

確かに将来才能を発揮する人がたくさんいたリセである。その学期には、新参者の仲間入りをするブローデルに生徒たちの目が向けられるが、ブローデルはいかにも「本国の人間」という様相と自信のある様子で周囲にそぐわない。ベルクは、町で見かけたブローデルのことをはっきりと覚えている。

「ある午後の終わり、若者たちのたまり場であるイスリ通りのことであった。彼は年齢からすればわれわれよりもほんの少し年上で、だからあの夕べの散歩をしていた。そこでは若い男の子たちは女の子をしげしげと見つめるわけだが、男の子と女の子はほとんど常識外れのタブーで分け隔てられているので、そのタブーを破るのが心地よかった……要するに、われわれはブローデルがわれわれを迎えにやって来るのに気がついた。あのときのイメージはあれから何年もたったのにいまだに頭に浮かんでくる。きらきらと輝き、地中海のにおいでいっぱいのイメージである。あの場面とあの場所を記述するために、当時われわれが読んでいた本、ルイ・ベルトラン、ガブリエル・オーディジオ、アンリ・ド・モンテルランの本が振りまいている以上の地中海のにおいである。ブローデルは肩にオーバーとスペインふうのケープを投げ遣りに着ていた。当時私に与えた印象を表現するために心に浮かんでくる形容すべき言葉は、太陽のような、という言葉だ。そう、あのわれわれの青春時代に、ブローデルは特有の光を発散していたのである……(2)」

ピエール・グーベールは、フェルナン・ブローデルが亡くなった直後の一九八五年に、ブローデルのアルジェ時代の教え子の一人が「若きブローデル」について語ったことを思い出させた。教え子は「七十歳代の人間が若いときのまま保ち続けることができる情熱と崇拝の念を持って」ブローデルを次のように言い表したとグーベールは語っている。

「立派で、非常におもしろく、思いがけない人で、しっかりしていて、口うるさい人で、いつも才気煥発、あらゆる偉大な先生と同様にほんの少し役者で、幸福に満ちあふれていました(3)。」

教え子の一人で、一九一四年生まれのノルベール・レーマンは、視学官ガルーエデック(当時有名な地理学の教科書の著者)による最初の視察の模様を書いている。言葉のあらゆる意味で、その日の学習目標、ラインラントについての講義である。

「先生は机の上にあるノートにただの一度も目をやることはなかった。われわれ生徒はただひたすら感嘆するばかりであった。[……]あえて断言するが、ブローデル先生がわれわれの中の誰か一人に質問をしたとき、二十五の脳(たぶん三十五の心臓）が、できるかぎり説得力のあるありとあらゆる解答を引き出すためにあれほどひしめき合い、あれほど緊張したことはなかった。それはクラス全体が授業に関心を持っていることをしっかりと見せるためであり、先生と一緒になって戦うため、また陰険に椅子に座っているが、本当には危害を加えない様子にもかかわらず、先生が懸命な努力をしてわれわれには悪魔的に見えた敵に勝つのを助けるためであった。(4)」

はるか昔の青春時代をこんなふうにあまり叙情的でない再現をする際に、他の証言があまり語っていないことだが、突然ガードを下げるブローデル先生の感動が不意に見えることがある。視学官がついに教室を出ていくときには、その視学官と握手する。招かれざる客は、

「敗北したのだった。三十五の胸は、この六十分間の緊張から解放されて、大きな安堵の吐息をついた。われわれはわが先生の勝利の立派な立役者ではなかっただろうか。間違いなくその通りだ。というのも、悪魔が姿を消すやいなや、机にもたれ掛かり、いままでわれわれがほとんど知らなかったある種の興奮した声で、『諸君にお礼を申し上げる。いつかこの恩返しはするよ』と言ったのは、勝利者である先生自身だからである。」

この証言はただ単に生徒の心を奪うだけでなく、人を惹きつける力のある教師ブローデルのもう一つの側面も見せている。なぜならブローデルは教師という職業がまだ用心して尊重していた礼儀を気にかけていないからである。率直で裏のないブローデルは、自分が敬意とか好意を持つ人たちには気安く話しかけるが、生徒たちが自分の才能に敬意を欠くとすぐに、冷淡で、人を震え上がらせる、妥協のない「言葉によるギロチン」を行なう。だからといって「宿題」を出すことはなかった。(5)レーマンはある授業の様子を詳しく語っている。最近亡くなった偉人のために歴史教師たちがそうすることを勧められていた称賛の演説である（ブローデルは、一九三二年の初めに死んだブリアンについて語る）。二十五回大臣になり、十一回右翼政府の閣議司会者となった社会主義者のたどった道程については、政治的な判断を演説から除くべきだろうか。フェルナン・ブローデルはなんとか切り抜けるが、ただしいつもとは違って、言葉少なにである。きちんと授業をする。しかし当然のことだが、それが嫌な仕事であって、彼の教えるべきことではないということ

をはっきりと示すためである。すると、当時父親が政府の高官であった生徒が一人、「立ち上がって、こう言った。『先生、この有名な政治家について一時間僕たちに話す予定ではなかったのですか。ところが、先生は十五分しか充てませんでした。僕の思うには……』その生徒は先生への批判を言い終わるひまがなかった。『君は教室から出ていってよい。父上の立場がどうであれ、私は君が別の科に移されるように留意するつもりだ。』こういうことが実にそっけなく言われた。かろうじて怒りが抑えられていた。かつてない尊大な態度、いつになく険しく、冷たい目つきだった。」

自分が無視されるようなことは許さず、クラスのなかで、ヒエラルキーを用いるすべを心得ている人の権威ある態度であった（これは一九六八年の学生たちに対するブローデルの反応のなかに見出される。この点に関してはブローデルは決して態度を変えない）。フェルナン・ブローデルの生徒たちが当時我慢しなければならないのは、熱狂とへまをするのではないかというある種の恐れ（これは確かに抑えられる）とのあの対比であるが、間違いなく、熱狂の方が厳格さの不安に勝るのである。しかしそれでも、後になって評価が確立したという遡及効果を考慮に入れるとしても、若い教師が、卒業生たちの思い出のなかに、これほど熱烈な思いをかきたてるのは珍しいことである。

一九八一年のブランギエとの対談の終わり頃に、出し抜けに、すでに人生のすぐれた観察者であるが、優等生にして勇敢な教育者というイメージから考えられる以上に放埒で、砂漠の探検以外には楽しみを知らない若い独身青年の姿が現れるのを見ることになる。議論は、一九七九年の『物質文明・経済・資本主義』の決定版で表明された資本主義の厚かましさに関する考えから始まる。フェルナン・ブローデルは、対談で「私の知っているすべての資本主義者は賭事の好きな人たちでした」と言ったばかりである。そこで、ジャン＝クロード・ブランギエが賭事好きな資本主義者についてもっと詳しく知りたいと言うと、フェルナン・ブローデルは、一九三五年に不意にブラジルに任命されたとき、定期船には席が空いていなかったので、豪華客船の「マッシリア号」(6)で旅をさせられたという話をする。そこでブローデルは実業家たちと一緒になったわけだが、彼らはブローデルの前でも気兼ねせずに、どういうふうに資本を投資するかその方法を話してくれた。

「ある資本家がモンテ・カルロで大変な額の金をすって人から非難されるとき、その資本家は、いわば、彼なりの美学のなかにいる。資本家としての使命、必然性のなかにいる。私はそういう人を、いわば、哀れみのある目で見つめる。どんな資本家も賭け事師である。帆船や蒸気船や鉄道やニッケルに賭けるのである。」

ブローデルは「自分は賭け事師ではない」し、「賭け事はいつも私には不道徳なものと思われた」と言っているけれども、ブランギエはブローデルが自分自身の経験を語っていると感じとって、ブローデルに打ち明け話をさせる。ブローデルはこの誘いに抗しきれず、アルジェの友人、物理学者に引きずられて、一緒に賭博場に行ったことを話し始める。そこでブローデルは驚くべき、開放的な、感じのよい世界を発見した。ブローデルはそこの会員になり、そこに行くことに慣れ、昼食も夕食もそこで取る。その場所が心地よいと思われたのである。そしてそのとき、クラブに参加するためには、賭博場の胴元を相手に賭ける人にならなければならないことにも気づくのである。

「私は自分に言い聞かせた。『ここは私にはいいところだ。』すべての雑誌がそこには来ていたのだった。それで私も賭けた。いつも勝ったよ。浪費家になった。全集を何冊も買った。それからある日、父が亡くなり、自分の背広のポケットのなかに父の手で『賭け事をするな』と書かれたものを見つけた。だから賭博場に行くのをやめたが、賭け事というのがどういうものかはわかっていた。」

「賭け事」という言葉をブローデルが使うとき、それを常に言葉の本来の意味で考えていることを頭に入れておくことが必要である。儲けた金は自責の念のかたちとして本の購入に充てられる。父親に関してめったに行なわない打ち明け話も記憶に留めておこう。

ブローデルの人生は、何の気がかりもないように見えるが、実際には一九二七年の初めに、仕事中に不意に訪れた父親の死というつらい出来事に揺さぶられている。もう一度言うが、背広のポケットのなかにあったあの言葉以外には何も思い出のなかにない。当時、船で地中海を横断する旅の長さゆえにたぶん葬儀に出席することができなかったからである……。父親は授業期間の真っ最中に死んだのである。しかしながら、遺言となったあの言葉を祖父の葬儀の際に父親の額と涙を拭うフェルナンのイメージに結びつけてみれば、見かけの無関心の下に羞恥心と抑圧された愛情が見出される。ブローデルの父親がもっと長く生きていたなら、ブローデルは父親と和解したかもしれない。ブローデルは妻のポール・ブローデルにそのように打ち明けたことがある。

一九八四年に、スウェーデンのテレビのインタビューで、宗教の問題にふれることにブローデルがためらっていたことを思い出させると（ブローデルの父親がカトリックと縁を切ったことを思い出そう）、突然、ブローデルはいままでになく父親のことを次のように話し始める。

「いわば私の受けた教育はどんな宗教ともまったく無縁だったと言えます。それでも父は自分でそう考えていたほどはっきりとカトリックと縁を切ったのだとは思いません。父の晩年には反省というか、良心のとがめが見えました……。しかしそれでも不安を持っている人ではありませんでした。事実、人は子供時代の宗教と完全に縁を切ることはありません。父の立場は大変単純明快でした。『うちの子供たちは自由だ。成人したら自分の信仰を選べばよい』というものだったのです。父は私たち子供の代わりに自分が選んでしまったことに気づいていなかったのです。[7]」

フェルナン・ブローデルは、一九八一年のブランギエとの対談の際に、すでに次のように述べていた。[8]

「私のいざこざには、あれはカトリックと私自身との対立ではないが、家族の不和があるのです。父との仲違いがあるわけです。家族のなかで教会と縁を切るのは、父なのです。私ではありません。

——すると、あなた以前に……

——私は仲違いを受け継いだわけで、この仲違いに私は常に苦しめられてきました。」

ここでは母親のことは言及されていない。しかしながら家庭内に不和がある。父親と母親の間に。しかも祖母コルノとの間にも。この仲違いがブローデルを常に苦しめてきた。そこで、ブローデルは自分の心を閉ざす。父親に死なれたことはブローデルが口に出して言おうとした以上にブローデルの気持ちに衝撃を与えた。葬儀に出席しなかったことが父親とブローデルの相互の無理解の長い道のりを突然問題にしたからである。それだけでなく、宗教に関しては、ブローデルは父親のあとに続いたという事実もある。マインツとリューベックでの連れであるコンガール神父の思い出によれば、ブローデルは捕虜生活に入ってからすぐに、また年を取るにつれてますます、宗教がブローデルを不安にさせる。

父親の死去の結果として、ブローデルは独身で、アルジェで気楽に暮らしていたので、母親を引き取る。母親との同居についてはわれわれは実際には何も知ることにはならない。母親は家計を切り盛りし、一九二七年十月二十七日にリセの学監の娘ポーレット・ヴァリエとの結婚を少なくとも促す役割を果たしたにすぎない。もっとも、この結婚という出来事のためにやがて母親が家を出てゆくことになり、母親は長男のところで暮らすことになるのだが、二人の兄弟の仲が疎遠であることに心を痛める。母親は一九六五年に亡くなるのだが、そのことがブローデルにとって特別な日付であるとは思われない。

二十五歳で、フェルナン・ブローデルは、職業の安定を得る、少なくとも見かけは――しかし結婚は長続きしない。というのは妻が子供を欲しがらないからである――彼の内面生活の安定は完全にアルジェリア人となった。父親の死去がパリを完全に消し去ったのである。それまではブローデルは、父親とのもめ事のせいで、できるかぎり首都から離れていようとしたという印象がわれわれにはある。だが父親が亡くなると、兄は弟フェルナンの青春時代のすべての書類と詩をごみ箱に捨てる。だからフランス本国全体がブローデルには外国となるのである。

兵役期間中に味わった国粋主義のドイツを目の前に見てブローデルが失望し、そのことがどのようにしてアルジェに戻ることをブローデルに選択させたかはすでに見た通りである。博士論文の計画の変更を導いたのもこのときの失望である。一九八一年に、ブローデルは、この博士論文の変更を、ヴェルヴァンの和約に関する勉強の際にスペインと出会った大学生活の偶然の結果であると考えるのではなく、過ちは自分の幻滅のせいだと考える。

「私は計算違いをした。私はスペインの方に向かったが、スペインの人々もドイツと同じく国粋主義者で、「ドイツ国民と同様に」歴史によってひどい目にあったのだ。何年もの間、私は地中海を相手にしていたが、本当の意味では地中海を見つけていなかった。フェリペ二世も、フェリペ二世とフランスとの関係も楽々と見つけた。書こうと思えばフェリペ二世の伝記小説さえ書けたと思う。」

ロレーヌ地方と引き換えにフェリペ二世を選択すること、しかもそのうえにフェリペ二世と地中海を選択すること、それは、一九二六年にブローデルが自分に与えることができる通りの現在におけるいかなる関わり合いとも最大の距離を取ることである。ブローデルは十六世紀の政治・外交史の専門家になるのである。当初アンリ・オゼールの十六世紀にブローデルを導くものは何もない。実際、博士論文の新しい計画のタイトルは、『一五五九年から一五七四年までの地中海におけるフェリペ二世とスペインの政策』であった（一五七四年はトルコ人によるチュニス再征服の年である）。ご覧の通り、ブローデル自身が目指しているものとは反対に、時間的には大変厳密に限定されている。この計画はソルボンヌ大学から問題なく承認され、その当時権威ある博士論文指導教授のジョルジュ・パジェスから指導を受けることになる。一九二八年度の三月二十日付けのジュール・フェリー奨学金申請書により正確な日付がわかっているが、その書類でフェルナン・ブローデルは次のように奨学金が必要な理由を述べている。

「私はソルボンヌ大学でパジェス先生の学生でした。先生は私の博士論文の指導教授を引き受けて下さいました。エミール・ブルジョワ先生［ヴェルヴァンの和約に関する指導教授］は主題を決定するにあたって助言して下さいました。私の行なった文献研究、パリの国立文書館（シマンカス蔵書Kシリーズ）や国立図書館［……］で行なった文献の複写作成はほとんど終わりました。あと残っているのは、スペインやイタリアの古文書館を訪ねることです。」

この申請は、主題の選択が一九二七年に遡ることを確認する。そのことはパリの国立文書館と国立図書館での研究が行なわれたのがその年の夏休みであることを証明している。古文書を初めて本格的に扱ったことは、ブローデルがブランギエに説明したように、ブローデルが歴史家の仕事に着手したことも意味している。

「私はパリの国立文書館で勉強を始めました。あそこには、［ナポレオンの時代に］フランスが持ってきたものをシマンカス［バリャドリーの近くのスペインセンター］に返還した後もまだフランスに残っていたスペインの古文書のK蔵書がありました。かなり多くの書類の束がありました。それもペタン元帥の手で返還されたわけです。だから今日では、あの研究を再開することはもうできません。私は国立文書館でスペイン語を読む勉強をしました。」

その他のことに関しては、この種の申請においては当然のことだが、ブローデルは研究の現在の進捗状況についていささか先回りして述べていた。当時のフランスには、ブローデルが思い出させるのを好んでいたように、奨学金も、研究賜暇も、フランス国立科学研究センターもなかった（当時としてはかなり高額な八〇〇〇フランに上る奨学金を申請する根拠はそのためだった）。ブローデルはこのジュール・フェリー奨学金を得て、「奨学金が提供する未来の保証のおかげで」、一九二八年の夏休みには、奨学金の支払いを待たずにマドリードに出かけていった。このときブローデルはこのマドリード旅行についてシャルレティ大学区長に「二か月の間、マドリードの国立文書館、シマンカスの国立図書館ならびに一般文書館で次から次へと勉強する」ことができたと報告した。

マドリードでは、ブローデルは主として、一五五八年から一五七〇年までのスペインにおける宗教生活を研究するために異端審問の報告書を読んだ。シマンカスには一か月滞在し、一九二九年の夏にもう一度そこに行くつもりであると予告している。『アフリカ雑誌』に発表予定の「スペイン人と北アフリカ」に関する論文のためのデータをシマンカスで完全なものにしたと明言している。

フェルナン・ブローデルのサインのある最初の二つの書評は一九二七年に出た。『近代史雑誌』では、スペイン史に関する書物が取り上げられ、『アフリカ雑誌』では、シャルル・タイヤールの『フランス文学におけるアフリカ』という本が取り上げられている。『アフリカ雑誌』はステファヌ・グゼル（一八六四〜一九三二年）の専門とするところで、その頃グゼルは栄光の絶頂に達している。考古学者として、グゼルはアルジェリアの古代遺跡の検査官であり、歴史家としては、コレージュ・ド・フランスの教授であり、記念碑的な大作『北アフリカ古代史』（一九一三〜一九二九年）を完成させつつあるところだった。

『アフリカ雑誌』は、そのタイトルにもかかわらず、いかなる意味でも、地方の雑誌ではなく、ブローデルは、研究意欲に満ちていて、間もなくこの雑誌で特に積極的に活躍する。この雑誌に寄稿することはブローデルを立派に見せる。しかもアルジェよりもよその土地で。特に、一九二八年末のブローデルの二本目の論文が第一論文とはまったく違う規模であることに人々が気づくとき。注でブローデルが予告していた論文「一四九二年から一五七七年までのスペイン人と北アフリカ」は、相変わらず五〇頁のものであるが、もはや書評ではなく、立派にオリジナルな研究論文であり、この独創的な研究のさまざまな成果は、のちに『地中海』となったブローデルの博士論文に組み込まれることになる。

おそらくこの論文ではすでに、外交と軍事遠征を越えて、もっと広範な現実をブローデルは探求しているが、相変わらず伝統的な分野にとどまっている。シマンカスでの研究報告書における重要な突破口は、ブローデルがシマンカスで次のようなことを発見したことに由来する。

「ジェノヴァは当時銀の大市場であった。〔……〕ジェノヴァ駐在スペイン大使は金融に関して第一級の役割を果たしている。大使は、イタリアにおけるスペイン政治の大蔵大臣であると言うことができる。ロメッリニ家やグリマルディ家やその他のジェノヴァの金融業者に対して軍隊の動員やガレー船の武装に必要な借金、取り決めの交渉を行なう。ジェノヴァの融資は最も重要な『為替』を可能にするものなのである……」

フェルナン・ブローデルは政治から政治を導く実際的な手段へと移行する。自分の主題からそれてはみ出して行くわけだが、それは『地中海』の主題を年代順の歴史の外へと移動する(ただし約十年後に)のを基礎づけるものをずっと前から予告している。こんなふうにして、シマンカス通いをすることで、パリでの古文書との最初の接触に比較して、何年もの間に少しずつ、研究の性質が急速に変化することになる。シマンカスは、フェルナン・ブローデルに一つの世界、すなわち経済=世界を開き始めるばかりでなく、自分と同様に古文書を調べることに生き生きとしている同年代の歴史家たちとのつきあいも始まる。そうしたことが博士論文の習わしに従わなければならないという必要性にからめとられていた計画からブローデルを抜け出させ、踏み固められた道を外れて好奇心の赴くままにさせることになる。

ブローデルが新しくつきあい始めた人たちとは、一九三四年に『アメリカの財宝とスペインにおける価格革命（一五〇一〜一六五〇年）』を出版することになるシカゴの歴史家アール・J・ハミルトン[9]であり、アオスタ渓谷（したがってフランス語圏）生まれのイタリアの歴史家フレデリコ・シャボ（一九〇一〜一九六〇年）である。シャボは十六世紀ロンバルディア地方の政治・宗教史に関する著作で名をなす。シャボの早すぎた死に際して、ブローデルは、一九六一年の『アナール』冒頭での追悼文のなかで、シャボとともに「私の過去三十年の、実は私の生涯を通じての友人」を失ったと述べることになる。

よその国々、他の大学の伝統に属している同世代の同僚たちと一緒にこのような研究領域の変化を経験したおかげで、少しずつ、フェルナン・ブローデルは自分が歴史に対して期待しているものを反省し始めることになる。『地中海』を書くということは長い冒険であったという事実をまず強調して、一九八四年にブローデルが言うように、「私は自分が長いこと携わってきた伝統的な歴史から自分を解き放たなければなりませんでした。[10]」

ここで直ちに新しい道しるべを立てることにしよう。シマンカスでの最初のショックは一九二八年夏のことであり、大転回期はそれより八年後の一九三六年のことにすぎないわけで、これは「自分を解き放つ」のに時間がかかったということである。

「それから、ある日、私はドゥブロヴニク（ラグーザ）に行きました。ドゥブロヴニクのすばらしい古文書のなかには十六世紀の海上保険証書、用船契約書、売買契約書、貨物帆船関係の書類——要するに地中海全体があるのです。もしドゥブロヴニクに行かなかったら、どういうことをしたのかわからない。[11]」

歴史の実践の役割については強調しすぎることはあるまい。ところで、ドゥブロヴニクは、この実践の始まりにはなく、ブローデルの古文書館巡りの旅の終わり[12]に存在するわけで、このことは強調して言っておきたい。古文書館巡りをしているうちにブローデルはフェリペ二世の政策の偏狭な断片から『地中海』の広大な空間へとたどりついたのである。研究者の忍耐というものがわかるだけでなく、間接的には、慣習という山の高さもわかるだろう。研究者は、この山を持ち上げて、物語としての歴史、政治・外交史の彼方に、またブローデルの当初の主題をまだ『決定』していたエミール・ブルジョワの助言を越えて、ついに自分の探求にふさわしい対象をかぎわけたに違いないのである。

ブローデルが歴史家という使命を帯びる前に歴史家という職業についたと言うとき、誰もがわかっているように、彼は歴史の教師という職業のことを話しているのである。ブローデル以外の多くの人々なら歴史の教師という職業が自分にもたらした成功に満足していたことだろう。ブローデルも、シマンカスに行く前には、歴史の教師であるだけで十分であると思っていたようであるが、教師としての仕事の絶頂にあるときにも、また教師という職業がもたらす喜びをブローデルは残念に思っていることがわれわれにはわかる。ブローデルの使命は、歴史家というブローデルの本当のプロ意識と混じり合っているのだが、古文書によって与えられたのである。古文書を扱いながら、また古文書のなかに思いがけないものを発見してそこに入り込むことによって、ブローデルはまだ意図的な歴史――十九世紀の歴史画家のように、ある主題を考えて、その主題を資料で肉付けするような伝統の歴史――から、あらかじめ出来上がっていない歴史へと移ったのである。この歴史は過去の物質性から突如浮かび上がってくるのであり、一般には忘れ去られた判読不可能な文書の解読によって少しずつ明らかになり、覆される歴史である。正確を期して言えば、ジェノヴァ駐在のスペイン大使の報告に首を突っ込んだブローデルの驚きとともにわれわれが見つけだしたように、そこから『地中海』の冒険が不意に生じることになるのである。つまり空間と長期持続という沖合いへの道である。しかし思い違いをしてはならないのだが、どんなに必要不可欠なことであろうと、古文書を徹底的に調べ尽くしたところで、完全に出来上がった主題を提供することにはならなかっただろう。雑多な指標から出発して、ブローデルは、本当の世界を自分に開いてくれる未調査の鉱床をどこに探すべきかを理解しなければならなかったのである。

「普通の古文書の綴りは、特に王侯、財政、軍隊、土地、農民について語っていた。したがって私は古文書館から古文書館へと渡って、断片的な資料収集に、つまり調べ方が悪く、時には分類の仕方がまずいとか分類されていない資料集めに没頭した。(13)」

ドゥブロヴニクの発見の重要性はまさにそこに由来するのである。ドゥブロヴニクの発見はまったく別のタイプの歴史への移行の可能性を示しているのだ。

2 リュシアン・フェーヴルの最初の助言

ドゥブロヴニクの啓示がついには常軌を逸した古文書の探索の結果として現れるとすれば、その前にブローデルは自分の専門とする科目の先生の一人からいままでの研究計画を狂わせる刺激を受けていた。この刺激から本当の意味での結果を引き出すことができるようになるのは、ドゥブロヴニク以後でしかない。それはたぶん一九二七年から起こっていたし、ブローデルの限定された主題の「決定」そのものに関わっていて、そのような限定に疑いの目を向けさせていた。ロレーヌ地方からフェリペ二世への主題の変更は、実際、わが若き教師をリュシアン・フェーヴルの方に連れ戻していた。しかし『大地と人類の進化』へ連れ戻したのではない。というのは地理学はまだブローデルの新たな関心の完全に後景にあったからである。むしろ直接的には、フェリペ二世のせいで、フェーヴルの歴史学博士論文『フェリペ二世とフランシュ゠コンテ』へと連れ戻したのである。この論文は一九一一年以来歴史学の模範であった。

フェーヴルが一九五〇年に『歴史学雑誌』で『地中海』について書いた堂々たる書評によって、ブローデルがフェーヴルと接触していたことは周知の通りであるが、その時期は残念なことにあまりはっきりしない。〔フェーヴルは次のように言っている。〕

「私は自分の書類綴りのなかに、当時北アフリカの歴史家としてたちまちにして輝かしい経歴を持つ運命にあると思われた若い歴史教師が何年も前に私に宛てた手紙を持っていると思う。その人は『フェリペ二世の地中海政策』という古典的な主題に関する博士論文を近々ソルボンヌ大学に提出するつもりであるということを私に予告していた。私が自分自身の博士論文――『フェリペ二世とフランシュ゠コンテ』――の材料を集めていたとき、『ブルゴーニュ地方に』蜘蛛の巣のように諜報網を張っている慎重王という謎の多い人物に正面からぶつかっていたことをこの人は知っていた。スペインの地中海政策の専門家の多くがこのフランシュ＝コンテ出身の人たちであったことも知っていた。私は一九一一年にこのフランシュ＝コンテ出身の人たちの個人的な情熱と社会的な立場を分析しようとしていたのだった。またセゴビアの森やエル・エスコリアル宮殿の孤独のなかで書かれた急送文書の余白にスペイン帝国の支配者が簡潔に書き込みをしたものをブザンソンやその他の場所で何度も私が解読していたことも知っていた。したがって私が彼の計画に強く関心を持つことができると考えていたのだ。[14]」

明らかに主題を公式に「決定した」直後頃に送られたこの手紙に関しては、この要約全体から推して、一九二七年だと考えられる。フェーヴルの話は、古典中の古典たる博士論文、すなわち政治史の博士論文という考えであったことの裏付けになる。忘れてはならないが、これは『アナール』創刊の二年前のことであり、『アナール』のインパクトがブローデルに受け止められるようになるのはずっと後でしかない――その頃ブローデルはまったくの田舎者である――。ブローデルは長文で詳細にわたる手紙をフェーヴル宛てに書いていたわけだが、ちょうどこの時代の先輩の専門家に宛てるように書いていたのであって、ボス教授に宛てたのではない――フェーヴルはまだストラスブール大学の教授でしかない。フェルナン・ブローデルは、ストラスブール大学教授からの返信の末尾だけに言及して、自分の『地中海』の歴史を思い出すときに、ストラスブール大学教授のことは引き合いに出さない。

フェーヴルの要約を読むと、ブローデルはフェリペ二世の人格における二つの主体の密接な関係しか参照していず、『フェリペ二世とフランシュ＝コンテ』に関する博士論文のなかで、主体から出てきて、歴史を書く書き方について既成観念をすでに揺るがしているものを参照していないこともまた明らかであるようだ。これについては何も驚くべきことはない。ちょうどリュシアン・フェーヴルがかつてフェリペ二世のフランシュ＝コンテ政策について行なったのと同じように、ブローデルがエル・エスコリアル宮殿からフェリペ二世を見るのをやめ、ついによその場所から、もっと遠くから、つまりフェリペ二世の地中海政策からフェリペ二世を理解し、前提としていたことをこのように逆転することから自分の考察を行なうことができるようになるのは、いったん自分のたどってきた仕事の終わりに達したときでしかない。リュシアン・フェーヴルの博士論文を読んだときのブローデルの最初の反応は、『大地と人類の進化』を読んだときに覚えた反応からそれほど離れたものではなかったに違いない。すなわちフェーヴルはいろいろな説明を複雑にしているというものである。フェーヴルの序文を再び読んでみるだけでそのことがわかる。

「われわれが関心を持っているのは、ある一定の時代のある地域ではなく、ある地域の変化の一定の瞬間に、一つの国家のなかにその政治的表現が見つかる集団的な歴史的人格なのである。[……] 権力、影響、政治的支配のための戦い。おそらくその通りであるが、敵対関係の深い原因はよそにはないのだろうか。[……] 敵対関係の根源、そのさまざまな現れと結果においてわれわれが研究しているのは一つの危機である。われわれが記述したいと思うのは、一つの治世でもないし、治世の一部でもない。[……] 実はわれわれは、国境においてフランスの統一にゆっくりと加わっていった。[……] こうした地方の国内の歴史はあまりにもおろそかにされている。[……] ある意味では、地方は、定着した実験と比較の分野と同じように、国境において生活と時代そのものによって維持されているのだ。[15]」

ブローデルは、四十数年後の一九七〇年に、この著作が文庫本として再版されたときの序文で、「驚くべき早熟」として称えることになるものを一九二七年には理解することはできていなかった。なぜかと言えば、私が簡潔に表現したばかりのこの宣言の方針に真っ直ぐ沿って、フェーヴルは、ブローデルの手紙に答えて、結論として、「不安定にする」と当然言えるような次のような問いを付け加えていたからである。

「フェリペ二世と地中海、すばらしいテーマです。しかしなぜ地中海とフェリペ二世ではないのでしょうか。これより大きな主題がまだ別にあるでしょうか。というのはフェリペと内海というこの二つの中心人物では、その勝負は対等ではないからです。[16]」

この勝負はブローデルを結局は不安定な気持ちにする。勝負の奥深いところをとらえるためには、まず第一にフェリペ二世の政策から抜け出さなければならなかった。つまりフランシュ＝コンテは国境地帯だから「実験と比較の分野」

として重要性を持つことを、ブローデルのアルジェ滞在がもたらす別の分野に結びつけることができなければならなかった――アルジェもまた当時は本国に対して国境である。それればかりでなく、フェリペ二世のスペインに直面する実験の分野でもある。ブローデルは、地中海と同様に、このスペインをアルジェから「逆さまに」見ているのである。こういう類の移動にブローデルは敏感であったかもしれない。なぜなら自分をロレーヌ人として見ていたので、いわば権力の中心に対するある種の外在性が明らかにするものを体験していたからである。学士号のときから、ブローデルは『バール＝ル＝デュックでのフランス革命の始まり』を論じながら、すでにそのようなことを直感的に実践していなかっただろうか。

ところでフェーヴルはブローデルに主題の中心を移すことを提案したのではなく、主題の中心を移動させることを提案していたのである。ただ単にフェリペ二世の政策を地中海から見ることではなく、地中海を国王の位置に置くことであった。これは緩和ではなく、逆転であった。しかもただ単に博士論文の主題に関わるだけでなく、ブローデルの大学人としての目標に関わる逆転であった。実際、フェリペ二世を捨てて地中海をとることは、結局は、セニョボスとブルジョワに馴染み深い、大きな政治の歴史である、慣例として認められている「大きな歴史」に背を向けることであった。しかもセニョボスとブルジョワの時代はその頃いささかも打撃を受けていなかったし、ブローデルは自分の扱うフェリペ二世のために彼らから騎士叙任式を受けていたのである。

わかっているかぎりでは、ブローデルはフェーヴルに返事を出さなかった。少なくとも質問というかたちでのフェーヴルの助言に関しては。ブローデルは、一九二七年には自分の考えをこんなふうに覆す心づもりはまったくできていなかったのである。そして、私の知るかぎり、ブローデルはこの点について自分では一切説明していないのだが、このフェーヴルの示唆を当初は教養趣味をこの先輩のせいにする逆説の一つとさえたぶん考えたのである。『地中海』が出版されて、フェーヴルは、一九五〇年に、自分の誘いが当時は「軽率な発言」としか受けとめられなかったとまず第一に言う。

「軽率な発言がフェルナン・ブローデルのためらいと疑念を強めたに違いなく、ブローデルはそこからなかなか帰結を引き出そうとしなかった。[17]」

ためらいと疑念、これを乗り越えるのにフェルナン・ブローデルは何年もかけることになる。しかしフェーヴルの助言は、それが異様とも言えるものであったがために、初めは表に出ないかたちで、しかも狡猾に、いままでとは異なる好奇心をブローデルのなかに目覚めさせないではおかなかった。言うならば、ジェノヴァ駐在スペイン大使の収支計算書のように、ブローデルの当初の目標に比べると、それまではあまり重要ではないものとブローデルが考えていたさまざまな事実を受け入れやすくしたのである。これがついにはブローデルの歴史家ならびに人間としての行程を逸らさせることになるのである。

リュシアン・フェーヴルによって蒔かれた疑いの念、フェーヴルが提案したように主題の中心を移動させること、そういったことが古文書館のコレクションがあらかじめ確立していたものを批判する必要を若い歴史家に徐々に自覚させることになった。研究者は、もちろん、オリジナルの史料に近づけるのだが、到達したいと願っているなまの現実にはいささかも近づくことはできない。ある史料のコレクションの構成のプロセスは、当然のことながらブローデルの研究の主題に従っているわけではない。史料のまとまりは大法官府の特定の習慣によるだけでなく、さらにはKコレクションがパリにあったように、歴史的偶然にもよる。しかしそのような史料のまとまりは研究の主題に決定的な影響を与えないだろうか。

このような問いをあえて立てることが、当時の歴史の先生たちによる史料の神聖視といったものを結局は疑問に付すことになった。史料の神聖視という理由で、この学派の指導者たちは「実証主義者」と言われる。ブローデルは大いに辛抱強い史料の突き合わせを行なった後になってようやくそこに達するわけだが、苦労して解読したあのさまざまな書類の束から自分が探していなかったものを利用することができる豊かさを自ら経験したからである。一九八四年にブローデルは次のように打ち明ける。

「私は古文書が好きです。古文書のなかに発見されるものにいつも驚かされてきたし、魅了されてきました。船に関する情報を予想していると、土地の所有に関する情報が見つかる。農民と領主に関する一連の史料を調べていると、ある商人にぶつかる。［……］自分が期待していた光景に出会うことはめったにない。そして何度もだまされ、迂回させられて、ついには一種の全体像をつかむことになる。それに、これこれの史料を前にして歴史を夢見ていなかったら、歴史家になんかなることはできません。(18)」

さらには、夫人のポール・ブローデルがのちに言うように、

「夫の大好きなもの、長い人生の終わりまで培ってきた喜びは、なまの史料でした。夫にとっては、想像力に対して大きなドアが開かれていたのです。しかも、想像力ということになれば、ブローデルはあり余るほど持っていました。夫は捕虜収容所から自らこんな手紙をくれました。『さいわい、僕の想像力は僕を決して一人にはしておかない。君も知っての通り、僕の想像力は僕にはかなり大きな財産だ。』［……］古文書館でも、夫の想像力は夫を決して一人にしておかなかった。バリャドリーのある日の夫の興奮を記憶しています。私たちは机の上に大きな書類の束を置いていました。それは十六世紀以来開かれたことがありませんでした。一枚一枚の紙がくっついてなかなかはがせません。一枚はがすたびに、紙が破れる音がします。そしてかつて、インクを乾かすのに使っていた金粉がまだそこにありました。ブローデルはその金粉を指の間にはさみながら夢見ているようでした。その金粉を入れた小さな袋をブローデルは長いこと持っていました。(19)」

ブローデルが、古文書にどっぷり浸かることによって、自分が探しに来たのではない一つの歴史がそれでも古文書のなかに見つかり、古文書からはみだし、そしてその意味と限界を理解することを可能にすることに気がつくのは、こんなふうにしてである。ブローデルの胸をついたに違いないフェーヴルの助言によるのか、それとも思いがけない事実の積み重ねとそれらの事実がわずかに開いていく新しい方向によるのかと問うことは、的外れの問題である。ブローデルが自分の主題を述べた最初の手紙が単に儀礼的な月並みなあいさつであったなら、フェーヴルはあのような示唆をブ

ローデルに行なっただろうか。一九五〇年に、フェーヴルはフェルナン・ブローデルがあえて自分の示唆から帰結を引き出そうとしなかったと述べた後で、次のように付け加えている。

「要するに、ブローデルは意を決し、気を引き締めて、地中海世界のありとあらゆる古文書館をめぐり、見事な、また徹底的な史料収集を始めたのである。それ自体どうということはない。しかし大したものだ思うことは、たった一人で、勇敢にも、自分だけの小舟に乗って、水先案内人もなく、仲間もなく、また航海術教本もなしに、冒険に乗り出したのである——海は、駅の観光案内板の上でのみその紺青色のなかに永遠の穏やかさと微笑みを見せているのだが、その海の荒れ狂う波にもまれてブローデルは冒険することになる。[20]」

肝心なところを、すなわち水先案内人もなく仲間もなく冒険に乗り出すという一節をもう少し子細に検討してみることにしよう。言い換えれば、主題の中心をずらす前に、ただ単に博士論文だけでなく、ついにはブローデル自身の生涯の舵を取ることになる知的な中心がずれることである。一九八四年のあの対話で、フェルナン・ブローデルは、話し相手のフランソワ・エヴァルドとジャン＝ジャック・ブロシエに次のように打ち明けることになる。

「私は歴史上の地中海だけを探していたわけではない。私はまた自分自身をも探していたわけです。ひらめきというようなものはありませんでした。地中海に面と向かいながら何年も何年も私は決心がつかないままでした。そのことを理解したのは一九四一年、つまり研究を始めてから十八年たってからにすぎません。それこそ地理というものは歴史の歩みを遅らせるすぐれた手段であり、ゼロ局面に達する手段であると私が気がついた日のことです。そのときになってやっと私は地中海を歴史の主題とする利点を発見したのです。私はそのとき地中海のおかげで自分のことがわかったわけです。[21]」

長期持続へのこの復帰命令、博士論文の当初のアイデアと一九四一年の——のちに見るように一九四一年秋の——この自己克服を分け隔てている十五年への言及は、視点の移動だけでなく主題の中心のずらしの価値の発見と、主題がフェリペ二世から地中海に移ったことが意味したことの十全な理解との間にある違いをそっくり示している。地中海は、リュシアン・フェーヴルの博士論文以前にフランシュ＝コンテがすでにそうであったように、「歴史上の個性」「歴史的な人物」ではない。フェーヴルが地中海について雄大な直観を抱いたとしても、地中海を歴史上の自立した空間としたのは確かにブローデルなのである。ただ単にある主題から別の主題へ、同じ時期を扱う伝統的なやり方から中心を外れた革新的なやり方への移行があるだけでなく、政策決定者や事件に焦点を当てた見方から別の見方への移行もあるのだ。この別の見方では、大ざっぱに言えば、歴史こそが、自律的に、地理学のこの時期に、これこれの町、これこれの街道、これこれの港を作り出すものと並んで、船舶の建造とか銀行の発明といったような技術革新が歴史において果たす役割を舞台の前面に突如として出現させたり、推進させたりするのである。この場合、もちろん、歴史に特殊なものと見なされてきたもの、すなわちその瞬間の政策決定とか人間の行動を越える気候の大異変とか生物学的な災厄を忘れてはならない。

そのような再構成こそが、ある危機の時代の地中海を、言い換えればある空間を、経済的、文化的、政治的な表現としての人文地理学のダイナミックスを作り出すのである。そのような場では、歴史の基礎となるさまざまに異なる持続期間が相互に作用しているのである。フェーヴルは一九五〇年に「歴史上の人物という高い位に格上げされた海の複合体」[22]と書くことになる。しかしブローデルは、自分がどこに至るのかを知る前には、すなわち自分が述べたことそのものによって自分を越えるまでは、この一節を察知することができなかったのである。だからこそブローデルは一九四一年という日付をわれわれに示しているのであり、これをいまから検証してみることにする。ブローデルはブランギエに間違いなく次のように言っている。

「私は地中海を誰か歴史上の人物を紹介するように紹介してもよかったのだが、そんなふうにはとても紹介できなかった。怪物的な歴史であるあの歴史、つまり地中海の歴史にどんなふうに近づくべきかその方法を新たに考え出さなければならなかった。地中海の方が私につきまとったのです。こんなふうに別の見方をすること、そのことを私は何年も時間をかけて次第によく理解するようになったのです。それはまるで、地中海について話すために私が行なっていた努力をよりよく理解したかのようです……」

これこそは、リュシアン・フェーヴルの助言を受けて、ブローデルが一九二七年以来、あたかもフェーヴルがブローデルの将来を啓示したかのように、対応することができなかったことを説明するものである。フェーヴルの助言については、ブローデルは一九七二年にその内容をほんの少し次のように変えている。

「フェーヴルは私に次のような手紙をくれた。（うろ覚えで引用すると）『フェリペ二世よりもバーバリーの人々の地中海を知る方がはるかに興味深いでしょう。』」

同じ文献でブローデルが強調しているように、この助言を受けたとき、

「私の時計はみんなと同じ時間に合わせてあり、また私の先生たちのなかでも最も伝統的な先生たちの時間に合わせておくことが必要だったのである。私は先生たちと同じく博識で、同じように誠実であろうと努め、できるかぎり史実を大切にしようとした。[23]」

一九三〇年の歴史学大会[24]での発表に見られるように、ブローデルの初期の論文は伝統的であろうとする姿勢を示している。フェーヴルの扇動はまず初めは主題の中心をずらすことよりも、道を開くことの方へブローデルを駆り立てたのである。ブローデルは一九八四年に次のように言う。

「私は直ちに心を決めたわけではありません。私の関心がスペインから地中海に移ったのは、やっと一九二九年頃になってからです。[25]」

このようなわけで、ブローデルの人生を理解するためには、ブローデルが教えたように、この報告においてさまざまに異なるリズムを持つ持続期間を関連づけなければならないし、またこれは言うまでもないことなのだが、日常の生活や逸話的な生活と根底にある知的な作業との隔たりを理解するためだけでなく、もっと思いがけないことであるが、知的作業の内部における持続期間の差をとらえるためでもある。一部分は、そうした隔たりは、情報収集の時間、つまり収集した情報を初めに消化することと、それらの情報から突如浮かび上がってくる、補完しなければならないという新

たな必要が生じることとの間の隔たりに当然起因するだけでなく、別の意味で、もっと明快な部分として、さまざまな状況、すなわち一方は人生の選択、そしてもう一方は精神的な道具と歴史の考え方の大きな変化の間でのもろもろの関係にわれわれを置くのである。

したがって、アナクロニズムはない。一九二九年頃、ブローデルはスペインよりも先に地中海を通らせることによって、岸辺を、そしておそらくすでに日付を変える準備をしている。こうして少なくともフェリペ二世が一五八〇年にリスボンに移り住むまで進んでいく。だがブローデルはまだ自分の主題を変えていない。主題は相変わらず国王である。

3 一九三〇〜一九三一年の転機

伝統的な歴史家としての地位の輝かしい補強に基づいて言えば、フェルナン・ブローデルの伝記は平明である。一九二八年。「一四九二年から一五七七年までのスペイン人と北アフリカ」に関する初めての論文を『アフリカ雑誌』に発表し、そして書評を一つ書いた。一九二九年から一九三〇年の間に一七本の書評と論文、それに加えて運良くアルジェで開催された歴史学大会での発表。一九三一年には七本の論文、ただし一九二八年の論文と同じテーマで新たに重要な寄稿をしている。ステファヌ・グゼルが序文を書いた『アルジェリアの歴史と歴史家』[26]という本に「アルジェリアにおけるスペイン人、一四九二〜一七九二年」という論文を寄稿したのである。一九三〇年の書評の大部分は『アフリカ雑誌』のために書かれるが、二つは『近代史雑誌』に、一九三一年の五本の書評は『歴史学雑誌』に、またシャルル＝アンドレ・ジュリアンの『チュニジア、アルジェリア、モロッコ、北アフリカの歴史』という本の書評一本は、『公教育歴史・地理学教師協会報』のためである。ブローデルは有名になるが、北アフリカを専門とする歴史家としてである。

フェルナン・ブローデルはガブリエル・エスケのそばで編集助手となった『アフリカ雑誌』から『歴史学雑誌』に至って、パリで名をなす一歩を踏み出したのである。一八七六年にガブリエル・モノーによって創刊された『歴史学雑誌』は、その後中心人物としてモーリス・クルーゼをかかえ、シャルル・セニョボスに引き継がれるのだが、これは『アナール』が包囲し始める「実証主義中心の歴史」の聖域である。ブローデルは、実り多い成果を上げる歴史家だが、まだ問題のない歴史家である。これより三十年後の一九五八年に、ブローデルはこの種の歴史を批判することになる。

「過去百年の歴史は、全体として、ほとんど常に政治の歴史であり、『大きな出来事』の悲劇を中心とし、短期の期間で短期について仕事をしてきたのは事実である。それはおそらく、仕事の道具の科学的な征服と厳密な方法において[……]達成した進歩の代償であった。史料を大量に発見することは、史料の信憑性のなかに真実がそっくり存在すると歴史家に信じさせたのである。(27)」

ついでに言われていることであっても、これこそはブローデルが行なわなければならない史料収集の旅を示している。まず第一に伝統的な史料を見捨て、社会的および経済的な史料に取り組む、次にそれらの史料の自然発生的な連鎖から抜け出して、史料の意味の組み立てに向かう。このことはブローデルが『アナール』から受け取ることになるいままでとは異なる問題設定をゆっくりと新たに作り上げ、それを手直しすることにつながってゆく。さしあたり、ブローデルは、まだ、伝統的な問題設定の地理学的開口部の段階にいるにすぎない。しかしながら、妻のポール・ブローデルが指摘しているように、それこそは当時のブローデルの態度の特徴である。

「彼はパリの歴史の先生たちのところに助言や支援を求めに行くことはほとんど考えていない。はっきりとこの道で成功を収めようという野心を全然持っていないのだから。リュシアン・フェーヴルがミシュレについて述べたように、こんな具合に彼は師匠を持たないという幸運に恵まれたと言うべきなのだろうか。(28)」

もちろん、誠実な著作『フランスにおけるアンシャン・レジームという君主制(アンリ四世からルイ十六世まで)』を出版したばかりの、ブローデルの博士論文の指導教授であるジョルジュ・パジェスと比較して、ブローデルの態度には、ブローデル自身の価値の自覚が存在することを考慮に入れることはできない。事実、一九二九年にリュシアン・フェーヴルとマルク・ブロックによる『アナール』創刊の予告に対するブローデルの反応はどんなものであったのかとブローデルに私が行なった質問とポール・ブローデルの指摘は一致している。あの質問に対してブローデルは直ちに次のように書き直した。「もちろん私は知りませんでした。まったく知らなかったのです。あれはアルジェから五〇〇里も離れたストラスブールで起こったのです。そのことを知るのに私は何年もかけました。」

せいぜいのところ数か月に違いないと言っておこう。というのは周知の通り、ブローデルはアルジェで『アナール』を読んでいたからである。二十世紀初めの三分の一が終わる頃は、大まかに言えば情報の速度は二十世紀の終わりと同じであり、まだ生まれたばかりのラジオは距離を消し去ることはなく、電話もまたまだほとんど存在していないとすると、ニュースがアルジェに到着するのは主に船のリズムで到着するのであり、要するに少なくともパリとの時差は三日である。しかし、大学や学問の世界では、新しい情報は、図書館に雑誌が届くことによるよりも、同僚たちの精神が開かれていることによるのである。新刊の本を運んでくるのは、人間自身である。ところで、ギリシャに関する人類学者ルイ・ジェルネや一九三五年に『スーダンの金』という本で有名になったエミール・フェリックス・ゴーティエのような人のおかげで、アルジェはパリの枠の外にあるわけではない。彼らはかなりセンセーショナルな宣言で予告された『アナール』という雑誌に加わる。

「歴史家たちが信頼できる古きよき方法を過去の史料に適応している間に、ますます多くの人々が、その仕事を現代の社会と経済の研究に時には熱を込めて充てるようになっている。〔……〕壁があまりに高いので、多くの場合壁が視界をさえぎっている。それでも方法や事実の解釈についてどれほど多くの貴重な示唆があったことか！　あのさまざまなグループの間で、前にもまして頻繁に知的な交流が行なわれるようになって、どれほど多くの成果が上がったことか！　歴史の将来はこうしたこととの引き換えであり、また明日には歴史になるさまざまな事実を正しく把握することでもある……」

二十八歳のブローデルの幸運は、ジェルネやゴーティエとの付き合いがあった他、自分の専攻している学問の先生たちが自分に会いに来てくれるということである。先に言及した第二回歴史学全国大会は、一九三〇年四月十四日から十六日までアルジェで開催される。そこでブローデルはごく自然に事務局長補佐、中心人物として大会準備に参加した。判断力に優れたブローデルは、世才に長け、気さくな性格で優れた能力を発揮する。ブローデルは大会参加者を迎え、ガイドをし、同行する。アルジェリア議会の宮殿での仕事、総督の司会など何一つ欠けるところがない。大会冒頭には、ウイリアム・マルセが「ベルベルの中世」について発表を行なう。ブローデルは近代史・現代史の部会に参加する。この部会でブローデルは「フェリペ二世のスペインへの帰国」についての発表を行なう。『アフリカ雑誌』に掲載された要旨によれば、一五五九年九月八日にネーデルラントから国王がスペインに帰ったことが論じられた。

「この出来事は、見かけはどんなに取るに足りないものであっても、たぶん単なる三面記事ではない。このときにこそ『スペイン帝国』はカール五世の遺産から最終的に解放されるのである。[……] フェリペ二世がスペインに向けてネーデルラントを去るとき、ヨーロッパのチェスボードの上で重要な位置を放棄したことに気がつくだろう。ブリュッセルは、カトー・カンブレジの和約の直後には、ヨーロッパの一時的な首都になっていたのである。[……] まだ数が非常に多かったイギリスのカトリック教徒の助けを得て、フランス国王は、フェリペ二世の取り巻きのなかで信じられていたように、エリザベス女王の王国を奪おうとすれば奪うこともできた。[……] ひょっとしたら起こりうるこの危険に対する唯一の対策は、フェリペ二世がネーデルラントにいるということであった……」

しかし、周知の通り、アンリ二世の落馬事故と、この事故がもとでアンリ二世が死亡したためにこの危険は七月十日に消え去り、フェリペ二世は八月二十五日に出航することができたのである。これは古典的な事件史に属することであり、ブローデルがこの発表を忘れてしまったことは理解できる。

大会の同じ部会で、他の二つの発表を記憶に留めておくことにする。発表そのもののためでなく、ブローデルと発表者の出会いのためである。一つは、伝統的な歴史家、ピエール・ルヌーヴァンの「フランスの外交史料の出版（一八七一〜一九一四年）」であり、もう一つは、アンリ・ベールの「歴史総合センター、その語彙、目録」である。この後者との出会いはブローデルにとって大変重要であった。

アンリ・ベール（一八六三〜一九五四年）は改革者である。ベールは長く仕事をしてついには有名になったが、いわゆる歴史においてよりもむしろ、歴史哲学において、ベールは政治学と外交とは別の知的地平を歴史学に開くために実証主義を捨てることに大いに貢献したのである。『歴史総合雑誌』（一九〇〇年）の創始者である――なおこの雑誌から「歴史」という形容詞が一九三一年に消えることになる。反抗的な雑誌と言ってもよいものであり、いずれにしても『歴史学雑誌』に対して、既成概念を覆す雑誌であって、ある意味では『アナール』はこの雑誌から生まれたのである。一九七二年にブローデルは、ベールがコレージュ・ド・フランスの教授になることに失敗したことに言及して、次のように言う。一九一〇年にベールは、

「自分自身でも驚いていたことであり、おそらく自分の意に反してであるが、すでに、大学の伝統主義的な人々の『黒い羊』すなわち持て余し者であった。［……］その理由は、『総合雑誌』で議論されていた考え方が既成の学界の平穏を乱していることと並んで、歴史学者、地理学者、経済学者、社会学者、生物学者、人類学者、そしてもちろん哲学者などあらゆる学問分野からやってきた、生きがよく、積極的で、熱意があり、やかましい知識人たちのグループを自分の回りに集め始めていたからである。［……］一九一四年に突如として戦争が起こらなかったなら、あのゆっくりとして辛抱強い多様な仕事は、おそらくもっと早い時期に成果を上げていたことであろう。アンリ・ベールが話し、協議し、計画した仕事をあの『人類の進化』という記念碑的な叢書［を始めることで］完成させることになるのはようやく一九二〇年になってからである。［この叢書を］既成の大学は揶揄する。(29)」

すでに述べたように、この叢書は、リュシアン・フェーヴルの『大地と人類の進化』という本で、認められるようになった。

若きブローデルとアンリ・ベールの接触はそれでも大変よいものであり、二人は長くつきあうことになる。

学会の大会ではいつもそうであるように、大事なことはたいていは研究の分科会においてよりもよそのところで起こる。そんなふうにしてフェルナン・ブローデルはアンリ・オゼールと話をする。十年前に、ソルボンヌ大学で学士号を

取得し、アグレガシオンを受けたときのブローデルの先生である。まだどちらかと言えば風変わりと見なされていた経済史の先駆者であり、十六世紀の専門家であり、その主著は『フランスにおける近代資本主義の起源』である。[30] フェルナン・ブローデルはますますオゼールに敬服するようになる。たとえこの経済史が本当の意味ではまだブローデルの関心事にはなっていないとしても、つきあいが始まり、道が開けるのである。ブローデルは、一九二八年以来高等研究院の指導教授であるルイ・アルファン(一八八〇〜一九五〇年)にも会う。このことはのちにブローデルが高等研究院に採用されることになるとき、重要になる。アルファンは中世の専門家で、われわれが十一〜十二世紀におけるヨーロッパの離陸と呼んでいるものを研究しているが、まだ実証主義的な精神で行なっており、そのために伝統主義者としてマルク・ブロックのライバルとなる。

アルジェにはジョルジュ・マルセ(一八七六〜一九五二年)のような非常に立派な歴史家がいたのだけれど、こうした出会いだけでブローデルを地方から抜け出せるには十分であっただろう。マルセは、この大会でアルジェリア問題に着目した発表を行なった。[31]

しかしブローデルは、歴史学大会と同時期か少し後で行なわれたアンリ・ピレンヌの講演を聴いて仰天する。[32] このベルギーの歴史家は人生の晩年にあって、中世の都市、都市のエリートたちの構成、フランドルのハンザ同盟の機能の仕方を研究し、都市人口学の基礎を築いて、新しい研究分野をいくつも開拓していたのである。だからアンリ・ピレンヌは『アナール』の創設委員会のメンバーである(アンリ・ピレンヌの論文は第一号の巻頭を飾った)。

ピレンヌがアルジェに来たときには、すでにずっと前から頭のなかにはピレンヌの主著の一つ、『マホメットとシャルルマーニュ』があるのだが、この本はピレンヌ死後の一九三七年になってやっと刊行される。それまであらゆる研究計画の外に置かれていたテーマであるが、ピレンヌはすでに一九二二年にこの同じタイトルを付けた論文でおおよその輪郭を描き、一九二三年および一九二八年のブリュッセル歴史学会大会とオスロ歴史学会大会で繰り返していたテーマである。イスラム教発展の中心地にある港であるアルジェは、このような研究発表にはとりわけ打ってつけの場所であったし、このテーマが十分に熟したものであったと考えることができる。いずれにしても、そこでブローデルは、次のような考えを受け取るのである。

「七世紀のイスラム教徒侵略以後、地中海は西欧世界に対して閉じられたというアンリ・ピレンヌの考えである。」ブローデル自身次のように言っている。「ピレンヌの講演は私には驚くべきものに思われた。ピレンヌの手が開いたり閉じたりするときに、海全体が閉じたり、開かれたりするのである。」地中海全体である。おそらくあのときにブローデルは地中海をそれ自体として思い描き、地中海の非常に古く、想像を絶するような歴史のことを考え始めたのである。「それはフェリペ二世という陰鬱な人物よりもはるかに精彩があり、想像力を刺激する歴史である。[3]」

この新しい主題がいかに大きな反響を呼ぶことになったかを思い出してみることにしよう。『マホメットとシャルルマーニュ』の死後出版から、われわれはかなり正確に見当をつけることができる。ピレンヌが述べたことは大筋において単純なことであった。ピレンヌは次のように言っていた。すなわち五二七年にユスティニアヌス一世が権力の座についたとき、

「バルバロイによって西欧の各地が分割された後に帝国という考えが消滅したのだと信じるほど大きな誤りはない。[……]この古代世界の重要な部分をなす地中海の統一性はあらゆる点で維持されている。[……]それこそは、地中海をほとんどローマの湖に作り替えるユスティニアヌスの再征服の動きを説明するものである。[……]この時代の生活のあらゆる現象の出現に出会うのはこのわれらが海のほとりにおいてである。商業は、ローマ帝国の治世下と同じように、この内海に向けて行なわれるのである。それこそは、ボエティウス、カッシオドルスのような古代文学の最後の代表者たちが書いているところであり、アルルのカエサルやグレゴリウスのような人とともに新しい教会文学が生まれるところであり、セビーリャのイシドロのような人とともに文明の詳細な目録が作成されるのであり、この目録のおかげで中世は古代を知ることができるようになる。[……]七世紀には、ヘラクレスの柱〔ジブラルタル海峡〕からエーゲ海に至り、またエジプトとアフリカの海岸からイタリア、ガリア、そしてスペインの海岸に至る、ローマ帝国によって築かれた文

明の終わりを告げる手がかりはまだないのだ。新しい世界は、古代世界の地中海的性格を失ってはいない。古代世界が所有している活動のすべては、地中海のほとりに集中し、地中海のほとりで栄養をとっているのだ。千年に及ぶ進歩が突然中断されるはずだなどということは、何ものも告げてはいない(34)……」

視点の広がりと豊富な知識に支えられた発表の調子が容易に認められる――ピレンヌがメモもなしに話したことがブローデルを仰天させたのだが、ブローデルは、ピレンヌをまねて、コレージュ・ド・フランスで同じようにメモも持たずに話すことになる。視点の大きさと豊富な知識は、別のかたちで、ブローデルの集大成のなかにも見つかる。しかしこの話し方は当時としてはまったく新しかった。実際、ただ単にまだ誰もやったことがないこの主題という点だけでなく、マクロ経済、政治史、文明の間のこうした相互作用は、歴史家たちの目標ではなかった。ピレンヌの推論の続きは、もっと革新的なものであった。

「ヨーロッパに対してもアジアに対しても同時に始まったアラブ人の征服は前例のないものである。このアラブ人の征服の成功の速さは、アッティラや少し後のチンギス・ハンやタメルラン［ティムール］に率いられたモンゴル帝国が形成された速さとしか比較することはできない。しかしモンゴル帝国は短命であったが、イスラムの征服は長く続いたのであった。［……］ここで出てくる大きな問いは、アラブ人は、ゲルマン民族よりも数が多くなかったのに、なぜゲルマン民族と同じように、自分たちが奪い取った高度な文明を持つ地域に吸収されなかったのかを知ることである。答えは一つしか存在しないし、その答えは精神の次元に属する。ゲルマン民族はキリスト教に反対するべきものを何も持っていないのに対し、アラブ人は新しい信仰によって高揚している。これこそはアラブ人を同化できないものにしているのである。［……］スペインの征服、および特にアフリカの征服以来、西地中海はイスラム教徒の湖となったと言ってもよい。艦隊のないフランク帝国はお手上げである。まだナポリ、ガエタ、アマルフィのみが艦隊を所有している。しかしこれらの国の商業上の利益は、あまりにも遠いビザンツを放棄するに至らしめ、イスラム教徒に近づくのである。」

これこそは成熟期のブローデルに相変わらず夢を見させる「大きな歴史」である。ここで艦隊に与えられる重要性もまた記憶に留めておくことにしよう。書物になった版のある重要な章のタイトルは、「〔野蛮人の〕侵入以後の経済的、社会的状況と地中海の航海」である。そして、イスラムの領土拡大のために、この地中海の航海が変貌を遂げたことは、ピレンヌのもう一つのライトモチーフとなるわけで、ピレンヌは、物質的、実際的、さらには技術的な変化を強調する。ピレンヌの講演の聴衆は、ピレンヌの考えに影響されたに違いないし、どう見ても、ブローデルがまず初めは『地中海』で、次には『物質文明・経済・資本主義』で、航海術の変貌に付与する重要性は、ここから生まれたと考えられる。

内容の点で、この大筋を描いた歴史は、ただ単にシャルルマーニュと、もっぱらシャルルマーニュが陸地を征服したことを相対化したのみならず、ラヴィッス流のあまりにもフランス中心の歴史も相対化してみせたのである。地中海にアラブ人が勢力を広げたために突然中心をずらされ、しかも地理的にも文化的にも中心をずらされたのは、フランスの歴史であったし、西ヨーロッパの歴史であった。さらには、いままでないがしろにされてきた物質的データを明らかにしたのである。というのはピレンヌは、たとえば、七一六年にマルセイユの税務署の倉庫に香辛料と油があったことについて記録保存所の記録が検討されるような世界に聴衆を引きずり込んだからである。シリアやオリエントの商人たちの存在の終わり、すなわち貿易の終わり、このヨーロッパの果ての商売で地中海が閉じることを意味する香辛料と油がなくなる日付に関してである。

「香辛料もパピルスも七一六年以後文献から消える。アダルハルド・デ・コルビの規約はもはやプルメンタリア、すなわち野草入りの一種のポタージュにしか言及していない。〔……〕われわれの知っているパピルスについて西欧で書かれたすべての文献は六世紀か七世紀のものである。六五九〜六七七年までは、メロヴィング王朝の記録保存所ではもっぱらパピルスを使っていた。[35]」

この論証において最も重要なことは、二重の移動である。つまり外交文書から実務的な書類への調査の移動であり、分析と批判が、問題になる史料の物質性、たとえばパピルスにも、またそれまではつまらないものと見なされていたディテール、たとえば食糧の実体に関わることにも移動したことである。周知の通り、ブローデルが自分の博士論文の主題を変えると一般化することになる移動である。歴史は、経済的交換、物の流れや中断の歴史となり、物の流れが風俗に及ぼす影響の歴史となる。ピレンヌの場合には、こうした「物質的な」基盤の上にこそ大きな歴史は築き上げられるのである。

「イスラムの湖となった西地中海は、それまで絶えず止むことのなかったさまざまな交換と観念の道であることをやめる。西欧は、栓をされて、閉じた花瓶のなかで自分だけで生きて行かざるを得ない。ずっと前から初めて、歴史的生活の軸が地中海から北の方へ押しやられるのである。(36)」

この学会から八年後、リセ・アンリ四世のグランドゼコール予備学級のわが歴史教師、アルバがピレンヌについて熱っぽく語ったことをいまでも私は覚えている。このピレンヌの扱った時代は試験科目の範囲にはなかったのだが、歴史家になることを決めていたわれわれの中の何人かをこうして方法に向かって差し戻したのである。ブローデルの想像力を知っているわれわれには、わが西欧の文明の大きな動きについてのあのような全体的な見方のまったく新しい射程によって、また同時に、それまで人々が古文書に要求していた情報のヒエラルキーをひっくり返し、深層の経済のダイナミズムの指標を古文書に語らせるために他の史料蔵書の目録作成をするよう挑発する方法の異様な進め方によって、想像力がどれほどの熱を帯びて駆り立てられたか推し量ることができる。ピレンヌが築いていた歴史における、さまざまなパラドックスのなかで最小のものは、西欧の離陸（現在われわれが言うように）は、初めは否定的な事実、衰退の要因と見えていたものの帰結となったということである。つまり地中海の閉鎖、交換の凍結、閉じた花瓶のなかで生きて行かざるを得ないことである。反省の別の非常に奇妙な主題として、博士論文への一九四六年の序文のなかで、ブローデルに次のように言わせることになる。

「歴史は塀に囲まれた閉じた庭だけを研究するようにはたぶん運命づけられてはいない。」

ピレンヌによって始められた考え方の遠いこだまが、晩年の一九八四年に、ブローデルがフランソワ・エヴァルドとジャン＝ジャック・ブロシエの質問への答えとして打ち明けていることのなかに見つかると考えることもできる。次のようなやりとりである。

「経済は人々を動かすものであるというかぎりにおいて、空間を限定していながらも、経済がいかに空間を動かしているかはよくわかります。

――経済は、ただ単に人々を動かすだけでなく、操るのです。その活動は、秘められた無意識の力に似ています。[……]政府は、経済生活の真の統率者ではありません。」

確かに、こうした出会いが熟す必要があった。たとえシマンカスの文書館にすでに何度も足を運んだ探検者としてブローデルが書いているにしても、一九三一年の『アルジェリアの歴史と歴史家』への寄稿である「アルジェリアにおけるスペイン人」のなかには、もちろんこの出会いの痕跡は見つからない。ブローデルは、スペイン人の失敗の説明を彼らの「限定占領政策」の理由のなかに探しているのだ。つまり「経済的な発展でもなく、植民地化の動きでもなかった」という事実のなかにである。「[……]実は、多くのスペイン人は、アメリカの世界の舞台でほぼ同じ頃に起こったこととは反対に、アフリカの仕事に決して積極的に協力しなかったのである。[37]」

ピレンヌについてのブローデルの考察の日付に関して、正確な目印があるかもしれない。一九三二年六月に出た、シャルル＝アンドレ・ジュリアンの『北アフリカの歴史』についてのブローデルの最初の短い書評には、まだその痕跡はない。のちに見ることになるように、一九三三年の『アフリカ雑誌』に発表された同じ本についての大型の書評では、事情はまったく別である。

その間に、ブローデルの生活は、甚だしい変化を蒙ったのだろう。ブローデルは一九三二年秋にはパリに任命される。最初の結婚は過去に属する。一九三三年夏に、グランドゼコール予備学級の美人の教え子の一人、ポールと結婚する。このとき、ブローデルがあのアルジェリア滞在の終わりにまったく新しい確証を得たことにわれわれはやがて気づくことになる。ブローデルは自分が歴史家であると知っているのだ。

4 パリの小休止

ブローデルは一九八二〜一九八三年にイタリアの『コッリエーレ・デッラ・セーラ』紙に書いた一連の記事の中の一つで、さまざまな「最初の出会い」の思い出を書いている。イタリアとの最初の出会いは、ほぼ十年暮らしたあのアルジェリアを去り、一九三二年七月にパリに向かったときであった――ヌイイのリセ・パストゥールへの赴任を命じる省令は八月二十二日付けである。

「私はチュニスに立ち寄った。北アフリカの、地中海の都市であり、すでにレヴァントの都市でもあり、私はこの町が他のどんな町よりも好きだった［……］。そこではイタリアとフランスは、喧嘩しながらも、私がいままでに知っているなかで最も陽気で、最も驚くべき、最も魅惑的な都市を古い遺産に接ぎ木していた。あのときは、イタリアの定期便がチュニスとイタリアを水上飛行機で結んでいた。だから私はチュニスからパレルモへの旅を本当に水面すれすれに行なった。ともかくすべてを見るのにちょうどいい高さの旅であった。島々の名前は私の耳には歌っているようだ、ゼンブラ、マレティモ……。［……］ちょうど強いワインを一口ずつ味わうかのように、私はシチリア島の壮麗な眺めを一つずつ味わっていた。」

ブローデルは、ナポリには陸路から到着するという誤りを犯したために、ナポリを「見損なう」が、ローマに潜り込むことによってその分を取り戻す。ローマでは、バルベリーニ広場の賄い付きホテルがブローデルに、「友好的で、機嫌のいい共和国、おそらく永遠のイタリアを発見させる。［……］私の時間割は完璧だ。朝は、馬車で出発し、ヴァチカンの古文書館に到着。枢機卿だった若き日に私の出会ったティスラン猊下は、まるでシマウマのように走って、頼んだばかりの資料を持ってきて、あたかも私が王子ででもあるかのように面倒を見てくれるが、私はもちろん王子ではない。［……］ローマを去るとき、私はフィレンツェを通ったが馬車から降りることはなかった。私には時間がなかったのだ。ジェノヴァでは、一泊二日を過ごし、世界で最もすぐれた古文書保管所である国立文書館まで階段を上る時間があった。私がジェノヴァをもう一度訪ねるのはもっとあとの一九三五年十二月で、遠いブラジルから海路で帰るときである(38)……」

旅をしているのはすでに歴史家である。歴史家はすべての古文書保管所を調査するが、ジェノヴァの古文書保管所は十四時三十分に閉まるので、やむを得ずできた余暇を利用して、都市の風景を見たり、歴史的記念建造物を訪ねたりする。ブローデルの好奇心、学ぶこと、発見することへの貪欲な気持ちは、こうして風俗へ、すなわち生活と過去の光景へと移る。ところで、都市から都市へと行き、イタリアがブローデルに提供してくれる古文書の調査を急ぐ気持ちと対照的なことなのだが、長期にわたる国外での暮らしの後、パリ到着を急いでいる様子を見せない人がいるとすれば、それはわが若き先生である。この先生はパリにはしぶしぶ行くのであり、パリでできるだけ時間を無駄にすまいと心に決めていることを見せようとする。だからこれとは別の行動は取らない。

ブローデルがパリでこれから過ごすことは、どれほど首都に縁もゆかりもなくとどまり、またそうであろうとするかを確認するものである。アルジェ滞在よりもずっと短い滞在である。というのも二学年と半年以下の滞在だからである。フェルナン・ブローデルはヌイイのリセ・パストゥールに任命されたが、そこでは退屈する。

「アルジェリアから戻って、適応しなければならなかった。私はパリの生徒よりもはるかに開放的なアルジェの生徒の方がずっと好きだった。」

一九三三年、リセ・コンドルセに任命される。「私の理想のリセ」とブローデルは言っている。リセ・コンドルセの最終学級にはブローデルがいままでに会ったこともない生徒たちが大勢いた。「彼らは非常に優雅で、しかも知性豊かだった……」だからブローデルは、一九三四年七月にリセ・アンリ四世への任命に特別喜ぶわけでもなく応じる。このリセにはわずか三、四か月いるだけである。なぜならブラジルのサン・パウロに新しくできた大学に行くよう指名されたからである。

「出発するはずだった人が急逝したのだった。彼らはソルボンヌの教授を探していたが、見つからなかったので、私のところまで話が降りてきたのだった……私は当時ソルボンヌの補助教師で、管理人のレベルのちょっと上だった。」

こういうわけでブローデルはパリにいるのだが、正式にはまだグランドゼコール予備学級教授ではない——リセ・アンリ四世に残っていたら正式の教授になっていただろう——だが、リセ・コンドルセ以来、ブローデルはグランドゼコール予備学級で授業を行なっているし、ソルボンヌの補助教師でもある。これはブローデルにアルジェの身分を取り戻させる。読者はお気づきになるだろうが、ブローデルは「彼らは」と言って大学のことを話し、できるかぎり自分の立場を矮小化している。

おそらく、年をとってからの思い出のなかでは、ブローデルには自分が孤立していたことの重要性、いわゆる大学人としての経歴を持つのが遅れたこと、そして当時人々は自分にあまり関心を持っていなかったことを過大視する傾向があった。しかしこのパリ滞在はそれほどぞんざいな体験でもなかったし、ブローデルの歴史家としての自己形成にとってそれほど重要性のないものでもなかったことをこれから検証することにする。ブローデルは、自分のことを自己の才能の開花が遅れてやってきたマージナルな人間として見ようとしている。ブランギエにはあえて次のようなことまで口にする。

「私のよく知っていた、初めから頭のいい、リュシアン・フェーヴルのような人とは違って、私はずっと遅かったと思う——フェーヴルは二十五歳で、自分の文体、書き方を持っていたし、博士論文の審査を受けたのは三十代のときで、しかもその博士論文は実に見事だった。私は長い間子供のままだった。」

したがってここには歴史の新しい考え方、『地中海』の成熟に向かう実際の困難、長年にわたる移行期——結局は非常におぼつかない——そしてこの移行期には経歴に関して言えば不確実さが含まれていることを読みとるのがよい。三十歳で、ブローデルは自分の精神的な道具に属するもののために博士論文を大幅に変更したことに伴って論文を終えるにはほど遠いとしても、ブローデル自身が断言していることに反して、彼は確かに変わりつつあり、漠然とした不安や不満から、よりいっそう実り多く、より多くの満足感を与える別の道が存在するというすでに明確な確信へと移行しつつあるという証拠がわれわれにはある。この証拠は、『アフリカ雑誌』のために『北アフリカの歴史』について」という題で書いた、シャルル＝アンドレ・ジュリアンの本についてのあの二つ目の書評のなかにある。シャルル＝アンドレ・ジュリアンは、ブローデルより十一歳年上であり、かなり激越な政治活動にもかかわらず、出世した大学人である。政治活動の面では、ジュリアンは社会党から共産党へ移り、またかなり重要な選挙資格を持ちながら社会党に復帰したのであり、この人の書いた本には、思い出しておく必要があることだが、歴史学という学問の大御所であるステファヌ・グゼルが熱烈な序文を寄せている。

最低限言えることはフェルナン・ブローデルがそういうことに驚かされないということである。「この本が成功していることは否定できないし、われわれはこの成功に喜んで拍手を送ろう」というありきたりの賞賛をしながらも、内容に関する批判は相変わらず鋭い。

「著者に対して進んで一つの非難を行なうことにしよう。著者は中世に充てられたこれらの大きな章の前になぜこの時期に関する全体を見る目を配置しなかったのだろうか。そういうガイドがあれば読者に対して著者が接近する森のなかで著者の姿が認められるようになっただろう。これはアルジェの歴史学大会を前にしてジョルジュ・マルセ氏が試みたことである。マルセ氏は、この時期の複雑さ、見かけ上の論理の欠如を好んで正当化している。マグレブがエジプト側オリエントとアンダルシア側西欧との間で揺れ動いていることを適切に示した。マルセ氏の発表は、われわれが指摘している怠慢を間接的に強調しているのである。(39)」

書評の著者は注のなかで歴史学大会の発表と日時を思い出させて、手加減しない。このことは、ジュリアン氏が「自分の著書にあのすばらしい総括を利用することができなかったこと」、歴史学大会に出席しなかったし、その後この大会への不参加の影響を穴埋めしなかったことを示している。しかもフェルナン・ブローデルは、文字どおり著者の立場を取って、次のように言っている。

「これらの時代は海の影響下にある。トルコによる征服は波瀾万丈の冒険物語の一つであり、その始まりからして多島海の霧のなかにまぎれている。フランスの征服が行なわれるのは海からであり、海賊たちは海で生計を立てているのである。この海の暮らしは、奇妙なことに、取り返しのつかないほどに貧困化し、野蛮になったマグレブの歴史に付け加わって、地中海の歴史の枠組みのなかで薄められるのである。[40]」

海の重要性と航海の重要性についてのピレンヌの発表はそれなりの影響を与えた。明らかに、ピレンヌの発表はフェーヴルの助言と重なった。というのも、すでに指摘したように、フェーヴルの助言は、ブローデルの記憶のなかでは、「バーバリーの人々の地中海」に移ることと表現されているからである。しかし、ここでブローデルが示している知的確信の根拠は、どうしてもピレンヌを間接的に拠り所とすることではない。結局のところピレンヌが扱うのはブローデルの扱う時代よりもずっと前の時代なのであり、明らかにブローデルは次のような書評でたどる道に執着している。

「こういうわけでわれわれには北アフリカの歴史の一面しか見えないのであるが、この北アフリカの歴史を再構成することは、あらゆる古文書保管所において地中海側のヨーロッパの列強を探し求めることを前提としている。アルジェ領事館の基本的な資料は［……］マルセイユにあり、ランクルのコレクションは数年前からパリの国立図書館にあり、スペイン、イタリア、フランス、そしてイギリスの古文書は、これらの国々がバーバリーについて持っていた情報の千分の一ほども提供していない。この分野では、古文書に関するどんな仕事も独特の発見を含むものである。」

「バーバリーについて持っていた」情報。この形容句はブローデルがフェーヴルから借りたものとしているものである。ここで話しているのは、世に知られていないちっぽけな教師ではなく、自分よりも年上で有名な人にだまされまいとする専門家である。なぜならブローデルは事態の核心にまで進んでゆくような北アフリカの歴史の構成にとって本質的な探求の場の真価をすでに見定めているからである。そしてこの機会を捕らえてブローデルはそのことを知らせている。ブラジルでの故郷喪失、歴史的に言えば慣れない環境での違和感は、確かにこの大きな変化を促進することになる。しかし、たとえブローデルが博士論文の方向付けのための帰結をまだ引き出していないとしても、その大きな変化はこのときからすでに始まっているのである。一九七二年に、ブローデルは『現代史ジャーナル』用に次のように書くことになる。

「少しずつ博士論文の書き方についての疑いの気持ちが大きくなっていった。慎重王フェリペ二世は次第に私の注意を引かなくなり、地中海がますます私の注意を引きつけるようになっていった。［……］あの一九二七年から一九三三年の間の年月は、別段急ぐわけでもなく私は古文書館暮らしをしていた。主題を決定的に選択することを急いでいるわけでもなかった。私の決意はひとりでに熟していったのである。(41)」

パリ滞在、より正確に言えばリセ・コンドルセ勤務の年については、ブローデルはすばらしい思い出を抱いているが、彼の生涯における一大変化があった年である。すでに述べたように、一九三〇～一九三一年のアルジェのグランドゼコール予備学級の美しい教え子の一人とブローデルの間に何かが起こっていたのである。彼女は一九二九年のバカロレアの際にブローデルの質問にたてついていたが、ブローデルは彼女がグランドゼコール予備学級の自分のクラスに入ってきたとき、彼女だとはわからなかったのである。一九三二年七月、ちょうどブローデルがパリに向けて出発する直前に、ブローデルの離婚がまだ正式になっていなかったので、二人は誰にも言わずに婚約していた。一九三三年にブローデルは彼女に結婚を申し込む。アルジェリアはこうしてブローデルに再会する。というのもポールはアルジェリアで生まれたからである。もう一度モーリス・ドリュオンの言葉を引用しよう。

「あの勝ち誇った捕虜たる彼女はどこの出身だろうか。オランに広大な土地を所有しているオランダ人の家族の出であり、彼女もまた予想外の先祖の混じりあった家族の出なのである。初めはアルザスに移住し、次いで一八七〇年以後はアルジェリアに移住した半分アルデーシュ、半分イギリスの家柄で、アルジェリアでスペインからの移植を受けるのである。(42)」

そして、彼女の生まれ故郷、ティアレット、今日のティヘルト、オランとアルジェから等距離にある、オート・プレーヌの果てにある、内陸の町で、彼らはポールが十九歳になる十日前の一九三三年九月十四日に結婚するのである。

のちに、戦争捕虜になったブローデルは、リュシアン・フェーヴル宛の葉書で妻を指すために暗号名を用いるとき、彼女のことをティアレットと呼ぶことになる。

実は、ブローデルはパリに対して多くを語らず相変わらず遠慮がちなのだが、ブローデルの打ち明け話を聞こうとすることを考えるならば、このパリ滞在の年月は、もっと大きな重要な意味を持ったのである。ブローデルは初めて、首都においてしかるべき場所にいる。それはただ単に大学という場所だけでなく、歴史活動の場である。このことを疑う者はいないだろう。ブローデルはもはや『歴史学雑誌』に郵便で原稿を送ることはない。一九七二年にはこんなふうに書くことになる。

「一九三三年から一九三五年までしょっちゅう出入りしている『歴史学雑誌』では、『アナール』に毒づかない大先生がいるだろうか。私はシャルル・セニョボスとは定期的に口論した。セニョボスの年齢にもかかわらず、戦闘場面で鼻眼鏡をかけて、挑発することにこのうえない喜びを味わうのは敵の方である（だがそういう場所でこそ、私は彼を愛することを学んだのである）。[43]」

これは確かに文化的な孤立の終わりである。大変聞き上手なフェルナン・ブローデルは、話し相手の人々が自分のところに持ってくる新しいことをすべて記録し、吸収するだけでなく、ブローデルの生来持っている知的な攻撃性が対立のなかでこそブローデルの思想を成熟させるのである。セニョボスのような当時の大先生と対立したことで、ブローデルは自分自身の価値という観念を確固たるものにする。この同じ雑誌でブローデルはシャルル＝アンドレ・ジュリアンとモーリス・クルーゼにも出会う。一九五〇年以後ブローデルはクルーゼに再会することになるが、ブローデル自身が歴史学のアグレガシオン審査委員長を務めるとき、クルーゼの方は歴史学研究の視学官になっている。

『歴史学雑誌』のあまりにもアカデミックな方向に結局のところブローデルは満足していないとはいえ、この雑誌はその頃ブローデルの仕事をする場であり、ブローデルはまだ『アナール』のメンバーとの接触がない。確かにそのことをブローデルは残念に思っている。一九七二年の同じテクストで言及しているように、『アナール』の衝撃力は、その頃、

「フランス歴史学がすっかり蔓延していた凡庸さに満足していた時期に『アナール』が生まれただけにいっそう強いものであった。大学関係者のほとんどは、初めから『アナール』に対して敵対的であった。マルク・ブロックは、一九二八年には高等研究院第四部門の敷居を越えることができない。コレージュ・ド・フランスに入ることを二度ほど試みたが、果たせなかった。アンリ・オゼールの後を継いでソルボンヌ大学にポストを得ることができるのは、やっと一九三六年のことである。リュシアン・フェーヴルはコレージュ・ド・フランスに入り、栄光の一つにはなるのだが、それは二回目の挑戦で、一九三三年のことにすぎない。[44]」

ソルボンヌ大学が一九二六年にセニョボスの後任にパリのリセの教授を充ててリュシアン・フェーヴルの目と鼻の先で門を閉ざしていたことをブローデルは付け加えることもできたかもしれない。アンドレ・ビュルギエール[45]のような『アナール』第三世代の歴史家たちは、一九七九年の『アナール』五十周年のときに、マルク・ブロックとリュシアン・フェーヴルが『歴史学雑誌』に協力していたことを強調して、『アナール』という雑誌に対する学界のこの敵意を軽く見る傾向がある。こんなことに驚くようでは、『歴史学雑誌』が当時歴史家たちの官報に相当するものであったことをもはや理解していないということである。それに次のような奇妙な禁止事項があったのである。つまり「彼らの」雑誌においては、何らかの雑誌の編集に関係している人の著作の書評は掲載しないというのである。ブロックとフェーヴルはこの点を尊重していたから、『歴史学雑誌』における寄稿者たちについて話題にしなければならなかった。それはまた、仮に異端の歴史家たちの書く論文が雑誌の精神のなかにとどまって雑誌の権威付けに役立っている場合には問題にならないとしても、選挙、すなわち権力が問題になるときには、礼儀正しさという関係において何も起こらなければ、異端の歴史家たちが追放されることを望むという偽善の脇を通ることでもある。

若いときに私を『アナール』の方へ導いてくれたアンドレ・メニエは、一九四〇年の夏に私がレンヌからパリに戻った後、私がピエール・ルヌーヴァンの指導下で近代史の修了証試験を受けようとしていることを予測して、私の読む可能性のあったものにいささかでも言及しないようにと注意を促してくれた。『アナール』――それは社会史という意味でもあった――は、既成の学界において本当は神聖な香りのするものではなかったのである。マルク・ブロックがコレージュ・ド・フランスから遠ざけられたことには反ユダヤ主義が何らかの役割を果たしたことは大いにあり得る。だが、一九三一年に出版された『フランス農村史の基本的性格』について『歴史学雑誌』でリュシアン・フェーヴルが熱のこもった書評を書いたのを除けば、この本がジュール・シオンのような地理学者から敬意を表されたとしても、フランスの大多数の歴史家がこの本を評価したと言うことはできないのである。

フェーヴルとブロックは確かにマージナルではなかったが、彼らが疑い深い独立をしたときに、異端であり、ブローデルの言うように「黒い羊」であったわけで、『アナール』の始まりにおける彼らの活動は、ブルデューが「遺産相続者」という単語に与えた意味では、いささかも「遺産相続者」の仕事ではなかった。ジャン・グレニソン(46)の話し方を借りるならば、この両大戦間の時期に、「歴史学の制度的基盤」は、まるまる「実証主義的」歴史家の手中にあるのである。大学はほんの一握りのエリートにしか関係ないし、六十年後にわれわれの知っているものとは比べものにならないくらい就職口が少ない時期に、教職の道を決定するのは彼ら実証主義歴史家たちなのである。博士論文は一生の大事であり、一つの講座を獲得することは何年にもわたって戦った人が最後にたどり着く道である。

ピエール・グーベールは、戦前とあの時代の閉鎖性を経験している人だが、当時の若者の大部分がどんなふうに感じていたかに言及している。

「博学のための博学に、政治家の歴史になってしまった政治史の孤独に、外交官の歴史になってしまった外交史の孤独に、そして将軍たちのケピ帽〔ひさし付きの円筒形帽子で将校が被る〕になってしまった軍事史にいささか疲れを感じていた。法律文書の解説になってしまった制度史については言うまでもない。〔……〕少なくとも、歴史を志す若者にとって、歴史を志す若者が当時兄貴分を持っているということは、いささか簡略で不公平な見方であった。歴史の再生は二つの地平からやってきたのだった。まず第一に、経済史から。とはいえ経済史はすでに十九世紀終わりから実践されていたのだが、少し前から偉大なピレンヌ、セー、オゼール、コオルナエルトによって持ち上げられていた。次に、そしておそらく特に『アナール』の派手な活動から。〔……〕視点の拡大、社会学的ではなく、社会史への方向付け、言葉よりも先に複数の専門分野にわたる活動、調査と主題の新しさ（金、価格、風車、貴族階級、食糧、感受性）、こうしたものがすべて大いに関心を引くに値すると思われたのである。本当に心をそそっていたものは、それでもやはり並々ならぬ知性、時々は攻撃的な率直な物言い、大いに横柄であること、そしてかなり誇りを持っていることであった。〔……〕しかし『アナール』に参加するように促したものは、マルク・ブロックの表現によれば、土地所有証書とは別に農民たちが耕作している姿が『アナール』には見えるということであり、またリュシアン・フェーヴルの言い方に従えば、歴史家たちが喜んで生身の人間を感じとっていることが見えるということである。(47)」

ビュルギエールが要約しているように、ブロックとフェーヴル二人の編集人の数多くの注の「直接的で戦闘的な」文体は、「思想的な論争を抑えていた大学の慎重さの覆いを破ることをめざしていた」のだが、次のような結論を下すのは行き過ぎである。

「このような文体の目的とするところは、敵意というこの資本をもとに仲間意識、編集人二人が自ら〈『アナール』の精神〉と呼ぶものを作り上げるために敵を作ることでもあった。(48)」

敵意というこの資本は、わざわざ駆り立てるまでもなく、しかるべき地位についている人々のなかでおのずと築き上げられたのであった。もっとも、このような断言は、少し先でアンドレ・ビュルギエールが書くものと矛盾していることに気づくだろう。ビュルギエールは〈『アナール』の精神〉をまさに次のように特徴づけている。

「学問的な分野から他の学問領域を排除する閉鎖的なシステムと他の学問領域を対立させ、同時に他の学問領域によって自分が認められるようにするのではなく、『アナール』はマージナルであることと反教条主義を培っているのである。反教条主義とは、現実についてあらかじめできあがった理論とか厳密に範囲を画定された分野をある歴史家にあてがうのではなく、人類がすでに体験したことをもとにこれから問題を提起し、解決しなければならない問題の尽きることない分野をあてがおうとすることである。したがって、歴史的な現実をすでに構成された事実の積み重ねと考える実証主義ならびに、教条主義的なマルクス主義であれ、ドイツ的な国家理論であれ、ありとあらゆる体系化を拒否する態度が彼らにはある。(49)」

『アナール』についてマージナルであることを語らないようにしよう。というのは、国際的に言えば、「大きな歴史」のなかでますますマージナルになってゆくのは、現実には、当時、伝統的な歴史の方だからである。伝統的な歴史では、フランスのピュルス流の敗北や勝利の外交が飽きもせずに行なわれているのだ。実際、新しい世代にとって大事なことは反教条主義であり、そしてもちろん、そういう角度から『アナール』はブローデルには出現してきたのである。まさにそのためにこそ『アナール』は、当時あれほど激しく学界から、そして特にソルボンヌの歴史学からはねつけられたのであった。『アナール』の人々と付き合うこと、さらに重大なことは、『アナール』に書くことは、まずまずの出世を願っている者にとっては最悪のパスポートであった。

このパリ滞在の初めから、アルジェでは一読者であったブローデルは、まだストラスブールで発行されている『アナール』の支持者になった。ブローデルは論文をほとんど発表せず、一九三四年に一つだけ論文を発表するのだが、一九三五年のブローデルの最初の論文は、二月に発行になった。すなわち一九三四年末に執筆されたわけで、すでに『アナール』の方向に向かうことを示している。というのもその論文は『総合雑誌』用に書かれたものだからである。『総合雑誌』はまさにブローデルに、当時高等教育用の先端的叢書である「民衆と文明」のなかのアンリ・オゼール著『スペインの優位、一五五九～一六六〇年』という教科書の書評を書くことをまかせたのである。もちろん、これはブローデルの得意とする主題であるが、それでもベールは当時の大先生によって問題が新たに立てられたことを扱うようにブローデルに頼んだのである。このことはブローデルが自ら好んでその肖像を描くような無名の気楽な教師ではもはやないということを確認するものである。ブローデル自身、相変わらずついでになのだが、一九七二年の同じテクストでパリでの人間関係について、こんなふうに言っている。

「私は一九三二年と一九三三年にリュシアン・フェーヴルに直接に会っていた。一度はアンリ・ベールの家で、一度は『フランス百科全書』社で［この百科全書はアナトール・ド・モンジの監修によるものだが、フェーヴルが事実上監修していた］、一度はヴァル・ド・グラース通りのフェーヴルの家の驚くべき書斎で会ったのだった。(50)」

ここで重要な単語は「直接に」ということだということが理解できる。もっと正確に言えば、ブローデルは、リュシアン・フェーヴル「本人」と付き合いがあったと書くべきであったかもしれない。しかし、ごらんの通り、すでにわれわれが思っていたように、ブローデルは当初の博士論文の計画を示している一九二七年の自分の手紙をあまり思い出したくない。実は、この二回のフェーヴル訪問は、まだフェーヴルとブローデルの本当の出会いではないのだ。

いずれにしても、パリとリセ・アンリ四世を離れてサン・パウロに向かうブローデルは、イタリアを発見し、相変わらず人生において自己形成以外の目的を持たないかのように古文書館を訪ねて歩く若き教師とは確かに違うということを想像するに必要なものをわれわれに与えてくれる。しかしながら一九三四年の夏休みは、新妻のポールが初めての子供が生まれるのを待ち、旅行することはできなかったので、古文書に関して新しい発見はなかった。

フェルナン・ブローデルは、このパリ滞在中に、自分のなかに残っていた知的な地方主義を捨て去ることになった。彼は自分が関わっていた歴史とは別の歴史が存在するということを知っている。それだけでなく、この別の歴史は、大学人としてのキャリアの点で昇進につながるものではないことも知っている。リュシアン・フェーヴルの『フランス百科全書』は確かにすでにすばらしい企画であるが、いわゆる学界の外での仕事である。ポール・ブローデル夫人の言い方によれば、彼女の夫は長いこと控えめであると同時にのんきであり続ける。当時の彼の最大の野心はいつの日か（というのは博士論文はすぐに出来上がる予定ではなかったから）アルジェ大学の教授になることであった。彼の人生への信頼は、結婚と初めての子供誕生によって証明される。一度ならず、彼の人生の転機を決定することになるのは思いがけない好機であるが、それは彼の博士論文の運命を定め、二種類の歴史の間で直ちに選択しなければならないことを避けさせてくれる転機である。

第四章　ブラジルからドゥブロヴニク、そして高等研究院へ

1 債務を免ずべき環境の変化

「私はブラジルで聡明になった。」ブラジル滞在に関するフェルナン・ブローデルの思い出のなかには何よりもまず解放感が漂っている。背景には、確かに、私が言及した大学関係のさまざまな矛盾、そしておそらく、準備段階に達していた博士論文の目標についての不確実さがあったのだが、それ以上に、事の成りゆきで、繰り返しの多くなった、教職に間断なく十二年間あった後では、かなりうんざりした気持ちがあった。パリから新たに遠ざかることは、ブローデルにとって有利なことであった。夜の十一時に届いたジョルジュ・デュマからの気送管送達〔速達の一種〕を受けて、たとえ準備なしに、ためらいもなく、サン・パウロの正式の教授ポスト（実は予定されていた正式の教授は自殺してしまったのだ）の代わりを務めることを引き受けたとしても、もちろん、ブローデルには本当に初めからそんなことはわかっていなかった。この突然の変化は、地位が上がるだけでなく、給料の上昇でもある「高等修辞学教授」としてのブローデルの昇進を奪うものであった。一言で言うならば、就任。しかしブローデルは、こういう冒険趣味を若い妻ポールと共有しているのであった。

このブラジルに向けての出発には、遅ればせながら世界大恐慌の影響を受け、遅れただけにますます深刻な影響を受けた首都の窮地を免れる必要があったのだろうか。首都では、一九三四年二月六日のパリ暴動ならびに九日の反デモ行進の死者から十月九日ユーゴ国王ならびに外務大臣ルイ・バルトゥのマルセイユでの暗殺に至るまで、暴力が炸裂する。われわれはこういうことについては何も知らない。フェルナン・ブローデルはそういうことについては完全に口を閉ざしているのだ。

したがって、ブローデルは昇進を放棄して、このチャンスに飛びついた。「しかし君はブラジルに一体何をしに行くのだ？」とリセ・アンリ四世の同僚の一人がブローデルに尋ねる。夫人のポール・ブローデルの説明によれば、「あの当時、フランス人はあまりあちこち移動しなかったものです……」彼らの最初の子供の誕生が間近に迫っていたけれども、夫人はブローデルがブラジル行きを承諾するように勇気づけた。こうしてブローデルは、「サン・パウロ大学で教えるという目的で」一九三五年二月二十一日から五年間は外務省の言いなりになるのである。一九三五年三月十四日、娘が生まれた。この娘の誕生までパリにとどまっていたフェルナン・ブローデルは、こうして、すでに見たように、「マッシリア号」に乗って一人で出発するのである。他の教員の一行はブローデルよりも先に船で出発し、すでに現地に到着している。

ブランギエに語っているように、ブローデルはまず初めは、南半球の気候になじめない感じを味わう。

「私は三月［本当は、四月初め］に着いたが、まだ非常に暑かった。サン・パウロはおよそ標高七〇〇メートルのところにあり、したがってこちらが夏の時期に向こうに着くと、あちらは寒くて、心地よい時期なのです。」

ブローデルの若き同僚たち、社会学者として出発したクロード・レヴィ＝ストロース、一行の中の哲学者ジャン・モーグエは、リオのカーニバルを見ることができた。地理学者のピエール・モンベーグと一緒に、彼らはすでにサン・パウロでの仕事にとりかかっている——ブローデルはいつもサン・パウロのことをサン＝ポールと言っているが。この南半球の世界では、反対なのは季節だけではなく、大学や学校の年度も逆さまなのだ。学年度は三月に始まり、十一月に終わる。これ以後彼らはヨーロッパで南半球の夏を過ごすことになる。

ブローデル以上に、いかなる準備もなく、またあらかじめ計画を練ることもなく冒険に投げ出され、文学、理学、および哲学の学部の創設の背景をわれわれに与えてくれるのはレヴィ＝ストロースであり、ここではただ単に社会学者であるだけでなく、現在についての歴史家でもある。

「コントの実証主義以来、フランスの影響はブラジルでは非常に大きいものがありました。ブラジルの知識階級にとって、フランス語は第二の言語であったし、ジョルジュ・デュマ［一八六六〜一九四六年、心理学者で、リボの後継者］は、すでに何度もあちらに滞在したことがあって、現地の上流階級、特にサン・パウロの上流階級と親交を結んでいました。そういうわけで、サン・パウロに大学を創設しようということになったとき、当然のようにデュマのところに相談があって、フランスから教授団を送ってもらいたいということになったのです。[……]サン・パウロの人たちは自分たちのことを植民地的無気力のなかにまどろむ国民のなかで先導部隊であるという自覚を持っていました。こうしたブルジョワ特権階級が大学を一つ創設することを決定したのは、サン・パウロの若者たちをヨーロッパの文化のレベルに引き上げようという目論見があったからです。しかしある種のパラドックスでしょうが、入学してきた学生たちは中下層階級の出身が多かった。サン・パウロの社会を構成するエリート階級と一般大衆との間には非常に大きな格差があり、後者は貧しく、また視野も狭いという状態でした。学生たちのなかには、男女を問わず、すでに実社会に出て何らかの職業についている者も多くいましたが、彼らは大学を創設した金持ちのブルジョワ階級の人間を警戒していたのでした。そしてわれわれ自身はどうかと言えば、この両者の板挟みという状況に置かれたのです。[1]」

少しあとでこの大学に一時席を置くことになるシャルル・モラゼが私に詳しく語ってくれたように、サン・パウロ大学は、すでに一九三五年には、科学と法学に関しては存在していたのだが、芸術と文学の学部がなかったのである。サン・パウロ州は分離独立をしようとしていたのだが、一九三二年にこの分離独立運動を抑圧していたのは、一九三〇年に権力の座に着いたジェトゥリオ・バルガスであった。したがってこの分離独立運動の思い出はまだ強烈であった。この学部の発展は、経済発展を誇りに思っているサン・パウロのエリートたちのためであって、いわばサン・パウロのエリートたちの政治的挫折への埋め合わせであり、自分たちの価値を示す埋め合わせになるものであった。

ブローデルは、レヴィ゠ストロースとは反対に、以前にデュマと関係がなかったので、アルジェリアの状況と比べて、サン・パウロで発見した状況を判断し、ブラジルの社会的階級制度を現地の視点からよりも国際経済の視点から見ていた。

「アルジェリアにおけるフランス社会はかなり閉鎖的な世界であった。フランスは地中海の反対側で繁栄していた。[……]あなたのご存じない現地の社会に押しつけられた植民地社会であった。それに対して当時のブラジルでは、初めてブラジルを見たときにすべて細部まで見えたものだ。己の立場をほとんど自覚せず、幻想を抱いている不思議な上流社会が見えた。上流社会、つまりアルタ・ソシエダは、世界のなかで自分が占めている地位がわかっていない社会であると思う。彼らは『わが国には、社会問題はない』と言っていた。朝早く起きてサン＝ポールの駅に行く。無数の色黒の人々が船から下りるのが見える。社会問題はなかったが、黒人問題はあった……。ブラジル社会は、経済的な観点から言えば、外国資本に支えられていた。そして目の前に見えるアルタ・ソシエダは、ロンドン市場なりニューヨーク市場なりでエージェントを務める人々であった。」

同様に、ブローデルは、学生たちのなかに、一つの社会集団への帰属を見るのではなく、「無気力、自己満足、あるいは無関心といった現象によって」維持されている社会に学生たちが組み込まれていることを見ている。こうした事実があるため、友情の絆は真のつながりである。ブローデルはこのことを十三年後の一九四八年にブラジルに戻ったときに確認することになる。サン・パウロ州は非常に大きいのに、彼の教え子の全員がブローデルに会いにやってきたのだ。教え子たちは何時間もバスや電車を乗り継いでやってきたのである。

この点についてはレヴィ＝ストロースもはっきり述べている。

「学生たちの勉学意欲はものすごいものがありました。もっとも、ある意味では、学生たちの力がわれわれよりもいろんなことをよく知っていました。なぜなら彼らは独学で、何でも読み、あらゆるものを呑み込んでいたからです。ただし彼らの読んでいた本は概説書のまた概説書という類のものでしたがね。したがってわれわれの任務は、学生たちに何か新しいことを教えるというよりも、学生たちに知的な訓練を施すということだったのです。[2]」

ブローデルは、歴史教育に関しては、ほぼ十年前から行なってきた考察によって、またとりわけすでに経験豊かな教師としての才能に恵まれた、歴史教育にふさわしい人であった。

ここで話題にしている教師の誰一人としてブラジルの政治状況を重要視していなかったようであることは注目に値する。ブラジルでは一九三四年以来バルガスが独裁政治を行なっている——これはまったく困ったことだ。ジャン・モーグエは回想記の『いらだち』[3]において、それでも次のことを書き留めている——周知のように、モーグエと親しかったブローデルは、モーグエの見方を共有していたと考えられる[4]——一九三七年春の学期、すなわちブローデルにとって最後の学年度に、後で見るように、

「教師たるわれわれにはもはや主役とか達人といった地位はなかった。フランスはまだその威光でわれわれを守ってくれていたが、人民戦線とスペイン戦争の大きな影が、特に政府の目からすれば、フランスを巻き込んでいた。ジェトゥリオ・バルガスは、その頃サンバを踊っていて、アメリカ合衆国に向けて一歩、ドイツとイタリアに向けて別の一歩を踏み出していた。というのは、バルガスは自分が少数派であり、自国の軍隊の力を考慮に入れていたに違いないからである。[……]世論におもねるために、彼はいつもアメリカ合衆国に対して国有化の脅威を振りかざしていた[……]だが実際には反共産主義を掲げて国民を安心させていたのだ。[5]」

クロード・レヴィ＝ストロースは、当時のフェルナン・ブローデルについては、すでに大学人として成功しつつある人というイメージを抱いている。

「ブローデルは自信に満ちていました。年の差もあったし、大学での地位から言ってもわれわれよりは高いところにいましたから。[……]もっと上の方で教えることになるはずだということは、われわれもすでに知っていましたからね。私より年長者であったし、経歴から言っても博士論文の進み具合から言っても、われわれよりはずっと先を行っていました。論文の方はまだ出来上がっていませんでしたが、その材料は持ってきていました。家を借りる前のことだったのですが。その論文の資料を収めるのにホテルの部屋を一つ余計にとらなきゃならなかったんですからね。[6]」

ここでは、レヴィ＝ストロースは、自分自身の野心をブローデルに少し投影しているし、一九三五年と一九三七年を取り違えている。一九三七年に、コレージュ・ド・フランスのマルセル・モースの席が空いているから自分は民族学に乗り出すことにするというレヴィ＝ストロースの発言を聞いて、ブローデルは驚きを隠せない。他にもたくさんの事柄を明らかにしてくれるジャン・モーグエにも、同じ見方が見られる。

「フランスの文化使節のほとんどは新米の教師であった。［……］われわれはパリを出たときにすでにかなり多くの手当をもらっていた。［……］船から下りるとすぐに、フリオ・デ・メスキタ［フランス文化使節の管理者］に会いに行き、サン・パウロ大学の指導教授のなかで一番給料の多い人に匹敵するわれわれの給与をくれるようにせがんだ。こうしてわれわれはアメリカ製の自動車を購入することができたし、ブローデルは、運転が好きではなかったから、イタリア人の運転手を雇うという贅沢をした。大学で財産を築く必要がなかったのはわれわれのなかでブローデル一人であった。歴史家リュシアン・フェーヴルの愛弟子であり、ホテル・テルミヌスに、次にはエスプラナードに借りなければならなかった二部屋目で絶えず参照していたカードケースとマイクロフィルムのケースが証明しているように、フェリペ二世時代の地中海に関する博士論文はすでにかなり進んでいた。しまいにはブローデルは、自動車を保管し運転手が住める大きな庭のある、料理人付きの広大な屋敷に移った。(7)」

この広大な屋敷に移った日は、赤ん坊を連れたポール・ブローデルが到着した日であった。「リュシアン・フェーヴルの愛弟子」とは、高等教育と同じように、先取りした言い方であるが、その他については、ブローデルがブランギエに打ち明ける話と突き合わせてみることにする。

「家はすばらしいものだった。私は自称スイス人の実業家に引き立てられたが、私の思うには、この人物はフランス人で、一九一四〜一九一八年の戦争の脱走者であったに違いない……。いろいろな話をしてくれた人で、私はその話のすべてをメモに取った。その人は私に助言をしてくれた……」

実際には、レヴィ＝ストロースとモーグエをあれほど驚嘆させた運転手とシボレーは、借家契約の一部であったのだ。運良く、ブローデルがヨーロッパに戻るとき、夏の四か月は家主が住むことになったので、家賃は三分の一になった。

こうしたブラジル滞在の始まりに関する話は、一九八五年三月十八日、フェルナン・ブローデルにアカデミー・フランセーズの剣が授与されるときにクロード・レヴィ＝ストロースが行なった歓迎演説において披露されている。

「［本日の儀式から］あと数日で、サン・パウロでわれわれが初めて出会った日から五十年になります。あなたがサン・パウロに到着してから間もなくブローデル夫人と生まれたばかりの初めてのお子さんが来ました。われわれ所帯持ちのなかにあなたのご家族が入ってきたのは一つの事件で、私はあれを忘れません。ブローデル夫人は非常に若く、彼女の身ぶりすべての優雅さと真珠のような顔色でわれわれを感動させました。あなたとご一緒できたこと、あれは大変なことでした。ほんのわずかわれわれよりも年上でしたが、研究者としてははるかに先輩で、〔……〕あなたの考え出した研究方法の説明でわれわれを驚かせていました。たとえば、ヴェネツィアの資料を何千頁も次々に撮影するためのポータブルの映画用カメラを使って、絵を一枚ずつ読むというものでした。あのやり方はわれわれには前衛の先端であると思われました。(8)」

「ヴェネツィアの資料」。ここには一九三五年と一九三六年の年代的混乱があり、この混乱の原因は後で見ることにする。実際、フェルナン・ブローデルは、ポールとの結婚の一年前に、バリャドリーで映画をすでに使っていた。パリ、パレルモ、ナポリ、ローマの各地でブローデルは映画を使い続けた。ブローデルはブランギエに資料の作成方法を次のように話した。

「あれは私がアルジェで買った撮影機で、あるアメリカ人の映画監督の使っていた中古の機械でした。映画のシーンの素案づくりに役立っていたのです。ボタンが一つあって、そのボタンで同時に写真が撮れる。あるいは、ボタンを押したままにしておけば、好きなだけシーンを撮影できる。これを買わないかと話を持ちかけられたとき、私はその映画監督にこう言いました。『これを写してみて下さい。もし読むことができるなら、買いましょう。』見事な写真を一枚つくってくれました。そういうわけで私は一五〇〇枚の写真をつくりました。だからブラジルにいたとき、私は何日もの間資料を読んでいた……」

日付の間違いは、一九三五年度にはブローデルとフランス文化使節団の間にかなり緊張関係があったことによる。このフランス文化使節団はデュマ夫人のいとこのアルブース・バスティドが管理者であって、彼は独断で文化使節団の責任を引き受けていた。フェルナン・ブローデルが到着したとき、昇給なしに予定よりも多くの授業をすることを承諾したことを知って、バスティドは自分の特権と要求に対する侵害を感じて、ブローデルを激しく非難した。文化使節の立場がたとえスモーキングを身に付け、ポール・ブローデルにとっては夜会服を着るというアルタ・ソシエダの慣行に加わることを必要としているとしても、フェルナン・ブローデルはすでに、自分たちに与えられているさまざまな特典をかなり恵まれたものと思っていた。使節団団長の存在を拒絶して、ブローデルは自分が排除されるつもりなどはなかった。

そこでアルブース・バスティドはブローデルを使節団から外す策を弄した。ジョルジュ・デュマとそのいとこの来訪が迫っているのを利用して、ブローデルを予定よりも早くパリに帰らせようとしたのである。このバスティドの策は失敗したが、ポール・ブローデルは次のように語っている。

「夫はこの最初の一年の間は同僚の誰にももう会わなくなりました（優柔不断なモーグエにも）。しかし夫はすでにかなり多くのブラジル人の友人を得ていました。」

モーグエとレヴィ＝ストロースがブローデルと顔を合わせない一九三五年と、次の一九三六年とのこの二年間の思い出に関する両者の思い違いは、ここに原因がある。ブローデルの方は、この孤立をブラジル人との付き合いで埋め合わせている。アルジェとよく似ているのは、賭博である。領事は町の人々、特にレジオン・ドヌールをはしがっている人々を招待し、ポーカーで彼らから金を巻き上げていた、とブローデルは語っている。ブローデルはブランギエに「私からは金を巻き上げなかったと言っておきたい」と打ち明けている。ブローデルはすべてを観察し、自分の見たことを書き留めている。ポール・ブローデルは次のように強調している。

「夫が到着後すぐに受けたうっとりするようなショックに関するとても意味深い記事を『オ・エスタド・デ・サン・パウロ』という新聞に書いたとき、ブラジルに来て一か月もたっていませんでした。」

実際、アルブース・バスティドの策はこのような役に立つ結果をもたらしたので、フェルナン・ブローデルは一年目からすぐに新しい世界に身を投じた。アルジェで体験した最初の異国体験を補うが、同時に、さまざまな比較をすることで、異国体験にきちんと形をつけるのである。

ブローデルの死後すぐに、シャルル・モラゼは「大西洋の彼方にある地中海のもう一方の岸」としてのブラジルについてこう語る。

「当時の、つまり一九三〇年代のブラジルには、スーク〔バザール〕の店と同じように外で開けている店があった。同じような通りがあり、そこでは昼も夜もほとんど変わりなく、イタリアもアフリカも古い北ヨーロッパも、ポルトガルやスペインと同じように、華やかに見られた。ブラジルには、アラブやトルコの東洋人さえいるし、それに劣らず極東から来ている人もいて、極東からは特に勤勉な日本人が来ている。地中海中心の世界だろうか。最近成功を収めたこの考え方は、すでに五十年前に存在していた。アルジェ、地中海、ブラジル。熱帯からそれほど遠くないか、熱帯の下にある国々である。(9)」

きわめて意味深いことだが、一九三五〜一九三六年秋冬の休暇の間、フェルナン・ブローデル夫妻はフランスに戻らない。夫妻はまず初めはアルジェに立ち寄り、次いでポールは幼い娘をティアレットの母親のところに預けて、ムッソリーニがエチオピアに対する戦闘を開始したばかりであっても(十月三日)、夫妻は直接イタリアに向けて出発する。エチオピアとの戦争はフランス人にとって旅行をやっかいな物にする。しかしブローデル夫妻はそんなことは気にかけない。二人一緒のこの初めてのイタリア旅行は、やや——大いに——新婚旅行である。二人一緒に、フィレンツェ、次にヴェネツィアのこの二つの町を詳細にわたって発見する。ヴェネツィアから夫妻はジェノヴァに向かい、ジェノヴァでブローデルはサントス行きの、ポールはアルジェ行きの船に乗る。ブローデル夫人はアルジェで娘を引き取る。

これは若き歴史家にとって以後途絶えることのないイタリア半島北半分の探究の始まりであり、決して消えることのない情熱の始まりである。このイタリアへの情熱にはジェノヴァ料理も含まれるのだが、ブローデルがジェノヴァ料理を発見するのは、のちに料理を微妙なところまでも味わうお金を払えるようになってからでしかない。当然のことながら、この観光旅行には古文書センターの調査と古文書センターが所有している資料の調査が含まれている。結婚していても独身であっても、一方に夫が、他方に歴史家がいるのではない。ブローデルは歴史家としての人生を送るのである。ブローデルは晩年の著作のなかの一つで、次のように語ることになる。

「妻と私は、一九三五年十二月にヴェネツィアに到着した。地中海に関する私の著作になるはずのものの準備のための研究旅行であった。時間に追われて、私たちは国立文書館、コッレル美術館、スタンパリア、マルチャナ図書館……で毎日を過ごした。次から次へと、時間に追われながらかけずり回らなければならなかった。しかも凍り付くような冷たい、雨混じりの風が私たちをせかせた……。〔……〕ヴェネツィアとイタリアは、あのもの悲しい季節に、外国人を快くもてなすようなことはなかったし、今日のように暮らすことは幸せではなかった。私たちはあそこで孤独にワインを飲んだ。しかし、試しに飲んだワインは極上のもので、健康によいものである。ヴェネツィアの群衆のなかで私たちだけであることは、なんとすばらしいことだったたか！　あなたもそうやってみれば正当に楽しみを味わうことができる……」(10)

ここで重要な新しい点は、まず第一に、妻のポール・ブローデルがただ単に夫の同伴者であるだけでなく、研究協力者となったことである。ブローデル夫妻の思い出によれば、それはまさに一九三五年のあの冬に国立文書館においてそうなったのである。

「あのときは、私たちはラテン語の資料で仕事をしていた。あのラテン語の資料は、妻にとっても私にとっても理解するのに困難を覚えることはまったくなかったから、私はその資料を私の悪筆で書き写していたが、その資料を出版することができなかった。妻はその資料を少しずつ読み始めた。奇妙なことであるが、妻はまったく見事と言う他ない古文書学者になったのである。私は古文書学者としての勉強はしたことがなかったが、人々は私をはめてくれた。みんながこう言った。『おお、ブローデルは、まったく教育を受けていないのに、想像力がある！』と。すると私には想像力があるのだ。妻もまた、古文書学者としての教育をまったく受けていなかった。昔のヴェネツィア語を妻はよく知らなかったのだが、どんなに難しい資料も読み始め、見事に解読してくれた。妻が資料を読んでくれる。しかもその資料について言えば、平均的な歴史家、あるいは非常に優れた歴史家でも読むことができないような資料を読んでくれるのである。」

当時のブローデル夫妻にとってただ単に古い書き物のなかにだけでなく、歴史家たちの関心を引くこともなくそれまで埋もれていた一つの世界の再生がどのように行なわれたのかを推し量るためには、古文書の存在、そして古文書への近づきがたさ、解読の困難ゆえに、改めてこのような迂回をしなければならなかった。十五世紀の商業通信文を読むなどということは誰もそれまでしようと思わなかったのである。一九三〇年代のあの環境においてまだ支配的であった歴史の通説は、ラングロワ、セニョボスとともに次のようなことをくどくどと繰り返していた。「歴史というものは史料を利用することに他ならない。」アンリ＝イレーネ・マルーが次のように激しい調子でこの考え方に反対したのは、それから二十年たってからである。

「論理的に言えば、出発点にあるのは史料ではない。歴史家は、原料の加工に携わる単なる職人ではないし、歴史の方法は、漏斗を使って生の資料を入れるとそこから知識という微妙な織物が出てくるような工作機械でもない。われわれ歴史家の仕事は、あるイニシアチブの結果としての独創的な活動を前提としている。歴史は、好奇心や不安が神秘的な過去に対して行なう問いかけに対する［……］答えであり、ある人々はこれを存在の不安と言うこともあるが、いずれにしても歴史家の知性、精神の問いかけへの答えである。(11)」

のちに見るように、こうしてマルーの考えは、リュシアン・フェーヴルの見解と完全に通じていたのである。ミシェル・ド・セルトーが歴史家の作業を理論化するのはこれから四十年後のことである。

「歴史においては、すべては、別な仕方で配分されたいくつかの対象を脇に取り除け、寄せ集め、かくして『記録』に変える行為とともに始まる。そういう新たな文化的配分が最初の仕事である。実際、その配分とは、それらの対象を、同時にそれらがあった場所とその地位を変化させつつ、複写したり、書き写したり、写真に撮ったりすることで、しかじかの記録を生産するということである。［……］資料というものは、統一的な活動によってつくり出されるのであり、この活動が実際に使う際に資料を切断し、使用する範囲を超えてまで資料を求めてゆくことになり、またある首尾一貫した再使用のために資料を取っておくのである。資料というものは既存の秩序と社会観を変化させる行為の痕跡である。[12]」

こうした行為を評するためにフェルナン・ブローデルが自分自身のために考え出した実践の革命的な性格を結論としておこう。そして歴史的比較を行なうために、一九七五年にミシェル・ド・セルトーの取った態度については、一九三五年にフェルナン・ブローデルはいかなる制度的な場からも外れたところで行動したということを強調しておこう。ほとんどアマチュアとして、不正規軍として、パルチザンとして行動したのである、ブラジルで教授なのだから、文字通りにはマージナルではないとしても。ミシェル・ド・セルトーが繰り返したように、レーモン・アロン以来、歴史というものは生産の制度的な場の関数であるということをわれわれは知っている（あるいは知っていると思っている）のだから、私は思っていることをずけずけ言うことにする。

「ある社会について歴史が何を語るかを知る前に、歴史がそこでどのように機能しているのかを分析することが重要である。この歴史という制度は、ある複合体のなかに書き込まれていて、それがあるタイプの生産だけを可能にし、別のタイプの生産を禁止するのである。場の二重の機能とはそういうものである。場は、さまざまな変動局面と共通の問題意識という事実によって、ある種の研究を可能にするのだが、しかし別の研究を不可能にする。[13]」

なるほど、あの当時、フェルナン・ブローデルはいかなる場からも外れたところにいた。彼は自分自身の場なのである。それゆえにこそ、ブローデルは、たった一人で行なってきた研究の道筋でさまざまな研究の可能性を開くために、のちに高等研究院第六部門を創設することにあれほどの配慮と才覚を示すことになる。このようにして、フェリペ二世時代のスペインを問題にするよりも地中海を問題にすることの方が勝り始めるときだけでなく、フェルナン・ブローデルの好奇心が、資料そのものの発掘によって、「実証主義的」歴史ではなおざりにされていた経済の分野、したがって海上部門へと向かうときがわれわれにはわかるのである。この経済の部門は、歴史の外にあり、ブローデルが提出した博士論文の主題にはまったく入っていなかった。ブローデルの新たな好奇心は、したがってピレンヌの好奇心の延長であり、ピレンヌの好奇心によって元気づけられ、またフェーヴルの当初の助言による集中によっても元気づけられ、フェーヴルの助言が十全な意味を帯びてくるのである。もちろんブローデル自身の好奇心は、自ら行なった古文書探索の蓄積を糧にして育まれる。

出会いは幸運であったのか。部分的には確かに幸運であるが、大事なのはブローデルを貿易通信文の発見へと導いていった偶然の役割にあるのではなく、あの貿易通信文と出会うことができたブローデルの力量にあるのだ。ピアジェが言っているように、「初めに解答ありき」なのである。最も俗な意味での経済が、歴史の背景としてではなく、歴史の要因として、また歴史を動かすものとして、ブローデルの歴史家としての地平にすでに入っていなかったとしたら、ブローデルはありきたりの、平凡な商売の訳のわからない文書の解読になぜ時間を費やしたのだろうか。

ここで私は、よく言われるように、この変化におけるピレンヌとフェーヴルの「影響」を考慮に入れてみようとは思っていない。第一に、私の知るかぎり、誰もそういう質問をフェルナン・ブローデルにしてみようと思わなかったからである。第二に、研究計画のなかに経済的な事実を導入することだけが問題なのではなく（そのようなことであればセニョボスの場合も含めて、新しさに欠ける他の歴史家の仕事にも確かに見られる）、別な意味で重要な視点の変化こそが問題だからである。この視点の変化がブローデルを直線的な歴史から間接的な歴史へと移行させることになるのである。直線的な歴史とは、何人かの歴史の立役者の選択や政策決定から出てくるものであり、歴史の立役者を含むかその存在を証明する資料から、そしてこれに関して人々が参照する資料から浮かび出てくるのである。間接的な歴史とは、古文書の発見によってちらっと見えてきて、不確かな痕跡を通して、そして三十年後にフーコーが言うように歴史の「考古学」の遺跡を通して捉えられるのである。

ところで、ピレンヌが経済的基盤と海の役割の方に針路を向けたとすれば、すでに構造という用語で（たとえこの語がフェーヴルは好きでないにしても）最も多くを推論したのはフェーヴルである（マルク・ブロックも同様であるが、ブローデルはブロックと知的な意味ですでに何度も接触があったとは思われない）。私にはフェーヴルがバーバリーの人々のことを話したのか話さなかったのかはわからないが、私が頭に描いていることを理解させるために、私としては次のように言っておきたい。つまり、イスラム世界の代表として、艦隊として、ヨーロッパ中心主義的と言ってもよい問題意識の外に出たものとしてのあのバーバリー人たちというのは、ピレンヌの見方であり、それに対して一人の国王の役割の代わりに海上の空間の役割をとらえ、当時の世界における地中海の位置をとらえるために、すなわち深層の歴史に達するために、バーバリー人たちをフェリペ二世に対して中心を移動させるものとして見る見方はフェーヴルのものである。

この中心を移動させることは最初から、すなわち古文書館において始まったのである。ブローデルが自ら歴史の転倒の操作を行なっているということを自覚する以前に歴史の転倒の操作を行なうのは、法務省の資料を探すことから商業関係の資料を探すことへの転倒を行なうことによってである。

四十年後に、アメリカの歴史家トライアン・ストイアノヴィッチが『アナール』をテーマに一冊本を書いて、その本で新たな参照系、学問分野の新たな説明モデルというアングロ・サクソン系の意味での新たな「パラダイム」の形成を見たとき[14]、ブローデルは自分にとって価値のある言い方でそのようなステレオタイプに異議を申し立てた。

「[リュシアン・フェーヴルとマルク・ブロックは]いままでにないパラダイムを作り上げたという印象か、作り上げたいという願望を最初から持っていたのだろうか。厳密な意味ではっきりと口に出され、それ自体で完結した思考体系というようなものを考えるならば、たぶんそうではない。パラダイムという語は、彼らの気に入るよりはむしろ彼らを驚かせたことだろう。[……]あるパラダイムの形成とは正確にはどういうことか。[……]それはまず第一に何年にも及ぶ疑いである。そのときまで真実あるいはかろうじて真実と見なされていたものは、『もはや』現実には『合わない』。たとえば物理学者や化学者は、自分が教えを受けた理論的枠組みだけに固執するならば、多くの問題が解決不可能であることを確認する。自分の仕事の困難さと戦っている歴史家にとってもまったく同様のことが起こりうるということである。」

重大な転機であり、未知への跳躍である。のちにブローデルは、商業資料の発見の成果全体はあの一九三五年冬にさかのぼると語ることになるし、ドゥブロヴニクで行なうことになる新たな研究の完成をドゥブロヴニクに位置づけている。ところで、次の冬ヨーロッパに帰ったときに（一九三六〜一九三七年）、妻のポールと再び行ったヴェネツィアから真冬におんぼろ船に乗って南に向かい、アドリア海の対岸のドゥブロヴニク、昔のラグーザまで行ったのである。このように年代を修正することで、実は、一九三五年に初めて商業資料を発見したことによって博士論文の作成における成熟の時期を一年ずらすことになる。

一九三六年の初めにブラジルに戻ったとき、フェルナン・ブローデルとポール・ブローデルの状況は、今度は社会学者として来たクロード・レヴィ＝ストロースを非難するアルブース・バスティド〔レヴィ＝ストロースの回想ではジョルジュ・デュマ、『遠近の回想』、四三頁〕との新たな危機の際にはっきりした。レヴィ＝ストロースは次のように説明している。

「彼は私を自分の部下にすると言い出したのです。そんなことは私の性分に合いませんから、私は抵抗しましたが、そうすると彼は、自分はコント的伝統を受け継ぐ者であり、私の授業はコント的伝統に背くという理由で、私を大学から追い出そうとしたのです。大学の理事たちは、『オ・エスタド・デ・サン・パウロ』という大新聞の出資者でもあったのですが、その連中が彼の味方につきました。私が大学に残れたのは、何人かの同僚、ピエール・モンベーグやフェルナン・ブローデルのおかげでした。ブローデルの方は当時もうすでに相当の発言力を持っていました。そのブローデルが私を支持してくれたのです。[15]」

クロード・レヴィ＝ストロースは、一九八五年にブローデルがアカデミー・フランセーズに入会する際の歓迎演説において、このときのブローデルの支持に触れることになる。またレヴィ＝ストロースは一九九四年春に行なった私との対談でもこのことに触れて、ブローデルがすでに相当の権威を示していたことを強調している。「自分がどこに行くのかをすでに知っていた人」とか、「策略や不正に気づいたら、正当な権利を取り戻すために権威にものを言わせる」のをためらわない人と言っている。特に歴史に関わる点では、自分とは別の知的な展望をすでに持っていた弟分に対するこのような支持は、知的勇気に属するものであると同時に、ブローデルの精神的独立を示すものであった。ブローデルはブランギエに次のように説明している。

「レヴィ＝ストロースはすでに並外れて明晰な人で、冷たい知性の持ち主でした。理屈にも、また人にも、強要されるままにならない人でした。彼にはすでに優れた資質が、沈黙という優れた資質がありました。人の話を聞くのが実にうまい人でしたね。……」

ブローデルが古文書めぐりの旅から新たな確信を抱いて戻ってきたのは明白である。一九三五年の排斥を忘れて、当時ブローデルに再会した他の教授たちの思い出と突き合わせてみれば確かにそのことが確認される。博士論文の進捗具合を物差しで測ることができるほどであった。事実、ジャン・モーグエもクロード・レヴィ＝ストロースも、撮影したフィルムの新しさ、資料の多さに圧倒されてしまったので、フェルナン・ブローデルの博士論文とその論文の完成を分け隔てているものを正しく評価していない。資料収集は疑いもなくすでに膨大なものであったが、資料はまだ資料のままである。すでに博士論文になっていたわけではない。まさに仕事のやり方のせいで。

妻のポール・ブローデルはこの点に関して必要な修正を行なった。

「この自己形成の年月の間にブローデルが続行してきたもの、それは歴史の見方ではないし、まして地中海の歴史の見方でさえもない。あの人はただ単に飽くことのない自分の好奇心にそっくり自分をゆだねてきた。あの大変な記憶力を用いて、時間的にも空間的にも時には非常に離れている無数の事実、無数のディテールを、同じ一枚の絵のなかで比較していた。あの人の『知的冒険』とは、緩慢な蓄積であり、その緩慢な蓄積があの人にとってさまざまな観念ではなく（まして観念の体系などではない）、何百万ものイメージ、昨日と今日をごっちゃにしてしまう、途方もない歴史の光景を少しずつ描いてゆく。そうしたことすべてにおいて、論理の気遣いは一切ない。何よりもまず発見の喜びである。あの人は何もかもを楽しんでいたのだ(16)。」

明らかなことだが、レヴィ＝ストロースの言っているように、

「教師になりたての高校教師たちと、すでに将来を約束されている人物とを分け隔てる溝」というか「越えがたい深淵」によって、自分たちは彼とは別なのだと感じている若い教師にとって、すでにブローデルの備えていた指導者としての側面ゆえに、彼ら若い教師にはブローデルのとてつもない計画のほとんど遊びのような冒険を探知することができなかったのである。モーグエは、ブローデルと兄弟とか師匠と弟子という関係よりももっと密接な関係があった。モーグエは、自分自身の哲学の講義があまりアカデミックでなかったこと、また自分の講義を聴きに来る者に「人生や芸術や文学や社会問題へのセンス」を研ぎすまさせるためにヘーゲルやフロイトやマルクスを引き合いに出していたので、政治的には異端であると感じていたことを語りながら、次のように付け加えている。

「ブローデルは、若き妻と並んで、私にとって常に避難所であったが、それでもこうしたことが一体どこに私を導いていくのか、私がフランスに帰りたいと思っているのかと気を揉んでくれ、私に早く博士論文を書くように勧めてくれた。[17]」

しかし、教授としてのブローデルの立場をとらえようとしている点に立ち返るならば、モーグエは次のようなことも書き留めている。

「われわれはそれぞれ自分の気になっていることを取り除くことに自由であったから、そのようにして自分自身の最良のものを与えることができた。大学はブローデルのような人の意見にも、レヴィ＝ストロースのような人の意見にも耳を傾けることができた。フランスの大学であったならそういう人に話をさせる前に、必ずや何年もの間束縛したことであろう。[18]……」

サン・パウロの学生たちの熱狂ぶりというものがわかる。これに対して、ブローデルとレヴィ＝ストロースのこの時期に関する思い出は、両者の間にほとんどコミュニケーションがなかった点で一致している。よく考えてみれば別に驚くことではない。クロード・レヴィ＝ストロースは、「フィールドワークの人間ではなかったデュルケムに対する反抗から」民族学の勉強のために出かけていたのであるし、したがってサン・パウロをとりわけ出発基地と見ていたのである。一方モーグエは、教授としてのブローデルの成功を確認しながら、ブローデルを『アナール』の代表者の一人として見ている。

「われわれ［ブローデルと私］はおそらくわれわれの使命について同じ考え方を持っていた。ブラジル政府は、『アナール』のチームが完成させた方法で自国の学生たちを養成するためにブローデルを呼んだのであった。しかもその任務にこそブローデルは打ち込んだのであり、たぶんからかい好きで、いささか専横的な、しかしながら実り多い権威を持ってこの仕事に打ち込んだのである。ブローデルの学生たちは歴史を学び、歴史家になることを学んだのである。[19]」

レヴィ＝ストロースは、モーグエが記憶にとどめた大学人としてはいささか正統的すぎるイメージに興味深い修正を行なっている。一九八五年に、ブローデルに向かって語りかけながら、レヴィ＝ストロースは次のようにはっきりと述べている。

「私たちのなかで、私のように［リュシアン・フェーヴルの］『大地と人類の進化』以上には進まないでいた者にとって、あなたが私たちにその概要を教えてくれた『アナール』の理論は大変な新しさを示していたのでした。[20]」

この問題はブローデルの自己形成のさまざまな段階をはっきりさせるために重要である。ブローデルはもはや単に『アナール』の消費者の一人ではなく、『アナール』の代弁者と思われているのだ。同じく大事なことは、ブローデルの教授としての能力の確認である。ところで幸運なことに、一九三六年九月、サン・パウロの教育学院で行なった最初の講演の一つは、そのタイトルが「歴史の教育」であるが、これはその学院の資料集にポルトガル語で出版され、一九五五年に再版されたわけだが、一九八七年の『文明の文法』にモーリス・エマールが寄せた序文にその要約が紹介されている。

そこには教育者ブローデルの側面が余すところなく見て取れる。しかもモーリス・エマールが書いているように、「ある選択を非常に早く行ない、それを最後までやり遂げる継続性」を示す言葉で言えば、教育と研究の展望とを結ぶ教育者の姿であり、研究においてブローデルはいかにも新しい歴史のパイオニアであることを示している。ポルトガル語のテクストから意訳をすれば、そのテクストは部分的にブローデルの声を再現している。

「本質的なものに至る単純さ以外には秘密はない。真理を傷つけ、意味のないことを口にし、凡庸さの代わりに借り物の名前を付けるような単純さではなく、知性の光に他ならない明快さという単純さである。ある文明の中心をなすものにまで行くこと。ギリシャのことか。ギリシャは、トラーキアからクレタ島に至るエーゲ海の文明であって、バルカン半島の文明ではない。[……]ギリシャのモデル？「現代フランス語の最初の歴史家」であるアンリ・ピレンヌ、彼を通して、教育は本に背中を向けて話す言葉に身をゆだねる。自分を理解してもらうためには、抽象的な用語を追放することである。自分の言うことを聞いてもらうためには、歴史の劇的な関心を歴史にまかせること、そして歴史が常に興味深いものであるようにすることである。[……]ある水の流れから別の水の流れへと移行があるように、歴史の活動から教育の活動へと移る。……注意していただきたいが、みなさんの教育者としての仕事は、みなさんの学問的な好みによって方向づけられるべきではない。この点については私は特に強調しておきたい。私たちの同僚がその生徒たちに社会、小切手、小麦の価格について話すようであれば、その人は教師としての自分の義務を怠っていることになる。歴史学はゆっくりとさまざまな段階を経てきた。王侯の年代記であったし、戦闘の歴史であったし、あるいは政治的事件の鏡であった。今日では、大胆な先駆者たちのおかげで、歴史学は過去の経済的、社会的現実のなかに飛び込んでいる。こうした段階は、真理に通じる階段のステップと同じである。みなさんが学生と一緒にいるときには、こうしたステップの一つたりとも犠牲にしないでいただきたい(21)。……」

これは、すでに一九三六年に若き教師たちの目にブローデルと『アナール』の精神の関係がいかに強いものと見えたかをたまたま確認するものである。この講演で、ブローデルはユーモアを込めて「経済ならびに社会の諸問題に憑かれたもの」として自らを描き出している。たまたまワインを売り出すことになる非常に立派な酒蔵を所有している者のように、社会について語るには長々と話さずにはいられない人としてである。このことは何よりもまず一九三五年の古文書館めぐりの重要性を証明するものである。ここで問題になっているのがピレンヌだけであって、フェーヴルではないことに注目しておこう。

ブローデルの伝記は、一九三三〜一九三五年の期間に関してはほとんど揃っていないとしても、レヴィ＝ストロースに夢を見させる「高等教育に足を踏み入れた者」であることを確認させてくれる。というのも、すでに述べたように、オゼールの本についてベール主宰の『総合雑誌』のために書評を書くのはブローデルだからである。オゼールの本とは、『一五五九年から一六六〇年までのスペインの優越性』であり、この本はアルファンとサニャックによって始められた「民衆と文明」叢書で出たばかりであった。アルファンはこのブローデルの書評を読む。そしてそのことがブローデルの大学人としての経歴にとってやがてかなり重要になるのである。

2 ドゥブロヴニク効果から高等研究院へ

一九三六年秋に、二十日間かかる船でサントスからヨーロッパにブローデル夫妻が帰るとき、途中アルジェに寄港し、夫妻は娘をその祖母のところに預けることになるのだが、非常に重要なことが起こる。そのことを夫人のポールはこんなふうに語っている。

「夫が手にしている膨大な資料が夫を沖合いに出るようにさせます。夫は地中海を選択することになります。したがって夫が博士論文の主題を変えたのはブラジル滞在中のことです。そして今回もまた、自分一人で決め、ソルボンヌ大学の先生やその他の先生と主題変更について議論することはありませんでした。せいぜいのところ私と話したくらいです！　そのことはブラジルとイタリアの間を往き来した時期に私たちの頭を占めていたのですが、正確にいつのことであったかはわかりません。(22)」

ブローデルが、いかなる制度、歴史の「生産の場」からも遠いところで、妻と差し向かいで、いわば海の旅の孤独のなかで、博士論文の主題を変更したことは象徴的なことである。言い換えれば、経歴のことを考えるよりも前に自分の主題の転換をまず第一に行なったということでもある。もし経歴ということを考えていたならば、ミシェル・ド・セルトーが示しているように、実際には事態を不可能にしてしまったことだろう。当時、博士論文というものは生涯をかけた記念碑であったし、限られた大学で、しかも年寄りを大事に抱えていた大学では、大学でのポストは非常に少なかったことを私はよく承知している。このような決定の及ぼす影響は過小評価されるべきでないことも事実である。ブローデルは、ブラジルに向けて出発するときに明らかにためらっていたわけだが、そのとき確実な収益性に反する革新を選択したのである。その日付については、容易に見つけることができる。一九三六年秋しか問題にはなりえない。なぜなら一九三七年秋には、ブローデルはパリの高等研究院にポストを得るからである。ポール・ブローデルが語っているように、ブラジルのエピソードは、ヴェネツィアの古文書からもたらされた新たな経験と確かに結びついている。ブローデルは、滞在二年目に当たる一九三六年のブラジルと自分との関係の重要性をブランギエに次のように説明している。

「総督と重要な事柄について議論を終えたばかりで、そんなふうにして私には総督の弟と会う機会がありました。上流階級の人たちは感心するほど上手にフランス語を話していました。それは融合した、つくられつつある社交界でした。フランス人の歴史家にとっては、地中海の国々という最も近い国と同じくらい関係の遠い国をとらえ、理解することはたやすいことでした。私の時代には、私たちは第六学級からローマやギリシャを理解するように育てられていたものだから、ローマに行ってもギリシャに行っても確認を見いだすわけです。しかしあそこでは、まったく荒々しい新しさなのです。何もかも砕け散って、すべて初めから理解しなければならない。ラテンアメリカはとんでもない実験室です。ラテンアメリカよりもはるかに進んでいるアメリカ合衆国よりも理解するのが簡単です。トックヴィルはあの時代にアメリカ合衆国に着いて確かに運がよかった。」

磨耗したパラダイムが少しずつどんなふうに崩れていくかがわかるというものである。「すべて初めから理解しなければならない。」ポール・ブローデルはあの「とんでもない実験室」が、新たなパラダイム、つまり『地中海』の時間・空間を開くためにブローデルに提供する鍵をはっきりとわれわれに教えてくれる。つまり仕事の対象として継続中の、かつてないあの歴史的登場人物の持続である。ついでに言うことになるが、これはヴェネツィアでの初めての冬の後、ブローデルが博士論文に積極的にとりかかったことを確認するのである。だからブローデル夫人はブラジル以前との違いをはっきりと区別している。

「夫は、毎冬（ブラジルでは夏）古文書保管所で過ごす。もはやスペインの古文書保管所ではなく、イタリアの古文書保管所である。生涯で初めて、教えながらもかなりの自由時間が夫にはできて、その結果まったく静かに「マイクロフィルムを」読むことができた。それでもブラジル人たちがふんだんに与えるすべを心得ている楽しみを味わっていた。しかもよく考えるための楽園であった。なぜならブラジルの光景はかつて北アメリカを旅行したタレイランを虜にしたのと同じ理由で夫を虜にしたからである。つまり『歴史をさかのぼって』旅をしているという印象である。この二十世紀初めのブラジルを通して、あたかも昨日のヨーロッパの姿が見えてきて、想像できるかのようであった。ブラジルにはまだ巡回農業があり、森林の開墾が行なわれていて、家父長制の大家族が存在し、それらが近代性の暴力的な成長にもかかわらず生き残っていたのだ。[23]」

したがってブラジルは、地理的移動から歴史的移動への移行の実験室としてアルジェリアの補いになった。ブローデルがのちに長期持続と呼ぶものを構想することからはまだ遠いとしても、ここブラジルでブローデルは、直観的に持続の相対性、持続の地理的分化に気づいたのである。歴史の時間は一様ではない。それは空間と切り離して考えられない。それればかりか歴史が生きた場所、歴史家が働く場所からも切り離し得ない。それはただ単に地理的な場であるだけでなく、文化的な場である。古い文明を持つ国であるアルジェリアと大きく異なっているブラジルは、ヨーロッパに比べて、アメリカ合衆国と同じ新しい国であるとしても、ブラジルとアルジェリアには植民地化されたという共通点がある。第二次世界大戦の激動の後、第三世界という表現が生まれるよりも二十年前に、ブローデルはこの第三世界という表現が明らかにしようとするものの概要をまだつかの間であるとはいえ受けとめている。それでもこの概要は非植民地化の文化的帰結によってブローデルが不意打ちを食らうことを妨げることになる。実際に見た事柄がおそらくブローデルの助けになって、のちに見るように、歴史の中心がずれていくという領域において予言的な見解を表明したフェーヴルと対等の立場に置いたのである。

このようにして、ただ単に地理的な中心の移動だけでなく、時間的、文化的な中心の移動がブラジルによってもたらされ、関心の移動が起こるわけで、以前からあった知的な幅広さがさらに広がり、少しずつブローデルをフェリペ二世の意志決定から遠くへと進めていった。このあまりにも慎重な国王をブローデルは次第に好きではなくなるのである。関心の移動は、進歩した社会においてはすでになくなってしまったか覆い隠されてしまった過去の基層を地理的な移動によってとらえることができるという直観をブローデルに与える。そこで、「地理というものは歴史の速度をゆるめる方法であり、ゼロ地点に到達する方法である」ということを発見したと記して、一九八四年に要約的に述べるのはまさにこの移動のことである。

「このとき初めて私は歴史の主題として地中海の利点を発見したのだ。[24]」

ポール・ブローデルの思い出によれば、この一九三六年の大西洋横断は、博士論文の主題を変更する決意の出発点である。

「私たちの議論のなかで、夫はこの方向に自分を押し進めているものをすべて数え上げていた。たとえば小麦や運輸などに関してきわめて豊富に史料が集まっていることであった。しかしそれだけで十分だろうか。ドゥブロヴニク以後、夫はきっぱりと言い放った。『そうだ。この決定は正しい。』」

この点を理解するためには、フェルナン・ブローデルを不満な状態にしていた一九三五年のヴェネツィアに立ち戻らなければならない。当初の商業史料からブローデルが考えていたのは、一つの都市――政府も含めて――が完全に海運の方に向いて機能していることを発見できるだろうということであった。ところがポール・ブローデルは私宛の手紙で次のように書いている。

「ナポレオン以後、一八六六年まで、ヴェネツィアはオーストリアに支配されてきて、名うての古文書学者を送り込んだオーストリア人たちによって古文書のいい加減な選択が行なわれてきた。そういうわけで、夫が国営造船所の書類がどこにあるのかを尋ねたときに、そういう『価値のない書類』は、日常生活のことしか語らないあらゆる種類の書類と同じく、前述の古文書学者たちの手で焼却されてしまったことを夫は知ったのです。ドゥブロヴニクでは、何という奇跡でしょう、何もかもが保存されていました。船舶の建造、港の動き、保険、内陸部への商用旅行、など。確かに控えめではあるけれども、独立した都市国家の動き方のイメージを私たちはつかんだのでした。しかもこのイメージは地中海の他の中心地に投影されていました。」

フェルナン・ブローデルの好奇心は、ラグーザ［現在のドゥブロヴニク］についての情報に当初はそそられた。それによれば、ラグーザは、ヴェネツィアの支配下にあると見なされていたが、バルカン半島のスラブ人にとって出口として役立つ港を持っているわけで、十六世紀の一大商業中心地になったのである。当時、ラグーザは、バルカン半島の塩市場も奴隷の取引市場も独占していた。奴隷の取引は、イタリアからバルセロナに至る地中海においてまだ非常に繁栄していた。というのも、この奴隷という単語の語源［スラブ人が東ローマ帝国の奴隷になったことに由来する］が示しているように、奴隷はスラブ人のなかから、したがって東でかき集められていたからである。

ブローデルはラグーザで、ある不思議な人物に歓迎される。後でこの人物にブローデルは大変な賞賛の意を表することになる。著名な天文学者で、当地の古文書係であったトルベルカ氏である。しかしブローデルが発見するものは、見事に彼の期待を越えて、疑いのかけようもない豊かさを持った領域を開くことになり、ブローデルの研究そのものの方向を変えてゆくことになる。晩年になってこのときのことを思い出すに当たってブローデルが示す熱気がその証拠であり、ブローデルの直観を突如として見事に締めくくった発見から半世紀あるいはそれに近い年月が必要だったのである。

「ドゥブロヴニクの見事な古文書には十六世紀の海上保険、用船契約、商業通信文、船荷証券が、要するに地中海全体が含まれている。もしあのときドゥブロヴニクに行っていなかったら、あのあとどうしたかはわからない[25]。」

現在のユーゴスラビア戦争でドゥブロヴニクが恐るべき占領を受けた後、われわれはあの古文書の運命がどうなっているか心配しないではいられない。ブローデルの博士論文はたぶん非常に多くの情報を含んでいるが、その情報の元の史料は失われてしまった。もちろん、はるかに広大な地平を持つあの商業、経済の領域にますます十分な形で足を踏み入れたブローデルの驚嘆ぶりはよくわかる。ポール・ブローデルは次のように明らかにしている。

「ドゥブロヴニクは、十年前からすでにカードに取っていたすべての資料を曖昧さの余地なく照らし出すものであった。新しい研究の始まりではない。すでに蓄積してきた資料集めが完全に意味を持つことになったのである。」

あの一九三六年冬に関する夫人の思い出は、われわれに次のような見直しをさせる。

「私たちは昔の造船所の跡にできた、港に直接通じる大きなカフェにいた。その日、港には何もなかった。その港に大きな船が厳かに入ってくるのを見た。大量の薪を不安定な形で積んでいた。夫は私に言った。『ごらん。僕たちは十六世紀にいるんだよ。[26]』」

全体としてとらえられた地中海の歴史実験室、そこにはスペインやイタリアの生活の仕方あるいはスペインやイタリアから始めるというやり方においてアフリカや中近東の海岸からもたらされる時差がある。この時差はまた、フェルナン・ブローデルがラグーザの古文書という貴重な発見とともに検証したタイプの時差でもある。地中海の時空についてのさまざまな次元が豊かにある実験室である。このようにして、ブローデルが古文書館で調査を始めて以来蓄えてきた、中心を離れたもののすべての総合が始められるのである。

ここで古文書によってブローデルは次のことを確認する。すなわちまだやはりフェリペ二世の大法官府から見ていた地中海からフェリペ二世時代の地中海そのものへの関心の移動である。これは決定的に重要である。地中海をその地理的存在においてのみ、つまりたとえ経済的な枠組みとしてであっても、枠組みとしてのみ見るのではなく、空間や海路といった地中海それ自体の歴史においてとらえられた地中海である。そこには地中海が貿易や経済、南ヨーロッパの人々のグローバルな歴史に介入する地中海特有の様式があるのだ。

ここでわれわれは前例のない「歴史上の人物」として地中海が突如として歴史のなかに闖入してくることに立ち会っ

ている。このことをフェーヴルは一九五〇年のあの異例の書評において例の言葉遣いで褒め称えることになる[27]。ブローデル自身の言葉を借りれば、このときからブローデルは「地中海を本当に見つけた」のである。それと同時に、ブローデルは、自分の博士論文に『アナール』の完全なタイトル、すなわち『社会経済史年報』に対応する内容をついに付与するのだが、わざとそうするのではない。私が言いたいのは、権威あるものとして『アナール』に依拠するとか『アナール』を隠れ蓑にするということではない。ブローデルは自分の扱う歴史上の人物に出会っただけではなく、『アナール』の精神を実行に移したのである。

ブローデル夫妻の歴訪旅行はヴェネツィアで終わるのだが、面倒がなかったわけではない。エチオピア戦争は終わったが、国際連盟が加えた制裁はムッソリーニを刺激し、ムッソリーニはヒトラーの方に向かってゆくことになる。こういう好戦的でスパイ恐怖症の政治的文脈においては、かの有名な撮影機は、その異様な大きさゆえに、警察の好奇心をかき立て、ブローデル夫妻は何もかも失う危険を冒す。警察の上層部との二時間にわたる議論の後、事態は丸く収まった。夫妻はジェノヴァ経由で帰る。妻のポールは娘を迎えに行くためにジェノヴァからアルジェリア行きの船に乗る。フェルナン・ブローデルはリラを持っているが、それを両替することはできない。ファシストのイタリアの閉鎖経済のためである。ブローデルはジェノヴァの古文書で仕事をするが、そこに一人でずっといるのが嫌だったので、ル・アーヴルでブラジル行きの船に乗船するまでの間、十日か二週間パリに立ち寄ってゆく決心をする。

一九八二年のイタリアの新聞記事で、ブローデルは次のように言っている。

「一九三六年十一月に私がパリにいるのは、なぜなのか、どうしてなのか、どういう資格でなのかを答えられないのではないかと思った。なぜならいつもの計画に従って私はジェノヴァでイタリアの古文書の調査途上であるべきだったのにパリにいたからである。［……］そう、確かに私はパリにいたのだ。というのもたまたまパリにいたおかげで私はソルボンヌ大学［高等研究院］にぎりぎりのところで履歴書を出すことができたし、運がよければソルボンヌ大学に採用される可能性があったからである。実を言えば、ここでもよそでも、何らかの理由で、われわれが失った時間を取り戻すというのは何と困難なことか。[28]」

実際には、一九三六年十一月ではなく、一九三七年二月のことであったのがほぼ間違いないのだから、ポール・ブローデルの記憶の方がはっきりしないようである。この高等研究院第四部門の選挙の議事録は今日まで見つかっていないので、この議事録があるはずの第四部門の記録の部分を調べることはできない。しかしこのような日付のためらいはいかなる意味でも事態の根底には触れない。しかしそれでも、このブローデルという国外追放者はその思い出のなかで人民戦線のフランスを少しも重要なものとしていないことに気づくだろう。エチオピア戦争も、レオン・ブルムが政権を握ったことも、スペインで内線が勃発したことも重要とは考えてはいなかった。

しかしながら、スペイン戦争の勃発と博士論文の方向付けの変更過程との偶然の一致は、おそらくまったくの偶然ではない。確かにブローデルはすでにフェリペ二世を一渡り見渡していた。しかし、戦争状態のスペインを迂回して、妻と一緒にブローデルがヨーロッパへと向かったあの一九三六年十月の大西洋横断の間に、内戦のためにシマンカスの古文書には当分の間近づくことができないとブローデルは考えなかっただろうか。この種の目印を立てることは伝記作者の仕事である。

博士論文の主題の変更とパリのソルボンヌ大学に立ち寄ったことの間にも偶然の一致がある。それについてわれわれが知っていることは、ブローデルがエミール・コオルナエルトと接触したということである。この人はコレージュ・ド・フランスの教授に選ばれたばかりであり、中世の社会・経済史の専門家である。ところでこの接触は決定的に重要である。というのもこの人からフェルディナン・ロが退職したので高等研究院第四部門にポストが空いていることを知ったからであり、またその件についてブローデルが話題になったからである。そう、ルイ・アルファンがブローデルの名を挙げたのだが、コオルナエルトの話では、どこでブローデルがつかまるか誰にもわからなかったので、任命が行なわれなかったのである。選挙は延期されるべきであった。そうすればブローデルにチャンスがあったはずである。ブローデルの名前を挙げたのがルイ・アルファンであったとすれば、彼らは例のアルジェ国際会議以来の知り合いであるから、ブローデルの当初の博士論文の主題と、『歴史学雑誌』に掲載した数多くの書評もまた、良質な歴史の支持者の間にブローデルを入れることを念頭に置いていたことを示している。

何が起こったのかを理解するためには、経歴に関するブローデルの無頓着さ（これは検証可能である）と、歴史家としての自分の価値と野心についての自覚とを実際には分けて考える必要がある。この歴史家としての野心こそは、数々の記事と丹念に調べた書評を特に『歴史学雑誌』のために書くようにブローデルをそそのかしたのであり、これは伝統的な大学の観点からすれば、自分の価値を認めてもらい、博士論文の力を得て、いずれ重要なポストへとつながる名誉ある経歴に加えてもらうための運動と同じ行為である（逆説的なことであるが、これは『アナール』への発表に関しては四十年後に当てはまる）。その結果、二人の間には何ら接触がなかったとしても（まして応募書類に関しては二人には直接の関係がない）、ルイ・アルファンはいわばブローデルの名前を挙げる十分な根拠を持っていたということである。

高等研究院は一八六八年にヴィクトール・デュリュイによって創設された。これはフランスの高等教育の無能ぶりが自覚されたばかりでなく、サドワの戦いでプロシアがオーストリアに対して勝利したことから受けたショックが軍事的のみならず知的にも優位に立つことの必要性を明らかにした時代のことである。したがって、デュリュイは、大学をもっと専門知識のある学生を育てるところにするために根本から大学改革を行なう。しかしこれと並行して、また大学を強化する危険のある順応主義を打破するために、デュリュイは、ドイツのゼミナーレンにならって、あまりにも厳格なアグレガシオンとか博士課程といったシステムとは別の、開かれた学院として高等研究院を創設する。それはすでに人々から認められ、保証された伝統的なコースには属さない学者を採用し、彼らに自由に仕事をする可能性を提供するためでもあった。

この学院はあっと言う間に成功した。だがいわゆる大学はこの学校を本当の意味では受け入れない。というのも高等研究院は内部の昇格、つまり学士とか博士といった例の学位の授与には無関係なままだからである。高等研究院から大学の学部へ移ることもあるが、それはむしろめったにないことで、素性を明らかにする必要がある。逆のケースはもっと頻繁にあり、大学の講座の正式担当者が研究指導教授の地位を得る。これは高等研究院には都合のいいことである。というのは「兼担教授」には高等研究院ではほんの少ししか給料を払わないからである。[29] 兼担でない教授も大して金は入らず、金には縁がないわけで、当時でも高等研究院の教授であるにはある種のヒロイズムが必要である。このような次第で、妻のポールは夫が正式に採用される前に、一九三七年二月ティアレットで電報を受け取る。その電報はブラジルに比べて給料の面でかなり低くなることに同意してくれることを求めていた。だからブラジルの契約によってフェルナン・ブローデルは一九三九年までブラジルにとどまることができたのである。

もともと、高等研究院は——ブローデルののちの役割を理解するためには重要なことだ——数学、物理学、自然科学、歴史学ならびに文献学、経済学の五つの部門にわかれていた。これは当時としては、すぐれて革命的な区分であったので、一九四五年を過ぎてもそのまま続いた。研究院の各部門の本拠地は、パリ国立自然博物館、コレージュ・ド・フランス、エコール・ノルマル〔高等師範学校〕など、「学者や大家のいるところ」にあった。一九三七年に、高等研究院は外観を変えずに、既存の教員の名指しによってますます多くの人を採用し続けていたが、女性はめったにいなかった。履歴書の提出というよりもそれぞれの学問領域で名をなした人が対象であった。したがって、ブローデルは本気で高等研究院を考えていなかったとしても、高等研究院の方はブローデルの地平にくっきり浮かび上がっていた。『アフリカ雑誌』、『歴史雑誌』への数多くの寄稿や『総合雑誌』への仲間入りをしたことを考慮に入れていたのである。もちろん高等研究院が提供する自由のためでもあった。これはブローデルの前置きなしの選択を説明するものであり、これについてブローデルはジャン＝クロード・ブランギエにはっきりと次のように述べる。

「教育に忙殺されている人がいます。そういう人をコレージュ・ド・フランスにせよ、高等研究院にせよ、ああいう穏やかな海のなかに入れてみれば、必ず開花するものです……。私がソルボンヌ大学の教授であれば、今年はプロシアについて一つ講義をし、来年はイタリアについて講義を一つすることになる。私が知っていることや私を虜にしていることを教えるわけではなく、私が義務とすることを教えるわけだ。一方、高等研究院では、私は私自身の研究に専念することができる。だから教えながらも自分自身を乗り越えてゆくことができるのです。」

三十五歳で、フェルナン・ブローデルは自分が何になりつつあるのかを知っていた。自分の仕事の新たな方向付けが昔からの考え方との決裂を含むことを完全に自覚していた。一九六六年の『地中海』の再版への序文〔正しくは初版の序文〕で、ブローデルはこのことを丁重な言葉で次のように言っている。

「私がこれを一九二三年に企てたときは、フェリペ二世の地中海政策の研究という古典的な、確かにもっと慎重な形態としてであった。当時の私の先生たちはそれを大いに褒めてくれた。先生たちはこの研究がフェリペ二世の外交政策の枠組みのなかで片づけられると思っていた。地理学の成果はどうでもよく、経済や社会問題には（しばしば外交そのものが目を向けなかったように）ほとんど目を向けることもなかった。文明に関わる諸事実、諸宗教、そして文芸や芸術、すなわち立派な歴史の偉大な証人たちに関しては侮蔑的であった。そして偏見に捉えられていたために、そのような研究は外務省の書類綴りの彼方に、豊穣な、密度の濃い、本物の生活があることに目を向けることを自らに禁じていた。［……］この多様にして活気に満ちた生命に目を向けずに、新事実を明らかにする古文書資料を古文書保管所から保管所へと、どのように追いかけて行くべきか。恵み豊かなこれほど多くの経済活動を目の前にして、あの革命的な経済社会史の方に向かわないでいられようか。経済社会史は小さな研究者グループがフランスにおいてその地位を高め、推進しようと努めていたし、ドイツでもイギリスでもアメリカでも、ポーランドでも、また隣国のベルギーでも、もはや拒絶されなくなっていた(30)。」

これが一九三七年の歴史学の状況であった。『アナール』は、すでに述べたように、初めはストラスブールの二人の教授という小さな専門家集団の仕事である。リュシアン・フェーヴルが一九三三年にコレージュ・ド・フランスの教授に選ばれて、発行地がパリに移された。しかし伝統的な歴史の先生たちが相変わらず支配していた。セニョボスは八十歳で相変わらず健康そのものであり、『フランス国民の真摯な歴史』を出版したばかりであり、その本で彼は何一つ新しいことは言っていない。したがってブローデルは、自分の思いがけない可能性を開くコオルナァルトから伝えられた情報を得て、彼の性格を特徴づける決断力をもって、まっすぐに第四部門の責任者であるマリオ・ロケス[31]のところに行く。マリオ・ロケスは一九〇三年から高等研究院にいるわけで、高等研究院の柱の一人となっている。一九三五年からはコレージュ・ド・フランスの教授である。

「私は彼の記憶には感動を込めて敬意を表する。並外れた人で、かなり手厳しく、専制的なところさえある人だったが、非常に頭のよい人で、第四部門の職務においては非常に強い責任感を持っていた。」

フェルナン・ブローデルは、自分には資格がないこと、本当の意味で業績がないことを知っていたが、結局はそれが決まりであることを知っている。十六世紀のスペインと地中海についての研究指導教授の地位につくために自ら出向いたのであり、またこの領域では恐れる人は誰もいないので、自分のやっていることに自信がある。さらにロケスはブローデルに中世も扱うことを要求し、自分の観点から中世とは何であるかを説明し始める。

「私は『先生は思い違いをしていらっしゃる』と言った。

『なに、わしが思い違いとな！』

議論はこんな具合に始まった。私は怒りにとらわれた。たぶんかつて誰も答えたことがないようなやり方で私は先生に答えた。先生はいまでも私の耳に残っている次のような言葉をおっしゃった。『君のことが大いに気に入ったよ。』」

ブローデルはもはや契約書にサインするだけだった。

そこでもまた、あの出来事の根底を理解するためには、文献学と歴史を結集させるために（おお、ルナンよ！）第四部門がいかなる〈精神〉で構想されていたかを思い出しておく必要がある。ある意味で、また確実に、それは物語としての歴史を考えて、歴史を文献と連結させ続けていたし、たとえ第四部門には亡くなったばかりのシミアンのような経済学者の講座もあったとしても、マリオ・ロケスの優越性を説明するものであった。

ブローデルは飛び上がるほど喜んだが、明らかに、マリオ・ロケスは立派な文献学者として、実証主義歴史学と社会史との間のいざこざには介入しようとしなかった。きっとロケスはブローデルの知性、情熱、そして歴史感覚に心を動かされたのである。そしてこのブローデルの特性はロケスの指導する部門の権威として役立つのである。

たとえマリオ・ロケスの同意がブローデル採用を保証しているとしても、ブラジルに帰る前に、決まり通りに、ブローデルは、直ちにルイ・アルファンのところに表敬訪問に出かけてゆく。そこでブローデルは、間もなく退職するのだと言っている人に会う。何日か前に人事に口を挟んだことも忘れてしまっているようで、気まずそうに、慎重に、しかも注意深く話し、大した準備もなしに多数決を得るのがいかに困難であるかを説明する。それでブローデルは、予感があったとすれば、これはもう一人の候補者、シミアンの教え子を阻止するためであったことを理解する。いずれにせよ、アルファンはブローデルのために思い切った決断をしたくはなかったのである。ブローデルがマリオ・ロケスと話をして、ロケスの同意を得たと話すに至ると、アルファンは突然自分の変節をあきらめ、「おめでとう、君……」と言った。

これは大学の風習と選挙の奥深いところにブローデルが入り込んだことを少なくとも明らかにするものである。したがってブローデルは、何度も繰り返す、次のような結論に至った。運がよかったのだ、と。このことからわれわれとしてはさらに二つの事柄をたぶん引き出すことができる。まず第一に、この幸運は、ブローデルがほとんどいつもパリにいなかったということ、したがってブローデルの本当の行動や思想に関して歴史家の仲間にほとんど知られていなかったということとも関係があったということである。次に、この選挙は、明らかに、大変な誤解に基づいて行なわれたということ。なぜならマリオ・ロケスの賛成を得たという事実は、アルファンのような歴史家にとっては、確固たる伝統主義によってしか説明がつかないことだからである。

ル・アーヴル経由でブラジルに向かうとき、フェルナン・ブローデルは、自分が選ばれることをほぼ確実に手中にしており、兼任でなく、すなわち第四部門専任の教授としての辞令を四月に受け取ることになる。これは改めて二月の履歴書提出の方向に進む。妻のポールは娘をティアレットに残して置かなければならなかった。というのは沿岸航海の船がスペインに寄港するため、ポールの母親が娘を連れてゆくのを許さなかったからである。つまり船は、市民戦争によって引き裂かれた国の港付近で地雷で吹き飛ばされるというのだ。カディスとアルヘシラスはフランコ派であり、マラガは一九三七年二月初めに陥落している。そのようなわけでこの戦争はブローデル夫妻の生活に直接関わってきたのである。

第五章　博士論文、戦争、そして捕虜生活

1　ブラジルでの最後の年とリュシアン・フェーヴルとの出会い

フェルナン・ブローデルは「一九三七年五月一日付」、すなわち一九三七年十月の新学年からの高等研究院への辞令を携えてパリを去ったばかりである。これはモーグエに少しばかり苦々しい思いをさせなかったわけではない。またすでにモーグエの思い出のなかでわれわれがすでに指摘したような時間的ずれをおそらく説明してくれることになる。たとえば次のような例であり、かなり混乱している。

「ブローデルは最後のフランス休暇中に重要な人物になっていた。しかも私の同僚のうちの誰に取り入ったら一番良いかということであった。しかし、大学における地位を得る代償を高く払って、ブローデルはわれわれの無礼な要求に苦しい思いをしていたのに、ブローデルがわれわれ派遣団を牛耳りたいと思っているのが私には不満であったので、派遣団が必ずしも非常に友好的ではなかったことをブローデルも私も忘れてはいなかった。もっとも、彼のことを単にブローデルと呼ぶのを私に許してくれる人をよく知る必要があったのだ。ブローデルの悪い癖が何であれ、彼には私にとって二つの重要な美徳があった。善意と人を愛する懐の深さである。もう一度重ねて言っておくが、私が避難所を見いだしていたのはブローデルの家であった。(1)」

ブローデルは、ブラジル滞在最後の年としてサン・パウロで始まる学年度を過ごすことになる。この最後の年を単に楽しむ代わりに、彼は初めて時間をとってこの大きな国のなかを訪ねて歩く。しかもこのときの経験が博士論文の修正に関する決意においてブローデルの考えを確固たるものにするのである。

「あれは一九三七年八月のことだった。同僚たちはアルゼンチンの方に出かけていったが、私は一人でいたいと思ったので、北の方に出かけていった。内陸部の方に行ってみると、かつて存在していたとおりの定期市があった。五〇〇年前に存在していた定期市と言ってもいいようなものだ。野生の動物の群があり、動物の皮をまとった羊飼いがいた。

目の見えない音楽家たち、歌を歌ったり、踊りをする人々がいた。特に、ブラジルで最も美しい地方である北部には、貧困が存在する。そういうふうにして私はバヒアに滞在した。Bahia de todos los santos.〔すべての聖人の港〕あそこにいると、理解しないではいられない。たとえばアルジェのモスクと同じようなモスクの前に立ったとき、そのさまざまな構成要素を私は理解する。なぜならそれは仕事、しかもイタリアふうの多くの仕事、大理石、大理石の壁面だからだが、しかし私にはモスクとは何であるのかがわからない。一方、バヒアの教会を理解するということは、至って簡単なことだ。私には理解する能力があるということだ……。ブラジルはわれわれと同じ文明社会であるが、同じ年齢ではない。本当に、ブラジルこそ、もし私がずっと地中海の周辺にとどまっていたとしたら身につけることがなかったような歴史についてのある一定の考え方に私が到達できるようにしてくれたのである。」

一九三六年にクロード・レヴィ＝ストロースがとった一枚の写真は、ジャン・モーグエとレヴィ＝ストロースの最初の妻と一緒に、まったくの田舎へ遠出した際のブローデルの姿を明らかにしてくれる。乗馬用の長靴とズボンをはき、ネクタイを締め、驚くほど若く、白髪のないブローデルの姿である。シャルル・モラゼは、ブローデルがブラジルで体験した出会いの一つ、そして博士論文だけでなく、ブローデルの作品に見られる反響によって作品を特徴づけた出会いとは、貧しさとの出会いであると私に気づかせてくれる。極度の貧しさ、あの時代のフランス国内の経験だけでなく、マグレブの経験からも見たこともない大変な貧しさである。それがブラジルの北部では忘れることができない形で目に見えるのである。

したがって時間への、つまり時代の遠い基層への大変な旅行であり、この旅行は一九三五年および一九三六年の直観を確固たるものにし、豊かにするのである。当然、ブローデルは、この時間の基層を貯め込み、それを地中海という自分の仕事の領域に屈折させ、重ね合わせるのである。すでに述べたように、ブローデルは、自分が観察するものをすべて自分の滋養とすることを学んだ。

ブローデルは当たり前のことながら仕事をする。仕事をしないではいられないのだ。しかし厳密な意味での博士論文の仕事しかないのではない。アルジェで始めていたように、読書によって博士論文を補っている。しかしながら、当時ブローデルの書くものは、基本的には当初の主題に関係する書評である。たとえばロジャー・メリマンによるスペイン帝国発展に関する記念碑的な歴史の第四巻『慎重王フェリペ』の書評である。ブローデルはそこに出来事の諸問題を見いだす。それはメリマンがアルジェ国際会議での発表で扱っていた問題であるが、明らかにあまり喜びうるものではなかった。それはブローデルが公に事件史と距離を取る機会でさえあった。実際、ドゥブロヴニクでの経験の結果として、ブローデルは著者が公式の外交文書だけをもとにして地中海が「大きな歴史」から排除されていったことをあまりにも性急に認めすぎていると非難している。この非難は博士論文においてそのまま繰り返される。このことはこの期間にブローデルが一歩踏み出したということをわれわれに見せている。

ブローデルはまた、ベルナルディーノ・ロルカの『スペインの異端審問と「光明派」(一五六九年から一六六七年まで)』という本についても論じている。しかし、同じ時に、『歴史学雑誌』用にグイッチャルディーニの旅行記の版と、トリノで出版されたばかりの貿易とイタリアの商法の歴史のための資料と研究も分析している。『歴史教師協会報』のためには、ハプスブルク家の時代のセビーリャとカディスにおけるフランスの貿易ならびにセビーリャとカディスの海での対抗関係についてのアルベール・ジラールの研究を挙げている。これはブローデルの関心が、すでに指摘したように、海の経済、海上貿易の方向に見事に転換を遂げたことを完璧に表している。

この一九三七年という年に、ブローデルは博士論文の主題を変更しただけではない。歴史家として、また大学人として、実際にブローデルは方針をがらりと変えたのである。それが偶然の出会いをリュシアン・フェーヴルとの本当の意味での出会いとすることを可能にするのである。

ブローデルは、この最後の滞在をやや縮めた。十一月初めの高等研究院の新学期に間に合うようにするためである。ところで、この年はブローデルの幸運な年である。なぜなら、新しいチャンスとして、暦の偶然から彼の生活が一変するばかりでなく、新たな辞令を受けるからである。サン・パウロの港サントスで、ヨーロッパ行きの船に乗船するときに、アルゼンチンでのかなり長期にわたる講演旅行帰りのリュシアン・フェーヴルと出会うのである。これについてブローデルはブランギエに次のように語ることになる。

「フェーヴルが乗船していると知ったとき、私はうれしかったし、また同時にたじろいだ。性格が悪いという評判があったからです。以前に二、三度お目にかかったことがありました。私はフェーヴルを尊敬していました。フェリペ二世について研究していたが、それはどちらかといえば見かけでした。フランシュ＝コンテ地方こそがすべてを吸収していたのです。フェリペ二世はただ地平線にいたのです。そんなふうにしてフェーヴルは、すでに私に地中海に移るようにと助言してくれたのでした。この人は単に頭がいいというのではなく、非常に優秀な人であったのです。おわかりになってもらえないほど心の広い人であったのです。まったく嫉妬心のない人です。才能のある人に出会うたびに、フェーヴルはそういう出会いをとても喜んでいました。フェーヴルが後押しして、世のなかに出し、その人自身の能力を超えるような仕事をさせた人の数は大変なものです。フェーヴルは、他の人を自分と同じレベルにまで引き上げる類い希な能力があったのです。」

一九三七年には、こうしてブローデルはフェーヴルの博士論文の革新的な部分をすっかり吸収したのである。ブローデル自身の博士論文の主題変更とドゥブロヴニクの経験からすでに演繹してみたように、ブローデルは、少なくとも深層の歴史の必要性に属する事柄については、年上のフェーヴルとすぐに対等になった。フェーヴルは間もなく六十歳になるところで、知的能力の最高到達点にあり、ますます文化的な総合の仕事に惹かれつつあった。その当時、十六世紀に関する研究、つまりすでに準備中の『ラブレー』の他に、『フランス百科全書』の編集に大部分の時間を取られている。しばらく距離を取る必要があって、一人アルゼンチンで数か月を過ごしてきたばかりである。わが家に帰ろうとしたそのときに、自分のまわりに新しい男が一人やってきたのだから、当然のことながら気に入らないはずがない。

ブローデルもまた、自分の博士論文の主題変更によって必要となった事柄と格闘中で孤独感を味わっている。フェリペ二世とその時代について他の誰よりもよく知っている人との出会いは、ブローデルを有頂天にさせるばかりである。

ブローデル自身もフェーヴルに自由闊達さをもたらす。そして知的な意味でブローデルを虜にするフェーヴルが父親と同じ一八七八年生まれであると知って、ブローデルは感激する。「私は父親を必要としていたし、フェーヴルは息子を必要としていた」とブローデルはのちに語るが、実はこのことはフェーヴルの気持ち以上に、実の父親シャルル・イレール・ブローデルとの緊張があった時代以後のブローデル自身の気持ちをよく伝えているのである。フェーヴルは、のちに見るように、ミュンヘンで戦争が近づいているときに、ブローデルの世代と、二十年後に生まれた自分の息子アンリの世代を一緒くたにしないように気を付けている。しかし精神的な息子であるフェルナン・ブローデルは、息子であることを当然望み、しかも相手を魅了するすべを心得ていたのである。

二人の性格――フェーヴルは時には猛烈に怒る人であり、不当といえるほどに知的には妥協を許さない人であるが、いったん支持するとなったら徹底的に支持する人、褒めるときには徹底的に褒める人である――、知性、度量の大きさ、人々や社会の行動を理解することを可能にする総合――のちにマンタリテ〔心性〕と言われるようになるものへの共通の好み、そういったことは二人の結びつきを強固にするばかりであった。たとえブローデルがすでに『アナール』を読んでいても、フェーヴルとの直接の接触は、すでにブローデルが知っていることとはまったく別のものをもたらすのである。二人の意気投合はあまりにも強く、どれがどちらの意見か選択に困るほどである。年長のフェーヴルが最も気にかけていたものが何であるかは周知の通りである。一九三三年十二月一日のリュシアン・フェーヴルのコレージュ・ド・フランス開講講義はまだ熱が冷めきっていず、あえて言うならば、それまで歴史家が信条としてきたものを情け容赦なく叩きのめしたのである。

「事実を確定し、次にそれらを組み合わせる……。〔……〕事実を入念に仕上げることは構築することに他ならず、一つの問いに一つの答えを与えることだと言ってよい。そして、問いがなければ何も返ってこないのです。〔……〕実はわれわれに教えられていた歴史、範として示されていた歴史とは、過去の助けを借りてなされる現在の神格化にすぎなかったのです。しかし歴史は、この事実を見ることも、言うことも拒んでいました。〔……〕客観的な歴史は〔……〕解釈し、組織します。答えを再構成し、補足します。このようにして歴史は自らの必要とする過去を作り上げるのです。ここにはスキャンダルも、『科学』の偽りの尊厳に対する侵害もない。『科学』は象牙の塔のなかで作られるのではなく、生とじかに接触し、俗世界に生きる人々によって作られるのです。[2]」

フェルナン・ブローデルは、自分の博士論文の領域を絶えず拡大し、いままでとは別のやり方で見て回る。リュシアン・フェーヴルは、歴史家が「モノグラフィーの狭い枠をはみ出してゆく」べきだと教える。ブローデルは歴史の速度を緩やかにする地理学と、地理による決定論に対して人間が行なう選択との間の関連づけを批判的に継承する。リュシアン・フェーヴルが出した最後の本、『ライン川、歴史と経済の諸問題[3]』は、川の自然定数に人間が次から次へと投資してきたことを明らかにしている。それに、『アナール』の方向そのものが、歴史の分野を犂のように掘り返す仕方であった。

次のような対話の証人としてのポール・ブローデルの思い出は、以下の通り。

「私たちはその十八日間大いに笑った。そして、これで二人のパートナーは互いに近づいたのだと思う。時には大学のスターたちを笑いものにすることであったことは言うまでもない。年寄りのすてきな地理学者アルボスはただ一人同じ船に乗っていた大学人で、時には私たちの仲間に加わったが、笑うことを時には恥ずかしいことだ思っていた。でも私にこう言いながら彼は笑っていた。『この人たちはなんて意地悪なんでしょうね。』」

フェーヴルがマルク・ブロックと結んでいた関係はまったく別のものである。ポール・ブローデルは次のように正当に書いている。

「まったく自由な、膝を交えての付き合いの二十日間の間、あの長旅の親密さのうちに結ばれた主人とフェーヴルの友情は、直ちに深い付き合いのものになった。[4]」

その結果、リュシアン・フェーヴルは、アルベール・マティエが亡くなったときの記事[5]で「投書箱としての雑誌」と対比して「てことしての雑誌」と呼んだもののためにブローデルに協力してもらうことを直ちに考えたのである。

「(その雑誌には) 互いに何も近づけるもののない著者たちがまとまりのない原稿を寄せている。まあまあの秘書が一人いて著者たちの原稿を印刷所に送っている。四本か五本の原稿で自動的に一号が出来上がる。[……] てことしての雑誌と私が名付ける雑誌について話をしよう。古びた垣根を捨て、概念と理解についての偏見、ルーチン、誤りの瓦礫の山を捨てて、問題を提起する雑誌のことだ。雑誌を編集することは責任を負うことと同義ではない。何年も前から、革命的な歴史家たちのたゆまぬ努力のうちに最も生き生きとしたものを総合するような雑誌である。」

投書箱としての雑誌について、ブローデルはいくらか知っている。それは『歴史学雑誌』のことである。しかしブローデルはこの雑誌の一徹さと意見を同じくしていない。まず第一に、この雑誌がブローデルにもたらしたものについて、次にたとえブローデルが実り豊かであると判断しても、自分の考えからは遠い見方をブローデルに支持させる好奇心のせいで。フェーヴルの死後、ブローデルは『アナール』についてのマルク・ブロックとフェーヴルの往復書簡の出版を延期することになる。なぜならベルトラン・ミュレールが書いているように、往復書簡の編集者は、「彼ら二人の知的価値について自覚的であり、非常に口うるさいからである。リュシアン・フェーヴルとマルク・ブロックは自分たちの話し相手にも協力者にも、時には非常に近しい協力者にも手心を加えることはしないし、まして敵対者やライバルには手心を一切加えない。(6)」

要するに、ブローデルは、「情け容赦のない言葉」に衝撃を受けたわけで——この言葉は、のちにブローデルとフェーヴルが『アナール』誌の仕事を一緒にしたときに先輩のフェーヴルの反応を語るために用いたものである——そこに「激しい批判を行なう」一人の人間を見たのである。したがって一九三七年に、フェーヴルとは反対にマルク・ブロックの反対があったにもかかわらず、ブローデルは創設者の要塞である雑誌の内部に入り込むことになる。一九四八年の雑誌の概要付き目次によると、クシシトフ・ポミアンが計算しているように、フェーヴルとブロックは、「最初の二十年間に発表されたすべての文献のほぼ半分を、すなわち三八七六本のうち一八〇〇本を二人で書いたのである。(7)」

『アナール』はただ単に画期的な雑誌であるだけでなく――時代が問題提起を押し進めていたのだから他の雑誌にも同じ次元の論文を見つけることはできる――すべてを一新するという『アナール』特有のやり方があるのだ。『アナール』は過去についてのまったく新しい視線と、最も熱い現在の出来事に対する強い関心とを結びつけている。最もアカデミックでないということだ。最も大学的でないなどと言えるだろうか。ポミアンは、雑誌の内容の分析を行なって、一八一五年以後の諸問題を扱う論文が、一九二九年から一九四一年まで毎年平均して頁全体のほぼ半分、ピーク時には六〇パーセントを占めてきたことを論証している。

「もちろん、もっと精密な研究をすれば、そういった論文の大半は、一八一五年から一九一八年という年代を扱っているのではなく、『アナール』の著者と読者がいままさに生きている時代を扱っているのだという結果が生まれるかもしれない。実際そこで語られていたのは、次のようなものだ。すなわち、経済の景況と危機、失業、テーラーシステムと合理化、自動車と航空機産業、国際連盟と国際労働機構事務局、社会主義、労働組合、ソビエトの五か年計画、ニューディール政策、ナチズム、マルクス、レーニン、スターリンの思想、さらにはオートクチュールも〔……〕『アナール』は、『明日には歴史となるさまざまな事実を正しく理解すること』に達しようとする野心を持った、広い意味で現在の時間の雑誌であった。[8]」

フェーヴルもブローデルも、生きることを愛するという点で直ちに気持ちが通じ合ったのだと請け合うことができる。一九四一年にエコール・ノルマルの学生たちにリュシアン・フェーヴルが与えた次の助言が証拠である。「歴史を作るために、決然として過去に背を向け、まず初めに生きよ。人生と関わりを持ちたまえ……[9]」

ブローデルは、一九三六年のサン・パウロでの講演で、これと別のことを言ったわけではない。「ご存じのように、われわれは不安に満ちた時代に生きています。〔……〕毎朝、配達される新聞は魚雷のようにわれわれに襲いかかってきます。ところで、結局、いくつかの問題について明々白々の明瞭さとわれわれの精神の正しい計算にもかかわらず、またわれわれの注意を導き出すのだが、誰もそれを受け入れようとしない歴史の言葉にもかかわらず、われわれを不安にさせるもの、それはやはり未来というものがわれわれにとって完全に明るいものではないということです。未来がわれわれの現在に、光の線としてではなく、大きな影の染みとして投影されるのがわれわれには見えます。ぼんやりと見える山々の影で、その山々に向かってわれわれは進んでいます。五十年か百年後に、歴史家が一九三六年という年をはっきりとして曇りのないイメージとして提出しようとするだろうと言うことに他なりません。〔……〕歴史の風景から不確実さに満ちた影を排除すること、それは『現在を無効にしてしまうこと』であると私は思っています。[10]」

ドイツのナショナリズムとわがフランスの復讐という過ちによって居心地の悪い思いをしているブローデルは、一九三六年に『形而上学・倫理学評論』〔四三号〕に掲載された「シュペングラーからトインビーへ」というフェーヴルの論文を必ず読んでいたはずである。この論文はシュペングラーについて次のように述べている。

「ナチの本物の助言者としてナチのために進んで務めを果たし続けた。〔……〕舎監、舎監（*Oberlehrer! Oberlehrer!*）、とナチは答えていた。あるいは、人間は残忍な動物であり、世界は戦争から戦争へ、革命から革命へと最終的な奈落の底に沈んでゆくのだというシュペングラーのテーゼのことを考えてみるがよい。『書斎のサディスト！　メロドラマの愛好者！』なぜなら一九三六年のドイツでは、平均的な人間は善良であり、世界の平和は勝利を収める国家社会主義の最高の作品となるだろうと信じる必要があったのである。」〔五八〇〜五八一頁〕

一九九五年現在のフランスの大学のどこの雑誌が、それに『アナール』さえも、こんな発言をあえてするだろうか。フェルナン・ブローデルは、フェーヴルとブロックが常に重要と判断したもの、すなわち歴史と現在との関係に参画する用意ができていた。先ほど引用したばかりの論文で、フェーヴルは次のように書いていた。

「結局のところ、歴史家としてわれわれは同時代の他の人々と同じ危機の雰囲気のなかに生きているのだ。」〔五七四頁〕

ブローデルの場合の問題は——あとでブローデルの書いた自伝的な書き物の一つ一つで調べることにするが——ブローデルは自分が感じ取り、体験した悲劇的な出来事を自分自身が歴史を取り扱うやり方とは関係のないままに放っておくという習慣があり、規則そのものとしたという事実に起因する。この規則をブローデルは私生活において実行し、すでに見たように、決して自分の不幸には言及しないのだ。それは戦争と、ブローデルが捕虜になっていたことに関係のあるものすべてに関係がある。たとえば一九七六年にブローデルは、ストイアノヴィッチが『アナール』を取り上げた本の序文に、次のように書いている。

「『アナール』の編集委員会に加わるとき、ヴァル・ド・グラース通りのリュシアン・フェーヴルの家の客間、実際にはフェーヴルの書斎で、『新メンバー』すなわちアンリ・ブランシュヴィク[11]、エルネスト・ラブルース、ジャック・スーステル、そして私自身が来たにもかかわらず、気楽にしているのはごく少数のグループである。だがいつもほんの小さなグループから改革は可能になり、トライアン・ストイアノヴィッチの言い方を借りれば、まったく新しいパラダイムが構築されるのではないか。両大戦間の穏やかにして実り豊かな遠い昔の年月！　さまざまな不安にもかかわらず、長い運命をもつ最も知的なフランスの一時代であった[12]。」

実り豊かであることに異論はないが、穏やかな年月だっただろうか。確かに、いまでは科学的な歴史の領域となっている歴史の焦点をはっきりさせるために必要な条件はそのような超然とした態度であるが、――それにこれは戦争の脅威が無情にも高まってゆく年月の間のことである――ブローデルは、明らかに、知的な勝利、しかも驚くべき勝利だけにとどめておこうとする。ブローデルの子供の頃ならびに青少年期を包んでいた復讐としての歴史のごまかしに譲歩することへの恐れなのか。ドイツに対するロレーヌ人の居心地の悪さか。この次元の論拠は明らかに短絡的すぎる。ブローデルの場合には、現在がどんなに悲劇的であっても、現在に捕まえられたままになることへの拒絶というものがある。戦争の拒否。平和主義ではなく、戦争それ自体の拒否。第一次大戦から二十年たって、あの年月が第二次世界大戦をはらんでいることを知っているにもかかわらずである。言い換えれば、おそらく、戦争に世界を作り直す力があることを認めようとしないことである。

ブローデルは、一九五三年に、「リュシアン・フェーヴルの存在[13]」においてヴァル・ド・グラースにおける最初の感動に相変わらず無時間的に言及する。

「ヴァル・ド・グラース通り一番地の六階である。書斎であり、本棚である。装丁の美しい蔵書、選ばれた書物、常用の参考図書、立派な叢書がある本棚である（この他にさらに二つか三つ本棚がある）。窓からはヴァル・ド・グラースの青や灰色や金色の円屋根が見える。驚くべき穏やかさである。この高さで、円屋根が好きであることに驚き、鳩の住んでいる、非常に平和な円屋根を美しいと思うことに人々は驚く……」

『アナール』の編集委員会に経済学者が一人――エルネスト・ラブルース、民族学者が一人――ジャック・スーステルがいることに気づくだろう。しかも歴史家の間でこの二つの学問への注目が、存在していないとは言わないが、まだまったく新しい時期にである。ブローデルは、この点を一九七六年のストイアノヴィッチの本の序文で力説する。

「マルク・ブロックとリュシアン・フェーヴルにとって歴史学とは、他の人間科学のなかの一つであった。［……］だから他のところでどういうことが起きているのかを見に行くことは、大変やっかいなことであり、通常ではないことであった。［……］それこそは、私の思うに、今日でもなお、『アナール』の粋であり、最も深みのある言葉であり、スローガンである。しかし、一九二九年に、この言葉は真新しいものであり、この言葉が規定するプログラムは、伝統的な歴史家たちの目には非常識であり、ばかげたものとさえ見えた。［……］アンリ・ベールは、歴史学と社会学を結びつけることだけを夢見ていた。歴史学を経済学と結びつけることは、ベールが事実上無視していたことだが、彼には危険な操作であると見えた。マルクスは、あの遠い時代には胡散臭かった。」

そうしたことはすべて一九三七年に適用できるのだが、まだ本当には何も変わっていなかった。しかも、今日ではクロード・レヴィ＝ストロースのせいでわれわれには絶対に必要不可欠と見える、民族学との結びつきは、当時においては、完全に風変わりなものに違いなかったし、『ミノタウロス』のような前衛のシュルレアリスムの雑誌にふさわしいものであった。この雑誌は、ミシェル・レリスのドゴン族旅行記を掲載していた。

ついでに、マルク・ブロックの他に、ラブルースとスーステルもまた政治に関わりのあった人たちであることを記しておこう。したがってブローデルは、どちらかといえば、『アナール』では例外的な存在である。しかしそれでも、十五年後に、「リュシアン・フェーヴルの存在」において、ブローデルは――これがブローデルの唯一の政治的反応の痕跡である――年長のフェーヴルと同様に、ドイツ政府が彼を「悲嘆にくれさせ、怒りをかきたてたこと」に言及し、一九三八年九月二十四日のフェーヴルの手紙を引用している。その手紙は、これから先の二人の関係に未来を前にした大変な不安があることを示している。

「私の世代の者にとっては、一九一四年に体験した悲劇をあなたたちの世代の人が再開するのを見るのは大変恐ろしいことです。そのうえこの人たちはまだ成熟した人たちではない。特に嘆かわしいのは三十五歳の人が最も多いことです。若い人たちであり、この人たちはまだ若芽であり、新芽であって、その人たちの場合、木はまだ形になっていないのです。何という恐ろしいことでしょう！……」

当然のことながら、フェーヴルは自分の息子アンリのことを思っている……。おわかりのように、ブローデルとの関係は一世代上にあるわけで、ブローデルの世代の人々はいずれフェーヴルと、八歳年下で『アナール』の誕生以来一緒だったマルク・ブロックの跡を引き継ぐことになる。

ポール・ブローデルはシュザンヌ・フェーヴルと馬が合う。ブローデル夫妻がパリに戻ってきてから家族ぐるみの付き合いが行なわれる。フェルナン・ブローデルにとって不幸なことに、パリ滞在は戦争開始までの二十か月足らずである。というのは、軍人手帳には動員のことは記されていなくても、ズデーテン地方の危機がミュンヘンに迫った一九三八年夏の動員を差し引かなければならないからである。こうしてブローデルはアルプス山脈の国境地帯に送られる。音による探知部門である。なぜなら軍隊の観点からするとブローデルの成績はよくなかったからである。「大砲にはほとんど興味なし。馬が好きである」という類なのだ。そのために一九三九年にはブローデルはひどい目に遭うことになる。

ブローデルの記録によれば、一九三八年春までは、原稿は相変わらず『歴史学雑誌』のために書かれるとしても、夏からはほとんど『アナール』の毎号に見つかる。そうかといって、『歴史学雑誌』への寄稿をやめたわけではなく、この雑誌でセニョボスとの接触は保ち続けている。

『アナール』に発表されたブローデルの最初の記事はアンリ・ペレスの著書『十一世紀古典アラビア語によるアンダルシアの詩』の書評である。このことは、ついでに言っておくことになるにせよ、ブローデルが経済や社会の他に文化にも関心を持っていたことを示している。『宣教史雑誌』に掲載されたロベール・リカールの「十六世紀後半（一五四九〜一五九七年）のブラジルにおけるイエズス会」という論文の書評を第五三号に直ちに載せている。これはまた別のタイプの関心の広がりを示す。

一九三九年には、寄稿は相変わらずスペイン史およびブラジル史に関係している。二本の記事だけがイタリアを扱っている。「民衆と文明」叢書の新しい巻の書評を書いている。この新しい巻は、『近代の始まり——ルネサンスと宗教改革』であり、アンリ・オゼールとオーギュスタン・ルノーデの共著。歴史学の大家であり、偉大な十六世紀学者であるが、ユマニスムの方に眼が向いている。その書評は戦争の始めに『歴史学雑誌』一九三九年十〜十二月号に発表されている。一九四〇年六月以前に五本の書評論文がある。そのうちの一つは、一九四〇年一月の『アナール』のためであり、バルカン諸国についての最新の歴史出版物によるイタリアの人口調査に関するもの、これには同じ号で十六世紀ヴェネツィアのある貴族についてのすでに古いイタリア語の論文（一九三九年）への書評が続いている。他の二つの論文はポルトガルの諸問題に触れている。最後の論文は、ハプスブルク家の皇帝フェルディナント一世の書簡の出版（一九三七年、ウィーン）の始まりを扱っている。以上のことは、間接的に、『地中海』になりつつあるものに関する関心事を表している。

歴史家ブローデルの成熟期におけるフェーヴルの役割はきわめて重要である。一九七二年にブローデルが認めているように、当時、「『博士論文に関する』すべてのためらいが消え去っていった」という事実に何らかの関わりがある。フェーヴルは、ブローデルが強調しているように、細分化された歴史の分裂に反対しようとしているが、「方法や理論的論考の論文を使ってではない」。これはベール主宰の『総合雑誌』のあまりにも抽象的なスタイルを狙っているのだ。

それと同時に、ブローデルは、先輩の開いた道を自らの責任で引き継いでいた。ブローデルはそのことを次のように確認している。新しさのなかでも本当に新しいこと、それはフェーヴルとともに、「闘いが研究の結集というただ一つの場所に集中したことである。ただ一つの科学、歴史学が、他の学問の前にそびえ立っているのである。さらに、特権的な歴史に関して言えば、歴史の社会的地平がその全体において、社会的ヒエラルキーから集合心性に至るまで、留意されるとすれば、照準を定められるのは経済である。〔……〕『アナール』と『総合雑誌』の溝は広がるばかりである。アンリ・ベールにとっては『社会が経済を含む』のであり、したがって『アナール』は『長いこと闇のなかにあったが、マルクス主義が注意を払ってきた社会の生活という面』のみに光を当ててきたのである。(14)」

同じ調子で、ブローデルは、『アナール』がその初期から継続していると考えられるものを強力に指摘することになる。『『アナール』は、その元気の良さにもかかわらず、厳密な意味で一つの学派、つまり自己完結した思考体系を決してつくったことがない。それどころか、当初の合い言葉は、歴史への情熱のみであるが、それだけでもすでに大したものであり、その情熱と一体となって、歴史のあらゆる新しい可能性を探求しているのである。〔……〕『総合雑誌』から『アナール』に至る、この的確で生き生きとした小さな流れさえも、激動の歴史のある特定の時代を通して広大な風景のなかを流れているのは明らかで、その点については、一九〇〇年から一九七二年まで、フランスという特定の国において認められる。〔……〕それでは、アンリ・ベール、リュシアン・フェーヴル、マルク・ブロック、そして私自身の四人がいずれも東フランスの出身であること、『アナール』の計画がドイツおよびドイツの歴史思想に面しているストラスブールで始まったことは偶然なのだろうか。(15)」

以上のように説明するのは一九七二年のブローデルであるが、歴史の意味についてのブローデルの考察の転回点ごとにこの同じ考えに私たちは出会ってきた。一九三八年に始まる危機の高まりのあいだ、また一九四〇年以後の捕虜生活のあいだに、こうした考えがしっかりとまとまっていたことは疑いの余地がない。ブローデルがフェーヴルと初めて話をしたのがベールの家であったことも忘れないようにしよう。そして、明らかなことだが、あの平和な数か月のうちに、フェーヴルと『アナール』の潮流全体は、ようやく自分の著作に取りかかろうとしている重大な時期にブローデルに大いにいろいろなものをもたらしたのである。一九七二年にブローデルは「フェーヴルは、一世代にとってアイデアの宝庫」と述べることになる。一九四六年に『地中海』の序文を書くときに、ブローデルはフェーヴルを讃えている。後述するように、たとえブローデルがとりわけ捕虜生活の時期を指しているとしても、フェーヴルのひとこと一言が大事なのである。

「リュシアン・フェーヴルの温かく、エネルギッシュな心遣いがなかったら、本書はおそらくこんなに早く完成しなかっただろう〔……〕。フェーヴルの励ましと忠告によって私は自分の計画の妥当性に関して抱いていた長い間の不安から抜け出すことができた。彼がいなければ、私は一度ならず調査をやり直し、ファイルを作り直していたに違いない。あまり大きすぎる計画の不都合とは、こんがらがって、時にはうっとりと、何が何だかわからなくなることである。[16]」

夫人のポール・ブローデルが明確にしているのは、すでに一九三八年に、この指導者としてのフェーヴルの役割である。

「リュシアン・フェーヴルはその新しい友人に地中海周辺の旅行を続けるのをあきらめて、『結論を出す』ように急き立てる。ブローデルが一九三九年夏の間に原稿執筆に取りかかろうとするのは、フェーヴルとブローデルの二つの家族が集まったフェーヴル家の別荘においてである。[17]」

ブローデルは、一九七二年に次のように心中を打ち明ける。

「そのとき私は、リュシアン・フェーヴルにとって、旅の道連れ以上のもの、ちょっと息子のようなものになった。ジュラのル・スージェにある彼の家は、私の家になり、彼の子供たちは、私の子供たちになった。[18]」

彼は一九五三年に「リュシアン・フェーヴルの存在」で、こう書いている。ル・スージェは、

「ブレス地方のはずれのサンタムールにあるが、フランシュ＝コンテにある。当然のこととしてフランシュ＝コンテ人

にとっては、フランス国王の領土外である。すぐ近くの、コリニーはフランス国王領であった。ほんの少しのところで名誉が失われていたのだ。サンタムールは小さいが魅力のある町である。ル・スージェの方がもっと魅力的だが、大きな村と言った方が近い。しかしこの村は完全に孤立していて、窪地に隠れているから外からは見えない。それでも草の生い茂った坂道の上にあるし、ル・スージェ川が流れる小さな谷にある。この清流には時としてマスが上ってくる。三本の大きなヒマラヤ杉が家を見下ろしている。五ヘクタールのちっぽけな土地を一日中縦横に散歩することができる。小高い丘に行ったり、麦畑に行ったり、斜面の林に行ったり、夏の暑いときには泉のところに行ったりできる。庭で雑草を燃やしている最中の主人を不意に訪ねてもよい。たいていは、木靴をはき、灰色の大きめのセーターを着て、剪定ばさみを持っている主人に会うのを予想すればよい。剪定ばさみは、伸び続ける茨を切ったり、ブナの若木の春の新芽を切り取るのである。家は、大変簡素で、広く、二階には青い絨毯を敷いた書庫があり、木炭ストーブがあり、本と書類がいっぱい詰まった書棚、二つの机がある。その中の一つ、長い机は書類の分類に大変都合がよい……。本当の意味での内省の姿勢であり、それがあらかじめ準備されている。[19]」

いずれにせよ、ブローデルが戦争の到来を見ていたとしても、未来を恐れてはいない。二人目の娘が一九三八年十一月に自宅で生まれた。彼のペシミズムはそれでも一九三九年夏に博士論文という大冒険に乗り出すことを妨げない。それどころか、博士論文執筆はおそらく運命に勇敢に立ち向かうためである。他方、ポール・ブローデルの指摘は、この時期にブローデルはもう自分の研究の結果を発表するだけだという印象に対して警戒するようにさせる。

「ブローデル的な歴史の考え方と言われるもので頭から足の先まですでに一九三九年にブローデルが武装していたなどと想像しないでいただきたい。研究を続けてゆくあいだに少しずつブローデルが築き上げてゆくことになる考え方のことである。著作として結実することになるものの素描がすでに頭のなかにあったのだろうか。時間の多様性に基づいて著作を構築することになる、あの時間の多様性をブローデルは認めていたのだろうか。もちろんそんなことはない。頭のなかにあったものは、色彩や風景や人間、大きな事件やちょっとしたエピソード、要するに人生を再構成し、よみがえらせるものすべてからなる幻想的な光景である。［……］しかしそういうことを人に理解してもらえるような著作のなかにどうやって移すことができるのか。なぜならそれこそはブローデルの抱えていた矛盾の一つだからである。つまり、ブローデルは自分が見ているものを、自分が見ているときに、論理的に、きちんと、自分自身に説明する必要を感じていなかったのである。楽しむことに一生懸命で、しかも詩人としてである（若いときには、かなりの数の詩作をやっていたし、一度ならず、私の机の上に私のために書いた詩編を見つけたことがある）。しかしこの詩人は、教師でもあった。教師に絶対に必要とされるものは、他人のために述べることはすべて完全に明快であること、わかりやすく書かれていることであった。(20)」

ブローデルが古文書を訪ねて放浪するのをついにやめたとすれば、こうして彼は書くことによって別の放浪を始めることになる。しかし決して急がない。

「私の時代には、大学には入れなかったのです。私たちの先生は、七十五歳にならないと退職しなかったし、だいいち就職口はほとんどありませんでした。楽しみのために博士論文を書いたのでした。スポーツだったのです。ちょうど今日、人々が自転車に乗って健康を保っているようなものです。(21)」

ブローデルがはっきりと言おうとしている超然たる態度の別の物差しである。一九八一年の引退とともに、一九三八〜一九三九年には時代は自分のものではなかったことを認めるのを拒否するかのようである。歴史は、偶発的な出来事の外側で作り上げられなければならない。ブローデルの状態がどうであったにせよ、彼はついに最初の本当の著作に取りかかったのである。論文を書くつもりとか発表するつもりから論文や発表への移行は同じ次元のことではないし、分量の違いとか実行という単純な問題ではない。一つのテクストの組織化が問題なのであって、そのテクストが形になるのは実際に書くことによってであり、書くということは単なる計画とはまったく別のことである。ここには本当の意味での質的な飛躍がある。というのは当初から大作、しかも超大作だからである。その著作においてブローデルは新米であるだけにますます、あらかじめ出来上がっている枠組みからはみ出すのである。彼は一人の人物とか複数の人物について研究しているのではなく、初めから本物の地中海と同じくらい広い空間について研究しているのだ。「フェリペ二世時代」という年代的な切断から必ず外に出てしまうような空間であり、自分の主題からはみ出す危険や、さらには主題を見失ってしまう危険があるような空間である。

まさしく、ポール・ブローデルが強調するように、「長期持続」という概念をこのときのブローデルに当てはめるのはたぶん時代錯誤であるから、一つには『アナール』の仕事とリュシアン・フェーヴルの助言、もう一つは自分の主題の中の地理学の役割という二重の仕事のせいで、自分が集めた出来事のさまざまな流れのあいだをうまくつなぐことができないでいた。出来事の歴史と、出来事の歴史が抱える狭い意味での年代的見通しからは脱している。「歴史記述重視の歴史学」も越えたところにいる。しかし自分が述べようとすることの動機をどこに入れたらよいのか。というのも彼は地中海を中心人物として選んだのだから、年表も、物語も振り回すことはできない。そのためにブローデルは知的には居心地のよくない立場に置かれる。確かにフェーヴルは、フランシュ＝コンテ地方と取り組むにあたって年代的には明確に切り分けられた堅固な基盤を抑えていたし、ピレンヌは、マホメットとシャルルマーニュを要としていたことを考えに入れても、このような大胆な企てに乗り出したのはブローデルが最初だからである。

すでに述べたように、ブローデルはフェリペ二世だけで満足することができず、すべてをややこしくするためであるかのように、カール五世から超然とすることもできない。いろいろなジャンルをまぜこぜにすることが我慢ならないし、「国家博士論文」という神聖なモデルに向けられる名誉毀損にも我慢ならない知的権威からいかなる批判を受けるかを重々承知しながらも、モデルもなく、危険を冒して仕事をしてゆかなければならない。

しかし、通常通りに執筆するのではなく、まったく新たな書き方で書かなければならない、つまり考えを形にしていくのではなく、一個の全体を形作るようなやり方でいろいろな考えを合成しなければならないということに気づいたときに初めて、ブローデルの著作のシステムが彼の頭のなかで始動し始めるのである。主題そのものではなく、自分が述べなければならないことにふさわしい提示の仕方である。だからこそ彼はあれほど尻込みしていたのである。また適切な方法を求めて草稿を何度も書き直すのもそのためである。書き直しによってブローデルは、自分の探求が必要としている独特の切り分け方や時代区分を発見してゆくことになる。またそれだからこそフランス将校捕虜としてドイツの捕虜収容所という条件のなかであの仕事を見事に遂行することができるのである。確かに集中には好都合だと言えるような条件であるが、参考資料を読むことができないという事実だけをとっても、やはりかなり困難を極める条件である。

それでも、またもやフェーヴルが一つのモデルをブローデルにもたらす。ブローデルは、一九七二年に次のように強調する。

マルク・ブロックとリュシアン・フェーヴルは「結局は、二人とも、彼らの文章の言い回し、語彙を用いて、間違いなく文学的な資質を備えた『アナール』の言語を創造した。しかしこの言語は敵対者を徹底的にいらだたせることになる。一つの科学たらんとする歴史学が、書き方の問題、文学的様式の問題にすぎないのだろうか、という次第である。(22)」

たとえ、一九七二年に上に引用した文章をブローデルが書くときに、このアナールの文体にブローデル自身の仕事や、ピエール・グーベール、ジョルジュ・デュビー、エマニュエル・ル＝ロワ＝ラデュリ、フランソワ・フュレといった新しい世代の歴史家がもたらしたものをブローデルが念頭に置いているとしても、書き方についてのこのような考察が『アナール』のための初期の論文からあることはいささかの疑いの余地もない。しかし、一九三九年八月というこのときに、ブローデルは著書のほんの初めのところで書くのをやめてしまったのだと信じてはならない。一九四一年八月三日、マインツの捕虜収容所からリュシアン・フェーヴル宛に送られた一通の手紙（すでにこのときブローデルは捕虜生活中に第二草稿に取りかかった）は、戦争に出発する前に、少なくとも非常に長い序論を書く時間があったことを理解させてくれる。ブローデルはこんなふうに言っている。

「第一草稿を読んで時間を無駄にしないで下さい。二つの原稿を妻に送って下さい。妻は三番目の原稿を持っています。一九三九年八月にサンタムールで書いたものです。妻がすべて清書してくれるでしょう。(23)」

言葉を換えて言えば、ブローデルはまだブローデルになっていないとしても、彼の博士論文は、戦争のために中断されても、論文を書くつもりという段階ではない。重要なことは、博士論文は、この序論によってすでに全体の構成の始まりにあったのであるが、序論については何も残っていない。以上のことは、彼の驚くべき記憶力も手伝って、ブローデルは戦争と捕虜生活の始まりによる中断を乗り越え、文献カードも撮影した古文書もなしに、博士論文の執筆を再開することができたことの説明となる。おそらくこの中断のせいで、ブローデルは距離を置いて考えることになり、それがいままでとは異なる概念の成熟を促すことになったわけだが、博士論文審査の日付（一九四七年）にもかかわらず、戦略的に歴史学に関連づけられた『地中海』が過渡期の著作であることも重要なことである。『地中海』は、それまで未探索の事実を集めて構成した集大成であるという点からも、リュシアン・フェーヴルとマルク・ブロックの『アナール』の精神が構想することを可能にしていたものに属する。一方、ブローデルの提示の方法は、自分だけのものとして一九五〇年代の『アナール』にブローデルがもたらすものを導入している。こうして戦争という偶然は、この著作を二十世紀前半のフランス（著作はその成果を取り入れている）と二十世紀後半のフランス（この著作が先頭を切る）の中間に位置づけることになる。

2 戦争

したがって、一九三九年夏のサンタムールでの夏休みから、賽は投げられたのである。ブローデルは博士論文を書き始めた。執筆開始直後——すでに述べた非常に長い序論——は、直ちに一年以上にもわたる中断を余儀なくされる。「奇妙な戦争」とマインツでの最初の捕虜収容所での捕虜生活のあいだ中断するのである。

戦争を不可避なものとする八月二十三日のドイツ・ソビエト協定の急転に関して、新たに思い出のなかには何もない。動員についても何もない。ブローデルをもう一度見つけるときには、彼は自分の仕事の迂回を別にすれば、「奇妙な戦争」を仕方ないものとして受け入れている。それでも仕事は読書と書評によって間接的に続行されている。ブローデルは、動員については、饒舌に（ユーモアを込めて）「本当にかわいらしい」思い出がある、とブランギエに語っている。

「私は、一九三九年の戦争には、これは生涯後悔していることなのですが、（一九三八年九月のときのように。前述参照）アルプス山脈の前線ではなく、ラウター川とウィッセンブルクの南とアグノーの北のマジノ線の間隙で砲兵隊の中尉として参加したのです。馬が好きだった私は、歩兵砲兵連隊にいました。二週間に一度、砲台から七五ミリ口径砲を一発ドイツ陣地めがけて発射していました。二週間に一度、と私は言いましたが、月に一度だったかもしれません……」

ミュンヘン協定時代（一九三八年）と同じように、アルプス山脈の前線に動員されていたとしたら、ドイツ軍による一九四〇年六月の包囲と五年にわたる捕虜生活をまぬがれていたかもしれない。だからブローデルの後悔のほどが理解できる。その一方で、ブローデルは、あの「奇妙な戦争」のばかばかしさや滑稽な面について話し出すと切りがない。「立派すぎて続くはずがない」戦争と言うのだ。連隊はストラスブールのホテルの酒蔵を自由に使えたし、好きなだけ酒が飲めたのである。ブローデルはブランギエにこんなふうに語っている。

「私はロレーヌ地方が好きですが、アルザスの方がもっと好きです。実は、アルザスワインの色、力強さ、プラットドイッチュ〔低地ドイツ語〕が好きなのです。もちろん、話し方がまずいと思うが、私のことを理解してもらえたでしょう。あそこで過ごした生活を幸せな生活だなどと思わないで下さい。私たちは互いに批判することは何もなかったし、何もすることはなかったのです。実にすばらしい図書室がありました。『地中海』の仕事を続けていました。バンデッロの『物語』九巻を、手にペンを持って、読んだのです。そのあと、ご存じのように、あそこの生活は惨憺たる結果になりました。」

なぜブローデルは、一九八一年に、この「幸せな生活」などという言葉をつくり出すのだろうか。戦争の拒否であるが、二十世紀固有の悲劇的文脈の拒絶でもある。なぜなら、いわゆる大惨事の前に、すでにポーランドの制圧、ソビエト・フィンランド戦争、オランダとベルギーへの侵略があったからである。ブローデルは、まるでこうした悲劇には関わりがないかのように日々の出来事を語る。しかも、彼の身の上にやっかいなことが起こるにもかかわらず、この手のかなり奇妙な距離の取り方を捨てることがない。ついでに、アンダルシアの詩からバンデッロに至る文学的な関心が常にあったことも指摘しておこう。このドミニコ会修道士バンデッロは、十五世紀の外交にもユマニスムにも無縁ではないが、もっとみだらな話題を扱っていて、シェイクスピアが『ロメオとジュリエット』の話をバンデッロから取ったために後世に伝えられたのである。

確かに、何も起こらないのだが、ブローデルは何も起こらないことに甘んじているうちに、突然潰走の時がやってくるのである。しかし潰走はブローデルたちの陣地のずっと西で起こる。波状的に容赦なく潰走が続く。ブローデルは、ある日、休戦協定が調印されていたことを知るが、それがドイツ軍が押し寄せるなかでフランス側の戦闘を終わらせるのである。敵のラジオを聴くことができたので、ブローデルは敗北が全体に広がっていることについて幻想を持っていなかったが、そのときになって初めて、ブローデルは、自分の属する連隊にとって、セダン＝シャルルヴィル＝メジエールで敵に突破されたことの重大さを理解したのである。このマジノ線突破はベルフォール方面を俯瞰することを可能にし、マジノ線の後方につくられた陣地に連隊を閉じこめて、孤立させることになった。連隊は包囲終了以前にそこから脱出することはできなかったのだろうか。それほどまでに敵の前進の早さに不意をつかれたということか。そのことについてブローデルはどこでも語らない。さもなければ、一般的な話としてかなり運命論的に語るのである。

「私たちは敗れたのではありません。悲しみは、引き渡されたのだという気持ちから来ていました。自ら進んで一九四〇年の戦争の終わりを決して私は受け入れませんでした。」

こうしてブローデルは、休戦協定から七日後に捕虜になった。このことはブローデルにはずっと歴然たる違法行為と思われた。彼が生存しているという最初の証拠は、友人たちとフェーヴルに宛てた一通のはがきである。そのはがきはアルザス地方のノイ・ブリザックの戦時捕虜収容所（Kriegsgefangenenlager）から書かれた七月三日付けのもので、そのはがきで、ブローデルは次のように説明している。

「私は六月二十九日（つまり六月二十二日の休戦協定から七日後）午前十時に、ボンノム峠の近くで捕虜になりました。どんな試練と戦闘に続いて、どんな状況でかは申し上げません。言ったところで何の役に立つでしょう。私はきちんと自分の義務を果たしました。十分すぎるほどに。それでもいまは満足です。」

ブローデルは友人たちに「もし電報が使えるなら」ティアレットに、つまり二人の小さな娘と一緒にアルジェリアに残った妻のポールに知らせてくれるように依頼し、追伸として、「なかなか消えないほど疲労しているけれども」けがはないと付け加えている。直前の緊張の自然な余波と意気消沈である。「奇妙な戦争」に少しずつ麻痺してきていたが、数週間のうちに、戦闘あり、恐怖ありの本物の戦争にのめり込み、捕虜生活とその苦しみに陥った数百万のフランス人がそのとき生活が完全にひっくり返るのを体験したのである。フェルナン・ブローデルにとっては、妻の不在中にモンティセリ通りの住まい、きちんと整理されていない書斎、そして特に博士論文のために蓄積してきた文献カードとメモがどうなるだろうかという心配が加わる。

一時中断の後、定期的にリュシアン・フェーヴルと交わされる往復書簡の一部は、こうした物質的な問題に充てられている。そういう問題を解決するために、ブローデルは中尉の俸給のうち余った金を使うことになる。のちにブランギエにこの捕虜生活の初めの覚めきった雰囲気をこんなふうに説明する。

「私たちはライン川を渡った。マインツまで鉄道で連れて行かれました。マインツには、私たち五〇〇人か六〇〇人の将校は、ラ・マドロンを歌いながら入りました。歌を選んだのは私ではありません。私は音痴ですが、他の人と同じように歌いました。できるだけ動揺を避けようとしたのです。」

ブローデルが捕虜生活に慣れるだけでなく、祖国の崩壊という考えにも慣れていかなければならないのは、一九二四年の勝者の若き将校の長靴を履いていたこのマインツのOflag〔将校捕虜収容所〕XIIBにおいてであることを思い出しておこう。未来はまったく見えない。捕虜たちは世界から切り離されているのだ。しかし、手紙で、ブローデルが将軍たちを非難しているとしても、ブローデルは事前の考えによって将軍たちの退却命令を受け入れなかったわけで、そこまで彼らをリードしてきた政府首脳に対する怒りはいささかも感じられない。

空軍中尉だったルイ・マゾンの思い出によれば、一九四〇年五月末に爆撃手マゾンはドイツの追撃により撃ち落とされ、相当ひどい火傷の手当を受けてから、秋の初めに他の捕虜よりも遅れて捕虜収容所にやってきた。マインツの収容所は、比較的小さく、五〇〇人以上はいなかった。捕虜たちはドイツ軍兵舎のさまざまな大きさの部屋で生活し、寝台で寝ていたが、できるかぎり、似た者を集めるように取り計らわれていて、共同で炊事をやっていた。私たちにとって不幸なことに、マゾンは空軍の将校たちと一緒に入れられていたから、ブローデルのいた部屋にはいなかった。

マゾンは収容所の読書室で講演会が開かれたためにブローデルと知り合いになった。最初の講演は、経済学者のコレージュ・ド・フランス教授アンドレ・ピエトルがやった。そのあとブローデルが講演をした――忘れてはならないが、このときブローデルにはいかなる特別な肩書きもない。ブローデルはたちまち聴衆をとりこにした。「あれはまさしく花火だった」とルイ・マゾンは思い出している。本物の講演と言うよりも時事的な話題について思いつくままに語るというものだった。ブローデルは、マゾンという名前から、ルイが有名なギリシャ古典学者ポール・マゾンの息子であることを発見して、時折ルイ・マゾンに心中を打ち明けていた。意気消沈したブローデルは、ノスタルジーの危機を味わい、誰の関心も引かない問題について古文書館で研究に時間を費やしたあと、自分は人生をしくじったと思っていると打ち明けていた。大事なこと、必要なことは、教育であり、若者の養成であった。

国家崩壊のショックのもとに行なわれたこうした打ち明け話は、何年か経ってから、ブローデルが一九四六年にソルボンヌ大学に受け入れられなかったため、まさに学生たちを教育するという能力を奪われて、欲求不満を覚えることの重要性に照明を当てる。しかしこれもまたルイ・マゾンの証言によれば、当時ブローデルは会社社長と同じように社会にとって自分が積極的に役に立つことを夢見ていた。そしてこのことはのちに、高等研究院第六部門や人間科学館のような大学の事業を率先して行なう情熱をも明らかにする。国家および彼自身の敗北のなかで、無期限に閉じこめられるのだという考えに囚われていながら、博士論文を作成して自分の経歴の決定的な第一歩を踏み出そうとするときに、遠くから成り行きを見守ってみれば、われわれがまだ見たこともない彼の人格の深層の側面が突如として現われてくる。

光り輝く、「太陽のような」側面の下に、自分で制御しようとする躁鬱病の変動が隠れていたのだ。これは悪い思い出を排除したいという欲求――その後も常にあった欲求をおそらく説明する。きらきら輝く多くの人と同じように、フェルナン・ブローデルは突然憂鬱に囚われることがあった。

リュシアン・フェーヴルからの最初の返事がブローデルのもとに届くのは、マインツに来てたっぷり一か月経ってからである。その返事は、ル・スージェ、つまりサンタムールのフェーヴルの家から八月二十一日に発信されたものである。というのは、ドイツ軍がリヨンにまでやってきたので、家族と一緒に逃げていたからである。汽車が運行を再開するとすぐに自宅に戻ったわけで、そんなこんなで時間がかかったのである。[25] サンタムールはジュラ山脈の南にあり、リヨン発の列車とマルセイユ発の列車がドイツ方面に直接向かうか、パリに行くかの分岐点に近い。そのためにのちにレジスタンスのサボタージュの目標の一つになる地域であるが、その代わりドイツから弾圧を受ける。さらに、捕虜になったブローデルの住所を知るためにアルジェから、つまり夫人のポール・ブローデルからの電報を待つ必要があった。リュシアン・フェーヴルは、ブローデルに近況を知らせる。それによってブローデルはパリにいた年月のあいだにフェーヴルとどんな関係を結んでいたのかを理解することになる。

「私の家族には、けが人も死亡者もいません。マルク・B［ブロック］は、なんとか切り抜けることができたが、明日はどうなるかわからない［ブロックがユダヤ人であるために言外のほのめかしである］。わが友よ、私は言ってはならないことについては君に何も言わないことにする。しかし私の動揺している気持ちがわかるだろう。君は、勇気を持ちなさい。こんなことを言うのはばかげているが、君にも、細君にも、子供たちにも、そして私たちにもそれが必要だ。この『私たち』というのは多くのこと、実に多くのことを意味している……」

そしてシュザンヌ・フェーヴルはこの手紙の欄外に愛情を込めて書き込みをする。

当然のことながら、当時は、誰も戦争がまだこれから五年近くも続くなどと考えようとしないし、また予測することもできない。フランスの敗北がたちまちであったためにあらゆる予測が笑いものになったのだが、ブリッツクリーグという戦闘機よりも装甲車が優れているから戦闘を早期に終わらせることになると考えさせる余地があった。ヒトラーは、その輝かしい成功ゆえにモロトフからの祝福を受けて、成功の条件を手にしているかのようである。この確信を揺るがせるためにはイギリスに侵略しようとして失敗することが必要である。しかし、当時、将校たちの捕虜収容所では、多くの者は、フランスにとって見通しは暗いという気持ちであった。ペタン元帥が体現しているのは、敗北に甘んじるやり方ではなかっただろうか。

ブローデルは、おそらく第一に、フランス東部出身の男であり、次に戦勝と敗北の度に国境線が動く、ドイツとの国境からパリを見つめることに慣れた歴史家としての教育を受けていたからだけでなく、ここまで彼の気質について見てきたことからしても、たとえこの敗北が一八七〇年の普仏戦争の敗北よりもはるかに大変なことであるとしても、すぐに匙を投げてしまうような人間ではない。しかし、彼の周辺ではすっかり士気はくじかれてしまって、ブローデルは、マインツの城塞にいる同僚の多くの精神状態は、レジスタンスと呼ばれることになるものではとうていないことにまもなく気づく。ペタンは、彼ら捕虜の苦しみを聞いてくれるような勝利者となんらかの話し合いをするという希望を残しておいてくれないのだろうか。モントワールでのヒトラーとの握手は、その話し合いの実現であるかのように見えるが、一九四〇年十月二十四日のことである。

ブローデルの最初の何通かの手紙を通して、私たちは彼が投げやりになるまいとしていると推測する。たぶん、リュメヴィル＝アン＝オルノワの子供時代から、ブローデルは、居心地の悪いところで、厳しい人生において、なんとか切り抜ける知恵を持っている。そのことは彼が組織力の才能を発揮する経験において確認される。彼は一見不可能に見えるような状況で博士論文にもう一度取り組みながら、やがて組織力という才能を発揮してゆくことになる。

歴史家ブローデルには直接的な意味での政治的反応はないが、自分の持っている権利を決して失ったことはなく、その権利を状況観察において行使している。晩年の一九八五年十月、ブローデルの著作についてのシャトーヴァロン・シンポジウムの際に、長期持続と比較史について語りながら、マインツで実感した一例をブローデルはこんなふうに述べている。

「十六世紀の宗教改革の歴史を見てみると、当時、西洋世界は二つに分裂していました。その分裂の仕方はかなり奇妙で、ライン川とドナウ川に沿って、つまり昔のローマ帝国の境界に沿って、分裂していたのです。この境界は根強く残っていたわけです。マインツの城塞で捕虜になっていた私は、視界に入るイエズス会の教会をいつも眺めているうちに、ある一つのことを確信するようになりました。それは、ラテン世界がライン川流域を再征服したということです。この流域は、望遠的な歴史の非常に深い理由から重要です。歴史というものは、驚くべき距離を置いてコントロールしているのです。[26]」

『ライン川、歴史と経済の諸問題』というフェーヴルの本は、このこととそれほど離れてはいない。その結果、さまざまな出来事の大変動を越えて、『アナール』に固有の、展望を大きくとるということの有効性が現われてくる。一九四〇年六月の潰走の真っ最中に、すでにフェルナン・ブローデルはずっと前の敗北、つまりカロリング王朝の帝国の破綻のことを考えていたのだった。

「封建制はこの帝国の崩壊から生じた自然な結果であった。［一九四〇年六月］潰走するフランス軍のなかで、各小隊が一瞬奇跡的に自律性を取り戻すことができるかのような錯覚を抱いた将校もいた。つまり、だんだん有効な手を打てなくなり、意に反して各隊を敗北の泥沼に追いやることになってしまっていた司令部の命令に従わず、各小隊が思い通りに行動する権利があるということである。封建制もまたこれと同じような反応から生まれたと言ってもよいだろう。[27]」

こういう種類の考察は歴史家を勇気づけるばかりであるが、それと同時に、ブローデルという人間は、こんな具合に、捕虜収容所の日常生活からのがれていたのである。結局、ブローデルの歴史家としての職業は、不運な日々にルイ・マゾンに言っていたほどにはむだではなかったし、敗北によって閉じこめられていた袋小路から抜け出すように仕向けたのである。逆に、捕虜生活中に自分の人生についてあれこれと考えたことが、彼が打ち明けているように、「短期」の急激な変化とは別のところに説明を求めるというレベルを構想するのに役立つのであり、それに「長期持続」という名を付けることになる。ある人たちはあとでそこにブローデルの捕虜生活による思想の調節のようなものを見るほどであるが、知的な新しさを作り上げることはそれほどにも困難であり、その新しさは外部の状況によるのである。

それでもこの時期は、ブローデルの人生のなかで、青春が終わる時期である。あるいは少なくとも、前途に時間があると判断している者ののんきさのようなものが終わる時期である。ナチスによって半分以上も占領されてしまったこのフランスにおいて、しかもいわゆる自由地域が最も反動的な人々の支配下にあるフランスにおいて、大学人として、もっと一般的に言えば知識人として、どんな未来があるのか。ブローデルと同様に政治から離れていたいと思っている人にとってさえ、これは避けて通れない現実であり、私の印象では、彼の気質も手伝って、ブローデルは自分の考えが少しずつ過激になってゆくのを経験してゆくという気がする。実際、一九四〇年の秋にブローデルがその視線をどこに向けようとも、遠くに見える景観は、長期にわたって、塞がれているようだ。それに、彼の博士論文は、全面的に新しく始められ、通例から外れたかたちになって、捕虜生活が終わってからやっと審査されることになるのだが、当時はそんなことさえも予見できず、しかもそのうえにマルク・ブロックがもう教えることができない大学とは別のところで審査を受けることになる。

したがって、仕事に取りかかるためには、「奇妙な戦争」という彼の経験とは正反対の、ひと言で言えば、常軌を逸した挑戦にひそかに賭けることが必要である。ブローデルはいずれはヒトラーが負けることに賭けているのだ。言葉を換えて、当時の言葉遣いで言えば、ブローデルはド・ゴール主義者である。そしてこの反抗心は、人間として、また歴史家としてのブローデルの気質にまさに一致している。彼はそこに自分の生まれつきの一貫性を見出している。

第六章　『地中海』

1　マインツでの捕虜生活と『地中海』の形成

捕虜との通信を可能にするが、それを最小限に制限する国際返信切手方式以前の、リュシアン・フェーヴルの最後の手紙は、一九四〇年九月二十九日付のものであるが、そこで彼はブローデルを本国へ送還するためにパリで取られた手続きについて語っている。そこには当時かなり広まっていた、即時帰国可能という錯覚が読みとれる。

「私はルーシィ（大学の学長）に会う予定です。彼ならきっと最善を尽くしてくれると確信しています。私を当てにしてもいいことはご存じでしょう。［……］たったいま、あなたの奥さんに詳しい手紙を書きました。あなたは私の古くからの友人のグランヴェル〔一五一七年から一五八六年までブザンソンの大司教枢機卿〕のモットーをご存じですね。Durate、すなわち『生きながらえよ』です。いま、展開するのに格好のテーマ、それは私の考えでは『唯一のテーマ』です。歴史をやったことがこんなに役に立つとは！　そろそろ秋の気配です。突風と時折の晴れ間。これが象徴するものに望みをかけましょう。そしてあなたにも、あなたの奥さんにも繰り返し言いますが、グランヴェルのモットーをよく考えましょう[1]。このモットーをじっくり考えるよりもより多くのことをよりよく行ないましょう。そしてこのモットーを私たちの心に、私たちの子供たちの心に深く刻みつけましょう。」

当時、壊滅状態のフランスにおいてきわめて異例であった、レジスタンス運動への意味深長な激励の直後、二人の文通はおよそ五か月間中断する。一九四一年二月十五日、ブローデルはその間の手紙は紛失したらしいと気づく。のちに彼は捕虜生活から帰還したとき、フェーヴルが自分の妻に宛てた手紙を読むことによって、あらためてその意味を理解することになるが、当時彼はあれこれ言わなかった。ただ手紙を書く権利のあるわずかな行数で、先輩であるフェーヴルに自分が論文に専念していること、年代的規模の修正を企てており、それを単純に四倍にしていることなどの大きなニュースを知らせている。

「幸運なことに、ここでは時間が速く過ぎ、食事、小包、栄光の赤十字にも慣れ、人々は生活し、私は誰にもまして仕事をしています。私が一五五〇年から一六〇〇年ではなく、一四五〇年から一六五〇年までの地中海について書くのは正しいのでしょうか。ささいな疑問、私からの最も小さな質問はこれです。」

これがささいな疑問？ 見事な曲言法だ。途中で、論文は計画が委託された時の一五五八年〜一五七〇年から一五五〇年〜一六〇〇年に移行していたというわけだ。一九七五年に『地中海』についての情報を求める一人のアメリカ人、ジューン・マンに宛てた手紙では、ブローデル自身が一九三九年からさまざまな出来事を扱った第三部に取りかかっていたことをはっきりさせている。最初の年代記の拡大が行なわれたのはまさにこの時だ。熟考の末、彼は二つの世紀という段階へ移行することによって、この広がりを越えたいと思う。いずれにせよ五、六か月の間に、ブローデルは彼を落胆させる可能性のあったものすべてを乗り越え、大学から得られる即時解放というあやふやな期待を捨てたのである。

幸運なことに、ティアレットにいる彼の妻ポールに送られた手紙によって（アルジェリアは当時ヴィシー政権下にあった）、この長い通信の途絶はわずかに補われ、実際に彼の論文がどこまで達しているかをよく理解することができる。フェーヴルに宛てた彼の手紙の暗示的表現はフェーヴルには理解できず、伝記作者の仕事は、捕虜生活の間ずっと早いテンポで続く、部分的あるいは全体的に絶えず繰り返される解釈の多さによって複雑なものとなっている。

一九四一年一月二十四日、彼は妻のポールに初めて自分の強制的な隔離の有効な使い方についての洞察ばかりでなく、原稿の現在の状態についての決定的な手がかり、フェーヴルへの「ささいな疑問」と同じくらい、きわめて驚くべき手がかりを書き送っている。

「捕虜生活は人生の果ての旅ではないにしても、少なくとも実社会から阻害されています。ここにはおそらくよそでは得られない、そして今後も得られないであろう発見や慰めがあります。不幸なのは青春が過ぎ去ってゆくこと。私の青春は終わりです……［彼はまだ三十八歳でしかなかったが、この年代の人々は四十歳はすでに年寄りだと思っていた］。やっとのことで私の本は完成しました（一六〇〇頁）！ やれやれだ。ともかくこの監禁がなかったら、本など存在しなかったでしょう。」

完成の夢をそのままにしておこう。気力を取り戻し、再び仕事にとりかかるため、ブローデルにはおそらくそれが必要なのだ。ポールは当然のことながらこれが初稿であるとはっきり言っている。とはいえ初稿は存在するし、数年間にわたって、来る日も来る日も古文書館を放浪しながら集められ、モンティセリ通りの自宅に保管された資料から遠く離れて、ブローデルが五か月の間、一九三九年の夏の草稿と資料カードの中から彼の超人的な記憶のなかに残されていたものに基づいて、一月平均三三〇頁書いたことを意味することに変わりはない。彼が妻に手紙を書いたのは、計画していた最初の完全な研究が見事に行なわれたことを確認してからのことで、一九四一年二月十五日のことである。

「いつものように、私は読んでは書いて、仕事をしています。おそらくもうすぐ私の仕事は一四五〇年から一六五〇年までに拡大するでしょう。広い視野で考えなければいけません。そうでなければ歴史は何の役に立つのでしょうか。」

ブローデルのすべてがきわめて簡潔に述べられている。大規模なことに夢中になっているフェーヴルと親しく交際する前のブローデルだったらこんなことを書いただろうか。そんなことはどうでもいい。これらの言葉は真に彼のものとなったのだ。そして『地中海』となるものにすでに当てはまり、『物質文明・経済・資本主義』三部作や、晩年の『フランスのアイデンティティ』を予告している。捕虜生活中に行なった講演について書き留めたメモをもとにして出来上がった一冊のノート、しかも運良く破棄を免れたノート[2]に、こんなことが書いてある。

「私が頼みとする歴史は、まったく新しく、帝国主義的で革命的でさえある歴史であり、一新して達成するためには、仲間である他の社会科学の富を略奪することも可能です。繰り返しますが、人々が何と言おうと、歴史は人間と世界の知識において、要するにまさに生命の理解において、大いに変化し、前進しました。『大きな』『深い』歴史とでも言いましょうか。『大きな』歴史とは、つまり、全責任において、真実という最も大きな道筋において、さまざまな細部を一般化し、深い学識を越えて、生きているものを把握することのできる全体を目ざすもののことです。」

次のブローデルの手紙は一九四一年三月十四日付であり、フェーヴル宛てであるが、三月十七日に届いた、二月十五日付の文通を再開した手紙に対するフェーヴルからの返事と行き違いになっている。ブローデルは次のようにはっきりと述べている。

「私は一四五〇年から一六五〇年という広い範囲で仕事をしていますが、これは私が闘い、生きてゆく方法なのです。」

フェーヴルはおそらくこの唐突であまりに膨大な計画に驚いたのだろう。ブローデルが道を見失ったのではないかと明らかに不安を抱いて、彼に慎重さを説く返事を送っている。

「大事なのは最後までやり遂げることだと考えて下さい。一つの博士論文のなかに全部を書こうなどと思ってはいけません。われわれのような仕事をする者にとって、博士論文は同業組合の一つの傑作なのです。」

次の手紙で、彼は内容がまとまらなくなることをあいかわらず心配して、ブローデルの計画の拡張に反論を行なっている。

「博士論文？　そうです。それもできるだけ早く。簡潔に書きなさい。範囲を広げてはいけません。歯をくいしばって早くやり遂げるのです。そうすべきなのです。私はコレージュ［・ド・フランス］で、期待の新人が何人かいる中、私によってではなく他の人からあなたの名前が呼ばれるのを聞いてうれしく思いました。自信を持って下さい。勇気と熱意でやり遂げて下さい。」

一九四一年四月十日付のブローデルの返事は、論文が進んでいる状態を、少なくとも当時彼が感じていたように、遠回しに評価しているものとして重要である。

「私はあなたの言うことに従い、私の仕事を、昔の、易々と行なった仕事の限度内に制限しています。」

そしてポールに対しても次のように書き送っている。

「私は仕事をし、書き、成果を上げています［強調はブローデル自身によるもの］。おそらくこの捕虜生活は私が本を書くために必要だっただろうが、これはフェーヴルの命令で昔の限度に引き戻させられたのです。だから出来上がった原稿の頁を付け直すには十五分もあれば十分だったよ。」

実際にはわれわれも多少気がついているように、彼がこんな境地に達していたというわけではない。そこに自己暗示療法の一部があるとは言わないまでも、ブローデルはプランや草稿のまま残さなければならないもの、とりわけより年代学的な、後で博士論文の第三部となるもの、つまりメモなしではまったく論じることができず、そのため帰還後に書くことになるものにはこだわらず、自分が完成したものだけを考えることによって自分自身を奮い立たせているのだ。こうして第三部だけが、たとえば地中海の衰退に関することすべてについて、古い切り抜きのなかで、少なくとも彼の年代学的限界ゆえに残されることになる。もっともブローデルはこの「大きな歴史の終わり」の本当の目印となる日付について絶えず自問し続けるのである。そして彼はその目印となる日付を十六世紀末ではなく十七世紀初めに位置づけるが、経済的な比較によって、それらを十五世紀末以前あるいはそれよりもっと前とするという結果も得るのである。

実際、この日付の問題の背後には、歴史的経済の時間は政治的出来事のような短い規模の時間ではないという、発見というよりむしろすでに検証が現れ始めている。これについては後で詳しく述べることにする。なぜならこの議論は、一九四六年から一九四九年にかけて出版された、最初の形の『地中海』とともに終わりを告げるどころか、「長期にわたる」議論となり、実は一九六六年の決定版によって再開されることになるからである。一九八一年、ブローデルはブランギエに次のように語っている。

「もしいま、私が『地中海』を書かなければならないとしたら、実際にかかった時間を越してしまうでしょうね。私は歴史に五十年間費やしましたが、いまやるとすれば二百年も三百年にもなることでしょう。長い歴史に関しては、十四世紀、十五世紀、十六世紀の資料を加えることができます。そこにはアナクロニズムはありません。長期にわたってやることの優れている点は、かなり時間の隔たった事件を、偶発的な比較のレベルに位置づけることが可能であることです。」

この着想はフェーヴルによって拒否され、当時まだブローデルのものとなっていなかった。というのも、たとえはっきりとした日付が視点の拡大を示していても、比較の意味における「長期持続」はまだ彼の視野には入っていないからである。

ブローデルは自分の給料が「有り余る」ものだったので、モンティセリ通りの書庫を豊かにするために、リトレの辞典を一冊、百科全書、すなわちフェーヴルとアナトール・ド・モンジ編集の『フランス百科全書』数巻、そして『アナール』全巻購入のために為替を送る。いずれも将来に備えての保証である。彼はこれと同じやり方でアパルトマンの整理も行なっている。さらに本質的に心の広い彼は、困っている人たちを助けようとする。

のちにブランギエに語るように、彼はマインツでこのようにして「再び取りかかる」ことから始めたが、実際には彼自身の言葉によれば、捕虜収容所の内部で、捕虜たちのための急ごしらえの大学の実質的な Magnifikus（学長）になったのは、一九四一年の五月の初め頃だ。

「私の生涯で最もすばらしい大学での成功、そしてまったく思いがけない聴衆。[……] 私の教室は人でいっぱいです。歴史、地理、文学……私は何もかもやっています。十数人の弟子たちの研究の指導も行なっているし、他の収容所の場合と同様、彼らにとって私は先生です。」

この文章は一九四二年一月のものであるが、「私の生涯で最もすばらしい大学での成功」など、あらんかぎりの皮肉が全体に満ちているようにみえる。というのは高等研究院は彼がここで語っているよりももっと限定したゼミナールしか任せなかったからである。『地中海』の各章を次々と書き直す作業にさらに加わったこの活動は、いずれにしても彼に次のように妻ポール宛の手紙を書かせている。

「この仕事のおかげで私には思考したり、思い出したり、あなたから遠く離れて苦しんだりする時間がありません。幸いなことに、ある種の習慣や慣れ、生活への思いもよらなかった適応性がありますし……。人々はここでつらい経験を積みます。それは精神的な糧ですが、人々はそれが短いものであることを望んでいます。」

一九四一年九月三十日にフェーヴルに知らせているように、ドイツ人たちはブローデルに「蔵書の豊富なマインツの図書館」から本を取り寄せる許可を与えている。これはあとで見ることにするが、博士論文の仕事にとっても、またブローデルの個人的な考察にとっても決定的な変化である。実はたまたまナチスの政治委員の一種であり、検閲官でもある「特別指導官」(ルイ・マゾンはむしろ「いわゆる善人」と言っている)が、ドイツ語でなんとか話ができ、ドイツ語の読めるこの白髪の歴史家に友情を抱いたのだ。おそらくドイツ語ができたことがブローデルの「教養」は優れているという考えをわずかに強めたに違いない。こうして嫌な顔一つせず、市の図書館からブローデルが必要とする本を持ってきてくれるようになる。ブローデルはブランギエに、それでもなお自分が一種の尊敬をもって扱われていたという考えを抱かせるような逸話を語っている。

「私は信じられないほど膨大な数のドイツ語の本を読みました。朝の五時から夜の十時まで読んでいたのです……。私はいつも『特別指導官』に対して親切というわけではありませんでした。というのも意外なほど簡単にドイツ語のあらゆる悪口雑言を学んでからというもの、時々私は少し憂鬱になると、彼にそれを浴びせかけていたからです。彼はよく私にこう言ったものです。『Magnifikus(学長)、あなたはとても上手にドイツ語を話すが、私は〈これ〉でも〈あれ〉でもない。』この光景は私の仲間たちを大いにおもしろがらせたものです。」

ここで余談を一つ。ドイツの歴史学が『アナール』誌の独創的な発展に重要な役割を果たしたのは間違いない。ブローデルが一九七六年にストイアノヴィッチの本のために書いた序文のなかで強調することになるように、フェーヴルとマルク・ブロックは「二人とも同時代のドイツの歴史文献に完璧に通じていた」。しかしドイツの文献は彼らに二つの対立する傾向を提供していた。まず第一に、彼らが拒絶した、出来事のみを記述する壮大な歴史の傾向である。しかしブローデルは次のように断言している。

「彼らは自分たちが決して染まることのなかった、おろかな国粋主義の名においてそれと闘っているのではない。[……]実際に彼らが闘っているのは、もっぱら政治だけを扱う歴史に対してである。[……]ドイツ学派に対する彼らの攻撃は、彼らの活動のなかで最も間接的で少しも明快ではないものに属している。」

二番目の傾向もドイツで生まれたものだけに彼らと似ていて、経済の方に向いた歴史であり、これは *Vierteljarhrschrifte* für Sozial und Wirtschaftgeschichte『季刊　社会・経済史手帳』に表明されているが、これが彼らに『社会経済史年報』(『アナール』)というタイトルを与えることになる。またブローデルはマインツでドイツの歴史家について全体的な知識を得るが、政治的なことや経済的なことも含まれているこのVierteljarhrsschrift（季刊誌）のシリーズのおかげで、彼の博士論文は深く豊かなものとなる。

いずれにせよ、この捕虜収容所の「大学」生活の安住と『地中海』執筆への没頭の結果、ブローデルが脱走者の仲間入りをしなかったことは確かである。彼は未来のコニー将軍〔捕虜になったが、一九四一年に脱走し、レジスタンス組織に入った〕のように、捕虜仲間の提案に気をそそられ、提案を受け入れた。彼はのちにきわめて明快にブランギエにこう説明している。

「私を脱走させなかったものが何か、わからないでしょう。なぜなら脱走することを六か月間考えた時でなければ、脱走しないでしょうから。言い換えれば、それには一種の強迫観念が必要だからです。もしほんのちょっとしたことを解決するというこの強迫観念に取り憑かれていなければ、収容所の鉄条網を乗り越えないでしょう。そこでは超人的な勇気や力強さやたくましさもまた必要だったのです。仲間のうち二人はまんまと六メートル登り、壁と鉄条網の外に出ることに成功しましたが、突然二番目の男がエスパドリーユ（布製の靴）の片方を鉄条網に引っかけたのです。一緒に脱走した、モロッコの民間監察官のラミディーはそのエスパドリーユを取りに戻りました……。一か八かやってみるためにはかなりの決心が必要だったのです。私は非力でした。二つのうちのいずれかです。すなわち君は書き、書くという行為が君の怒りをやわらげる、あるいは……。いずれにしても私はもう四十歳でした。脱走したのはいつも若者たちでした。」

とにかく四十歳にして老齢。それゆえの博士論文と捕虜収容所内の大学のための仕事。この大学活動に対する熱心さは、一九四一年六月二十一日付のフェーヴル宛の手紙の一つ前の手紙のなかに表れており、その手紙でブローデルは自分が十数人の志願者に歴史の学士号を準備させており、十数人の研究論文の作成を手助けしているため、十月か十一月に誰か資格のある教授が学士号の試験をしに来てくれるよう頼んでいる。

ブローデルはますます『地中海』に専念し、新しい重大な段階に達する。原稿がぎっしりと書き込まれた大事なノートを送った後の、一九四一年七月二十八日付のフェーヴル宛の手紙は、問題の状況を浮き彫りにしてくれる。

「寛大になって下さい。ぜひともお願いします。私が仕事をしている状況を考えて下さい。少なくとも妻に冒頭部分を送って下さい。彼女が古い原稿をもとに序文を清書できるようにするためです。全体構想、それが私にとって一番の悩みです。もっと単純にすること、でもどうやったらいいのでしょうか。私はあなたが判断できる状態で本を丸ごと一冊持っていますし、もし手直しをすることがなかったら、ぎりぎりのところで送っていたでしょう。三つの部分を空間のなかで年代順に切り分け、一口大にすることによって実現可能でしょうか。」

本の構成において大きな問題である、空間と時間の連関についての最初の考察であるが、実際に作り上げられたものは、まず何よりもあいかわらず地理的区割りであると考えさせる。ところでわれわれは彼が伝統的な歴史の方向を非難していることも知っている。彼の講義を聴いていた一人である、マルク・アンドレ・ベラは、一九八六年に次のように書いている。

「先生の声は、蔓延する腐敗の真っ只なかで純粋な思想に再び羽根を与えた。出来事をふさわしい場所に追いやって、歴史にさまざまな次元を与える、それこそ私が敗北に関して信じたいと思ってきたことだが、まったくかなわなかったことだ。[……]ブローデルは戦争について一言も語ったことがない。(3)」

戦争拒否というもう一つの側面。これはブローデルが博士論文を書いたノートのなかにある、あの一連の講演についてのメモに見られる。これらのメモは、空間が「それだけで意義がある」かどうか知るために空間についての問いを伴う、「出来事、偶然、社会」という「三つの定義」によって、彼が「深い歴史」を目指していることを示している〔浜名優美・尾河直哉訳「世界の尺度としての歴史。三つの定義、出来事、偶然、社会」『環』vol.1、四四〜六五頁、藤原書店、二〇〇〇年刊、を指す〕。

われわれはここで考察の予備的段階にいる。ブローデルは自分でも表面にとどまっていると感じるような、出来事を前にした不満から、地理学が社会や経済に関わるような深さに入り込んでゆくことへと移行する。ただしまだ持続という重要な関連づけには至っていない。

なるほど、「動かない歴史、呼吸する歴史、揺れ動く歴史」といった表現で、いまだ表面に出てこないかたちで持続が表現されているとしても、根本的な革新のかたちで本当の計画の構成が明らかになるのは、一九四一年十月末になってからのことである。だからブローデルは、『地中海』を真に着想したのは一九四一年になってからだと後になって言うことになる。ところで、空間の切り分けにおいて依然としてあまりに静的であり、まったく不完全ではあるが、七月二十八日にフェーヴルに送った原稿は、ブローデルに八月十五日付の返事をもたらし、それを彼は自分の三十九回目の誕生日前日の二十三日に人生最大の幸運として受け取るのである。

「論文についてですが、私は没頭して読みました。とてもすばらしい。[……]あなたはもう一人前です。しかも歴史家なのです。それは独創的で、斬新で、しっかり構成されていて、ちょうどいい状態です。」

十月二十六日付けの手紙によると、いずれにしてもフェーヴルがこの日に受け取ったのは、地理的背景に関する第一部の第一草稿であることがわかる。しかしブローデルは三層の力学における歴史の切り分けという彼の理解においてさらなる一歩を踏み出したのである。なぜなら彼はそれをほぼ決定的に表明していたからである。

「明日お送りするのは[……]九冊のノートですが、一五五〇年から一六〇〇年までで、私の本の第二部にあたります。もろもろの大きな問題が単純な骨組みで書かれています。すでに書き上がっている第三部は、一五五〇年から一六〇〇年までの出来事と人物についてです。すべて多大な努力の結果です。不変の歴史(地理)、深い歴史、出来事の歴史の三部に分けたことをどう思いますか。」

この時期に構想の大きな一歩が成し遂げられたということにはいささかの疑いもない。時間の経過の様相がまだ曖昧であるにせよ、歴史を全体的にとらえる三つのレベルの探知に基づいて歴史が切り分けられている。その重要性を判断するためには、先ほど引用した手紙の表現と、研究が完成した一九四六年五月の日付の序文のなかに書かれた表現とを比較すればよい。

「本書はⅢ部にわかれ、Ⅲ部それぞれはそれ自体として全体の説明の試みとなっている。第Ⅰ部はほとんど動かない歴史を問題にする。つまり人間を取り囲む環境と人間との関係の歴史である。ゆっくりと流れ、ゆっくりと変化し、しばしば回帰が繰り返され、絶えず循環しているような歴史である。〔……〕この動かない歴史のうえに緩慢なリズムを持つ歴史が姿をあらわす。こういう言い方がその本来の十全な意味から逸れていないのだとすれば、社会史と言っておきたい。つまりさまざまな人間集団の歴史であり、再編成の歴史である。そのような趨勢がいかにして地中海の生命全体を刺激するか。〔……〕最後に第Ⅲ部は、伝統的な歴史を扱う。人間の次元ではなく個人の次元での歴史を望むのであれば、ポール・ラコンブとフランソワ・シミアンの言う出来事の歴史である。」(4)〔『地中海Ⅰ』序文、浜名優美訳、藤原書店〕

後になって、彼は自分が〔重なり合ったいくつもの歴史を〕区別していることを自覚したのは、まさに『地中海』という本を書き、自説の展開の問題点を解決しながらであったと、ブランギエに説明する。

「こんなふうにして仕事の難しいことをいくつかの単純な部分に分けて考えました。それはこれら三つの歴史をまとめて示すよりもはるかに簡単なことでした。なぜなら資料カードを必要とする出来事の歴史には、私は絶えず手を焼いていたからです。私は細かいことまで記憶していましたが、それでも十分ではありませんでした。」

これらの発言と同種の言葉を、ブローデルはユーモアを交え、understatement（控えめな表現）好みとともに故意に使っているのだが、これらの発言はこの層状構造が説明用の一種のトリックにすぎず、おそらくは捕虜生活という状況によって生み出されたものであると思わせることがあった。それは多少なりとも危なっかしい一つの発見の方式とその発見の意義を再び混同することである。彼は手持ちの手段を使って原稿作成の困難を解決するため、これらの重なり合った歴史を見つけた。もちろん、捕虜生活という状況が、彼を出来事の歴史から分離し、言ってみれば彼に出来事の歴史を越えた最初の二部を書かせるために作用したことは間違いない。しかし、もし彼がテーマを定め、それを引き出し状に切り分ける昔流の歴史家であったなら、彼は困難な仕事をやり遂げることがなかっただろう。彼が実験的歴史家であり、自らを探し求める今世紀の、すなわち『アナール』誌の二十世紀の歴史家であるからこそ、偶発的な状況を利用し、うまく活用することができたのだ。少しずつ。次々と試みを重ねながら。そんなふうにして彼は物語を重ねることから、前人未到のなかへジャンプするものへと、すなわち持続の仕方の違いによって三層に分けられる歴史をつなぐものへと移行してゆくのである。

ブローデルはこの三層構成を明確に定義しながら、この分野において『フェリペ二世とフランシュ＝コンテ』というフェーヴルの博士論文が彼にもたらしたものを乗り越えるのだ。クシシトフ・ポミアンは『地中海』との関連でこの博士論文を読み返し、次のように力説する。

『『人間の側が依然優勢であった』とはいえ『自然の力と人間の力の緊密な協力の結果』である地理的および政治的な個人として一つの地方を取り扱い、政治的、宗教的、社会的危機の展開をこのような枠組で研究した人はいままでに誰一人としていなかったようだ。［……］したがって、フェーヴルは自然界と人間界を区別することによって、さらに人間界においてはゆっくりとした変化と急激な変動を区別することによって、地理学者たちの概念のシェーマを利用している。彼は三十五年後にブローデルによって『長期持続』と名づけられるものを歴史のなかに組み込むことに向けて、重要な一歩を踏み出している。(5)」

すでに引用した一九四一年十月二十六日付けのフェーヴル宛の手紙のなかで気がつくのは、一か月前からドイツの歴史家の本を読んでいるブローデルが、次のように判断していることである。

「フランスでは人文地理学と政治経済学は恐ろしく遅れています。」

十一月十四日付けの返信で、フェーヴルはこのことにあまり異議を唱えていない。返信では本を新たに三分割したことに賛成している。

「三部のあいだに関連が成り立ってさえいれば結構。他の箇所への参照と喚起。私はこのエネルギーに感心し、地理が非常に豊かに書き込まれたすべての章を心から味わいました。」

以下のドイツの歴史家たちの名前を見てわれわれは思い出すことができるだろうか。一九五九年の『アナール』誌に掲載された、オットー・ブルンナーの著書の書評を参照すれば、まず間違えることはない。ブローデルは「昔からの愛読書」として、当然のごとくマックス・ヴェーバーを、そしてヴェーバーの一九〇一年の論文「プロテスタントの倫理と資本主義精神」と著書『経済と社会』（一九二二年）をその書評で引き合いに出している。ブローデルはヴェーバー主宰の『社会科学・社会政策雑誌』を読んでいた。ヴェルナー・ゾンバルトについては、特に『近代資本主義』（全三巻、一九〇二〜一九二八年）を挙げている。ゲオルク・フォン・ベローについては、『歴史的時代区分、とりわけ中世と近代の境について』（一九二五年）を参照するよう勧めている。フォン・ベローの聴講生のなかには、「かつて、若きマルク・ブロックがいた。マイネッケ(6)の思想［ブローデルはマイネッケの『近代史における国家的理性の理念』、一九二四年、を挙げている］は、われわれの国の正史にとって未知であるか、ほとんど未知も同然であった。［……］オットー・ヒンツェ［十八世紀資本主義を専門とする歴史家、一八六一年生まれ］については、もし彼の全集が一九四一年と一九四二年という悪い時期に出ていなかったら、当然受けるべき高い評価をわが国で受けるだろう(7)。」

ここにブローデルがのちに賞賛することになる、アルフレート・フィリップソンの著作『地中海地域』（一九〇四〜一九二二年）を付け加える必要がある。われわれはドイツの歴史家と彼らの経済分析の読解と、この本の三層の最初の完成を関係づけることができるが、本のなかでは厳密な意味での経済はまだはっきりとは表れていないようだ。

一九五八年末の『アナール』誌に「長期持続」というタイトルで掲載された重要な論文は、『歴史論集』第一巻(8)の冒頭に再録されているが、ブローデルは彼の歴史についての考え方の変化において経済の役割を最初から強調している。

「歴史学の伝統的な時間が変容したのである。一日とか一年は、かつて政治史家には、適切な尺度であるように思われていた。時間とは、日の総和だったのである。しかしこれに対して、価格曲線、人口動態、賃金動向、利率変化、生産調査（実際の調査よりも調査計画の段階にあるが）、緻密な流通分析などは、はるかに大きな尺度を必要とする。」（「長期持続」『フェルナン・ブローデル』新評論、一二三頁）

フェーヴルが『十六世紀における不信仰の問題。ラブレーの宗教』で強調しようとするのは、時代の精神的道具[9]における変化であるが、ここではもはや十六世紀の精神的道具ではなく、二十世紀の精神的道具である。一九四一年夏と秋の初めの二人の文通によって、われわれは十六世紀の地中海経済や、陸上輸送と海上輸送の時代を比較した船舶の往来に関する新しい情報を大量に集めていたブローデルが、これらの情報を一つの論文に組み込むために、異なった持続期間を介入させる必要があることを発見した時を知ることができる。きわめて長い時間とは、いわば人文地理学の時間であり、次にたいていは数十年単位で数えられる経済の持続の時間、そして最後に出来事の短い時間である。

これがすでに「伝統的な歴史の時間の変質」を意味していることは確かだ。またよくよく考えられた最初のものであることも。それゆえわれわれは拘留の状況と孤立、フェーヴルの激励、さらに字数制限のためやむを得なかった電信文のような文体のなかにさえ、ブローデルにとっての重要性を理解することができる。今世紀終わりにあって、精神的道具の変化に関わるものが、どれほど固有の持続性を持っているのか、われわれはさらによく知っている。実際、一九三〇年、すなわちピレンヌが起こした激変と、一九四一年秋の持続の層状構造とを分け隔てている十一年間の間に起きた、あらゆる変化、目覚ましい進歩、発見は、この歴史家という道具の伝統的な形態の重圧をわれわれに考えさせる。しかしそれと同時に、反対推論によって、ブローデルの博士論文に独自の道を切り開くため、彼の知的大胆さの大きさも考えさせるのだ。

ブローデルはそのことを表明するだけで、自分の発見に決着をつけることはしなかった。彼にはまだその発見を自分の本のなかに入れ込むことが残っている。それが決定的になるのはリューベックでの二度めの捕虜生活であるが、それには一九四六年までさらに多くの時間を費やすことになる。一九五八年のブローデルの論文は、当時まだ議論が行なわれていたことを証明するものである。一九六六年の『地中海』の決定版がそれを確証している。論争は今世紀末になってもまだ終わりそうにない。

さらに、短い時間、出来事の時間、文通によってリズムを持った拘留の日々の時間は、われわれがフランスの高等研究院やコレージュ・ド・フランスではなく、マインツの将校捕虜収容所XII Bにいることを思い起こさせる。一九四一年十月二十二日、シャトーブリアンで行なわれた大量の人質の死刑執行のニュースは届いていたのか。おそらく届いていない。それはナチスの新聞がこのことを重視したからだ。しかし八月末から占領地区のドイツ軍に対する最初の襲撃によって起こった緊張状態と、その結果、対独協力を危うくした人質の死刑執行が、多少なりとも文通のなかで伝わり、捕虜の釈放が一時中止されるという不安、さらには捕虜生活の身分が悪化するという不安が高まったと考えられる。

いずれにしても、十月二十四日の日付の入った当時のブローデルから妻に宛てた手紙は、フェーヴルへの手紙では決して触れることがなかったが、マインツのような「普通の」収容所は「分裂状態にあって混乱し陰険な小フランスである」と、そこを出てから書いているような収容所の内部の状態へといやおうなしにわれわれを突然立ち戻らせる。妻ポールによって出版された手紙〔フェーヴルとの往復書簡の編集は終了しているが二〇〇二年現在フェーヴルの息子が刊行を拒否している〕の抜粋によると、「第二部の原稿を書き上げたので（ノート九冊分）、明日、フェーヴルに送ります〔第二部の第二版、ポールによる注〕。私の本の第一部を受け取りましたか。序文以外は寝かせておいて下さい。いつか再び自由の身になったら、数か月あれば仕上げられると思う……。よりよい生活、よりよい世界を夢見ること。いま目に見えているものは美しくありません。勇気〔ブローデル自身による強調〕は本のなかにしか存在しないようだ。〔これはおそらくすでに収容所内での対立を意味している。ジルベール・ギィユミノーの論文参照、ポールによる新たな注〕」

以下に示すのは、当時のブローデルをわれわれに見せてくれる、問題のギィユミノーの論文の抜粋である。

「将校捕虜収容所と化し、監視塔で飾られ、有刺鉄線が張り巡らされているマインツの収容所の中庭を、私はしばしば一人の中尉と散歩をした。〔……〕彼は四十歳前だがすでに頭は真っ白で、目はヴォージュ山脈のラインのように青く、その口からはからかいと時に皮肉が発せられた。フェルナン・ブローデルは兄が弟に示すような愛情を私に示し、自分が代表者の一人である『アナール』誌のチームに私を誘った。〔……〕われわれの監視にあたる『特別指導官』は、マインツの図書館から（彼の）テーマに関するドイツ語の著作を持ってくることを快く引き受けてくれた。〔……〕しかしスペインの黄金世紀を扱うこの歴史家は、われわれの日常の出来事の方に強い関心を持っていた。一九四一年と一九四二年には、捕虜の将校たちはかなり分裂していた。われわれはドイツ人のごくわずかな敗北にも歓声をあげていたが、もちろんそのドイツ人に対する態度についてではなく［……］、ペタンとド・ゴールの問題を取りあげるときに、あの美しき全員一致は破綻したのだった。老元帥に望みをかける人々に対し、ド・ゴール派は当時少数派でしかなかった。そのなかでブローデルは明確にド・ゴール派の立場をとっている人の一人だった。［……］ブローデルは危険分子としておそらく看守に目を付けられ、一九四二年六月、別の収容所に移送された。」

われわれはまだそこまで来ていないが、ルイ・マゾンによると、実際には収容所の大多数の精神状態は、ペタンの盾とド・ゴールの剣を躊躇すると同時に受け入れていたという。しかしここでこの証言を持ってくる必要があったのは、ブローデルがマインツで過ごす九か月の間に、東部戦線の戦争の悪化――モスクワを前にしたドイツの敗北、しかしその後ウクライナ地方とスターリングラードでの驚異的な成功――と、占領下のフランスでの恐怖政治の悪化、さらにドイツに志願労働者を送ることによって捕虜の「代わり」をさせるという案でヴィシー政府が捕虜たちに放った餌は、ブローデルも体験し、一九四一年秋にはすでに見破られていた内部緊張を高めるばかりだった。さらにその緊張を悪化させた、レバノンやシリアのイギリス陣営への自由フランスの介入を付け加えよう。要するに、深い思索に適した静けさとは一見まったく異なったものだ。ポール・ブローデルは、フランス人将校たちが大いに政治的に議論した後、ついには殴り合いになったと彼女の夫が話していたことを覚えている。ブローデルはブランギエに次のように語ることになる。

「マインツは自らを敵に回したフランスでした。私は自らを敵に回したフランスなど大嫌いです。私は口論は好きではありません。それはペタン派のフランスでした。ペタン派でなかったら、それは苦痛であり、一悶着起こしたのです……」

ところで、これは後で見るつもりだが、『地中海』が本当に飛躍するのはこの時からである。リューベックへの移送の後だけでなく、マインツで過ごした最後の数か月間にすでにこれは見られたのである。このことはブローデルが距離を置く術を心得ていたことを示している。そしてこれらの精神的緊張を彼の体験したものすべてと同じく利用し、実らせたのである。

2 『地中海』、第二草稿から第四草稿まで。一九四二年、マインツ。一九四五年初め、リューベック

一九四一年十一月二十三日、したがって十二月のモスクワを目前にした攻撃の敗北が察知される前、度重なるドイツ軍の勝利のショックのなか（カルコフ、クルスク、クリミア、十一月二十日のロストフの占領）、おそらく唯一よいニュースはトブルク〔リビア東部の湾岸都市〕でのイギリス軍の反撃であり、真珠湾後の戦争の急変と十二月七日アメリカの戦闘開始を予測させるものが何もなかったとき、ブローデルは妻に宛てた手紙のなかで、戦争に疲れたことを訴えている。

「健康良好。本は完成。コーカサス山脈。北アフリカ。もし戦争に知性があるなら、不意に終わることだろう。戦争が知的だって？　取り返しがつかないことや苦悩や失われた時間があまりに多くならないうちに……」

増大してゆく戦争への嫌悪感をあらわす、手紙のなかで初めての痕跡。二日後、第二草稿を完了したときに、ブローデルにはついに論文を書き上げたのだという確信が再び強く戻ってくる。

「第三部と第四部を書き上げたので、近いうちに積極的に講義を再開する。ペン先から以前よりすらすらと文章が流れ出す。」

十二月七日付けのフェーヴルに宛てた手紙に再び見られる幸福感（真珠湾とアメリカの戦争参加のニュースがヨーロッパに伝わる前に送られた手紙であることは間違いない）。

「完成した［ブローデル自身による強調］博士論文の入った最後の小包を送るにあたって躊躇［……］しかし完全に揃った原稿についてあなたの意見をうかがいたいと思います……。まるであいつの本は終了しただけだと思っているか

のようです……。理解したい、完全なものに仕上げたいという望みを持って。」

第三部は草稿を書き上げただけにもかかわらず、ブローデルが再度自分の博士論文は終わったと宣言していることに注目しよう。このことはこの第三部は彼の見解からは言うまでもないことであり、もはや補足するだけであり、第一部と第二部には影響を与えることはないことを意味している。彼が仕事をし、絶えず手直しを加えることになるのは、この第一部と第二部の二つである。実は、冬は彼の健康に悪いため、仕事にブレーキがかかる。偉大な計画が完了したと思ったことから来る精神的緊張の緩みの結果、疲労と貧血が彼を襲ったことが文章からうかがえる。彼が本当に窮地を脱するのは、一九四二年の春、ほとんど初夏になってからである。

幸運なことに、十二月二十九日付けのフェーヴルの友情に満ちた一言が、彼の心を奮い立たせる。

「これまでになくわれわれはあなたを必要としており、これまでになくわれわれはあなたに期待しています。あなたのノートが私をどれほど喜ばせたかわかりますか。もはや約束ではなく現実なのです。あなたによって確実に行なわれた引継ぎをわれわれの世代の人々が見ることができますように。そうすれば、彼らの悲劇的な激動の生涯を平和のうちに終えるでしょう。」

手紙が到着すると、ブローデルは一九四二年一月二十八日に妻に宛ててフェーヴルから「多くの賛辞」を受け取ったことを書いている。

「私の本はまだ賞賛を受けるだけの価値はないが、いずれそれに値するようになるだろう。」

しかし、二か月後に、妻がタイプ原稿を送り返すと、彼は読み返して、「この原稿はよくない」と思う。

「文章が悪いし、十分に考えられてもいない。私の持っているドイツ語の本を見て全部手直しすることにする。そうすれば様子が変わる。なぜならいま私は自分の本を見きわめているから。」

「ドイツ語の本」は、この文脈では、われわれも知っているように、経済的事実へのいっそうの関心を意味している。ポール・ブローデルが指摘しているように、これは第三草稿、すなわち実際にはリューベックで仕事をすることになり、一九四二年七月三十日の手紙でわれわれが知ることになる第三草稿への移行を告げるものである。しかしわれわれはまだマインツにいるのだ。この間に、リュシアン・フェーヴルは、『アナール』誌の書評欄のための本を何冊か彼に送っている。『アナール』は再び刊行され始め、フェーヴルはブローデルにも最新号を送っているのだ。まるですべてが、つまりブローデルの書評の再開が、二人の間で自明の理であるかのようだ。この問題についてはまたあとで触れることにしよう。

モンティセリ通りのアパルトマンの書庫が友人のフェーヴルによって整理されたことをわれわれは知っている。メモとカードは地下室の金属製の箱のなかに保管されている。心配の種は一つ減った。六月一日、フェーヴルはブローデル夫人に次のように書き送っている。

「ベール叢書（『人類の進化』）の計画のなかに、カール五世とフェリペ二世に関する本が予定されています。タイトルの『十六世紀における帝国と君主制』がその方向性を表しています。私の考えではそれを書くべき人物はブローデルです。彼にそれを書く気にさせる必要があります。フェーヴルはカール五世に関することで、いつでも彼を助けることができます。考えておいて下さい……」

万事良好のようだ。ブローデルは承諾し、六月九日にお礼の言葉を述べている。しかし六月二十四日、突然移送された懲戒目的のリューベックの収容所から彼は手紙を書いている。「学長」としての職務にいろいろな悩みをかかえており、フリーメーソンとして密告されたことがその手紙からわかる。なぜなら彼は戸籍抄本を思い出させることでフリーメーソンではないという証明書を手に入れてくれるようフェーヴルに頼んでいるからである。

彼はリューベックの将校捕虜収容所Xcで三年間過ごすことになるが、ここはマインツに比べると懲戒目的の収容所、Sonderlager（特別収容所）である。しかしブローデルはそこでの三年間とマインツでの「少々陰鬱な」二年間とを比較して、ブランギエに次のように語っている。

「この三年間、私は幸せだったとは言いません。しかしそれでもかなりの満足感を持ってそれを思い浮かべます。(10)」

それは何よりもおそらくそこで彼が『地中海』を書き上げたからであろう。彼にはもはやマインツと同じだけの数の本はなかった。ドイツ語の本もなかった。すなわち九か月間で蓄えたすべての本がなかったのである。そのため彼は読むことが減り、さらにいっそう書くことに専念した。しかし何といっても収容所の雰囲気がまったく異なっている。孤立したド・ゴール主義者で、マインツではのけ者だった彼が、ここでは自分と意見を共有する将校たちのなかにいる。彼はブランギエにこう語っている。

「リューベックは私にとってはまさに解放でした。私は私と同じように考える人々と一緒でした。彼らはみなド・ゴールの味方でした。ボタンを摑んで『フランスがあるべき姿は……』とか『われわれには信念があるのだ』とか言う人々がいなかったのです。ドイツ人たちはそこに『政治犯』、ユダヤ人、脱走の常習犯を集めていましたが、それはフランス軍のなかでもとびきりの美男子たちでした。」

そこには外国人将校、すなわちイギリス人、オランダ人、スウェーデン人、特にポーランド人も送り込まれていた。これらすべてが、フェルナン・ブローデルがそれまで知らなかった同胞愛を作り出していて、そういう環境のなかで彼はいままでとは別のかたちで息をしていた。視界の遮られたマインツの収容所とは違って、リューベックは砂地の散歩道に通じていたので、彼は特にアンリ・ブランシュヴィクとそこを歩き回ったが、そこには北ドイツの見事なまでに鮮やかな空が広がっていた。

彼はその魅力と恩恵を褒め称えてフェーヴルに書く。

「ここにはオランダの温暖さと黄金色、そして海風と空間があります。[……] 空気が変わったのと日光浴のために体調が少しよくなっています。」

八月十九日、精神状態について言えば彼は几帳面になり、私が引用した厳しい判断をマインツに対して彼が向けるのはこの時である。

「ご安心下さい。物資その他の状況はここでは我慢できます。普通の収容所は分裂し、混乱し、陰険な小フランスですが、ここは平和です。私は仕事をしています。私の本は本物の本の体裁を成してきました。」

一九六〇年一月、『第二次世界大戦史評論』に発表されたJ・M・ドゥープの署名入りの記事は、この将校捕虜収容所Xcについてのブローデルの情報を全面的に証明している。

「そこで管理されている人々はすべて共通の特徴を持っている。彼らは防諜機関（Abwehr）によって『ドイツの敵』（反ドイツ deutschefeidlich）として名指されているのだ。[……]収容者の指名と彼らの取り扱われ方の点で特別な収容所であるリューベックは、収容者の精神状態においてもまた特別である。[……]新参者の群れを少しずつ増大させてきた人々は言う。普通の収容所とはどれだけの違いがあることか！[……]多くの『リューベック人』たちにとって将校捕虜収容所Xcに到着することは安堵である。」

リュシアン・フェーヴルはブローデルがフリーメーソンに属していないことについて、ヴィシー政府から何の助けも得られない。しかしリューベックでの生活はそのようなものだったので、問題はさほど重大でなくなったかのように見えた。大きなショックは、ブローデルが書いているように、一九四二年十一月八日、突然ティアレットを「世界の果て」に位置づける、北アフリカへの連合軍の上陸によって起こった。予想どおりの不安、赤十字が通信網を回復させるまで数か月続く不安。彼はブランギエにこう説明している。

「私たちはトランペットの響きとともにドイツのラジオ放送を聞いたものです。ドイツのニュースによって私たちはおおよその動向を追うことができました。収容所内の非合法のラジオ放送もありました。」

しかし別の種類のショック、純粋に知的な衝撃を突然受ける。九月半ば、『アナール』誌を受け取ったブローデルは、ついに十一月末、小包のなかにフェーヴルの『ラブレー』を見つける。フェーヴルがそれをブローデルに捧げることを予告していたにもかかわらず、ブローデルは当然のことながら衝撃を受ける。「期待の星、ブローデルに捧ぐ」。彼は本が検閲にひっかかって取りあげられる前にこの言葉を読むことができたので、十一月二十二日、フェーヴルにこう書いた。「献辞に感動し、誇りに思います」。実際に本を受け取ったのは三十日である。

「私は『ラブレー』を一気に一日で読み、図書室に製本するように渡しました［校正刷りであったことを意味する］。何日かしたら再び手に取って、その時にはゆっくりと読むつもりです。私は感動と喜びを持って読みました。［……］豊かな人間性。［……］あなたがとても有能で若々しいのを感じてうれしく思います。私は最初の数頁を読んだと言うよりは、あらためてル・スージェでのあなたの声、昨日のあなたの声を聞きました。というのは私にはあなたと別れたのは昨日のような気がするからです。」

十二月二十七日には次のように補足される。

「あなたの『ラブレー』を読み返すことができませんでした。急いで読みましたが、暗記しています。最近、自分の原稿を改めて手直しして、本の新しい決定版を書きました。整理し直してあちこち明確にしたり、さらに発展させたりしました。私はまるで階段を、それも終わりのない階段を上っているようです。」

あらゆる点から見て『ラブレー』が大きく関わっていると考えざるを得ない。確かに『地中海』は、フェーヴルの本の中心にある十六世紀の初め三分の二にも、当時の不信仰の問題の分析にも、その点に関するアベル・ルフランの博士論文の解析にも属してはいない。しかし一時代の「精神的道具」なるもの、ならびにわれわれの精神的道具と十六世紀のフランス人の精神的道具の隔たりの強調によって、ブローデルはそこでまさに呼び止められたのだ。他ならぬフェーヴルの声そのものが聞こえる冒頭の考察を、どうして彼は自分のために受け入れなかったのだろうか。

「歴史家は知識の人間ではありません。探求の人間です。したがって既成の解答を再び問題にし、必要なときには、古い過去の訴訟の再審を行ないます。必要なときとは？　いつもというわけではないのでしょうか。歴史家の下す結論が必ずしも偶然性に陥るものではないようなふりはしないようにしましょう。あらゆる愚かな常套句のなかで、『二度と書き直されることがない』本という常套句は最も愚かであるおそれがあります。それどころかその本は二度と書き直されることがありません。なぜならそれは時間の所産だからです。歴史は時間の所産なのです。歴史の価値をおとしめようとして私がそれを言っているのではないことは確かです。［……］それぞれの時代が精神的にそれぞれの世界を作り上げます。時代は自分が持ち合わせているあらゆる材料、自分が受け継いだ、あるいは得たばかりのあらゆる出来事（本当にせよ嘘にせよ）を使って世界を作り上げるだけではありません。時代は自分に与えられた贈り物を使って世界を作り上げます。特有の創意、素質、才能、好奇心、これらすべては、一つの時代を前の時代と区別しています。それと同時にそれぞれの時代は歴史的過去の表象を精神面で作り上げています。〔……〕より多くの出来事、しかもより多様でより制御された出来事、だから精神的利益はあなどれないのです。〔……〕しかし材料しかないのではありません。〔……〕特に、長い間、闇に葬られてきた過去のさまざまな面に対するある時代の人々の関心を映し出す、きわめて変化しやすい好奇心と興味の動機があるのです。[11]」

たとえばドゥブロヴニクの古文書から初めて結論づけることができた船舶の動きへのまったく新たな関心についてフェーヴルが考えることができたことを、ブローデルはそこでなぜ理解しないのだろうか。そして別の多くの箇所についても。なかでも次のような第一章の結論を読むとき。

「ここに、十六世紀の人々の感じ方、考え方、話し方と現代のやり方との間には共通の尺度はまったくないということをわれわれに知らせる人がいる。われわれは関連づけるが、彼ら十六世紀の人間は漂うにまかせている。十七世紀とデカルト以来、何世代もの人々がわれわれのために空間を目録化し、分析し、組織してきた。一つ一つの物、一つ一つの存在が完璧に確定された境界を持っている確固たる一つの世界をわれわれに授けてきた。同じ時から何世代にもわたって人々は、ますます正確に測られる時間をわれわれの活動の厳格な枠組みとするように努めてきた。十六世紀にはそうした偉大な仕事のすべてがようやく始まったところである。[12]」

これは、二十年以上後に『言葉と物』のなかでミシェル・フーコーが引き出すセンセーショナルな発言を予告している。ブローデルはルターについての章にたどりついたとき、彼の感激は再び増し、フェーヴルに一九二八年の「もっと大きな」主題についての本よりもおそらく「かなりよい」と書き送り、「ついでに、まさに生きている立派なエラスムスに」挨拶する。そしてこのことは精神的道具についての次の章の、私が強調したあの斬新さへと彼を導く。フェーヴルは、十六世紀のフランス人が、われわれにとって必要不可欠なものとなった多数の言葉や概念を自由に使うことができず、知的コミュニケーションの言語としてのラテン語の使用はどんなやり方でもその代用とはなりえなかったことを実に巧みに明らかにしている。ブローデルはこの新しく切り開かれた道の重要性を疑っていたが、フェーヴルは一年後、一九四四年一月一日付けの手紙のなかで新年の挨拶をする形で、根本的な問題、特に歴史についての講義のプランについて触れて次のように書いている。

「M・B［マルク・ブロック］が例の主題の本に着手しました『歴史のための弁明』、一九四九年にフェーヴルによって死後刊行され、一九九三年原典校訂版として再び出版された］。もし私が取り組むとすれば、おそらくあなたと同じく、彼の主題とは異なったものとなるでしょう。仕事をする上で八方ふさがりなとき、彼の歴史家としての仕事、偉大な能力に思いを巡らすことは必要です。［……］二冊の本の長い書評を書きました。パンタールの『自由思想家ルイ十三世』はとてもよいし、ルノーブル神父の『機械論の誕生、メルセンヌ、デカルト』は『ラブレーの宗教』を知らずに、驚いたことにぴたりと同じことを言っています。そんなわけですから私だけではなく、他にもたくさんいるのです。しかし彼らは私が方法と考えていることを見つけませんでした。個人の心理だけでは不十分なのです。精神的道具の可能性についての調査が必要です。」

ブローデルは九日にはこの「すばらしい手紙」を受け取って、フェーヴルに感謝する。戦争が緊迫していた当時において、マルク・ブロックとフェーヴルの間の、当然強調することなくフェーヴルがブローデルに知らせた類似性に、われわれはすでに気づいている。確かに、精神的道具の可能性の分析は、博士論文のなかでブローデルが諸文明、特に経済を扱っている部分で行なわれているだけではあるが、より全体的に彼の方法に関わっている。なぜならフェーヴルはそこでかつてないほど知的アナクロニズムの危険性、彼が扱う時代にとってきわめて有効なアナクロニズムの危険性を限定し、本全体の構成を改めて考え直すことをブローデルに強要しているからである。とりわけこの第二部については、彼は次第に「全体的な動き」の部分として考えるようになる。

一九四二年十二月三十日、解放されたアルジェリア、つまり占領されたヨーロッパとの連絡を絶たれたアルジェリアにいるポールのもとにいつ届くかわからない手紙のなかで、ブローデルはすでに次のように言っていた。

「最後に発送してから、私は本の最初の部分を二回書き直しました。新しく書いた物はいまやフェーヴルの手に委ねられています。それは私の期待どおりです。人はおそらく考えてから書かなければならないのでしょう。しかし実際には真っ先にしなければならないこととして人は書き、時間ができたときに考えるのです。」

アルジェリアとの連絡が赤十字によって再開されるのは、一九四三年の四月も半ばになってからのことである。五月二十四日の手紙で話題になるのは、フェーヴルに送った第一部の新しい草稿である。しかし十三か月後にも事情は変わっていない。ポールはそれが第一部の第四草稿であるとはっきり言っている。

一九四三年十一月十二日の手紙は、フェーヴルに心の奥を打ち明けた珍しい手紙の一つである。

「またどさっと倒れ込んでしまうような落胆をあなたに申し上げるのは間違っていました。仲間たちはそのことを何も知らないので私の平静さをうらやましがっています。彼らは外面しか見ていないし、外面は悪くない。私は本を読み、教え、書いています。さまざまな本を夢見ます。ループネルの『歴史と運命』、地中海の景観に関するジークフリートの本。それ以上にあなたの編集している『メランジュ』誌〔『アナール』誌の新しいタイトル〕。これについては新参者でリセ・アンリ四世の教師のブランシュヴィク(13)が別の収容所で読んだと私に話してくれたものです。けれども長く重苦しい時間があります〔……〕。でも安心して下さい。忍耐の宝と泉が私には残っていますから。ロレーヌ地方出身であるという利点があり、がっしりした農夫からさほど遠くはありません。私は『地中海』の手直しをするつもりです。プランや構成をもう一度検討し直します。」

のちに彼はガストン・ループネルの本について好意的な書評を書くが、その「緩慢なリズムを持つ歴史、構造の歴史」を『地中海』の冒頭で賞賛することになる。一九四四年六月、フェーヴルが主題について考えていたことをブローデルに書き送らなかっただけにいっそう注目に価する賞賛である。

「確かにあなたは田舎の似非偉人のループネルに夢中になっていました。あなたは自分の富を彼に貸し与え、いつものように彼の本を読むことによってあなた自身読まれているのです。形而上学に達したいと願うのはただの愚痴っぽい泣き虫です。彼がぬきんでているのは、ブルゴーニュの土地について話すときです。献呈本を受け取りましたが、この本について書評は書かないことに決めました。あなたの論文は興味深く生き生きとしています。心配しないでやって下さい。いくつかの表現を和らげるだけでいいのですから。」

ループネルのこと以外に――『歴史と運命』が、ヴィシー政権の「国民革命」をにおわせるものすべてを待ち構えているフェーヴルのいらだちの原因となる「大地への回帰」という欠点を持ち、第一作目の『フランスの農村の歴史』と比べて見劣りすることは確かである。しかしブローデルは構造的歴史しか見ていない――われわれは彼らの関係の率直さと温かさに注目する。そして、フェーヴルは自分が出版する原稿を、自分が消化できないものを排除することによって、完全に自分のものになるまで、常に修正し、時として書き直さずにはいられないが、この論文は、当時の情勢のなかでも、ブローデルがそういうフェーヴルの厳しい要求を免れていないということを証明している。しかしフェーヴルの跡を継いで『アナール』誌の編集にあたる時にブローデルはこの方法を実践しない。ブローデルは厳密にその精神を受け継ぐことになるが、『アナール』誌はフェーヴルの子供であったが、決してブローデルの子供となることはない。

もちろん一九四四年の出来事は、捕虜の深い悲しみや不安を和らげはしない。ポール・ブローデルはパリ解放後に書かれたかなり悲痛な手紙を引用している。

「仕事を再開した……でもこれはつらい。パリのことを考えます。パリは無傷だといううわさだ。でもこんなにも長い間放っておいた私たちの家はどうなっているのだろう? 保護され、再び思い出され［このことは事実である］、私は偉大な歴史家と呼ばれるものになるだろう。これは多くの辛いこと、情熱、エゴイズム、隠遁生活、そして強烈な喜びを意味する。でもそうでないとしたら?」

ノルマンディー上陸作戦の前、一九四四年五月十七日の手紙のなかで、フェーヴルは彼を次のように安心させた。

「ブローデルの博士論文? 私にとってたいへんな心配の種でした。私は危険を分散させました。モンテイセリ通りはとても危険だと考えて、あそこには何も置きませんでした。ノートの半分はここに［フェーヴルのパリの住居であるヴァル・ド・グラース通り］あります。残りの半分はユルム通り［エコール・ノルマル］の地下室に置いて司書に管理を任せました。私自身の覚え書きについても同じ措置をとりました。」

フェーヴルの手紙によって、ブローデルは文章の行間からフランス解放を知ることになる。五月十七日、「ただし電車がまだ走っていればの話ですが」。六月二十二日、「二週間前から孤立無縁です、それも完全に、すべてのものから」。七月二十一日、「ル・スージェの言い方ではわれわれは全員無傷です」。十一月十五日、「多くの人が死にました。なんといってもM・B［マルク・ブロック］のことは無念です! しかし苦しみはずいぶん和らぎ、いまや喜びで満ちあふれています!」。アルジェリアのニュースと同じようにその後赤十字から時差のあるニュースを得る。というのも解放されたフランス発のニュースだからである。ブローデルはブランギエに対し、マルク・ブロックの死の知らせは若きステファン・ピオベッタの死の知らせと同時に届いたと言っている。ステファンは彼の生徒で、エコール・ノルマルの学生であったが、カッシーノにて死亡した。ブローデルはリセ・アンリ四世の教頭であったステファンの父親をよく知っていた。

「一部の人間がわれわれのために、われわれの代わりに殺されたのではないかという思いを人々が持っていることは、君にもわかるでしょう。そろそろ六十歳に手が届くマルク・ブロックよりむしろわれわれが死ぬべきでした。私の研究室にステファンの写真があります。彼はソルボンヌに埋葬されています。通りかかる度、私は彼にボンジュールと声を掛けます……。彼の父上は戦争後、私に会うたびに泣き出してしまうのでした……。」

ここで少し中断しよう。というのはこのエピソードはブローデルが戦争の悲劇を前に、理論のなかに感情を入り込ませるという、めったにない瞬間であるから。またこれは私との自由な会話のなかでのことであり、彼が読み直したらおそらくここを削除したであろうから。

3　ドイツ軍占領時におけるリュシアン・フェーヴルの態度と『アナール』の継続

まず初めに、当時四十二歳だったブローデルの心のなかでは、マルク・ブロックの年齢は兵役免除されるべきものであったことを記憶に留めておこう。平均寿命の伸びがさまざまな事態を変化させた現代と当時の間に年齢の考え方においてギャップがあることはすでに強調したが、それを証明するものである。次に、国土解放が達成された時において、まさにマルク・ブロックに関係のある一つの問題に立ち戻ることをお許し願いたい。その問題とは、最近、プリンストン大学のアメリカ人の歴史家であるナタリー・ゼーモン・デイヴィスの論文、「検閲、沈黙、抵抗――ドイツによるフランス占領期における『アナール』誌[14]」、さらにスイスの歴史家フィリップ・ビュランによって一九九五年の初めに出版された大著『ドイツによる占領時代におけるフランス[15]』とともに突然浮上したものである。

それは当時も、そして私が一九四五年五月にマウトハウゼンからフランスに帰ったときにも、誰も提起していなかった問題、すなわち占領時におけるリュシアン・フェーヴルの態度のことである。われわれはすでに数々の手紙によって、彼の精神状態がヴィシー政府とも対独協力とも決して相いれないものであったことを見てきた。われわれ、すなわち歴史と少々関係があったかつてのレジスタンス活動家たちにとって、『アナール』誌が法律上別の名前で再刊されたのはやむをえないことであったということを付け加えておこう。というのも内容について妥協しなかったからである。これは検閲の目をごまかして、合法的な本や出版物によるフランスの知的存在を、可能なかぎり見逃させるという、この領域でのレジスタンスの戦略であった。われわれはそれを正々堂々と闘うことと判断していた。なぜならナチスはあらゆるフランスの特殊性を破壊する意向を隠しておらず、それは「八十九の原則」あるいは「オットー・リスト」による書店からの本の除去を意味していたからである。

フェーヴルによって刊行された『アナール』誌と『論文集[16]』は、戦前の雑誌の精神を持った内容であり、明らかにナチスの検閲よりも国民革命の道徳的次元に気をつけているヴィシー政府の検閲は、この雑誌を必ずしも大目に見ていたとはかぎらない。ビュラン氏はフェーヴルに対する批判のなかで、ヴィシー政府の検閲は「足元がふらついている」と主張するが、最小限言えるのは、彼の本がこれらの非合法の問題に対する完璧な無理解を立証しているということである。[17] デイヴィス夫人はアメリカ人であるが、間違いや似たような誤りを犯しているとしても、彼女は状況を理解するのにビュラン氏とはまったく別の努力をしている。彼女は次の点を強調している。

「初めに、占領時の『アナール』誌による人々の取り扱いの問題があったが、それは宗教的あるいは政治的理由からナチスにとって好ましからざるタイプの人間を無視したりその人たちに刃向かったりすることであった〔たとえとして彼女は「military prison 軍事刑務所」に入っていたと彼女が信じているブローデルを挙げている〕。ユダヤ人の血を引く大学教員たち（たとえばアンリ・オゼール）は、彼らの仕事が関わる度に書評のなかで言及され、イギリスやアメリカの大学教員の著作も場合によっては引き合いに出されていた。〔……〕『アナール』誌がマルク・ブロックをどう扱ったかは特に重要なことである。M・フージェール〔ブロックがやむを得ず用いていた偽名〕は一度ならずその身分を明らかにしてしまった。たとえば「私は『封建社会』において〔ノルマン人の陪臣という〕主題にいくつかの仮説を提示した……」という具合だ。〔……〕フェーヴルはしばしばマルク・ブロックの書物や、『アナール』での協力関係や、ブロックの将来の計画に言及した。『封建社会』の第二巻の長い書評で、〔……〕フェーヴルはこの本とその前の本を『非常に充実していて、まったく斬新で、博識で、知性のきらめきのあるすぐれた二冊の本[18]』として記述した。」

マルク・ブロックは、占領時にフェーヴルの手で刊行された『アナール』誌の自主独立の精神の生き証人であることに間違いない。過去を顧みて、『アナール』誌の継続をレジスタンス活動家たちの判断に適したものにしたのは、ビュラン氏がほのめかすようなマルク・ブロックの殉教ではなく、彼独自の雑誌への協力とそのセンス、すなわち中身の「密輸入（非合法性）」である。そしてまた当然ユダヤ人として姿を見せることが禁じられているという事実があり、彼は自分の存在を示す方法を、自分自身満足して、[19] またフェーヴルの助力により、そこに見いだしていた。

フィリップ・ビュランはこの時期のフェーヴルの態度のなかに、次のような事実しか認めようとしない。「さまざまな価値と主義主張の表明に基づいた『アナール』誌の」再刊に優先権が与えられていること、それに伴う友好的なアーリア人化は、やはり一つの意味を持っていた。確かに起こってほしくないことなのだが、おそらくドイツの占領が起こりうると判断される展望において実現されたかぎりにおいて、ユダヤ人が消えていった地平線の上に認められる記載に等しかった。[20]」

このような解釈は、それがどんなに凝った回りくどいものであれ、支持できない。一九四一年から一九四二年の間の自然な感情でなく、ついでに「[雑誌が]果たすべき使命という気高い意識」をビュラン氏はフェーヴルに認めようとしているが、戦争がさらに長引くであろうということや、そのためこの最悪の時代にブローデルに対して彼が言い放ったように、嫌悪感と毅然とした態度で否定したドイツの勝利を信じることに基づいた選択を「持続する」必要があるということをリュシアン・フェーヴルのせいにする。

一九四〇年十月二日、ル・スージェからパリに戻った日に書かれた手紙は、ブローデルも「リュシアン・フェーヴルの存在[21]」のなかで引用しているが、そのなかでフェーヴルはいかなる疑いも残していない。

「私はあなたの予想どおりの感情を抱いて出発します。ここ[パリ]にいて、結局われわれに残された唯一の方法は立ち向かうことです。そして可能なかぎり、人間として可能なかぎりここにいなければなりません。待ちましょう！待つのです。運命の歯車は常に回り続けています。それが最後にどの番号の所で止まるのかは、まだ誰にもわかりません。だから希望を捨てるのはやめましょう……。大きな未知なるものが大西洋の向こうにあります……。これは長期戦となるでしょう。だからもう一度言います。このまま維持して踏みとどまりましょう。」

一九四〇年十月二日！　疲弊したフランスのほぼ全域がひれ伏していたその時。リュシアン・フェーヴルは、マルク・ブロックから来た手紙の一部を書き写していた。そこには中世研究家として同じ決意が主張されていた。

「私がすべての希望を失ったと思わないで下さい。百年戦争はクレシーでもポワチエでも終わらなかったのです。」

平和な半世紀が過ぎて、ましてやスイスで読むこれらの文章は、いまや自明の理のように思われるが、一九四〇年十月のパリにおいてレジスタンス活動家であった私としては、三か月後のドイツの圧勝をこのように考える勇気のある人は、草原のなかの四葉のクローバーよりもまれであったと、言うことができる。

「ユダヤ人が消えていった地平線」への同意を表明する仕方は、いずれにしても変わったやり方である。われわれは別の証拠、もっと決定的な証拠が欲しいのだろうか。それは一九四一年秋の新学期開始の際に、エコール・ノルマルの学生に送られた言葉、「歴史を生きる——歴史学入門」〔『歴史のための闘い』所収〕のなかに簡単に見つかるが、この時期は最初の人質の死刑執行の時期と重なっている。フェーヴルは彼らに「経済と社会という二つの付加形容詞」の関係を明確に述べ、その表現についてもこう言っている。

「それは残留物や遺産とは別のものではありません。長い論争の残留物ないし遺産は、一世紀も前から人々が史的唯物論の問題と名づけているものが原因となっています。〔……〕われわれ、つまりマルク・ブロックと私が『アナール』誌の表紙に、この伝統的な二つの言葉を印刷させたとき、われわれは特に『社会』という言葉が時間の流れのなかで、人々がたくさんの意味をもたせている形容詞の一つであり、それがほとんど何の意味ももたないことはよく理解していました。」[22]

銃殺された者たちの最初の赤いポスターがパリの壁に貼られた一九四一年初秋、史的唯物論、すなわちこの上なく「ユダヤ的学問」であるマルクス主義と、「マルク・ブロックと私がわれわれの『アナール』誌……」を同時にエコール・ノルマルの学生たちに連想させることは、いかなる否認にも、また特に「ユダヤ人が消えていった地平線」にも同意しない男のものである。それはまさしくデイヴィス夫人が心に留めた『封建社会』の書評を書いた人である。彼女にならって、占領下の『アナール』の文脈をつかまえるために、モーリス・アルブヴァクスが同じ状況下で『社会学年報』を出版させたことを付け加えておこう。モーリス・アルブヴァクスが『アナール』誌のために書いた一九四三年の人口統計についての論文は検閲にひっかかり(フェーヴルの考えでは、そこにはペタンの出産奨励政策への批判が読みとれると思われたからである)、周知の通り、彼はレジスタンス行動のためにビュシェンヴァルトで亡くなった(一九四五年)。この一歩も譲らぬフェーヴルを、われわれは一九四四年のル・スージェの解放について書いた報告書のなかに見出す。

「実際には、われわれは六月七日以来解放されていました。道路という道路はすべて切断され、木々は道に横倒しになり、鉄道は破壊されたままでしたが、われわれは共和国をごく自然かつ簡単に再び樹立しました……。[……]これこそわれわれの平凡な歴史です。これまでのところわれわれのまわりには悲惨なことは何もありません。マルク・ブロックが一五〇人の政治犯とともにリヨンで殺されたのを除けば。これはゲシュタポが拷問の後、自分たちが逃げ出す前に行なったことです。これは学問にとっても国にとっても取り返しのつかない損失です。ブロックはレジスタンス運動に身も心も捧げたのであり、彼のような人間は多くありません。[23]」

したがって戦争終結の七週間前の一九四五年三月十五日に書かれた、ポール・ブローデル宛の手紙を引用する必要がある。

「仕事でへとへとに疲れて、うるさく責めたてられ、しつこく悩まされていると感じるのは愉快なことではありません。[……]でもどうしようもないのです。私の年代の運命なのですから。まず最初に一九一四年から一八年で大量に死んだため、私の同世代の人々は、言い逃れをすることなく、本来の仕事より二倍も三倍も多い仕事をしなければなりませんでした。そして新たに一九四〇年から四五年までで大量に死んだので、人々はためらうことなく、疲弊したフランスにおいて、歴史の他のどの時代よりも男が少ないため、非常に重い仕事、彼らの側に不足している四倍も五倍も多い仕事をしなければならないのです。マルク・ブロックの悲劇的な死、それは私にとって毎日の援護、支持、毎日の支えを失っただけでなく、支えを奪われて以来、一緒に過ごした有効な時間にそのたびに気づくのです。私にとっては二人でしていたことを一人でしなければならなくなったのです……。だから打ちひしがれているのです[24]……」

しかしなによりもリュシアン・フェーヴルが一九四五年に再刊した『アナール』誌のなかで発表した原稿は、ビュラン氏の論拠を打ち砕く。私はより多くの客観性を得るために、デイヴィス夫人にならってそれらをもう一度取りあげることにしよう。彼女は、マルク・ブロックの死を知らされた後のフェーヴルがドイツ人による「アーリア人主義から排除したすべての人の」取り扱い方を暴いたことに触れている。

「彼らの過激さ、サディスティックな残酷さ、人間の最も神聖な権利の恐ろしい侵害を可能なかぎりおぞましいものにした『アーリア人主義』から排斥したすべての人々の」取り扱い方のことである。

ブロックと親交のあった二十五年間を振りかえることによって、彼ら二人は、

「悪い歴史、悪い歴史家、そして悪いヨーロッパ人でもあった悪いフランス人に対する共通の憎悪を抱いていた点で、これまでになく団結していた」とリュシアン・フェーヴルは言う。

したがって彼は自分自身を「雷によって半分の枝が落とされた木」のように感じていた。さらに、

「『アナール』誌の」表紙からマルク・ブロックの名前を消すことで、人々は降伏と妥協のしるしをそこに見るだろう」という自己批判を含む、ブロックについて論じた原稿を集めたのはデイヴィス夫人である。

そしてフェーヴルがブロックの手紙の抜粋によって、このテーマについてのブロックの声そのものを聞かせていたことをデイヴィス夫人は強調する。そこには『アナール』誌の運命について書かれた一九四一年の「辛辣な」手紙も含まれている。

なぜならビュラン氏が、「選択の余地があったということは重要なポイントだ」と述べているのだから、最小限やるべきことは、それについての正確な資料を探すこと、特にフェーヴルが国土解放時の『アナール』誌の読者たちにそのことについて何も知らせていなかったことを認めることだからである。ところがビュラン氏はそのことをまったく気にかけていないばかりではなく、これらの資料を逆転させて、フェーヴルがユダヤ人滅亡に甘んじていると推論し、ついには『歴史』一九九四年十二月号に発表された対談のなかで次のように言い放っている。

「一九四四年、それは対独協力の年と言うことができたでしょう。もしフェーヴルが極端なカトリックで反動分子でシャルル・モーラスのシンパであったなら、おそらく彼は粛正されたでしょう。しかし彼は左翼の人間でした。」

先例よりもさらに当惑させる推論、それはフェーヴルが常に対立していた思想をフェーヴルのものと見なすことであり、実際の姿とまったく逆のものを彼とみなして彼を糾弾することである。

『アナール』誌は、ブロックの名前なしに、密航者（地下潜伏者）としてのブロックとともに依然としてその姿を変えずにいた。たとえこのことが二人の創設者（であり共同所有者、このせいですべてが複雑になっていた）の間の苦悩に満ちた手紙のやりとりへとつながったとしても。ビュラン氏が自らの気高い精神を示すため、フェーヴルの努力のなかに「うまく進められた計画への愛着」を見ていることを付け加えることは、フェーヴルにおける商業的卑俗さと倫理的な非常識を結びつけることになる。一九五三年、ブローデルは、フェーヴルが「出版する」理由をはっきりと述べた、一九四一年十月二十日の手紙の一節を発表している。

「出版しないなんてばかげているという結論に達しました。私個人のためではありません。本が書き上がれば、それだけで私には充分なのです。私には宣伝したいという気持ちはまったくありません。しかし国があります。こんなことを言うと愚かしく思えるかも知れませんが、それは確かなことなのです。私たちはいま、私たちが生きていることをはっきりと断言すべきです。確かに生きていることを。[25]」

『アナール』誌のメンバーのレジスタンス活動家たち、あるいはメンバーに入ろうとしていた人々、すなわちマルク・ブロックの友人で、占領時のブロックとフェーヴルの連絡を確保したシャルル・モラゼ、ジョルジュ・フリードマン[26]やジャン＝ピエール・ヴェルナンなどによるこの時代についての判断に関しても、ビュラン氏はまったく考えなかった。確かに、フェーヴルがカルヴァンの時代と遠く隔たっていたのと同じくらい、一九九五年のスイスは一九四一年のフランスとは遠く隔たっている。しかしまさにフェーヴル以来、人々は踏み出すべき一歩を上手に計測しているのだ。ビュラン氏はフェーヴルのことでこの教えを思い出すべきだっただろう。

このように長くなってしまったことをお許し願いたい。しかしもはやフェーヴルがここに来て自己弁護することも、ブローデルが証言することもない[27]。ところがこれらの訂正はそのことを理解するためにも重要である。なぜならビュラン氏が攻撃文のなかでブローデルに触れていないにもかかわらず、国土解放時の再刊の要求をあまりに好意的に表現したとして非難されたモラゼとまったく同様に、ブローデルは一九四五年五月に解放されて以来、フェーヴルの友人であり、フェーヴルとともに『アナール』誌を再開した者として間接的に批判の対象になっているからである。なぜならわれらが歴史家ははっきりとは言っていないが、当時『アナール』誌が敵との妥協を見逃してもらわなければならなかったということを、(28) 既成事実として取り扱っているからである。したがって私がすでに示したように、問題そのものが生じていなかったという正当な理由でブローデルから問題が提起されなかったにもかかわらず、『アナール』誌の出版の継続について、捕虜収容所のなかで彼が摑んでいた数々の情報を収集しようとするのは興味深い。

先ほど私は、フェーヴルが一九四一年から一九四二年の間に、文通のなかで、『アナール』誌の再刊問題や再刊が直面する実際の困難をほのめかしているにもかかわらず、このことがフェーヴルからブローデルに対して自明の理であるかのように進行していることを強調した。ところが、年を追うごとに、フェーヴルの一言も、ビュラン氏を小躍りさせるような種類の「妥協」をまったく予想させないばかりか、勘のするどい者にとっては、逆に密輸品としての、ブローデルが見破ることができるレジスタンス問題のほのめかしは、完全に見分けることができる。一九四二年四月十二日には、「私はル・スージェに残っています。どのくらいの期間になるのかは謎です。私の健康のためにはよい空気のここに残る方がいいとタイミング良く知らされたのです。あなたがすでに体験しているように、少し重たい空気、ややブレス地方のような空気ではありますが、突然冷え込むことはありません。[……] あなたは私が不平を言わずに医者や神の忠告に従わなかったと思っているでしょう。私は、特に最初のうちは、あちらで起こりうることを心配して生活してゆくでしょう。[……] そしてどうかうまく『アナール』誌が再刊されるように！　私にはこの突然の発熱の病因はまったくわかりません。少なくとも誰も私に言ってくれませんでした。しかし私は結局シュザンヌから真実を聞き出すことになるでしょう。」

一九四二年のこのフランス語を翻訳すると、フェーヴルはブローデルに、レジスタンスのどこかのグループで複数の逮捕者が出たに違いないことを伝えている。そのグループと彼は接触する可能性があったので、人々は彼に、彼の安全のために「田舎で休養する」(29)ことを命じたのである。四月十九日、ブローデルは「病気」について話す際に同じ暗号を使って答えており、その後五月十六日に、検閲に不審に思われないよう、まったくのついでをよそおって「パリの最新情報」を挟み込んだフェーヴルの新しい手紙によって、安心させられる。警報は終わった。このことは必ずしもマルク・ブロックのような、危険に満ちたレジスタンス活動を意味するわけではないが、いずれにしてもその影響を受けるおそれがあるほど目立った活動であることを意味している。そして彼がそれをブローデルに伝えたのは、当然のことながら自慢するためではなく、ブローデルに疑惑を抱かせ、郵便物のなかで書いてよいことについてますます注意を払うようにさせるためである。ル・スージェの隠れ家で「寒さ」が彼のところにまで上ってくるという場合は、すなわち彼の手紙がゲシュタポの手に渡ったことを意味していた。彼の年齢なら日和見主義者であっても当然であったが、この警報は彼の態度がそういうタイプの人間のものではなかったことを十分に表している。

報復として収容所でナチスの検閲を通すために書かれたフェーヴルの手紙のなかで、一九四四年の二月にもう一度戻ってみよう。三月二十日、

「人々にはおそらくトンネルの先が見えています。しかしわれわれはそこにたどり着けるのでしょうか、それともその残骸の下で埋もれたままになるのでしょうか。［……］あなたに知らせることさえできない悲劇的な事件が起こっています。悪夢のような雰囲気、そのなかでわれわれが人類の最後の基礎と信じてきたものがすべて崩壊しています。」

これだけでもビュラン氏が「ユダヤ人たちが消えていった地平線」に関してフェーヴルのせいにしているのを否定するのに十分だろう。

翌日の三月二十一日、

「日ごと目的に近づいていることを忘れてはいけません。たぶんいま、一日は四十八時間、つまり二倍あるということも。ここでの緊張が想像を絶するほどまでに達しているのはまさにそのためです。」

はっきりと言い換えると、これは連合軍の成功がフランスの解放を早めていることをブローデルに伝えているのである。

国土解放の真っ最中ではあるが、まだ危険が少しも消え去っていない、一九四四年八月二十二日の手紙のなかで、問題に関連するものだけを取りあげてみると、

「ここを通るはずだった共同編集者に会えませんでした。彼は、あなたも知ってのとおり、非常に巧みに、勇敢かつ積極的に行動しています。」

マルク・ブロックが銃殺されたことを知る直前の、彼の最高のアンガージュマンへの敬礼である。このことはマルク・ブロックの行為に捧げられる称賛が、後になってから味方につくというやり方はフェーヴルにはないということを示すのに十分であるのだが、そもそもこれはブローデルから見れば不条理であろう。これは単に、闘っている一人のレジスタンス活動家に対する心からの称賛である。

ベルトラン・ミュレール（マルク・ブロックとリュシアン・フェーヴルの往復書簡の編者としてすでに引用したことがある）とペーター・シュットラーが書いているように、これらすべてから次のようなことがわかる。

「もちろん［リュシアン・フェーヴルに対する］中傷は証拠資料の試練には耐えられない。それは一人の歴史家の誹謗者たちにとって都合がいいような黒い（あるいは灰色の）伝説にすぎない。そしてその歴史家の『歴史のための数々の闘い』は彼らの偶像破壊的な力を一向に衰えさせなかったのである。(30)」

ブローデルは自分がいなくなってからこのような議論が始まることをまったく予想していない。しかし、もしそのごくわずかな影響を疑っていたら、ド・ゴール派の彼が自分の考えを説明しないでいるということをどう考えるべきなのか。なぜなら彼は、非常に幸運なことに、占領時の『アナール論文集』誌において関係者だったからである。ブラジルとジルベルト・フレールの著作に関するブローデルの大きな論文が一九四三年に、続いてループネルについての書評、マクシミリアン・ソールの著作の書評として「生物学的個人の地理学というようなものはあるか」が、フェリペ二世に

関する一連の書評とともに一九四四年に発表されている。

したがって、人々がどの観点からブローデルをおさえるにせよ、ここにあるのは大きく脇道にそれた議論である。すなわちアナクロニズムが何の言い訳にもならず、まさにその日その日を持ちこたえ、ヘーゲルの年老いたモグラのようにひそかに地下で働かなければならなかったヴィシー政府やナチスの占領下での知的レジスタンス組織の計画の一つをあとから評判を悪くすることを目ざす議論である——輝かしい功績を別にすると、ビュラン氏は作家や哲学者等の犠牲者名簿にも関心を示さない——。あんなにも長い捕虜生活の間に、将来の博士論文によってだけでなく、直接的には自分がまだ「生きている」ことを証明しながら、正々堂々と貢献することによって知的レジスタンス組織に参加してブローデルの士気が向上したのは確かであり、これらの貢献こそが、言論の自由を抑圧されながらも自分か作り上げたものに関わることを止めなかったマルク・ブロックと同じように、ブローデルに対しても「長続きする」ことを可能にしたことは間違いない。

一九四五年元旦のために、ブローデルが妻のポールに書き送った文章は、われわれにマルク・ブロックの死亡のニュースを間接的に思い出させる。

「本当に年をとってしまったと感じる［ブローデル自身による強調］……［確か彼は四十二歳のはずだ！］気難しさも憎しみもない。笑って下さい。でも無分別にではない。まったく正気だ。残念ながら正気すぎるくらいだ。［……］仕事を大いに楽しんでいる。私の本の第一部の書き直しが終わった。満足だ。その途中で序文も書き直した。しっかりした構成で、よい出来だと思う。しかしこれは方法であって目的ではない。」

実際まったく正気である（老化に関することを除いて。しかし四年半の捕虜生活は重要である）と同時に、非常に典型的な手紙である。つまりたとえ戦争終結が捕虜たちや苦しんでいるすべての人々を一度ならず失望させながら、さらにまるまる四か月待たせることになろうとも、どんな精神状態でブローデルがこの戦争終結という歴史的転回点に直面するかを、彼自身に考えさせる、いわば歴史家として自分を見つめることを示す手紙なのである。のちに彼は捕虜の歴史家としての対応の仕方を思い浮かべながら、ブランギエに次のように語っている。

「ラジオから聞こえてくるさまざまな出来事の裏には、非常に長い歴史、私が『父なる神の視点』と呼んでいるものがありました。私は人々が興奮し、さまざまな局面が相次いで起こる様を見るという、理想的な状況に置かれていたのです。私は真の運命の力を深く理解しようと努めていました。このことがなければ、私は『地中海』を、あのようには着想することはなかったと思います。イタリアの哲学者たちは、それに気づいて私にこう言いました。『あなたはこれを監獄のなかで書いたのですね……』」

『現代史ジャーナル』のために書かれた一九七二年のテクストのなかで、彼はもっと的確に語っている。戦争体験に関しては、積み重ねられた歴史が持続期間の異なる歴史の接ぎ目でゆっくりと変化してゆくことを明らかにしている。

「私はすぐには気がつかなかったが、私の歴史の見方はその時決定的なものとなった。どんな伝統的な歴史物語もとらえることができないような気がしていた、一つのスペクタクル——地中海——に対する唯一の知的な答えとして、また私が生きてきた悲劇的な時代に対する唯一の実存的な答えとして。われわれの敵のラジオや新聞がわれわれにいやというほど流し続けていた、これらすべての情勢、あるいは非合法のラジオがわれわれに伝えていたロンドンからのニュースでさえ、私は聞き流し、拒絶し、否定する必要があった。出来事なんかくたばれ、とりわけ人を困らせる出来事は！　歴史は、そして運命は、もっと深いところで書かれるのだと信じる必要があった。長期の時間の観察者を選ぶこと、それは避難場所として父なる神のポジションそのものを選ぶことであった。われわれという人間、われわれの日常の不幸から遠く離れて、歴史は書かれ、ゆっくりと、地中海の昔の生活と同じくらいゆっくりと回っていた……。［……］このようにして私は自分が理解あるいは考案できる最も奥深い歴史的言語を意識的に探し始めたのだ。［……］そのため私の本は不動のものから出来事の短さに至るまで、いくつもの異なった時間の線によって整理された。[31]」

ブローデルの戦争との距離の取り方は、われわれがいままで見てきたように、彼の捕虜収容所時代に始まるわけでもないし、戦闘の最終的な激化や、短時間の「出来事的な」情報が「がっかりさせるような」影響を歴史家に及ぼすことがあるところに始まったわけでもない。この「父なる神の視点」は一九三九年からすでに彼のなかに存在していた。そしてわれわれは、確かに自由だが、知的には戦争の危機段階にあるうちから束縛されていた彼が、さらに六年後、捕虜収容所で自由の身になることを待ち望んでいた時代と同じくらい、戦争が意味するものをほとんど自問することなく、ブローデルが戦争に出かけてゆくのを見た。彼の行動は歴史家のものだ。彼の収容所仲間の若き英文学者マルク・アンドレ・ベラは、このことを適切に記述している。

「たった一枚の壁の厚みだけが私たちを隔てていました。というのも何回もの引っ越しの後、彼は七号室、私は九号室に入れられて、私たちの部屋が三段ベッドが三つで九人なのに対し、彼の部屋は若干広いのですが、そのなかは十二にわかれていました。[……]ブローデルは戦争やコミュニケについては一切話しませんでした。粗末な料理や寒さ、ガス室の危険についても話しませんでした。私は彼が不平を言ったり、ベツレヘムよりも生活が不安定に思えるような溜まり場（キャラバンサライ）で『有益な者として行動』したりするのを見たことがありませんでした。私が彼のことを夢想にふけるヒンズー教の導師と間違うほど、彼は私たちにあまり似ておらず、剥奪や嫌がらせとは無縁で、当時ずっと創作をしていました。彼はあてどもない夢を追いかけ、荷物入れのなかにそっと滑り込ませた小学生用のノートの表紙には細い字で『地中海』と書かれていました……」

この態度——ブローデル特有の超然とした態度——が、収容所生活と最終交戦の重圧によって硬化し、激しくなったことは事実であるが、結局は何も変えることはなかった。ベラは、私が先に引用した一節のなかで、ブローデルによって一九四〇年の敗戦という出来事からいかに彼が解放されたかをよく書き表している。[32] それゆえ、この捕虜生活の終わりに長期の「父なる神」の側面を伝えることは、たとえブローデルがわれわれをそこに導いているとしても、誤解である。これは彼にとってはわれわれが一九三五年と一九三六年以来確認してきた、根本的な視点なのである。そこから生じる歴史に対するこの「父なる神」という見解の影響は残っている。なぜならそれは「私が生きてきた悲劇的な時代に対する唯一の実存的な答え」だからである。次の文は一九九五年、アンドレ・グリュックスマンがその点について、一般化できると信じて、ブローデルに呼びかけたものである。

「とんでもない！　一体いつから歴史が悲しみを癒すというのだ？　アナール学派はひそかに薬剤師として軟膏や薬草や鎮痛剤、催淫剤を売っていたのか。アナール学派はあらゆる反対を押し切って、一九一四年に開いた心の傷を治そうとする意思から生まれたことを認めるのだろうか。［……］ブローデルの大著は、自分でも気づかぬうちに、G・W・ヘーゲルのテーゼの経験論的確証をプログラムに組んでいる。つまりあらゆる殺戮のなかにも対話が聞こえる。死闘の興奮した外見の下でも、それは好戦的な気分を覚まさせる現実的な限界と具体的な問題点をチェックする。『それぞれの時代は時代固有の一つあるいはそれ以上の戦争を作り出している』［……］。しかしながら見せかけの体系的な厳密さの下に、短い期間で戦争の進行を止めさせたり、平和に長期間という恩恵を与える、天使のような分割を忍び込ませることを可能にするものは何もない。(33)」

要するに、問題となるのは、こういうことだ。ブローデルの場合、時間の流れに沿ってすでに見てきたように、戦争に対して距離を置いていることと、彼の思考のなかにそれを働かせることの拒否があるが、それらは彼の「新しい」歴史を、悲劇的な現実から切り離すことによって条件づけているのだろうか、ということ。これを記憶にとどめておこう。なぜならこの問題は『地中海』の構想、そしてその実現さえも越えているからである。それはブローデルがパリに帰ってきたとき、再び白日の下に突然現れる。その時にまたこの問題を取り扱うことにしよう。

しかしまず最初にブローデルの立場は、彼が自分で言っているよりも複雑であることを明らかにする必要がある。マインツとリューベックでの講演の、戦争後に書かれた出版計画の序文には、次のように書かれている。

「何年も困難な状況のなかで、私は冷静さを保ち、パルチザンとしてではなく常に歴史家として判断を下したいと望んでいたと言う必要があるだろうか。もちろん私はフランス、ヨーロッパ、そして世界を机上で作り替えるという、時代のあまりに安易な流行に乗って積極的になろうとは思わなかった。私の望みは物事や存在をできるだけ客観的に見て明らかにすることだった［……］。私は偏っていたり、意地が悪かったり、執念深かったり、おべっかを使ったりする必要性も、考え方や話し方を変えたりする必要性も感じなかった。私の考え方や話し方はこれからもずっと自分のものであり続けると確信している。私は友だちであろうと敵であろうと、人々や国、そして私の国自身が、それでもなお怒りや苦渋のない心について評価するのを耳にする……。〔……〕私の歴史家という仕事は私にとって心の支えであると同様、現代についての監視所であるが、私はこれら現在のやっかいな問題について穏やかな調子でにこやかに話したかった。なぜなら悪趣味な悲劇化はわれわれフランス人の伝統のなかにはないからである。そしてあえて強調するが、苦痛や怒りを表すフランス的やり方というものがあり、その場合には声を張り上げる必要はないからである。まったく反対なのである！」

したがってブローデルが言っていることに話を限ると、歴史家が身につけたいと望む護身具を脱がず、人間の思考を回避するという危険が常にある。なぜならば、まさに見通しのないマインツやリューベックの時代に、ブローデルは歴史と戦争のこの関係を、まだ名づけてはいなかったが、両腕でしっかりと摑んでいたからである。

「おそらくどの時代にもその時代にふさわしい歴史学というものがあるでしょう。その時代の展望と歩みにぴったり適った歴史学のランプがあるでしょう。幸福な、あまりに穏やかな時代にはごくごく小さなランプで満足するものです。逆に大きな歴史学が、必要とされる光を投げかけ、それなりの効果を得るためには、大きな破局や不幸があって、人も民族も悲劇的な運命を直感的に感じ取っていなくてはなりません。『大きな』歴史学。しかしそれはまた『深い』歴史学でもあります。この『深い歴史学』という表現には、私の理路を追っていただければすぐに馴染んでいただけるものと思います。私はこの言葉を、昨今の幾人かの歴史家たちとともに、集団的な現実のなかで見られた人間の歴史学、こんにち流行りの言葉で言えば『構造』――国家の構造、経済の構造、社会の構造、文明の構造……というときの構造――の『緩慢な』変化のなかで見られた人間の歴史学という意味で使うことにいたします。」〔「世界の尺度としての歴史」〕

ブローデルは一九四一年の八月から十月にかけてマインツの将校捕虜収容所で「二十数回の講演」を行ない、一九四三年から一九四四年の間にリューベックで再び講演を行なったと言っている。右の文はその講演の抜粋である。このテクストでは「構造」という用語を使っているが、おそらく一九四七年の博士論文の口頭審査の時期かその直後だろう。しかし大異変の役割についての考察は間違いなくまさに収容所講演時代のものである。[34]一九五〇年十二月のコレージュ・ド・フランス就任記念講義を除いて、このような考察は語られることがない。ブローデルにとって二十世紀の戦争は不在なのではない。それは暗黙のうちに存在する。

いずれにせよ、このようにして捕虜生活の終わりに、ブローデルは歴史の重なり合いから「時間的に異なる線」をもつ歴史的言語に分節化することへの移行、うまずたゆまず論文の書き直しが必要となる移行を実現させたのである。二十人の捕虜のいる共同寝室の小さな板の上で毎日原稿を書いているブローデルを思い描いてみる必要がある。『地中海』はまさしく脱走であったのだ。

戦争が終結してだいぶ経ってから、彼は一九四五年二月半ばのドレスデンの爆撃後に次のようなことがあったことを明かした。

「ヒトラーはわれわれを火炎放射器にかけろという命令を出していた。その土地のナチ親衛隊はそのための場所を用意した。ところが命令は延期された。というのはヒムラーがスウェーデンのベルナドットと休戦協定の交渉を試みていたからである［四月半ば］。さもなければ、ずっと前から人々はわれわれのことを忘れていたのだろう。私はそのことを考えると、再び怒りがこみあげてくる。なぜなら私はこの恐怖が本物であることを長い間信じていなかったから。[35]」

ナチズムのこういう側面を察知するのにあまりにも長い時間がかかった、その怒りを彼は私に打ち明けるのだが、それは私自身がどのようにして同じヒムラーの秘密交渉の試みによって四月二十二日にマウトハウゼンから救い出されたかをブローデルに語った日にである。戦争に対する距離の取り方がその日まで及んでいたのである。私の知るかぎり、彼は自分の論法のなかに、ヒトラーに関連した出来事を入れたことは一度もない。しかしながらこれは暗黙という別の方策である。

第七章　ソルボンヌ大学での挫折と博士論文公開口述審査

1　国土解放とパリへの帰還

リューベックは一九四五年五月初め、すなわちヒトラーの自殺後に、イギリス軍によって戦闘もなく解放された。第三帝国の遺産として、後のソビエト領すなわち旧東ドイツと、連合国領すなわち旧西ドイツの間の国境となる、バルト海に通じる狭い境界だけが残っていたとき、ブローデルには次のような思い出がある。

「信じられないほど市《いち》がにぎわっていました。ドイツ人たちはリューベックにフランス製のワインを貯蔵していたのです。醸造桶のなかに身を投じる人々もいました。これに比べたら、スタンダールのワーテルローの戦いなどまったく大したことはありません。[……]私は抑留者のための病院の仕事に携わっていました。なぜなら割り振りの仕事はとても難しかったからです。そしてある日、友人らとともに一台のメルセデスを手に入れ、出発したのです。」

実際、彼らはほぼ一小隊をなしているが、ブローデルは自分が将校の役目をするべきではないと考える。そのため彼はブレーメンで部下に何も言わずに立ち去っている。

「ハンブルクで私は胸が締めつけられました。町が完璧に崩壊していたのです。町が崩壊した最後の日、雲はハンブルクからリューベックの上空に滑り込み、収容所に夜の帳が降りたのです。」

もはや市どころではなく、本国への引き揚げという想像を絶する混乱があった。何も予想がつかず、除隊兵たちは自力でなんとかすることを余儀なくされていた。ブローデルはオランダに着き、メルセデスを飛行機のチケットと交換する。

「私たちはあまり高いところを飛んでいませんでした。すべてが吹き飛ばされ、塵を払われ、鐘楼は正しい位置にあるが、その回りはすべて野原と化していた。私はパリに到着してとても満足だった。」

自分と出来事との間に、さらに言えば自分と戦争自体の間に遠い距離を置くというのは、ブローデルのいつもの方法であるが、ブランギエのために話したこの話には一貫性と一定の調子があるが、ブローデルはドイツが敵として扱った人々に対する影響よりもドイツに対する影響の方によりいっそうの戦争の重要性を認識しているようにみえる。結局、語っているのは地理学者であるが、一九四〇年六月の敗戦とあまりにも長い捕虜生活からは簡単には抜け出せない。リュシアン・フェーヴルとの文通から、ブローデルが五月二十六日に帰国していることをわれわれは知っている。それはドイツの無条件降伏の日を祝ってから三週間後のことであり、何か月も消息がないまま過ぎたあと家族のもとへ帰還したのであった。再会の喜び……ただ、別れたときには歩き始めたばかりの赤ん坊と五歳の子供であったのが、彼のいない間に大きくなり、七歳と十歳の少女になっていた。一九五三年に彼はこう説明する。

「一九四五年五月、人々はもちろん幻想や喜ばしい期待を抱いてドイツからフランスへ戻った。われわれのなかに生き続けているフランスは一九四〇年のフランスだった。一種のアンシャン・レジーム。この接触は辛いものだった。そしてそれはしばしば苦いものだった。」(1)

フランスとの距離は戦争との距離に取って代わる。ブローデルが記述しているのは精神状態であり、帰還した時に、敗戦後の生活全部が失われてしまった捕虜の精神状態である。レジスタンス活動と国士解放軍という状況の下で戦ったので、一九四〇年の敗北者に対する敬意よりも憐憫の情を持っており、その失敗から当時のエリートたちを判断していた人々と、彼ら捕虜は対立していた。戦争の終わりに最も数多く、帰還兵の背後で目立とうとするレジスタンス活動家については もちろん言うまでもない。物資不足とあらゆる秩序の崩壊でひどく苦しんでいたフランスとともに、無理解の条件がすべて集まっており、捕虜たちはその数ゆえに秋の選挙の際に争点となり、政治家たちに彼らを大事に扱うことを決心させたが、まだその時点では問題にもなっていなかったのである。

混乱に陥りながらも、幸運なことにブローデルはさほどの時間を要することなく新しい環境にすぐ慣れる。というのも妻のポールと彼はフェーヴルの家族とすぐ翌五月二十七日から昼食をともにしており、翌日フェーヴルがブローデルに送った非常に長い手紙を読むと、そのときの状況をあらゆる角度から扱った会話がおそらく一日中続いたことがわかる。

一九四五年三月十五日、フェーヴルがポールに書き送った手紙では、彼はこのフランスの状況に必ずしも楽観的ではなかった。それはブローデルが『リュシアン・フェーヴルの存在』のなかに全文引用したいと望んだ手紙である。

「確かに人々は解放されました。［……］私は元老院の建物の前を通るときいまでもこう言わずにはいられません。『やれやれ、やっと幸せになった……！　あいつらはもうここにはいないのだ』と。要するに、これがいちばん大事なことなのです。とはいえ、国内の出来事の日々の経過において、突然の停滞、幻滅、苦労の多いこと！　ほんの一瞬退却したが、以前と同じくらい冷酷で無神経であることに変わりない、このずっしりと重い官僚主義。非常によいものとなりそうな気配だった、自由義勇軍［フランス国内兵］の試みをますます粉砕してゆく職業軍人による軍隊。［文部省の］視学官たちは近視眼的な政策を続行し［……］、嘆かわしいばかりで［……］、その損害は計り知れません。国家、あるいは、闘う兵士たち、無力化されているフランス国内兵、捕虜……強制収容所に抑留された人……を差し引いたときに少なくとも国家に残っているもの、それは無気力です。生彩に欠け、身勝手で情熱もなく、犠牲的精神も寛容さもありません。人々は毎日、風が吹き始めることを、大きな海風が家々を吹き飛ばしてくれることを待ち望んでいます。悲しいかな、人々は待ち望んでいるのです。国威誇示の政策、ええ、それもいいでしょう［……］。しかしこの理想を実現するために、一九四五年のフランス人はどんなことでもやり遂げることができるでしょうか。私は疑問に思っています。ますます疑いを強めています。したがって英知とはさしあたりその威光を放棄して、忍耐強くかつ賢いリハビリテーションをめざすものではないかと考えています。それはこう言ってよければ『もう一度気力を取り戻すこと』なのです(2)……」

フェーヴルの精神状態は二か月半後に捕虜ブローデルを迎え入れた時にも、さほど変わっていなかったに違いない。だからこそ五月八日の勝利、フランスを勝利者のテーブルへ連れ戻したド・ゴール将軍の国威誇示政策は、「一九四五年のフランス人」の目にはまたもやその正当性を失ったのである。われわれはブローデルの捕虜生活から、彼について三つのイメージを得た。すなわちまず将校は捕虜にはされないという約束に反して降伏しただけであり、特に当時彼がいた収容所でド・ゴール主義者として（それは通用しなくなっていたのだが）一九四〇年の終わりからも敗北を認めなかった将校としてのイメージ。第二に仮設大学の学長（Magnifukus）として、講演のなかで「大きな歴史」、自ら革新的だと認める歴史を求めて闘う一方で、自分の博士論文を次々と書き直すことに没頭する歴史家としてのイメージ。そして第三に、家族や友人の運命に対して注意深く、捕虜の身でありながら、不幸な仲間の家族を助けたいと望み、寛容で利他主義の私人としてのイメージである。

さらにそこから第四のイメージが生まれる。それは戦争に対する極端なまでに距離を置いた態度としてわれわれに見えるものに集中しているのだが、そこには生き残りのための規則を見出すことができる。ポール・ブローデルはそれをわれわれにとって突然生彩に富んだものとするだけでなく、いわば政治的なものと説明している。いまやブローデルは戦争を父なる神の高さから判断するだけでなく、戦争の目的、ヒトラーやその同盟国の目的を戦勝者の目的と同じく消してしまう。フェーヴルは驚き、明らかに困惑して、この点を大いに考慮することになる。

「リュシアン・フェーヴルのフランス軍に対する反応は、フェルナン・ブローデルの、彼自身五年間接してきたようなフランス軍に対するきわめて辛辣で軽蔑的な評価に関する会話を悪化させました。ほとんど反軍国主義ともいえるそれを、私はよく覚えています。［……］ブローデルが忌み嫌っていたのは戦争そのものであり、彼はフランス将校たちの無能さ、そして無能であることが務めであるような将校たちを激しく非難したものでした。」

だからポール・ブローデルは、この軍隊拒絶が確かに戦争そのものの拒絶につながる、注目すべき例を挙げている。

「筆舌に尽くしがたいドイツ軍の敗走の後、ドイツ兵からなる一つの軍隊全体が自ら捕虜になるのをリューベックで見て、彼らを止めようとしました。しかしそれは不成功に終わった。『おろか者！　軍服を脱いで民間人になりなさい！』この時ブローデルが彼らと一体化していたのは明らかです。」

その瞬間、ブローデルはこんなにも近く、不安定で殺戮が繰り返されるドイツとの国境を子供のときに見てからばかりでなく、マインツでの若き将校の芳しくない記憶からも、自分のなかに構築された悲劇的なものすべてを体験していたに違いない。一九五三年に彼は次のように言っている。

「私は疲弊したドイツ軍が、一九四〇年六月のフランス軍のように崩壊していく様を見た。［……］その光景は、記憶のなかに残っていたのに、呼び覚まされることはなかった。私は残忍な喜びをもってそれを認めるが、後悔はしない。もちろんそんなことではない。あらゆるろくでなしは、いやおうなしにみな兄弟である。［……］軍隊の潰走の社会学のようなものがあるのだ。(3)」

彼が戦勝側の世界にいることを少しも感じていないことは理解できるが、それだけではなく戦争勃発や要するにヒトラーが望んだ全面戦争の開始と続行におけるドイツ人の責任をまったく考えず、彼には敗者の不幸に同情する心づもりのあることがわかる。まるでニュルンベルクで「戦争犯罪」と呼ばれることになる区別がまだ彼の視野には入っていなかったかのように、確かに一九四〇年以前あるいは一九二〇年代初めのドイツのもう一つの敗北に立ち戻る心づもりがある。当時彼がリューベックの捕虜収容所の火炎放射器による抹殺計画にまったく気づいていないことを忘れてはいけない。このことは、フェーヴルの手紙によると、ドイツ人を『アナール』誌に参加させるという彼の提案に現れている。もしフランスやヨーロッパがヒトラーから受けた仕打ちからどれほど超然としてブローデルが暮らしていたかを明らかにしていなかったら、これは一九四五年五月の時点での独特で柔軟な視点の表れということになっただろう。偶発的なものや出来事のみの記述を退け、さらにおそらく彼は復讐の精神にすっかり毒されていると考えていたので、どこか別の惑星にいたのである。このことは特別収容所（Sonderlager）から自由の身になった者にとってやはり非常に大きな意味を持っていた。

彼は捕虜収容所内の講演において同じような態度をすでに示し、対オーストリアのサドワの決定的な戦いの際のビスマルクの役になりきるほどであった。確かに、出来事のみの記述と構造との関係を明らかにすることがすでに問題なのであるが、その識別は考える余地を残している。ブローデルはまずその問題を普遍的なもののなかに位置づけることから考え始めていた。

「人々が歴史の動き全体あるいは歴史上の地域全体を並外れた一つの人格に要約したがるのは、確かに行き過ぎである。そんなわけで人々は、もし社会的基盤と現実において検討するならば、はるかに単純で明快な歴史になる代わりに、個人を中心としているがゆえに不確実な歴史を用いる。」

彼がマインツあるいはリューベック、おそらく両方の監視所から、近代ドイツの歴史の真んなかに跳ぶのはその時であり、ビスマルクを再演するのもその時である。

「サドワの朝、ズデーテン地方で遅れをとっていた第二連隊が戦場に到着しないかぎり、プロイセン人たちにとって勝負は負けの様相であった。戦争の様子を目の当たりにして絶望していたビスマルクは、騎兵隊の最後の突撃で死を覚悟した。彼自身も言っているように、彼は兵士の血がとめどなく流れている時に、暖炉の前でぬくぬくと暖まっているような人間ではない。彼は絶望することなく、自らの重責を果たすことができるだろうか。彼は葉巻をふかし、ふかし終わったら馬を前に進める決心をする。唯一の解決法、それは突撃して死ぬこと……。人々がいまも殺し合っているのは、彼の過ちではなかったのか、彼の仕業ではなかったのか。」

第二楽章でブローデルは哲学者ジュリアン・バンダに発言させている。これは思うほど奇抜なことではない。なぜならバンダは理性に反して感情に屈するように導くものすべてを、特に軽蔑する人間だったからだ。

「それは違う」と、ジュリアン・バンダは言った。「ビスマルクもまた逸話について思いを巡らしたのだ。それは違う！［ビスマルクが］そこに、戦場にいるのは、少なくとも一世紀前から、いやそれ以上前から、ドイツ人たち、それも多くのドイツ人たちが、彼らの常連用のテーブル（Stammtische）の上でビールのジョッキで乾杯しながら、あるいは菩提樹の下でおしゃべりしながら、あるいは霧の名所ブロッケンに登りながら、ドイツ統一を夢見ていたからである……。希望や夢のロマンチックな動き全部が、突然現実主義のこの時代、辺境伯の封建制の時代、ルール川の実業家の時代の影響力を風上にとらえた［……］ビスマルクよりもかなり前に、一八三二年に関税同盟〔正しくは一八三四年に成立したドイツ関税同盟〕が実現して以来、ドイツは経済的利益団体として、また数世紀も前から歴史的存在としてすでに存在している。フレデリック・シャルルの救援軍が到着しないかぎり、ビスマルクがサドワで死の不安にさいなまれているのは、ドイツの諸事情の影響力とドイツ国民の意思によるものである。ビスマルクは彼らの代表者というだけである。」

この時代を体験した一人のフランス人はここで思わず飛び上がる。「彼らの代表者というだけ」。これは一九四一年あるいは一九四〔三〕年から一九四四年の間に言われ、一九四七年に書かれたものか。ではヒトラーはドイツ国民の代表者というだけにすぎなかったのか。その結果はそれを否定しない。まったく逆である。

「ビスマルクが操り、また操られた人々抜きで彼のことを分析しないでおこう。確かに彼はドイツ統一のドラマを理解した唯一の人物ではない。最も重要な人物でも単純な人物でもない。最も重要なのは、ドイツ国民である。彼らは生きながらえる人物、ドイツの歴史の生きた実体なのである。[4]」

つまりブローデルは、勝利の時代にあって、ヒトラーのせいでフランスやヨーロッパが味わったことから無関心でいたかったのだ。いずれにせよ、ヒトラーとドイツ国民との関係は、彼がビスマルクについて考えている関係とは別のものであるという記述はどこにも見あたらない。ブローデルが体験しなかった占領時の影響と、終結したばかりの戦争の具体的で耐えられないものへとブローデルを立ち戻らせながら、フェーヴルは冷静ではあるがきわめて明快にそれに答えている（強調は彼自身による）。これは一九一四年から一九一八年の再現ではない。

「一つの著作ではなく、ライン川の向こうの歴史家、地理学者、経済学者、社会学者の全著作を、無知なフランスの大衆に広く知らしめることについては賛成です。いつの時代にもおろかで、今日では不愉快きわまりない中傷に決して与しないことです。しかしこのドイツの産物、このあらゆるドイツの産物が恐ろしい問題を提起していることを決して忘れてはなりません。文化と彼らは言っています。でも何の文化でしょう？　いずれにしても人間性のことではありません。それどころかしばしば残忍なことです。これはよくない。絶対にだめです。諦めずにそのことを言い続けましょう。告発し続けましょう。われわれフランス人、われわれアナール派の人間にとって、人間における人間性の尊重、人間の要求と権利、それはドグマです。偉大なる十八世紀、いやそれ以前からの生命です。のちに、もっとあとになってから、ドイツ人たちはおそらく……。しかしこの惨劇のなかでしかるべき場所にいた人たちではありません。そしてそのうちのただの一人も勇気を出して発言する者はいませんでした。みなドイツの名において行なわれていたことから卑屈になって離れた者は一人もいませんでした。文明国から孤立したドイツが、文明国の精神的共同体に帰るのをたとえわずかでも助けることができるとすれば、それは、もっと、さらにずっとあとになってからです。」

ドイツ人を『アナール』誌に参加させようという提案をしたブローデルは、マルク・ブロックの処刑によってフェーヴルの記憶に残っていた古傷を明らかに刺激した。ポールが覚えているところによれば、彼女の夫は帰国した五月二十七日に、

「ドイツの戦争、ゲシュタポ、ユダヤ人大量虐殺などの残酷さについてまだ何も知らなかったのです。」

彼の戦争嫌いは、おそらくハンブルク爆撃によって彼が知ったような、ヒトラーの機構を粉砕すべく連合国によって引き起こされた非情な戦争のドイツに対する影響によって形成されたものである。その結果、たとえ強制収容所送りになった人たちのための病院に関わりながら、ナチスがなし得たことに少なくとも気づいていたはずだとしても、彼はまったく埒外の所にいる。

ところが彼はドイツ軍の敗走という惨憺たる状態から、九か月前に解放されて、平和な状態に慣れてきたパリに着く。四月にルテーシア〔パリ〕に引き揚げてきた最初の抑留者たちが不意に現れたとき、数々の写真（しかしミニコミ誌でも非常に数が少なかった）、とりわけ強制収容所が解放されたときに明らかになった忌まわしい行為を示すニュース映画が、一九四五年の四月半ばから五月半ばにかけて、人々の間に空前の心理的衝撃を引き起こした。この衝撃は一九四四年の九月と十月に行なわれた対独協力者の追放という激しい緊張状態や、一九四五年二月のブラジヤックの死刑執行、つまり彼自身が体験しなかったあらゆる出来事を甦らせた。そして彼自身の解放が遅れたせいで何の準備もなしにたどり着いたのはそのまっただなかであり、このことが彼の現実からのずれをいっそうひどくさせる。もっともブローデル

が一九四〇年に抱いていた、敗者であるドイツ人に対する憐憫の情と、フランス人のナチス協力者やペタン派の人々に対するある種の共感とを区別して考える必要がある。彼は彼らに関してはマインツでの認識を持ち続ける。のちに彼がドイツに再び足を踏み入れるのは、経済学国際委員会の議長として強制されたからである。もう一度、歴史家の鎧かぶとと、人間ブローデルの感情とを切り離そう。

フェーヴルは、彼の手紙の残りを使って、ブローデルを現実に立ち戻らせよう、五年間彼が取り逃してきたものすべて、フランスの状況を取り戻させようとしているが、これらの年月を自由に、そしてレジスタンス活動をしながら生きてきた先輩としてというよりは歴史家としての立場から、ブローデルがいわば歴史家としてできるだけ早く機動力をもてるようにしている。彼の報告や忠告を年代順に文脈のなかに置き直してみると、それらが特別な意味をもち、比類のないものであることがわかる。彼のようなド・ゴール派になった穏健な左翼に属する知識人の当時の精神状態をわれわれに理解させるためだけでなく、類稀な驚くべき明晰さで、ブローデルがたちまちのうちに浸りきる本質的な議論の枠組をわれわれに与えてくれる。

一九五三年、ブローデルは私が引用したドイツ人に関する一節をすべて削除するが——それはいつも悪い思い出を捨てるやり方であり、同時に戦争と、歴史に対する戦争の影響力から身を守るやり方である——、帰還兵ブローデルへの忠告に基づいてフェーヴルの手紙を再現してみると、

「一九四一年と一九四二年の、フランス人にとって大きな危機、その危機をあなたは知ることも予測することもできませんでした。これは二つの地区の危機でした。あなたは漠然とフランスが『境界線によって』西と東の二つに分けられていたことを知っていました。[……] しかしこの境界線が有刺鉄線や立入禁止区域（Verboten）や監視哨によって急速に地面の上に引かれたばかりでなく、フランス人の肉体や心や脳のなかにも引かれたということを、あなたは体験として知らないのです。この境界線の北には占領軍、そして南にはヴィシー政府。[……] 当然ながら、これらの違いを増大させ、最初の亀裂を拡大し、フランスの生命力と統一性を消滅させるためには占領軍とヴィシー政府のたゆまぬ努力

かあったのです。」

五十年後、この報告は同時期の他の多くの報告とは違って、もとのままの力を持ち続けており、われわれはそこにヴィシー政府に関すること、すなわち「フランスを消滅させる」という一文を発見するが、このことが歴史的に明るみにだされ、この力とともに非難されるのは、ほとんど二世代後のことなのである。スイス人のビュラン氏が、「和解」という考えに何の根拠もないことを示すのに十分な、このフェーヴルの文章を当時十分に読み取っていなかった、あるいは読んでもいなかったことを非難しないようにしよう。

大文字の歴史はいまここに存在する。それは二つの戦争を体験した歴史家が、同じく歴史家であると認める後輩のために話し始めるからだけではなく、それが歴史家の責任に関わる問題だと意識しているためである。さらにそれは歴史が彼に教えたこと、すなわち二人に共通の十六世紀から、第一次世界大戦とは様相の異なる世界戦争のために、一九四〇年六月以前の世界とは完全に異なる世界に移ることに関わっている。フェーヴルはこのテーマに非凡な洞察力の表明を見出している。事態を位置づけるために、同時期にサルトルが「アンガージュマン」とその必要性を定義していることを忘れてはいけない。フェーヴルはもっと先を見ているのだ。

「理解すること。歴史家であること。すなわちそれは私にとって古文書保管者になるのではなく、自分の意志で歴史家になることを意味する。昔の対立、すなわち『コブレンツの人々』の対立、あるいはジュリュー［一六三七〜一七一三年、神学者、プロテスタント抵抗派の指導者］とベール［一六四七〜一七〇六年、作家、穏健派プロテスタント、その煮えきらない言動をジュリューに非難される］の対立を前にしたときのように、現在の対立の前に身を置くこと。彼の感情を彼らの根源に結びつけること。彼らがある環境の中で成長したと確固として考えること。［……］しかしとりわけそれと同時に、正面にある世界を再構成すること。あなたのごく身近にいる人間において、あなたの感情にこんなにも強く反対するようにみえる感情を、その世界によって説明すること。[6]」

一九五三年、ブローデルは上の引用文の「昔の対立」から「確固として考えること」まで、すべての例を削除した。

だが実際は、これは言及された対立のなかに登場する人々を意味していた。彼には客観的な判断力があった。ところでそんなことを言いながらも、フェーヴルはもう一つの危険、すなわちフランスに残された人々と、五年間の強制追放後に戻ってきた捕虜たちとの「精神的な断絶」の危険について考えていたのである。しかし今日再び、彼の分析は揺るぎない水準を保っている。

「こちらには、[……]フランスから完全に切り離され、思い出だけに生きてきた者たちがいて、あちらには、世界中から、さらに彼らが少しも住んだことのないフランスの各地方や、彼らが住んでいた都市の隣の都市や、彼らの地区の隣の地区からも（人々はルクセンブルクで殺し合ったかもしれないが［パリの暴動の際］、ヴァル・ド・グラース通り［リュシアン・フェーヴルが住んでいた］はそのことをまったく知らないでいた）切り離された者たちがいる。したがってあちらには、飛行機が毎日少し離れた距離を一気に飛んで、大陸に激突し、障害物の地図から大海を抹消していた時に、日常生活では十一世紀の世界を見出していた者たちの奇妙な集団がいる。それは三〇キロを三〇〇〇キロにし、一人ひとりの人間が砂漠の真んなかで再びオアシスになる世界。(7)」

われわれは二人に共通の言葉遣いのなかにいるし、「新しい歴史」に適した「精神的道具」についての明確な説明のなかにいる。『地中海』を構築し、ブローデルのまったく知らない敗北後の、このフランスの方へと、ブローデルのためにフェーヴルが移動させる「空間と時間」の構成のなかにいる。しかしほんのわずかな言葉で当時をどれほど喚起させていることだろう！　国外追放された捕虜と隷属したフランス人との間の精神的なギャップを方向づけるために、ぎりぎりに凝縮された見事な語法！　これはメッセージの核心にまで達するものである。

「二つの概念。二つの感情の世界。どちらが良いのでしょうか。悪いものはない。環境から考えて、互いに本来の姿であることが必要だった。でも気をつけて下さい。Aの環境を離れてBの環境に再び同化するあらゆる人間にとって、Bの環境は、われわれの言葉があまりに奇妙に言っているように、まったく不合理な歴史主義において、結局は『自然の』環境であり、Aの環境は、生きるのをやめた過去のことである。Bの環境だけが重要なのである。なぜならそれは生き続けているから。そして人々は自分の人生にはっきりと加わるからである。これは自分自身の否定を意味しない！根本的な感情の放棄、その感情がはっきりしているだけにいっそう、人々は試練の数年間をその感情に浸りながら、人々は他の人々よりもよりよく、より高く、より純粋であることを意識するのである！　問題はこれらの感情を新しい環境に同化させることである。適応させること。それらを目の前にある感情、すなわちばかげていたり劣っていたり非論理的だと考えられている感情に逆らうようしむけることではない。［……］言い換えるならば、熟慮することであり、判断することではない[8]。」

再びブローデルは「本来の姿であること」から「問題は、同化させることである」までを削除した。ここでフェーヴルは、おそらく「フランスという集団」への回帰以上に、放置されたままになっている大学集団へのブローデルの回帰を準備し、それを可能にすることを考えていた。フェーヴルの望みは、

「ブローデルが大学集団を不当で無分別でおろかだと宣言しないように助けることである。それも彼がいまのままでよいことに気づくのを助けることである。彼に再会する人は下心なしに彼に夢中になるに違いない。彼がこのように行動することにより、彼は大学集団を充実させ、部分的にニュアンスを変えることに貢献することになる。そしておそらく彼が相当に強いならば、部分的にその方向を変えることに貢献することになるだろう[9]。」

占領下での『アナール』誌の再刊を含めた、常に変わらないフェーヴルの政策。おそらくフェーヴルは一九四三年八月のブローデルのあの手紙を忘れてはいない。その手紙でブローデルは、ある哲学者に代わって、次のことを残念だと表明している。

「歴史学の範囲と位置は［……］いまだにラングロワ、セニョボスの入門書のままにとどまっています。私は一九四二～一九四三年度の年鑑を読んだところです。なんと空白が多く、そしてそれを補うために、人々はどのようなやり方をしたのでしょう！」

フェーヴルのこの手紙の影響をわれわれに教えてくれるのは、削除された部分以外に、一九五二年のブローデルによ

るコメントである。それは彼が最初はあまり満足していなかったに違いないこと、しかし戦争の悲劇的な状況の総括について、「父なる神」の視点とあまりに食い違っていることを無視しつつも、しかたなく受け入れていることをほのめかしている。

「彼の本当の仲間たちは、確かに自分たちが知っているリュシアン・フェーヴルを認めていたかもしれない。彼が行なう親切は、嵐や降りしきる雨や大竜巻によって妨害される。そのあとで決まって、太陽が再び姿を現す。彼がわかれ道があるとか、なんらかの進路の混乱があるとか、あるいは単に静寂を感じるやいなや、人々が彼の視点を理解して採用し、彼の精神状態や常に注意深すぎる彼の心の不安感、そして絶えずあなたの側をあなたの歩調で歩きたい、あなたに警告し、自分を取り戻させたいという欲望を回復するのであれば、私はこれらの大竜巻には悪意があるとも思わないし、もちろん不当だとも思わない。この静寂は彼が耐えられないものであり、警戒心から不安に思い、癇癪を起こす前の二つか三つの手紙のやりとりの間、ずっとおかしいと感じていた静寂である。人々は彼の心配事、休息も息抜きもない生活のなかにこれこれの地位を占めたいと思っていたのだろうか。あなたのところに届く手紙はいつもあなたを驚かせる。人々は異議を唱え、次に感動し、多くの好意的な関心と説得しようとする意志の前で、今度は人々が不安になる番だ[10]。」

これはフェーヴルの存命中に、彼が払われるべき敬意を表するために書かれたものである。太陽が再び姿を現す前に、われわれはまさに一九五二年にこれらの嵐、降りしきる雨、大竜巻が、リュシアン・フェーヴルとフェルナン・ブローデルの間にいくらかの緊張を生み出すのを見るだろう。一九四五年の春の終わりのように、ひとたび帰還の行政上の手続きが完了すれば、ブローデルは立ち直ってフェーヴルの歓待のおかげで再び博士論文に没頭することになる。これはおそらく最もすぐれた精神的回復だったが、だからといってフランスや新しい戦後を学び直す方法ではない。

人々が指摘しているところによれば、ブローデルには外界に対する視線が欠如している。実際彼は一九三九年以前と同じくらい、政治、いわゆる「短期間」から徹底的に離れたままでいる。われわれは一九四五年八月、日本に戦争終結をもたらす広島と長崎の原爆に対するブローデルの反応について何も知らない。彼は夏の間ル・スージェに身を落ちつけるが、そこではフェーヴルが彼と彼の家族に対してこまごまと気を配り、当時まだほとんど貴重な食品であったコーヒーを彼が持っているかどうか心配するほどであった。じきに彼は取り戻した文献カードと覚え書きの世界に閉じこもるが、それらは「膨大な記憶力」のおかげですでに多少深められ、第二部の緩慢な歴史によって手直しされた、事件のみを記述する第三部を完成することができる。そして彼はもう一度全体を手直しすることにする。

こうして彼は何か月もの間、ある種の知的隠者のように、リューベックで行なったように、原稿を書き上げては書き直す作業を続ける。一九四五年秋の新学期には、高等研究院第四部門で自分のゼミナールを再開し、またのちに見るように、すぐにソルボンヌ大学で高等教育教授資格試験準備学生のための講義を一つ受け持ったりしてはいたとしても、彼は窮地を脱したようには思われない。高等研究院でもソルボンヌ大学でも南アメリカに関する授業であるため、彼は『地中海』からあまり離れる必要もなく、自分の知識に基づいて仕事をしている。

絶えざる書き直しは一九四六年までかかった。印刷された博士論文の序文の終わりにある一九四六年五月という日付から判断すると、それは少なくとも一九四六年の春までである。いやその後までかもしれない。一九七八年、ニューヨークのフェルナン・ブローデル・センター開設式の際、彼は次のように述べている。

「私は仕事が非常に早いタイプの人間です。すでに何度も言ってきましたが、私が一日で三〇頁とか、四〇、五〇頁とか書くことができるというのは本当です。ところで私は『地中海』を何度書き直したか知れません。また一九四七年の完成の時には、六か月遅れてもよいと判断して、念入りに第二部を書き直しましたが、これは友人たちのひんしゅくを買いました。彼らはよく言ったものです。『フェルナン・ブローデルはいい人だけれども、絶対に本を仕上げることはないだろう』と。だから本を書き上げたときには、私自身も驚きました。つまり私自身完成するという確信がなかったのです。」(11)

後から考えると、このことはわれわれに捕虜生活の延長という印象を驚くほど与える。まるでブローデルは外界との再会を本当に恐れていたかのようだ。

もちろん、捕虜収容所に比べれば彼にとってはすべてが変わってしまった。なぜならなんといってもフランス解放以来、友情のネットワークを復興したリュシアン・フェーヴルのおかげで、彼は一九三九年九月以来失っていたレベルの高い知的コミュニケーションという環境を取り戻すからである。彼は手ぶらでそこに戻るのではない。『論文集』を続けて出したばかりでなく、ドイツの歴史家についての知識を深め、その結果、社会・経済史の潜在能力、より一般的にはドイツ歴史学の知識を増したのである。しかし大学側は、一九四三年に出版されたジルベルト・フレールについての重要な論文によってたぶんよみがえった、彼のラテンアメリカ経験のみを採用したいと思っている。大学の上層部にはブローデルが『地中海』を書いた人間としてまだ映っていないことは明らかである。上層部は、歴史に関わることについては、何事もなかったかのように、戦前の実証主義を続けている。ヴィシー政府の下での昇進は何も解決しなかっただけでなく、もっとひどい。

ブラジルでの彼の経歴にこのようにこだわっていることは、ブローデルの捕虜収容所生活によって起きた断絶の期間と、戦前には、彼がまだアウトサイダーであり、彼の博士論文の最初の指導教授であるジョルジュ・パジェス氏が一九三九年に死去していることを考えれば驚くべきことではない。リュシアン・フェーヴルや、エミール・コオルナエルトなどのコレージュ・ド・フランスの仲間やシャルル・モラゼなど『アナール』誌に寄っている者だけが当時の事情に通じている。

そのため大学生活に戻った一九四五年の末、ブローデルが博士論文以外に計画していることについては間接的におおよそのイメージを摑むことしかできない。われわれの唯一の手がかりは、彼が精通し、おそらく同意していた原稿であるのだが、たぶん自分自身の活動については何も書いていない、フェーヴルが『アナール』誌の再刊のため数か月後に発表した論説＝声明文である。最も驚くべき論説の一つは、戦後すぐの知的特性を特徴づけようとする数々の歴史のなかで『現代』誌創刊号の論説と並んで位置づけられるべきだろう。

まずわれわれはそこに新しいタイトルの予告を見つける。『社会経済史年報』《Annales d'Histoire économique et sociale》がただ単に『年報（アナール）』《Annales》となり、長いサブタイトルとして「経済、社会、文明」が付いている。一九八八年にシャルル・モラゼが書いているところによれば、これは「出来事全体の全体史」という目的をより強調し、「歴史は至るところにあり、現在にも過去にも結びついている」ことを示すため、「戦争が終わる前に」『アナール』のタイトルから〃歴史〃という単語を[12]」リュシアン・フェーヴルが削除したのはブローデルの提案によるものである。

最後の「文明」という用語は最も重要であり、ブローデルが歴史家としての独自性を確立してゆくにつれ、彼の人生と研究をますます彩ることになるものである。しかしこの論説のなかで大切なのは、戦争が終結へと向かいだした時代にあって、変化したこと、新しいこと、元に戻せないことをフェーヴルがどの程度まで根本において認めているかということである。またこの論説は、戦前彼が構想を練っていた、新しいヒューマニズムの追求による思想の連続性を見事に示している。彼は世界が根本から変わったことを感知し、原子爆弾によって生み出されたものを含めた、さまざまな破壊にこだわる近視眼的なすべての専門家とは反対に見事にその変化を定義するが、彼の対象との距離の取り方はブローデルとは異なっている。

「廃墟の他にもっと重大なものがある。諸大陸をめり込ませ、大洋と砂漠をなくし、それまで物心両面で互いに『距離を保つ』ことがごく当然だった、似ても似つかぬ人間集団を急激に接触させるあの途方もないスピード化。接触、突然のショート。〔……〕人類の将来にとって重要なのは人間的な問題である。一九三一年に植民地博覧会を訪れ、私はそこで新しい強迫観念が現れているのを見たが、私はこの問題を次の言葉で提起した。『〔……〕人種間、民族間の距離が次々と変化することによって、歴史上どれほどの混乱が生じたことか。すなわち一方において物理的距離は、日ごとに縮まり、他方精神的距離は並はずれて大きく、おそらく飛び越えることができない。』すべての悲劇が、つまり文明の悲劇がそこにある。一九三一年にその兆しがあった。そしてそれは一九四六年に実行される。[13]」

反西洋の教条主義の盛り上がりとともに認められることであるにしても、人々が第三世界として一九五五年に識別することになることについての並外れた予想、そしてほぼ半世紀後にこの論説が少しも古びていないだけでなく、これらの「突然のショート」の長期にわたる影響において、はるかに危険な現状を見つけ出すという結果を生むという予想。フェーヴルはすでに、いまやすべてが「人類の居住地域全体に広がる、世界的な文明、地球人の文明」のレベルで行なわれることを理解している。そして次のような結論を引き出している。

「いますでに一つの事実は確かである。すなわちわれわれ自身と息子たちにとって生きることは明日、いやすでに今日、絶えず地滑りする世界に適応することである。[14]」

「昨日の世界は永久に終わった。われわれフランス人にうまく切り抜けるチャンスがあるとすれば、それはこの明白な事実を誰よりも早く、よく理解することによって可能となる。船の外に荷を捨て、水のなかに飛び込み、しっかりと泳ぎなさい！［……］世界を人々に説明しようではないか。［……］そう、歴史を研究するのだ。この変転きわまりない世界で、歴史が、歴史のみが、われわれに地下室への避難、恐怖以外の反射的行動とともに生きることを可能にすることができるかぎり。［……］歴史、それは誰をも強制しない。しかしそれなしには、堅固なものは何もできない歴史。［……］歴史とは、今日の人間が必ず提起する問題に対する解答である。[15]」

ブローデルは、捕虜収容所の講演ノートの整理を中断したときに、フェーヴルと似かよった考えをわれわれに明かした。

「距離と自然に対して人間が勝利したことの一つは、まさしく世界が狭くなったことと、当然の結果としての世界の均一化である。この間まで人々は、［カラカスから］ボゴタへ行くのにいまなら飛行機で三時間の道のりを二週間かけていた。［……］人々は大西洋が、アゾレス諸島経由ニューヨーク＝リスボン路線（ニューヨーク＝リスボン間を二十四時間で結ぶ[16]）あるいは『南方郵便』によるナタル＝ダカール路線の飛行機に利用されているかを知っている。これらすべてには重大な影響がつきものであり、それはすぐにでも浮上するような、いや、いずれ浮上するものである。［……］世界の均一化？　それがまさに単なるイメージ、策略、政治演説の決まり文句だと思ってはいけない。これは衝撃的な重い現実なのだ。人類は何千年もの間、大陸や同じ数の閉鎖的空間に閉じ込められ、押し込められて、同じ数の惑星に分散させられて生きるのだろうと人々は言った。しかし惑星から惑星へ、文明圏から隣の文明圏へ、人々は(何世紀も)もやい網を投げ、橋を架け、役に立つつながりを増やし、財産を交換してきた。［……］人類は徐々に互いを発見してきた。古い歴史。その時から世界はあっという間に過去のものとなったので、今日人々は互いに入り交じっている。［……］アンドレ・ジークフリードが指摘する『噴火による接触』が、『道具の文化』と『機械の文化』との間に生じている。これは本物の電気ショックだ。最も弱い者にとっては、残念だが仕方がない。日増しに小さくなり、人であふれる地球上では(一九一四年には十五億人だったのが、一九三九年には二十億人!)、次第にスペースはなくなり、協調がルールとなる。『世界は一つの大きな村である』とガストン・ループネルは言っている。」

ブローデルがフェーヴルと異なっているのは、世界に対してより大きく開かれている点である。

「われわれはもはやヨーロッパではなく世界に住んでいる。すでにかなり前からヨーロッパという停泊地には泊まらずにこの段階の先を行き、そのうえ三回も四回も失敗している。そのためわれわれは世界に住んでおり、われわれが望むと望まざるとにかかわらず、一時的に国境を覆い隠す媒介物を越えて、われわれは世界市民となっているのだ。これは善でも悪でもない。それについてわれわれは何を知っているのか。だがこれは事実なのだ。」

もっともわれわれは途中で、来るべき彼の著作のそれぞれの知的段階において、歴史が「決定的に不安定な状態の世界」に答えを出すことができるというフェーヴルの考え方にブローデルが忠実であるのを見るだろう。

しかしながら、フェーヴルがブローデルに伝えようとすることとは反対に、ブローデルが捕虜収容所ノートの結論のなかで、世界大戦の一種の「日常化」を前面に押し出していることに注目しておこう。

「戦争が行なわれるのもまた、世界的レベルであり、この統一の重圧によるものである。われわれは一般には一九一四年から一九一八年の大戦について、それが第一回目の世界的な戦争であったと言っている。第二回目の戦争(一九三九年から一九四五年)も先の戦争に劣らず全世界的である。しかし一九一四年から一九一八年の戦争が最初の世界大戦だったのだろうか。歯車はもっと早くに作動している。革命戦争とナポレオンによる戦争が、ヨーロッパで最も人目を引く舞台を持っていた。しかし同じ頃、イギリスは世界の交易路を独占し、インドを占領していた。要するにインドも世界の交易路と同じだけ重要なのだ。たとえばスペイン王位継承戦争、オーストリア王位継承戦争、七年戦争など、教科書が次々と章に分ける戦いも同じく世界戦争である。世界戦争もまた、十六世紀から巨大なスペイン帝国を相手に始まったものである。パヴィーア〔カール五世勝利の地〕とロクロア〔一六四三年コンデ公がスペイン軍に勝利した場所〕の間にヨーロッパだけを見ないようにしよう。すでに世界があったのだ。世界が捕らえられ、征服されるのでなく、ただ発見されるやいなや、人間はそれを奪い合った。さらに部分で結びつけられ、大きな拘束力を持った世界があり、したがって十六世紀に、長い間、不条理に二つのエクメーネ〔人類の居住地域〕にわかれることになる大西洋の大きな障害が打破されて以来、Weltgeschichte［世界の歴史］があった。［……］白人による大西洋の最終的な征服によって、世界はその背後で扉を閉めた。」

したがってこの「大きな歴史」、Weltgeschichte つまり世界の歴史についての導線は、ブローデルの捕虜収容所時代からすでにあるということを頭に入れておく必要がある。

一九四七年初頭に、新シリーズ「一年後に」の最初の総決算をすることにより、『アナール』誌の新しい論説は、戦後が安定したことによって改善されたばかりでなく、さまざまな経済的なスキャンダル、抑制不能のインフレ、インドシナ戦争の勃発など、悪化したフランスの状況を評価している。とりわけ平和は、フェーヴルが一九四六年に示した展望をもたらさなかった。のちに「冷戦」となるものの前兆がそれを示している。それゆえ彼のペシミズムが再び現れる。

「かってないほど恐ろしい数々の国境が人間の土地を細分化している。いくら飛行機が数日で地球を周航できようとも、われわれがあいかわらず囲い地に押し込められていることにはかわりはない。われわれは外国の思想や出版物に反応を示すことができない。たとえ本が出版されても見逃されてしまうことがよくある。その存在を知ったときにはすでに絶版になっているのだ。アメリカや、隣のイギリスやそれらの国の歴史的成果についてさえ、われわれはほんの少ししか知らない。今日の『アナール』誌と昨日の『アナール』誌の間にある大きな違いは、この外国の不気味な沈黙と、部分的であやふやなつながりに起因している。(17)」

このような手厳しい文章がヨーロッパでの停戦後十八か月後に書かれたということは、コピーや地球規模の電話やファックスがほとんど瞬時にできる便利な道具に慣れた二十世紀終わりの読者にとっては、よく理解できないように見えるに違いない。しかしもし人々が一九三九年九月に始まった断絶後、国際的なコミュニケーションの再開という途方もない物質的な障害を考慮に入れないならば、敗北とナチス占領後のフランス、そしてブローデルの困難な知的再構築を理解することは不可能である。さらにそこに学問的に非常に長く隔離されたことによる、実際的な障害を付け加えなければならない。絶えず自分の分野で国際的なコミュニケーションを広げてきたブローデルの熱意もまた、この辛い経験によるものであるのはまず確かである。それは彼の個人的な歴史がすでに可能にした世界の統一を再建しようという意思によるものである。

いまや『アナール』誌はかつてないほどの先駆者となっている。しかし人々は、こういう状況において、どうしてブローデルにとって最も大切なのが最終的に博士論文を仕上げることであるかを理解している。彼がもたらす斬新さへの信頼によって支えられていることは疑いもなく、世界の大きさは以前にも増して彼を恐れさせることはない。また彼はそれまでに誰もそのようなものを何ももたらしていないことを確かめることができた。そのため、彼が博士論文を正式に提出したとき、フェーヴルの励ましも加わって、失われた年月の後に大学のなかで、王道がついに彼の前に開かれると考えたに違いない。だからこそ彼の落胆はますます深くなるのだ。

2　ソルボンヌ大学での挫折と博士論文公開口述審査

自由の身になって大学での最初の年、ブローデルは身分の上では戦前と同じ職に戻った。すなわち高等研究院第四部門の研究指導教授である。そのうえ、ソルボンヌ大学で現代を担当していた学部長のピエール・ルヌーヴァンが、この年の高等教育教授資格試験試験科目のテーマの一つである「一七六三年から一八二五年のアメリカ大陸」について、一九四六年の高等教育教授資格試験志願者たちに講義を行なっており、少なくとも彼の考えでは一番良い部分であるアメリカ合衆国とカナダだけを自分が論じることに決め、ラテンアメリカをブローデルに託したのである。一九三〇年のアルジェでの近代史および現代史会議の会期中、この二人が一緒に「発表した」のを思い出しておこう。それまでにも彼らはちょっとした出会いではあるが、あちこちで会っていたはずである。というのも彼らは同じ窓のものではない、二つの歴史の扉を代表していたからである。

ルヌーヴァンは教皇の位にまで上りつめていた。一八九三年に生まれ、切断の跡も生々しい片腕を失った、一九一四年の戦争の傷病軍人となった彼は、第一次世界大戦と当時の国際関係を専門に選んだ(彼は第一次世界大戦歴史学会とその雑誌の運営を行なっていた)。外交に熱中した彼の偉大な仕事は、『一八七一年から一九一四年のフランス外交資料』として出版された。

ブローデルにとってこの講義案の利点は一目瞭然だった。彼はソルボンヌ大学に片足を踏み入れたのだ。たとえそれが誰もこれら遠方の国々に外交上の重要さを認めていない、どちらかといえばエキゾチックな講義のためであっても、また限られた数の学生のためであっても、とにかくそれは将来教授になることを意味していた。おそらくルヌーヴァンは初めは、ブラジルで教鞭を執っていた専門家の使いやすさを考えていた。彼の目から見れば、捕虜収容所から出てきたばかりの人間にふさわしい方法であったに違いない。あるいはただ単に他の人間を見つけられなかっただけかもしれないが。

のちにブローデルはブランギエとの対談のなかで、表面的にはずうずうしい態度で、このエピソードをまるで彼がそれにほとんど注意を払わなかったかのように取り上げ、また彼の唯一の目的が博士論文を仕上げることであるような時だったので、講義を断ったとも言っている。高等教育教授資格試験志願者たちの思い出はまったく違ったものである。

彼らにとってブローデルは真の衝撃だった。

その志願者の一人、フレデリック・モーロは、講義を思い出して次のように書いている。

「それはソルボンヌ大学の三階、いまのマルク・ブロック講義室で行なわれていました。ブローデルは原則として毎週一時間しゃべることになっていました。ところが最初の講義は二時間かかりました。これにはまったく驚きました。そしてこれには面白いエピソードがありました。授業は夕方の五時から六時まで行なわれました。教師が教室から出てこないので、守衛が、教師のコートとマフラーを持って入ってきたのです。［……］私たちは目をみはりました。なぜならブローデルの講義は誰のものとも似ていなかった、その風采と論理の厳格さがビスマルクを思わせるルヌーヴァンにさえ似ていなかったからです。［……］ブローデルはまったく別のものでした。第一に、文学的に優れており、第二に、教師らしく見えなかったことです。というのは彼には旅の経験があったからです。彼は私たちに歴史の新しい広り、すなわち空間を見せてくれました。そのため最初の授業は、私が思うに、一七五〇年から一八二五年の間のアメリカの空間、すなわち出来事を薄暗がりの中へ捨てる変動局面と構造、特に構造についてでした。［……］印象がすばらしかっただけに、戦争と占領の六年の後、ブローデルは私たちに大量の外の空気をもたらしたのでした。外国の地名をフランス語ふうにではなく外国の言葉で発音するということそのものが、彼のやり方でしたが、私たちはうっとりしたものです。(18)」

これらの回想はのちにブローデルに会うことになるマルク・フェローによって裏付けられている。というのもブローデルはわれわれがこれから見てゆく理由によって、高等研究院のゼミナールのために、スペースがなくて高等教育教授資格試験志願者たちのグループの代表しか迎えいれることができない、ソルボンヌ大学の小さな教室に再び閉じ込められていたからである。代表の一人であったフェローもまたブローデルを発見したと言っている。

「彼はテーブルを囲んで授業をしていました。私たちの人数は確かに少なかったのです。彼はいわゆる講義はしません。書類カバンからたとえばジルベルト・フレールの本を一冊取り出して、その重要性を説明し、私たちの前でそれを細かく分析し、二冊目の本に移って同じ作業をします。彼は私たちの前で歴史を構築していたのです。二時間して授業が終わった後、彼の率直な知性に目がくらみ、魅了された私は、仲間たちの方へ駆け寄ってこう言いました。『ブローデルの授業に来なくちゃいけないよ。』ほぼ五十年経ったいまも私は確信しています。講義を組み立ててゆくこの方法は、当時私たちが聞いていたものとはまったく異なっていたということを。ブローデルには教条主義がまったくありませんでした。ところが私たちは教条主義に取り囲まれていたわけで、だから当時決して小さなものではなかった共産主義者の教条主義のことも私の頭にはありません。」[19]

回想のなかでピエール・ショーニュもまた学生として夢中になったことを思い出している。

「私はブローデルの声を聞き、それからは他の歴史家はもはや存在しないと思いました。すべてが私を引きつけていました。私は最初の十五分で魅了されました。ブローデルの話し方、ブローデルが語ることは、まったく私が望んでいたものでした。ブローデルが空間について話すとき、私にはその空間が見えたのです。［……］実にすばらしかった！彼は私たちにラブルースやシミアンを引用しながら景気の循環について話をしました。私は自分がいままで知らなかったこれらの著者の作品を調べるため、急いで図書館へ行きました。それこそ最高の、本物のショックを受けたのです！」[20]

モーロ、フェロー、ショーニュらを引きつけたこの魅力は、彼らが二十歳の頃に大変動を経験したこの世界に向いて開かれたブローデルの教育と、先の戦争後、あたかも何も変わっていないかのような、ルヌーヴァンの伝統的な教育の間に、極端なギャップがあるのをわれわれに教えている。ラテンアメリカについてのブローデルの授業には、彼がラテンアメリカで空間＝時間に関して行なった発見と、博士論文のなかで練り上げた方法が当然散りばめられている。長期の捕虜収容所生活によって強まった、広大な空間へのあこがれがあり、さらにはジェトゥリオ・バルガスが失脚して〔一九四五年十月〕、長くは続かない民主主義政権に道をゆずったばかりのブラジルのような広い国で起こっていることをもとにして戦後を見ている人間の精神の柔軟性がある。

あまりに長い捕虜収容所生活から解放されたブローデル。白髪にはなってしまったが、四十三歳の彼の熱意と活発さは想像に難くない。紋切り型の硬直した表現、つまり気品と自己満足で満ちあふれた、当時多かった一方的に教授がしゃべる講義の表現とは異なる彼の言葉遣い。

そうこうするうちに、ソルボンヌ大学で近代歴史講座の教授のポストが空き、ブローデルは立候補するために必要な資格を持っていると思った。アンドレ・エマールが急ぐように彼を急きたてていた。当時、ピエール・ルヌーヴァンが経歴的にトップであり、学部長であるばかりか、歴史研究の主任でもあった。クリストフ・シャルルが最近その小心さと心の狭さを書いた(21)、専門家たちのネットワークによって採用が決まっていたソルボンヌ大学において、ブローデルが第一選択権を与えられていた。教授選挙の時、歴史家の全体会議は通常その第一選択権に従うものであった。

ブローデルにはそのなかに何人かの支援者がいた。たとえば若い頃からの友人アンドレ・エマールや、忘れもしない一九三七年、『アナール』誌の編集委員会で出会ったエルネスト・ラブルース。ラブルースは『アンシャン・レジーム末期とフランス革命初期におけるフランス経済の危機』についてすばらしい博士論文を書いた後、圧倒的な賛成を得てソルボンヌ大学の教授に選ばれたばかりだった。ただしオゼールやブロックの経済史講座の教授のポストであったので、ルヌーヴァンは自分の専門領域外だと思っていた。ブローデルには自分の博士論文への最初の手応えや、よい教師であるという自覚があったため、彼は戦わずして勝てると明らかに思っていた。

案の定ルヌーヴァンは高等教育教授資格試験志願者向けのブローデルの講義が華々しい成功を収めているのに気を悪くしていたが、ブローデルはそんなことは考えていなかった。かつて自分が独り立ちするのを助けた助手が、ずうずうしくも恩師と張り合っていたのだ。なんという厚かましさ！　とりわけブローデルは別の種類の歴史を広めていた。過去の些細な出来事によって彼らの差を間接的に測る尺度をわれわれは持っている。一九三〇年のアルジェ会議は、ブローデルにとって多くの道を開くものとなっていたが、ルヌーヴァンには『アナール』誌に書評を投稿する機会を与えていたのだ。それをフェーヴルは「これ以上無色中立なものはない(22)」と判断した。

それだけにルヌーヴァンはいっそうブローデルの人気に気を悪くした。フェローによると、彼は自己弁護しながらも当時ブローデルのような非常に精力的な年下の人間の知的影響を受けていた。そのため彼が構想していたような歴史の未来にとって、ブローデルを危険な存在だと判断したに違いない。確かに、ルヌーヴァンは国民やその数、生活水準、イデオロギー、すなわちナチズムや旧ソ連邦によって支配されていた世界に必要とされていたものを加えることにより、とはいえ外交ゲームの枠を外すことなく、外交の歴史を国際関係にまで拡大しようとしていた。ところが彼の耳にはあちこちから、新参者が、少なくとも彼には二義的と思えるもの、すなわち社会や経済や精神を強調し、フェーヴルや、とりわけソルボンヌ大学では決して認められていなかったシミアンを拠り所としているという話が入ってきていたのだ。

高等教育教授資格試験志願者たちをブローデルに託すというルヌーヴァンの当初の選択において、ブローデルの本当の思想について、一九三七年、高等研究院に何の問題もなく選ばれたのと同じ種類の誤解があった可能性がある。なぜルヌーヴァンは、主として『歴史学雑誌』の寄稿者として知られ、一九三九年の夏以来誰も会っていない歴史家に不審の念を抱いたのだろうか。たとえ『アナール』誌があちこちでブローデルの原稿を発表していたとしても、一九四〇年に彼は三つの原稿を『歴史学雑誌』に寄稿しているのだ。リュシアン・フェーヴルのような言い方をすれば、『地中海』のブローデルの姿を、「ソルボンヌ大学派」が捕虜収容所から戻ってきたときに彼について知っていたことに投影してはならない。しかし『アナール』誌のかつてないほどはっきりと示された傾向のせいで、一九四六年の新学期には、事情はもはや変わっていた。そしてこのことがおそらくいろいろな事情をうまく説明してくれる。

ブローデルには、歴史主義の歴史に対してリュシアン・フェーヴルが何度も攻撃を繰り返すゆえに起こりうるハンデと、博士論文の表題の変更によるハンデが確かにわかっていた。正式に博士論文を提出した際、公開された表題『フェリペ二世時代における地中海と地中海世界』は、両大戦間の歴史家たちの良俗を真っ向から攻撃するものであった。しかし彼にはそれをあまり重視するつもりはなかった。

ところで教授選挙の争点は彼が具現したもの、すなわち第二次世界大戦の終わりに人々が期待していた近代史の改革ではまったくなかった。明らかにルヌーヴァンにはより現実的な目的があった。彼には総力を結集した自分の膨大な論文『国際関係の歴史』の編集計画に救いの手を差し伸べてくれる昇格が必要だったのだ。ブローデルは、われわれも気づいているように、それにはまったく関与していなかった。しかし突然現れたもう一人の競争相手ガストン・ゼレは長年にわたる献身的な協力者であった。

ルヌーヴァンはさまざまな時間稼ぎや言い逃れを重ねながら、後任が必ずしもブローデルになるとは限らないことをブローデルにわからせる役目を負った。そして彼はブローデルを拒否する準備を始めた。要するに、ブローデルは博士論文を提出したにもかかわらず、まだその公開口述審査を受けていなかったのだ。このことが重大な結果を予測できない先例を作らないだろうかと、愚直にもルヌーヴァンは考えた。差し迫った問題に対し、ブローデルが沈黙しか得られなかった電話での緊張した会話の終わりに、ルヌーヴァンは何も言いたがらないのだが、賭がすでになされていることを察して、ブローデルは教授選挙で失敗したという思いを残したくなかったので、教授選挙から降りた。一九七六年に彼はストイアノヴィッチの本の序文で次のように書く。

「一九四七年、私はそっと人目につかぬように、ソルボンヌ大学から追い払われた。たくさんの賛辞をいただいたが、追い払われたことに変わりない。」

九年後、シャトーヴァロンでの自由な発言で、彼はもっと率直に語る。

「一九四五年に私が捕虜収容所から戻ってきたとき……こんな言い方はあなたがたには気取っていると見えるかもしれませんが……私はソルボンヌ大学でラテンアメリカに関する講義を担当しました。［……］それはかなりの成功どころではなく、ものすごい成功でした。こんなふうにして私はソルボンヌ大学を閉め出され、鍵を厳重に二回まわされました。なぜなら人々は伝統的な歴史にとって私がどれだけ危険人物であるかを感じたからです。」(23)

当然、のちのブローデルの成功は、この立候補によって残された傷を悪化させている。まずなんといっても膨大な数の白票を手に入れ、これから見てゆくように、ブローデルの博士論文の公開口述審査の際にその恨みをはらそうとしたゼレに残された傷。そしてまったく同じようにルヌーヴァンにも傷が残った。ルヌーヴァンは教授選挙後、サン＝ミシェル大通りでブローデルに出会い、結果を聞きたがっていた者に対して、少し待つように求めただけだとか、もしコレージュ・ド・フランスで教授に選ばれなかったら、などと言って、「君も気の毒に、戦争でキャリアを失うことになるんだね」と同情を示したのだった。

再生を熱望する崩壊したフランスで何事もなかったかのようなこの問題に、新人が自分たちの支持者を引き離してしまいはしないかという、大学で権力を持つ老人たちの激しい不安がまさに見られた。そしてルヌーヴァンはブローデルがそれを行なうことを誰よりもよく知っていたのだ。しばしばやっとのことでマキ〔森や山岳地帯で対独レジスタンス運動を行なった人々〕やフランス軍から出てきた少年たち（少女はまだ稀だった）と戦って第一次世界大戦の専門家となった者を、少し想像してもらいたい。彼の目にはこれらの古くさい考えには、復興すべき世界との共通点はもはや何もなかったのだ！　それでもブローデルのために弁解すれば、戦争に関心を持つことの拒否は言うに及ばず、政治レベルにとどまった歴史を教えることに対するはっきりした拒否を付け加えよう(24)。

ゼレがすぐに教授に任命され、傷の苦痛をさらにかき立てるため、喜んで地中海に関する講義を受け持ったのだが、ブローデルがソルボンヌ大学から追放されたことに気づいたフェローに言わせれば、その講義は「まったくつまらない」ものだった。

ブローデルが受けた傷は消えがたいものだった。なぜなら彼は伸び盛りの学生たちから永久に切り離されたと感じていたからである。彼はこの追放をプロ意識への侵害であり、必ずや夢中にさせることができる大聴衆の前で自分の意見を述べることができないフラストレーションだと感じていた。そのうえ、正しいか間違っているかはともかく、自分ならソルボンヌ大学の教育やカリキュラムのよりよい改革を押し進めることができるはずだと確信していた。そのため彼はこの挫折を天職の侵害だと見なしたが、これは彼ののちのキャリアをうらやむ人々には理解されない。傷があまりに生々しく残っていたため、のちに彼はまるで高等研究院の第四部門から第六部門に移る宿命にあったかのように自分の人生を語った。第六部門は当時まだ部門として存在していなかったが、のちに彼はそこで有名になるのである。

ピエール・ショーニュは当然のこととして次のように指摘している。

『アナール』誌と他の雑誌との対立には、制度内の争いの問題も影響しています。ブローデルは生涯を通じて私の前で、ルヌーヴァンが彼よりもゼレを選んだことを嘆きました。〔……〕ブローデルにとって大変心残りだったのは、ソルボンヌ大学で教授になれなかったことです。彼はそれを夢見ていました。なぜなら彼はソルボンヌ大学の大講義室で話をするのが好きだったからです。〔……〕四十七歳でソルボンヌ大学に任命された私に会った時、彼は私に打ち明けました。『あなたは私の夢を、私ができなかったことを実現したのです』。私はその言葉を真に受けてしまいました。というのも私は彼が率直な人だったと信じているからです。ブローデルは実にすぐれた教師でした。[25]

フレデリック・モーロはブローデルが彼ら学生に自分の追放をどのように告げたかを語っている。

「ソルボンヌ大学での講義は長くは続きませんでした。ある日、ブローデルは私たちにこう言いました。『ソルボンヌの無限の空間にはぞっとしていました。今後私はここではもう講義をしませんが、（高等教育教授資格試験準備の）クラスの代表者を高等研究院の私のゼミナールに送りなさい。そこで私は高等教育教授資格試験の試験問題を引き続き論じるつもりですから。』」

フェローが実際にクラスの代表であったために明かした内輪の集まりへの移行。そこではブローデルはもはや影の存在ではなかった。その結果、モーロが指摘するように、ブローデルの格下げに敏感な一部の学生は「あまりに斬新な観点が高等教育教授資格試験に対して有利かどうか」について不安を持ち始めた。実のところ、ブローデルは一九二六年に同じソルボンヌ大学で起こった、リュシアン・フェーヴルの手痛い失敗の状況に出会っていたのだ。私はそのことで彼の心が慰められたとは言わないが、自分の博士論文を守るためにさらに熱心になったことは確かである。

一九四七年三月一日、彼は博士論文の公開口述審査を受けたが、大講義室はほぼ満席で、このことは彼が有名になり始めていたことを証明している。彼は審査委員たちの前で発表を行なったが、審査委員長はブローデルが頼みとする歴史地理学の専門家ロジェ・ディオン(26)（一八九六〜一九八一年）で、その名はのちにワインの歴史とともに記憶されることになる。審査委員は、まずエミール・コオルナエルト。フェーヴルの友人である。フェーヴルは一九三六年秋にブローデルに高等研究院第四部門にポストが創設されたことを知らせ、ブローデルが収容所にいる間、コレージュ・ド・フランス教授という管理職の地位を取っておくことに気を配っていた。次にマルセル・バタイヨン（一八九五〜一九七七年）。有名なスペイン学者で、ブローデルはアルジェ以来、またコレージュ・ド・フランスでも知り合いで、彼もまたフェーヴルの古くからの友人である。エルネスト・ラブルースは『アナール』誌の仲間で、『アンシャン・レジーム末期とフランス革命初期におけるフランス経済の危機』を出版したばかりであり、前に述べたように、ソルボンヌ大学で経済史および社会史でただ一人の正教授となった。最後にガストン・ゼレ。ソルボンヌ大学で十六世紀フランスの研究者となったが、ルヌーヴァンのスポークスマンであることは明らかで、喧嘩腰の態度でブローデルの追放を正当化することに意欲的であった。ブローデルはストイアノヴィッチへの序文のなかで、このときの名文句を思い出している。

「あなたは地理学者ですが、失礼ながら私は歴史家なのです(27)」。このことはブローデルが言っていないことだが、彼はゼレに「原資料」を尋ねて、論証に足をとられてゼレを身動きができないままにさせることによって、一瞬後で仕返しをしたことがある。ゼレは一冊の学術書を挙げた。するとブローデルが言い返した。「孫引きの資料に頼るのは危険です。それにそれは私の本に出ている資料です……」

公開口述審査に出席した若きモーロの結論。

「ガストン・ゼレは明らかに反対派の役を演じることによって批判的である態度を示した。」

だからといって博士論文はそんなに悪くはなかったと思われる。二十年後にエルネスト・ラブルースは博士論文をたたえて次のように言う。

「私は数多くの博士論文審査の審査に参加しました。私は一つの特異でショックな出来事であったことをいまでも覚えていますが、全員一致でそのように感じたのです。(28)」

ブローデルは一九四九年版で、以前勧められていた「考察と暗示」を考慮に入れることになる。なによりも人々がとがめたのは、彼が「人と人の行動を犠牲にして、自然の制約の結果を誇張した」ことである。われわれは次の章で彼の答えを見ることにしよう。彼の公開口述審査は当然大勝利であったが、彼はソルボンヌ大学での失敗の代償としてその成功を味わうことはできなかった。

3 最初の出版物としての『地中海』

われわれはこの革命的な本の長期にわたる形成をたどることができたという幸運に恵まれている。戦争さえなかったらもっとよくできただろう。ところでこの幸運は、一九四九年に規格外(一一六〇頁)にもかかわらず自費で出版した一九四七年の博士論文——このため図表や地図を載せることができなかった——と、ブローデルが生活費を切りつめる必要はなくなった時の一九六六年の第二版の改訂との比較を可能にするという、本の歴史によっていっそう強められる。[29]

一見したかぎりでは、「環境の役割」、「集団の運命と全体の動き」、「出来事、政治、人間」という三つの大きな部分にわかれた同じ本である。ところがこの本は、内容が充実し、より明快になっているばかりでなく、彼の独創によるところのもの、すなわち生活の広がりと歴史の活力を深め、増大させている。下位区分の記述はとりわけ論述の構成において数々の変更を表している。たとえば第一章は「一、山の役割、二、高原、台地、丘陵、三、移牧、四、平野」だが、一九六六年には細分化が行なわれ、「平野」が「移牧」の前に移動し、「移牧」は反論の余地なく「移牧あるいは遊牧生活——これはすでに二つの地中海である」に席をゆずったのである。

初版では「山の役割」は、地理学に敬意を表しているばかりでなく、人間がこの環境の役割から手に入れたものの分析に関することを必要なかぎり明瞭に述べていた。

「山は、普通、都市や低地国の創造である諸文明から離れた世界である。山の歴史、それは諸文明をいささかも持たないことであり［……］こうした高地の世界にとっては、ローマ帝国そのものさえ、驚くほど長く持続したにもかかわらず、ほとんど重要ではない。帰属を拒む山塊のあちらこちらにローマ帝国がその安全のために設営しなければならなかった兵士の駐屯地という点はおそらく別だ。したがって、レオンはカンタブリカ山脈の麓に駐屯地を設営し、ジェミラはベルベル・アトラス山脈の謀叛に直面し、チムガドとランベーズの属領にはローマ皇帝第三部隊が駐屯していた……。それにまたラテン語は、北アフリカやスペインや他の国のこのような敵意に満ちた山塊のいかなる場所でも幅をきかせることはなかったし、ラテン系の家は平野の家である。[30]」

空間の大きさだけでなく、それと切り離せない持続の大きさの取り扱い、地理学から歴史への、実際には長期持続のなかで行なわれるような移行、言語学から住環境に至るまで、精神構造の変化の表現における簡潔さには感嘆せざるをえない。国境もまったくなし。歴史はわれわれに全体を開く。その全体において、出来事はその変動のなかで、時間の経過の流れを変えるいくつかの交点をつくり、人々が生態的地位について話し始めるように、政治の場を遠のける。のちにブローデルはそれを好んで「全体」と言うようになる。

二つの版の間で、ブローデルは本質的な問題の複雑さをうまくとらえ、地理的構造と戦っている人間関係を、ヴィダル＝ド＝ラ＝ブラーシュ以来強調した。審査委員会は地理的構造を重視しすぎるとして異議を唱えたが、このことが晩年の『フランスのアイデンティティ』においてもまだ大きな問題として残ることになる。一九六六年、彼は「移牧よりも古い遊牧生活」のような新たな展開や、「数百年以上にわたるサイクル」のような、一九四九年以来の進歩と明確化を第二版に注ぎ込むのである。

しかしながらフェーヴルとディオンの流れをくむブローデルは、新しい分野である地中海の枠内ではあるが、地理学の枠組みの不変不動の部分を「歴史の変化」のために減らす傾向にあった。

この改良の重要性は、たとえば牧畜民と定住民との関係についての研究において、イヴ・ラコストによって一九八四年に強調された。

「これら地中海地域の地理学の専門家たちは、二つの種類の生活様式（ブローデルがこの韜晦趣味の生活様式という表現を使わないようにしていることに注意）の間の関係を、まるで遊牧民と定住民という二つの観念的な実体の間の鎮められない対立を表わすものであるかのように扱ってきた（そして何人か、それもかなり有力な専門家たちがいまもそのように扱っている）。ブローデルはこの善悪二元論的な言説を無視し、相互の補完性と対立を強調するため、村人や都会人やさまざまなタイプの遊牧民の関係の複雑さを示している。[31]」

初版ですでに新しいアプローチの大綱を示し、これを第二版で最近の資料を使って深く掘り下げて検証している。同じような変化が第二章にも見られる。これはタイトルが「地中海の心臓部」から「地中海の心臓部——海と沿岸地帯」となり、このことによって第三章のタイトルが「地中海の境界」から「地中海の境界、あるいは最大規模の地中海」へと重要な変化をするのである。「最大規模の地中海」という計画の三つのキーワードが、真の重要性にまで達したのだ。

この下位区分の見直しは、ブローデルが一九四六年に素描した切り口にこの二十年間どのように没頭したかを示すのに十分である。当時、この章は「一、ヨーロッパと地中海」と「二、砂漠——地中海の第二の顔」の二つにしかわかれていなかった。一九六六年にはこの一と二が入れ替わっただけでなく、序文の補足として「歴史の次元での一つの地中海」という全体的な構想のなかで修正が行なわれたことを明確にしている。現在は「一、サハラ砂漠——地中海の第二の顔」となり、新しく「三、大西洋」が現れている。一九四六年にはすでにブローデルは大西洋と内海の、地理的な、いわゆる静的な隣接関係を越えて、「十六世紀の大西洋の運命」を検討していたが（このことで彼は後で共産主義者から「大西洋同盟振興主義者」だというばかばかしい非難を浴びることになった！）、今度は地中海に対して「複数の大西洋」の歴史的変化を強調し、「地中海から学んだ大西洋」を考察している。

第二版は初版のなかですでに重要な要素となっていたものを拡大している。すなわち視野の広がり、「最も大きな歴史」、マインツの捕虜収容所で一九四一年二月十五日に妻に宛てた手紙の中の「広く見なければ歴史は何の役にも立たない」こと、そして人間の選択と経験とを明らかにすることである。博士論文は上の方にアフリカ、中央にナイル川の三角州を配置し、意図的にわれわれを途方にくれさせる逆さまの地球全図をすでに示していたが、第二版はわれわれがその方法論の一般化をよりよく理解できるようになっている。ブローデルは伝統的な地理学に対してこのようにひっくり返して見ることを強調している。

「ところで、歴史の要請に従えば、地中海はその岸辺の彼方へ、また同時にあらゆる方向に規則的に伸びた、一つの広大な地球でしかありえない。われわれが思い描くイメージどおりに言えば、地中海は、磁場［……］である。あるいはもっと単純に言えば、輝かしい中心であり、光と影をはっきりと分ける線に気付くことができなくとも［……］。もはや植物や動物でも、起伏や気候でもなく、いかなる境界線も止めることができず、あらゆる生涯を乗り越えてゆく人間が問題になるときには、実際、どんな国境線を引くべきなのか。地中海（ならびに地中海に随伴する「最も大きくとった地中海」）とは、人間がつくったとおりのものなのだ。［……］人間や財産のこうした流通は、それが手に触れて感知できるものであれ、無形のものであれ、地中海のまわりに次から次へと境界を、つまり栄光の輪を描いてゆく。百の国境について一遍に語らなければならない。政治に釣り合った百の国境であり、経済や文明の国境である。[32]」

二つの版の間に、ブローデルが構築する全体史は、歴史に併合され、よりはっきりと歴史本来の目的に従属する地理学に対してさらなる解放を得た。彼の弟子たちが好んで使う言葉を繰り返すならば、「歴史家のテリトリー」の拡大と解放は明らかであるが、そのアプローチの仕方を考慮するならば、それが博士論文以来、萌芽として含まれていたことを改めて強調すべきである。審査委員のなかに地理学者がいるかもしれないことを知っていながら、ブローデルが「通常の境界決定」を拒否したのはその時であるが、ロジェ・ディオンは非常に立派な人物だったので、この新しい切り口に賛成であった。

確かにリュシアン・フェーヴルが、一九二二年の『大地と人類の進化』から「地理学を歴史に導入」し、道を開いていた。そこでは地理学によって整えられた環境を人間が自分たちの使いやすいようにしてきたことを明らかにするのは歴史であった。しかし指導者というより地理学者であり、実際には地理学の道具に注意を払うブローデルは、柵や決定論を暗黙のうちに含む「枠組み」の概念を博士論文以来空間の概念に置き換えたのである。惰性と限界を打ち砕くものが、移動、コミュニケーション、交通を保証するのだが、しかしながらこれから見るように、枠組みのきわめて物質的な圧力から自動的に引き出されるのではない。ところで地理学にとってのみならず、歴史学にとってもこれほど決定的なこの置換は、まずアルジェリア、次にブラジル、最後に捕虜収容所という彼の体験に属している。このことが人々が自分の領土の上に打ち立てる見方とは異なる見方で、毎回、彼に地中海やヨーロッパやフランスを考察させているのだ。

地理的な決定論は不動論であったし、ブローデル的空間はまず関係の空間であるが、フェーヴルが常にあれほど強調していた影響については、二十世紀における距離を越えるスピードと数においてのみ、考えられるものであった。空間についてのこういう見方は博士論文の最も革命的な革新である。

一九六六年版の第三章以降、これが明らかになる。地中海をまず歴史的領域、人間の実験の領域、彼らの試行錯誤、政治的概念と同じく絶えず更新されるルートや交易を試す領域としながら、「環境の役割」を「歴史の次元」に移している。

一九四六年のこの章の結論は、ブローデルが克服しなければならなかった知的困難（そして克服すべく残されていた知的困難）を明らかにするだろう。自分の切り開いた道の正しさを証明するために、ブローデルは地理的な次の事実を強調する。

「地中海は大西洋からインド洋への広い通路であり、海上交通や隊商貿易の広い通路であり、いわば移動空間である。［……］すべての者がそこを通る。人間は言うに及ばず、商品、文化、流行病、果ては植物や動物までも、インドや中国から絶えず西欧諸国に追われてくる。地中海の生活が最大の速度と主要な結びつきを得たのは、（普通無視されるが）確かに経度の方向においてである。地中海はもちろんヨーロッパの海ではない。地中海は地中海なのだ。」(33)

この一節は「やや過度の自負」に対してはっきりと自己弁護であった。なぜならブローデルは一九四六年から一九四九年にかけて、まったく固められていない分野、しかも伝統的な地理学者や、ブローデルをあまりにも地理学者だといって非難する（ゼレを見よ）セニョボス流（あるいはルヌーヴァン流）の実証主義の歴史家から見れば、ほとんど学問的ではない分野にあえて乗り出しているのだということを自覚していたからだ。あれから五十年後の今世紀終わりになって、ブローデルが当時開始したことがあまりにありふれたことになったため――教育の他にも、たとえば先頃イヴ・ラコストが膨大な事典を監修した『地政学』(34)の成功においても――現在のわれわれが、当時支配的であった、凝り固まった区分の重苦しさを思い描くことは難しい。一九四六年にブローデル主義者が切り開いた突破口は、邪説とは言わないまでも、ほとんど異端すれすれの状態であった。

「きわめて早く［地中海は］南京錠をかけられ、収入が尽きた国々の通行料金徴収所や税関でいっぱいの地上世界に、一種の自由貿易、自由交通の領域を作り上げた。それはまさに膨大な大きさの取引と富の創造者だった。海岸にはきわめて早いうちから、交通路が増加した。都市はきわめて早いうちから、狭い渓谷付近、島々で、海岸と内陸の道路の接続地点では寄港地が作られた。海。その海原と水路の固有の歴史、それはそこでの往来、小舟や船舶の航行、交通、これらの往来に結びついた都市、もっとも都市はそれがなければこれらの往来は考えられないだろう（海が移動空間であるかぎりにおいて、同時に都市空間である）。［……］海はE・ラブルースが考えるように、地中海生活の『極度の均衡』である(35)。」

この初版の文章と一九六六年のそれを比較することによって、一九四六年以来、ブローデルが、空間の交わり、歴史によって生じた尺度の変化に移行するために、枠組みの概念を脱したときに、危険が自分に降りかかり、地理学にも及ぶかをどのように自覚していたかがわかると思う。これはすべて一九六六年にははっきりと表現され、十分に実現されることになるが、時を経てこの文章を読むと、挑戦的な言動がすでに二十年も前から存在していたことがわかる。当時の彼の結論を忘れないようにしよう。結論部分で彼は地理学の「併合」と彼が呼んでいるものの有罪を認めた上で情状酌量を求めている。

「地中海と地中海沿岸の国々についての地理学的試みをこの歴史の本へ併合することについて、誰も私に異議を唱えなかった。それではこの企ては理にかなったものなのだろうか。しかし何よりもそれは実りの多いものではなかったのか。私はいまもそれを考えている。［……］創造的な空間と水路の驚くべき自由を兼ね備えた地中海は［……］人間によって絶えず手直しされる作品のように私には思われた。というのも彼らは絶えず寛容さに欠ける自然との戦いを強いられてきたからである。［……］彼らはしばしば無分別に、海を取り囲む巨大な大陸の塊と、そして十六世紀には隣接する巨大な海、大西洋とインド洋と終わりのない戦いをしなければならなかった。私がこの本全体を通じて言ったのはこのことである。[36]」

一九六六年、彼はこれと同じ考えを繰り返すが、それが「理にかなった」ものかどうかはもはや自問していない。彼はただ地理学的試みが「時間を越えたものとして理解される」ことを付け加えて、はっきり述べているが、このことは彼が走破した道全部を記録するものである。

「したがって、私が地理的観察というフレームと横糸に従って探し出そうとしたのは、地中海の歴史をめぐる、位置づけ、恒久的なもの、動かないもの、反復されるもの、すなわち『規則性』である。人間たちの昔の生活が持っていた〈すべての〉構造ないし単調な規則性ではなく、それら規則性のうち、日々の生活に関わってくる最も重要なものだけである。［……］オーディジオやダレルと同様、私も、今日の地中海沿岸へ足を延ばせば、古代そのものが見つかると考えている。[37]」

二人の作家に安心して頼っているのに気がつくだろう。これは一九四六年にはあまり「まじめな」ものとは見えなかった言及である。

続いての二つの章で、博士論文の第一部が完成するが、この「自然の単位——気候と歴史」と「人間の単位——交通路と都市」は、版を重ねるごとに豊かなものになったにすぎない。しかしそれらがとりわけ革新的であったのは確かである。一つめの章は「気候は十六世紀以来変化したか？」という当時としては画期的な問い、単に「補足的覚書」を必要とする問いで終わっていなかっただろうか。その間に突然あらわれた数々の研究、なかでもエマニュエル・ル＝ロワ

＝ラデュリの『気候の歴史』（一九六一年）がその妥当性を立証している。

二つめの章も同様に、陸路と海路の競争において認められた変化、「銀行や文化創造への道としての都市の諸機能」の分析と「都市の人口の増加と減少」に向けられた関心によって新しい展望を切り開いていた。

しかしこれら二つの章は、第二版からばっさりと削除された結論、「歴史地理学と決定論」に通じるものであった。地理学に対して確かな困難を改めて明らかにした、不完全な結論であった。結論のなかでは、時間的に離れた経験の大胆な比較を証明する例が増えているが、しかし当時としては革新的な結論であり、これは「歴史地理学」という新語を使用したためだけではなく、ブローデルが次のように書いていることにもよる。

「われわれは、地政学が意味するものとは別のもの、より歴史的であると同時により広大な別のもの、すなわち図式化された空間的な歴史、たいていの場合、ある方向に前もって曲げられた歴史の、国々の現在や未来の状況への単なる適用ではないものを示すつもりである［……］。地理学に、独自のやり方で、自らの精神、過去の事実、だからこそ人々が歴史の生成と呼ぶことのできるものの再検討を強いることが必要である。[38]」

それはヴィダル＝ド＝ラ＝ブラーシュが生み出したフランス地理学派が「ほとんど完全に立てこもった」「可能論」と完全に距離を置くことだった。そして彼はそうするために、リュシアン・フェーヴルが『大地と人類の進化』で用いた方法を頼みとしていた。

「［フェーヴルは］わが国で反響を及ぼしていたラッツェル［一八四四年～一九〇四年。一八九七年の『政治地理学』に腹を立てていた］の地理学的運命論をその源まで追い求めた。[39]」

これらはすべて本当である。しかしブローデルが当時正当なこととして、地理学的決定論の行き過ぎを歴史のドアから追放したのに対し、地理学とブローデルの言う「歴史地理学」さえも、それを窓から彼のところに戻していたのである。彼はいまや自分の計画を弱め、縮小し、さらにはわれわれが高く評価した地理学からの歴史の解放を問題にする、さまざまな細かな修正を強いられる。

「しかし人間と事柄の間を勝手に断定しないようにしよう。［……］決定論の役割を誇張せず、かといって減らさないようにしよう。［……］一方では自然の障害、他方ではそれを補うが、自分に合わせる人間の努力。ところで、決定論とは何か、環境の役割とは何か、そうでなければ多くの場合、環境が抵抗するゆえに引き起こす、努力の連続とは何か。[40]」

環境の優位性へのひそかな回帰。ブローデルが第二版のなかで、「都市の政治的危機」について深く打ち込んだ研究は、もはや彼が「新しい歴史」に属さないあの論争から、彼がいかにして抜け出したかを示すものである。ブローデルは地理学の可能性に直面した人間の決定や選択やさまざまな試みの重要性を考慮して決断したのであろ。これらの可能性の再編成。たとえば、彼は次のような事実を強調している。

「スペインでは、半島の統一に必要な強力な首都がなかった。一五六〇年に、バリャドリーから意欲のある、専断的な、『幾何学的な』都市マドリードへと還都したのは、おそらく完璧な計算ではなかった。歴史家のJ・グーノン＝ルーベンスは、ずいぶん前に、フェリペ二世の重大な過ちは首都をリスボンに置かなかったことであると主張した。フェリペ二世は一五八〇年から一五八三年までリスボンに滞在した［……］。彼はリスボンをナポリやロンドンのような町にすることもできたかもしれない。この非難は私の気持ちを常にひどく動揺させてきた。マドリードにいるフェリペ二世は、『意欲のある都市』に首都を勝手に定める政府を、前もって連想させる。エル・エスコリアル宮殿のフェリペ二世とは、ヴェルサイユ宮殿にいるルイ十四世である。[41]」

この例はブローデルを、十六世紀に姿を現すが、「十七世紀に決定的な主役」にされる「首都」から、縮小された結論へ、しかし「すでに変動局面が現れている」という、最初の結論からまったくはずれた結論へと導く。なぜなら、「おそらく、経済の後退の真っ最中に、近代国家は、流れに逆らってその価値を認めさせ、繁栄する唯一の事業であったからである。[42]」

はっきりした地理学的決定論は完全に追放されている。変動局面は、確かに『ロベール仏々辞典』の定義のとおり、「さまざまな情勢の出会いから生じ、進化や行動の出発点として考えられる状況」である。しかしここで明らかに問題となるのは、経済の変動局面、景況である。ブローデルは、この本こそがその問題を変えたのだと認めている。「いずれにしても、都市の力動的な歴史はわれわれを当初の主題の外へと連れ出した。この第Ⅰ部でのわれわれの意図は、不変なもの、恒久的なもの、[……]、地中海生活の土台、地中海のあるがままの粘土の塊、地中海の穏やかな、あるいはわれわれが穏やかと思い描いていた海に注意を払うことであった。都市は発動機であり、回転し、活気づき、息切れし、再び前進する。発動機の故障そのものは、本書の第Ⅱ部で扱うことになるあの変動の世界へとわれわれを導く。故障は、あらかじめわれわれに運命船の占いをさせながら、変化、変動局面を語っている。つまり十六世紀末の多くの徴候が予告し、十七世紀が強調することになる[地中海の]あの後退である。(43)」

ブローデルが修業時代に受けた、あまりに静止した地理学の遺産をしのいだものは、本の全体的な動きを考慮した歴史である。リュシアン・フェーヴルは、一九五〇年の『歴史学雑誌』の中の、驚くべき書評で、当然のこととして次のように強調することになる。

「(ブローデルにとっては)まず人間があるのであって、初めにあるのは大地でも海でも空でもない。[……]彼が記述している環境は非時間的な環境ではない。それは地中海が十六世紀の、あるいはもっと正確には十六世紀後半の人間集団のために構成する環境である。(44)」

われわれはブローデルが新語「歴史地理学」を放棄したことを理解できる。

第Ⅱ部「集団の運命と全体の動き」のなかで起こった変化は、第Ⅰ部と同じ次元の変化ではない。なぜならブローデルはすでに地理学的付着物と出来事の歴史を同時にこの第Ⅱ部から取り去っているからである。それらの変化は彼がそれ以来持った確信に起因している。一九四六年の結論では、ブローデルは初めて「構造の歴史」という概念を持ち込むことによって、当時人々がそこに見ていた危険を示す用語において「慎重すぎた」ことを弁明していた。

「構造の歴史が、われわれに見えているものを越えて、広い道にわれわれを連れてゆくかぎり、慎重でなければならなかった。踏み外して目が回るほどの転落をする可能性がある。壮大な展望を前にして、人々は本能的に資料や証拠によって身を支えている。」

したがってこれは『地中海』が最初に出版されて以来、大胆さ、確認、充実による変化、この「呼吸する歴史」によって挑発されたのではないにせよ、そこから結果として出てくる数々の研究に、本質的に結びついた変化である。第一章「経済――この世紀の尺度」を修正することによって、ブローデルは一九四六年版の最初の二つの項「一、距離。二、経済と空間」を「第一の敵としての空間」として一つに書き直している。このことは、別のやり方で、第一稿のまばゆいばかりの斬新さ、すなわち社会、経済、国家の観点から、空間、つまり十六世紀後半に提起されていたようなコミュニケーションや人間、政治、経済の流れの問題を考慮することを特に強調することになる。一九四六年の結論で、ブローデルは次のように書いていた。

「私には歴史が一連の危機として現れているような気がする。そのなかには安定期、すなわち均衡が見て取れるが、この均衡について歴史家たちは多くを語っていない。おそらく均衡がそれらの破壊そのものによってのみ示されるからだろう。［……］同様に、どんな経済危機も最初は、その他のことを予告し、おそらくその他のことを指図する、流通の混乱によって注目されるような気がする。(46)」

ついでながら、ブローデルが生きた二十世紀にとどまるために、この『地中海』初版はプロペラ飛行機と沿岸航海の時代のものであること、そして航路に沿って飛行時間を三分の一か四分の一にしか短縮できず、途中着陸、さらには乗り換えさえ必要とする時代のものであることに注目しよう。第二版は、ジェット飛行機によるコミュニケーションの驚くべき加速の時代である。たとえばパリ゠アルジェリア間を二時間で結ぶ、ヨーロッパ大陸の定期便が開始され、電話による直接性やテレビの生中継がもたらされた。一九六六年版では、チュニジアとモロッコの独立、フランスとアルジェリアの戦争とアルジェリアの独立が、一九二三年以来のブローデルの地中海経験を複雑なものにしたと考えることもできる。

人間関係における空間の役割の自覚は、彼の人生そのもの、アルジェリアとブラジルでの中央から離れた経験、しかし北アフリカやフランスの解放によってアルジェリアの家族との距離が遠くなるとともに、とりわけ捕虜収容所時代のつらい隔離に基づいている。一九六六年当時、妻のポールがピエ・ノワール〔アルジェリア在住のフランス人〕としての彼の過去に視線を投げかけていたことを忘れないようにしよう。

空間についてのこのような人間的な見方は、すでに一九四九年に、人々の眼には今日よりも当時ずっと大きく見えた、地中海の大きさを初めて歴史的に把握したという長所をいっそう引き立てる。

「十六世紀の地中海にはまだ古代ローマ的側面があった。それは人間にとって途方もなく広大だ……。それは二十世紀の池ではない。〔……〕そのあるがままの姿を知るためには、想像することが可能なかぎり、その空間をふくらませなければならない。[47]」

一九四六年時点では三つめ、一九六六年では二つめの項となる「人間の数」は単に最新の数字に改訂されただけである。大きな違いは、意図をはっきりさせるのに十分なタイトル「地中海型経済の『モデル』をつくることができるのか？」を持つ、新たな項に起因している。それは明らかに一九四六年には着想できなかった。モデルという概念が、第Ⅱ部の新しい第八章、すなわち「百年単位のトレンド」と「長期の変動」、つまり経済の歴史のあらゆる改革を取り扱う「結論にかえて――変動局面と経済情勢」のような地位を占めていなかったためである。われわれはその時が来たらこの問題に立ち戻るつもりだ。

経済についての章の他の構成は変わっていない。「第二章、経済――貴金属、貨幣、価格」、「第三章、経済――商業と運輸」である。別の重要な改訂が、いろいろな国々に触れる際に行なわれている。「第四章、帝国」がほとんどそのままで残っているのに対し、一九六六年版で「第五章、社会」は「第六章、文明」よりも先に置かれている。初版から第二版の間に考察は五〇年代にフランスの大学において広まったマルクス主義（およびすぐれた翻訳）の影響を受け、ブローデルは一つの項に「階級闘争？」というタイトルを付けることになる。「文明」の章では、興味を引くタイトルを持つ新しい項「他のあらゆる文明に逆らう文明――ユダヤ人の運命[48]」が現れている。これに対して、われわれの関心事であるテーマの面では、第Ⅲ部の「出来事、政治、人間」は初版と第二版の間で変更がなく、そっくりそのままである。

たとえブローデルがレパントの海戦のような出来事に割り当てていても、実際は見かけに反して、この第Ⅲ部は出来事の歴史とは逆である。しかし彼が示していること、つまりこの本の最後の「大きな歴史の外の」地中海の「出口に」あって、「集団の歴史」の章を締めくくる「戦争の諸形態」は、「まさに出来事が次々と起こる閃光のように歴史を通り過ぎることである。かすかな光が現れるやいなや闇がそれらを飲み込むのだ。[49]」

一九六六年版にもこの一節を入れたことは、ずいぶん悪口を言われた。なぜならブローデルがこの第Ⅲ部を出版するのを躊躇したことを強調しているからである。しかしわれわれにとっては捕虜収容所の講演についての覚書のなかに書き留められた考察以来、突然起こった変化の糸口である。彼はここで、今後、歴史家が伝統的な出来事の系列、つまり政治と外交の出来事と、経済の出来事の二つの系列と取り組むことを示している。彼は次のように付け加えているが、これは重要なことである。

「他のどんな系列も受け付けないこの二つの系列を信じたり、他の事実からなる系列、社会的、文化的、あるいは集団心理に属する事実からなる系列が推察されるのに、ある系列を他の系列によって説明することであるようなたわいない罠に落ちることは危険である。それでもしかし、経済的なものと政治的なものが他の社会的現実よりも短期の、あるいは非常に短期の時間のなかにうまく分類されることは、すでに社会的現実を越える一つの全体的な秩序の概略を示す方法であり、また経済的なものと政治的なものに含まれる出来事という分け前を超えて、構造やカテゴリーを求める方法である……。[50]」

博士論文の仕事そのものにおいて、捕虜収容所時代には「大きな歴史」に達するために棚上げすることが必要だとブローデルが考えていた、戦争という出来事の記述の再導入が不可欠であった。出来事の系列と政治その他の系列を関連づけることを彼は自らに課した。われわれが目下できるのは、捕虜収容所の講演を直接参照することである。というのも章のタイトルが「一五五〇〜一五五九年、世界戦争の再開と終結」（傍点による強調はデックス）となっているからである。これは、二十世紀の世界戦争が最初のものではないということについての当時の考察を参照させることである。[51]しかしそれができるのはわれわれが最初であり、ブローデルは自らの考察を手直ししたテクストを完成も出版もしなかったため、われわれには彼の思想の段階が一つすっぽり抜けている。

「大きな歴史の外」へ出ることについて、ブローデルは博士論文の最終部分で、それが主として大法官府の産物であることを見事に示している。

「物語としての歴史に拘泥する歴史家にとって、大戦争からも外交活動からも見捨てられた地中海は、一挙に闇のなかに没してしまう。すべての光明の光が消える。［……］しかしながら、地中海は相変わらず息づいている。どんなふうに？　この問いを、スペインどころかイタリアの通常の古文書に、あまりしつこく求めてはいけない。［……］さまざまな大法官府［……］もまた、大きな噂になるような出来事についてしか、情報を集めていないからである。頼るべきは一連の経済的資料である。[52]」

そして地中海の豊かさと大西洋の豊かさがどれほど「協力的であると同時に敵対する」かを強調した。このことによりブローデルの本は一つの死ではなく、イタリアやオスマン・トルコ帝国の退廃、スペインの衰退など、さまざまな死で締めくくられている。そして経済の大きな流れの変化で締めくくられる。人々は「歴史の積極的な役割」が、伝統的な物語としての歴史と比べて、上昇するに比例して弱まるどころか、反対にどれほど強まっているのかを推し量ることができる。ブローデルはフェーヴルがセニョボスに対して起こした訴訟[53]を再び問題にすることもなかったばかりでなく、ここで見事に先輩のフェーヴルが望んでいた政治と深層の経済基盤との「統合」を成し遂げている。

エルネスト・ラブルースは一九七二年に次のように書くことになる。

「深い学識を示すこの研究は［……］この種の研究において初めて、二つの歴史を並置している。すなわち集団の力の歴史と国王の歴史である。国王は、出来事の連続の前で、多かれ少なかれ『個人』を象徴し、幾人かの直接のしもべによって助けられている。［……］最終的に、孤独な人間は自由である。統計上の人間は推定である。経験が永続的であるだけにいっそう確率的である。経験は繰り返され、世代を通して増えてゆく。王や王族たち、この最も強い種類の『個人』が、長い期間にわたって、どの程度時代を動かす者であり、『動かされている者』であるのか。どんな大胆な人間がいつか損得計算をするのか。いずれにせよ、このような大きな問題が最重要課題として、またこれほどよく研究された状況で提起されたことは一度もない(54)。」

このようにざっと検討してみると、一九四六年の計画と、ブローデルが実行に移している、歴史の三層概念が驚くほど有効であることを示している。一九六六年の改訂は結局、精神的道具のレベルに立つならば、経済の働きの理解のみでなく、経済が歴史へ統合されてゆくことを理解する際に、達成された決定的な進歩に起因している。この統合、この「まとめ」は地理学的決定論に対して解放を完成させ、それと同時に日常の現実の生活のなかで理解される出来事と長期間の傾向との間の流れを可能にする。

このようにして『地中海』をじっくりと練り上げたことの類稀な功績は、戦後の周辺部においてブローデルを歴史のアバンギャルド的存在に位置づけることである。その歴史とは、彼の第二の戦後における二十世紀が、イギリスとアメリカとの知的コミュニケーションの回復において、取り組むことができたような歴史である。

ブローデルはすでに歴史のために、フランス派特有の地理学の改革と、『アナール』誌に関連した社会史の発展とドイツの経済史との間の結合を行なった。彼の三層の歴史は、たとえまだ長期持続にスポットがあてられていなくても、長期持続の展望において機能している。彼の本のなかで最も大胆で、最も斬新なもの、すなわち一六世紀末の過渡期における地中海空間のさまざまな役割と変化が、新しい歴史の地平を開く。それらは空間、ここでは地球規模の大きさのさまざまな新しい次元、第二次世界大戦や当時始まった植民地の危機の間に体験された次元によって生気を与えられる。（たとえ一九五五年にバンドンにおいて初めて公式に第三世界が生まれることになろうとも、インド独立はすでに進行中であり、マダガスカルでは一九四七年三月に流血の弾圧があった。）

一九五〇年の書評で、フェーヴルはとりわけ次のことを褒め称えていた。

「初めて海が、あるいはそう言ってよければ海の複合的なものが、歴史上の人物の高さにまで格上げされた。人生において介入や集中や和解が無限に満ちた、さまざまなわずらわしい人物。並外れた人物、時代を超越した、われわれの通常の基準では理解できない人物。人を魅了し、狡賢く、洞察力のある人物、すなわち人々の人生、さらに陸に住む人々の生活そのものにまでもぐり込み、その脇に船乗りたちの独自の生活を生み出し、沿岸の平野や山々と同じくらい美しく、血なまぐさい戦場をそれぞれに与える人物。要するに並外れた人物。何世紀もの間、ただ最も行動的で、アイデアに富み、(他の「海という人物」が国や女王の注意を引きつけ、首尾よく引きつけ始める時に) すでに十六世紀にも存在している、進歩的な白人の貿易や交流の拠点、自らすすんで自分が思い上がっていると、初めて言うことができる白人の最も大きな活動拠点の一つを設立することによって、自らの勝利を目撃する人物である。[55]」

ある覚え書きのなかで、フェーヴルはこの思い上がりが「われわれがルネサンスと呼ぶこの力強い現象に大部分表現される」ことを明確にしている。絵について言われていたような「高貴なジャンル (歴史画)」とわれわれが呼ぶこの書評、ブローデルのキャリアにとっての重要性については後ほどもう一度触れるこの書評が、ブローデルにこのタイプの展望を発展させることになったのは明らかだ。当時の彼にとって主要な問題となるのは、一九四六年のソルボンヌ大学の立候補の挫折以上に、フランスの大学にこのような総合的な歴史を教える準備がまったく整っていないことである。すでに述べたように、ただ一つある経済史の講座はエルネスト・ラブルースのものである。アンリ・オゼールの後継者として十年前にマルク・ブロックが選出されたようにラブルースが選ばれたのである。というのもブローデルが強調するように、「他に誰もこの引き継ぎを願い出る者がいなかった」ためである。

説明を明快にするため、私は博士論文の知的過程をたどりながら、この決定的な問題を脇に置いてきた。いま、われわれに必要なのは、ブローデルの大学人としての具体的な活動に立ち戻ること、そしてソルボンヌ大学が変わらないのに対し、解放後のフランスの別の場所で、さらにレジスタンスが巻き起こした改革の息吹の下で、たとえばフェーヴルが参加するランジュヴァン＝ワロン委員会で変動するものに立ち戻ることである。ブローデルは歴史学の高等教育教授資格試験審査委員長に指名され、特に高等研究院では革命的な人を必要としないことが原因で、二つの方法の影響を受けるだろう。少なくとも大学規模の大変動が、彼の博士論文の質の高さに劣らず、舞台の前面に彼を押し出し始めるのだ。

第八章　高等研究院第六部門の革命、アグレガシオン審査委員長、コレージュ・ド・フランス

1　革命的な創造物としての高等研究院第六部門

この改革の立役者シャルル・モラゼ、リュシアン・フェーヴル、フェルナン・ブローデルらは歴史家であったが、高等研究院における第六部門の設置をめぐる闘争で勝利を収めたのは、結局のところ人文科学であった。そしてフェルナン・ブローデルはこの闘争の勝利の結果、「新しい歴史」の指導者として、またクロード・レヴィ＝ストロースと同次元の、人文科学全体の改革者の一人としてたち現れることになった。この時ほど、大学における制度上の改革が必要に見えたことはなかった。大学の指導的地位に押し上げられた研究者たちが、大学に革命的側面というものをもたらしたのだ。一九七七年にブローデルが言っているように、彼らは引き込み線を託されていたが、そこから彼らは出口をつくることができた。この出口は、戦後間もない時期において、多くの研究者や、若いアグレジェ〔教授資格取得者〕たちが夢見ていたものだった。そしてブローデルは、その頃アメリカの聴衆のために、以下のように付け加えている。

「われわれが利口だったから高等研究院第六部門を創設したとは思わないで下さい。われわれは、性格が悪かったから、それを創設したのです。[1]」

この言葉に次のことを付け加えておこう。彼らは自分たちの専門の外まで見通す広い視野を持っていたからである、と。クロード・レヴィ＝ストロースは、一九八五年、アカデミー・フランセーズ会員の剣をフェルナン・ブローデルに手渡す際、次のように言うことになる。

「リュシアン・フェーヴルの跡を継いでわれわれの学校の校長になったあなたは、同僚の歴史家たちの懇願に譲歩し、まずは、この学校を歴史の専門学校にすることもできたでしょう。ところがあなたは、いつもそれを拒否してきました。この学校はあなたが受け継いだ時は地味なものでありましたが、あなたの力で堂々たる重みをもったのです。そして、あなたの知的好奇心とそっくりのものになったのです。すなわち、世界中であなたの学校だけが、『人間科学はすべて、例外なく、互いに代わる代わる補いあっている』というあなたの確信を日々の実践のなかで最もよく体現してくれているのです。[2]」

第一段階、これは、時間とともに決定的であることが明らかになってくるのであるが、カーテンの後ろで、故意に秘かに行なわれたのである。なぜなら、大学は、変化を前に逃げ腰になり――刷新者は経験からこうしたことは承知していたことであるが――既成事実を前にしなければ譲歩しなかったであろうから。しかしながら、逆説的に、フェルナン・ブローデルもリュシアン・フェーヴルも、その改革の受益者にとどまり、創始者とはなりえないであろう。もっとも彼らは、到達すべき目標が何であるかはっきりとわかっていたのであるが。事態は、首尾良く終わったものの、ソルボンヌ大学におけるブローデルの失敗と同じように、当時のソルボンヌ大学のシステムの悪弊の徴候を示している。

晩年の一九八四年、『歴史は人間の科学である』とはどういう意味ですか」というフランソワ・エヴァルドとジャン＝ジャック・ブロシエの質問に答えて、ブローデルは次のように述べている。

「リュシアン・フェーヴルは言っていました。『歴史とは人間である』と。私に言わせれば『歴史と人間とその他のものである』。すべてが歴史なのです。大地も風土も地質変動も……。歴史は、自らのかたわらに人間の科学すべてを置くという条件において、人間の科学です。[3]」

この言葉は、その表現がそこで考えさせているほどには、フェーヴルの考えを否定していなかった。私がすでに引用した一九四七年一月の『アナール』の論説は、「人間の全科学を同伴者として、それによって兄弟のごとく支えられた一つの新しい歴史」を求める、いつもの彼らの戦いを想起させている。

三十五年後、ブローデルは同じ精神を保持しながら問題を拡大した。もっとも、月日がたつなかで彼がしてきたさまざまな経験から以下のように明言している。

「歴史学と地理学、あるいは、歴史学と経済学、あるいはまた、地理学と数学を結合させようとしても、時間の無駄である。それら全部を一度にやる必要があるのだ。われわれの時代にふさわしい操作的、つまり効果的な、包括的な問題の立て方を再び行なわなければならない。」

国立高等研究院第六部門の創設が、こうした包括的、「操作的」な歴史学の発達に貢献したことは明らかである。まず、こうした全体的で、総合的な歴史学は、たとえそれが、フェーヴルやブロックやブローデルといった有能で勤勉な学者が取り組むものであっても、一個人の手には余るものであり、グループによる作業でなければならないという考えが、改革者の間に一致してあったのである。しかもこうしたことは、国際的なコミュニケーションの回復と出版の急成長が、もはや戦前の状態の復元ではなくなり、新しい科学的な関係の時代に入ってきているという様相を呈するにつれて、ますます必要不可欠になってきたのであった。

一九四九年、『形而上学・倫理学評論』誌に、「新しい歴史へ向かって」〔長谷川輝夫訳『歴史のための闘い』平凡社ライブラリー、一六四頁以降〕と題して発表されたリュシアン・フェーヴルの論文はそのことを明解に説明しており、戦争直後のそうした状況についてすでに関連して述べている。フェーヴルは以下のように明記している。

「歴史は、今日のすべての学問と同様に、急速に変化している。躊躇やしくじりを繰り返しながらも、ある人々は、共同研究の方へますます向かおうとしている。いつか、現実のものとして、『歴史研究センター』について語られる日が来るであろう。――しかも皮肉な笑いを誘うことなく。経済学者の研究は、ますます完成の度を強めてゆく道具の協力なしではもはや成り立たなくなってきている。したがって、よく訓練され、よく統率された研究チームの編成なしにはやっていけないのである。こうした彼らと関係の深い経済学者たちの例を見て、歴史学者たちも自分たちの研究の新しい構想に目覚めたのである。一、二世代前にはこうであった。すなわち、自分が個人的に使用するために厳重にとっておいたカード、金庫の中の財布と同じように羨望に対して用心深く守られたカードを背に、肘掛け椅子に座った老紳士は、ぱっとしない人生で終わることになろう。彼らに代わって、機敏で活動力に富み、高い教養を持ち、人生が、毎日、社会や文明に対して投げかけるさまざまな大問題の解答になる諸要素を、歴史のなかに探すことができるよう訓練されているので、ある調査に枠組みをもうけたり、正しく問題を措定したり、正確に情報源を指示したりすることができ、また研究費の計算、機器の調整、メンバーの人数の決定、そして未知の分野の調査には、仲間を投入することができるチームのリーダーに場所を譲るだろう。半年、一年で、調査はいつでも一般に公刊できるかたちになるのだ。一人の研究者が十年かかっても、こんなに豊かで、こんなに説得力に富んだ調査はできないであろう[4]。」

確かに、リュシアン・フェーヴルがこの文章を書いたとき、彼はすでに、高等研究院の第六部門の委員長であった。そして、マルク・ブロックとブロックが持っていた歴史家の仕事に対する非常に慧眼な予測への敬意から始まり、つぎに、例としてブローデルの博士論文をあげているこの論文は、まさに新しい部門のマニフェストであり、教育綱領なのである。だからこの論文は、そのまま、おそらくフェーヴルが想像する以上に急速に、若い歴史家たちに影響を与えることになるのだが、反対に、彼が夢見ていた共同研究のレベルに到達するのは彼が考えていたより難しかった。しかしながらまさにこうしてフェーヴルは、のちにブローデルの活動が最良のかたちで展開してゆく枠組みを実に見事に、提示してくれたのである。

ブローデルが、リューベックの収容所から戻り、フェーヴルが『アナール』をこれから軌道に乗せようとしていたとき、こうした新しい歴史への展望はまだ完全に実現不可能なものであり、さらに悪いことに、非現実的なものだった。フェーヴルは機会を逃さずこのプランを説得して回ったが、しかし、彼は、いわば、彼の手本を示したり彼の雑誌と『フランス百科全書』を続けることしか行動できなかった。ブローデルはというと、ただ単に彼は、フランスに遅れて帰還したことや孤立した捕虜生活を送ったために被った遅れを取り戻す必要があったことや、特に、できるだけ早急に博士論文を書き上げなくてはならないという、非常に差し迫った必要性にとらわれていたことにより、フェーヴルの活動に参加していなかった。

この辺の事情については、ブリジット・マゾンが次のように書いている。

「改革に対する強い抵抗は、確かに、この場合、異なる学部間にある研究分野の百年にわたる配分化に結びついた、フランスの大学の保守的な精神風土によって部分的には説明することができた。しかし、そうした精神風土以上に、さまざまな障害は、深い構造の秩序にも依拠している。フランスの大学に社会科学を定着させるのに時間がかかることや困難を伴うということは、人間に関する知識の錬成が、根本的に新しく生まれ変わった研究技術や教育方法に席を譲ることを要請するように、新しい時代に適応したり、移行したりする際の困難を意味している。こうした新しい研究分野の導入は、それらの発達が経済的にも社会的にも正当であることを認めながらも、教育や研究の内容や方法から資金調達や管理運営に至るまでのさまざまな構造全般の大混乱を招いたのである。(5)」

これほど見事に当時の状況を言い当てている文章はないだろう。いわば芝居のどんでんがえしが必要だった。デウス・エクス・マキナ（救いの神）は、アナール派の一員だったのだが、彼はたった一人でまず可能性を思い描き、次いで、雑誌の目的を実現するような制度上の改革の方法を考えついた。彼は、天才的なひらめきで、大学の弱点を探ることができた。というのもそこでは、チャンスがほんの少しであれ、とにかく、気づかれずにできるようなどんなに目立たない移動も、これ以上は望めないほど広大な展望を開くことが可能なのであるから。この救いの神とは、一九一七年に生まれた若くて聡明な歴史家シャルル・モラゼのことである。一九三八年の歴史学および地理学の高等教育教授資格試験の首席合格者であり、一九二九年の経済恐慌、ニューディールやヒトラー政権下のドイツの勝利といった危機の余波のなかで学業を修めた点で、彼はフェーヴルやブロック、そしてブローデルとも異なる世代に属している。彼は、すぐさま、経済史へ転向するが、このことはおそらく彼が、大学の諸学問分野の分類が聖域であり不動であることをまったく信じていなかったということを説明している。

われわれはすでに、モラゼが占領下において、マルク・ブロックとリュシアン・フェーヴルの連絡役だったのを見た。そして、今度は、彼は、いわゆるマルク・ブロックの口頭の遺言執行人として、マルク・ブロック協会を創設し、アナール派と親しい歴史家たちを結集することに力を尽くす。この協会は、のちの第六部門にとって、行政上の一種の安全弁になるのである。

シャルル・モラゼが、ブリジット・マゾンの著書のあとがきで回想しているように、マルク・ブロックが、第六部門の創設において果たした役割は大きかった。

「フランスは、地獄からやっと抜け出ようとしていた。そしてまだ手探りで歩みを進めているところであった。マルク・ブロックは、『奇妙な敗北』で、敗北が、裏切りに由来していることをほのめかしている。しかし、レジスタンス組織から、国民教育の改革を任されたマルク・ブロックは、どのようにして戦前の教育が、蛮行に屈服したり、無知の夜に殺し合うことを妨げるさまざまな価値観をフランス国民から奪ってしまったのかを問題にしていた。(6)」

『経済史入門』を著したモラゼは、当時あった諸制度に新たな道を切り開いた。それが、彼の研究分野のために役に立つことをしたという大きな意味もあったのであるが、伝統的な大学ではほとんど評価されていないことも知っていた。ポール・マゾンによってチエール財団に拾われたモラゼは、マゾンによってマリオ・ロケスに紹介される。ロケスは、ためらうことなくこの「マージナルな人物」を、一九四三年、国立高等研究院第四部門に、「経済の事実と理論」の研究指導教授として登用する。フランス解放の際には、モラゼは、国立政治学協会でも教鞭を執る。彼は、レオン・ブルムに呼ばれてユネスコの創設に参加し、一九四六年の末には、アンリ・ピレンヌの発案で設置された、ユネスコの歴史学国際委員会事務長となった。

モラゼがユネスコから得たものは、

「二つの友情である。一つは、われわれの高等教育の筆頭にいるピエール・オージェとの友情であり、最も親密なものであった。もう一つは、ロックフェラー財団から派遣されたオブザーバー、ジョン・マーシャルとの友情である。(7)」

これらの友情はのちに大変重要なものとなる。こうした前史は、今日一般にはあまりにも過小評価されているが、大学の地下抵抗運動の重要性にもスポットライトを当てているのである。というのも、そうした大学の抵抗は、解放後のさまざまな改革の発端となっていたからである。こうした環境で、敗北の知的原因をたゆまず考察し続けるからこそ、勝利を獲得したときには、すでに練り上げられた計画がたち現れてくることができたのである。このことは、こうした困難な時期のなかで作り上げられた人間関係がいかに重要な意味を持つかということも浮き彫りにしている。国立高等研究院に新しい部門を加えるという考えは、実は、第四部門が、第二次世界大戦で生じた諸問題に答え得るような歴史研究にはふさわしくないと見なされたために出てきたのである。フェルナン・ブローデルは、ブランギエに説明しながら、新部門創設の仕事にモラゼが適していたことを認めている。

「こうした予備段階の活動において手腕を発揮した人物、それは、シャルル・モラゼです。彼は、他人のために創造したり、自身の想像力をあらゆる種類の分野における集団の役に立てたりするために、自分の時間を費やした人物です。彼は、交渉の仕方を心得ていて、肝心なことをきちんとおさえている、巧妙な職人でした。」

この言葉は、モラゼによって使われたイメージに対応している。モラゼは、ブローデルの死後、彼を称える際、当時のことに触れて以下のように述べている。

「第六部門は、すでに、新しい『アナール』の経済、社会、文明という副題をまさに名前にしたわけだが、その上、顔ぶれによって予告されていたのである。さて、ついには、この部門は、家族探しに乗り出した。フェルナン・ブローデルは、兄弟を買って出たうえ、リュシアン・フェーヴルを説得して最初の父親にしてしまったのだ。このように子供が増えてゆくことに当惑している文部省のスポークスマンはといえば、次のように明言することになったが、それはもっともなことである［……］。『あなたは、最良のそして最も快い役割、すなわち子供を産むという役割を受け持っておられた。そして、今度は、あなたは、やっかいな赤ん坊を人の膝の上に委ねに来ました。』[8]」

シャルル・モラゼが第六部門に最後のテコ入れを実際に行なうことができたのも、彼が、この部門の実現のためにそれまでになされた数々の試みのずっと以前からの歴史を研究していたからである。ブリジット・マゾンが、一九八五年六月に審査を終えた第三課程博士論文で、一九八八年に出版され、それまでの社会通念を塗り替えることになった著書『社会科学高等研究院（E.H.E.S.S.）の起源について、アメリカのメセナ（文化、学術活動の庇護）の果たした役割』で明らかにしているように、社会史を扱う機関の設立という発想は、実際には、第二帝政の末期にまでさかのぼり、一八六八年七月、ヴィクトール・デュリュイによって、国立高等研究院自体が創設されたときからあったのである。モラゼは、行政上のことに関してはどう動けばよいかといったようなことは心得ていたし、経済研究に充てられたこの新しい部門の枠組みをすでに想定している、創設に関する政令がどんなものであるか知っていた。しかしまた彼は、この部門が、パリ大学法学部のかなり激しい抵抗が原因で、一八六八年には具体化されないままでいたということも知っていたのである。デュリュイは、一八六九年一月三十日の創立を決定した政令に調印したら、政府から激励を受けていると感じるまで待ってから、先に進むはずだった。しかし、時の内閣は失墜し、次いで、第二帝政も崩壊して、この計画は、日の目を見ずに打ち切りとなる。そして長い時が過ぎることになる。

一八六八年の段階では、この部門は、第五部門と呼ばれるはずであった。だが、一九〇五年に政教分離が行なわれたため、宗教学の部門が創設され、それが第五部門と命名された。もっとも、この第五部門こそは、リュシアン・フェーヴルが、プロテスタンティズムの専門家として、籍を置いていたところである。一方モラゼの方は、ブローデルと同じ第四部門に属していた。

しかしながら、この第六部門実現のためにすべてが準備されていた。デュリュイは、深刻に停止状況にあると判断した研究を優遇したいと何よりも望んでいたので――国立高等研究院は、そういう分野を研究するための学部がないためそうした点を改善するために創設された――ドイツのゼミナールの経験を踏襲した、できるかぎり柔軟な組織を作ると予告していた。このゼミナールの成功は、当時のフランス人にかなり強い印象を与えていた。というのも、一八六六年のサドワの驚異的な勝利の後、オーストリアに対して強大国となったプロシアの出現に、みな動揺していたからである。ルナンは、一八六七年にはすでに、次のように力説していた。

「大学こそが学校をつくるのだ。サドワで勝利したもの、それは、小学校の教師だと言われた。それは違う。サドワで勝ったのは、ゲルマンの学問なのだ。」(9)

フランスのやり方に従って、新しい学校を創設し、ソルボンヌ大学を根底から変革するのは避けていたのである。ブリジット・マゾンの博士論文指導教授であるフランソワ・フュレは、次のように定義している。

「フランスの高等教育の歴史は、周縁部から発達するという法則をもっている。[……] 中央権力は、その時代の精神に答えるために、大学の慣習からかなり逸脱した新しい学校を設立する。そこでは、現れたばかりの研究分野とか刷新された研究分野の専門化された研究が行なわれる。したがって、その研究は、マージナルであると同時に特権的なものであり、大学の研究を補完したり、ライバルとなるものである。[10]」

第六部門に関しても事情は同じである。ただ、その創設のされ方は、外面的には、他に比べて非常に目立たないものであった。なぜなら、それは国立高等研究院内部での変化であり、一八六九年の古い政令の焼き直しであったからである。しかし、一九四七年から四八年にかけて第六部門が成功するまでには、多くの試みが実らないまま消えていったのであるが、それでもそうした試みは、足跡を残したのである。ブリジット・マゾンはその足跡を、アンリ・オゼールが部門創設に最初に関わった一九〇四年の報告にまで遡っている。この新しい部門をつくるという提案は、当時監督にあたっていたパリ市によって拒否され、その代わりに経済、社会学の三つの講座に助成金が支払われることになる。これら三講座のうちの一つは、(一九四三年にモラゼが就くことになる) 国立高等研究院の第四部門にある。のちにこれは、経済史研究に関する二つの研究部にわかれ、そこへ一九二四年にフランソワ・シミアン、一九三〇年にはエミール・コオルナエルトが加わることになる。ブリジット・マゾンは、彼女が「歴史への漂流」と呼んでいるものを明らかにしている。

「歴史への漂流とは、国立高等研究院のなかに、経済、社会学部門所属の歴史家たちによって、新部門が将来創設されるというフランスの制度上の論理的帰結をすでに指している。[11]」

しかしながら、この歴史への漂流から、第六部門実現までの道のりは、さらにかなり長いものとなるのであった。この道は、新部門創設の問題に対してアメリカが関心を示したために大学の周辺から逸れてもいたのである。——この辺の事情に光を当てている点が、ブリジット・マゾンの博士論文の功績であるが——この計画を旧弊から抜け出させたのは、実際まさにアメリカのメセナやロックフェラー財団であり、このことは、後々、象徴的な意味をもってくる。そして、もっと後になってブローデルが国際的に認められる上で重要なものとなるのである。

ロックフェラー財団の使命は、発足以来、「世界各地で、人間の幸福を促進する」という以外の何物でもなかった。ローラ・スペルマン・ロックフェラーを記念してつくられた第二の財団は、第一の財団が目的とした幸福の促進には、「社会科学がもたらすはずのさまざまな知識が無視されている」(11)という弱点があるとみなされ、この分野に対して資金を提供したのである。この第二の財団は、のちに、母体財団の一部門になった。

ブリジット・マゾンは、頭脳は揃っているのに研究費がないというフランスの状況に対してロックフェラー財団が非常に際だった関心をもったことについて、段階を追って跡づけている。目的にあった研究所をつくろうという考えが少しずつ現れてきたが、そのためには、シャルル・リストとマルセル・モースのどちらの計画を採るかという問題があった。最終的には、予想されていたとおり、フランス銀行の副総裁であり、パリ大学法学部の教授であるリストの賢明な案が、民族学者で哲学のアグレジェで、デュルケムの甥であり、「社会主義の信奉者」であるモースの計画案を退けて採用されたのである。しかし、財団は、この計画に対してだけでは、資金援助が不十分と考え、一万五〇〇〇ドルにも及ぶ研究費を、一九三五年からパリ大学の社会研究委員会にも支払ったのである。

こうして、学長にはセバスチャン・シャルレティを、中心人物として高等師範学校《エコール・ノルマル》の学長であり、モーリス・アルブヴァクスとともにデュルケム社会学の指導者であるセレスタン・ブグレが加わり、計画が実現されたのであった。(12)その後、ビュシエンヴァルトでアルブヴァクスが亡くなったのを最後に三人とも戦争中に亡くなる。そのため残念なことに、三人の仕事の引き継ぎが中断することになったのである。しかし、もちろん、それは、リュシアン・フェーヴルに引き継がれる。なぜなら、彼は、アルブヴァクスとは高等師範学校以来の友人であり、また社会学講座の初めての正教授のアルブヴァクスは、『アナール』の編集委員会のメンバーだったのだから。

ブリジット・マゾンが強調しているように、社会研究に関する大学の委員会から歴史家たちを除外することは、経済学者と社会学者だけを援助したいとするアメリカの出資者と交わされた取り決めのなかに、はっきりと、いわば規約となってうたわれている。したがって、『アナール』を創設した歴史家たちは、「科学的な関心を持っていたことから、ロックフェラー財団の計画に多くの点で近かったのに、アメリカ人にはまったく知られないままであった。［……］一般に歴史研究にあまり関心のないアメリカ人が[13]、［……］社会学の発展のためのこの計画において、歴史家が果たすことのできる役割について考えていなかったとしても驚くにはあたらない。しかし、当のリュシアン・フェーヴルとマルク・ブロック自身はそのことをよく考えていただろうか[14]。」

もちろん考えていなかった。このことは、先に述べたように、彼らが、大学そのものを改革することを希望していたのであって、大学の外で、制度的な改革を行なうことにほとんど関心がなかった（あるいは、想像していなかった）ことを裏づけている。そのうえ、マルク・ブロックがロックフェラー財団に招かれ、一九四一年にニューヨークの高等教育自由学校に呼ばれた際――この学校は、当時、クロード・レヴィ＝ストロースら亡命知識人たちの中継地の役割をしていた――、彼はフランス国内にとどまって戦うことを決心したのである。

フランス解放の時には、こうしたことがすべてやり直されなければならない状態にあった。五年の占領で、資金は底をつき計画は遅滞していた。そんな時シャルル・モラゼが登場したのである。彼は私にこう説明している。「私は、当時高等教育の指導に当たっていたピエール・オージェと非常に親しかった。彼は私に言った。『実際、社会科学のためにフランスで何かしなくてはならない。しかしどこでそれをしようか。』彼は、新しい学部をつくりたいという気持ちが頭にあったのだ。しかしそれが不可能だということもわかっていたのである。私は彼にこう答えた。『たとえば、高等研究院はどうだろう[15]』。」

こんなわけで、シャルル・モラゼは、少なくともピエール・オージェにとって、行政に関する問題に何とか解決のめどをつけることのできる人物だったわけである。この新しい部門を創設するための政令を得るのは、難しいようには見えなかった。なぜなら、その政令は、ヴィクトール・デュリュイ以来事実上存在していたし、それに、要求のなかには、誰も怖じ気付かせないよう、いかなる予算案も用意されていなかったからである。実際、組織的な変更をそっと行なうためには、新しい部門は、第四、第五部門の社会科学の分野ですでに活躍している教授たちの助けを借り、彼らの予算を回してもらうことで形作られるのであろう。ピエール・オージェとシャルル・モラゼが獲得したロックフェラー財団の助成金は、ジョン・マーシャルのおかげで、彼らの計画を実現するための基金となり、またその他をやることにもなった。三年間に三万ドルの援助が支払われることになったが、それでも、シャルル・リストが自身の基金のために二年間で受け取ることができた十三万ドルに比べるとささやかなものだった。

これらすべての努力にもかかわらず、また、「フランスの社会科学に革命の芽をもたらす新部門を、こっそりと、しかも資金もなしにつくるために(マルク゠ブロック協会をつくったりもしたが、)どんな資金繰りも、改革の幅を縮小するばかりであったので、」改革は、結局「最後の所で」予算執行部によって停止させられたのであった。というのも、予算執行部は、ブリジット・マゾンが言っているように、「インフレーションが急速に進行している時期にあるため極度に慎重に」なっていたし、また新部門の継続を保証するのは国家であると考えていたからである。[16]

ピエール・オージェは、予算が執行停止になるという他のもっと深刻な問題を抱えていたので、この仕事に関わりたくないと思っていた。こんなわけで、シャルル・モラゼが関わった段階で、創設の決定を得ようとする試みは挫折するのである。彼は以下のように語っている。

「私に力を貸してくれることを承諾してくれた、信望の厚い同僚たちや、第四部門の委員長である、マリオ・ロケスや——彼は私がしていることをわかった上で私がそれに関わることを認め、私の考えにまったく反対していませんでした——ガブリエル・ル゠ブラのような法学部の同僚や、ソルボンヌの偉大な歴史家であるピエール・ルヌーヴァンらに囲まれて、私はその仕事を引き受けたのです。いったん政令が得られてから、この部門の最初の計画を立てたのはこの私です。[17]」

政令は、一九四七年十一月三日に署名された。モラゼは次のように付け加えている。

「私は考えました。リュシアン・フェーヴルが部門創設の仕事を引き受けるなら、その時初めて真に、部門創設へ向けて始動することになるだろう、と。私は、『アナール』の指導者としてのリュシアン・フェーヴルを考えていたのではなく、フランス百科全書の編集責任者としてのリュシアン・フェーヴルを考えていたのです。私はもっぱら彼のなかに船首像のようなものを見ていたのだが、しかしそれにしても、彼を説得するのは大変な苦労だった。何か月もかかった。当時私はピエール・オージェに言いました。『リュシアン・フェーヴルと一緒に、われわれは、一つのチームを抱え込むことになる。――もちろん私は、『アナール』のことを考えていたのだが――そうなればわれわれは部門創設に向けて始動できるのだよ。』熟考の末、個人的な目的で行なったと非難されないよう私は第四部門にとどまったのです。[18]」

確かに、このようにはっきりと誰もがこの部門の創設に賛成していたにもかかわらず、そこには、やはりさまざまな下心が存在していたのだった。マリオ・ロケスは、自分の所属する文献学の部門を、歴史家たちや、とりわけ自身の研究目的とは異なる目的をますます持つようになってきた経済学者たちの活動的なグループから、このようにして引き離すことや、これを機に彼自身の研究領域を広げることには確かに不満を感じていなかった。ピエール・ルヌーヴァンは、おそらく、ロケスよりさらにいっそう不満を感じていなかったであろう。というのも、彼の研究領域の平穏を乱したり、法務局の古文書の発掘の邪魔をしている、社会史に夢中の革新者たちからソルボンヌ大学を守るための捌け口をこうして持つことができたのであるから。このことが起きたのは、ブローデルをソルボンヌ大学に認めさせようとすることが拒絶され、彼の博士論文が公開口述審査に合格した後であることを忘れないでおこう。

おそらく、当初は、シャルル・モラゼの企てのなかにまさに革命的なものがあるなどと、これらの大学教授の誰一人として、気づく者はいなかった。理由はまったく単純である。モラゼとは違って、彼らは、新しい社会史がどのような規模のものか感じとっていなかったのだ。というのも、新しい社会史は、フランス本土では、依然として、固定観念を引きずっており、義勇遊撃隊のための避難所となっていたからである。

モラゼの意図するところをそれとなく知らされていた教授たちにしてみても事情は同じだった。ブリジット・マゾンが発見した、一九四八年三月にシャルル・モラゼがジョン・マーシャルにあてた手紙には、こう書かれている。

「この［部門］が始動するにあたってのひと騒ぎは、実におかしな喜劇に仕立てることだってできるぐらい滑稽なものでした。あるときは、三人の教授が、またあるときは、五〇人もの教授が、さまざまな審議会で、さまざまな意見に従って茶番を演じました。電話での呼び出し、決裂、歯ぎしり、熱狂の噴出、ありとあらゆる大学教育に対する野心。この知の歴史の古い国において、定着している慣習から少しばかり抜け出ようとする新しい教育機関の誕生を観察するのは、なんと興味深い現象でしょう。(19)」

実際、その年の冬は、ブローデルがブラジルにいたので、モラゼにとって事態は複雑だった。モラゼは、ブローデルが帰国して初めて、ラブルースの助けを借りて、リュシアン・フェーヴルに新部門の委員長の職についてくれるよう説得できたのだ。フェーヴルは、新部門を創設すれば、念願の大きいスケールで捉えられた歴史学の方へ進むための大きな原動力を手中に収めることができることにきっと気がついていたに違いない。当然、彼はこの企ての中心人物として、ブローデルを必要としていた。ブローデルは、この時、博士論文が成功したので晴れ晴れとした気分でいたが、それだけにソルボンヌ大学から追放されたことに失望していたので、生来の膨大なエネルギーを何に使うべきか見つけにそこへやってきたのはもちろんのことである。ブローデルは、私が先に引用したモラゼへの賛辞を述べた後、声の調子にややふざけた驚きの表情を交えて、自分がこれからやるべきことをブランギエに対してしっかりと認めている。

「ところで、新部門の委員長にはリュシアン・フェーヴルが、その秘書には、私がなることになりました。明らかに、シャルル・モラゼは――これからもこうしたことは彼によくあるだろうが――自分が創リ出した物を自分以外の人間に委ねたのでした。」

一九四八年五月十七日に開催された第一回目の部門の委員会は、こうした人選で行なわれたのだ。フェーヴル、モラゼ、ブローデルの他に、ピエール・プト、ガブリエル・ル＝ブラ、エルネスト・ラブルースらがこの委員会に含まれていた。ラブルースは、すぐさま仲間に加わることで、ソルボンヌ大学の彼の講座の威信を高めたのである。シャルル・

モラゼやピエール・オージェが、目的を達成するために、どんなに多くの忍耐や大胆さ、そして大学やその他の機関から来る数々の障害に対して十分に意識していることや、たとえば術策というものがどんなに必要だったことか、それはまさに驚嘆に値するほどである。第六部門は、一九七五年になってやっと大学に吸収され、社会科学高等研究院となったわけだが、こうして社会科学がより一般的に制度として認められると、こういった事実は忘れられる傾向にある。

こうした第六部門の成功は、気づかれずになされたので、一九四七〜一九四八年という転換期、コミンフォルムの誕生と「プラハの春」が起きた、冷戦へ向かう転換期にありながら、すぐに政治的な動揺を引き起こすことはなかった。この時期には、シャルル・モラゼが回想して述べているように、

「多くの人がヨーロッパが東か西のどちらかに傾くのではないかと思っているのだが、そんな時期にワロンもジョリオ＝キュリーも、純粋に学問のみを行なう教育機関である高等研究院を拡大するために［アメリカの］手段をとったからといって、ピエール・オージェ［や私］を非難していない。一方、彼らは、共産党が、大衆を引きつけようと『ルネサンス百科事典』に独自に着手することを決めたときには、［リュシアン・フェーヴルが編集する］『フランス百科全書』から手を引いたのである。[20]」

共産主義の攻撃は、これから検証するように、一九五〇〜一九五一年になって初めて全面的に始まることになる。たとえ、この新部門を創設するという公式の決定が、歴史学が著しく変わろうとしているのだからそれに合わせて新部門もつくられるべきだという認識から発したものではまったくないにしても、新部門が実際に設立されるとその時点から、まだ具体的な内容の定まっていない新部門の組織の基礎固めには、こうした歴史学の急激な変化が大きく影響を及ぼしたのであった。この新しい部門はブローデルのためにつくられた。フェーヴルも、新部門の主たる構想者であり、そうあり続けたのだが、そんな重要な役割をしていたフェーヴルのため以上にブローデルのためにであった。第六部門は、共同研究についてのブローデルの基本理念に具体的な形を与えるものだけにいっそう早くその革新性を明確化したのである。その理念とは、一九四九年のフェーヴルの論文よりも前に暖めていた理念で、それが部門のプログラムのような

ものになったのである。このプログラムは、遡ること九十年前にすでにヴィクトール・デュリュイの心を大変引きつけていたドイツのゼミナールにかなり似かよったものであると後に言及されることになる。ブローデルはこれを次のようにまとめている。

「リュシアン・フェーヴルは、歴史学を、経済学者や社会学者や地理学者たちと一緒に工房で製造することを望んでいた。私はこの事業所の製造者ではなく、製造工程で役に立っている人間にすぎなかった。[21]」

これらの工房は、一種『アナール』の精神を具体化したものになろうとしていた。そして当然のことながら、昔に設立された研究団体は、部門自身の存在よりも、自分たちを邪魔者扱いにし、前衛雑誌から現実には大学でさえない研究・教育機関への驚くべき移行を示して見せた、こうした工房の存在を疎んじたのである。しかも、それから十年以内に、戦後にできた唯一大きな研究・教育機関になるであろうだけに、そして早晩最も優れた歴史家たちを引きこむことになるだけに、古くからある研究団体の反感を買ったのである。

こうした成功の要因について、モラゼは、次のように述べる。

「明らかにわれわれがチーム精神と呼びうるようなもの、そして真に親密さから生まれる精神があったから成功したのだ。フェルナン・ブローデルは、自分がつくったものや、それをつくるために彼を助ける人々、血の通わない論理のみに頼って選ぶのではなく、心情的に胸の高まりを感じて選んだ人々を愛する。官僚主義的な冷淡さに対するこうした彼の偏見をなんと多くの人が非難したか！〔……〕研究チーム、いくつもの研究チームをフェルナン・ブローデルはいかに獲得したのか。いつも同じ方法で。すなわち、人物に心引きつけられたり、反対に自分が人を魅了したり、これぞと思った人々、さまざまな考え、方法には、逃すことなく執着し、耳をそばだてるのである。〔……〕結局、フェルナン・ブローデルが、およそ一人のリーダーが望みうる最もすばらしい肩書を得るのは当然といえよう。すなわち、フェルナン・ブローデル——よく仕えた人。[22]」

こうしてまさに、企業主ブローデルが誕生したわけである。かつてマインツの収容所で憂鬱な日々を送っている間、有能な人間でいるために企業の社長になりたいと夢見ていたのだ。ブローデルは、持ち前の個性や意表を突くような研究課題にぶつかった際の非常に鋭敏な感覚によって、また、部門内でしばしば思いがけず昇進したりしたので、順風満帆の滑り出しとはまだとてもいえないこのチームの発足当初において、主要な役割を果たしたのである。

2　第六部門とアグレガシオン審査委員長

ソルボンヌ大学に対して、直ちに状況を悪化させたことがあった。それは、新部門創設の初年度の終わりに、リュシアン・フェーヴルが、彼の後任としてブローデルをコレージュ・ド・フランスの自分の講座につかせたことである。しかし特にソルボンヌ大学の不興を買ったのは、リュシアン・フェーヴルが、ブローデルの昇進、すなわち大学関係者にとってかなり決定的な権限を持つ、歴史学のアグレガシオン〔高等教育教授資格試験〕の審査委員長にブローデルがなる手助けをしたことであった。ブローデルは、コレージュには学生がいなかったと要約することになる。「だからわれわれはそこでは有害な存在にはならなかったのだ。」彼が審査委員長の職についたことで事態はその反対の方向へ進んでいた。

この出来事で問題になっていることの重大さを示そうとすれば、こういう説明が必要となろう。すなわち、ソルボンヌ大学の視点からすれば、コレージュ・ド・フランスは、一つの袋小路、もちろん、威信のある、しかし高等研究院のように、学生から改革者たちを遠ざけるという利点を提供し、また改革者たちが大学の学位の授与に介入するのを防ぐ袋小路だとしても、——こうして彼らの権力と顧客をわがものにしている特権的知識人たちの目にはこのことは重要なことに見えるのだが——歴史学のアグレガシオンの審査委員長となると、こうした事情と正反対に、そうした知識人たちの特権に揺さぶりをかけるような、別の意味で恐るべきポストだったのである。それ自身が持つ権力を別にすれば、審査委員長の職は、明らかに、学生たちの目には、歴史学を勉強するためのある一定の方法の象徴と映るのである。ところで、この当時、他にも多くの研究科目があったにもかかわらず、戦争をめぐるさまざまな事件があったため、歴史学と歴史教育は、新たに、根本的な論争の対象となっていた。歴史学のはらむ問題については、レジスタンス時代にマルク・ブロックがすでに問題提起していたのである。

『地中海』は、実証主義の歴史学を逆さまにしていた。この本は、書店の店頭に並べられ、そして当然のことながら、すべての大学図書館に置かれる。そこへ、ブローデルが職務に就いたのである。この時から、フランスとナヴァールの高等教育教授資格試験準備学生は試験に合格するには、全員が彼の眼下を通り抜けて試験を受けることになるのだ。そして、『アナール』を読まざるを得なくなるであろう。この雑誌はこうして突如義勇遊撃隊の雑誌から知識人の入門誌という身分へと変貌したのである。(23)

これは、文字通り、信じられない話である。しかしそうした話は、再びレジスタンスの改革精神というものについて考えることを余儀なくさせるのだ。一九四四年夏の終わりのフランス解放と、一九四七年五月のラマディエ政府からの共産党大臣たちの追放の後に、やっと実際に完了した第四共和制の制度の施行との間の短い期間に改革精神が現れることができたように。この決定は、ブローデルが絶えず強調することになるように、当時中等教育の局長であり、「既成の秩序をひっくり返し、この由緒ある試験制度を改革したくてうずうずしていたギュスターヴ・モノーの個人的な意志」の所産なのである。ギュスターヴ・モノーは、まさしく、レジスタンス出身の局長であった。彼はわざと狼を羊小屋に放ったのだ。しかも、フェーヴルと彼とは古くからの知り合いで、モノーは一九三四年からフェーヴルの『フランス百科全書』の計画に参加していたし、歴史学の刷新の必要性に関してもフェーヴルと同意見だった。

アルジェの暫定政府は、ヴィシー政府時代に生じた教育分野の遅れから脱すべく、さらには、七十五年も前のデュリュイの時代のまま一世紀近くも遅れているシステムを近代化する必要から、教育改革をすでに実行していた。フランス解放がこの必要性をいっそう強めた――これは、マルク・ブロックによってレジスタンスの間にすでに明白にされていたことであるということは、すでに述べたとおりである。そして大臣ルネ・キャピタンは、ポール・ランジュヴァンを委員長に立てて、一九四四年十一月八日から改革委員会を発足させた。こうしたことは、この時期においてもなおレジスタンス時代の結束がいかに強いものであったかを示している。フェーヴルは、これまでの生き方からすれば当然のことだし、また大物理学者ランジュヴァンと友人だったこともあって、その委員会に参加した。一九四六年にランジュヴァンが亡くなった後、フェーヴルの息子アンリの名付け親であるアンリ・ヴァロンが委員長を引き継いだ時も、フェーヴルは依然委員会に参加していたのである。ギュスターヴ・モノーは、こうした改革の流れのなかで登場した人物であった。

こうして、それまでは、実践的な戦闘的態度によってというよりも、気質によって改革者であったブローデルは、フェーヴルやモノーのおかげで、この流れに取り込まれたのである。たとえ、モノーがすでに晩年にあったとしても。実際、計画が終了した一九四七年春には、政治的に言えば、フランス解放の精神はすでにはるか遠のいていた。そして、改革の先頭に立った人々は共産党に近かったので、共産党の大臣たちを排斥したばかりの政府にとって、改革の野心は、まもなく、死文となった。それにもかかわらず変わらなかったことは、たとえこのブローデルの任命が時宜を得ていないものであったとしても、今回は彼が代表するものに関していかなる誤解もなかったということである。たとえ、ギュスターヴ・モノーにあっては、反対に、社会史の推進という遺言的な意志が存在していたとしても。

もっともフェルナン・ブローデルは、この委員長という仕事の重みを考えて最初は辞退したと語っている——この委員長の職は、八月半ばまで夏の休暇がなかった。そして、ギュスターヴ・モノーが、彼に対し、さまざまな改革の緊急性と、それらの改革を敢行することを望んでいるのがブローデル一人であるという事実を示すことによってやっとこの職を受け入れたのであった。「彼は私の弱点をついてきたのだ……。」こうした状況にありながら、ソルボンヌ大学や文部省の特権的知識人たちが、彼を委員長の座からおろすのに六年も要したことや、結局のところその解任も、ブローデル特有の不用意さをきっかけとしなければ不可能だったということは奇跡的なことなのである。

ブローデルが任命されたことによって、すでに嫌われ者になっていた第六部門が、良き伝統を保持する聖人の中の聖人へ仲間入りすることになったということを付け加えよう。こうして、四分の三世紀たって初めて、「出来事の記述に終始する歴史学」が、それ自身の制度のただなかで問題となっていたのである。ところで、ブローデルは、最初はそうでなかったものの、まもなく、改革に対してだけでなく、改革の方向へ制度を向けることに対しても、激しい欲求を感じるようになる。彼は、試験の際に、これから教師になる人物を発見してそれを利用しようとする。そうすることで、将来性のある人物に目を付け、彼の威光が増している第六部門へと遅かれ早かれ導くべくうまく案配したのであった。彼は、試験による選別を「歪める」ことができたばかりでなく、さらには、スキャンダラスなことに、「新しい歴史」の威光を揺るぎないものとすることにより、選抜された者たちが「新しい歴史」のほうへやってくるようしむけたのである。

このスキャンダラスな行為は、伝統主義者には、当初、ギュスターヴ・モノーを仲介にした、リュシアン・フェーヴルの見事な武力行使と感ぜられたのだが、前にも述べたように、一九五五年、ブローデル自身が自ら排斥されるような口実を提供するまで続くことになる。ブローデルは、名ばかりの委員長にとどまっているような人物ではないこと、したがって、あらゆる機会をとらえて、受験者たちを、できあいの解釈で満足するような習慣から遠ざけた。そして、個人的な考察力が彼らにどれだけ備わっているかが試験で試されるようなシステムを推進したのである。[24] 私が、本書の執筆にとりかかったときには、当時の審査委員で存命の人はもはやいず、かつての受験者がいるだけであったが、彼らはブローデルの進めた審査方法に満足しているものの、伝統主義者の意見がどんなものであったかは知らないのである。モーリス・アギュロンは、伝統主義者が、新しい審査委員着任の際、いかに明け透けな辛辣さを態度で示したか私に語ってくれた。

フレデリック・モーロは次のように強調している。

「ブローデルの委員長着任後は、歴史学のアグレガシオン〔高等教育教授資格試験〕は、試験に合格するための記憶の短距離走ではなくなった。ブローデルは、アグレガシオンをより知的にしたのである。しかし、彼はアグレガシオンに対する心構えをつけさせてくれていた。彼はわれわれにいつもこう言っていた。『歴史学のアグレガシオンに対する教訓は、三つの部分からなっている。法学のアグレガシオンは二つの部分からなっており、軍事学校は、一つの部分からなっている。』そして、歴史学の教訓の三つの部分とは地図と人物の肖像と戦闘であった。［一九八四年］トゥーロンのリセにおけるブローデルの『最終授業』の様子を撮った映画の放映を見たとき、私は、この三つにわかれた教訓について考えていた。彼の言っていた歴史学の三つの部分は、相変わらず彼の授業に存在していたのだ。」

当時、高等教育教授資格試験準備生であったジャック・ル＝ゴフの見解にも耳を傾けてみよう。

「取り立てて喜びを感ずることなく、教授資格試験をまさに受けようとしていたときだった、奇跡が起きたのは。歴史学のアグレガシオンの審査委員が変わっただけでなく、おそらく、それまでの歴史学を大きく変えることになる変革が行なわれたのだ。『アナール』の大家たちが審査委員として呼ばれ、まず、フェルナン・ブローデルが委員長になった。［……］私は、『アナール』をすでに読んでいたが、それを主宰している人々に接してこれ程までにショックを受けるとは思わなかった。突如、ソルボンヌ大学を覆っていた埃が消えた。舞い散ってしまったのだ。それは、沖合いからの大きな風だった。(25)」

こうした一連の動きを見ると、第六部門、コレージュ・ド・フランス、そして、高等教育教授資格試験の審査委員長といった具合に、三つの分野で権力を握ったことが、ブローデルにとって決定的な一歩となったことがわかる。そこから、教師としての、またまとめ役としての彼の才能を発揮したり、マインツやリューベックの収容所内大学学長という職務のなかで重ねられた経験を生かしたりする道を見いだしていったのである。ブローデルはとても優秀で、非常に活動的だったが、戦前はずっと社会の周辺で活動していた研究者であった。彼が第四部門に任命されたのは幸運に恵まれたからにすぎなかった。フェーヴルと親交があったにもかかわらず、戦前はずっと不遇だった。それがいつのまにか、万人に認められた大家の身分になったのである。ブローデルは四十五歳で、この身分に到達したわけだが、それまでに、これらの権力の持つ意味を彼はよく考えていたのだ。

経験を経たブローデルは、のちにブランギエにこう説明している。

「私は、大学には個人的な権力は存在しないと思っている。もし君が個人的に優位に立つために権力を独占しようとするなら、光かがやくどころか、君は縮こまった人間になる。大学でいかに高い地位を得るかは、君が他人に対して何をするかによって決まる。君は扉を開き、生き生きとした若者たちを見つけなければならない。これこそが権力というものだ。個人の人格から切り離された権力あるいはむしろ個人の人格につなぎ留められてはいるが、個人の人格と混同されることのない権力。」

かつて第六部門でブローデルらと研究を進めていた、ピエール・ブルデューは、ブリジット・マゾンの著書の序文で、ブローデルがこうした権力をいかによく考えて使っていたかを明解に説明してくれている。

「第六部門の創設の父たちと、特にフェルナン・ブローデルは——というのもたぶんブローデルは、体制に変革の刃を向けながらも、一方で、体制から承認されたいと思っている、革命家の両義性を持っていたので——変革に向かおうとする力と体制に向かおうとする力という相反する二つの力に挟まれて押しつぶされないためには、これらの力を敵対させるしかなかったのである。『社会的な管理』の方へ向かう学問を強いる科学＝政治の意向に体系的に抵抗するために、彼らは、（アグレガシオンの審査委員長時代に）大学制度の中心に入り込むことによって手にした威厳と権威とを利用したのである［……］。逆に、彼らは、外国から資金面での援助を受けていた。外国から資金援助を受けることで、大学の官僚主義の束縛から自由になり、普通あり得ないことなのだが、ガストン・ベルジェのような上級行政官と組んで、大学が持つビジョンと分割の論理に対して真の挑戦をすることができたのである。すなわち彼らはこんな教育制度を考えた。学部と学科を対立させず、学部の経済学者と文学部の歴史学者を一緒にし、大学貴族の序列を軽視し、そうすることで、外国出身であるとか、その他の理由で、通常の大学の修学課程や、エコール・ノルマルやアグレガシオンを済ませてこなかった研究者たちが、自由に研究できるまったく独自の研究機関を提供したのである。これらすべては、真の科学政策の名目で行なわれたのである。[26]」

ガストン・ベルジェが参加するのはもっと後で、一九五五年のことである。部門のこうした方針は、初め、フェーヴルにとってもブローデルにとっても共通のものだった。ブローデルは、ブランギエに以下のように述べている。

「私一人では部門創設はできなかったでしょう。しなければならないことを示してくれる指導者がいたからできたのです。それは、リュシアン・フェーヴルです。第六部門はフェーヴルと一緒につくりました。確かにこの私が、創設の仕事の大半を行なったわけですが、フェーヴルは、保証人としてこの仕事に携わっていた。いわば、私は常に守られていたわけです。たとえば、君が、一つの行動方針のなかで、あることを理解し、あれよりもこれを選択し、決心をするとしよう。それでも、ためらいや、疑いをぬぐい去れない。そんなとき、君の背後でこう言ってくれる人がいたらどうだろう。『大丈夫、あなたは正しい方向に向かっていますよ。』……かつて、『地中海』は傑作だと言ってくれたのも彼だった……」

前に引用したフェーヴルの言葉を見てもわかるように、フェーヴルは、ブローデルの『地中海』を礼賛してやまなかった。また、フェーヴルは、『地中海』について書いた見事な書評で、いかにこの著作が傑作であるか書いているが、その書評は（ブローデルが主宰者の一人となっている）『アナール』にではなく、『歴史学雑誌』に掲載されたため、教員全体に評判が立つという好機に恵まれたのである。私はすでに、フェーヴルがその書評で方法論に関して述べた一節を抜粋したが、ここでは、ブローデルが捕虜収容所で模範的な人間であったと褒め称えた後で、フェーヴルがどんな言葉を用いて、新しい歴史学の新しい世代の代表者としてブローデルに席を譲っているかそのくだりを引用しなければならないだろう。

「私は、ブローデルがこの著作において、どんなに明確に、優美に、そして知的な慎重さをもって、新しい方法を展開して見せているか強調したい。マルク・ブロックにせよアンリ・ピレンヌにせよ、ジョルジュ・エスピナス[27]にせよ、アンドレ・サユー[28]やアルベール・ドゥマンジョンにせよ、アンリ・オゼールやジュール・シオンにせよ――故人の名前だけ挙げることにしよう――、われわれはみな二十年前から『アナール』で活動し、［……］心を一つにして研究し、以前よりもっと活発で、より考え抜かれ、またたぶん、より有効で、時代の要請にいっそうかなった歴史学の概念をまとめようと努力してきた。そうしたわれわれにとって、自分たちの考えがこうして具体的な形を取り、多くの威厳と多くの柔軟で繊細な精神によって、われわれが描いて見せたいと望んだ歴史像が現実のものになるのを見るのは大きな喜びである。そもそも、これは歴史それ自体にとって大きな進歩であり、有益な刷新なのである。新しい時代が始まったことを私は確信する。［……］これは、知識を伝え教えようとして書かれた書ではない。この本は、読まれることで、それ自体大きく成長する本なのである(29)。」

前にも触れたとおり、ブローデルが歴史学のアグレガシオンの審査委員長に任命された直後に、こうした賛辞がこの雑誌に発表されたのである。伝統的な歴史学の信奉者たちの目には、自分たちへの宣戦布告としか映らなかったのも無理はない。このことはのちにブローデルをソルボンヌ大学との戦いの責任者と見なす人々から往々にして忘れられていることである。

現在の読者はフェーヴルが「ソルボニスト」〔ソルボンヌ大学派〕と名づけた学者たちの著作をひもとくことは決してないだろう。しかし彼らの研究がどんな傾向を持つかフェーヴルのおかげでよく示すことができる。一八七〇年の敗北と一九一八年のピュリスの勝利〔多大な犠牲を伴った勝利〕が両大戦間の時代のフランス史研究に影響を与え、その結果、彼らソルボニストは偏狭な見方を持つようになったのだとフェーヴルは考えていた。つまり「ソルボニスト」たちは、フランスは敗戦の結果、国家としての実体を一度失った、そしてそれを外交上（ヒトラーの外交に対する軽蔑は考慮に入れず）回復させるのは自分たちの役目だと考えていたのである。さらにフェーヴルは、一九四五年以降状況が根本的に変わってからもなお、「ソルボニスト」たちが同じ態度で研究し続けていると非難している（歴史家たちがそんな態度を示したのはおそらく、フランスが「五大国」の一つという地位を保てたのがド・ゴールのアクロバットのおかげだったとわかっていたからであろう）。

もちろん、第六部門に優れた人材を集中できたのは、『アナール』の功績である。彼らの果たした役割は、外見上はフェーヴルの役割と何ら変わらないように見える。しかし『アナール』の学者たちのおかげで、第六部門がめざす思想や研究計画が人々に知られるようになり、革新的な歴史家たちの資料集を集めることができたのである。

ピエール・ブルデューは、すでに引用した文献の終わりでアナール派の果たした役割の重要性を強調している。

「歴史学、それも新しい歴史学が優れているのは、単に歴史家たちが共同で研究するという方法を採っているからではない。新しい歴史学は、『アナール』によって示された真の知的集団と不可分の関係にあったからこそ傑出したものとなったのだ。『アナール』の歴史家グループは、統一的な学問をめざすグループ、マルセル・モースも言っているように、実証主義的調査をあくまで尊重して『全体的な社会事象』を捉えて研究するグループであり、こうした『アナール』のグループの方針を採用することにより、新しい歴史学は、優れたものになったのである。[30]」

『アナール』は第六部門創設に関わるようになって、発足当時の独自性を再び取り戻すことになる。とりわけ一九三〇年代の終わりに彼らの思想の中心にあったまさしく教条主義的な主張や、枯渇し色あせた歴史学に対抗して、あらゆる人間科学の推進のためにブロックとフェーヴルが共同で進めた理念が再燃することになる。そして、一九四〇年にフランスが敗北したとき、フェーヴルのなかに青年時代の恐怖がよみがえっていた。それは、フランス解放直後のルヌーヴァンの態度にちょうど見られるような、かつての歴史学の再燃への恐怖であった。フェーヴルが抱いたこうした恐怖がいかに深刻なものであったかは、のちのフェーヴルの言動を見れば明らかである。すなわち一九四七年から、つまり第六部門が創設される前から、フェーヴルは「われわれのものではない歴史学の形態、すなわち出来事の記述に終始する歴史学について」と題する論文を『アナール』に発表して、従来の歴史学に敢然と挑んだのである。実を言えば、彼は一九三三年のコレージュ・ド・フランス開講講義以来ずっとこうした考えを表明し続けてきたので、取り立てて新しい思想を述べたわけではない。フェーヴルは、以前からの彼の主張を再び取り上げたが、しかしその主張は以前にもまして彼が持つに至った経験や権威で揺るぎないものになっていたのである。

この論文のなかでフェーヴルは、「出来事の記述に終始する歴史学」の信奉者のなかでも最も手強い相手が亡くなる前に残した論文を単刀直入に糾弾している。手強い相手というのは、ユダヤ人であったことからヴィシー政府によって迫害を受け、また、歴史学者のなかでも最も威光のあったたルイ・アルファンのことである。彼は、サニャックとともに、当時歴史を学ぶ学生たちのバイブルであった「文明史」叢書を編集していた。アルファンについては、以前本書でアルジェ会議について述べた際、次いで一九三七年にブローデルが第四部門に選出された事情について述べた際に触れた。フェーヴルが書いているように、アルファンは、『占領軍』によって、彼の著書が盗まれたり、書類が散逸してしまったので、それらを元に本を著すことができず、彼の経験だけを唯一の頼みとして(31)、絶筆となる『歴史学序説』を出版したばかりであった。フェーヴルは、この本の重要な章において、「まず諸事実を掲げてから次にそれらの問題点を論じる」という方法が採られていることを確認する。フェーヴルが言うには、これこそが、「関心のある人々すべてを不安にし、唖然とさせる明白に決まり切った方法の一つである。」――この言葉でフェーヴルは論争を開始している。しかもなんと辛辣な調子であることか！　フェーヴルの論調をそのまま書き写しても差し支えないだろう。というのも、それが、アルファンの著作の出版年である一九四六年当時の歴史学に立ち戻る最良の方法だからである。

「なぜなら結局事実というのは……あなたがたは事実をどう名付けているのか。あなたがたは、『事実』というこんな小さな言葉の裏側にどんな意味を与えるのか。事実というのは、時間がたつにつれて、多かれ少なかれ地中深く埋もれてゆくうちに内容豊かに育った現実として歴史学に与えられ、後はただ単に歴史家がその埋もれた現実を掘り起こし、土や埃を払ってやり、同時代人たちの目の前にはっきりと提示するだけでよいのか。［……］われわれの先輩たち、オーラール派やセニョボス派やラングロワ派の同時代人たちにとってはそれで良かった。『科学』が隆盛をきわめた時代で、そうした歴史学の方法を余儀なくされていたのだから（もっとも彼らは、科学や科学の方法をどう実践していいのかまったくわからなかったが）。［……］彼らは、常に同じ考えにとらわれている。それぞれが実に他と違った形を持ちながら見事に同一の形のなかに収まり、どれもよく磨き抜かれたモザイクの小片のような事実が存在すると信じているのだ。そして地震が来てそのモザイクは崩壊し、地中に埋もれてしまった。それらをもう一度掘り起こし、そしてなによりも、一つのかけらも忘れないよう見張りをしよう〔……〕。諸事実のなかでどれを拾い、どれを捨てるかといった選別はやめよう。こんなふうに言っていたのだ、われわれの先生たちは。あたかも〔……〕歴史全体が一つの選択ではなかったみたいに〔……〕歴史は恣意的なものなのだろうか。いいや違う。歴史はそれ自体前もって構想されたものなのだ。〔……〕事実と言っても人間の事実を考えようとしない歴史家。あたかも諸事実が彼の作り出したものではまったくないかのように、あたかも諸事実が彼によってあらかじめ選択されたものではちっともないかのように、諸事実への純然たる隷属を表明する歴史家。ここで『選択』と言っているのはこの語が持つすべての意味においてということである（そして事実は歴史家によって選択され得ないものだ）。――そうした歴史家は、技術面を司る助手でしかない。優れた存在たりえるもの、それは歴史家ではないのだ。[32]」

そう、ごらんの通り。これがその後、アグレガシオンの準備学生が思索することになる問題なのだ！　こうしたフェーヴルの発言に対する、伝統的な研究方法を踏襲する歴史家たちからの反論はあまり多くなく、論を進める上で筆者としては心許ないものがある。というのも、彼らはこうした自分たちへの攻撃を公に回答することで跳ね返そうとはまったく思っていなかったので、こんな挑発的なフェーヴルの発言によって、伝統的歴史家たちの間に怨恨が生じたものの、それを表に出すことはなかったからである。したがってリュシアン・フェーヴルとフェルナン・ブローデルは――なぜなら先輩であるフェーヴルは、同じ時期、自分が勧めている新しい歴史学の模範としてブローデルを前面に押し出していたので――周囲の知識人たちによってまるで真綿にでもくるまれているかのように、攻撃を受けることなく穏やかに過ごしていたが、嫉妬心や復讐心を回りの者たちは隠し持っていたのである。そうした嫉妬心や復讐心は長い間ひた隠しにされ、またたいていの場合、一見たわいのないトラブルに乗じるようなかたちでしか現れない。それだけにいっそう、陰険で激しいものとなる。

リュシアン・フェーヴルが公然と剣を交えたこの戦いには、彼の人柄や人生最後の意気込みがはっきりと示されている。これに関しては、ブローデルが一九七六年に書いた文章のなかで、次のように生き生きと語られている。

「フェーヴルは、すべてを想像し、理解し、見抜く。彼をディドロと比べてみなさい。あるいは（彼の身近な人間で言えば）彼が最も大切にしている友人の一人で、偉大な物理学者のポール・ランジュヴァンと比べてみなさい。彼は思想の欠如で苦しむ同時代の哲学者たちの『会計係』であった。一方、リュシアン・フェーヴルは、歴史家たちの会計係なのである。彼は思想を（まるで金庫からお金を出すように）どっさりと配る。フェーヴルの才能、それは他人の上に他人を置くことである。(33)」

フェーヴルは度量の広い人間だったが、まれなことにそればかりではなく権力も存分に行使する能力も兼ね備えていた。彼はそれをよく心得ていて、人はそうした彼の二面性を彼の中の「悪い性格」と呼んでいた。迷わず決断する気質、ある意味での権威と理解していただきたい。つまり彼は人を擁護するときと同じくらい熱心に人を排除したり質したりした。そして人が彼に反対しても自分の方が正しいと確信したときは、怒り、小心者をおびえさせたものである――前に私が引用した一九五三年のブローデルの文章を思い出してみよう。またその怒りは衝撃力があって、彼の考えの前に立ちはだかる大きな障害をも吹き飛ばしたのである。ブローデルはフェーヴルから歴史家としての経験だけを学んだのではない。それ以上に多くのことを学んだであろうことは明らかである。たとえば、常に自分たちの一挙手一投足を見張っている「ソルボンヌ大学派」に対してや、大文字の「大学」（フランス大学教員団）に対していかなる行動様式を取ったらよいかなどといった点まで教わったのである。

したがって、トライアン・ストイアノヴィッチが一九七六年に出版した著書『フランス歴史学の方法。アナールのパラダイム』のなかで、一九四五年以降に見られる『アナール』の「次第に体制寄りになってゆく様相」について語ったとき、ブローデルは、その本の序文で、「われわれは、既成の体制からはるか遠くのところにいる異端者でありアウトローなのだ」と著者の主張をあっさりと訂正したのである。余談ながら、こうしたブローデルの言葉を聞くと、彼がアグレガシオンの審査委員長という重要な地位にいたことを忘れてしまう。しかしブローデルがアグレガシオンの審査委員長の職に就き、その結果『アナール』の歴史家たちが新しい役割を担ったので、特権的知識人たちが『アナール』の義勇遊撃隊に傲慢な態度をとるようになっただけでなく、いらだちを覚えるようになったことも事実である。アメリカでもフランスでも、一九六八年五月革命でさえ過去の出来事になっている現在、少なくとも古くさいソルボンヌの体制が持つ尊大さを一体誰が引き裂いたのかが忘れ去られる傾向にある。そしてソルボンヌの特権的知識人たちが、自分たちの持つ独占権をどんなにふんだんに使って、ブローデルの言葉を借りれば、その「攻撃的でありながら警戒をはばからない態度」で、異端と見なす者たちすべてを責めたてたかということもすっかり忘れられてしまっているのである。

こんなわけで、ピエール・ブルデューも証言しているように、創設当初より第六部門は、すでに幾人もの自由な知識人たちが寄り集まっていた高等研究院において、隠れ家とかほとんど隠遁所のようなものになろうとしていた。この間の事情をブローデルはブランギエに以下のように語っている。

「(国立高等研究院の院長というのは) 大学の仕事のなかでも最もすばらしい仕事です。指導がよく行なわれ、生徒数もごくわずか、六人とか七人とか九人です。しかも彼らは自分と同じ情熱の持ち主たちなのです。他の者たちを教えながら自分も教わる。こんな学校が他にあるだろうか。『方向づけをすること』、それこそが教育というものに他ならない。」

非常に多くの人々が、ブローデルの能力を、軍人や元帥の能力にたとえる。しかしそうすると、彼が優秀な知性の持ち主であるために権力を持ったという点を見逃してしまうのだ。なるほど彼は、実行力があり外交的な手腕にも長けている。だが、彼が次々に重要な地位を独占してゆく様子に恐れを感じる人々や、彼に真っ向から反対することしか考えない人々よりも少し先を見抜く能力がなかったら、彼は思い通りにできなかったろう。ブローデルは、彼によって解散の憂き目にあった第四部門の人々、国立高等研究院の他の部門に取り残され、彼に嫉妬を感じるようになった人々、ソルボンヌ大学の特権的知識人たち、監督局の人々を敵に回すことになった。しかしブローデルは、このように他の機関から拒絶されることは第六部門にとって幸運なことだと考えた。

「われわれは、周囲から拒絶されたために、自然の成り行きでフランスの高等教育が通常受け入れないようなお客を相手にすることになった。私は自分に課せられた責任を強く感じた。そして、肩書きも業績もない人々をねらったのです。それ以来、何人コレージュ・ド・フランスに入ったか数えてみて欲しい。その数を見れば私の選択が間違っていなかったことがわかるだろう。私は、彼らの幸運を非正規生と私が名付けた者たちに分け与えた。第六部門を創設することで、何人もの非常に貴重な研究者を救うことができた。リュシアン・ゴルドマンやピエール・フランカステルやロラン・バルトや、他にもまだ当時世に認められていなかった多くの人々を助けることができたのです。」

ブローデルは何人かの研究者の名を挙げているが、彼らは、学問の改革者、創造者たちであり、当時こうした研究者たちがブローデルの下に集まってきたことがわかる。ゴルドマンはこの頃、それまでの研究方法を変えて、マルクス主義的構造主義をラシーヌやパスカルが生きたジャンセニスムの時代の分析に適用し、その時代、王政に失望した有産階級の悲劇的なビジョンがあったと考察している（『隠れたる神』一九五五年）[34]。フランカステルは、ストラスブール大学で芸術史を「芸術の社会学」へと刷新し、一九五一年に『絵画と社会』を出版しようとしていた。彼は一九四八年から芸術社会学講座の教授であった。バルトは、一九五三年に『零度のエクリチュール』を出版しようとしていた。これら著しい活躍をした非正規生に、すでにしっかりとした業績を重ねていた改革者たちを加えなければいけない。言語学者を経て意味論研究者になったアルジルダス＝ジュリアン・グレマスや、構造主義に対してむしろ批判的な社会学者ジョルジュ・ギュルヴィッチ、経済学者のフランソワ・ペルー、すぐに採用されたシャルル・ベッテルハイム、他の部門であったなら、ソビエト連邦に関する彼の授業は自由にできなかったであろう。当時はまだ、これらの自由な研究者たちの誰一人として世に認められた者はいなかった。そして彼らの研究の多彩さは、フェーヴルやブローデルの飽くなき知的好奇心や、大学の規範の外で生き、そして行動しようとする二人の姿勢をよく反映しているのである。

すでに私が強調したとおり、第六部門の拡大と、『アナール』の目標の拡大が相伴って行なわれた。フランスが解放されると、リュシアン・フェーヴルは、彼らの改革の執行部にシャルル・モラゼを呼んだ。モラゼは、ドイツ軍の占領時代に、改革が継続して行なわれるようフェーヴルを助けていた。またモラゼと同時にフェーヴルは、レジスタンス活動をしていたジョルジュ・フリードマンも呼んだのである。このことは、フェーヴルが象牙の塔から出て、戦後世界の新しい状況全体の把握という最も緊急な課題もふくめて、現在の諸問題に答えることができるような新しい歴史学を作ろうと決心したことを示している。このことは一九四七年の『アナール』復刊第一号で改めて言明されたのである。ここで、第一号といったのは、復刊後二年目に最初に発刊されたからである。この第一号で、リュシアン・フェーヴル、フェルナン・ブローデル、ジョルジュ・フリードマン、シャルル・モラゼ、そして（初期『アナール』の創刊の際には加わっていなかった）ポール・ルイリヨら[35]、この時から活動を開始した五人の主宰者たちが、前に私が引用した「一年が経って」という論説のなかで総決算を行なっている。

『アナール』のなかで論説「パシフィック」が再開したことで雑誌の売れ行きが二倍になった。主宰者たちは、改めて次のように確証するに至る。

「われわれの眼下に繰り広げられている歴史を、この雑誌で、何号かにわたって、以前よりもさらに大きなスペースをさいて連載したことは間違っていなかったのだ。そうした歴史は、われわれ歴史家こそが説明可能であり、また説明すべきなのだ。何者をも『強制』しようとしない歴史、われわれの同時代人たちにあの『たいそうな過去の教訓』を押しつけようとしない歴史の明かりで照らしてあげることで、われわれは、現在の歴史を広く理解させせなければならないのだ。そもそも人に過去の教訓を押しつけるような歴史というものは、［ルヌーヴァンのためにあるのであって］言ってみれば、策を弄することばかりしている見習いの連中だけが信じたのだ。（そしてその結果ときたら！）現在の歴史は、われわれの同時代人たちに現在起きている出来事の歴史的な起源をよりよく理解させることにより、『アナール』の人々が批判し、また今後も批判し続ける勢力争いに対抗するための貴重な武器を与えてくれるのである。晩年、マルク・ブロックは――『奇妙な敗北』のなかで――『こうしたことは義務なのである』と結論づけている。」

こうした『アナール』の「現在の歴史」や「社会参加の歴史」を問題にしようとする側面は、マルク・ブロックが、一九四〇年の敗北とレジスタンスの時代に払った犠牲に関して書き、彼の死後出版された書物のなかで再び取り上げられてさらに目立ったものになるのであるが（『アナール』の一九四七年の誌面にブロックの重要な未発表論文「いかにそしてなぜ古代の奴隷制度が終わったか」が載ることになる)、これは、時代の要請に叶ったものであり、より根本的なところでは、『アナール』が絶えず扱ってきた新しい歴史哲学に属するものである。この論説が発表されるとすぐに、たとえばジルベール・ガドッフルの熱のこもった研究「ナチスの教育とオーストリアの文明」が続いて出される。モトーゼンの収容所から生還した私は、この論文の妥当性の高さを評価することができる。なぜなら、この論文は、いまの時代にあって非常に珍しいし、それだけでなく、われわれの国連代表委員たちは、国際連合の事務局長としてワルトハイム氏に投票する前に、これを読んでおく方が良かったのにと思うほど、現代においても変わらぬ価値を持っていると思うからである。

ブローデルは、アルジェの友人ガブリエル・エスケの著書、『一九四二年十一月八日のアルジェ占領』について考察した短評を発表する。この短評の考察は彼の精神状態をよく示している。

「われわれ『アナール』の人間は、この企てに反対したり、現在の出来事を解釈しようという乱暴な情熱を批判したりするつもりはないし、かといって、古文書学校生の持つ非の打ち所のない完璧さで数々の博学な書物を著してきた学識豊かな歴史家たちに対抗しようなどという不毛な戯れもしようとは思わないし、また北アフリカにおける四十年の苦々しい敗北に続く数年間について書かれた、一見他と違った調子で書かれた書物をおもしろがってもいない。[……]本書は明らかに善意、誠実、健全な批判精神を持って書かれており、したがって、歴史学が持つ、人を奮い立たせるようなすさまじい勢いを帯びているのである。(36)」

ブローデルは、歴史はほとんど退歩しないと信じているし、つまるところ、証言としての歴史の信奉者なのだ! フェーヴルの存在、彼が世に投げかけた思想の数々、そして雑誌を通じて彼が行なった仕事が一体何を変えたのか、戦争から時がたったいま、よくわかるのである。いまやフェルナン・ブローデルは、まったくフェーヴルと同じ戦闘的態度を持って、刻々と変化する世界を捉えようとする歴史学の過去と現在の間を往復しているように思える。

その数年間、ブローデルは教育すると同時に自分自身も学んだのであり、このことは、彼の著作目録を見れば明らかである。彼は一九四七年、十本の研究論文を書いたが、そこにはいくつもの重要な論文が含まれている。すなわち「十六世紀におけるヴェネツィアの産業の繁栄」や「ブラジルのバロック芸術」から「リシュリューとオリヴァレスの時代のスペイン」や「文明の衝突と拒絶。十六世紀のスペイン人とモリスコ」に至る研究論文で、どれも後で『アナール』に掲載されたものである。

一九四八年には、十四本の論文を書いている。これらは、いままでにもましてブラジルやラテンアメリカに視線を向けたもので、このことは、フェルナン・ブローデルとポール・ブローデルが、サン・パウロ大学におけるフランス語講座の刷新を手助けするために招かれてブラジルで南の冬を過ごしたことと無関係ではない。一九四九年にも前年と同じぐらいの数の論文をものしている。この頃になると興味の中心に広がりが見られる。論文のタイトルを見てみよう。「ポルトガルについて、大発見以前と以後」、「十六世紀のスペインにおけるモリスコと伝染病」、シャルル＝アンドレ・ジュリアンの試論に関して「十六世紀と十七世紀におけるフランスの『植民地政策の』二重の破綻」、ブラジルの諸問題に関する論文、また、シャルル・モラゼの著書『歴史と文化に関する三つの試論』に基づく理論的な著作「歴史の周縁と中心において」など。

以下は、一九五〇年に書かれた研究論文のタイトルであり、これらを見ると傾向は明らかである。「歴史における連続性あるいは不連続性」、リュシアン・フェーヴルとイグナス・メイヤーソンの理論書に関する論文「近現代の新しい歴史学のために?」、「歴史経済学のために」が書かれるが、これは一九五〇年五月、『経済学雑誌』の第一号に掲載するために書かれたのである。

この間、すでに述べたように、フェルナン・ブローデルは、コレージュ・ド・フランスに選出されている。おそらくこれを契機にブローデルは、これから見てゆくように、それまでのしがらみから一種解放されたようになり、それまで以上に理論家として公に認められることとなる。そしてその地位は動かしがたいものとなるのである。

コレージュ・ド・フランスの選挙は問題なく進められたわけではなかった。単純化して言えば、いわば改革者と保守主義者間のこうした戦いは、一九四八年から一九五〇年にかけて、ジョルジュ・デュメジルの選出以降、コレージュ・ド・フランスではとりわけ激しいものがあった。デュメジルにはローマ研究の専門家アンドレ・ピガニオルの支持を得て、理事のエドモン・ファラルと文献学者アンドレ・マゾンが反対し、テイヤール・ド・シャルダンを選出しようと試みたのである――これは、イエズス会の階級制が妨げとなって失敗した。リュシアン・フェーヴルは、デュメジルの側についた。ファラルはフェーヴルに二者択一を迫っていた。「デュメジルをあきらめて下さい。もしあなたが望むなら、私が押すのはブローデルにしてもいいです。でないとブローデルは選挙に通らないでしょう。」当然のことながら、フェーヴルは、ファラルの言うことを聞かなかった。翌年フェーヴルが引退する際には、後継者として念願どおりブローデルを推薦したが、保守派の人々は、これは仕返しをする良い機会だと思ったのである。

コレージュ・ド・フランスの選挙は二度にわたって行なわれる。最初の投票で、講座の開設が決まり、文部省の承認を得た後、第二回目の投票で講座担当の教授が決まる。要するに、第一回目の投票ですべてが決定するのである。一九四九年十一月二十七日に行なわれた第一回の投票の際四つの講座が候補にあがった。一つは、エチエンヌ・ジルソンと地理学者ロジェ・ディオンが支持した哲学思想史の講座。二つ目は、ルイ・マシニョンが提案した十八世紀思想史の講座。三つ目はマルセル・バタイヨンとオーギュスタン・ルノーデが提案した近代文明史の講座。四つ目は、この文明史に対抗してアンドレ・マゾンが――自身の専門から離れながらも――主張した物質文明と諸技術の比較研究の講座である。この講座の教授には先史学者アンドレ・ルロワ゠グーランが充てられた。

マルセル・バタイヨンは、ブローデルが候補者になることにどんな意味があったのかかなり適切に述べている。「ここで問題となっている歴史学のジャンルは、通常私の同僚たちが研究している歴史学とは無縁のものなので、直ちにこうした私の同僚たちの関心を向けさせるために、ウナムーノのよく練られた言葉を挙げようと思う〔……〕。彼は五十年以上も前から、いわゆる『歴史のなかで騒ぎを起こした』人物たちや諸事件を中心に据えた伝統的な歴史学には物足りなさを強烈に感じていた歴史学者の一人であった。ウナムーノは『内部歴史学』をかなり重要であると考えていた。［……］すなわち、肉体労働が延々と繰り返される時代にあって昨日も明日も黙々と仕事をする者たちによって日々織りなされる『内部歴史』を重要だと考えていたのである。今世紀初頭のスペインで唯一の宗教思想家であった彼は、グラナダにとって、サトウダイコンがラ・ベガにもたらされたことの方が、カトリック両王によるイスラム教徒からの国土回復戦争よりも決定的な変化を歴史上生み出したと述べていた。彼は歴史的物質主義の信奉者なのだろうか。［……］ウナムーノは、簡略主義者ではなかった。一八九八年、彼は文字通り、次のように書いた。『われわれの歴史はそれがたとえどのようなものでも、スペインの農夫が今日いかに生き、死ぬかということをわれわれによりよく理解させてくれようとしないかぎり、何の意味も持たないのだ』。」

ブローデルの『地中海』は、こうして、偉大なスペイン研究者であるマルセル・バタイヨンによって庇護されるという最高の栄誉を得ていたのである。フェーヴル引退後活躍していた、最も偉大な十六世紀研究家オーギュスタン・ルノーデの支持を得たことも、これ以上ないほどの威光をブローデルに与えたのであった。

アンドレ・マゾンが、ルロワ＝グーランを推薦したとき、非常に大きな反響が起こった。自分の専門外に首を突っ込んだことを謝った後、事件を叙述するだけの歴史は、「歴史の題材を探求し尽くしていない」ということを最初から認めた。しかしそれは以下のことを強調するためであった。すなわち、「ルロワ＝グーランは、種々の専門分野が混在しているような、時期尚早で、見通しのつかないような総合的な研究をコレージュ・ド・フランスで行なうつもりはなかった。すなわち彼は、彼自身が方法を定めた一つの専門科目で満足しながら、物質的証拠という歴史上の蓄えを少しずつ歴史学のなかで有用なものとしてゆきたいと考えていた。」

投票の結果、ジルソンやマゾンの計画に八票入ったのに対し、近代文明講座の更新が、十八票の賛成を得た。第二回目の投票では、マゾンの計画に三票しか入らなかったのに対し、バタイヨンの計画が二十三票も得て、バタイヨンの計画が採用されたのである。

三月五日、ブローデル推薦の辞を述べる際、バタイヨンは間接的に以下のようにアンドレ・マゾンに答えている。

「このようにして作られた研究体は、一つの大きなテーマを古典的な方法で総括してゆくというような方法はとらない。この研究体は、いくつもの部分的な研究が寄り集まってできた総体であり、各部が個々に提示されたり議論されたりすることで、一つの歴史学の概念が明示されるのである。その歴史学の概念は、扱う内容の豊富さと対象の多様さで、『大きな歴史』という表現に新しい意味を与えることができるのである。」

バタイヨンはまた、ブローデルが、古文書の資料を無視する歴史学を捨てたのではないことを強調している。

「なぜなら、ブローデルはそうした歴史学のなかに、多くの貴重な研究意欲を刺激するものを見いだしたからである。［……］彼は自ら目的と方法を指示した集団研究作業で、研究チームを指導してゆくことに秀でていた。」

このことは予言的意味を持っていたことが後で明らかになる。

こうしてブローデルは、一九五〇年四月一日、コレージュ・ド・フランスの教授に任命された。この二つの戦いで保守主義者が敗北したことで、クロード・レヴィ＝ストロースやアンドレ・ルロワ＝グーランといった学者が犠牲になった。心理学者アンリ・ピエロンによって提唱された「比較社会学」の講座の教授として、レヴィ＝ストロースの名が候補として挙がったが、またもやアンドレ・マゾンやファラルの敵意とぶつかることになる。というのも、マゾンはレヴィ＝ストロースがロマーン・ヤーコブソンと友人であることを快く思っていなかったからである。レヴィ＝ストロースは、一九四九年十一月二十七日、第一回目の投票で敗北する。そして一九五〇年十一月二十六日に行なわれた第二回目の投票でも勝てなかったのである。レヴィ＝ストロースをこの時推したのは、エミール・バンヴェニストであった。エドモン・ファラルの一貫した敵愾心は、フェルナン・ブローデルが明らかにせざるを得なかったことだが、強烈な反ユダヤ主義からも発していたのである。そんなわけで、一九五九年、クロード・レヴィ＝ストロースが三度目の立候補をした際――この時はうまくいったのだが――一九五〇年の選挙の際すでにレヴィ＝ストロースを支持していたフェルナン・ブローデルが、今度こそ彼が当選するようとりわけ熱心に力を注いだのであった。

アンドレ・ルロワ＝グーランの方は、アンドレ・マゾンの推薦が失敗した後、コレージュ・ド・フランスの教授に任命されるのに、一九六九年まで待たなければならなかった。

3 コレージュ・ド・フランス開講講義

ブローデルは、コレージュ・ド・フランスの教授に選出されたことで数々の利点を得たが、最初のうちは、もっぱらそうした利点のみしか見ていなかったように思われる。彼は、ブランギエに次のように説明している。

「コレージュ・ド・フランスはすばらしい所です。そこには、並外れた特権が存在する。いわば、一人の人文科学の学者をそれまでより高い所に置く機械のようなものです。なぜなら、ソルボンヌ大学の権威主義的な教育を行なう必要はないのだからね。人は、何かというとコレージュ・ド・フランスの講義を聴く人を過小評価するようだが、それは間違っているよ。サルトルを見たまえ。彼は、自分の秘書のジャン・コーを私のヴェネツィアについての講義に参加させた……。君には、コレージュの授業がもつ、誠実さ、知性、注意を集中する姿勢、つまり独特の雰囲気といったものがどんなものであるか想像がつかないだろうな。それはそれは充実したものです。それは国立高等研究院がその学殖の点で途方もなく優れているのとは訳が違う。実地訓練場があって、検討中の考察を有効か否か試すことができるのです。少々危険であったり、行き過ぎていたりする考えが、聴講者の耳に届くのを見たら、まさにその時なのだ、こちらの言っていることを理解しながら聞いている者たちと、理解せずに聞いている者たちとの違いが非常にはっきりと現れてくるのは。ここでの授業は、一冊の本をみんなで読んでもらっているようなものです。私は悪い癖で、いつもノートなしで講義をしてしまう……。これは、ピレンヌが一九三〇年にアルジェリアにやってきたとき、彼から受け継いだやり方です……。私はかつてリセにいたとき、細々とした仕事をすることになり、へとへとになったことがあるので、今度は自分にこう言い聞かせたのです。『あの時と同じことをしたらどうなるだろう……』ノートなしで講義することで、おそらく十年分の時間を稼いだことになるのです……。」

当時ブローデルは、午前十時から講義を行なっていた。だから聴講者は比較的制限されること、そうすることでブローデルは、午後の時間を自身の個人的な研究のためにとっておくことができたのである。そしてその研究が、前よりいっそう力を入れて進められたのはもちろんのことである。彼が自身の講義のために決定した講義内容を見ると、一九五〇年の終わりに彼が抱いていた思想を理解することができる。彼は『地中海』の一九四六年の序文を、次のような問いで結んでいる。

「おのれの義務とその非常に大きな力を自覚している、野心的な歴史がなければ、一九四六年の現在、今日的なヒューマニズムはありうるだろうか。エドモン・ファラルが一九四二年に書いていたところによれば『大きな歴史を圧殺したのは大きな歴史への恐怖である。』この大きな歴史が甦ることができるのを祈るばかりである！」

「一九四六年現在の今日的なヒューマニズム」という言葉を読むとき、われわれは、ヨーロッパ文明の諸価値の再建の問題を考える。ヨーロッパ文明の持っていたさまざまな価値は、ナチズムによってあまりにも恐ろしいやり方で、また――非常に一般化されたやり方で――計画的に破壊されたが、ニュルンベルクの裁判で裁定されたのである。ド・ゴールは、一九四一年から次のように問題を提起していた。

「ナチスのシステムとドイツのダイナミズムが結びついたのは、単に偶然からなのか、それともこれらの結合は、もっと一般的な悪、はっきり言えば、文明の危機の到達点のようなものだったのかこれから調べてゆかなければならない。」

ところで、一九四六年には、問題が文明の危機にあるということが明確に言われるようになったのである。ブローデルが今日的なヒューマニズムを歴史に、つまり「大きな歴史」に――彼の『地中海』に結びつけたのもきわめて当然のことであった。しかしそれにしても、ここでもまた、ヒューマニズムの概念自体のなかに、戦争がもたらしたさまざまな帰結に対する問題意識が見あたらない。これが書かれたちょうど一九四六年当時は、人々の間にまだユダヤ人の大量虐殺についての正確な意識がなかった（強制収容所に関しても事情は同じである）。そして、原子爆弾の存在に関しても明確に理解していなかった。生存者たちはすでに、どうしてこうした蛮行へと二十世紀が後退することになったか、歴史学が説明してくれるよう要求していたのだが。

十六世紀の「大きな歴史」はそれ自体では、この問題に答えることはできない。確かにブローデルがこの序文を書いたのは、最初の平和の時期だった。そしてその平和がそれほど短いなどとはほとんどの人がまだ想像もできないでいた。すなわち、一九四五年八月の広島原爆投下後の日本の降伏から、一九四六年十一月ベトナムのハイフォン爆撃までの十五か月間だけが結局、一九六二年のアルジェリア戦争終結までにあった唯一平和な時期であった。しかし『地中海』は、両大戦間に構想され、第二次世界大戦中に書き進められたという事実をはっきりと反映していない。(37)

四年後の一九五〇年十二月一日、ブローデルがコレージュ・ド・フランスにおける最初の講義を行なったとき、彼の考え方は大きく変化していた。彼は、フェーヴルの指令を実行する。すなわち、彼は、人生に関わることにしたのである。彼は、自分の講義の聴講者たちが生きている現況のなかで起こる暴力から逃れることはできないし、また逃れたいとはもはや思わないのである。ところで、ブローデルは自身の論文に「一九五〇年における歴史学の位置」という題を後につける。中国では毛沢東が権力を握り、朝鮮戦争は熾烈を極め、フランスは、(十月から十一月にかけて)ラン・ソンで(死者と捕虜合わせて五〇〇〇人にものぼる)インドシナでの最初の敗北を体験したばかりであった。多くの人々が、ベルリンの封鎖以来、共産主義に対してほとんど戦争状態だったのが、そのままではすまなくなる、つまり冷たい戦争にはとどまらず、まもなく「熱い」戦争になるだろうと考えるようになった。

したがって、その論文の序論は大きな意味を持ち、また同時に、非常に確信に満ちている。「大きな歴史」は停止したわけではなかった。それは世界中で動き続けている。しかもそのリズムは激しいので、政治構造だけが一掃されるのではない。

「今日歴史学は、恐ろしくまた胸打ち振るわせるようなさまざまな責任を前にしている。それはたぶん、これまで歴史学がその存在においても、変化の仕方においても、あくまで実際の状況に左右され続けてきたからなのだ。『歴史学は時代の娘』である。歴史学の懸念は、したがって、われわれの心情やわれわれの精神に重くのしかかってくる懸念でもある。そして昨日は最も緻密で、最も確かであった歴史学の方法なり、プログラムなり、解答なりが全部いっぺんに崩れるとしたら、それはわれわれの考察、研究、さらにはわれわれの実体験が重圧となったからなのである。ところでわれわれが実際に体験した事柄は、この四十年間、すべての人間にとってとりわけ苛酷なものであった。それらの体験は、われわれを力ずくでわれわれ自身の中の最も奥深いところへと投げ込み、さらにその向こうの人間全体の運命、すなわち歴史学の非常に重要な問題へと追いやったのである。哀れみ、苦しみ、思考し、すべてをどうしても問い直す時なのである。[38]」

これがまさに、(一九四九年に出版された)一九四六年版の『地中海』序文に欠けていた文章である。一九五〇年の終わりにこう語ったブローデルこそが、紛れもなくブローデルその人なのである。ブローデルは、超然とした態度というものが彼の常軌を逸した計画を学問的に実現する上で必要不可欠なものに思っていたが、ここで、そうした超然たる態度から抜け出るにいたったのである。彼は博士論文が社会的に認められたことやコレージュ・ド・フランスの教授に選出されたことで解放されたのである。彼の歴史への信仰の新たなる主張は、はっきりと「この四十年間」、すなわち第二次世界大戦だけでなく第一次世界大戦間に彼が味わった体験に歴史を結びつけている。「大きな歴史」は「人間全体の運命」を統合する。だがこのことは、世紀末のわれわれの時代にあっては、時代の流れに逆行しているようにも見える。今日、「歴史の終わり」に気がついているのは、アメリカの研究者フランシス・フクヤマ一人ではない。「質素な」あるいは「他と切り離された」歴史学が進んで推賞されるようになったのである。[39]「大きな歴史」の信奉者である歴史学者のロベール・ボノーは、「反ブローデル化の信奉者たちに対して、大家の最も貴重な遺産である理論家としての渇望、歴史のリズムの追求、広大な研究領域を流れに逆らって擁護したことを[40]」面白半分にわびることになる。

この(コレージュ・ド・フランスでの最初の講義が行なわれた)一九五〇年十二月一日、ブローデルは直ちに広大な研究領域を対象に研究を開始することを何度も繰り返して説明している。

「歴史を書くという、か弱い技術が、われわれの時代の一般的な危機からどうして逃れることができようか。われわれは『第一の二十世紀』世界を［……］捨てる。われわれはそこから離れ、あるいはむしろそれが容赦なくわれわれの前から逃げ去るのである。[41]」

そして彼はすぐ第二の二十世紀に話をつなぎ、次のように確認している。

「大きな破局は必ずしも働き蜂ではなく、まさしく、現実の革命の確かな予兆であり、また常にそうなのだが、世界について考える、あるいは世界を考え直すべきだとする一つの要請なのである。何年もの間、世界の劇的な歴史のすべてであったフランス大革命の中から、サン・シモン伯の考察、彼の弟子でありライバルであるオーギュスト・コント、プルードン、カール・マルクスらの考察が生まれ、それらは、以来ずっと人々の精神や理性を苦しめてきたのである。[42]」

そして、われわれが「大きな歴史」を免れないことをうまく証明するために、ブローデルは、どのようにしてヤーコプ・ブルクハルトが大切なバーゼル大学でぬくぬくとしながら、一八七〇年から一八七一年にかけての普仏戦争後の冬の間、半期の講義期間に、フランス大革命についての講義を行なったかを引き合いに出しているが、このことは単なる偶然の一致ではありえない。あまりにも正確な予言のなかで彼は明言する。

「フランス大革命は、劇の第一幕や、開幕、革命の周期、革命時代の最初の瞬間でしかなく、その後も継続することを運命づけられている……。この時代は際限がなく、その赤い線で狭いヨーロッパや世界中を記して行くことになるのだ。しかしながら一八七一年から一九一四年まで西欧では長い休息が続く。一体誰が、比較的平穏でほとんど幸福なそれらの年月が、どれほど歴史学の野心を徐々に狭小にしていったか言うことができよう。あたかもわれわれの職業が警戒体制でいるために絶えず人間の苦しみや明白な不安を必要としていたかのように。」

予言はどうなったのか。いずれにせよブローデルはこの矮小化してしまった歴史学の野心を解体するが、それはフェーヴルのように歴史学の野心の矮小化の要因を一八七〇年の敗北から一九一八年のピュリスの勝利までのフランスの歴史に帰するのではまったくなく、「比較的平穏な年月」が問題なのだと考える。このことは、逆説的なことに、われわれにとって、「比較的平穏な」われわれの時代にとって、われわれの生きている世紀末のヨーロッパにおいて、四十五年前に書かれたこの文章が今日的な意味を持つのである。しかしこの最初の教訓においてフェルナン・ブローデルが言わなければならなかったことの本質は他にある。すなわち、第二次世界大戦という大惨事を有効に使おうとするなら、そこから「新しい」歴史、この大惨事を乗り越え、統合するような一つの歴史を引き出すことができるのである。

「われわれの時代は、大惨事や革命や仰天するような出来事や予想外の出来事にあまりにも満ちている。社会の現実、人間の根本的な現実は、われわれの眼前で新しく発見され、いやおうなしに、われわれの歴史家としての古い仕事は、絶えずわれわれの両手のなかで芽吹き、再び花を咲かせさえするのだ。[43]」

彼はまず、「これこれの支配的な要素による」歴史学の説明から離れる。

「一方通行的な歴史学は存在しない。民族紛争はその衝突や和解が人間の過去全体を決定したかもしれないが、それだけが歴史学を支配するのではない。また発展や崩壊の要因である経済の強力なリズムも、社会の恒常的な緊張も歴史学を支配しないのである。[……]人間はもっと複雑である。しかしながら、複雑なものを単純なものに、あるいはほとんど単純なものに還元するというこの試みは、われわれが歴史研究を始めて半世紀以上たつが、前代未聞の充実した成果を挙げた。これらの試みのためにわれわれは、歴史上の個人や事件を超越して研究する道を歩んだ。このような超越はずいぶん前に予測され、また予感され、漠然と理解されてきたが、われわれの眼前においてのみ、十全に成し遂げられたところである。おそらくそこにこそ、あらゆる変化を含み要約する決定的な一歩があるのである。[44]」

リュシアン・フェーヴル以来、こんなにはっきりと物語としての歴史、すなわち「過度に純化された英雄たちの行動だけで成り立っているような」歴史が非難されたことは決してなかった——当時はまだ歴史というと戦争の話の域を出ていなかったということを忘れないでおこう。今日、さらにわれわれはこのテクストを、七〇年代、八〇年代を通じてフランスの教育において支配的であり、「新しい歴史」に関する論争を生んだ通俗化された構造主義における真のパロディーの後に読んでいる。当時は、さまざまな困難を逆にしながら増やしたのである。このことは、モーリス・エマー

ルが要約しているように、
「小さなクラスで新しい歴史は（教えられていた）。中等教育の後期課程において、最終学年に至るまで、事件を叙述する歴史が教えられていたのである。[45]」

このことは明らかに、教育的な観点からすれば、珍しく不合理なことである。同じくモーリス・エマールが引用しているのだが、シャトーヴァロンで行なわれた討論会に最後に参加したとき、ブローデルは、次のように強調している。

「もし私が責任者だったら、第一学級までは、伝統的な歴史、物語としての歴史を教えるだろう。歴史を語り、途中で語るのをやめ、多少他より重要だと思われる事柄があれば説明する。そして時折り社会学や社会経済学などの見解を滑り込ませるのである。最終学年の授業では、『新・新歴史』や『新・新・新』歴史の授業を集中的に行なう。[46]」

一九五〇年では教育において依然として、一九三九年に決められた、事件を叙述する歴史が支配的であった。例外中の例外として、それより以前からあった伝統的な歴史学が、生活全体の急速な世界化に比して完全にぐらつきをみせていた。しかしながら、こうした論争やブローデルの回答を見ると、彼が一つのことが通らなければすべてを否定するいわばオールオアナッシングの考えの持ち主ではなかったことがわかる。そして伝統的な歴史学の簡略化や不十分さを告発しながら、歴史を消費する大人たちや国の責任者たちや研究者たちの展望について考えていたのである。

「問題は、個人というものが偶然の出来事に左右されるという理由で個人を否定することにあるのではなく、個人を個人とは異なる力からはみでるようにさせ、個人とは異なる力と個人とを区別させることにある。［……］われわれは、『人間が歴史を作る』というトライチケの一方的で傲慢な発言には反対である。[47] そうではない。歴史もまた人間を作り、人間の運命を作るのである。この歴史は無名だが深さがあり、しばしば沈黙している。[48]」

歴史と人間の奇妙な位置関係。ブローデルは講義の大半をまさにこうした歴史の研究に当てようとする。『地中海』に比べて、つまり一九四六年の序文に比べてということなのだが、注目すべき点は、言葉の調子に自信や明晰さが満ちあふれているということである。彼は社会の現実のなかに、個人の行動が描かれている背景画しか見なかった人々を非難する。

「観点や論理に大きな間違いがある。なぜなら、われわれが同じ枠のなかにこうして納め、組み入れようとしているものは、同じ時間の長さも方向も持たないもろもろの運動なのだから。あるものは、人間たちの時間、すなわち短くて、はかない人生の時間に統合される運動であり、また他のものは、一日や一年が大した意味を持たず、一つの世紀全体すら一瞬のことでしかないような社会の時間に統合される運動なのである。次の点は理解しておこう。すなわち、たった一つきりの流れしか持たない社会的時間は存在しない。あるのは、年代記や伝統的な歴史学の持つジャーナリスティックな時間とはほとんど何の関係もない、かなりの速さとかなりの遅さを兼ね備えた社会的時間なのである。[49]」

実際、当時フランスにかなり強力に根づき、歴史の風や「資本主義の最終段階である帝国主義」という言葉ですべてを説明していた共産主義者たちのマルクス主義の圧力のもと、大惨事に見舞われた時代のための教訓である。

「すべての社会的なシンボル、あるいはほとんどすべてのもの——われわれは、あまり議論せずにいたら、それらのうちのいくつかのためにとっくに死んでいたであろう——は、その内容を空にしたのである。[……]すべての知的概念は、方向が変わったり崩れたりした。十九世紀において、拠り所であり、生きるための新しい理由である科学は、わずかの間に、突然、それまでとは別の、威信のある、しかし不安定で常に動いていて近寄りがたい一つの生命に生まれ変わるのである。[……]新しい世界になったのだ。歴史学が新しくなって当然だろう。[50]」

これは、フェーヴルが常に抱いていた思想を熟考した上で繰り返したものである。文明が介在するのは、変化の最中にあるまさにこの段階においてである。すでに見てきたように、『地中海』には、文明に関する　章がすでにある。しかし一九五〇年にはブローデルはマルセル・モースの著書にさらにいっそう親しむようになる。ブローデルはモースに一九三七年高等研究院で出会っていたのである。そこで当時モースは宗教学の研究のために開設された第五部門の委員長であった。一九四九年、ブローデルは、モースの功績を称えて開かれた討論会に出席するが、この時モースは高齢のため、もはや対話できる状態にはなかった。したがって、二人の関係において重要な部分は戦前にあると考えられる。

しかも一九六八年から一九六九年以来モースの全集を読むことができるものの、当時は、雑誌や討論会の報告書に分散して書かれている論文を読まなければならなかったのである。[51]

ブローデルはブランギエに次のように説明する。

「文明に関しては、私はマルセル・モースの考えに基づいて全体像を提示しようとした。モースはフランス思想の巨匠であったが、クロード・レヴィ＝ストロースや人類学の専門家を除いては、このことを知る人はいない。文化の移動、つまり、世界中を動き回り、混ざりあうが、他の文化を借りて自分の文化とすることを拒絶するような文化の利点というものを明らかにしたのはまさに彼なのです。ある文明というものは、それが受容するものによってよりも、それが軽蔑するもの、欲しないものによってより多く特徴づけられるのです。[52]」

『地中海』では、主に宗教的な拒絶について書かれた「借用の拒否」に関する章が別にすでに設けられていた。コレージュ・ド・フランスの開講講義において、文明の役割は複雑になる。文明は、まっすぐ長期持続や埋もれた構造に通じるのである。

「その深層において、その構造的、地理学的特徴において、文明のとりわけゆっくりと進む歴史の現実性を私は信じる。確かに、文明は、最も価値の高い開花期にあっても、死を免れ得ない。確かに、文明は、輝き、そして消滅して、別の形で再び花開くのである。[……] 私が言いたいのは、これこれの文明圏において、社会の内容は、二回か三回、ほとんどすべてが一新されることがある。その際、隣接する文明とその文明をはっきり区別し続けるいくつかの構造上深遠な特徴に到達することはない。[……] 歴史家たちは、今日、新しい歴史学、その時間をもはやわれわれの古い尺度で測ることのできない重い歴史学に、気づき始めているのだ。[53]」

この時からブローデルは、こうした新しい歴史学の道具立てを明確にすることに専心するようになる。つまり、新しい歴史学に対応する学識、経済や社会や技術といった新しい問題に答える考証。この時ブローデルの使う言葉は、今日、二十世紀の終わりに生きるわれわれから見ると、一九五〇年の時点ではまだ、いかにこれらの問題がまったく新しいものであったかということ、またこれらの問題は、本質的に「歴史家にとってつきものであった職人的な作業」とは違った次元に位置するということを示している。ブローデルが述べているように、マルセル・モースは歴史家たちに「過去の歴史学がその時代のあらゆる立役者に奉仕することにのみあまりにも多くの喜びを見いだした、秀逸さや質の高さが問題となる領域をはずれて、文明を、交流やもろさの面で研究したり、基礎的な現実において後づけたりする方法（を教示した。）」[54]

そして予想されるとおり、結論においてリュシアン・フェーヴルを称えてブローデルは次のように述べている。

「[リュシアン・フェーヴルは、] 精神の個人的な冒険それぞれのなかにある特有なもの、独自なものを、人文主義者の洗練された教養を持って感じたり、強く表現したりすることができる。」[55]

そしてこの結論においてこそまさにブローデルは、最大の注意を払って、もっぱら社会的な面ばかりを見る歴史学が持つ危険性を浮き彫りにする。

「[すなわち、そうした歴史学は] 人間生活の深層にある運動ばかりを見ていて、それぞれの人間がその人間固有の生活、運命にとらえられているということが見えてくるということを忘れさせる。各個人が持つかけがえのないものをないがしろにさせたり、おそらく否定したりするのである。[……] 人間たちは、たとえ大人物であっても、歴史学におけるわれわれの先達たちが著したほどには自由に見えない。しかし、これらの人間たちの生活が持つ興味深さは、反対に、減少しないのである。難しいのは、方針として、個人の歴史と社会の歴史とを両立させることではない。個人の歴史と社会の歴史とを同時に感じられるようにすることが難しいのである。」[56]

この最後の考えは、まさにリュシアン・フェーヴルの諸研究、思想を継承したものとして記憶にとどめておくことにしよう。たとえブローデルがのちに時としてこの考えを副次的に用いているように見えても。しかしブローデルは、必要なときには、あるプランから別のプランへと見事に飛び移ることを心得た上で、しばしばいくつものプランについて並行して研究している。そのため彼が専念する研究をあまりにも内容の狭められた切り抜きの寄せ集めにしてしまい、彼を自己矛盾に陥れている。とはいえ、全体史という彼の構想においては、言ってみれば、再統一されるものである。

この開講講義が今日興味深いのは、とにかくわれわれに人文科学が変わろうとしていた時期に立ち戻らせてくれるからである。当時人文科学は、両大戦間の間に自立した後、われわれが一九六〇年代以来習慣づけられている考え方である、帝国の、とまではいかなくとも帝国主義的な全体を形成し始めていたところであった。ブローデルはこうした状況を先駆者として分析しているが、その際、なぜそうした人文科学こそが、歴史学がそれまでとってきた、事件を叙述することで満足するという態度を改めさせることができたのか明らかにしている。しかし、このテクストを再読して非常に斬新であると感じるのは、まさに歴史学の特殊性、すなわち歴史学がもろもろの事件の持つ時間的な長さを甦らせているということを浮き彫りにしている点である。短い時間しか知らず、それのみしか研究してこなかった伝統的な歴史学に比べると、新しい歴史学は「長期持続」を研究に導入しているのである。

ところでブローデルは激動の時代へと進んで行く。彼が、リユーベックで博士論文を書いていた時と同じ冷静な勇気を持って。しかしリユーベック時代とは違い、さまざまな事件の奔流から距離を置くことはもはやしていない。なぜなら彼は年月を経て、長期持続の視点によって現在を批評することが、いかに有効であるか実証したのであるから。グリュックスマンは、長期持続で歴史を捉えると平和の期間が大半を占め、短い期間で起きる戦争の記述は縮小されることになるという矛盾が生じると考えていたが、そうした矛盾は乗り越えられる。歴史を長期持続で捉えることは、歴史変化の加速度的進展も大惨事も遠ざけず、それらに接近して、より高所からそれらを分析することを可能にするのである。

博士論文は、こうしたいくつもの持続期間を持つ歴史の実験であった。開講講義は、そういう歴史の構造的な有効性を強調している。しかしこの授業を一九五〇年十二月という時代において復元するなら、私としては構造的な有効性というより「前構造主義的」有効性と言いたいところである。

差異は大小さまざまあるにしても、一九五八年当時ブローデルがマルクス主義との関連において身を置いていた状況は、ブローデルの開講講義から半世紀以上あるいは半世紀たったいま、われわれが、ブローデルとの関連において置かれている状況なのである。

「マルクス主義は、モデルに溢れている。〔……〕マルクスの天分、その拡張力の秘密は、彼が初めて真の社会モデルを作り上げたこと、そして歴史を長期持続で捉えることから出発したということに由来している。これらのモデルに、法則の価値が与えられたり、先行的で自動的で、あらゆる場所、すべての社会において適用できる解釈の価値が与えられて、その単純性はそのまま固定されたのである。刻々と変化する時間の流れにそれらのモデルをあてはめることにより、その横糸ははっきりしてくるだろう。というのもそうしたモデルの横糸は、頑丈でしっかり織りなされており、絶えず浮き上がってくるが、陰影を帯びており、他の構造次第で、つまり他のモデルに遭遇するとぼやけたり、鮮明になったりするのである。このように、前世紀において最も強力な社会分析の創造的な能力は限定されたものだったのである。[57]」

この伝記の役割は、まさしく、歴史を長期持続で捉えたブローデルのモデルを、マルクスのモデルのように、「刻々と変化する時間の流れ」に戻すことである。その結果、ブローデルのモデルの横糸は、くっきりと目立ち、頑丈でしっかり織りなされていることが明白となるのである。

第九章　権力へのアクセスとリュシアン・フェーヴルの遺産

1　「新しい歴史学」、新しい諸問題、そして「冷戦」

第六部門を軌道に乗せ、勝利をおさめたが、こんどはそれをうまく運営してゆかなければならない。新しい歴史学がさまざまな野心を抱いているからばかりではない。そもそも社会科学のステイタスや目標が以前とはすっかり変わってしまったのだ。いまや社会科学はメジャーな学問になった。少なくとも、社会科学を変革しつつある人々の目にはそう映っていた。メジャーな学問になったということは、しかし、新たな、そして途方もない責任が伴うことを意味する。なにしろ、文明に関するデータを一切合切ひっくり返したその報告書を作成するよう彼らは迫られようとしていたからである。これまで人間について人が疑いもなく信じていたことを、初めは恐る恐る疑問に付し、ついにはそれを根底からひっくり返すにいたった、その報告書を出すよう要求されようとしていたのだ。その結果、社会科学を、「人間科学」という、すでにリュシアン・フェーヴルが用いていた名称で呼ぶ習わしが広がり初めていた。というのも、二十世紀の最も恐ろしい大量虐殺が終わってから問われたのは、まさにこの人間であったからである。ただしそれは、ヒューマニズムという意味における人間であって、人間そのものはその次の十年になってからやっと、アルチュセールとフーコーにより議論の俎上に載せられることになる。

一九四七年に発表された『アナール』新シリーズの巻頭言「一年が経って」には次のように記されている。

「雑誌に与えるべき指針――それは、早くも一九二九年にリュシアン・フェーヴルとマルク・ブロックがわれわれに示した指針であり、新たな歴史学のために、人間科学とその関連分野のすべてに依拠しつつ、不断の闘いを繰り広げながら彼らが従った指針である。(1)」

これこそ、ブローデルが『アナール』の編集長としてのみならず、まだ創設されてまもない第六部門で、一九四八～四九年の学年度に実現すべく弛まぬ努力を払うことになる方針であり、また、長い時間をかけて人間科学館を形成してゆくなかで実現させることになる方針でもあった。しかし、ブローデルは先輩のリュシアン・フェーヴルとは反対に、このための軸足を他の諸科学、とりわけ経済学に移し、その結果、『アナール』を作り上げるより以前に、新しい部門の組織に足がかりを求めることになる。一九五〇年代に入り、さまざまな形で現れてくる両者の確執はここに発している。当時フェルナン・ブローデルはこなしきれない仕事を抱えていた。他ならぬ第六部門の仕事が焦眉の急を要していたうえに、高等教育教授資格試験の審査委員長も務めており、これにコレージュ・ド・フランスの講義の準備と自らの研究が重なっていた。そんな状態では、リュシアン・フェーヴル――彼もまた、とりわけ『フランス百科全書』を継続するなど、過剰な仕事を抱えていた――が望むように雑誌の問題に注意を払うことなどできなかった。

ところで、この時期は物質的な面――どうやって資金を調達すべきか――、知的な面にわたって、こなしきれない問題が山積されていたばかりでなく、政治的な対立――やがて「冷戦」と呼ばれることになる――も加わっていた。まず、外の世界で起こっていることを見るために大学のたこつぼを打ち破りたいという歴史学の大きく膨らんだ野心が、同じ野心を持つ、まだ若い社会科学と衝突する。事の善し悪しは別として、時の状況により人類がかつて経験したことのない規模の革新が人間社会にもたらされたが、これをどうにかして理解したい、知の手段に組み込みたいという欲求が社会科学の誕生と発展を促し、加速させたことはすでに述べたとおりである。さらに、たとえば民族学に関して言えば、世界規模に広がった戦争が産み出したさまざまな結末や解放を求める植民地人の蜂起によって、西洋文明の優位という広く共有されてきた信仰は大きく揺らいでいたのである。

しかし、こうして学問として大きく揺らいでいたこの時期、人間科学は保守陣営ばかりでなく、その反対陣営からも批判を浴びることになる。というのも、共産主義はおのれの勝利を自前のものと考える歴史科学で根拠づけ、「新しい人間」を創り出そうとしていたからである。人間科学はつまり、一九四五年の勝利のあと、スターリンの教理に正当性を見出し、その上に「共産主義的人間」を据えようと考え、この教理でマルクス主義ににわか修理を施したうえで人間科学の地位を奪取せんとする共産主義勢力によって、それ本来の姿はもはや否定されることになるのである。

こうしてユートピア的に偏向したマルクス主義は、はやくも一九四九年、「ブルジョワ科学」一般の正当性を問題にし、以後、「プロレタリア科学」がこれにとって代わられる。とりわけ問題にされたのはあらゆる人間諸科学だった。それは定義からして「プロレタリア科学」によって競争相手と見なされ、目標も方法も持たない以上、帝国主義に仕える敵でしかありえないものと目されてしまう。

その標的がまず歴史や政治経済であることは納得できるが、アインシュタインやフロイトまでもが槍玉に挙げられていたのである。精神分析は社会学や人口統計学と同じく禁止される。と同時に、ソビエト共産党は、一九四八年夏、遺伝学に反対するルイセンコによって修正された生物学にテコ入れする。すなわち、遺伝学は「獲得された形質の遺伝」という新しい学説の前に膝を屈するよう命じられたのである。遺伝学の信奉者は強制収容所に送られる。このイデオロギー的な鋳直しを免れうる者はいなかった。そして周知のとおり、ついにはスターリンが言語学に個人的な介入をすることになる。

第六部門と『アナール』が、諸学問を一手に掌握しようと介入してくるソビエトの権力をたとえ無視しようとしても、不可能だったに違いない。というのも、ソビエトの権力再掌握は、当時フランス全土の大学で非常に大規模になっていた共産主義勢力が支えていたからである。ちなみに、この共産主義勢力は、ソ連で西洋の知の土台に対する攻撃が全面的になるにつれて態度をますます「ドグマ化」、先鋭化させてゆく。その一方でジダーノフ主義が文学と音楽を命令下に収め、映画はすでに政治警察の掌中にあった。一九五三年、当時共産党員だったエマニュエル・ル゠ロワ゠ラデュリは、学生として体験したこの状況を以下のように語っている。

「ピエール・ヴィラールは厳格な服従をしていた共産党員の歴史家と比べて際だった対照をなしていた。それは、彼が物の価格に関わる歴史学、経済史に関心があったからである。フランス共産党の歴史家委員会の同志たちは、マルクス主義の最良の部分をなす、深い闇に埋もれた大衆についての考察に背を向けていた。彼らはあらゆることをイデオロギー化する反計量的な姿勢に共鳴して、歴史的主意主義の信徒になっていたのだ。彼らは労働者の歴史ではなく、『彼の』共産党の指導をほぼ間違いなく仰げる労働運動の歴史に専念していた。二十世紀前半の価格史の偉大な歴史家シミアンに反論したいという漠たる意志を抱いていたのである。ピエール・ヴィラールとともに、われわれは再びこの分野に足を踏み入れ始めていた。われわれ、すなわちフランス共産党の若き歴史家たち、フランソワ・フュレ、ジャン・ニコラ、ドニ・リシェ、クロード・メリアン、ジャック・オズーフは、十七世紀に関するヴィラールとムーヴレの講義を受講し、一九五二年の『アナール』に載った、ルイ十四世時代におけるボーヴェの人々の人口統計学についてのピエール・グーベールの最初の論文を読んでいたのである……。」(2)

実際に危機のピークを迎えたのは、スターリンの死で幕が開け、「白衣組」の復権を経て、七月には「正統社会主義者に対する侵害」を理由についにベリヤ〔一八九九～一九五三年〕が処刑された一九五三年よりも前である。だが、この回想録は、フランス共産党の主張とはうらはらに、こうした若い歴史家たちが『アナール』から影響を受けていたことをはっきりと示している。そこで、共産主義者の組織はぜひとも反撃に転じなければならない、すなわち若い同志を正統教義に引き戻さなければならないと感じるようになる。組織はすでにこうした目的のために、一九三九年に創刊された『ラ・パンセ』よりもいっそう急進的な新しい雑誌『ラ・ヌーヴェル・クリティック』を、一九四九年末に創刊していた。『ラ・ヌーヴェル・クリティック』は、若い歴史家たちへの影響を抑え込もうとして、さっそく『アナール』に狙いを定める。

相次いで二つの論文が発表される。一九五一年九月に出されたジャック・ネリの署名がある一つ目の論文は、高等教育教授資格試験の審査委員長であるブローデルと『アナール』を攻撃し、「社会民主的な傾向」があるという、当時共産主義者にとって最も侮辱的な言葉でこれらを非難している。

「ブローデル氏が審査委員会を『アナール』に奉仕させ、『アナール』をブルジョワジーに奉仕させているため、全員負い目なしというわけである。〔……〕歴史学の試験科目はそもそもあまりに広すぎるが、そのうえ『アナール』のイデオロギーに汚染されている。すなわち、『文明の〈接触〉』の名のもとに政治史を犠牲にして陳腐な経済主義を持ち上げ、生産関係の研究に取って替えるに循環する流れの研究をもってする。それが、なかんずく、フランスにおけるブルジョワとプロレタリアの革命史を何年も前からまんまと避け、たとえば一九五二年の受験生には地理の問題として『大西洋』を、歴史の問題として『ヨーロッパ(十六世紀のポルトガル、イタリア、フランス、オランダ、イギリス)の経済生活』、ポーランド、そしておそらくアジアの一部を成すモスクワ大公国……を出題することによって、アメリカの政策の要求の前に膝を屈することを許しているのである。(3)」

批判の基調はもはや決まっていた。『ラ・ヌーヴェル・クリティック』の一九五一年十一月号に掲載された二番目の論文にはジャック・ブロの署名があった。実のところこれは、フランス共産党の知性を代表し、のちに中央委員会のメンバーになるジャック・シャンバズの筆になる論文である。(4) この論文「歴史学における修正主義あるいは『アナール』学派」は——修正主義とは正統マルクス主義の修正という意味に取られていた(ちなみに、ソ連と人民民主主義の国々において、正しいフランス語に訳せば「異端」となるが、この言葉で非難された者は強制収容所行きであった)——、「歴史の研究と教育の検閲官と管理者」を攻撃する。

論文はまず異端審問官のような調子でリュシアン・フェーヴルの『ルター』を槍玉にあげ、まずはもっぱら「ファシズムの復活に対する闘争を諸国民に解除させてしまう」ことを糾弾したあと、さらにこう一般化する。

「『アナール』は革命が好きではない。時間というものは『かならずしも歴史家が語るようなあの動きの烈しい流動的な値ではなく、むしろしばしば動かない値である』とブローデル氏は言っている。より具体的に言おう。地中海では、『過去と現在のあいだ』に、北ヨーロッパのような突然の断絶はない。ここにこそこの学派の歴史的な『革命』の『神髄』があるのだ。歴史学はもはや人類の歴史的発展に関する科学ではなく、あからさまに、『不変性』の主観的な記述となる。[……] これこそ、ブローデル氏が地中海に関する浩瀚な博士論文のなかで適用した方法である。[……] この『不変性』の発見の下からは、プロレタリア革命に対する恐怖が顔をのぞかせている。したがってブローデル氏は、ブルジョワジーとともに、彼が過去に発見できると主張する『奇妙にも変わることのないこの人類の基層』を夢見る方が好きなのだ。しかし、こうした夢は、頽廃したブルジョワジーの残忍な実践とともに、歴史の弁証法のまえに無力である。〔……〕要するに、マルクス主義を乗り越えられるという『アナール』の思い上がりは、ブルジョワジーの本質的なイデオロギー的立場への追随を隠蔽する場合に多少なりとも巧妙さを発揮する企てにすぎないのである。〔……〕この曖昧な折衷主義を隠れ簑にして、アメリカ帝国主義の意識的な追随者が自分たちの都合の良いように彼らをこっそりと歪曲する。たとえば、ブローデル氏が『文明の衝突』を取って階級闘争を捨てるとき、また、『陸地の支配と海の支配が交替する歴史の二分割』についての〔……〕諸論文を再び取り上げ、こちら側には『民主的で、商業的で、個人主義的な』歴史があり、あちら側には『絶対主義的で、国有的で、貴族的な』歴史があるとするとき、かかる理論は北大西洋条約機構を正当化するとわれわれが書くならば、おそらくそれを誤った解釈だと叫ぶ者がいるかもしれない。しかし、そういう方々にはシャルル・モラゼの著作を読んでいただきたい。そこにはこの条約機構とアメリカ帝国主義に関する、こんどはあからさまな擁護があることに気づくはずである。〔……〕この章には『海洋文明とロシア大陸の小城塞』なる意味深長なタイトルが付けられ、『中間地帯』で真っ二つに切られ、『大西洋文明』と『ロシアおよびその衛星国』とに分割された地球の絵が掲載されている……。」

以上のように、ブローデルは無理矢理モラゼといっしょくたに「アメリカ帝国主義の意図的な追随者」とされ、とりわけブローデルは、

「公からいくばくかの予算を得て、学問の教育と研究に関する実質的な権利をほとんど一人占め」しているという理由で告発される。

論文は、『アナール』の協力者を含め、「すべての誠実な歴史家」にブローデルと闘うよう呼びかけていた。[5] 幸い共産党員の検閲官らは、貧窮に陥ったフランスにおいて第六部門を発展させるために不可欠なアメリカの予算がどれほど大きいかには気づいていなかった。もしこの出資に気づいていたら、彼らとその同志たちの敵意はさらに燃え上がっていたことだろう。したがって、冷戦に発する混乱と敵意と単細胞ぶりにひっかきまわされ、静寂からはほど遠いこうした

知的環境のなかで、フェーヴルとブローデルは新たな物的・人的・組織的・学問的な手段を第六部門に与えなければならなかったのである。

第六部門の成功が明らかになると、やがて「ソルボンヌ大学派」のなかに敵意が膨らんでくる。そして、この敵意はこの先も決して消え去ることがない。一九七六年、ブローデルは、リュシアン・フェーヴルによって累々と積み上げられた輝かしい肩書きを重視しすぎるストイアノヴィッチにたいし、彼の著書の序文で、フェーヴルがたとえば国立科学研究センターの共同主宰者でもあったことを喚起している。

「確かにリュシアン・フェーヴルと私自身はここ何年か、歴史家全体によって選ばれた国立科学研究センター委員会の委員だったが、われわれは少数派だった。リストのトップには体制派が入っていて、ある年に、選挙人によって私はものの見事に落とされた。」

のちの一九七八年、フェルナン・ブローデル・センターの落成式の「結論に代えて」において、以下のように、高等研究院のときよりもっと自由な発言をしている。

「当時私たちは劣勢でした。したがって、先の見通しが立たず、しかるべき地位にある人々はそれを見て大いに喜んでいました。(6)」

ピエール・ブルデューは、すでに私が引用した文献のなかで、当時は敵対する陣営に分れていた時代であったことを証言している。

「知的領域は政治的なものに沿って敵対する二つの陣営にわかれていた。[……]当時、外見上真っ向から対立する二つの形で、知的な日和見主義あるいは保守主義との対決を迫られていたのである。その一方は、アメリカからやってくるものはすべて政治的な規律の問題としてことごとく拒否するという、共産党に近い知識人がとったやり方、もう一方は、アメリカ・モデルの輸入者であることを引き受ける、『証拠』や文化の自由のための会議に近い右派知識人のやり方に、滑稽なほどよく体現されていた。(7)」

左右の境界線の引き方が不適切だとか、きわめて行儀の良い雑誌であった『証拠』をあまりに単純な図式で片付けているとか、ブルデューに文句をつけることもできようが、一九四九～一九五〇年以降、マッカーシズムの進行によってあらわな形をとった合衆国に対するフランス知識人の二項対立がここにはよく表われている。また、ブルデューが書いているように、ブローデルはまさに、

「きわめて大きなリスクを背追わなければならなかった。すなわち、経済的な手段とともに知的な手段も巧妙かつ頑なに供給しようとするアメリカの基金との妥協点を自覚的・批判的に見出し、［なおかつ、］基金が押しつけようとしてくる学問的・政治的モデルに明快に抵抗するというリスクである。すべてか無か、服従か拒否かという二者択一を、是々非々の態度で乗り越えなければならなかったのだ。[8]」

こうして予算を得られたこと自体の方が、その総額云々よりも重要であった。予算はアピールの効果を持っていたからである。[9]

このアメリカ・モデルの出典はブリジット・マゾンの本であったし、明らかに、モデルとそれにかかる税金はブルデューの考えるほど有無をいわさぬものではなかったが、現実にはそのようなものとして受け取られていた。したがってブローデルは、これら二種類の暗礁のあいだで交渉を進めながら第六部門のとるべき航路を決定しなければならなかった。二項対立はいっそう拡大していた。共産党員は合衆国が朝鮮において展開した細菌戦を批判していなかっただろうか。一方、合衆国の国内においては大々的な魔女狩り〔マッカーシー上院議員を中心とする、いわゆる「赤狩り」〕が実行に移され、一九五四年のローゼンバーグ夫妻の処刑まで続いたのである。

まもなく「フェーヴルのチームがアメリカから何百万フラン受け取っていた」という噂が駆けめぐる。実のところ、当時の金額で一二〇万フラン――一九九五年の購買力で換算すると一二万フラン――というこの支援は第六部門の貧弱な予算の四分の一強しかなかった。[10] なるほど一九五〇年にはアメリカの政治的圧力は目に見えて強くなっていた。しかし、第六部門は標的にせず、国立科学研究センターだけに的を絞っていた。ロックフェラー財団は、当時センターを指

導していた共産党員のガストン・テシエとジョリオ＝キュリー所長をやめさせないかぎり関係を中断すると決定していたのである。(11) ブローデルがロックフェラー財団を相手にするのはもっと後の一九五五年になってからにすぎない。

とはいえ、『ラ・ヌーヴェル・クリティック』のなかでブローデルを名指しで攻撃するそのあからさまな単細胞ぶりは、党の歴史家たちの陣営にまで反応を引き起こさざるをえなかった。かくして、この論文と一線を画するために、イスラム中世の専門家クロード・カーンが一九五一年九月、『アナール』に一編の論文草稿を提出し、まずフェーヴルがこれを受け入れる。捕虜時代からカーンを識っているブローデルは、このことを彼に知らせ、すぐに活字になるからと伝える。ところがフェーヴルは論文のことを失念していて、一年後、なんの説明もなしに論文を著者に送り返してしまった。このためブローデルは堪えがたい状況に追い込まれてしまう。(12) フェーヴルとブローデルのあいだで表面化した軋轢の一つがこれである。ブローデルは『アナール』の編集長を辞任しようとさえ考え、そのことをフェーヴルに手紙で書く。またもや嵐。だがそのあと、フェーヴルは再び太陽を昇らせ、ブローデルに後継者はやはり君しかいないと確言する。一方、フェルナン・ブローデルも、クロード・カーンと信頼関係を回復する。

この危機から、二つの相異なる次元に属する事実が白日の下に曝け出された。まずは、すでに述べたように、ブローデルが『アナール』にあまり時間を割いておらず、自分に直接関わるカーンのような論文にさえ十分目配りをしていなかったという事実である。次いで、『アナール』内部の政治そのものにある懸隔もあらわになった。リュシアン・フェーヴルは、ブロックの時代のように、まず知的・文学的品位に気を配ることによって『アナール』を管理しようとしており、第六部門の拡大に必要不可欠な駆け引きにも、また、チームで歴史研究に取り組むなかで現れる新たな問題に関する出版物にも頓着していなかった。事実、統計、資料といったこれらの出版物に、彼は未加工の歴史しか見ない傾向があったのである。

ところで、フェルナン・ブローデルは、何人かの同僚とともに、第六部門が始まった当初から歴史研究センターを活用していた。歴史研究センターは、調査のためにはるかに厖大な資金を必要とする経済研究センターや社会研究センターに比べると、運転資金がさほどかからずに済むという大きな利点を持っていた。フェルナン・ブローデルは運が良かった。というのも、当時ロックフェラー財団の代表が、ヴェネツィアに関する偉大な専門家F・C・レインに他ならず――二人はこのとき知り合いになった――、ブローデルは彼からドージェの都市〔ヴェネツィア〕に向けた事業のために五〇〇〇ドルを獲得できたからである。

「あるとき私たちは文化的な雰囲気のなかで、中国センター、ロシア・センター、それ以後中断されたがアフリカ・センターと、いくつかの研究センターを創設していった。私は、自分が予算を配分した出版物の知的・学問的な監督をしていた。そこで私は、当時次々と生まれつつあったセンターに充てて増資をした。」

ブリジット・マゾンが明らかにしたように、第六部門に配分された政府の予算は一九四九年から一九五二年にかけて実質フランで三倍になってはいた[13]。しかし、出資しなければならないのは研究ばかりでなく出版物も同様である。ところが、出版物の売り上げは部門の予算に組み込むことができなかった。どうにかして急場を凌がねばならない。そこで本領を発揮したのが「マルク・ブロック友の会」であった。外国の予算を受けることができる安全弁として機能してくれたのである。ブローデルが見事な手腕を発揮して、これを柔軟（かつ独裁的）に管理運営しえたおかげで、たちまち目覚ましい成果が現れる。が、そこがこんどは、新しい部門の創設をあざ笑っていた人々全員を怒らせることになった。これが原因となって、まもなく第六部門は、共産党員の武装もいまだ解かれぬままに、一九五二年のとき以上の敵を持つことになる。『ラ・ヌーヴェル・クリティック』の攻撃文書はすでに止んでいたとはいえ、こんどは新たにリュシアン・フェーヴルが標的にされていた。彼の『十六世紀における不信仰の問題』が、ラブレーの没後四〇〇年の一九五四年を、闘う無神論の大々的なデモンストレーションの年にしようと考えていたフランス共産党の出鼻を挫いたことが原因だった。

ブリジット・マゾンが書いているように、

「大学ではめったにないほどに再び緊張が強まっていた。第六部門はなにかと話題になっていた。人員、予算、聴衆の面でこの部門の伸長は著しく、出版物の点数も増加していた。大学内の敵対者は一触即発の状態にあった。［……］法学部や政治学財団からは、ブローデルを学問と大学の『帝国主義者』だと非難する声があがっていた。彼を『ルイ十四世』扱いしていたのである。文学部からは、ブローデルのグループの歴史家たちが覇権を握るのではないかという懸念が持ち上がっていた。［……］その他にも、ブローデルは調査のために合衆国に滞在したとして［一九五五年末］(14)烈しい批判にさらされていた。左派の共産党員たちはこうした出張を快く思わず、右派はブローデルをあまりに革命的だと考えていた。(15)」

ルヌーヴァンが策を弄してロックフェラー財団にフェーヴル゠ブローデル・チームに助成金が行かないよう働きかけ、第六部門にこれ以上ポストを創らせないよう所轄の省に抗議をするのは、ちょうどその頃である。アメリカとの関係が重大局面を迎えるのは一九五五年だが、これとはまた文脈が異なる。仕事の複雑さと、その展開から考えて集団的な研究が必要だったが、そのためにブローデルは新しい組織形態を産み出すことになった。ちなみにそれが、彼の合衆国旅行の理由でもあった。

そこで彼はクレメンス・ヘラーと組んで、非常に気がかりな科目の再編成を促進するために、アメリカの〈地域研究《エリアスタディーズ》〉をモデルにした文化圏の研究プログラムを発表する。この再編成はのちに、飛躍的な発展――その結果がどうなったかはまた後で述べることにするが――を遂げていた人類学にとりわけ有益にはたらくことになる。

ソ連や中国のような共産圏の文化圏の地域研究は、ロックフェラー財団や、ジャン・シェノーのような共産主義者、あるいはこの種のプロジェクトには当然加わる道連れたちの眉を顰めさせないわけにはいかなかった。クレメンス・ヘラーは当時、ブローデルのとりわけ貴重な片腕だった。すでに見たように、十九世紀末の偉大な地質学者エドアルト・ジュスの孫としてウィーンに生まれ、ハーバードで学位を得た彼は、一九四七年に「ザルツブルク・ゼミナール」を共同で創設して以来、ヨーロッパの知的復興とアメリカ文明の研究のために、アメリカの文化外交に参加していた。一九四九年、パリに腰を落ちつけた彼は、自身の社会科学のプロジェクトを持ち、アメリカの諸制度に精通していることが買われて、すぐブローデルに採用され、第六部門の大黒柱に任命されたのである。視野の広い知性を備え、ヨーロッパ文化とアメリカ文化の両方から血を引き、冷戦によるこうした分裂の時代にはとりわけ必要不可欠な外交センスに恵まれたヘラーは、第一級の協力者であることが明らかになる。フェルナン・ブローデルは一九八五年のアカデミーの佩剣授与式の折に彼を讃えてこう言っている。

「みなさん、彼は私の傍らで働いて、四十年前から続けている私の仕事の大事な部分を成してくれたのです。彼は情熱、歓喜、知性、まれに見る秀でた知性でことに当たってくれました。(16)」

この文化圏という概念は、その独創性ゆえに、すでにフランス側に多くの行政上の問題を引き起こしていた。ブリジット・マゾンはこう述べている。

「文献や教育の手段が、国立東洋語学校、中国高等研究院、スラブ研究院、国立図書館でばらばらだった。伝統の力とそれに対する個人的な反対意見から仕事は容易に進まなかった。[……]たとえば、ソ連を研究しようという珍しい試みが左右両派から同じように攻撃を受けた。(17)」

こんな騒然とした状況を背景にして、ロックフェラー財団への新たな助成金の申請の問題が生じた。一九五三年にガストン・ベルジェが高等教育管理局に就任して、なるほど、第六部門に新たな人員の採用を可能にする大きな予算の凍結を解除した。が、それだけでは、この部門のすさまじい伸長に追いついて行けなかった。このロックフェラー助成金は、申請したとたんに、文化圏にからむ政治的な困難にぶつかってしまった。そのためにフェルナン・ブローデルは一九五五年の十月から十一月にかけて合衆国を旅することになる。旅には困難が待っていた。(18)

ブリジット・マゾンはこう結論する。

「アメリカの不安に気づいていたフェルナン・ブローデルとクレメンス・ヘラーは、人を安心させる、しかし断固たる態度を取った。彼は、アメリカ人にフランスの大学における極端な政治化を理解してもらう必要があった。[……]第六部門の政治的多元主義は、『アメリカ人に身売りしたやつら』という誹謗に対する一つの答えだったはずである。[……]

［文化圏に関する］計画がアカデミックなものであり、政治的なものではないということを証明するために、彼は以前よりはるかに巧妙に、あらゆる方向からやってきた個性的な人々（イエズス会士のシャンブルからコミュニストのシェノーまで）を受け入れていた。[19]」

そのかわりブローデルは用心から、ソビエト共産党の研究にせよ、反体制のコミュニストＡ・ロッシ（アンジェロ・タスカ）[20]が共産主義インターナショナル〔コミンテルン〕について行なった講義内容の研究にせよ、これらに手を付けようという動きを一切排除した。というのも、独ソ不可侵条約の頃のコミンテルンの、とりわけフランス共産党に対するいまにも破裂しそうな苛立ちは、当時の力関係において想像を絶するものだったからである。そのかわりに、ブリジット・マゾンの記すところによれば、クレメンス・ヘラーは、その十八か月後、第六部門に、ロシア共産党史についてのルート・フィッシャーの講義を導入している。ルート・フィッシャーは、ドイツ共産党およびコミンテルンとのいざこざが紛糾していたとはいえ、最も共存の可能性がある非正統派であるように見えた。

ついに、フェルナン・ブローデルとポール・ブローデルが合衆国からまさに帰国しようという頃、「まるまる一年間の交渉の末、二年で総額六万ドルが第六部門に与えられた。公式な決定通知に添えて、一九五五年、リュシアン・フェーヴルに送られてきた手紙にはこんな条件が明記されていた。『もし仮にブローデル教授がこのプログラムを個人的に指導することがなくなる日がくれば、ロックフェラー財団は、その日から六か月以内に契約を解くものとする。そのさい、条件は修正されなければならない[21]』。」

このことは、ちょっとした踏み外しも致命的になりかねなかったこの時期にブローデルが果たした外交的役割、その如才なさ、その威信をこのうえなく明確に示している。ロックフェラー財団とのこうした緊張関係が、高等教育教授資格試験の審査委員会内部で起こったフランス国内の危機と時期を同じくしている事実は指摘しておいて無駄ではない。こうして大学内の諸問題が知的な外洋に大きく開き、国際的な緊張関係につながっているという解きがたく絡まりあった状態にあって、ブローデルがどれほど遠くまで物を見ていたかは特筆に価する。彼は、のちに歴史の「全体性」と呼ぶことになるものを望んでいたが、それに役立つ全体的な手段をも獲得するのである。

その後第六部門が、「一九七〇年以降にはもはや味わうことができなかった」とのちにフェルナン・ブローデルが語ることになる「幸福な環境で」[22]飛躍的に成長することはすでに述べた。教員数はうなぎのぼりに増え、たとえばコレージュ・ド・フランスのような他の機関から給料が出ているため、学校にとってはあまりコストがかからない「兼任」講師ばかりでなく、地位と研究費をこの学校で保証する新米の「専任」構成員も増えたのである。この幸せな状況は、すでに触れたように、ガストン・ベルジェ（一八九六〜一九六〇年）が高等教育の監督官としてやってきたことによるものだった。彼の名は、その「およそ思いも寄らぬ経歴」ゆえに、すでにピエール・ブルデューの筆の下に現れていたのであった。

というのも、ガストン・ベルジェは、雇われ人から身を起こして実業家になり、次いで、中断していた学業を再開すると、哲学者としてフッサールを研究してエクス・アン・プロヴァンス大学正教授の資格を獲得し、『性格分析実用概論』を出版して心理学に転じたばかりというわゆる〈独学の人〉で、まだ若い学問である未来学にも情熱を燃やしていたからである。それゆえ彼は、あらゆる次元においてこれほど劇的変化と知的変動に満ちた時代に、この第六部門がどれほどの価値を持っているか即座に理解できたのである。ブローデルは彼をこう描写している。

「彼は慎重そのものの人物で、悪魔のような巧妙さ、いやこの言葉はうまくないので神のような巧妙さと言うべきか、それを備えた人物だった。とうてい和解させられそうもないものを和解させることができたのだ。その秘訣は何だったのか。私にはよくわからない。いずれにせよコレージュ・ド・フランス、高等研究院、政治学院、そしてわれわれ、革命的で、物議をかもす、嫌われ者の第六部門……といった、反目しあった組織同士を最後には和解させてしまったのである。」

ブリジット・マゾンが明らかにするところによれば、ガストン・ベルジェは極東に関する「文化圏」の研究プログラムに情熱を注いでおり、それでポスト創設のための特別予算の凍結を解除し[23]、それによってブローデルは早くも一九五五年には中国研究の専任としてジャック・ジェルネとヴァディム・エリセーエフ、およびエチエンヌ・バラスとジャン・シェノーを兼任として、インド研究のルイ・デュモン、イスラム研究のジャック・ベルクを採用することができるようになったのである。

「第六部門がこんなにも急速にポストの数を増やしていったことに、ユーモアと『少しばかりの苦々しい嫉妬』を込めてブローデルに祝辞を述べたモーリス・ロンバールは、こうつけ加えた。『みなさんご存じの通り、第六部門は学歴のない紳士をお好きではありません。わが第五部門は、［警視庁の留置所の］医務室と同じくらい「専門的」です。ブローデルさん、あなたの部門は危険を冒し、挑戦しています。あなたはきっと勝ちますよ。』」

ブローデルは、彼自らの成功と自信によって、ソルボンヌ大学の側にこうして憎悪を募らせてしまったのである。エマニュエル・ル＝ロワ＝ラデュリは一九五三年の夏、ブローデルが委員長を務める高等教育教授資格試験審査委員会によって歴史の教授資格を得て、第六部門の彼のもとを訪れている。十年後の一九六三年、ブローデルが彼を主任助手として採用したさい、彼はこう認めることになる。彼の印象では当時、大学内で、第六部門は、「しばしば疎まれていて、軽蔑するものすらあった。そこは袋小路のように考えられていた。ここにいたら地方の大学でも、ソルボンヌでもまっとうな教授職にはつけなかったのだ。［……］才能のある新人を見つけだす嗅覚にすぐれ、文部省の幾人かの高官の知的な理解に恵まれたブローデルは、目立たないが効果的な参謀を周囲に置くことに成功していた。ロゼール県出身のルイ・ヴレーが、ローマ式の国家管理主義を少し学んだオック語社会のような中央集権的な情熱を持って高等研究院の雑事を取り仕切っていた。［……］とはいえ、クレメンス・ヘラーなしではヴレーの存在は考えられなかった。クレメンス・ヘラーは、それまでフランスという六角形の六辺に閉じこめられていた大学の官僚主義にはないコスモポリタニズムを学校にもたらしていたのである。アングロ・サクソンの文化で形成され、アメリカ東部の大学で教育を受けたヘラーは［……］外の世界が存在することを知っていたのだ。アメリカ、イギリス、ドイツ、ソビエトなど、彼は外国から教授を招聘していた。さまざまな研究プロジェクトに資金を調達するために、国際的な基金が提供するお金を見つけだすのだった。[24]」

言ってみれば、彼ら二人で政治的な均衡を保っていたのだ。ある人たちの目にはヴレーはコミュニストとして、ヘラーは親米派として通っていた。一歩下がって見てみると、五〇年代にすでにして始まっていた第六部門と大学とのあいだの共存の難しさは、威信をめぐる辛らつな戦いのレベルを越えて、ラシーヌをめぐるバルト＝ピカール論争から一九六八年の爆発へと至る、ソルボンヌの硬化症に対する六〇年代の危機をすでに予想させるものだった。当然のことながら、以前につくられたさまざまな組織は、前衛的な雑誌から一つの機関へというこの抗いがたい移行にうまくついてゆけなかった。そのうえ、機関といっても、第六部門がまもなく当時創設された唯一の大きな研究・教育機関になってしまったのである。ブローデルが一九七八年に言っている通りである。

「われわれははっきりと意識しないうちに人文諸科学のフランスにおける中心的な機関になっていました。[25]」

こうした財政的・行政的な闘いにおいて、ブローデルは全面的にリュシアン・フェーヴルの支援を受けた。かくて、第六部門の発展による成功がはっきりしてくるにつれ、伝統的な大学との亀裂は少しずつ、しかし抗しがたく広がってゆく。ブローデルはのちに「未来の大学の——もちろん現在の大学ではなく——若い歴史家たちの参加[26]」について語ることになる。とはいえ『アナール』の資金の問題は、リュシアン・フェーヴルとフェルナン・ブローデルのあいだで決着がつかなかった。第六部門のための闘いがそれを保留にしたにすぎなかったのである。

2 経済への転換と『アナール』

すでに述べたように、ブローデルはアルジェ時代以から、メモなしで話していた。しかし、コレージュ・ド・フランスの講義は速記タイプライターで速記・記録されている。というわけで、彼はブランギエにこう言っている。

「こんなふうにして二十三年だよ。どれだけの分量になったと思う。とても出版なんかできやしない。だから、講義に興味をひかれた人がいれば、たまには講義録を貸すことはあったけど、遺書には全部焼いてくれと書いてある。口頭表現のなかに生きている思想は失われるものだからね。」

その結果、われわれの許には思い出とコレージュ・ド・フランスの年鑑しか残されなかった。しかしそれは、一九四九年から一九五〇年にかけて産み出され、実は、将来『アナール』をめぐってリュシアン・フェーヴルとのあいだに持ち上がるさまざまな困難の素地となった方向転換をわれわれに垣間みさせてくれるには十分である。フェルナン・ブローデルは全体史の野心を捨てたわけではいささかもなかったが、歴史学における経済的な部分に関して博士論文のなかで発表した最新情報を最初の年の講義から話題にし、「変動局面を素描し、次いでそれを乗り越えるかたちで構造に至」らしめる方法に取り組みつつ、経済的な下部構造を解明しようと努めている。そして、一九五二年からはラブルースとの一致点、信頼に満ちた両者の共同作業がさらにいっそう明らかになる。ラブルースは当時、大学の土俵内で、「歴史経済学〔l'économie historique〕の結果と方法」でフェルナン・ブローデルに「博士論文を提出する学生」に理論上の指導をしていた。語の順序によく留意して欲しい。もはや経済史〔l'histoire éconimique〕ではないのだ。ちなみに、これは、一九五〇年五月に出た『経済学雑誌』創刊号における彼の論文のタイトルでもある。

歴史経済学とはもちろん過去の経済にアプローチするさまざまな方法だが、すぐに気づくように、その前提として歴史人口学の練り上げが含まれている。そして、ブローデルは「古いタイプの経済危機」という点ではラブルースの業績と軌を一にしているが、軌道がまさに下部構造へ向かっていた。実際は論文の変更の際に、その場で結局考えを変えることになるのだが。しかし、いまでは独自の立場を選択し、その論文はまぎれもないマニフェストとなっている。

論文は最初、

「歴史に回帰してきたときに、それが変換・解明・拡大され、あるいは、逆転されて、無へと引き戻されるべく――しかし、その場合でも進歩であり、前への一歩なのだが――、［彼らに］再度考えてもらいたい問題をいくつか提起する」(27)目的で書かれた、経済学者への控えめなアピールのように見えた。

しかし、たちまちブローデルは、前代未聞の決定的な根本諸問題に逢着する。最初の問題は、一九七三年以来私たちが危機を通過していた時期に馴染んではいたものの、当時はほとんど考えられていなかった問題である。ブローデルは歴史家の仕事の「利器」から出発する。

「われわれは、少し調べさえすれば、ある歴史的な状況から、その将来に関わる核心部分を引き出すことができないだろうか。力と力が闘うとき、われわれはどちらが勝つか知っている。[……] なんと大きな特権ではないか！ [……] しかしこうした出来事［勝者］は次々に交替し、いくつもの矛盾した可能性の枠内で、生命がその可能性のなかから最終的に選ばせた序列が決まってゆく。一つの可能性が実現され、そのために多くの可能性が消えて行く。そしてあまりにも目立たなかったり、隠れていたりするために最初から歴史に登場することができず、われわれの目に見えないものさえ無数にある。しかし、これらの無数の可能性を再び導き入れる努力をしなければならない。というのも、こうして失われてゆく運動は多数の物質的・非物質的な力であって、発展の飛躍的な展開に歯止めをかけ、その開花を遅らせ、ときにはその流れを途絶えさせることもあるからである。[……] 歴史家は反対斜面に行き、もはや勝者の動きばかりでなく、たやすく砕け散ってしまうこの多くの反対経験——それを、いかなる軽蔑的な意味も含めずに〈惰性〉と呼ぼうではないか——をも研究する必要があるのだ。[28]」

文明はその閉鎖性や拒否によってもまた特徴づけられるというマルセル・モース的な考え方が、しかし、それが経済的なものから文化的なものまで歴史の全域に拡張されたかたちで、再びここに見出せる。ちなみにブローデルは、その例として、リュシアン・フェーヴルの『ラブレー』と、「大きな将来が約束されていた」無神論が、十六世紀の初頭においては一種の思弁としてしか見えなかったことを示すフェーヴルのやり方を挙げている。とはいえ、こうした惰性、歯止めといった諸問題を、歴史の他の部門よりもより強く、よりはっきりと提起しているのは経済ではなかろうか。たとえば、大幅な利潤の追究があって、資本主義の出現を十分推定させるのに、なにがしかの理由で出現にまでいたらないという、例外的な事態を観察してみるときそう言えそうである。

「あらゆる生活、あらゆる経験は包みに封じ込められているが、これは、工具類をもってしてもおいそれと破ることのできない分厚い包みであって、いくばくかの動き、さらにはいくばくかのイデオロギー的な態度や動機づけくらいしか許さない限界である。〔……〕この包みはほとんど常に、最も大事な社会的進歩に対抗する働きをしているが、また、戦争に歯止めをかけることもある。[29]」

ここでブローデルはフェーヴルの最良の部分にきわめて近いが、また、経済を優位に置く点でマルクスと一脈通じている。自らの『物質文明』も、一九七〇年以降にあまりにも万能キーのようになってしまった「心性の歴史」という表現で呼ぶところのものも、先取りしている。だがそこを根拠にして、彼は経済学者に問いかける。他でもない、経済文明にも「また惰性のとき」があるからである。したがって、陸上あるいは海路による運輸や銀行の活躍によって財を成した十六世紀のイタリア諸都市の運命とともに彼が記録した経済生活の大きなリズムについて、彼はさらに詳しい説明を経済学者に求めたいと思う。

「輸送機関とそれに関連する事柄（価格、ルート、技術）のなかに、最後には一種の決定的動因を見ることが正しいのだろうか。また、天文学者の言葉を借りるなら、経済的な動きのその他の動きに対する歳差運動というものがあるのだろうか？[30]」

こうしてフェルナン・ブローデルの興味が経済に集中していた事実は、さまざまな点からも確認できる。たとえば、ブローデルが審査委員長を務めた最初の年、すなわち一九五〇年の高等教育教授資格試験の「首席合格者」であったモーリス・アギュロンは、一九五三年から五四年頃、国立科学研究センターにいるブローデルに自らの活動を報告にゆき、一八〇〇年から一八五〇年にかけてのヴァール地方の変化について博士論文を書こうと思っていると彼に言うと、ブローデルは「あなたはB局面に閉じこもっている[31]」と答えている。拡張のA局面と後退のB局面の交替を唱えるシミアンの理論のことを言っているのだが、ブローデルは、たとえ世紀の後半に関する論文をもう一つ準備中だとしても、対象を半世紀に限定するのはまずいと烈しくアギュロンを批判するのである。[32]

この逸話は、ブローデルが長期持続に示していた渇望どころか、当時彼がどれほどこちこちの経済主義者であったかを露わにしてくれる。ちなみに、彼は妻と連れだって、一九五〇年の夏の終わりにはヴェネツィアの古文書館に、次いで一九五一年の復活祭の休暇には初めての、一九五二年の復活祭の休暇には二回目のシマンカス訪問を果たし、ジェノヴァの商人に関する資料調査を再開しているが、これもまた意義深い。こうして彼は歴史研究センターに経済学への推進力を与えることになるが、その結果を『アナール』で伝えようとしたときフェーヴルと衝突することになる。ブローデルは、歴史経済学がまだデータをまとめあげ、分析する段階にあると考えていた。先輩のフェーヴルにとって重要な総合がやってくるのはもっと後だと。

ブローデルとしても、総合を忘れていたわけではいささかもない。かくしてわれわれはこの理論家の新たな発展を辿ることになる。経済的な局面の問題を深化させてゆくに従って、別の大問題に逢着するのである。歴史における連続的なものと不連続的なものの問題、より直接的には社会におけるさまざまな不連続の問題である。歴史学の言葉を用いれば、解明すべきは、

「あれら静かで、無痛だとすら言える構造的な断絶、垂直な裂け目の一つである。その断絶、その裂け目は、われわれの前に幾世代もの人々が経験してきた社会状態、しかしそのどれもがわれわれの人生が終わるまえに潰え去ってもおかしくない社会状態（つまり、同時に心性であり、雰囲気であり、文明であり、とりわけ経済的な文明であるところのもの）とともに生まれる。ある世界から別の世界へのこうした移行は、非常に大きな人間ドラマであり、われわれはそれに光を当ててみたい。現代資本主義がいつ現れたかをめぐってゾンバルトとサユー[33]が論争するとき、彼らの追究しているのがこの断絶である。［……］もしこうした決定的なゾーンの一つをわれわれが横断することになれば、昨日学んだ手段、思考、概念が明日にはもはやいかなる価値も持たなくなり、古い価値の幻想に回帰した教育はことごとく無効になる。われわれが良き教師の教えからどうにかこうにか吸収した政治経済学は、われわれの過去には役立たなくなるだろう。[34]」

われわれは、発表されてから四十年後、彼が将来についてどんな判断をくだしていたのかを知りつつ、この論文を読んでいるので、時代の惰性が本当に感知されていたようには見えないし、ブローデルのうちでもあまり引き合いに出される文章ではない。しかし、イデオロギー的な封鎖と冷戦が支配するあの時期に彼がどんな教育をしていたか、リュシアン・フェーヴルの直観、また、経済に関しては、それが障害となるときだけしかわれわれに捉えることのできない下部構造についてのマルクスの直観を、ブローデル固有の言葉に翻訳するとどうなるか、こうしたことをよくわからせてくれる文章であることは間違いない。さらに深いところでは、これもまたマルクスによって先鋭化したブローデル独自の直観が露呈している。一つの社会は深く埋もれて自ら気づくことのない論理によって、拒否によって、そこに露呈するブレーキによって解読すべきだという直観である。そこからやがてブローデルにおける構造という術語の積極的な使用が生じることになる。この術語はまだ彼の研究の彼方の地平線上にあるにすぎなかったが、おそらくそれは、フェルナン・ブローデル自身が、まだ流動的な傾向を固定しすぎることを恐れる気持ちが働いていたからというよりは、リュシアン・フェーヴルがこの術語を使いたがらなかったからだろう。

　歴史家としてのブローデルの活動は、この時期、経済に対する関心を雄弁に物語っている。ルッジェロ・ロマーノとの共著『リヴォルノ港に入港した船と積荷（一五四七～一六一一年）』はまさに、事実の立証の水準にある。次いで、『アナール』に掲載された二つの論文が、やはり経済という研究分野を際立たせている。「統計歴史学を前にした中世」。そして、とりわけ「十七世紀のフランス経済」である。これはジャン・ムーヴレの四論文、すなわち「十七世紀後半におけるフランスの穀物価格史」、「一六六一年と一七一五年における価格の動きとその影響」、「食糧危機と旧体制下の人口統計」、「十六世紀および十七世紀の貨幣循環と貨幣の経済的な利用」を扱った論文であった。

　これらの四論文はいずれも一九四四年から一九四七年に発表されたすでに古くなった論文ではあったが、ここで大事なのはそれらを蘇生させたことであり[35]、ブローデルがそこから引き出した総合、この論文を、まさに「歴史経済学」に関する画期的な出来事となさしめた総合そのものである。ムーヴレの著作は、当時、穀物の生産高の効果と条件に関するパイオニア的な著作だった。そこでブローデルの論文は、ムーヴレの著作を前面に押し出すことにより、穀物の価格が食糧危機に及ぼす効果を研究する分野において、新たなる探究の口火を切ったのである。とりわけル＝ロワ＝ラデュリ（彼はムーヴレの講義を受けていた）への影響は大きかった。この問題をブローデルは一九六一年、『アナール』で再び取り上げるが、今度は何冊もの本を取り上げており、そのなかの一冊がムーヴレとルッジェロ・ロマーノの共著『物質生活史――食糧と歴史のカテゴリー』である。その間にも、まだフェーヴルの時代であった一九五五年の第一号の『アナール』で、「方法の大論争」という論文が価格の意味と算定に関してムーヴレとベーレルを比較検討している。

こうした経済志向のおかげで、ブローデルはまもなく、一九五五年七月四日から十一日までローマで開催された第五回国際歴史科学会議「貨幣金属と十六世紀経済」において、古代貨幣鋳造の専門家であるフランク・スプーナーと知り合うことになる。

この間彼は、一九五三年の第三学期中に一人で――ポールは健康上の理由で長女とともにオート＝サヴォワに引き留められていた――大西洋対岸の国々（メキシコ、ペルー、チリ、ウルグアイ、アルゼンチン、ブフジル）を大旅行している。サン・パウロの再訪が彼に役に立つ比較の要素を提供してくれたことは間違いない。一九五四年はオックスフォードに行っただけだったが、一九五五年には――文化圏の関係で――初めて合衆国を訪れている。こうした旅行はその後特に東ヨーロッパで回数が多くなり、多くのものを彼にもたらしてくれることになる。

この時期彼は、世紀を越えて存在し、そのうちのいくつかは一九六八年まで――奇妙な日付だ――続いたものすらある古い部門と張り合って第六部門の伝統を創り出すというきわめてデリケートな問題を含め、この新しい部門の創設に取り組まなければならなかったことを思い出しておこう。伝統とはすなわち、高等研究院の開かれた学識という質と矛盾しない大綱のなかでなされる教育のことである。新しい部門はこの教育を重んじるばかりでなく、またその実例を示さねばならなかったのだ。ところで、体制の枠組みから外れた人物を新規採用している都合上、こうした人物が手心を加えることのない口やかましい検閲官の批判の的にいささかも曝されないようにするために、フェーヴルは、またフェルナン・ブローデルはなおいっそうのこと、正真正銘の教授法を必要とした。ブローデルは、ゼミをきちんと機能させ、「堅固な」ゼミを創るにはどうすればよいか彼らに手本を示さねばならなかった。一見《いちげん》の学生を許可しないことが、「堅固な」ゼミで有効な研究と対決を可能にする条件なのである。

フェルナン・ブローデルとリュシアン・フェーヴルの違いはまた、次のようなことにも起因している。すなわち、フェルナン・ブローデルはこうした体制の枠組みから外れた人物たちの新機軸を、たとえそれらが少々荒削りであっても、雑誌に載せてやりたいと思う傾向が強かったが、一方のリュシアン・フェーヴルは『アナール』が権威ある雑誌という路線を外さず、すっかり職人的な請負仕事にとどまりながら自らの分をわきまえた仕事に打ち込むように目を光らせていたのである。古典的な大学の雑誌『アナール』と、新参者の雑誌『アナール』。これほど隔たりのあるものはあるまい。どんなことも、フェーヴルとブローデルは二人で実現させてきたが、ブローデルはマルク・ブロックの後継者であるよりは事務局長だった。そして、ちょうどその頃、これまで素描はしてきたが決定的な分裂にまで至らなかった不一致の延長線上に、二人のあいだのある種の距離が明確な形を取ったのである。仕事に忙殺されたフェルナン・ブローデルが編集事務責任者のポストを制度化し、一九五三年からはまずマンドルーが、一九六二年にはフェローがその跡を継いだのである。

それまでブローデルはピエール・ショーニュやフレデリック・モーロといったボランティアだけを使っていた。一九四七年の十月にル・マンのリセで編集事務責任者に指名されたフレデリック・モーロはパリに住み続け、この即製の組織についてこんなふうに書いている。

「私はフェルナン・ブローデルの家や『アナール』、つまり私が雑誌の秘書の仕事をちょこちょこやっていたアルマン・コラン社で、かなりひんぱんに彼と会っていました。モンティセリ［ブローデルの自宅］のブローデルの書斎が私は大好きでした。大量に差し込むあの光、高級木材でできたあれらのモダンな家具のため、私はイベリア半島か南国にいるような気分になったものです。まるでブラジルのような香りが漂っていました。まさに部屋の主人が行ったことのあるあのブラジルの香りが。」

『アナール』には、その革命的、前衛的な外見にもその製作と同様に個人の好みが強く出ており、それはたいがい、雑誌創刊当時からリュシアン・フェーヴルがとりわけ相手の毛並みに周囲や大学の影響関係のなかにある愚昧さを臭わせるものがあるとき、歯に衣着せず、ずばずばともの言うあの情け容赦のない調子から出てきていた。歴史学は現実の大問題と直接切り結んでいなければならなかった。現在との軋轢によるこうした容赦のない光に照らされる必要があったのだ。死が彼を襲う前、彼が『アナール』に載せた最後のいくつかの論文ほど、この挑発的な、扇動的でさえある側面が強調されていたものはない。

一九五五年、フェーヴルは二つ大きな発言をする。一つは「アインシュタイン［先頃死んだばかりだった］について、そして歴史について。状況に黙考する」というタイトルの、巻頭言とほぼ言ってよいものであり、もう一つは、ド・ゴールの『戦争回想録』の第一巻に熱烈な賛辞を送った「エッセイ」である。一九五六年には、彼の最晩年の記事の一つがテイヤール・ド・シャルダンに捧げられている。今日これらの文章を読んでみると、その遺言めいた性格に強い印象を受ける。遺言は自分の雑誌だけではなく、どうやら、それを越えて第六部門にも向けられていたらしい。まるで、なによりもまず歴史家たちに彼らの限界を越えさせようとでも考えていたかのようだ。そしてその歴史家の筆頭が、当然、雑誌において盟友だったブローデルであった。ド・ゴール将軍の『回想録』に関する論文から、ただその崇高な調子ゆえに、以下の部分を引いておこう。

「闘うフランスを指揮する男が書いた、きわめて美しい一冊の本が、フランス人たちに、そしてフランスの向こう側では、運命の綾に脅かされているあらゆる人間に、重大な問題についての再考を促している。マルク・ブロックとリュシアン・フェーヴルの『アナール』が、彼にふさわしいもてなしをするからといって驚いてはならない。[36]」

注意していただきたいが、ここにあるのはいささかも日和見主義ではない。ド・ゴールはまだ「砂漠の横断」をいまだ完遂していなかったのだ。むしろ悪く見られる恐れのほうが大きい。次の引用は、ピエール・テイヤール・ド・シャルダン（一九四九年にブローデルがコレージュ・ド・フランスへ立候補しようとすると、それを阻止しようとした人物であることを思い出していただきたい）の著作集の第一巻の刊行をきっかけに書かれた文章である。

「われらの偉大なミシュレは［……］ある日こんなことを書いている（彼の『日記』に読むことができる）。すなわち、厳密な意味での歴史だけでは歴史家の思考を養うことはできない。歴史家には、日用の糧としている歴史的事実の他に、より濃くて健康な血液を作ってくれる、より豊かな糧が必要なのだ、と。『宇宙』に関するいかなる瞑想も［……］その糧の一部を成している。さて、ピエール・テイヤール・ド・シャルダンの著作が、こうした瞑想の一つ、滋味豊かで、挑発的で、優れた瞑想の一つ、『人間的な現象の全般的な研究に没頭する一人の博物学者』によって清書された瞑想の一つでないとすれば、それは一体何を表しているというのだろうか。そう、この家においてわれわれがこの語に与える意味での歴史家もまた『人間的な現象の全般的な研究』に没頭してはいないだろうか。『歴史』がなければ、『一季節の限界を越えるものをなに一つ知らない儚い命のあの昆虫たちのように』人間も世界のなかに埋もれていないだろうか。私はいま大文字で『歴史』と言った。それはもちろん、ポンパドゥールやマリー＝ルイーズの衣装箪笥の歴史のことではない［……］。私は、惑星レベルにおける『人類』の発達の『歴史』を、『人類』という枠で語っているのである。[37]」

この関心事はすでに、これより一年以上前に発表された論文に存在しているどころか、いっそうはっきりと表明されてすらいた。その論文、「アインシュタインについて、そして歴史について」は、以来、彼の歴史家としての最後のメッセージと見なされている。そこでフェーヴルは開口一番にこんな問いかけをする。

「なぜ、いかなる点で彼［アインシュタイン］は歴史家であるわれわれの興味を引くのか。」

そしてまず、この問いに彼はこう答える。

「歴史学はそれを取り巻く諸学問から切り離せない。確かにこの連帯は、知のしかじかの領域を耕している人間には自然と気づくような類のものではないかもしれない。また、これらの人々にとっては、自ら積極的に専門家の役割だけを演じ、しっかりとした〔馬の〕遮眼革をつけて脇目をふらないことこそが大切なのかもしれない。だが、こうして視野を狭めたからといって、同じ時代の科学――あらゆる科学――が、同じ風土に浸かっていることを阻むわけにはいかない。そして、彼らの科学の変形一つ一つ、彼らの獲得物の一つ一つが、しかじかの別の学問ではなく、その時代のあらゆる学問の連帯した塊が獲得したものによって条件づけられることも阻むわけにはいかないのだ。［……］科学はその時代にどっぷりと浸かった人間によって作られている。［……］諸科学の歴史は――死んだ理論や時代遅れの説明を保存する機関に入ってゆく陰鬱な行進どころか――［……］幾世代にもわたる建設的な思想の前進と後退を、足踏みと突然の飛躍とを見極めさせてくれる最も忠実な道具となるのである。[38]」

精神的道具という問題群を現在の見事な大変動にまで拡大し、そして、「歴史が横切っている誰の目にも明らかな危機」を、物理学から微生物学に至る科学の革命、あらゆる科学が「分裂した領域に」なってしまったという事実に関係づける。科学が拠っていた公準は、

「ことごとく揺すぶられ、批判され、疑義に付され、しばしば時代遅れになっている。［……］そこで、私は問いを発する。たった一つ、単純な問いを。想像力と精神の怠惰から、伝統と名づけられたマンネリから、われわれ歴史家が、歴史家だけがその公準を永遠に有効だと考えてゆくのか、と。[39]」

人間は世界を変えてきた。そこから、世界を変えることができる人たちを模倣しようという最も感動的なアピールが現れる。しかし、その人たちは「ポール・ヴァレリーからピカソまで」歴史家ではない。フェーヴルは、同様に、「アインシュタインは同時代の人間たちの問いかけを蔑ろにせず、それに答えていた」と力説する。以下が彼の結論である。四十年の歳月を経たこの黄ばんだ頁から、無垢のままの明晰さで、それは烈しい情熱とともに迸りでてくる。

「哀れなわれわれ、歴史の哀れな吟味者[40]であるわれわれが、言葉の真の意味における『これらの科学者』を前にして、われわれの立派な『方法』を振りかざそうとでもいうのだろうか。ひ弱な『思想家』たちがオーギュスト・コントから『実証的な』歴史理論、すなわち、歴史を信じるだけの思想なき理論を引き出していた百年も前の時代に遡るような立派な『方法』を。笑いものになるなど金輪際やめようではないか。研究室に閉じこもって、鎧戸を閉め、カーテンを引

いてカードと向かい合っているかぎり——不安と危機感がいや増すこの時代に、勇気を出して命に関わる重大な問いを発することもできず、したがって、同時代人に対して食糧の供給もできない歴史学の畑をちまちまと耕すばかりで、あえて目を開き、向こう岸を見ようとしないかぎり——われわれは周囲の世界から足場を失うことになるだろう。(41)」

歴史家がその時代の人間であり、時代の強いる問いや要求を逃れることができないことを、かつてこれほど雄弁に語った者がいただろうか。いっそう強い不安が最後の鎧戸を閉めろと命じている。科学はこの三十年のあいだに「前線を大幅に変えてしまった」のではなかろうか。「理想がものすごい勢いで抹殺されているのではないか」。そして、こうして「知が権力に服従する現象」は「一九一四年と一九一八年の殲滅戦の結果」ではなかろうか、と。そこからこんな警告が発せられる。

「自動機械とオートメーションシステムが時の話題となっている。そして、それゆえ、自由の喪失も——この崇高さは無効になったと言わねばならないのだろうか。われわれの『脱文明化された』文明を脅かすこの非人間性の波を前にして、われわれ歴史家たちは、無関心を決め込もうというのか。これは技術の問題ではない。生死のかかった問題なのだ。(42)」

コンピューターが謎めいた怪物にとどまっている時代にあって、「もはや特権が許されない障壁、人間を越えたものの時代」に呼び止められる不安だろうか。あるいは、常に、そしていかなる場合でも、「歴史とは人間である」と繰り返してきたのに、こうして自らの人生の終わりになって、足許の地盤が崩れてゆくのを感じている一人の歴史家の省察だろうか。コンピューターの波を前にしてその答えを探し出すのはブローデルの役目となる。しかしそれはこれより十四年も後のことである。(43)

戦後のこの時期に雑誌の「決定的な時期」を見ていたトライアン・ストイアノヴィッチに反論して、ブローデルは注意深くこう言っている。

「私の見方はちょっと違う。確かに新しい時代ではあろう。しかし、第一世代の『アナール』によって流布された一群の概念に、第二世代の『アナール』は本質的な追加を一切していない。われわれ新参者の誰一人として、すでに構築された理論兵器廠に真に新しい概念・観念はなに一つ加えてはいないのである。新しい表現ならなるほど加えはした。新しい例は？　もちろん。新しい確証は？　確かに。だが新機軸は決して加えていない。その代わりに、一九四五年から一九六八年にかけて、『プログラム』が現実のものとなったことは明らかである。新しい世代の歴史家たちは誰もが『アナール』の思想の枠組みのなかで自らの『博士論文の主題』を、すなわち研究と活動の方針を選んでいることは事実である。したがって私としてはこの時期を、むしろ一種の実践への移行期、『アナール』のモデルを歴史の広大な現実と対決させる時期だったと考えたい。〔……〕だが、理論はあくまで実践に先立っているのであって、実践は理論をやっと検証しにかかったところであった。[44]」

雑誌の成功と第六部門の拡大は常に相互に影響を与え合っていた。これらの二つが同一視されることによって誤解を引き起こす危険があったとはいえ、この点こそがおそらく最も重要であった。

フランソワ・フュレがのちに明らかにしているように、第六部門の周囲にこうして「二つの雑誌以上かつ二つの学説以下のものが〔結晶したことで〕、とりわけ、『アナール』に集まった歴史家たちが伝統への反発から一つの共通した統一見解を有しているという誤った説が流布してしまった。どの組織もそれ固有の論理を持っている。〔……〕〔第六部門とソルボンヌ大学が〕当初からひっきりなしに繰り返してきた組織上の小さないざこざや、シンボリックな次元での大きな軋轢は、本来ならばこの軋轢の原因をそこに帰すべき二重の知的現象を隠蔽してきた。〔……〕それはまず、『アナール』の創設者たちが賞賛するタイプの探求と研究が、一九五〇年代、六〇年代に、それが発生した世界を越えて徐々に浸透し始め、ついには制度上のうわべとは関わりなくほとんどの歴史家にまで広がっていったこと。次いで、〈狭義の〉〔高等研究〕院の歴史家たちが、容易に共通の知的旗印のもとに再結集できないほど、あまりにさまざまな方向で仕事をしていたことである。少なくともその意味で、彼らは初めから『アナール』の精神に忠実だった。[45]」

すでに見たように第六部門の講義は少数者に向けられていたが、その批判の集中砲火を浴びたのは『アナール』である。ル＝ロワ＝ラデュリは、五〇年代後半から六〇年代にかけて『アナール』が耐え忍んだ「二重の敵意」をよく描いている。

「フランス共産党に属するマルクス主義者たちは、『ラ・ヌーヴェル・クリティック』(46)に例のいくつかの論文が掲載されて以来、今日［一九六三年］に至るまで、この雑誌に対してずっと敵意を露わにしてきた。『アナール』のメンバーはフランス共産党によって、やれＮＡＴＯ寄りだとか、やれアメリカかぶれだとか攻撃されていたのである。バリケードの反対側では、彼らはマルクス主義者とつるんだ犯罪者として通っていた。しかし、こうした非難はまんざら的外れでもなかった。確かに、雑誌は老カールにならって歴史の社会＝経済的な下部構造を研究していたからである。老カールの弟子たちが築いた壁には頓着はしていなかったが。ある日私は、モンプリエのリセの教員室で、歴史を教えているコナールという名のこちこちに保守的な同僚の前で、常日頃ブローデルの率いる雑誌に対してなされていた『赤』という非難を濯ごうとして、尊敬すべきリュシアン・フェーヴルの名を引き合いに出した。すると、すでにかなり興奮していたコナールの怒りがついに爆発した。『リュシアン・フェーヴルだと？　だって、あいつはマルクス主義者だぞ。あいつもまたマルクス主義者だよ。あの男もやっぱりマルクス主義者だ(47)……』」

3　リュシアン・フェーヴルの遺産

一九五六年七月二十五日から二十六日にかけての夜、死がリュシアン・フェーヴルを襲うことになる。色を失ったブローデルが捧げた追悼文には、いうまでもなく、さきほどいくつか引いた遺言めいた文章との対話の続きが見いだせる。

「一九二九年の『アナール』創刊以前からだから、すでに三、四十年このかた、［フェーヴルは］あまりに平和な歴史家たちの世界を際限なく変質させ、重いバリケードで守られた扉を開けるこの力技を思うがままに繰り返し成功させてきたことになる。彼は他の人よりも熱烈に、この広大で、非常に変化に富んだ社会科学の革命の、常に進行中のこの闘争の中心へ、住処へと突き進んできた。その焦点は依然として人間の新たなる知である……。ただ彼が特異なのは、ロマンチックとも言える革命精神を、伝統的なユマニスムに、われら西洋世界の精神的な根幹から産み出された知恵に接ぎ木することができたという点である。彼は最も偉大な精神の持ち主たちと営々として対話を重ねていたが、それこそが彼の考える技術、生きる技術だったのだ。そうした偉大な精神の持ち主たちと彼は人生の半分を過ごしてきた。親密で、対等とさえいえる交流を保ちながら。と同時に、われわれのたずさわっている古い仕事やそれに隣接した仕事に新機軸が打ち出されるたび、彼はすっかりそれに惹き付けられ、夢中になり、それをまるまる取り込んでいた。彼はこうして研究が常に新しく繰り返される春を陶然として生きてきたのである。[48]」

この感動的な文章を書いたブローデルは、『アナール』——一九五七年第一号の巻頭言のタイトルは『アナール』は続く」というそっけないものだったが——と、かつてないほどにこれと連動した第六部門の責任が、すでに自らの双肩に重くのしかかっていることを知っていたのである。

この一九五七年の巻頭言は、フェーヴルの遺産をその最も高い水準で受け継いだことを、いまや自らのものとなった自信とともにいかんなく示しているが、これは、うわべだけの慎み深さ以上のものに慣れてきた大学の世界に衝撃を与えないわけにはゆかない。

「歴史という精神の非常に古い冒険は、道ゆくかぎり不意打ちに見舞われないではすまされない。歴史は精神と人間のありとあらゆる冒険とあまりにも緊密に切り結んでいるため、ある段階の技術、問題系、習慣にとどまっているわけにはゆかないのである。マルク・ブロックとリュシアン・フェーヴルは、自らの方法、自らの解決法で一つの学派を創ろうという意志も、それができたという幻想も抱いてはいなかった。彼らは一生、何かを探し求めていた。すべての新しいアイデアを、すべての有効な方法論や技術を、われわれの仕事をより精密な——より科学的な、と言えるのではなかろうか——スタイルに少しずつ近づけてくれるあらゆるものを、飽くことなく受け入れてきたのである。しかしこの真新しいもの、これらの珍奇なものを、歴史学へと立ち戻らせなければならない〔……〕だがそれは、脆く、取り扱いのやっかいな仕事の難しい信頼を得ながらやらなくてはならない。だが、この仕事のなかでこそ、われわれにとってはただの遊び、気晴らし、職歴以上のものが見えてくるのだ。その極限にまで、人間を対象とするあらゆる諸科学の中心にまで、出来事の危険な炎に満ち満ちた現実にまで押し進められた歴史学。というのも、歴史学とは、過去ばかりでなく、われわれがこれからねばり強く明らかにしてゆくように、現在という時間をも介して行なわれる人間の説明、計測だからである。」

一九五七年の『アナール』第一号に掲載されたこの文章の前には、ジョルジュ・フリードマンによるリュシアン・フェーヴルの追悼文が載っている。そこで、世紀末の読者のために、暗い時代に関する条りを以下に引用したい。暗い時代といっても、思い出すのは、戦争と捕虜生活について書いた章で引き合いに出した、スイスの歴史家フィリップ・ビュランによって戦端が開かれた論争くらいなものだが。フリードマンもマルク・ブロックその他のレジスタンス活動家たちと同様に、パリに来るたび、ヴァル・ド・グラース通りのフェーヴルの自宅に寝泊まりしていた。

「一九四〇年から一九四四年は、あなたに関してわれわれが知っていること、あなたのなかにおいてわれわれが愛しているものに何かしら新しいものが加わったわけではありませんでしたが、それを新たな展望のなかに置きなおした年でした。あちこち飛び回っていたわれわれが長靴を履いたままあなたに会いにパリへ行くと、友人たちは駆り出されたりどこかにいっていなくなったりしているし、その性格から残念なことに状況に適応できていない人々もいましたが、あなたを家の門扉のところに見つけたそのときから、あなたはフランスに残っている最良のものとして存在していたのです。そしてその存在は一貫性を持ち、そこにある力のおかげで、集団や個人の瓦解が、精神的・肉体的な責任放棄が、ありとあらゆる種類の試練が非現実にすぎないことを即座に納得しました。現実とはすなわち、リュシアン・フェーヴル、あなたが、あなたの素晴らしい伴侶であるフェーヴル夫人が、あなたがた二人といとしいお子さんがたが体現し、保ち続け、はっきりと示していたものすべてだったのです。」

この文章が発表された一九五七年は、戦争を生き残った証人のほとんどがまだ生きていた。そしてフリードマンがここに述べたことは、もちろん、当時レジスタンス活動家がフェーヴルに共通して抱いていた思いであった。フェーヴルの家に寝泊まりをしたレジスタンス活動家を私自身も一人、個人的に識っている。『フランス文芸』に力を貸してくれたピエール・アブラアムだが、彼もやはりフリードマンと同じ感動を込めてフェーヴルを語っていたものだ。

一九五七年の『アナール』の他の号も期待にそぐわず、焼けるような現実に対するこうした関心をはっきりと示していた。アルジェリア戦争のこの年、アンリ・ブランシュヴィクの研究「脱植民地化の時にある世界。フランスとイギリスの政治」を読むことができるが、これはジェルメーヌ・ティリヨンの研究「オーレス山地における、古代文明のドラマ」およびA・アヤシュの研究「モロッコにおける一九三六年六月のストライキ」に触発されたものであった。また、ロラン・バルトが「衣服の歴史と社会学」を、エマニュエル・ル＝ロワ＝ラデュリが「十六、十七世紀におけるモンプリエとその地方」を引っ提げて登場している。ジョルジュ・デュビーの短評は「中世における奴隷制と農奴制、マルク・ブロックによって切り開かれた道」をひた走り、「討論と闘争」の部分では、ルネ・ベーレルが「統計と歴史人口学――アンシャン・レジーム下の死亡率、不安な指摘」を発表しているし、中国学者のエチエンヌ・バラスは「十一世紀末中国における商業中心地の地図」を提示し、ブローデルがのちに『物質文明と資本主義』のなかでこれを利用することになる。

この一九五七年に発表されたものは、いずれも一九六〇年代を支配する先駆けとして銘記しておきたい。ブローデルがたった一人で雑誌を切り盛りした一年目にしては、素晴らしい面々である。

人がそこに平穏な継承があったと思うのは間違いである。ブローデルは、フェーヴルがその率直なもの言いで増やしてきた敵を全員ひっかぶったうえに、当然、自分でつくった敵も相手にしなければならなかった。そしてついに、あちこちから向けられるこうした反感に彼は腹を立てる。雑誌それ自体だけでなく、こうした反感のおかげで時間を食われていただけになおさらである。この時期、ブローデルにしばしば会いに行っていたル＝ロワ＝ラデュリはこう回想している。

「彼はまれに突発的な憂鬱に襲われることがあって、そんなときは私に知らせてくれた。『ル＝ロワ、人生はばかげてるよ。』無力症に陥っているとき、ということは、ほとんどいつも、彼は歴史家の名に価する者はとにかく大著を書かなければならないと考えていた。一つ書いたらまた一つと。［……］たいていの場合、歴史書は生きたところで数年あるいは数十年の命だと彼は断言していたし、経験からも彼の言うことは間違いない。そして、幸運な例外を除いたら、それらは国立図書館の棚で忘却の淵に沈んでしまうのである。ブローデルの教訓は、謙虚さであった。(49)」

その教訓の痕跡は、一九五六年十二月の『国民教育』に発表され、一九五七年にブローデルが『アナール』に再録した「リュシアン・フェーヴルと歴史」のなかに跡づけることができる。そのなかで、彼はまずリュシアン・フェーヴルが「くたくたになるような公の仕事」を喜んで受け入れ、そのため、自分自身の本との分裂に引き裂かれていたことを指摘する。

「彼は正しかったのだろうか。いま私の書斎を埋め尽くし、われわれを悲しみでいっぱいにする彼の素晴らしい論文の数々を見るにつけ、彼が間違っていたのではないか、とそう言いたくなる。だからといって、物事や人に追い立てられている私が、きのう彼がしていたことを今日やらずにすますというわけにはいかない。しかし、私にはリュシアン・フェーヴルでないという言い訳がある。」

いつものようにここでついでに打ち明け話を書き留めておこう。重要なのは他のところにある。つまり遺産の防衛なのだ。そして、フェーヴルがいなくなったことを幸いに、「彼だったら決してしなかったであろうような単純化」をフェーヴルになすりつける輩を、フェルナン・ブローデルは攻撃する。そしてまた、「人間のいない人間の歴史」を書くと言ってブローデルを非難したアカデミー会員も。それは『アナール』全般にわたる伝統主義者の一大攻撃だった。自らの先輩であり指導者のユマニスムを擁護する戦闘的論客たるブローデルの姿が突然ここに現れる。

「というのも人間とはどこに見いだせるのだろうか。フランス人の『歴史』のあまたの逸話のなかになのか。［……］

それとも、フェーヴルがとりわけ愛する友人たち、ルターやラブレーや十六世紀の偉大な精神が構成するあの素晴らしい家族全体が経験したようなきわめて深遠ないくつかの経験の中心になのか。リュシアン・フェーヴルならためらわずにこう答えるだろう。どこにでも、と。いずれにせよ、アカデミーがピエール・ガクソットの声を借りて推挽する歴史、つまりあのいつまでもくどくどと同じことを繰り返すお話、博学によって慎重に手直しがされればされるほど色が褪せてゆくあの歴史は、私にとって退屈きわまりないものである。」

そして、「革命的な学派の領袖」たるリュシアン・フェーヴルが、過去の遺産と「きっと彼を魅了したであろうあらゆる革新」のあいだに常に一致点を探り出し、「レオナルド・ダ・ヴィンチ、マルグリット・ド・フランス、ルター、パスカル、デカルト、プルードン、スタンダールらの比類ない高み」を通って、「研究が常に新しく繰り返される春」へと行くことができたことを指摘する。

あれこれとなされる攻撃の彼方に、フェーヴルが言及していた歴史の危機の広がりがあることをブローデルはよく理解していたのだ。ブローデル自身は歴史の危機をフェーヴルほど自然科学の危機には結びつけず、むしろ後で見るように人間諸科学の大変動と十字砲火に直接結びつけてはいるけれども。ブローデルにしてみれば、歴史が人間の活動やその変化から産み出す認識と、深みにおいて働く認識、すなわち長期持続、諸構造とのあいだには均衡を見出すことができなければならないのだ。歴史学が肝心なことについて、すなわち、社会史や経済史すら越えて、文明についてますますわれわれに解明してくれるよう、彼が歴史学に要求しているように。

一九八四年、フランソワ・エヴァルドとジャン＝ジャック・ブロシエの「歴史家はどうやって自分の仕事を真理という言葉で導くのでしょうか」という質問に、彼は問題を少し広げてこう答えている。

「真理？　それは言い過ぎです。科学的な真理は制御があるところにしかありません。かくして精密科学は、この二〇〇〇年のあいだに大幅に『真理』を変えました。そして、精密科学の発展それ自体がまた精密科学に新たな現実との対決を強い、こうして精密科学は続いてゆくのです。歴史学もまたある種の現実、自らの言説の術語と対決しています。

歴史的なポジションが、現在という時と向かい合って初めてよく判断できるという場合もしばしばあります。こんな話を聞いたら私の先生たちは叫んだことでしょうね……」(50)

ここで先生たちとは、当然のことながら、歴史学は無傷、「大戦」からすら無傷だと信じられていた学部時代、高等教育教授資格試験時代の先生のことである。ブローデルが長いあいだ現実問題から、両大戦間の時代の終わりを示すあらゆるものから、ナチの侵略から、そして、第二次世界大戦の展開からすら超然とした態度を取ろうとしていたことはすでに見た。彼は捕虜生活のあいだに、この超然たる態度の新たな資源をことごとく汲み尽くしてしまい、博士論文を完成させ、『アナール』と第六部門の仕事を始めてからは、真理の探究のために、こうして恒常的に現在と対決することが逆に必須のこととなった。これこそ、フェルナン・ブローデルが、リュシアン・フェーヴルとの共同作業のなかから引き出してきた大きな教えの一つである。おそらく、フェーヴルはブローデルが外洋に立ち向かう必要性を最も堅固にしてくれた人であった。

革新的な歴史家たちを結集した功績は彼に帰せられる。しかしここでもまた、第六部門を『アナール』から分離することができない。ブローデルは『アナール』の編集長でもあるのだ。彼はリストから外される一九五六年まで、高等教育教授資格試験の審査委員長の仕事ができるように、第六部門のリクルートの仕事を『アナール』のメンバーに一部交替してもらおうと考えていた。彼らはこうして将来の新人の新たな試金石となる。

一九六二年に『アナール』の編集事務責任者になり、ブローデルが引退してからは編集長の一人となったマルク・フェローの回想によれば、『アナール』のメンバーたちはこの時期第六部門の苗床だったという。フェロー自身、ブローデルが彼の協力者としてリクルートしたその例である。国立科学研究センターの研究員に任命されたばかりでパリにいたフェローはたまたま、アレクサンドル・ベニグセンが第六部門のゼミで「コミュニズムとイスラム」という問題を扱うことになったことを知る。フェローは、アルジェリアで教員として赴任していた時代に、オランの自由主義者たちとアルジェリア共産党に出入りしていたため、平和運動や民族主義者についてては手に取るようにわかっていた。

「私はなかに入った。テーブルのまわりには六、七人いて、そこにベニグセンもいた。ベニグセンの報告が終わると、まず初めに私が発言を求められた。私は彼に知っていることをあらいざらい喋った。私は、ベニグセンの雑誌『カイエ・ソヴィエティック』に論文を書いてくれないかと頼まれた。編集を担当していたヘラーが、私を『カイエ』の編集事務責任者に任命してくれた。私はロシア語を習った。かくして私は高等研究院そのものではなく、高等研究院のネットワークのなかに入ったのである。高等研究院ではブローデルがマンドルー〔当時までの『アナール』編集事務責任者〕と論争をしていた。ヘラーが私に言った。『ブローデルに会いに行く必要がある。彼はあなたを必要としている。』ブローデルは『アナール』の編集事務責任者の『代理』を探していたのである。『明日の午後、自宅に来て下さい』と言われて、私はモンティセリ通りに行った。彼は私に試験を課し、それは午後五時から夜中の十二時まで及んだ。私は彼の君臨するアグレグ〔高等教育教授資格試験〕で幾度も落とされていたので、この種の質問にはめっぽう強くなっていた。ところが肝心な点は別のところに逸らされてしまった。アルジェリアである。私は問題のあらゆる側面を知悉していた。娘の代父はベン＝ベラ〔アルジェリア独立運動の指導者〕の弁護士だったし、代母はアルジェリアの右翼秘密軍事組織に属していた。いま説明したことはもちろん当時フランスで言われていたこととは何の関わりもなかった。私はそのとき、ブローデルの奥さんがアルジェリア生まれであることを知った。彼女は言った。『やっとアルジェリアについて興味深いことを言ってくれる人が現れたわ。』ブローデルは私を採用してくれた。ただ一つ条件があった。協力者の家族を知っておく必要があるので、あなたの奥さんに会わせて欲しい、というのである。私のほうでも条件が一つあった。彼は頓狂な顔で私をじっと見た。どこか不満げだった。『どんな条件かね？――ええと、つまりこういうことです。私はずいぶんルヌーヴァンさんのお世話になっています。大学教授の資格を持っていないのに国立科学研究センターの研究員に任命してくれたのも彼でした。彼の意見を聞かないで、あなたの雑誌の編集事務責任者になるのはどうも義理を欠くような気がするんです。――なるほど、それじゃあ！』と、彼は電話を取って、ルヌーヴァンに電話をかけた。ルヌーヴァンはきっと私について良いことを言ってくれたに違いない。こうして私は合格したのである。」

封地の限定と領主のあいだでのやりとり。つまり、フェローはルヌーヴァンとブローデルの間に入って、まずは和解をさせようとしたのだが、やはり失敗に終わった。やがてフェローは雑誌の主力になり、事実上、発行の責任をほとんどすべて背負うようになる。名目上、ブローデル、モラゼ、フリードマンの三人が編集責任者だったが、彼はブローデルが唯一の上司であることを見抜き、報告はブローデルにする。雑誌のゲラ刷りがくるとブローデルは校正をするが、細かいところまでは拘泥せず、またフェーヴルのように文章に手を入れるようなこともせず、主として大筋の方針とその号のバランスに気を配る。こうして、まもなく、彼は概要目次に編集事務責任者としてフェローの名前を書き込み、彼のポストを恒常化させてしまった。雑誌の精神的な部分には本当の意味で参加することはなかったが——彼はこの雑誌に一度も論文を発表しなかった。結局のところ彼はむしろ『歴史学雑誌』派だったのだ——、フェローは雑誌を利用したのである。

こうしてフェローはブローデルが手を引く前の『アナール』の役割をこう定義している。

「ブローデルとの出会いは、それが実り多いものであることが明らかになる場合は、かならず『アナール』に論文を載せるという形で現れた。したがって、ほとんどの研究助手や指導教授が、高等研究院に任命される直前にまさしく『アナール』に論文を一本書いていたことに気づく。リュシアン・フェーヴルの死後、ブローデルが実質的な編集権を握るやいなや、歴史学に新たな道を拓く大論文が次々と発表された。『ボーヴェ地方における人口統計』に関するピエール・グーベールの論文。『古代ギリシャにおける神話と理性』に関するジャン＝ピエール・ヴェルナンの論文。一九五九年に発表されたエマニュエル・ル＝ロワ＝ラデュリの論文『歴史と風土』。一九六〇年に発表されたジャック・ル＝ゴフの論文『教会の時間、商人の時間』。一九六一年に発表されたフランソワ・フュレの論文『ブルジョワ社会の構造』。［……］確かにフェルナン・ブローデルは『アナール』をより大きな装置、すなわち歴史学を新たな基礎のうえに打ち立てるというプロジェクトの一部品として考えており、彼はその計画の操舵士であると同時に船長として、まるで一国の元首のように采配を振るっていた。『アナール』は新しい実験のための実験室であり、試金石となっていたのである。

[……] この国家は高等研究院の指導部というその政府を、外国のアカデミーや大学や文化財団と学問的な合意を取り付けるその顧問と大使を備えていた。それはまた、ソビエト最高会議幹部会のようなものまで持っていて、自分たちに忠実でない陣営――「出来事の歴史」の陣営――のただなかで、その闘士たちは敵と舌戦を繰り広げるのだった。[51]」

ここに一つ、いささか周縁的ではあるが、それでもなお『アナール』に近い立場のサークルを加える必要がある。すでに述べたように、エルネスト・ラブルースやマルクス寄りの、より経済主義的なピエール・ヴィラール。ジョルジュ・フリードマン、アラン・トゥレーヌといった社会学者。アラン・ブザンソン、ミシェル・ド・セルトーといった「心理＝歴史学者」と後に呼ばれる人々。彼らを含むサークルである。

ブローデルによって引き継がれたフェーヴルの精神は、ますますラブルースの経済史と結びついてゆく。そのことを確かめるためには、すでに五〇年代後半から現れ始めた重要な博士論文を列挙してみればよい。ピエール・ショーニュの浩瀚な『セビーリャと大西洋（一五〇四～一六五〇年）』は、その大きさそのものによって統計と時系列の歴史学の宣言となった。この論文の資料部分は一九五六年に発表されているが、これに続いてフレデリック・モーロのより直接的に経済的な『ポルトガルと大西洋（一五七〇～一六七〇年）』が発表される。フランソワ・クルゼの『イギリスの経済と大陸封鎖』は一九五八年。ムーヴレが注目したピエール・グーベールの博士論文『十七、十八世紀のボーヴェ地方とボーヴェ人』は一九六〇年である。[52]この博士論文は、一年後に発表されるバス＝プロヴァンスに関するルネ・ベーレルの博士論文とともに、統計がない時代の人口変化を算定する歴史人口学の登場を鳴り物入りで示している。『歴史人口学』誌は一九六四年に刊行されている。

次いで、六〇年代初頭には、かつてリュシアン・フェーヴルが愛していた、地域環境の持続的側面の研究を再び話題にする業績が現れる。この傾向はピエール・ヴィラールの業績（一九六二年の『現代スペインにおけるカタルーニャ地方』）やエマニュエル・ル＝ロワ＝ラデュリが一九六六年に発表した『十五世紀から十八世紀までのラングドック地方の農民』といった労作にはっきりと確認できる。ほとんど毎年、のちに新しい歴史学の古典となる著作が発表されていた[53]。ジャン＝ピエール・ヴェルナンは自らの専門分野で、一九六二年に『ギリシャ思想のさまざまな起源』を発表。フランソワ・フュレとドニ・リシェは一九六五年に『フランス大革命』を発表している。

当然のことながら、こうした『アナール』に発する動き、あるいは『アナール』に収束する動きは、第六部門の元来の範囲を越えるものだった。そこにはたとえば、エクス・アン・プロヴァンス大学で教鞭を執り、『マコン地方における十一世紀および十二世紀の社会』（一九五三年）という博士論文のあるジョルジュ・デュビーのような歴史学者との関係も考えねばならないし、『西洋中世における農村経済と田舎の暮らし』（一九六二年）と題された研究も同じ精神をわかち持っている。こうして、ポストや役職の任命、出版、等々ブローデルが直接行使できる権限を越えて、彼が触媒として働いていたことがここには認められるのである。

こうした著作のほぼ全体を特徴づける注目すべき事実は、それらが、もはや『地中海』のように、伝統的な歴史学の支持者が博士論文に要求する博識のテロに応えるために書かれた本ではなく、新たな大問題の開拓だという点である。それは実のところ、結果があらかじめ決まっていないどころか、大胆な研究から、意表を突く情報の突き合わせから、厳密かつオープンになされた調査報告から現れてくる調査なのである。しかも、それらはほとんどの場合、教養のある大衆に読める本、書かれた本なのだ。しかし、フェーヴルとブローデルの役割は、後輩を支え、ひからびた学識の外へ――一九三九年以前の状況に触れながら、このことについてピエール・グーベールがどう言っていたかはすでに確認しておいた――、広大な空間へ、「大きな歴史」へと途を拓き、道筋を示すうえで決定的であった。

それは、のちにグーベールの新著『ルイ十四世と二千万のフランス人』の成功によって画される静かな革命の始まりであった。そしてこの革命は十年後、十五年後に歴史ブームを引き起こし、『モンタイユー』のル＝ロワ＝ラデュリが、デュビーが、『物質文明・経済・資本主義』のブローデル自身がその恩恵に浴することになる。

アメリカの歴史学者、イエール大学のＪ・Ｈ・ヘクスターは一九七二年の論文「ブローデルとブローデルの世界[54]」のなかに、第六部門の後ろ盾を受けて発表されたこれらの著作の全体、すなわち、ほぼブローデルが編集長だった時期に当たる一九四八年から一九七一年のあいだに発表された一六四タイトルの研究を発表した。ちなみに、これらのタイトルは、一九五九、六〇年あたりから急激に増加している。この総数はまさに厖大というべきで、行政の側からの資金凍結を凌ぐために急遽あみだされたシステムが成功したことを物語っている。

ジャック・ル＝ゴフは第六部門に入るために辿ったルートを語り、自分の採用が何物にも囚われないものだったことを示している。出だしに、いささか変則的な状況がある。

「はっきりと決断したわけではないが、少しずつ、いつのまにか私は博士論文を諦める気持ちになっていた。書き物やら、本やらを諦めるというのではない。いやそれどころか、もっと良いものを書くために博士論文を諦めたのである。綺麗に飾るためだけの、しばしば無用の博学で覆われたいわゆる『傑作』のために、くたくたになるまで努力と情熱を注ぐことを、私はますます疑うようになっていた。とはいえ、近くには偉大な博士論文の最良の模範があった。ブローデルの博士論文である。しかし、ブローデルはこの点において、大学の古い伝統と古い構造にまだしばられていた段階の『アナール』学派を終わりにしていたように思う。〔……〕ブローデルはパラドキシカルな人物だった。他の誰よりも伝統的な大学の枠から歴史研究を救いだそうとしながら、同時に、おそらく伝統的な大きな博士論文の傑作を書く、そんな人物だった。だがその彼も、こんな書き方の例をわれわれに示すよりは、そのなかの何かを終わりにしようとしていた。(55)」

慣習というものの特性は、それを行なっている人間には、それが廃れてしまったことが後になってからしか気づかないという。そこにはまるまる、ブローデルと、彼がソルボンヌ大学の学生だった一九二〇年に生まれた男との距りがある。しかし実は、ここにはもっと重大なギャップが浮かびあがってくる。というのも、ブローデルと同様に、この時期の近しい協力者たちは一人として将来大学で教えることがないのである。唯一の例外は、一九六八年の改革直後にパリ第七大学で短い期間過ごしたル＝ロワ＝ラデュリだが、本人の言によれば、幸せではなかったらしい。

というわけで、一九五八年、はや四十歳になりなんとしていまだ博士論文の主題を提出していなかったル＝ゴフは、大学の形式主義に虚しさを感じていた。そこで、この第六部門に入ってみようという考えを抱いたのである。彼は部門の中世のスタッフで、親しかったモーリス・ロンバールからブローデルに接触してもらう。

「フェルナン・ブローデルはそんなに簡単にすむ人物ではなかった。あとで聞いた話だが、彼は私に対して偏見を抱いていたそうである。モーリス・ロンバールとルッジェロ・ロマーノが私を弁護し、推挽してくれたおかげで、彼は出版されたばかりの『中世の知識人』をやっと読んでくれた。彼は降参し、数日後私を呼んでこう言った。『当面のところ研究主任のポストしか提供できないが、いずれ専任講師のポストを新たに設ける予定だから、できたらさっそく研究指導をやってもらいたい。』これは実現した。私はその二年後研究指導教授になったのだから。［……］ブローデルは『アナール』の一兵員になると同時に、第六部門のさまざまなチャンスの一つ、すなわち外国へと通じる途に私を押し込んでくれた。彼は私をさまざまな国からやってきた同僚に会わせ、どんな国の業績も読ませた。私をイタリアに、ドイツに、ポーランドに派遣した。一九六〇年、ストックホルムで開催された経済史の国際会議でフェルナン・ブローデルは協会の会長に選ばれたが、彼は私をこの委員会の事務局長にしたいと言ってくれた。(56)」

こうしてある個人の運命を辿ってみると、われわれはブローデルの役割がきわめて特異だったことが理解できる。いかなる権力にもそれ固有の駆け引きがあって、彼はそうした駆け引きに曝されないほどには大学の世界から外れていたわけではなかったけれども、体制の慣例に即して目標を設定していなかったために、こうした駆け引きを乗り越えることができたのである。彼は独自の判断を下し、これだと決めると、一意専心、新入りの学識を完全にし、彼にあらゆる地平を――それも、最初に国際的な地平を――開いてやる。もちろん、こうしたことは、『物質文明』に関する将来の業績にいま滋養を与えてくれている世界中の社会＝歴史学とがっぷり四つに組みたいという熱望、自らの権力をより強固なものにしたいという熱望、そんな彼自身の熱望と歩を一にしていた。だがつまるところ、第六部門の発展はそのとき、改革への決定的な第一歩だったのだ。

より技術的な水準に踏み込んで言うならば、仕事が複雑で、共同研究が必要になったことからブローデルは新しいスタイルの組織を創りあげていたのである。アメリカの〈地域研究〉をモデルにした文化圏プログラムと、歴史研究センターのように教育と並行したさまざまな研究センターについてはすでに述べた。この歴史研究センターはいまやフル稼働で、J・H・ヘクスターもその生産性を前にして驚きを隠さない。

「私のように、アメリカ人でなおかつ非常に若い職人的な歴史家であり、まだ巨大なスケールの歴史学的な企てに驚くことができるような人間の目にとって、センターが古文書の蓄積から引き出してくる情報の秩序だった目録はまばゆいばかりである。たとえばセンターは、フィレンツェの『土地台帳』を出発点に、十五世紀初頭の八十九の家族を再構成してみせた。フランス大革命の軍隊の『兵員名簿』はやがて『社会学的に規定された百万の兵士』に関する情報を提供してくれるだろう。一八一〇年の税金のカテゴリーから、ナポレオン帝国下の各区の名士六〇〇人、すなわち全部で十五万人のうちから一〇〇人を抽出し、その職業、市民としての身分、財産、子供の数などを確かめられるはずだ。十九世紀の軍隊の記録文書は、各等級の新兵に関する水平な研究と、当然のことながら、彼らの健康状態、体重、出身地、身分、活動について垂直な研究をじきに可能にしてくれそうである。[57]」

例示はこのへんまでにしておこう。まもなくブローデルが所長の座をエマニュエル・ル＝ロワ＝ラデュリに譲る歴史研究センターも廃村に関する大々的な調査を発表して注目を浴びる。この調査はのちに、ブローデルが追究して止まなかった学問間の隔壁除去の典型になる。航空写真と中世に始まる遺跡の発掘を結びつけた現在の考古学を、のちに触れる一九六七年の大著のなかで「物質文明」と呼ぶことになるものの研究に結集しているのである。クシシトフ・ポミアンはここに『アナール』学派による歴史学を「象徴する」アプローチを見ているが、それももっともである。

「というのもこのアプローチは、忘れられた人々、とりわけ、当時は誰も意識していなかったがゆえに忘れられることすらありえなかった人々の研究を始めるために、国民のなかに記憶が生々しく残っている対象――出来事、組織、個人――を避けるからである。したがって、人がいなくなり、わずかに跡形だけになり、もし解読の仕方がわからなければ元の姿すらわからない村々も、ひとたび調査され、計測され、地図にされ、発掘され、昔日の暮らしについて他では見つからない大量の情報を明らかにするやいなや、国民の記憶から消し去られた、あるいは一度も記憶されたことのない過去全体を象徴する恰好の例になる。ヴィダル学派で学問形成された『アナール』の歴史家たちはこうした過去に惹き付けられたのだ。[58]」

こうしていまや自分の翼で飛行するブローデルは、第六部門の継続を保証するどころか、それ以上のことを成し遂げたのである（ヘクスターは、すでに引いた研究のなかで、一九六〇年代には講義の数がぐっと増え、全体で一二〇から一四〇に達したこと、そのうちの三分の一が歴史関係であったことを示している）。ブローデルは想い描いていた研究工房を開き、リュシアン・フェーヴルから遺贈されたオープンな精神を維持するために必要なものを、これに実践的な処世術と彼自身の知的な好奇心を加えることによって、具体的かつ確実に実現したのだ。この頃のブローデルをよく知るジャン＝ピエール・ヴェルナンは、実に独特な彼の肖像を描いて見せてくれた。

「帝王でした。なんでも彼が決めていました。でも、自分のフィールドから最も遠い分野のことにあれほどの能力を持っていた人はめずらしい。社会学だって、文学的な活動だって、宗教思想だって、どっちのセクトに求めて戸口を開くべきかだってわかるんです。彼は普通の大学人が持つような偏見を持っていませんでした。彼らの基準なんか屁とも思っていませんでしたよ。ある個人の研究がより一般的な運動にどう組み込まれてゆくのか、重要な何かにどうつながってゆくのかを理解するこのうえなく高度なあの嗅覚、あの知性を持っていました。まあ彼なりに欠点はあって、共感を持てない人間には剣もほろろの扱いでしたが。とはいっても、いまリストを見ながら、ああ、もし高等研究院に入ることを認めてもらわなかったら、この人たちはぜったいに成功していなかっただろうなと考えると、彼の嫌悪もいたしかたないように思えるんです。第六部門ほど完全に新しい組織を創って、それをあれほど革新的なセンターに仕立てるなんて、そうざらにできることではありません。社会科学の飛躍的発展はあそこから始まりました。この点こそ理解してもらわなければならないのです。[59]」

この嗅覚があってこそ、ブローデルは一九六二年にロラン・バルト（すでに見たように、バルトは一九五七年から著作を発表していた）を、免状もなく、本人の言によれば、ソルボンヌ大学ならまさに「守衛として」欲しがったのではないかと思われるバルトを採用し、アルチュセールとクロード・レヴィ゠ストロースの勧めに従って、一九六四年にラカンを非常勤講師として受け入れ、それがきっかけでラカンはエコール・ノルマルでゼミナールを開くことができるようになったわけだし（一九六九年にエコール・ノルマルから放校されるまで）、ソシュールとイエルムスレウを研究する言語学者から、あらゆる人間諸科学を包含する記号論へと移ったアルジルダス゠ジュリアン・グレマスも入れることができたのである。彼らはまだ時代の寵児になってはいなかったが、そうなるのはまもなくだった。

ブローデルがこれらの人物が有名になるのを見越すことができたために、ときに、彼は名声を追い求めたのだという非難が〈事後的に〉なされたことがあったが、実は以上のような時代に彼らは第六部門に入ってきたのだった。ヴェルナンが賞賛する抜群の嗅覚を彼が持っていた証拠である。加えて、すでに紹介した中国学者のエチエンヌ・バラスやトルコ学者のアレクサンドル・ベニグセン、当時若いアメリカ研究者であったナタン・ヴァクテル、とりわけ労働史に革新をもたらしたが、一九七八年に夭折したジョルジュ・アウプトらが第六部門に入ってきたおかげで、世界に向かって戸口が大きく開け放たれたことを言い添えておこう。フェルナン・ブローデルは、もはやカリキュラムを作る必要すらないほどの余裕ができると、その余裕を現在の大問題と広い視野への沈潜に結びつけている。私たちは、彼が博士論文の口頭審査が終わり、コレージュ・ド・フランスの教授に選ばれてから、彼の知的なふるまいがどう変わったかつぶさに検証した。第六部門はその恩恵を享受したが、おそらく、第六部門は休みなく彼に拍車を入れたのである。

これらの新入りたちは、第六部門の急速な発展のために見過ごされてきた一九五〇年から一九六〇年にかけての十年間にわれわれを引き戻してくれる。というのも、レヴィ゠ストロースの衝撃による人類学の転換に始まる人間諸科学のセンセーショナルな転換から生じたとりわけ理論的な焦点をすくい取り、歴史学へと実際に移し変えたのは、この十年間だったからである。長期持続という概念を辛抱強く練り上げていったことを紹介したときにあらましを述べたように、このあとブローデルは、理論好きという理由ばかりでなく、第六部門と『アナール』に対する責任もあって、取り巻きをもっとよく把握するために、強い裁量権を持つ役割を果たすことになるのだが、その後の展開をよりよく把握できるように、今度はこの役割について仔細に検討してゆかなければならない。しかし、予想がつくように、これは大学とのあいだに一連の重大な危機——まずは高等教育教授資格試験審査委員長の座からの追放——を産み出さないわけにはゆかなかった。だが、これについてはひとまず脇に置いておこう。というのも、それが解決を見るのは、あるいは少なくとも克服されるのは、一九六〇年代の末にオープンした人間科学館の実現まで待たねばならないからである。

第十章　歴史学と人間科学と大学のあいだの議論

1　他の人間科学と競合関係にある歴史学

フェルナン・ブローデル、エルネスト・ラブルース、最年少のクロード・レヴィ゠ストロース、そしてシャルル・モラゼ。彼らは、フェーヴル、ブロック、オゼール、シミアン、ボアズ、モース、マルクスといった諸先輩たちに支えられ、初期の『アナール』誌を拠り所としていたとはいえ、各自の仕事に取りかかることによって、彼ら自身の研究から当然のように導かれる思考の道具の改革が、本来の研究分野を越えたさまざまなタイプの協力を必要としていること、そしてこの協力は大学にはそれまで無縁であったが、実は過去にフェーヴルが繰り返し求めていたものであることに即座に気がつく。レヴィ゠ストロースは、博士論文『親族の基本構造』の初版序文（一九四七年二月、ニューヨーク）で次のように述べている。

「社会科学がじつに密な相互浸透を果たし、個々の社会科学も、依拠する事実や資料が厖大に蓄積されたのと相まって高度に複雑化したいま、もはや共同研究に頼む以外、社会科学に進歩の可能性は望めなくなっている。(1)」

戦争から遠く離れたアメリカの地で、レヴィ゠ストロースは、その大半がナチズムによってヨーロッパを追われた知識人たちによる議論の沸騰を書き留めることができた。この興奮は一九四五年以降、再び高まり、二十年間続くのであるが、それは最も生産的な時代であるばかりでなく、彼がやがて使う言葉で言えば、二十世紀においてこの分野で歴史的に最も「累積する」時代であった。

確かに、フランスはノルベルト・エリアスやハンナ・アーレントやカール・ポッパーの著作など、いくつかの社会学あるいは哲学の新しい思想を受け入れるのが遅かった。しかし一九四八年から一九五〇年の間にサイバネティックスを発表したノーバート・ウィーナーの著作などの、思考の道具を突然改変する鍵となった著作は、かなり早く広まっていた。ウィーナーの著作が、最先端機械と生物学のあいだに類似性を確立することによって、相互作用とフィードバックの斬新なモデルをもたらしたことを思い出してみよう。ピアジェは、一九六三年に『生物学と認識』のなかでまとめられる、子供の行動と心理の研究において、その影響をあますところなく伝えている。

しかし、フランスでは、ブローデルの『地中海』とレヴィ＝ストロースの『親族の基本構造』が同時に発表され、インパクトという点で、ホミニゼーション〔ヒト化〕のプロセスについて主流をなす概念を一新したルロワ＝グーランの二つの著作『人間と道具』『身ぶりと言葉』と、ジョルジュ・デュメジルによるインド＝ヨーロッパ語系民族の文明についての三層構造のイデオロギー、『ローマの軍神クイリニウス』（一九四一年）、『ローマの誕生』（一九四四年）、一九五〇年のコレージュ・ド・フランス開講講義に通じるものがある。

（あらゆる基本的な方向での）知識の修正の加速と、実証主義から受け継いだ最後の砦を破壊する、この混乱に直面して、知的修復と確固たる基礎、さらに人間科学における不変の要素の必要性は、ますます差し迫ったものになっている。今世紀初頭のように明らかにし、洗練すべきなのは、もはやそれらの科学性だけでなく、衝撃的な改革の急激な流れを制御する能力である。リュシアン・フェーヴルがこれらの新しい問題と同等の立場を取ったために、周囲の歴史家たちの関心を集めたことに注目しよう。

歴史の三つの段階、ブローデルによる歴史的持続のさまざまな次元は、直接即時の情報と過去における土台との間の一貫した説明と関係の可能性を開く、この合理的な再検討に見事に答えている。『地中海』が、とりわけフェーヴルの後押しを受けて、新しい世代の歴史家や知識人たちの間に広まり、高等研究院でのゼミナール、コレージュ・ド・フランスにおけるブローデルの講義、高等教育教授資格試験審査委員長の職のためにますます普及するにつれて、新しい歴史学は、ブローデルが博士論文の序文において、ガストン・ループネルから継承した構造主義的歴史の地位を獲得したが、いまや彼はそこにかつてないほどの広がりと重要性を与えたのである。ところが、時代も――レヴィ＝ストロースの博士論文のテーマはまさに象徴的である――徐々にこの種の発達を必要としていた。

マルクスとエンゲルスの著作は、二つの大戦の間に古いコスト版よりも正確な訳がブラックによって監修、出版された（さらに『アナール』誌が賞賛した）ため、理解しやすくなり、フランス国内でのマルクスの流行は共産党のプロパガンダが「十億人の社会党陣営」と呼ぶものに確かに結びついていった。これによって、すべてを弁証法的唯物論で説明できると信じる、新しい世代の共産党の知識人が作られたのである。しかし人間科学に関しては、人々はしばしばフランス語に翻訳されていない文献を取り上げて、長期持続、『資本論』を使った経済的モデル化、さらに厳密な意味での人間科学において、自分たちがいかに先駆者でありえたかを明確にしてゆく。一八八四年に書かれたエンゲルスの『家族・私有財産・国家の起源』は、それまで不変だとされてきた社会現象に、前進、変化、退潮の歴史を与えており、アメリカの人類学者ルイス・H・モーガンの研究(2)から着想を得た、ヨーロッパで唯一、いやおそらく唯一の著作であることを示している。

民族学の革新的重要性の認識は――人類学という言葉は徐々に浸透してゆく――人間科学のこの一連のめざましい革新のただなかで（人間科学はどちらかといえばアングロ・サクソンの呼称であり、ここでは限定的すぎると思われる）、一九四九年、近代人類学の偉大なパイオニア、マルセル・モースの『モースと人間科学』への敬意とともに現れた。この敬意は明らかに、新しい歴史の代表者であるリュシアン・フェーヴルとフェルナン・ブローデルと、ルイ・ジェルネ、ジョルジュ・ギュルヴィッチ、モーリス・レーナルト、ジョルジュ・ダヴィ、ルイ・デュモン、ポール・リヴェといった、モースの側にいる人類学者や社会学者を結びつけることになる。レヴィ＝ストロースは、この不幸にして心身の衰えた老大家について次のように語っている。「彼は私が誰であるかわかりませんでした。彼は私をスーステルと間違えたのです！(3)」

一九五〇年初めのモースの死は、多くの知識人たちの間で、いかに彼が尊敬されていたかを具体的に表すことになる。フェーヴルは『アナール』誌のなかで、「人間について新しく、深く、未知のこと」を教えてくれた人物に敬意を表している。

「モースは半世紀もの間、私と同じ世代の歴史家の歩みを、外側から引っ張り、支え、励ましてくれたのでした。(4)」

そして彼は問う。「誰が後を継ぐのだろう？」答えはその年の内に、フェーヴルもブローデルも――結局のところ人類学を歴史の支持的な学問と考える人々――予想しなかったやり方、すなわち人類学と歴史の関係を徹底的に修正することになる方法で出された。それはクロード・レヴィ＝ストロースの二つのテクストから発している。専門家のために書かれた、本当の意味でのマニフェストである『歴史学と民族学』[5]、および当時編集中のモースの著作集『社会学と人類学』[6]のための序文「マルセル・モースの著作への序論」から出ている。その「序論」でクロード・レヴィ＝ストロースは「社会の出来事全体」を研究する熱意をモースの『贈与論』から受け継いでいる。しかも彼はまったく新しい考え方を前面に押し出している。

「モースが社会の出来事に共通または個別的性格を与えているかのように、絶えず無意識に訴えていたのは驚くべきことではない。[7]」

これによってレヴィ＝ストロースはソシュールやロマーン・ヤーコブソンの革新的言語学を拠り所とするようになる。ヤーコブソンには一九四二年にニューヨークで会っており、彼のおかげでこの人類学という学問の近代的な方法、すなわち「構造主義的な」方法を発見したのだった。レヴィ＝ストロースはいまや言語学をモデルとみなし、「無意識の思考のレベルにある出来事」のための実験的な学問であると判断する。モデル学問、実験的学問という観念は当時革新的であった。しかしこのアプローチが人類学と心理学の新しい関係を生み出しているとしても、この「社会的」無意識がフロイトの無意識とはまったく異なること、つまり被験者の歴史から離れた無意識であるということを、いまここで指摘しておかなければならない。レヴィ＝ストロースは次のように書いている。

「無意識的なものは、われわれ各自をかけがえのない存在たらしめる、曰く言いがたい個人的諸特性の隠れ家、唯一独自の歴史の保管者であることをやめる。無意識はわれわれがそれによって一つの機能を指し示す言葉になる。すなわちそれは象徴機能であり、たぶん人間特有のものであろうが、万人において同じ法則に従ってはたらき、実際、これらの法則の総体以外の何ものでもない。［……］それは特定の機能をもつ器官であって、衝動、情動、表象、記憶といったよそからくる分節されぬ諸要素に、構造的な法則を課するだけであり、その実態はこれらの法則に尽きる。[8]」

ラカンはこうして生じた亀裂のなかに飲み込まれるが、一九五二年にコレージュ・ド・フランスに採用されたばかりのモーリス・メルロ＝ポンティが、次の考え方を述べて溝を拡大する。

「社会的事実は物でも観念でもなく、構造である。[……]構造は社会から豊かさあるいは重苦しさを消し去りはしない。社会はそれ自体が完璧な構造なのである。[9]」

『歴史学と民族学』は、一九〇三年に出された有名な論文において歴史と社会学の識別を試みた、オゼールとシミアン[10]のような最初の歴史家だけでなく、フェーヴルや、間接的にはブローデルに至るまで、歴史家たちにさらに直接的に訴えかける。「民族学の独創性はその集団の現象の無意識的な性格にある」と論証してから、レヴィ＝ストロースは次のようにはっきりと述べている。

「この意味においてマルクスの有名な定式――『人間は自分の歴史をつくる、けれども歴史をつくっているということを知らない』――は、前半の言葉で歴史を正当化し、後半の言葉で民族学を正当化していることになる。そして同時にこの定式は、二つのアプローチがわかちがたいものであることを示しているのである。なぜなら、もし民族学者がその分析を主として社会生活の無意識的要素に向けるのであるなら、歴史家がそれを知らぬとするのは不合理であるだろうから。[……]われわれはもはや、年代記的に諸王朝や戦争を第二次的な合理的説明や再解釈の筋道に沿ってつなげてゆくことで満足する政治史の時代に生きているのではないのだ。経済史は、大きく見れば無意識的操作の歴史である。だからして、立派な歴史書はすべて――われわれは一つの大労作を引くことにしよう――民族学がそれに浸透している。『十六世紀における不信仰の問題』においてリュシアン・フェーヴル氏は絶えず心理的態度と論理的構造に言及しているが、これは原住民のテクストの研究と同様、資料の研究によっては間接的にしかとらえられないものだ。なぜなら、それは話したり書いたりしている人々の意識からはいつもすり抜けてゆくものだから。たとえば、専門用語の欠如、尺度基準の欠如、時間表象の不正確さ、さまざまな技術に共通の性格、等々。これらの表示は歴史的であると同じく民族学的である。というのは、それらは証言を超え出ているからである。当然のことながら、いかなる証言もこの平面上に位置するものではないのである。[11]」

われわれは、民族学の側から（次いで人類学の側から）状況を見ているとしても、ここではまさに歴史学とこの人間科学とを一致させている。レヴィ＝ストロースが解釈しているとおり、歴史学、すなわち新しい歴史学が民族学を足がかりにすることは、フェーヴルが言ったように、その発展のもたらす当然の帰結である。そこにはいかなる対立もなく、フェーヴルは一九四九年の第四部門の開始時に、実際レヴィ＝ストロースを参加させた。[12] 一九五一年にモーリス・レーナルトが高等研究院を退職し、慣例に反して、レヴィ＝ストロースが代わりに宗教学の第五部門に（明らかに意に反して）移った時にも、対立は起こっていないが、これを彼自身は常軌を逸していると感じていた。レヴィ＝ストロースはモース（すなわち植民地時代）に始まった講座の表題を、「未開人の宗教の歴史」から「文字を持たない人々の宗教」に変えることによって、このことを直ちに証明する。黒人は「文明人」ではないなどと誰も口にすることができないソルボンヌ大学では、黒人の聴講生とトラブルがあったが、いずれにせよこれらの言葉は過ぎ去った時代のものであった。

そのことは、新しい人類学の発展に大いに貢献する。新しい人類学は第三世界が識別される速度に応じて現れてくる。ユネスコからの注文に応えて、レヴィ＝ストロースが『人種と歴史』を書き、出版するのはこの頃である。この小冊子は評判となり、歴史との議論を拡大することになる。なぜならば、人類学は全体的な野望において、歴史学と同等の存在、いやそれどころか人間科学の改革において優位に立つライバルとして、そこに出現するからである。小冊子の影響は主として人種的偏見の撤去と、植民の行なわれた、あるいは支配された人々で行なわれている解放の巨大な波の理論化が原因である。しかし歴史学と伝統的な歴史学との混同によって、人々はそこに歴史家に対して攻撃するかのように、レヴィ＝ストロースがヨーロッパの優位性やヨーロッパ中心主義の基礎となる目的論や進化論を解体させているのを読みとるのだ。

「起源以来、人類によってなされた進歩が、あまりに歴然とし、明白で輝かしいものであるため、それについて議論するどんな試みもレトリックの訓練になってしまっているようだ。しかしながら、それを規則的かつ連続的な系列で整理することは、人が考えるほど容易なことではない。［……］進歩しつつある人類は、動作の一つ一つによって、自分が得たすべての征服の歩みに新たな歩みを付け加えてゆきながら、階段を一段ずつ上る人物とはほとんど似ていない。それはむしろ、いくつかのさいころにつきが振り分けられる賭博師を思い起こさせる。さいころを放り投げるたびに、それぞれ違った数の目が出る賭博台のクロスの上にさいころが散らばるのを見る賭博師。人々が一つの賭博台で儲け、もう一つの台では常に負ける危険にさらされているのは、それは歴史が累積すること、いわば有利な組み合わせを作るために、数が積み重なることが時々だけのことだからである。[13]」

この結果、ブローデル的な長期持続に間接的に介入する、「不変の歴史」と「累積する歴史」についての議論の突破口が開かれた。レヴィ＝ストロースは問う。

「われわれはアメリカに累積歴史学の特権を認めていた。だがそれはわれわれがアメリカから得てきたいくつかの協力、あるいはわれわれのものと似かよっている貢献の発案者の資格をわれわれが実際認めているにすぎないからではないだろうか。しかしどの価値体系も観察者の文明に関わる余地のない、固有の価値体系を発展させようと努める文明を目前にしたわれわれの立場はどのようなものなのだろうか。観察者はこの文明を停滞した進歩のないものと呼ぶ傾向があるのだろうか。言い換えると、二つの形の歴史学の区別は、異なる文化を評価するときにいつもわれわれが身を置いている、自民族中心主義（エスノセントリズム）の観点から生じているのだろうか。[14]」

ところでこれらの問いは、フェーヴルとブローデルとレヴィ＝ストロースに共通する、私が「モース派」と呼ぶ観点から表明されている。この観点は特に次のような一節のなかで強調されている。

「人々はあらゆる優先権を重んじすぎてきた。たとえば文字についてはフェニキア人、紙や大砲の火薬、羅針盤は中国人、ガラスと鋼鉄はインド人といったように。これらの要素はそれぞれの文化がそれらを一つにまとめ、採用し、除去するやり方ほど重要ではない。[15]」

これにブローデルは副署することができただろう。このテクストは議論を深く掘り下げているが、それは歴史の議論でもあり、文明と文化に関わる議論でもある。そして人々は実際に、レヴィ＝ストロースがいかにしてこの人類学と、絶えず変転している歴史学に共通する問題提起を、人類学の次元で開始したかをよく理解することができる。ある意味で、それをよく読みとる者は、不変の歴史学の観念によって、「歴史を持たない社会」というあらかじめ認められた観念を捨てる傾向がある。

何が新しい歴史となりつつあるかを知らないために（『地中海』は当時書店では一般に手に入らず、フェーヴルは主として「幸福な少数者」のための著者にとどまっていた）、知的大衆はそこにまったく別のものを読みとっていた[16]。進化論の拒絶は、社会構造の新しいアプローチについて人々が理解していたことに結びつき、その〈現代化〉が当時、出来事のみの歴史記述から脱した歴史学の発展よりも、マルクス主義の終末論の普及に起因する進化論の回復と非常に類似していただけに、いっそう歴史の拒絶あるいは全体として歴史からの逸脱とみなされたのだった。「社会主義の征服」と植民地の人々の解放は、マルクス主義を普及させる人々から見れば、レヴィ＝ストロースが問題としていた「歴史の方向」に進んでいたのではないか。十億人もの「社会主義陣営」は、「歴史の風」に運ばれていたのではなかったのか。

人々が進化論を認めないために、『アナール』誌の精神が共産主義者たちから「反動的」であるとみなされていたにもかかわらず、一九五五年の『悲しき熱帯』の衝撃的な成功は、そこに歴史的ペシミズムが読みとれるおかげで、歴史全体に対する新しい人類学の敵意の感情をさらに強めることになった。このためレヴィ＝ストロースは、一九六〇年一月五日のコレージュ・ド・フランスでの最初の講義において立場を明確にすることになる。

「現存する社会は先史時代か地球のある段階で、突然現れた大きな変革の結果であり、現実の出来事の連続した一つの鎖が、これらの事実とわれわれが観察できるものとをつないでいるという見方を、われわれは決して失ってはいない。[……] この歴史家の信条表明は意表を突くことだろう。というのも、ある人物が、時としてわれわれが歴史を受けつけないとして、またわれわれの仕事のなかで取るに足らない場所を歴史学に与えたとして非難したからである。われわれはそんなことはほとんどやっていないが、彼にその権利を取っておきたいと思う。[17]」

レヴィ＝ストロースがメルロ＝ポンティに推薦されて、コレージュ・ド・フランスに三度目の立候補をした時、ブローデルが自分をどれほど応援してくれたか、彼は誰よりもよく知ることができる立場にいた。

また、どれほどの征服の野望を持っていたかはともかくとして、とりわけ私がすでに述べた「文化圏」創設のために、人類学は第六部門でますます自由に活動するようになる。人類学はそこで発展する。さらに、ルロワ＝グーランが（遅ればせながら）ソルボンヌ大学に就任したことで人類学は活力を与えられる。ルロワ＝グーランは、先ほど述べたように、民族学の講座において、より通時的立場をとる自己流の人類学者であった。このため、人類最初の社会や文化的行動研究の草創期に新たな衝撃を与えることになる。[18]

フェーヴルが亡くなった後、ブローデルがたった一人で第六部門と『アナール』誌を引き受けたとき、人間科学の状況とその余波をうけた歴史学の状況は根底から変化していた。

一九九四年初めの私との会談のなかで、レヴィ＝ストロースはその点に関してブローデルとの間に個人的な論争はなかったとはっきり認めた。実際、彼らは同じところで仕事をし、互いに評価していたのだが、めったに会うこともなく、あまり心が通じてはいなかった。レヴィ＝ストロースは「ブローデルは自分の研究とさまざまな責務に没頭していた」と述べている。さらにエリボンには次のように語っている。

「ブローデルは本当は善良で、繊細で、そして寛大な人間でした。いざというときには彼は全面的に信頼できる人でした。それと同時に、彼は人の上に立つのが好きで、彼に会いに来た人を笑いながらからかう楽しみに逆らえなかったようです。彼の声の調子は時々有無をいわせぬところがありました。気が向けばとても優しくなるのですよ。その時には彼は素晴らしく魅力的な人間になります。[19]」

私が再現しようとする議論を評価し、さまざまな解釈学者がのちに植え付ける狭量さを忘れるために、彼らが相互に尊敬しあっていたことを覚えておく必要がある。ブローデルがしばしば我を忘れて激怒したのは確かである。後の例であるが、大いに議論された例を一つ挙げよう。一九七八年のフェルナン・ブローデル・センター開会式の最中のことである。

「私はクロード・レヴィ゠ストロースとは昔から親交があります。私は彼を尊敬し、また非常に高く評価しております。けれども私が知り合ったときのレヴィ゠ストロースは——私が彼と知り合ったのは彼が二十五歳のとき、すなわち四十年ほど前のことですが——歴史をまったく受けつけませんでした。彼は歴史が何であるか知らず、また知ろうともしませんでした。彼は歴史を持たない冷たい社会と、歴史を持つ熱い社会を識別することによって、まるで歴史が発展するには熱が必要であるかのような一種の精神の働きを発見しました。しかしこれは明らかに間違っています。冷たい社会が歴史として『神話』を持ち、神話を持たない熱い社会こそが歴史のなかに代替物を見出したのだと、われわれに言わないこと、それこそ賢者のやり口であり、私の意見ではレヴィ゠ストロースがまさにそれなのです！　実際、未開社会であろうとなかろうと、進歩と歴史のない社会はありえません。[20]」

これが彼の誤解であることがわかります。そして一九六〇年にはレヴィ゠ストロースが歴史に止当性を与えるに至ったとしても、ブローデルはアメリカの大衆の前でさえ、レヴィ゠ストロースの批判を受け入れることもしないし、人類学に対する彼自身の批判を認めようとしないことがわかる。しかし彼らに共通の分野、一般にほとんど明らかにされていない分野があることを忘れてはいけない。それは現実の隠れた構成としての構造の理解における地理の役割であり、レヴィ゠ストロースが『悲しき熱帯』のなかで、景観の見かけの無限の無秩序に何らかの意味を与えるのは、秘められた地質的基礎であると発見したときに、幼年時代の通過儀礼について述べていることである。そこから彼は「真実の性質が、彼が拒もうとする細心の注意のなかにすでに透けて現れていた」という結論を導き出す。これはレヴィ゠ストロースとリュシアン・フェーヴルの相互評価の源でもあり、フェーヴルは『アナール』誌で『悲しき熱帯』の書評を書くつもりだった。しかし病気と死だけがそれを実現させなかったのであった。

たとえこれがレヴィ゠ストロースによってあまり明確にされることがなく、またそのことでブローデルがいらだちを覚えていたとしても、実際、方法論と前提において、「歴史記述重視の」歴史は、ブローデルによって常に拒否され、同時に構造歴史学と歴史における構造に関する論争は、人目をひく人類学の野心表明のため、急速に進んだ。とはいえ、まだ「成長期」に達しているにすぎない人類学を、レヴィ＝ストロースはコレージュ・ド・フランス開講講義で強調した。

これらの本質的な問題に対して、ブローデルは、一九五八年秋の総括的宣言論文である「長期持続[21]」によって答えている。それを読むと、人々はレヴィ＝ストロースがその年の初めに出版した『構造人類学』をブローデルが常に参照していることに驚くに違いない。そのなかでレヴィ＝ストロースはその理論的テクストの数や多様性にもかかわらず、一連のしっかりとした骨組みを繰り返し述べている。一九四九年の『歴史学と民族学』は明らかにその前置きとなるものである。その結論部で「社会科学における人類学の位置」を研究しながら、彼は再び次のように述べている。

「つまり、人類学は、人類学固有の何らかの研究テーマによっては、他の社会科学から区別されない、ということである。［……］さしあたり、人類学は、世界のある種のとらえ方、あるいは、問題を提起するある独特なやり方から出発している、と言うだけにとどめておこう。この独特なやり方というのは、観察者の社会が舞台になっている社会現象より、必ずしも（しばしば、そう思われがちなように）単純ではないが、観察者の社会に起こる現象との関係で示される著しい差異のために、人類学が目的としている、社会生活のある種の『一般的特質』を明らかにするような社会現象の研究に『際して』、一つまた一つと発見されたものなのである。[22]」（強調はレヴィ＝ストロース自身による）。

おそらく「一般的特質」のためだけによるのだろうが、この所信表明は、社会学者も歴史学者も自分たちとは無関係なものとして放っておくことはできなかった。ブローデルはそれに対して答える義務があったが、レヴィ＝ストロースと同様に「一般的な」検討から始めた。

「人間科学には一般的な危機がある。なぜならこれらの人間科学は、それぞれ独自の進歩のもとで苦しんでいるからである。それはおそらく新しい知識の蓄積や知的組織が今後準備する必要のある共同研究の必要性のためだけではない

（これは当時の社会科学学部創設の失敗を指している。これについては後で触れる）。直接的あるいは間接的に、すべての人間科学が自らの意志に関係なく、それらのなかで最も鋭敏な進歩に刺激されている一方で、依然として、枠組みとしてもはや役立たない、密かに広まるヒューマニズムと戦っている。[23]」

人々は間違いなくこれらの最も鋭敏な人間科学のなかにブローデルが理解している意味での歴史学と、もちろんレヴィ＝ストロースが提示する人類学を位置づけることができる。ヒューマニズムとの分離は――これは人間中心主義の意味で理解されており、アルチュセールのマルクス主義やフーコーの「知の考古学」が加える指示対象としての人間に対して与えられる非難のコノテーションはまだ含まれていない――新しい表明であると同時に重要である。一九四九年の『地中海』の序文で、いや、先に述べたように戦争直後にも、ブローデルは「野心的な歴史を持たない、今日的なヒューマニズム」が存在しうるかどうか尋ねている。九年後、少なくとも人間が歴史をつくっているのと同じだけ、歴史も人間をつくることが強調される。一九八四年に、彼はいくらか挑発的に次のように述べる。

「人間が歴史をつくるとマルクスは言っているが、マルクスは間違っている。より確かなことは歴史が人間をつくるのであり、人間は歴史の影響を受けるのである。[24]」

一九五八年の言い方のために、ブローデルとフェーヴルの心はすでに離れているが、われわれはこの問題についての理論的なずれが、その時以来ますます広がり続けるのを目撃することになる。ブローデルは「自らのレベルにとどまるか、あるいは後戻りする」人間科学の傾向と戦いながら、直ちに論争の核心に迫ってゆく。

「一部の孤立した学者たちが歩み寄りを企てている。たとえばクロード・レヴィ＝ストロースは『構造』人類学を言語学の手法や『無意識の』歴史の領域、『定性』数学の若々しい帝国主義へと押し進める。彼はコミューケーション科学の名の下に、人類学と経済学と言語学を結びつけるような科学を目指しているのだ……。しかしこの統合の準備が整っているのは誰なのだ？　他ならぬ地理学でさえ、ささいなことで歴史学と袂をわかつことになるかもしれないのに！［……］しかしこれらの対立や拒絶には意義がある。他者に対して自己の態度を明確にしたいという欲望は、当然新しい知識欲が原因である。［……］はっきりとは意識せずに、社会科学は互いに頭角を現し、それぞれが社会を全面的に、『完全に』理解することを目指し、それぞれが自分たちは家にひきこもっていると思いながらも、隣人を侵害している。経済学はそれを明確にする社会学を発見し、歴史学――おそらく人間科学のなかで最も構造化されていない――は、さまざまな隣人たちのあらゆる意見を受け入れ、それらを反映させようと努めている。こうして、故意の沈黙、反対、まったくの無知にもかかわらず、『共同市場』の設置の輪郭が現れる。[25]」

ヨーロッパ共同市場を制定するローマ条約は、実際には一九五八年一月一日に施行された。したがってブローデルは、諸科学の「共同市場」において、歴史学のために中心的な地位を主張することによって、それを独占したことになる。しかし、この経済動向の暗示の後、彼は失言する。レヴィ＝ストロースによって提起された論争の際に明らかになったことであるが、他の社会科学は「ここ二十年から三十年の間の」歴史学の改革について「ほとんどわかっていない」と主張するのである。

「社会科学の傾向は、歴史家の仕事と同時に、歴史がいつもよい女中でないにしても腕のよい売り子であるという社会的現実の側面を見誤っていることである。この社会的持続、人間の人生の多様で相反するこれらの時間は、単に過去の物質であるばかりか、現代の社会生活の素材でもあるのだ。あらゆる人間科学の間でなされている議論において、歴史家の仕事や繰り返し行なわれる観察から引き出されるような、歴史あるいはむしろ持続の弁証法の重要性ないし効用を断固として挙げるならなおさらだ。われわれの意見では、社会的現実の中心に、短い瞬間とゆっくりと過ぎ去ってゆく時間との間に果てしなく繰り返される、壮絶で根本的なこの対立ほど重要なものは他にない。問題となるものが過去であれ現代に関するものであれ、社会的時間のこの多様性についての明確な意識は、人間科学に共通の方法論に必要不可欠である。[26]」

ある日のこと、私はブローデルに彼が指揮をとってからの『アナール』誌で新たに起きたことを特徴づけてくれるよう頼んだら、彼はためらうことなく「長期持続に対するこだわり」と答えた。エッセイの第二章「短い時間についての論争」のなかで、彼は「歴史的説明を避ける傾向にある」二つのアプローチを批判している。一つは社会学と経済学の方法で研究を現代化するもので、もう一つはマリノフスキーの人類学のように歴史を拒否するものである。彼はまたレヴィ＝ストロースを拠り所にさえしており、歴史学と人類学が「同じ精神の冒険」であることに触れて、次のように繰り返し主張する。

「どんなに粗野な社会であろうと、観察に際して『出来事の爪』を明らかにしない社会は存在しないし、歴史が壊滅した社会も存在しない。」[27]

しかし次の章「コミュニケーションと社会的数学」では、より深い議論が見られる。「無意識の歴史」に関して、彼はレヴィ＝ストロースが出典を示して引用したマルクスの表現「人間は自分の歴史をつくる、けれども歴史をつくっているということを知らない」を使い、次のように付け加えている。

「それは問題を明らかにしてはいるが説明はしていない。実際、新しい名の下に、再度、われわれに提起される、短い時間、『極小時間』、事実のみの記述の問題全体がある。人間は自らの時間を生きながら、時々刻々展開されることを常に理解しているような気がしていた。このはっきりとした意識の歴史は恣意的なもの（誤ったもの）なのだろうか。［……］昨今の言語学者はあらゆることを言葉から導き出そうと考えていた。そして歴史学は、あらゆることを出来事から導き出すことができるという幻想を抱いていた。［……］無意識の歴史はこれらの光、フラッシュの向こうで繰り広げられる。［……］革命、すなわち精神的な革命は、この薄暗さ、闇に正面から取り組むこと、それどころか出来事のみの記述を押しのけてまで、闇のスペースを開けることである。歴史だけが唯一のものではないというこの探究において（探究は新しい社会科学の見地から、この歴史学の分野において押し進め、あるいはその作法・慣例に適合させるばかりであった）、意識あるいは探究の新しい道具が構築された。すなわちそれは多少なりとも改良されてはいるが、手工業的な〈モデル〉である。モデルは仮説であり、緊密に結びついた説明のシステムであるにすぎない。［……］モデルによって、観察された社会環境を越えて――結局モデルはそれに基づいてつくられたのであるが――時代を超えた同じ性質の他の社会環境を問題とすることが可能となり、それは何度も繰り返される価値体系である。」

その点について、ブローデルは時間におけるモデルの転移と数理化可能な構造の研究の効果を示し、レヴィ＝ストロースの「偉業」をきわめて熱心に分析することに専念する。レヴィ＝ストロースは、「言語の意味を親族の基本構造や神話、儀式、交易にまで(28)」広げており、ブローデルは以下のように結論づける。

「数理化可能な構造の研究においてレヴィ＝ストロースが勧める方法は、ミクロな社会学的段階に位置するだけでなく、無限小と非常に長期的な持続との接点に位置している。(29)」

ブローデルは本題の最初から、歴史と構造との関係を明らかにするため、構造の問題に正面から取り組んでいたが、このことを彼は一九六六年に出版される『地中海』の新版の結論として強く述べることになる。

「良くも悪くも［「構造」という言葉は］長期持続の問いを支配している。構造によって、社会の観察者たちは組織、一貫性、現実と社会全体（大衆）とのかなり固定した関係と理解している。われわれ歴史家にとっては、構造は確かに骨組みであり組み立てであるが、それ以上に時間が間違って浸食し、非常に長くかけて伝える現実である。いくつかの構造は、長く存続することによって、無数の世代の安定した要素となる。それらは流れをさまたげ、コントロールすることによって歴史を混乱させる。他の構造はもっと早く崩れ去る。しかしすべては支えであると同時に障害である。障害は境界線（数学的意味における包絡線）としてはっきりと明示され、そこから人間が解放されることはほとんど不可能に近い。いくつかの地理的な制約［……］さらにはなんらかの精神的拘束を打ち破ることの難しさを考えてほしい。精神的な制約もまた長期持続の監獄のようなものなのである。(30)」

このような精神的制約の例として、『絵画と社会』のなかでピエール・フランカステルによって明らかにされた、遠近法に基づく空間の長期持続を、のちに引用する。彼の見解によれば、レヴィ＝ストロースには極端な構造の形式化と哲学的抽象化があるのに対して、ブローデルは確固たる観点に基づいて思い切った発言をしている。フェーヴルの『十六世紀における不信仰の問題。ラブレーの宗教』によって示された思考の道具の観点そのものである。人々は彼が障害物としての構造を強調していることに気づく。なぜなら歴史が構造を発見するのはやはり精神的な拒絶のレベルでもあるからであり、このことはモースから得た文明についての考察に立ち戻らせる。新しい歴史学は文明の基盤を人類学にゆだねることのできる状態ではますますなくなっている。

しかし新しい歴史学は違ったやり方で文明に取り組んでいる。すなわちそれはここで歴史学と民族学の間の最も大きな違いを明らかにすることである。ブローデルは「持続の弁証法」に立ち戻る。時間の流れが歴史家の問題であるとしても、それはもはや実証主義者の年代学ではない。歴史家が取り組む持続は——彼が構造を見つけたとさを含めて——著しく変動する。

「実際われわれが識別する持続は互いに関連し合っている。われわれの精神の創作物は持続ではなく、この持続がさまざまに細分化されたものである。[31]」

その点では、ブローデルは構造の意味についてすでに他で述べているように、ここでは社会学者、そして何よりも彼の長年の論争相手であるジョルジュ・ギュルヴィッチが定義した多様な時間性に反対しようとする。ブローデルは次のように結論づける。

「社会学者たちが最終的かつ無意識的に恨んでいるのは歴史学ではなく、歴史の時間である。つまり、たとえ人々がそれを編成し、変化を持たせようと努めても、依然として激しいままとどまっているこの現実である。歴史家が決して逃れられないこの拘束から、社会学者自身はたいていいつも逃れているか、実際に社会学者は逃げ出しているかのどちらかである。常にいま現在の、まるで時間を越えて一時停止したような瞬間でなければ、いかなる時代にも属さない反復現象において。つまり彼らの活動を最も厳密な事実のみの記述あるいは最も長い持続に制限する、精神の対立するアプローチによって。この脱走は適法だろうか。そこに真の論争がある[32]……。」

最後の部分は、ティントレットについての研究の抜粋に関する、サルトルとマルクスとの議論である。この研究は『現代』誌に発表されたもので、伝記や出来事のみの記述の発展に対抗しており、彼はそこにマルクス主義の中のあまりに単純で重々しいものを感じている。ブローデルは（いままでに私が部分的に引用したように）こうしてマルクス主義に対する自分の位置を明確にせざるをえなかったが、これは一九四九年の『地中海』以来、歴史モデルの問題についての彼自身の進歩を示している。

「マルクス主義とはたくさんのモデルのことである。［……］マルクスの才能、延々と続く彼の権力の秘密は、彼が真の社会的モデルを作り上げ、歴史の長期持続に基づいて考えた最初の人間であったことに起因している。人々はこれらのモデルに法則価値、および予備的かつ機械的で、あらゆる社会の至るところで適応可能な説明の有効性を与えることによって、硬直化してしまった。［……］こうして人々は前世紀の最もすぐれた社会分析の創造力を制限したのである。その社会分析は長期持続においてのみ力と若さを取り戻すことができるだろう……。現代のマルクス主義は、私には純粋な状態のモデル、モデルのためのモデルにとらわれている社会科学全体を脅かす、まさに脅威のイメージそのものに見えることを付け加えておこうか。(33)」

この表明の意義は、本来の目的、すなわち現代の変革のなかで人間科学相互の一致の可能性を示し擁護するという目的、もっと正確に言うと、征服者であり支配者であるレヴィ＝ストロースの人類学や社会学と比較し、持続の研究によって歴史の特性を示すという目的をはるかに越えている。ブローデルは危機を公式に認め、彼が『地中海』を練り上げるときに遭遇した歴史観の諸問題を理論的に押し進めるが、当時まだそれらを概念化する必要性は強く感じていない。十二年後、フェーヴルがこの世を去り、彼がこの責任を負うことになる。彼は他の人間科学との必要不可欠な関係にする『アナール』誌の遺産を引き継ぐが、彼が歴史の独創性だけでなく、他の近隣科学の硬直性あるいは閉鎖性に対して、彼の研究や構造モデルの一貫性、柔軟性および豊かさを守る必要はないことに、人々は気づくことになる。さらに、彼は、来るべき次の十年間に人が構造主義と呼ぶものの抽象概念を、すでに押し進めたり、また押し戻したりするのだ。このようにして彼は早くも、この新しい歴史学がリセ教育で普及するとき、とりわけこの堂々とした主張によって起こるスコラ的形式主義の偏向に立ち向かっている。

「私にとって歴史学はあらゆる歴史の総体であり、昨日、今日、明日の仕事と見解が集められたコレクションである。」[34]
要約しよう。歴史学は全体的なものである。歴史学は他の人間科学を必要とし、モデルや構造のような固有の目的に適合させることによって、他の人間科学が開発する、さまざまな新しい説明方法を自分の物として取り入れることが可能である。だがそのかわり歴史学は、他の人間科学には欠けているが、歴史学が固有のものとして持っているもの、すなわち持続の経験をもたらす。歴史学は、社会学者の、あまりに短く、あまりにも現在に焦点を合わせた持続や、人類学者の不動にも等しい長い持続を越え、人間の出来事を固有の持続のなかに位置づける術を心得ている唯一のものである。歴史学はさまざまな持続だけでなく、対立する見解の比較をも統合し、その結果、人間に関わる現象の理解の連続性を立て直すことができる唯一のものなのだ。これは帝国主義だろうか。

ブローデルは一九七八年に次のような説明を行なっている。

「私にとって問題は決して一度きりで解決するものではない。いずれにせよ、人々がそれによって私を定義した思考は、私がゆっくりと勝ち取らなければならなかった思考です。私の友人の一人で、喧嘩をした社会学者のジョルジュ・ギュルヴィッチ［……］は、約二十年間私のことを理論家だと言い、辛辣な言葉をそれに付け加えた。『帝国主義的な』理論家、と。その言い方で彼は他人のことにかまいすぎだと言いたかったのです。彼は私のことを人間科学の分野に入り込み、そこでわが物顔に振る舞い、自らの要求を提示して認めさせるために大声で騒ぎ立てる歴史家であると非難しました。実際には、私は理論の点において決して君臨することはなく、それを強要されることもなかった。」[35]

これは本当であり、われわれはここでそれを証明しようと思う。しかしわれわれがいままで見てきたように、問題を解明し、探究することの一部分が、とりわけモース のテクスト、レヴィ＝ストロースの思考、そして非常にわずかではあるがギュルヴィッチの思考によって引き起こされた議論から生まれたものであるとしても、より本質的な別の部分は、教育者としてのブローデルの活動に直接起因している。彼が育てた人々に伝えるために、彼自身の思考を明確にする必要性がある。組織者、研究者、著者としてのブローデルを追いかけるあまり、われわれは環境として、また障害として、権力が増大するに従って、第六部門とブローデルを次第に認めなくなってきた大学の世界をあまりにわきに放っておきすぎた。いまこそそれを再び述べる時が来た。

2 大学における挫折から人間科学館まで

フェルナン・ブローデルは、晩年、高等研究院や実際に自分の能力を存分に発揮できたコレージュ・ド・フランスで感じた自由という幸福を強調して、フェーヴルとともに行なった仕事と高等研究院の第六部門の継承にまったく一体化していたため、人々は二つの印象を受けた。すなわち彼が何の問題もなくフェーヴルの遺産全部を引き継いだということ、そして彼が厳密な意味での大学のキャリアを、非常に早いうちから完全に棚上げしていたことである。

われわれはこれまでに『アナール』誌と第六部門に対する攻撃に関しては、フェーヴルとのずれを見てきた。ブローデルが一九五〇年以降、経済学の研究の方向に向かうことによって、フェーヴルとは異なる方向へ進み始めたという点でも、知的な隔たりが生じていた。一方フェーヴルは、『世界の運命』叢書で近代思想の起源についての著作を執筆する準備をしており、文字どおり文化的な領域で頭がいっぱいになっているという傾向があった。結局、フェーヴルはブローデルに物質生活だけを扱うよう強制した。このことは確かにブローデルの偉大な著作につながるが、彼がイタリア・ルネサンスやフランスのアイデンティティについて書くには、退職を待たなければならないことになる。彼がわれわれに残してくれたさまざまなヒントによって、われわれは彼がそのなかで全体性の研究を行なえなかったことと、長期持続の観点で取り組めなかったことが残念であったと思うのである。

彼は大学のキャリアにおいて幸せというわけではなかった。彼のキャリアが一九四六年以来、ばかげた仕方で文字どおり遮られていたということが、彼を歴史学改革のリーダーへと導くことになったが、それによって彼には足に刺さったトゲのように、依然として困難な状況が続いていた。たとえば高等研究院での彼の地位では、博士論文指導は許されていなかった。彼は一九七六年のストイアノヴィッチの序文で次のように書いている。

「一九四七年の第六部門の設立は不安定な状態にあった。人々がそれを誕生させたのは、コレージュ・ド・フランスのように、高等研究院には大学の学位（学士号と博士号）を授与する権利がなかったからである。第六部門は、ゆっくりと、だがやっとのことで体制外の機関として発展した。［……］第六部門がこの制限を自らの強みにする術を覚えたことは、また別の問題である。(36)」

ところで、ソルボンヌ大学で経験した辛い挫折だけで、彼に対する権威主義の敵意は終わらなかったはかりか――この敵意の元凶としてゼレの役割をわれわれはすでに見てきた――、第六部門での威光とコレージュ・ド・フランス教授への就任は、ルヌーヴァンの報復という考えを強くするのみであった。ロックフェラー財団側が驚いたことに、ルヌーヴァンはロックフェラー財団が第六部門に助成金を与え続けるのを妨害しようとしたのである。究極の騒動は、ブローデルが当時推奨していた社会科学学部の邪魔をするため、一九五五年に自分の所属する文学部を「文学および人間科学部」に変えたことだ。一九五八年健康上の理由から退職を余儀なくされるまで、ルヌーヴァンはそこで学部長となり、非常に満足していたのだった。

注目すべき出来事は、その後すぐに、ソルボンヌ大学で「新しい歴史学」の最初の支持者の選挙が行なわれたことである。一九六〇年にピエール・ショーニュが教授に選ばれたのだ。ただし高等研究院での彼の挫折は、これから見るように、ブローデルが原因となっていたため――彼のさまざまな功績とは別に――ソルボンヌ大学に対しにはそれが幸いしただけであった。

研究者としてのブローデル、組織家としてのブローデルが、このように教授としての才能よりも勝っていることを不満に思うべきではない。年輩の人々の拒絶反応の犠牲者であったのは大学なのである。しかしこの拒絶はブローデルにとって――おそらくあまりにも――重要であった。彼はセニョボスと対決したように、いつでも思想上の対決をする準備が整っていた。しかし、生まれつきの気性から、彼は卑俗な陰謀が大嫌いであったし、彼の気性全体と彼自身の力量についての自覚ゆえに、また彼の遠慮のない文章と同様、率直な物言いのために、いともたやすく不安定な状態に置かれていた。

一九四九年には、ブローデルは選挙でコレージュ・ド・フランス教授に選ばれたばかりでなく、すでに述べたように、ギュスターヴ・モノーのおかげで、歴史学の高等教育教授資格試験審査委員長に任命される。この委員長職のおかげでブローデルが多くの時間を割くことになろうとも、そのことが本書でこれまであまりはっきりと現れてこなかったのは、彼がとりわけ自分自身について晩年になってから語ったからであり、過去の挫折は捨て去るべきもう一つの悪い思い出だったからである。実際、継続するための奇跡は行なわれず、彼が入らせた海風があまりに強く吹いたため、自分たちの特権にしがみついている伝統主義者たちはあきらめて耐えることができなかった。そのため、五年後の人事一掃の後、ブローデルはそこでも挫折に見舞われ、教育改革の転換期の年である一九五五年の高等教育教授資格試験後に、審査委員長の職を辞することを強いられた。

ブローデルは、試験や教育を記憶力の膨大な訓練から解放し、志願者たちを彼らの思考および総合能力に基づいて評価し、フェーヴルが望んでいたように「常に流動的な世界」に適応することを可能にするため、改革、それも選抜試験や教育の改革の緊急性を年々考えるようになっていた。彼はたった一つの改革を手に入れる。すなわち口頭試験に原典解釈を導入したことである。それだけでも大いに意味があったが、まだまったく足りなかった。一九五五年の高等教育教授資格試験審査委員長の最後の報告書で、彼は次のように書いているが、結果としてそれは審査委員長としての遺言となった。

「現在の歴史学の新しい傾向により大きなスペースが与えられたとしても、そのことが志願者たちを驚かせず、落胆させず、とりわけ不利な立場に置かないことは確かである。これらの新しい要請は、残念ながら基礎的で伝統的な要請に付け加えられており、この昔からの要請は、歴史教育がさまざまな社会科学の多様な要請の同意を得て行なわれないかぎり、制限するのは難しい。」(37)

なんと優しい言葉で表現されていることか！　しかしブローデルは誰の目にも明らかな駆け引き違反をしてまでも、自分の言いたいことを述べている。すなわち他の社会科学との同意が全体の手直しに必要になるということである。これは土製の壺対教育上の保守主義の鉄製の壺との戦いであった。審査委員長として、ブローデルは試験に落ちた人々、つまり自分たちに要求される記憶力のおそろしいまでの努力の犠牲者から多くの苦情を聞いてきた。彼らのことが気に入った場合には、彼は彼らに声援を贈りたいという気持ちを抑えきれなかった。彼の手紙が示しているところによれば、委員長職にある者が必要とされる慎重さと相容れないことを言ってしまったこと（「あなた（方）を来年度合格させます」）、そして少なくともそのうちの一人は――げすな策略のせいで――視学官に捕まえられてしまった。

その時まさに、ブローデルは自分の目に非常に優秀だと見えた一人の志願者が二度も試験に落ちたことを発見して、監察局と対立関係に入ったところだった。視学官クルーゼはその志願者に非常に低い点数を与えていた。前年度も同様である。クルーゼはその志願者を落とすことに決定したとブローデルに単刀直入に伝えた。なぜならその人物が彼のクラスで騒いだからである。ブローデルはかっとなった。というのも裕福であるかノルマリアンであるがゆえに勉強しないでもよかった志願者たちが、あらゆる監察を免れていたからである。

「ブローデルはクルーゼに言った。『選抜試験の公正を期すには、監察の評価を考慮に入れないことが不可欠です。とにかく私は私の評価をあくまで主張します。』その志願者は合格した。しかし『告白』の際、すなわち志願者が博士論文のテーマについて話していたとき、ブローデルはいきなりそれを中断させ、『あなたの教師としての仕事をまず覚えて下さい。そしてその後どうなるか見てみましょう』と言い、彼に監察の件について話をした。志願者は、監察は見習い期間のほんの二・三週間後に行なわれており、自分が非常によい教師になったことを校長は必ず証言してくれるだろうと主張した。フェルナン・ブローデルはこのことをクルーゼに伝え、監察の評価を考慮しない決定を繰り返した。」(38)

これは監察局の短気な大男の痛いところを正面から攻撃したことになった。ブローデルは志願者を歴史家としての能力を判断する上で重要なこと、すなわちまず審査委員の前で行なわれる授業によって評価しようと考えていた。実際は、形式に関わる問題の下に、人々ははっきりとその核心を理解していた。国民教育の官庁中の官庁である監察局が伝統に従って評価したのである。ブローデルはこのように振る舞って、監察局全体を敵に回したのだった。当然のことながら、この対立は、一九五五年の報告書で予測させた改革の強迫観念を具体化させたが、これは監察局としてはどうしても認めたくないものだった。

これはブローデルにとってはつらい仕事だった。というのもモーリス・クルーゼは昔からの友人だったからである。彼は『地中海』の序文のなかでクルーゼに敬意を表している。

「最後にシャルル・ベモンとルイ・エザンマンがわれわれの攻撃的な若さを保護してくれていた時代に、『歴史評論』の小さなグループ——モーリス・クルーゼとシャルル＝アンドレ・ジュリアン——が惜しみなく与えてくれた援助を忘れない。(39)」

その緊張状態は、密かにではあるがこれまで以上に、良識的な『歴史学雑誌』と、まさに発展中の『アナール』誌との対立によってさらに強くなったが、これは「アインシュタインと歴史について」という、先に引用したフェーヴルの巻頭言の調子の激しさに見られる緊張状態を考えれば、ある程度理解できる。しかしモーリス・クルーゼのブローデルに対する批判のなかには、政治に関わることもあったようである。このことは、時代から考えて、今日現れるかもしれない可能性よりも矛盾は少ない。クルーゼはとりわけ教育の分野で精力的なフランス共産党寄りだったようである。フランス共産党は、歴史からその「内容」を取り除きたいと望む『アナール』誌のイデオロギーに対して、一九五一年の『ラ・ヌーヴェル・クリティック』による告発のときと同じくらい、常に悪意を抱いていた。アメリカの思想に対するブローデル側の自己満足と考えていたことも付け加えておこう。しかしド・ゴール将軍の不遇時代が終わり、一九五六年一月二日の選挙の結果生まれたギィ・モレ政府を脅かしていた時期には、ブローデルはフェーヴルとともに、左翼からはド・ゴール右派と思われていた。

いずれにせよ、クルーゼは途中で取り押さえた手紙を利用した。無礼なやり方をされたブローデルは、誰も代わりを務めることができない監察局を非難することもできず、また非難したくない文部省に対して証明するため、審査委員長職辞任の脅しによって窮地を脱しようと思った。打診を受けたアンドレ・ピガニオルは責任を回避したが、ソルボンヌ大学とアルジェでの学友であり、ソルボンヌ大学の歴史学の副指導教授であるアンドレ・エマールはあまりに「世俗的な左翼」であったため、この制度上の責任から逃れることができず、良心の痛みを感じながら責任を引き受けた。ブローデルは立ち去るしかなかった。彼はある日私にそっけなく言ったものだ。「とにかく私は社会党政権によって高等教育教授資格試験審査委員会から閉め出されたのだ！」さらに彼はストイアノヴィッチの著作の序文のなかで、「追放された後、ソルボンヌ大学は事態の責任を負った」と書いている。

この挫折の結果、合格者たちが審査委員長に将来の計画を打ち明けるという、例の「告白」の間、ブローデルは彼らとの特権的な接触をやめた。これは彼の大切な第六部門にとって最も聡明な人々を集めることができる機会だった。しかし第六部門は良いスタートを切っていたので、優秀な志願者たちが来たのである。

モーリス・クルーゼとの不和は長く続いた。彼らは和解することはなかったが、一九六七年、劇的なことが起きた。クルーゼがブローデルに対して許してくれるよう求めたのである。例によってこの不和は、『歴史学雑誌』のために一九七三年にブローデルが書いた追悼記事のなかではまったく感じとることができない。アンドレ・エマールとの不和はそれほど深刻ではなかったので、ブローデルは何事もなかったかのように、彼を高等研究院の教授に選出させた。

この新しい挫折は、やはり体制に照らしてみると、かなり手厳しいものであったが、フランスの科学教育と科学研究についてのアンリ・ロンシャンボン報告書のなかで、文学と社会科学の分野の面倒を見るために選ばれるという代償が彼に与えられた。この報告書は五か年計画を目的としており、まだ終焉していない第四共和制が実行を望んでいたものである。最初の草稿を作成してすぐに、ブローデルはこの機会を利用して経済学、社会学、政治学から構成される、この実験的学部を再び軌道に乗せていたが、すでに述べたように文学部と法学部はそれを出し抜こうと急いでいた。

一九八五年十月に、彼はシャトーヴァロンにおいてその事件についておもしろく語っている。「右翼の大臣ではなく左翼の大臣によって」審査委員長の職を「解雇された」やり方に再び触れて、次のように付け加える。

「私は改革を好む人間の一人です。これが簡単なことであると、私は心から信じていた。ところが実際のところ私は一度として成功しなかったのです。〔……〕おそらくこういう状況のなかで私が解雇されたという事実が私という控えめな人間に対する興味を引くことになったのかもしれないが、いずれにせよ、追い出されてから一、二か月後には、当時五か年計画と呼ばれていたもののなかに私は登場していました。私はやりたい放題のことをし始めました。ロンシャンボン〔提案全体の責任者〕の名で、のちに『アナール』誌に発表される報告書のなかで、私は社会科学学部を提案しました。私はあまりに危険人物だとされていたので、パリ大学の法学部と文学部では途方もない会議が開かれた。その結果は、今日でも続いている用語法のなかに残っています。法学部は法律および経済学部となり、文学部はその時から文学および人間科学学部と呼ばれた……。私は口うるさい人間だったに違いない[40]……。」

一九五五年末から一九五六年初めの日付の入った、この報告書の「事前」原稿はブリジット・マゾンによって発見された。それは自由で輝いている。ブローデルはそこで、フランスの大学にとって大事なことは構造的な次元の問題であることを明らかにしている。教育と研究は、社会、経済、文化の変化に適応することができるだろうか、それもとりわけ先手を打つことができるだろうか。彼は横柄にも次のように主張している。

「一連の舞台装置が存続し、劇場にいるような錯覚を覚えさせる。誰もこの錯覚から完全に逃れることはできない。だが今日の大学はきわめてこの錯覚に陥りやすい。なぜなら国民の実生活としばしばつながりがないからである。ところが研究は、存在するものに適応する必要はない、つまり従ったり、自分を合わせたりする必要はない。研究に必要なのは出来事の先を行くことであり、想像力、新しい炎のような熱意、大胆さ、すなわちよく考え抜かれた意識的な大胆さである。残念なことに、人間科学におけるフランスの研究には、これらの長所も大胆な独創性もなく、必要不可欠な豊富な思想や企画もない。自らにとって不利な、乗り越えるのに困難な状況を受け継いでいるのだ。〔……〕もし人々が世界中で明確な形を取ってくる変革に気をつけていれば、活動の規模は力強く現れてくるだろう。」

アメリカにとってのハンデである、歴史や地理学や哲学を「マイナーな科学」として扱うという事実を考慮に入れながら、ブローデルは次のように結論づける。

「見かけに反して［……］明らかに遅れをとっているにもかかわらず、われわれにはフランスにいながら、とりわけ［国際的な研究の先頭に］立つ資質がある。アメリカ人自身が経験し、乗り越えようとするような、アメリカの数々の失敗例、その教訓が、反対に、フランスの思いもかけない優位性を明るみに出すのである。[41]」

つまり、歴史と他の社会科学との自然なコミュニケーションである。一九六八年のことをよく考えてみれば、全体としては無駄骨である！　一九五七年六月に政府に出された最終報告書は、諸構成機関の事前の手ひどい拒絶を考慮に入れて、もはや「組織調停の枠内での長期的改革」しか述べていない。ブローデルは根底において譲歩することなく、次のように述べている。

「この計画は『組織調停』の枠内で実施可能な『長期的改革』として（「現行諸制度の危惧と『良識』に根ざす無気力と組織的抵抗」にかんがみて、「あまりそれに固執することなく」）とりあげられただけだった。」（『文明の文法Ⅰ、世界史講義』、松本雅弘訳、みすず書房、一九九五年、六〜七頁）

そしてそれは「共通の合流点、すなわち社会全体の現実の合流点」を「いささか無秩序な発達の犠牲者である」人間科学にもたらす必要性のためであった。七月に公表されたこの改革は、とりわけリセにおける学年毎の歴史の年代の区切り方に言及し、時代区分の修正を行なっていた。それはリセの二年生で一七八九年から一八五一年、最終学年で一八五一年から一九三九年の勉強をする代わりに、一年生で一七八九年から一八七一年、二年生で一八七一年から一九四五年を勉強することを計画していた。このことは確かに政治的な影響がないわけではなかった。最終学年では主要な現代文明を、西欧、ソビエト、イスラム、極東、東南アジア、ブラック・アフリカの六つの「世界」に分けて学習するというのだ。その目的は、最終学年の「大人たち」に現代文明からスタートして具体的な方法で人間科学にアプローチさせることにあった。しかし事件史を排斥することは、新たに耐えがたいものとして感じ取られたため、一九五九年以降、譲歩する必要にせまられた。ブローデルと親しくなった、アンドレ・エマールの息子のモーリス・エマールは、次のように要約している。

「一九五九年の新カリキュラム案においては、第二章『現代世界の諸文明』の内容は、極東と東南アジアを『インド洋・太平洋』世界という一つの世界にまとめ、さらに『現代の重要問題』に結論を付け加えるというものになった。そして特に、一九一四年から一九四五年までの時代を最終学年のカリキュラムに再導入し、一学期をこの学習にあて、そうして一学年度のバランスを変えるとしていた。(42)」

六年後の一九六五年八月十日、改革は現実主義を犠牲にして完成した。

「植民地独立が相次ぐなか、新しい独立国家がかなりの勇気を奮って自国の歴史を書こうとしていたにもかかわらず、一九六五年八月十日の政令では、『アフリカ世界』はあっさり削除されてしまっていたのである。(43)」

この戦いにおいて、実際、再び負けたブローデルは、自らの気性に従い、最終学年の生徒のために自ら教科書を書いて、そのなかで「数々の偉大な文明」を正確に論じ、そういうことが可能であることを示すために、実例を示し、自分の手を下して仕事を進める。モーリス・エマールがあらためて強調するように、「彼は困難な道を選んだ」のである。

「さまざまな大文明の難しい学習が始まるまで、のばした方がよいだろう」――を巻頭において、現代世界をそのように全体的に読解する、その読解の深い一貫性をブローデルはためらうことなく再確認するのである。そういうわけで、この教科書が刊行されたとき、これは数ある教科書のうちのごくありきたりの一冊ということにはならなかった。これは戦闘の書なのである。それも、続行するのがこのうえなく微妙かつ空しい戦闘、同業者のもろもろの習慣に対する戦闘の書である。なぜなら、強制することができないので、説得しなければならない。説得するためには、絶えずくりかえさなければならない。[……]つまり、教育（歴史教育、もっとも、他のあらゆる学科も同じだが）の場合、重要なのは、改革は小出しにするべきではないという確信、内心ふかく秘めた、くりかえし再確認されるこの確信なのであった。何らかの成功のきっかけをつかむためには、改革をさまざまな段階のうちの一つの段階――たとえば、初等教育だけ、中等教育第一段階あるいは第二段階だけ、大学だけ、というような一つの段階――に限定することなど不可能であって、改革は全体的なものでなければならないのである。[44]」

教科書においてブローデルは学校という前線でより広い意味での敗北を喫した。教科書はあまりに難しいものと見なされ、多くの場合、教師用指導書のみに制限され、ついに一九七〇年以降販売されなくなってしまった。ブローデルが扱った部分にはイタリア語とスペイン語の翻訳がある。それは一九八七年に一般大衆向けに今度は『文明の文法』というタイトルで再版された。その内容は、ここで扱っている時期には属さないため、次の章「文明への転換期」で分析する予定である。

ブローデルの三つ目の挫折に戻ろう。これはまずガストン・ベルジェから経済・社会科学部の創設許可を得るというフェーヴルとブローデルに共通の考えの挫折を意味しており、このために現在でもフランスには経済・社会科学部が存在しないのだということを思い出しておく必要がある。だがこの挫折は、結局はもっともよいものであった。なぜならそれによって結果として生じる、組織や教育の非常に重大な仕事からブローデルは救われたからである。この学部の代わりに、挫折によって彼にもたらされたもの、それは一九五八年に「慰めとして」と自ら語っているが、国立科学研究センターが協力して、過去三年間の間に増加した、あらゆる研究センターを置くための人間科学館をつくるという見通しだった。実際には、この人間科学館が活動し始めるのは一九七〇年になってからのことであり、一九七五年にやっと完成する。しかし人間科学館はすでにこれから始まる時代のイニシアチブを取っていた。

ここでもまた、見かけは行政的な問題なのだが、実は、さまざまな大学組織の、きわめて嫉妬深く、旧弊な内部の保護主義が激しい形で再び見られる。ブローデルは十年もの間、多くの行政的あるいはその他の障害から人間科学館を守るのに困難をきわめた後、一九八四年、さらに事の核心にせまることになる。

「一九五〇年［実際はもっと遅く、五〇年代後半の初め］、私は社会科学学部、すなわち［……］人間のさまざまな科学が同時に表される学部を創設することを望んでいました。この計画に反対して、文学部は『文学および人間科学学部』、そして法学部は『法律および経済学部』と名乗っていた。連中は邪魔をしたわけです。彼らに譲歩し、社会科学学部を作らせないために、政府はわれわれに人間科学館をくれたのです。一種の埋め合わせですね。こうして人間科学館の始まりは、私のために作られたのではなく、やや私に対抗して作られたのです。[45]」

『アナール』誌のなかで、自動車事故で命を落としたガストン・ベルジェに敬意を表しながら、ブローデルは間接的にそこに立ち戻っている。彼はベルジェの分別のある行政官としての資質を思い出す。その資質とは、「可能なことと不可能なことを識別し、その二つの気が付かないほどごくわずかな境界の危険性を指摘することに向いていたが、その境界線は人が周囲の反感なしに乗り越えることができない境界線である［……］。彼はあまりによく、またあまりに早く〔他人を〕理解するために、真っ向から対立して、彼の努力や好意を水の泡にすることはない。［……］。彼はしばしば私に対し、自分自身への警戒をうながした［……］。こういう交渉相手しかいなかったらどうなっていたことだろう！　そこには制度や、古老たち、誰も手を出すべきではない至上の講義、あらゆる存在、あらゆる人物、あらゆる強靭なスズメバチの巣があった。彼はそれらを手直しし、改善しようと夢見ていた。そこにあるのは詩的で、危険の多い、かつすばらしい彼の行政手腕の側面であった。」

ブリジット・マゾンは一九五五年春に、経済学、社会科学の再編成計画を再度企てる。

「この計画は今度だけは最高の情勢に恵まれているように見えた。なぜならそれは、リュシアン・フェーヴル、フェルナン・ブローデル、そして高等教育総局長など、発展のさなかにある制度の責任者たちから同時に発せられたものだったからである。［……］ガストン・ベルジェは、ブローデルとクレメンス・ヘラーという、第六部門で証明された先の有力者たちが即刻働きかけるつもりでいたアメリカの財団からの援助に直ちに賛成したのだった。[46]」

新しい学部の設立が結局は不可能となったため、[47]一九五五年六月、ブローデルはガストン・ベルジェの社会科学研究所構想に同意した。これは学部と比べて、高等研究院の基準による教授の採用に関して、伝統的な経歴を無視した自由な選考と外国人の起用という利点があった。しかしこのように飾りたてられた思想であっても、すぐに現行の制度、文学部、法学部、政治学院とぶつかり、ベルジェは動揺した。一九五五年十月、フェーヴルがアメリカにいるブローデルに宛てた手紙がその事情を見事に明らかにしている。

「ベルジェにわれわれに同意する意向があるなどと思ってはいけません。われわれは彼を怖気づかせ、白けさせてしまっています。彼が恐れているのは、立ち去る日にやれやれと一息つく私ではなく、私が個人的に成功を願っているブローデルの立候補なのです。［……］私がここでかなりの窮地に陥っていることがおわかりでしょう。ル＝スージェもまた苦境に立たされています。［……］〔文部省のある〕静かなグルネル通りで、ここがそのような状態にあるとは思いませんでした。(48)」

さらに同じ手紙のなかで、フェーヴルはこの研究所に三つの目的を与えている。

「社会科学の学校と［……］、幹部の養成学校、言うなれば特に教育面での幹部、より高い研究機能を備えた商業や工業での幹部の養成学校を統合すること。」

自然のなりゆきでこの分野でフェーヴルの遺言となったものの現代性が見られる。この研究所が発展するにつれて、「工業、商業、銀行や他の同種の仕事に、技術者、統計学者、職場のカウンセラーなどの人材を送り込むことだろう。私がナンシーで確認したことだが、もしこれらの人材が優れているならば、経営者たちは喜んで受け入れるだろう（技術が「ますます科学化してゆくこと」を忘れてはならない）。［……］何よりも、研究はあらゆる事柄の核心であり、それがなければ社会科学の分野で価値のある文化はありえない。(49)」

四十年後の一九九五年に、われわれがこの分野でどこまで進んでいるか考えてみると驚く。余談であるが、同様の手紙が、大学制度との対立をブローデルただ一人のせいにする人々によっておそらく企てられるであろう。実際に先輩の教え、強い意味で先輩の模範に従った領域があるとすれば、それは官僚的なインテリたちと妥協しないことである。ルヌーヴァンは「ブローデル計画」のなかに、彼がアメリカの使節の前で、単に「学説の一体感の知的試み」と呼んだものを発見し、ブローデルが研究所の構想から人間科学館の構想へ移ったときにやっと安心し、さらにルヌーヴァンは当時まだ、最初の「社会科学館」という呼び名が「人間科学館」に代わったことを受け入れていなかった。この時に、フォード財団のF・サットンは次のことを喚起した。

「ルヌーヴァンの意見では、歴史学は社会科学ではない。なぜなら歴史学は出来事と具体的な発展を扱うものだからである。それゆえ『社会科学』という用語は、歴史学を含むにはあまりに限定されているが、『人間科学』ではあまりに広すぎる。」

アメリカ人を自由に操り、事件史の領分を是が非でも守るための戦いにおいて、フェーヴルやマルク・ブロックら知的な敵の定義「人間科学としての歴史」に当時同意していたことをルヌーヴァンは知っていたのだろうか。彼自身が提案していた「人間科学」という和解策にルヌーヴァンが賛同したことを知って笑う者がいたとすれば、それは当然ブローデルであった。明らかに、ルヌーヴァンの賛同は、教育の変革計画が、組織のない新しい建物でしかないものに行き着くのを見るという彼の安堵に起因している。しかし、ブローデルにとって「人間科学」は、フェーヴルの場合と同じく、まさに社会科学および／あるいは人間科学を意味していたのである。要するに、それらの全体である。

一九八一年、ルヌーヴァンの面前で成功した手品の大きさを理解させるために彼はブランギエに次のように説明する。

「アメリカの社会科学、それは生物学にまで範囲は及ばない。歴史学は社会科学の代表としてはみじめに扱われているし、地理学は煙草の巻紙の厚さですよ。われわれはすべてを違うやり方で行ない、伝統的なもの、すなわち哲学や文献学などあらゆる人間科学を受け入れてきた……。フランスの力はこの寛容なオーケストラ全体への拡大に由来しているのです。」

しかし彼は成功しない。生物学者たちとは、乗り越えるには困難な境界線がある。医者が人類の病気についての大きな議論に加わる傾向はほとんどないのと同じである。

「私は研究センターに関して権力を持つことは望まなかった。なぜなら人間科学館を一種の独裁に変えてしまうことになるからです。さまざまな研究分野の人間たちを一つの定められた方向に導いていきたいと思うときには、強情であるだけの、それなりの理由をもつ強情な抵抗者に出会うものです。当時、クレメンス・ヘラーやモーリス・エマールとともに、われわれは別のかたちの研究に賭けていた。われわれは、きわめて明確で、細部まで準備された、一定のテーマについての国際会議を組織している。これには、一つの分野、複数の分野、形成されつつある分野から約十名が集まり、われわれはその結果を出版している。これによって人間科学館には国際的な影響力が出てきた。われわれは世界中の財団に支えられており、出版物はフランス国内では充分な予算がなかったために、ケンブリッジ大学の援助を得ていた。」

マゾンが主張するように、当時ブローデルが「生き生きとした共存空間」として考えていたものに熱中したのは、このためである。

「共通の道具をめぐっての相互交流の空間である。[……] 彼は、学際的な研究に向けてさまざまな研究分野の専門家たちを再編成するイニシアチブが、センターの位相的編成によって生み出される、いわば日常的な接触から自然に生じるのを期待していた(50)。」

ブローデルは五十歳、六十歳を越えても、大学流に言うと、あいかわらず完全に「常軌を逸して」おり——人間科学館の工事が始まったのは一九六二年のことであり、まさに彼が六十歳のときである——、彼はもはや行政の罠に引っかかることはなかった。彼は「社会科学の機関のほとんどない」この人工的な切り抜きが、邪悪で有害なものを持っていることをよく知っているが、しかしそれと戦うためにエネルギーを使う代わりに、彼は人間科学館の実現によって、自分が自由に使える方法で障害を回避しようと努める。

「私は非常に立派な図書館をあてにして、さまざまな研究センターの部屋で仕事をした。だからといってそれぞれの機関からセンターを取り上げることはなかった。私はむしろひとりでに拡大、発展してゆく共通の問題意識について考えていた。そんなわけで私は会合の場としてのカフェテリアを作ったのである。しかしそれは完全にはその役割を果たさなかった(51)……」

これらの表面的なまとまりは、実際、それらに結びついた権力の数々のかけらをもってしても、人間科学館以前から受け継いだ細分化を打ち破ることはできなかった。しかしながら少なくともそれらは一部の無言の排他的な人々を乗り越える助けをすることができた。そのうえ、ブローデルは大いなる闘争心で、支持者を見つけだすことができた。それは行政面を含めてのことだった。

「人々は人間科学館をフランスの大学のためばかりでなく国際的なレベルでの会合の場として見ていた。行政の次元における多くの困難の後、人間科学館は財団になった。私はすぐにこの方法が意味する数々の利点に気づかなかったが、それらは途方もないものだった。さらに人々がしばしば無関係なふりをするという理由で、この財団は私の監視下にあった。なぜならすべてがきちんと整ったときに、私は高等教育局長をすでにやめていたガストン・ベルジェに人間科学館の運営を頼んだのだが、彼は亡くなってしまったからである。そして他に適任が見つからなかったため、私が人間科学館の理事長になった。」

それは多くの困難を乗り越えることである。すなわち、まず国による不動産獲得のための複雑極まる規則のための困難であり、ロックフェラー財団も、後を引き継いだフォード財団にもその困難を乗り越える意欲も能力もなかった。ブリジット・マゾンはそれについてつぶさに語っており、しかも残念なことにもっと狭かったが、国の所有であったシェルシュ゠ミディ刑務所のためにラ・シェーズ通りの診療所の購入を断念したことを語っている。計画は「人間科学館協会」設立を経て、その協会の会長には大学区長のサライが、そして理事長にはブローデルが選出されたが、寄付を得ることはできなかった。

政府の予算割り当て（三分の二、すなわち二〇〇万ドル相当であり、フォード財団が一〇〇万ドルを負担）は、まず第六部門経由で行なわれた。人間科学館が公益財団となったのは一九六三年になってからのことである。

一九六〇年の初めに退職して、第六部門の未来学の研究指導教授になったガストン・ベルジェは、フォード財団からの多額の金の献上を新聞に声明として発表したが、このことは、五年前の場合のように、反アメリカ主義の抗議を何ら引き起こすことはなかった。情勢が悪化し、彼は少し後になって、ベルリンでの文化の自由のための会議十周年記念の国際会議に、とりわけレーモン・アロンとシャルル・モラゼと一緒に参加したが、このことは少し前に、明確に反ソビエト主義として示されるデモが行なわれて、第六部門と人間科学館計画を危うくする可能性が十分にあった。彼は開会にあたって発言さえしたが、このことはド・ゴール将軍の政権復帰後に行なわれ、一九五八年秋の共産党の重大な敗北とともに、政局は、一九五五年から一九五六年の緊張以来、明らかに変化していた。したがって人間科学館の基礎が築かれたのは、政局が落ち着いてからであった。

この新聞への声明文のなかで、ガストン・ベルジェは人間科学館において管理職に就きたくないと述べていた。だが交通事故で死んでしまったために、彼は計画の行政的な低迷と大臣官房の交替に立ち会うことはできなかった。

「土地の割り当て(一九五八年)、刑務所の取り壊し(一九六一年)、建築終了(一九六九年)と、建物全体の実際の占有(一九七五年)に関する最初の取り決めの間には、やはり十七年間にわたる文部省と法務省の会議が必要だった。(52)」付け加えなければならないのは、マルローの介入によって一九五八年の凍結が解除されたことであり、また一九六八年五月革命は進行中のストライキによる遅れ以外に何の影響ももたらさなかったとはいえ、一九六九年のド・ゴール将軍辞任後、大学におけるあらゆる改革を憂慮する、ポンピドゥー首相政権下で、対外的に深刻な政治の困難さが生じていた。これらの障害は、一九七二年にブローデルが第六部門を退職した後、大学内部の陰謀に引き継がれ、それは、ブリジット・マゾンが示しているように、いつ果てるとも知れぬ混迷が続くという結果になってしまった。

「フランスの大学という場での新しい研究分野の推進者たちが出会う、あらゆる困難を見事に示している。[……]クレメンス・ヘラーとルネ・マルゾッチ[第六部門の副研究指導教授]の支援を受けて、ブローデルの熱意だけがこの障害物競争をどうにか最後までやり遂げたのだった。(53)」

ブローデルが彼自身の個性を打ち出しながら、フェーヴルの遺産を最もよく発展させたのは、人間科学館であったと言える。フェーヴルの遺産は思想の中だけではなく、大学が普通の水準から外れたあらゆる企てに反対する、財政的な障害物競走を乗り越える能力のなかにもあった。『アナール』誌は一つの私的な機関であった。ブローデルは厳密に言って行政の才能はなかったが、彼の計画を実際に実現させる、法の盲点を発見する術を心得ていた。また彼は少しの先入観もなく、序列にも従わずに、すでに見てきたように、国際的な資金調達と予算の規則を完全に制御して結びつけることによって、すべての必要な権限をどの人に委ねれば最もよく事が進むかを知っている、まさに生まれつきの組織家であった。ある意味では、「人間科学」という言葉そのものが彼のために作られていた。なぜなら彼の驚くべき好奇心、すなわち人間に関わることすべてに対する彼の激しい欲求を、そこで実現することができたからである。

この好奇心は、彼の助言に基づき、アンリ・フラマリオンによって選ばれたガストン・ベルジェの事故死の後、一九六一年以来彼が編集した「新科学叢書」のカタログのなかに読みとることができる。そこでは、彼は自分自身の指導教授であり、ジャック・リュフィエの『生物学から文化へ』やロジェ・バスティドの『精神病の社会学』や、より人類学的なエカンとデュボワの『言語神経心理学の誕生』やドブジャンスキーの『進化する人間』によって、第六部門あるいは人間科学館で行なったよりも、歴史から生物学への領域の拡大を見事に実現させた。そこで彼は数学の研究者たちには、マンデルブロの『フラクタル物体』やヴェイルの『シンメトリーと現代数学』、物理学者にはルイ・ド・ブロリーの『現代物理学と量子論』というように自由な研究を行なわせた。

構築されつつある研究分野は変則的な研究としての場を得た。それらはデヴルーの『民族精神分析学』、ラプランシュの『精神分析における生と死』、リファテールの『構造文体論』、ドゥティエンヌとヴェルナンの『知性のたくらみ、ギリシャ人の異種交配』、ジャンケレヴィッチの『アイロニー』、アルキエの『シュルレアリスムの哲学』、ローレンツの『攻撃本能』、ル＝ロワ＝ラデュリの『気候の歴史』である。

歴史学とは無関係の大学からの反論はブローデルによるものではなく、また人間科学館計画の実際的な失敗は、実は彼が歴史学ほどには他の科学に益をもたらしていないという結果によるものである。彼が一九八四年に言ったことは、残念ながら十年後も依然として真実である。

「歴史学は、有意義であるためには、繰り返して言うが、他の人間科学に組み入れられるべきであり、それらの人間科学も、歴史の次元を考慮に入れなければならない。社会学者、経済学者、人類学者、心理学者は、歴史的展望にあまり関心を持っていない。たとえば社会学は、時事的な出来事の非常に不安定な状態で考えられ、構築されることが可能だと考えています。しかしこれは不可能です。たとえば『ディスタンクシオン』の問題は、ブルデューのすばらしい著書に触れるならば、あらゆる時代に存在します。過ぎ去った時を通じて、この問題や別の問題を理解することによって、人々は深層にある有意義な問題体系を明らかにすることができる。あなたがたは現在、調査をいくら積み重ねたところでむだです。それだけでは充分ではない。[……] 現在は過去、それも比較的古い過去によってしか説明されない。[54]」

これが人間科学館に与えられるものである。すなわち人間科学館は、多くの銃殺されるレジスタンスの闘士がそこを通過したという陰鬱な思い出のある、シェルシュ＝ミディ刑務所の跡地に建設されるのであり、フェーヴルとブローデルの努力の成果としての真の重要性を人間科学館に与えるのである。それを語るにうってつけのジョルジュ・デュメジルは、一九八五年、ブローデルの逝去の翌日にインタビューで次のように語っている。

「人は時として自分のインペリウム〔公権力〕、権力への関心を間違って理解しています。人がそれを心配し、楽しむのは、人間についての統一的な知識を創り出し、供するためだけです。[……] ポール・リヴェ以来、すなわちアメリカ研究の蘇生以来、私は中央集権、すなわち資財をつくることにおいて、あれほどの器用さと結びついた、大きな計画にこれほどの明晰さを見たことがなかった。[……] 一九六〇年代に、私はソビエトやフランスで高まりゆくコーカサスの言語や文化研究の重要性にブローデルの注意を引きつけた。数々の試みにもかかわらず、それらの研究は高等研究院でも東洋語学校でも受け入れられていなかった [……]。ブローデルは直ちにその仕事を引き受け、人間科学館は、若い『現地人』たちの名のもとに、低チェルケス語とカバルダ語とラズ語の授業をはっきりと予告した……。まさにこれもブローデルの言う新しい歴史でした。[55]」

デュメジルが、われわれに示してくれるのは、彼本来の領域から、ブローデルが彼の計画に与える術を知っていた総合的な側面である。それはまた、彼の受けた教育から、フランスのなかで、パリの体制の障壁を乗り越えることができると考えていなかったためである。

当時法学部が経済的文化を受け入れる唯一の場所であったが、フレデリック・モーロは、法学部で始まった経済的文化を完成するため、ニューヨークで一年間過ごした後、ブローデルのゼミナールの方法を持ち出して、そのことをきわめてうまく説明している。

「私はブローデル的なシステムの働き方をかなり早く理解していた。ブローデルはヨーロッパ各国からすばらしい研究者をパリに呼び寄せていた。ポルトガルからはマガリャニェス・ゴディノ、イギリスからはフランク・スプーナー、スペインからはバスケス・デ・プラダ、ドイツからはヘルマン・ケレンベンツ、イタリアからはアルベルト・テネンティとルッジェロ・ロマーノなどであった。彼はそれぞれの研究者と、十六世紀ヨーロッパの経済、社会、政治について対話を続けた。彼は私にこれらの歴史家たちを会わせたが、そのうちの何人かは私よりも若かった。当然の事ながら、こうしてつくり上げられた歴史は世界的な歴史であり、結局は多くの歴史家がまだ愛着を持っている古典期のフランスの歴史とは別な形で陶然とさせる歴史であった。」

この国際的規模は、すでに一九四九年から一九五〇年に存在しているが、その後も発展してゆくばかりであった。モーロのリストに付け加えなければならないのは、イギリスについてはホブズボーム、アメリカについてはF・C・レイン、イマニュエル・ウォーラーステイン、マック・ニール、ハンガリーについてはマッカイ、ポーランドについてはクーラ、ジェレメク、サムソノヴィッチである。ロシア人、トルコ人、アルゼンチン人、ブラジル人、メキシコ人。知的交流と情報の豊富さは、ブローデルの偉大な著作『物質文明・経済・資本主義』の出来上がり方を理解するために重要である。このことがなければあのようなスケールや影響力の大きさはありえなかったに違いない。人間科学館はこれらの外国人研究者を受け入れる場所として始まったが、その見返りとして、第六部門の教師たちの広い世界への進出、とりわけアメリカの大学への進出を容易にした。人間科学館はフランスの歴史研究の地域色を失わせる結果になった。

不思議なことに、この過程についての情報は、ピエール・ブルデューがブリジット・マゾンの本の序文で書いているように、一九八八年以前には得ることはできなかった。彼の分析によれば、「当初の選択の長期系列を復活させたことであり、それらはいまでは忘れ去られてしまったか、あるいはさらに悪いことに、伝説や噂によって変容させられたり、ゆがめられたりしたのだが、そこから第六部門は脱したのである……。」[56]

J・H・ヘクスターは、私がすでに引用した研究[57]のなかで、一九五三年、フェーヴルの六十五歳を祝う『リュシアン・フェーヴルへの賛辞』への寄稿者たちが地理的にどこにいるかということと、一九七二年のブローデル七十歳の時の『フェルナン・ブローデル記念論集』とを比較することを思いついた。フェーヴルについては、アメリカ人が一人、ポルトガル人が一人、ベルギー人が三人、イタリア人が九人で、ドイツ人はいない。八十パーセントがフランス人である。ブローデルについては、フランス人は四十三パーセントにすぎない。アメリカ人が七人、イギリス人が二人、ドイツ人が四人、スペイン人が三人、ポルトガル人が一人、アルゼンチン人が一人だがブラジル人はおらず、ポーランド人とイタリア人がそれぞれ八人、ハンガリー人が五人、トルコ人が一人、イスラエル人が一人、チェコスロバキア人が二人となっている。

ブローデルの挫折とその影響に引きずられてゆく前に、一九五八年から一九六〇年というこの転換期に至って、ブローデルは退職するまで約十二年間、歴史家として、また権力者としての彼の絶頂期を経験する。

それから数年後、私は彼に出会ったのだが、彼の白髪と、若いときのままの動き、表現、言葉とのコントラストに驚いた。彼は自分で言うよりもずっと若かった。彼の見かけの熱意、われわれの年齢差を証明する、年上の人が若者に向かって「tu」を用いる話し方、相手を自分と対等の立場に置くやり方と、会話の進め方、自分が到達すると決めたところへ会話を正確に導いてゆくやり方とのあいだにコントラストがあった。私は数々の親分肌の教授を知っている。まさにブローデルは親分肌の人であった。

第十一章　最も大きな歴史に向かって

1 諸文明の問題が前面に登場

これまでに、第六部門の委員長として、あるいは歴史教育の改革者や人間科学館の主唱者としての、組織家ブローデルの活動は、たくさんの罠、嫉妬、拒絶のなかにあって、どうやって歴史家は時間を見つけることができたのだろうと人々が思うほど忙しかったのだが、私は書く時間とか、思索したりする時間と言っているわけではない。その点では、一九五三年にサヴォワ地方のサン・ジェルヴェに建てた別荘が、とりわけ夏の滞在の休息に利用されたに違いない。われわれは新たな十年間の中頃からその成果が現れるのを見ることになるが、それは制度上の改革完成の圧力が弱まるときである。しかし反対に歴史に対する攻撃が増すときでもある。歴史に対して人間科学のなかに現れた新しい傾向は、人間科学に共通のモデルを与えることを目標とし、認識論のどんな役割も認めない。これらの傾向は「構造主義」と呼ばれ始める。

一九五七年のアルジェの戦闘以来、最も激しい段階に入ったアルジェリア戦争は、フランス本土において、一九四六年に制定された制度の終焉と、第五共和制における憲法上の根本的変化、ド・ゴール将軍の復帰の原因となった。フランスの三つの県の独立が議事日程に上ったという事実が、ピエ・ノワール〔アルジェリア在住のフランス人〕の悲劇と集団脱出やO・A・S（秘密軍事組織）のテロリストの一団の行動となって現れたが、ラヴィッス以来の既成観念を混乱させる結果になった。その観念とは「フランスの文明化を促進する使命」について、より直接的に言えば、西洋文明の優位についての思想であり、間接的には、あまり熟慮されることなく認められてきた文明の概念そのものであり、それは人類学者やとりわけフェーヴルやブローデルのような歴史家が親しんできたものではない。

ところでブローデルがたとえ距離を置いて見ることを望んでいても、この紛争には直接態度表明を迫られる。それは彼の自己形成における、アルジェリアでの経験の重要性のためであり、彼の妻ポールの家族がピエ・ノワールであるという経験とティアレットに実家があるということのためであり、要するにもっと一般的に言えば、ベルベル諸国をもとにして博士論文をつくり直した地中海の歴史家としてである。人々は、一九六〇年代の初めに、マルク・フェロー採用のための話し合いの際に、これらのさまざまな影響が現れるのを見ることができた。フランス人の退去の、多くの場合悲惨な状況と、新しいアルジェリア政権の最初の一歩、それらに続くイスラムにおける独自性の表明が、一九六二年から一九六三年以降、このレベルでの断絶をさらに悪化させた。

すでに『地中海』初版のなかで、「文明」の章が、「帝国」の後で、しかし「集団の運命」の部を締めくくる「社会」の前で、文明を「王侯のようで波乱に富んだ」複雑な登場人物としていた。ブローデルはモースの後で、幾分気兼ねしながら、理論上だけでなく、それら文明に取り組んだのだった。

「文明を語る人は動きを語る。しかしそれは全体的で大規模な動き、一つの塊、あるいは人間の、人類の、アリのように勤勉な人々の動きだろうか。塊の全体の歴史なのか、人々の歴史なのか。この問題は切り離すことが難しい(1)。」

驚くべきことは、彼がモースの教えの中から新しいものを引き出していたことである。すなわち文明の借用能力だけでなく、それらの拒絶の力である。文明同士を対立させる閉鎖性。だから彼は偉大な先輩に逆らって批判を表明する。

「モースは、われわれの考えているような文明の永続性を十分に指摘しなかったかもしれない。文明の生活のなかで変化するもの、動くもの、それがこの生活そのものの最良のものであり、全体であろうか(2)。」

彼が自分の気詰まりの原因を明らかにしようとするために、次に続く文章を書いた日付（遅くとも一九四六年から一九四七年）を考慮に入れたとしても、彼の予見は注目に価する。

「われわれは、現在の出来事によって、多くの植民地主義の危機、しかも最も非難されるべきではなく、最も洞察力があり、最も尊敬するに足るものの危機によって、あらゆる土着の文明、すなわち人々が支配された者と呼び、白人が彼らに強要したつもりの仮面を捨てる土着の文明の反乱によって、影響されるのだろうか。実際、われわれがあまりに不適切に名づけたもの、植民地化というこの狭義の言葉は、歴史家にとって強い教訓であり、世界の影響力に大きく開かれているが、ミツバチの最も注意深い巣箱よりも、文明に対してひそかに擁護された文明の生命力と存続する力に対してどれほど強い光が投射されていることか(3)。」

確かに、一九四六年から一九四七年には、インドシナ戦争の始まりやマダガスカルで残酷に鎮圧された反乱とともに、のちの惨劇の予兆がすでに存在していた。その一方で、セティフの「ナショナリスト」のデモが血に染まったあと（一九四五年五月の同じ日に、ヒトラーに対して勝利を収めた）、アルジェリアは奥深いところで沸き立っていた。自由フランスが領土に関して、多くは軍事的に、まずアフリカのチャドで再建されること、そしてその最初の政府がアルジェで組閣されたことは、一九四六年の憲法によるフランス連合の設立が具体化するには十分でなかった、原住民の人々のなかに承認と平等の希望を生み出していた。忘れてはならないのは、非植民地化の最初の大きな国際的な危機が現れたのは、イギリス領インドと同時期だったということである。ブローデルはフランス人の歴史家として、こうしたプロセスの始まりと意義に関して、見事に危機を悟っていた。

十年か十二年後に、彼が博士論文の改訂に着手したとき、世界的な問題となった非植民地化は、ディエン・ビエン・フーでの敗北と、スエズでの英仏の失敗の後、アルジェリアの独立や、非常に多数の死者が出ている段階にあった、とりわけ旧オランダ領のインドネシアや、ついにはベルギー領コンゴの独立とともにほとんど完了した。しかし第三世界の支持者を自任する共産主義文明と、その経済的および文化的優位を問題とする西洋文明との対立は、スターリンの死後、予想外の急展開を見せた。反共産主義の最初の反乱は（一九五三年の東ベルリン、一九五六年のハンガリー）と、一九五六年二月のスターリンの犯罪についてのフルシチョフの報告書による非スターリン化、それと同時に、西ヨーロッパ側では、新しい繁栄の高まり、まったく予想外の「栄光の三十年」（一九四五〜一九七五年）の生活条件の改善、とりわけマルクス主義の普及といったことが相俟って、長期にわたる既成の思想を一掃したのだった。

したがって、フェーヴルが晩年の論考のなかで予想していたような文明の意味の問題は、徐々にフランス本土に絞られたフランスにおいて、将来に関する問いの最初のレベルへ移行したのである。さらにそれは一九六〇年には、出口の見つからない二つの紛争、すなわちインドシナ半島全体に広がった、アメリカ対ベトナムの紛争と、パレスチナ問題によって引き起こされた紛争によって、絶えず刺激されている。一九六六年版の『地中海』では、すでに述べたように、「文明」の章が「社会」の章の後に来ており、「集団の運命」の部を締めくくり、注目すべき加筆によってそれをしのいでいる。さきほど引用した一九四六年の前書きについて言えば、それは基本的なデータは存続するという思想に基づいて展開されている。長期持続のブローデルは、こうして彼の分析のための強固な土壌を再び見出す。

「文明の生活のなかで変化するもの、動くもの、それがこの生活そのものの最良のものであり、全体であろうか。きっと違う。ここには、構造と変動局面、瞬間と持続、しかも非常に長い持続が見出される。一つの文明は、おのれが行なっていることに自覚的であるか自覚的でない乱暴な力によっても、また歴史の偶然や幸運に身をゆだねる無頓着な力によっても、そして最も広く伝えられ、このうえなくがつがつとむさぼるように受け入れられた教訓によっても、他の文明の領域を著しく越えることはできない。大筋のところ、賭けはいつも前もって行なわれているのだ。北アフリカは一九六二年［アルジェリア戦争終結の年］三月には西欧を『裏切らなかった』が、八世紀半ばから、たぶんキリストの誕生以前にも、オリエントの娘であるカルタゴの建設からすでに裏切ってきた。」[4]

これは三十五年前に行なわれた、マグレブの運命についての最初の考察を手直ししたアプローチであり、しかも非植民地化の危機によって意識的に相対化されたアプローチであり、ブローデルはこのアプローチの最も決定的な結果をしっかりと見抜いている。しかし彼が、これほど危険な現実から衝撃を受け、われわれの古き国家を根底から揺り動かす現実を受け止めるただ一人の人物ではないことは明らかである。人類学もまた状況を把握するのに絶好の場所に位置しており、アルジェリアの危機のなかで、人々はジェルメーヌ・ティイリヨンの果たした役割を知っている（先に見たように、このことはブローデルによって一九五七年に『アナール』誌に発表された）。したがって、人類学と歴史の間で、対話は深まってゆく。レヴィ＝ストロースは次のように語っている。

「一九六〇年には、歴史学と民族学は非常に接近していたのですが、こう言ってよければ、どちらが読者を獲得するかという競争状態にあったわけです。[5]」

同じ頃、彼は新しい歴史がねらいを定める分野を開拓し始める雑誌『人間』を創刊する。そこには、たとえば人文地理学の著書『トンキン・デルタの農民』で名を知られるようになったばかりのピエール・グールー(ブローデルは一九七九年、『物質文明・経済・資本主義』第二巻の献辞を書くことになる)、そしてテクノロジーの専門家であるアンドレ=ジョルジュ・オードリクールの名が見られるが、彼は特に引き具の問題で中世の歴史に衝撃を与え、一九三六年の『アナール』誌によって注目された。さまざまな収斂がはっきりとしてくる。

ブローデルが当時、新しい考察を頼りに今日の問題とすることにより、歴史家のテリトリーを再び主張したいと望んでいたのはもっともである。彼のものとなるフェーヴルの遺産を実現することによって、彼にその機会が与えられた。すでに見てきたように、フェーヴルは晩年、文明の問題を最重要の位置に置いていた。それはブローデルが「文明の歴史の貢献」について論じている、『フランス百科全書』の第十巻の出版とともに生じたことである。他方で、彼は『フランス農村史の基本的性格』のロシア語の翻訳が出た機会に、フランス文明の特殊性を明らかにした的確さを持つマルク・ブロックを賞賛している。結局、彼はフェーヴルが考案し、彼が引き継いだ「世界の運命」叢書で、アンドレ・ヴァラニャック監修の『文字を持つ前の人間』という共著の序文として「全体の序文」を発表する。

この叢書のなかで、一時代を画する運命にある、シャルル・モラゼの著作『征服者ブルジョワ』の序文を書くことになるが、それは一九六七年に『物質文明と資本主義』となる『十四世紀から十八世紀までの経済』という表題の本を書く前のことである。

当然のことながら、文明に関するこの二つのテクストは、人類学に対するブローデルの新しい態度表明(と同時に人類学の分野への侵入)をもたらす。基本的な点についての質問が改めて人類学から来た。「理想と規範的原則」に振り向けられた Kultur というドイツ語の意味や、culture というフランス語の意味(一般的知識や知的財産の収集や統合)に対して、人類学は、もっぱら事実に基づく人類学的な、英語の culture の意味をフランス語化していたのである。クロード・レヴィ＝ストロースは、一九五四年に「高等教育における社会科学」というユネスコ編纂の著作へ寄稿したときから、そのことを喚起していた。culture は、この意味では、ある一定のグループのなかで、生物学的な遺伝を越えて、「……知識、信仰、芸術、道徳、法、慣行、その他、人が社会の一員として獲得した能力や習慣を含む複合的な総体[6]」を伝えるものとなる。

ブローデルは次のように言っている。

「人類学者や民族誌学者が、文明の問題を科学的、すなわち『客観的』に話すほとんど唯一の人々であったとしても、（このような意味は）歴史家をほとんど困らせはしない。彼らの研究を読んでみれば、彼らの言葉遣いはわれわれに馴染み深いものとなる。それはいつか、すべての人々に押しつけられる危険がある[7]。」

そして彼は、歴史にそれを適用することによって、この定義を使う。

「文明とは、まずなによりも空間であり、『文化圏』であり、住居である、と人類学者たちは言う。その内部を［……］想像してほしい。大量の異なった『財産』や文化的特徴、形態や家の材料、屋根と同じように、羽根のついた矢のアート、方言や方言グループ、料理の味、特殊な技術、思考方法、愛し方あるいはさらに指針、紙（原稿）、出版物といったものを思い描いてほしい。文化の一貫性の最初のしるしは、一定の集合、いくつかの特性の頻度と遍在である。時間の持続性が空間におけるこの一貫性に付け加わると、私は文明あるいは文化を、レパートリーの集合体、『全体』と名づける。この全体はこうして認められた文明の『形態』である[8]。」

つまりブローデルは、文明を人類学（と英語の）意味での文化の歴史的様相と呼ぼうとする。このテクストの最後に、彼は再び文明の借用、拒絶、寿命を強調し、「専門家たちの間の境界を打ち破る」必要性を語っている。しかしテクスト全体を通じて、最も一般的な強調は、文明のレベルでとらえられた現在の説明と、当然、最近生じた変化の規模と影響力をめぐって行なわれている。

「革命、すなわち現在の時間の本質的な大変動は、これらの古い『外観』、多種多様な制約の炸裂である。この大変動からは、何ものも逃れることはできない。これが新しい文明であり、その新しい文明があらゆる文明を試すのだ。」

このように現場で、二十世紀の残り三分の一の境目に、経済と情報の世界的拡大によってはっきりと読みとれる歴史の断絶を理解することができ、われわれが世紀末の現状において必要な精神的道具を準備する術を心得ているのはブローデルのおかげであると認めよう。われわれはもちろん彼が予想していた「拒絶」の問題を知っている。しかしそれらの問題は原理主義の復活と普及とともに激化する。われわれはその上、人口未来学の枠内にいる。ブローデルは、人類がまだ三十億人しかいなかったときに、「地球がいままでに一度も経験したことのないような人間の氾濫」について述べていたのである。

「実際、人間は物腰を変える。［……］近い将来、人間の仕事、奇妙な仲間、人間の娯楽がどうなっているか、誰が予測できるだろうか。伝統とイデオロギーと理性の間で、人間の信仰がどの方向へ進むのか、予測できるだろうか。」

文化あるいは文明とともに、われわれがあらゆる価値体系を捨てることを指摘することによって、ブローデルは議論の三番目の項目である「近代ヒューマニズム」を練り上げるよう呼びかけていた。それについては、私はただそれが成功しなかったことを言っておこう。なぜなら一九六〇年よりも、われわれはおそらく「不変の価値体系を構想する」ところからはまだまだ遠いところにいるからである。しかしその責任が彼にも、そして当時その表現を使ったジョルジュ・フリードマンにもないことは確かである。さらに問題がこれほど現代的であったことは一度もなかったと考えるようにあらゆることが仕向ける。

文明についての歴史の出口は、実際にブローデル的思考の到達点であり、たとえ私がそこでもう一度述べた出来事が、それなりの役割を演じたとしても、これは状況に応じた出口ではない。それは実際に彼にとって歴史の概念の克服であると同時に、人間科学と歴史の一致の克服でもある。

「世界の運命」叢書の「全体の序文」は、こうしていわば『フランス百科全書』のために書かれたテクストの実践である。「長期持続」の二年後に、ブローデルが歴史の理論的な問題について、見事なやり方で再び明らかにするのは、そこにおいてである。

「歴史は［……］見かけだけにすぎないパラドックスによって、現代世界の新しさそのもの、その思いがけない出来事、多種多様の厳命、言うならばインスピレーション（新事実）を同化するはずである。第二次世界大戦の並外れたショック以来、そして紛争の直後の科学のさらに並外れたインスピレーション以来、われわれが生きてきた人生、この人生は、一時的なわれわれの冒険的行為であり、人間の問題全体を過去や過去を越えたところで提起し直す。被告人であると同時に証人でもある歴史は、この全体に関わる議論に参加し、歴史自体も現代のとがった鋭利なワインに直面して、自分を正当化せざるをえない。(9)」

そしてもはやわれわれ西欧の人間の周囲を回ることのない「新しい世界の生成」に敬意を表さなければならない。しかし他の大陸や、他の文明にそれなりの地位としかるべき重要性を与えること、このことにより、「世界の中心――これは一つの話し方だが――をずらすことになり、それもたびたびずらすことになる。そしてその度に、われわれの見解では、視界、観点、説明、連鎖、価値体系が変わる。［……］多くの遅れと、今日もなお目に見えるいくらかのものとともに、世界の歴史は少しずつまとまって、一つの塊となった。(10)」

これは何が『物質文明』のなかで「経済＝世界」移動の研究となるかという予告であり、最初の展望である。

「他の新しい仕事としては、われわれは、歴史のために、絶えず一時通過状態にある他の世界、社会科学の世界を再構築する必要がある。(11)」

注目すべきは、同じ観点で、ブローデルが一九六一年五月の『アナール』誌で、「調査への回帰」（フェーヴルが一九四九年に「新しい歴史に向かって」のなかで奨励していたものへの回帰）と題された論説に署名するとき、ブローデルの選択が二つのテーマに向けられていることを示していることである。すなわち、「現代の社会科学としての歴史」と「物質生活と生物学的行動の歴史」であり、二つ目は、見てわかるように、さらにはっきりと彼の新しいテーマである。

ところでフェーヴルは、技術革新が、空間の征服と、原子爆弾をかかえた惑星間ロケットばかりでなく、ジェット機やラジオや電話の進歩とともに全体的で途方もない距離の短縮や、ラジオ受信機を小型化し、受信機の自律性を可能にし、情報を一変させるトランジスタが普及する前に、すでに自分の計画を書いていた。彼の死後十五年の間に、数々の戦争が生中継で聞こえ、テレビ放映されることになるが、これはアルジェリア戦争ではフランス側の、そしてベトナム戦争ではアメリカ側の展開を見込んだものだった。

「現代のとがった鋭利なライン」に適応する歴史の改革のために絶えず繰り返される議論において、ブローデルが一九六二年から一九六三年にかけて、私が先ほど触れた、『文明の文法』を書いたということがよりよく理解できるのである。ところでこの本は青少年向けのものであるため教育的だが、これらの根本的な問題を押える新たな段階を示唆するものである。それはまさに彼が『物質文明』に取り組み、『地中海』の手直しを行なおうとしていたときであった。

「したがって諸君のカリキュラムの第一部は、この時代を、すなわち、第一次世界大戦の始まった一九一四年八月から現在に至るまで世界が生きてきた、あの劇的な、往々にして非人間的でもあった年月を、問題にする。あのさまざまな出来事は、二十世紀『前半』をきわめて劇的に激動させたのであり、現在のわれわれの生活にもはかりしれないほどの影響を及ぼしていまなお生きつづけているのである。しかしこうしたつい昨日の出来事は、それだけで現代世界を説明できることもあれば、説明できないこともある。実際、現代という時代は、程度の差こそあれ、もっとずっと遠い過去の他のさまざまな経験をひきずっているのである。現代は過ぎ去った諸世紀を、『こんにちまで人類が経験してきた歴史的発展』をも、その糧としているのだ。〔……〕しかしながら、人々の生活には、こういう出来事ばかりを集めた映画には現れないような数多くの他の現実が含まれているということもまた事実である。たとえば、人々が生きている空間、人々を閉じこめ、人々の存在を決定している社会的諸形式、意識してにせよ、無意識にせよ、人々が従っている、倫理的諸規則、宗教的・哲学的信条、そしてそれぞれに固有の文明などがそうである。こうしたさまざまな現実はわれわれよりもはるかに長い生命をもっており、それがすっかり完全に変化するのを自分の生きているあいだに見届けることなどとうていかなわぬことであろう。[12]」

われわれがモラルや社会生活のなかで体験する変動が加速することによって、三十年後にこのテクストを修正することになる。しかしアルジェリア戦争後の一九六二年と一九六三年に、人々は「大きな歴史」のある種の中断と第二次世界大戦後に形成された構造の持続を信じることができた。少なくとも、あるジャーナリストがやがて「フランスは退屈している」と書くことになるフランスにおいて。しかしそれで全体的な推論が少しも減るわけではなく、ブローデルは、過去について歴史家は「幕切れの言葉」を知っていると述べている。彼は若い人々に次のように言う。

「現代世界が問題になるときには、それは一連の可能性としてわれわれに示されるのだから、大問題を見分けるということは、何よりもそうした幕切れを想像して、あらゆる可能性のうちから明日実現しそうな可能性がどれなのか判別することである。これこそ至難の業であり、偶然に左右されるが、おそらく必要なことだろう。〔……〕歴史学がこうした賭けや投機に加わりつつ、結局のところ、現在――それも曖昧なる現在――の科学たらんとしているということ、このことに諸君は驚かれるかもしれない。それは歴史学の行き過ぎではないのか。〔……〕歴史解釈の明らかな多様性、異なるさまざまな視点間での解釈の分裂、そして解釈の矛盾さえもが、実のところ、歴史に固有の弁証法においては一致する。歴史の弁証法は、歴史のさまざまな時間それ自体の多様性に基づいているものだからである。たとえば、歴史の時間には、出来事の早い時間、挿話の長くのびた時間、文明のゆっくりした緩慢な時間、というようにさまざまな時間がある。〔……〕それに対して、全体的な歴史解釈の試み――たとえば文明史のような試み――では、太陽光線のスペクトルのさまざまな色をしかるべく混合すると必然的に白色光がつくられるように、露出時間をさまざまに変えて幾枚もの写真をとり、そのうえでそうした多様な時間と図像とを統一してまとめなければならないのである。[17]」

ここでは、反対に、今世紀最後にこの全体的概念に変わるべきものは何もない。これまでになくわれわれは文明の歴史における変化と戦っている。それは共産主義の崩壊であったり、南アフリカのアパルトヘイトの終結であったり、さらにはイスラム教の緊張状態であったりする。本のなかで、共産主義世界に関わることを除けば、未来学の誤りはごくわずかである。というのもブローデルは中国に関わる統計上の操作を見抜いていたが、たとえ専門家を含む同僚のほとんどよりも、彼がそこで多くの批判精神を発揮しても、その操作の規模やソ連に関して企てられた嘘をまだ察知していないからである。

改めて言うが、ソ連は当時、自ら広めることのできた幻想の頂点にあったばかりか——その権力に関しても——、西洋の思考の道具は、最初の人工衛星スプートニクを発射し、月で最初の探索を開始することのできる国が、自国の経済と社会について、このような規模で嘘をついている可能性があることを否定しているのだ。(14)

このブローデルの誤りそのものは明解である。未来学はその名に値する歴史学についてのみ機能することができる。少なくとも体制の反対者自身が、どれほど現実の残骸以下のところにとどまっていたかを人々が理解できるためには、一九七四年のソルジェニーツィンの『収容所列島』が必要であり、実際ソ連の崩壊が必要となる。

その代わりに、南アメリカやアメリカ合衆国、インド、「暗黒大陸」や「ヨーロッパ文明」に関する目もくらむばかりの頁の数々！　過去から現在への統合を同じように教えてくれる本は決してなかった。この点でそれは大いに残念なので、その計画はそのままそこに残されている。なぜなら二〇〇〇年が近づき、出来事の重要性を把握するために青少年にとって歴史を参照することがこれほど必要不可欠であったことはかつてなかったからである。不幸なことに、ブローデルの教えは理解されず、この『文明の文法』も常にわれわれの教育と完全に離れていた。

人々は思い浮かべる。ブローデルが旧ユーゴスラビアの三年にわたる戦争を前に、講義を再開するのを。旧ユーゴスラビアでは、争いの地域が、ローマ帝国とビザンティン帝国との境界線、神聖ローマ帝国の境界線、トルコ人の前進とローマカトリックとギリシャ正教との境界線を切断している。アイルランドの和平交渉やルワンダの集団大虐殺を前にブローデルの教えを思い出すことにしよう。アルジェリアの新しい悲劇については言うまでもない。

われわれはこの諸文明の問題によって、歴史学のヨーロッパ的教育の根本的な問題の一つ——おそらく根本的な問題そのもの——に関わっている。ブローデルの経験、忠告、教えは、今日これまでになく有効であり、われわれは再度、教育から離れることがどれほどの損失を意味するのか推測することになる。

2 『地中海』の決定版に向けて

一九六〇年代の初めにおいて、文明のレベルでのまさに理論的な省察は、しかしながらブローデルの歴史的な活動の一部にすぎない。それは一九七〇年代の後半にやっと完成する彼の偉大な著作となるもの、すなわち『物質文明・経済・資本主義』の構想に入るときだった。フェーヴルからの注文は一九五二年にさかのぼる。しかし彼が本当にそのことを考え始めたのは、フェーヴルの死後、「世界の運命」叢書の編集が暗礁に乗り上げたときであり、彼が没頭するのは一九六〇年代初めになってからであり、一九六七年に第一巻だけ出版され、計画の全体的な完成に伴って一九七九年に書き直された。

題材は、コレージュ・ド・フランスでの授業や第六部門のゼミナールの影響を受けて少しずつ蓄積されてきた。そこにはすでに見てきたように、専門の教授らの採用も含まれる（主題によっては、ブローデルはまさに世界的な視野への移行を迫られた）。同じ頃、彼はさまざまな報告書や寄稿によって、『地中海』において始まった問題提起を続ける。『地中海』にはフェーヴルが発表した賛辞のおかげで、参考図書としての地位が与えられていた。

「ヨーロッパの拡大と資本主義。一四五〇～一六五〇年」という論文と、前年の一九六〇年の新しい明解な論文「人口歴史学と人間科学の次元」とともに、一九六一年にコロンビア大学で出版された『ヨーロッパ文明論』への寄稿を記憶にとどめよう。そこでは、ブローデルは、あまりにしばしば「簡単な歴史、事件だけを記述し、政治色を帯びた歴史に」魅了されすぎているとしてアルフレッド・ソーヴィを非難しているのだが、とりわけ、それも非常に批判的に、ソーヴィの『人口についての一般理論』を書評している。

「これは残念なことだ。彼の簡潔な思想が論拠を置いている現在という時間は、世界の生命の一瞬にすぎない。それを導く全体的な動きの方向と速度を制御する持続のなかに潜ることがなければ、人々は十分にその一瞬を理解できない。(15)」

したがってブローデルから大いに頼りにされた歴史人口学が必要となるが、これは歴史経済学が必要となることとその将来の発展の条件と対をなしている（これはマルクスや社会史の先駆者たちの重大な欠陥である。二十世紀に、しかも二つの大戦間でさえも科学としての人口統計学は発達し、さらに一九四五年にソーヴィの率いる国立人口統計学研究所が創立されたのだから）。一九六一年の重要な別の論文、すなわち「物質生活の歴史。食糧と歴史のカテゴリー」[16]がこれに関連する。

私はすでにブローデルの教育と『アナール』誌の結果として、一九五七年に審査を受けたピエール・ショーニュの博士論文『セビーリャと大西洋（一五〇四～一五六〇年）』を挙げた。この評価は、一九四五年に高等教育教授資格試験準備学生だった彼が、ソルボンヌ大学でブローデルの講義に出席し、いかに驚嘆したかを語る打ち明け話によって確かなものになっていた。やがてショーニュはフェーヴルとブローデルが高等研究院第六部門を設立する際に、ボランティアの秘書となる。その時ブローデルはショーニュが博士論文のテーマを見つけるのを助けている。すべてがわれらが若き研究者を高等研究院へと導いていたのだ。事態はまったく別の方へ動いていった。

「ブローデルとの関係は父親との関係と同じ性質のものだったと、あなたに言ったことがあります。〔……〕感情でも愛着でも私はいつも極端でした。父を愛したように、またド・ゴール将軍を一九四〇年に愛したように、私はブローデルを愛しました。〔……〕ブローデルはもうこの世にいないので、どのように感じていたか聞くことはできません。私は自分が正しいと思い込んでいました。いまとなってみると、落度は両方にあったと思う。われわれ両人のいずれかにしか場所がないと彼に言われたとき、現実には彼は私にこれ以上ありえない最大限の敬意を払っていたわけです。」[17]

これは、ショーニュ夫人の要求に部分的に答えながら、はるかに実際的な困難があったことを示している。最終的には、夫人の助力を得て、ショーニュは七千八百頁もの膨大な著作を書き上げる。

「ブローデルとは対等に話し合いました。私はド・ゴールのように、そして彼はチャーチルのように、対等の関係で。ブローデルは、チャーチルのように振る舞いました。チャーチルであろうとド・ゴールであろうと、少なくとも同じように名誉あることです。私たちは双方とも約束を守りました。約束を守ってくれたことに対して私はフェルナン・ブローデルに非常に感謝しています。彼は研究を出版し、私たちは証拠にもとづいて判断されることができました。[18]」

統計の部分は、すでに述べたように、一九五五年から一九五六年にかけて出版されていたが、博士論文の公開口述審査から六年経った一九六三年にブローデルが説明を行なうのは、この膨大な著作の完成した出版物についてである。彼はそこで自己批判のニュアンスを時折明らかにする。しかしわずかに、「驚異的で革新的な努力」――という賛辞の下に、ブローデルは『地中海』との関連を認めず、何よりもショーニュを、「時系列の」歴史学のあまりに決然とした選択によって研究領域をかなり狭めたという点で批判する。

「系列、互いに結びついた尺度の、いわば一貫した連続、あるいは首尾一貫するようになった連続、すなわち歴史的時間の働き、その歩みと意味を辛抱強く確立する必要があるだろう。[……]互いに関連し合っている有効な尺度を示す、そのような一連の数字、とにかくそれはわれわれの不確かな知識を通して構成された道、たった一回ではあるが特別な旅しかほとんど許可しない道である。量と数値において再構成された、セビーリャとアメリカ大陸との取引、これが歴史的に名高い系列である[19]……。」

しかし大西洋は、そのためにセビーリャに達する交通システムに縮小される。「それゆえ人々は瓶の口によってすべてを支配する」。その結果地中海から切り離されてしまう。するとそれは、ブローデルによって実際に開かれた道とは食い違ってくる。彼が地中海を越えてインド洋に向かっても大西洋に向かっても新たな道を開いたときとは話が食い違う。しかしこのことは結局、経済の動向とその結果生ずるあらゆるダイナミックスを食い止めることにもなる。したがって次のような別の批判が出てくる。ショーニュにおいて、

「重大な不動性の記述（第一部）と景況の叙唱《レチターティヴォ》（第二部）は、それが経験しているが至るところでそれを越える全体史のなかで切り取られた、ある種の経済の現実を再構築することだけをめざしている。私はピエール・ショーニュが、長期持続のただの観念にすぎないものを通して観察できる構造的なものよりもより体験談に近く、より理解しやすく、

またもし景気変動が景況曲線のなかに含まれているならば、より科学的な景気変動のほうを意識的に好んでいたのではないかと疑っている。[20]」

私が思うには、ここでブローデルとしては、長期持続の役割を自分の利益のために弁護していると見るべきではなく、景気変動局面と構造的なものの連関について本質的な問題が不意に出現したと見るべきである。もちろん私は、現在では確固たる地位を築いたショーニュの博士論文の重要性を判断しようとはしていない。そのためにはフランスの歴史への影響を要約したポミアンの著作を参照するだけで私には十分だろう。

「この本は、スペイン側大西洋における輸送がヨーロッパ経済にとって『主要な部門』の役割を果たしていて、『輸送部門の変動が他の至るところに影響を及ぼす』ことを示している。とりわけ十六世紀の特徴である価格の上昇から、十七世紀を満たす長期にわたる物価下落への移行という、百年周期のトレンドの方向が逆転するのを説明するのは、大西洋における輸送の衰退である。[21]」

ブローデルの反論から私が引き出すもの——私の興味を引くのはまさにそれである。なぜならこれより前のレヴィ＝ストロースと同様、ショーニュのおかげで、文明のアプローチ、およびもっと一般的には経済学者たちへの質問のアプローチのおかげで、私が理解しようと努めているのは、何よりもまず彼の思考における変化である——それは、いかにショーニュの曲線が、ブローデルが取り上げた物価曲線としてよりも、生産曲線として機能しているかを示すことである。ブローデルは次のように結論を引き出している。

「要するに、他の記録に達するために物価曲線から抜け出す必要があり、おそらくそれらのおかげで、それまでわれわれが見落としていた生産量を測定する必要があるのだが、それについては、あまりに多くのアプリオリな説明をうんざりするほど聞かされている。[22]」

生産量は——唯一価格だけに立ち返らせるのに反して——研究対象の社会の行動の深層部、すなわちより全体的な歴史に立ち返らせる。一九六七年の第一巻だけではなく、十年後の三部作『物質文明・経済・資本主義』の発展において、ブローデルの考察の変化の重要性を見ることになる。

ブローデルの出版物の軌跡を見るか、あるいはむしろざっと仕事を眺める場合に、私は多量の学会発表と分析を無視した。一九六三年度だけについていうなら、ボーヴェについてのピエール・グーベールの博士論文の出版や、フリードマンの『ライプニッツとスピノザ』や、シュンペーターのイタリア語版『経済分析の歴史』(フランス語に翻訳されるのは二十年後である)の書評がある。最も注意を引いたのは、全体史への変わらぬねらいである。ブローデルは可能なかぎりのあらゆる単純化、境界や閉じこもりの実施を批判するだけでなく、厳密さを常に気にかけて、問題を把握するために、最も広い歴史空間と世界に開放されていることに頼る必要性を絶えず再確認する。

このことは、すでに述べたことだが、『文明の文法』の教育法において、とりわけ際だっているが、決定的な近年の最初の本当の総括は、『地中海』の新版に見出される。第一に、すでに私が述べたことについて、すなわち一九四六年から一九四九年の初版ではすでに新しい観点の概観が示されていた。当初の構造を解体することもなく、それを完璧なものとし、訂正することを可能にするものを、このあとの数十年にわたって引き立てて、検証してゆくのである。次に、これらの先取りそのものがブローデルに、古文書の情報と発掘においても問題意識においても、その間の突発的な変化の指標の尺度をもたらしたからである。彼は新しい序文を堂々と次のように締めくくることができる。

「この本の旧版を読んだ読者は難なくそれを認めるだろう。結論、メッセージ、意味は以前と同じままである。」

この新しい序文の日付は一九六三年六月十九日であり、新しい結論は一九六五年六月二十六日である。序文は突然現れた研究を「本の航跡」において公式に認めており(このようにしてブローデルはたとえばピエール・ショーニュとユゲット・ショーニュの成果を組み入れている)、いまや大学の教育課程のなかに含まれている経済学、政治学、「文明についてのある種の考え方、より注意深い人口統計学」について、われわれが途中で示したことを強調している。それにもかかわらず、当時、彼は次のように書いていた。

「本質的な問題は相変わらず同じである。それはあらゆる歴史学の企てに関わる問題である。つまり、たちまち変化し、その変化そのものとスペクタクルゆえに話題を賑わすような歴史と、どちらかといえば寡黙な、確かに控え目な、歴史の証人と当事者にはほとんど思いもよらず、片意地なまでの時間の磨耗にどうにかこうにか耐えて保たれているような深く潜んでいる歴史とを、なんらかのかたちで、同時に捉えることができるのか、ということだ。この決定的な矛盾は、相変わらず解説を要するわけだが、知識と研究の偉大な方法であることは明らかである。[23]」

人々はここでレヴィ＝ストロースが介入した痕跡を見つけることになる。レヴィ＝ストロースによれば、「人間は自分の歴史をつくる、けれども歴史をつくっているということを知らない」というマルクスの有名な言葉は、「前半の言葉で歴史を、後半の言葉で民族学」を正当化しているのだが、「もし民族学者が主として社会生活の無意識的要素に対して分析を加えるなら、歴史家がそれらの無意識的要素を無視していると想定するのは不合理だろう」とレヴィ＝ストロースが付け加えているという事実に関して、私はレヴィ＝ストロースの発言を引用したことがある。ブローデルの答えは、歴史はこのような矛盾に満ちているということだ。彼は次のように明確に述べている。

「簡潔に言えば、『構造』や『変動局面』について語るという習慣が次第に定着してきた。変動局面は短期の時間を、構造は長期の時間を取り上げる。当然のことながらいろいろな構造があり、また変動局面もいろいろであり、こうした構造や変動局面の持続も変化する。[24]」

ブローデルは結論の最後の数行で、人間科学としての構造的歴史の特性を力説する。

「歴史家の『構造主義』は、他の人間諸科学を苦しめている問題群、構造という同じ名前で呼ばれる問題群とは、何の関わりもない。この歴史家の構造主義は、もろもろの関係が関数として表現される数学的な抽象化の方向へ歴史家を導くことはない。歴史家は、生活のなかで最も具体的で、最も日常的で、最も不滅であるもの、最も匿名の人間に関わるもの、そのような生の源泉そのものへと向かってゆくのである。[25]」

構造に認められる重要性に由来する問題、すなわち「この働きで、人間は何になるのか」に対し、ブローデルは最も現代的意義のある問題、すなわち「一九六六年において、フランスという集団の自由とは何か」という設問によって答える。ヨーロッパ共同市場や世界経済におけるアメリカの地位、経済の相互依存において、またそれらのせいで言外にほのめかされていることである。最も広い歴史の場において、問題を提起するために、彼はそれを実行する。

「一五七一年において、ひとかたまりとして捉えられたスペインにとって、つまりスペインにとって可能であった賭けという意味で、自由とは正確には何であったのか。また、フェリペ二世の自由とは、あるいは、自分の船、自分の味方、自分の兵たちと一緒に海のまっただなかに消えていったドン・フアン・デ・アウストリアの自由とは何であったのか。いずれの自由も私には、一つの小島、ほとんど一つの牢獄のように見える……。こうした行動範囲の狭さを確認することは、歴史における個人の役割を否定することだろうか。〔……〕結論として言うなら、私は次のような逆説を支持したい。行動力のある偉大な人間とは、自分の可能性の限界を正確に測定したうえで、その可能性のなかにとどまることを選びとり、しかも、不可避的なものの重みそのものを逆に利用して、事柄の進展のなかで自分の力を発揮できるような人のことである。〔……〕だから、一人の人間の前に立つと、私はいつも、ある運命とある風景のなかに閉じこめられているこの人の姿を見たいという衝動に駆られる。運命はこの人の意志とはほとんど関係なくできあがっており、風景はこの人の後ろに、また前に、『長期持続』という無限のパースペクティブを描き出している。[26]」

ド・ゴール将軍の歴史的役割についての考察だろうか。エチエンヌ・ビュラン・デ・ロジエによれば、『地中海』はラ・ボワッスリー〔ド・ゴール将軍の家〕の暖炉のうえに長い間置かれていた。歴史の構造に対する行動家の自由ということの問題について、ここでブローデルは捕虜収容所の講義ノートの粗野な表現に柔軟さを与えている。ノートで彼は「ドイツの現実」「ドイツ人」の「代表者」としてビスマルクを見ていた。[27]長期持続によって描き出された風景のなかに「閉じこめられる」ことを前ほど強制されてはいない。やがてブローデルはそういう風景に「包まれている」と思うようになる。

この『地中海』の新版は、大成功をおさめ、[28]一九七二年と一九七六年には、著作の普及にとって最も重要な英語の翻訳が出版され、その後一九九三年にフランスで文庫版が出るに至った。

この新版は、ブローデルが自らの意図をはっきりさせている新しい前書きがあるにもかかわらず[29]、最後の部分「出来事の歴史」がそのままのかたちで再版されたために議論を引き起こした。構造主義の最も新しい信奉者たち――当然のことながら教条主義者たち――の目には退行と映ったため、一部の人々は博士論文の審査委員たちを喜ばせるために、かつては最後の部分を入れたのだと言ってついに過去にさかのぼってブローデルを非難するに至った。このことは三部の首尾一貫性と、われわれが見てきたようにフェーヴルへの手紙による否認から考えて、ばかげている。思い出していただきたいが、第三部は、文献カードなしで捕虜生活の状況下では完成させることができなかった部分であった。次に、矛盾したうわさが流された。それはブローデルが第二版への仕事の際にこの第三部を削除するらしいというものだった。ところで、そのようなアポステリオリな改竄が単に不可能だったということに気づくためには、もう一度著作を読むだけで十分である。この第三部がなければ、地中海が「大きな歴史」を脱する時についての、つまりブローデルが再版において一六五〇年頃まで後戻りする傾向があった時についての著作の基本的な問いが、根拠のない、いい加減な問題となってしまうだろう。

実際は、構造主義の支持者から見て、この本のなかで構造主義にとって許しがたいもの、それはブローデル流の三つの持続の連関であり、それら持続の間の移行、コミュニケーション、構造的歴史においても、時間因子――と、それが出来事史も含んでいること――を明らかにすることである。どんな出来事の鎖も他のものと相いれることができないという結論によって。

ポール・リクールは『時間と物語』[30]のなかで、哲学者として問題に取り組みながら、次のように指摘した。すなわち、『地中海』の時間性が独自のものでなければ、ブローデルは、人々が彼のものだと見なす「コペルニクス革命」を体現しなかった、と。なぜなら彼の著作は相変わらず物語の規則に従っているからである。このことは歴史家の言語や思考が哲学者とは違うこと、そして彼らがコミニュケーションしていないことを単に証明しているにすぎない。『アナール』誌、ましてや『地中海』が物語としての歴史、すなわち「歴史主義の」歴史と断絶していることが実現されたのは、「歴史主義の」歴史が物語であったためではなく、それがただ一本の単調な直線状の出来事の物語と混同されたためであり、それらの展開のなかで得られた主義主張や、変化の逸話的で偶発的な皮相さにとどまっていたためである。このことは完全に別のことである。

当然、ブローデルは物語の形式を保持する。というのは山や貨幣、貴金属と価格、あるいは文明の長期持続、輸送時間の比較の役割を取り扱うときでさえ、彼は時間的相関関係を分析しているからである。しかし、彼の物語のヒーローたちは、もはやメディチ家あるいはしかじかの銀行家でもなければ、ましてやどこかの王や戦争の指導者でもなく――たとえ経済や社会の長期にわたる彼らの選択したデータとその影響をブローデルが記録していても、社会や経済の道具であるという点に変化がある。貨幣、貴金属、価格とそれらの変動の意味、破産の理由、貨幣の流通あるいは商品の変化、戦争の始まりと「経済的に行き詰まった時代」との間の相関関係は、あらゆる場面をそれらに占めさせる地位の向上を受け入れる。レパントの戦いの展開は、もはやサスペンスのためにそこに描かれているのではなく、「波及効果のない勝利」、極言すれば、出来事でないもののために存在しているのだ。出来事はもはや出来事そのものとしてあるのではなく、それが「影響をもたらし」、「遠いところに反響し」、「跳ね返る」かぎりにおいてあるのである。なぜなら、出来事は、下流の方へ固有の時間性をもたらすと同時に、上流の方で他の出来事の時間性を受け取るからである。

したがって歴史の物語を追放するという考えは、そんなふうに考えられた出来事を歴史から追放するという考えと同じくらい現実離れしている。分析が表面の渦にとどまるか、あるいは深層の流れから十分な説明を汲み出すために、深層の動きから何が浮かび上がってくるかを読みとる術をこころえているならば、問題全体は、分析がどのレベルにあるかを知ることである。

これこれの文献の断片が、物語の形式を取っているにしても、全体を段状や層状に切り取ることはまったく物語の形式ではない。数学的論述の文法的記述が適切でないのと同様に、ブローデルの論述の様式を正しく理解し、批評するためには、新しい歴史の問題意識の内部に移行する必要がある。歴史家ブローデルに特有な資質、それは彼より前のフェーヴルやブロックのように、彼が歴史の名文家となる術、そしてわれわれがすでにその困難さを見てきたように、異なる基層間の論述の一節一節、彼の新しい歴史の持続期間の変化の連関を練り上げる術をこころえていたことである。

ブローデルの書き方を、彼の研究のなかで現代史という小説のなかで突然生じた変化や、たとえば『一九一四年夏』におけるロジェ・マルタン・デュ・ガールや『自由への道』におけるサルトルの時間の不連続性の小説のなかでの用法と突き合わせてみることは興味深いだろう。物語と非物語の間の根拠のない誤った対立の考えにあまりにとりつかれているために、人々はこの分析が適切であるのはブローデルにおける記述のリズム、錯綜、組み立て、そして『地中海』の一九六六年版や『物質文明』三部作における、自由な記述にあることを無視してきた。『物質文明』では、彼はおそらく一部分はテレビ用のニュースの編集の加速から得られた強さとともに、長期持続における時代錯誤的な遭遇をねらっている。歴史家は自分の生きている時代の情報のリズムから超然としていることができないようだ。映画フィルムの編集のリズムは、ヒロインのスカートの長さよりもはるかに確かに時代を推定する。

一九六〇年代後半には、構造の研究によって引き起こされた革命が、あらゆる大きな改革に共通の発展、探険家たちが未知のものに立ち向かう英雄的な冒険の通り道を知っていて、さまざまな成果を蓄え、理論づける追随者が出現する。これは一貫して成果をアカデミズムのものとし、研究や探検の有益な不確実さであったものを形式主義化、ドグマ化する傾向がある。ところが、人類学と歴史の間の最初の論争から十五年あるいは二十年後、それまでじわじわと進行していた、このアカデミズム化は、人間科学の成功に染み込み始めている。

アカデミズム化は明らかに、伝統的な大学の枠外での制度的勝利の始まりの結果である。人類学、言語学、社会学とともに、歴史学はいまや、重いマントの犠牲者であるソルボンヌ大学よりも、コレージュ・ド・フランスと高等研究院第六部門で広く行なわれている。『アナール』誌はいまでは『歴史学雑誌』以上に堂々たる雑誌である。ソルボンヌ大学は、謹み深い領域に新しい研究者たちが参入することについて、やはり侮蔑を示し続ける。ラシーヌをめぐるレーモン・ピカールのロラン・バルトとの論争で示されているピカールの論調を見れば十分である。

しかしながらこのアカデミズム化の高まりが存在し、おそらく最もよく説明されているのは、非スターリン化が明らかにしたこと、ポーランドやハンガリーでの反ソ暴動、中ソ分裂によってマルクス主義の根本的な有効性を試す実際の運用において、完全に崩壊寸前であったマルクス主義が、一九六五年にルイ・アルチュセールの『甦るマルクス』によって練り上げられた、理論化、形式化、「構造化」によって持ち直したときである。アルチュセールはユルム通りのエコール・ノルマルで哲学を牛耳っている。いわゆる「社会科学」を退け、それらの成功を「一九五〇年代に社会科学が制度的および知的に脆弱な状態にあった」ためだと認めるふりをしている。これはよきコミュニストとして、彼がフェーヴルも、モースも、レヴィ＝ストロースも、ブローデルも読んでいなかったことを示すのみである。

構造の解明は、構造主義者たちの評判が高くなることに道を譲る時であるが、それはデリダ『グラマトロジーについて』、一九六七年）のような哲学者、あるいはブルデュー（『遺産相続者たち』、一九六四年）のような社会学者においてだけではない。それは『アナール』誌が事件史との戦いに勝ったとしても、この容認そのものから、冒険心の消失と新しい保守的法則の行き詰まりによる新しい危険が生じることを明らかにするためである。法則とは『地中海』の改訂に人々が反対するということである。『地中海』のように手を触れてはならないモデルとして一度完成したものは、そのままでよかったのだ。ブローデルは自分の博士論文が何よりもまず発展し続ける研究であることを、修正や訂正を加えることによって示すことで、構造主義者の安楽をかき乱す。

彼は自分の豊かな知識にのうのうとしているような人種ではないし、再版に引き続いて、『物質文明と資本主義』を出して、フランス本土の歴史の池のなかに、もっと美しい仕上げの敷石を放り投げることによってそれを証明する。人々が新しい『地中海』を閉じこめたいと願っていた矛盾を、彼はそこで見事に克服している。実際、彼は議論を世界のレベルに至らせる。物語の問題は同時に乗り越えられた。というのは出来事の歴史が組み込まれており、もはや別々の分野の対象ではないからである。英雄がいるとすれば、それは異なった様式での経済である。経済は著作全体を支配している。たとえ彼が当然得るべき成功を新作発表の際に手に入れなかったとしても、一時代を画したのだ。(31)

3　リュシアン・フェーヴルとマルク・ブロックを越えて人気を博す

実は、『地中海』から、一九六七年に初版が出版された『物質文明』への移行は、およそ十年間、ブローデルの思索のなかで少しずつ行なわれた。尺度の変化だけではなく、歴史家にとっては時代を歴史的に再検討する驚くべき広がりとともに自己を蓄積する方法であり、それらの再検討を自らの計画に組み入れる方法でもある。

この他にも強調しなければならないのは、大学改革案はあきらめられて、きわめて慎重に企画が進められた、非常に柔軟な人間科学館という形で結実することになったので、人々はブローデルがいまや一息ついているという感じを受けている。ブローデルは旅をする時間がある。計画の準備期間中の移動は、ブローデルにとっていまや十分に明らかな国際的な影響力に値する招聘の増加によるものである。イタリア、スペインはもちろんのこと、非スターリン化のおかげで、一九五八年にはソ連に呼ばれ——彼はソ連に行った共産党員でない初めての重要な大学教員だった——、歴史家の共同体が活発なポーランドへは行ったり来たりし、ドイツ、ユーゴスラビア、トルコ、スウェーデン、そして一九六四年の夏にはアメリカに渡った。

周知の通り、戦前から、彼はイタリアには強いコネがあった。とりわけフレデリコ・シャボとはシマンカスへの最初の旅行のときに出会ったのだが、残念ながらシャボは一九六〇年に亡くなった。しかし彼はそこでもう一人の歴史家フェデリゴ・メリスと出会い、トスカーナ地方の大都市であるプラートのマルコ・ダティニ研究所に膨大な古文書が保存されているのを発見する。ダティニは十三世紀終わりから十四世紀初めにかけての商人であり、ブリュージュ、ロンドン、リスボン、フェズ、ダマスカス、アゾフ、ヴェネツィア、ジュネーヴ、パリからのおよそ十五万三千通の手紙を残しており、人々はその目録を作って出版に取りかかった。毎年プラートは、復活祭の後に、世界中の経済史の専門家たちが一堂に会する場所となり、ブローデルは一九六五年からまったく個人的な立場で一種の教導権を発揮した。そこで結ばれた関係、わかち合った情報が、彼の「偉大な著作」を絶えず豊かにしたことは、付け加えるまでもない。外国でブローデルに対して認められている優位が、フランスでは必ずしも認められるわけではない。なぜならわれわれはわれわれの制度を輸出できると常に信じる傾向があるが、それらは多くの場合、異国的で、しかもよそから見れば、特にアングロ・サクソンの世界においては理解しがたい見解であり、またそれらが結局、最先端の生産性を具現する数人の個性豊かな人物によって体現されているにすぎないからである。事態はコレージュ・ド・フランスでも高等研究院でもユルム通り〔エコール・ノルマル〕と同じだ。第六部門ならなおさらのことである。だが人間科学館は反対に急速に象徴的なものになってゆく。

このパリの例外性をもってしても、ブローデルがコレージュ・ド・フランスと第六部門の可能性を開発し、完全に利用すること、さらには、議長職が彼にぴったりの会議あるいは研究集会の増加を有効に利用することを妨げることはできなかった。彼は次のようにブランギエに打ち明ける。

「私のもとにやってくる人々、私は彼らと業績や給料の話をするだけでは満足できなかった。私はヨーロッパ以外の最良の歴史家たちと知りあいになるという光栄に浴した。私は彼らから再教育を受けたのです。」

経済史は彼にはいまではあまりに狭い領域であるようだ。基礎に達するには物質文明について説明をする必要があるということを認めたのはそのときである。彼はコレージュ・ド・フランスでこのテーマについて二、三の講義をする。そうすることによって、反応し、彼の発言と関係する可能性のあることを彼に指摘する聴衆に彼は警告する。「一人の並外れた旅行者がいる、彼は……」こうして彼は二つの領域に入り込む。それは彼に言わせれば「西洋の歴史家にとって南京錠をかけられている」領域、すなわち中国とインドである。中国については、エチエンヌ・バラス、インドについてはインド学者のダニエル・ソーナーのおかげである。

「彼は朝食用のバゲットやクロワッサン、そして私が読むべき本を持参して、朝早く私の家を訪れ、二人で話し合ったものだった。私は感動なしに彼らのことを考えることはできない。」

したがって人々は『地中海』よりもずっと並外れた『物質文明』の計画に、ブローデルの思考のあらゆる変化が突然集約されるのを見る。ブローデルの思考については、すでに彼の出版物に沿って指摘してきたが、それは歴史経済学と歴史人口統計学に向けられた関心、長期持続と文明の観念の練り上げである。集約することは、時代遅れであるともいえる。ブローデルが『地中海』をゆっくりと書き上げるなかで焦点をあて、フェーヴルが「問題史」のなかで前進するために、「無意識の歴史」と呼ぶ歴史、つまり「頭のなかにある正しい仮説[32]」から生じる歴史から抜け出すようにますます推進することによって強固にしてきた歴史の書き方は特徴的である。

ブローデルは自分が心に描いた最初の枠組みをそのたびに越えながら、かつてないほどに調査による仕事をする。ここではみ出すのはまず地理的なものである。なぜなら彼は世界全体に関心を持っているからである。次に年表的なものである、なぜなら十五世紀から十八世紀まで、たっぷり四世紀を研究しているからである。そこでは長期持続は完全に活動中である。

ところで彼は――研究調査が深まるにつれてすべてのものがそれを確証するわけだが――問題なのは数量的な拡大だけではなく質的な拡大でもあるということに初めに気づく。『地中海』のなかで用いられた概念が、階級制や段状構造に至るまで、変化し、充実強化される。当面の最もしつこく悩ませる諸問題と直接関わる、研究方法あるいは書き方においても目標においても、われわれはこれまでになく生成変転する歴史の核心に入っている。博士論文のゆっくりとした仕上げの中心にあった、現在に対して超然としている態度は終わりだ。忘れてならないのは、「栄光の三十年」の核心に入って、著作は一九七三年の危機の後に出来上がるわけだが、そのとき人々はヨム＝キプルの短い戦争の影響の他に、石油の突然の急騰を経験して、これが重大な経済危機であり、したがって長期持続が問題であることに気づくのである。

これらの全体的変化の自覚がブローデルに生じたのは、確かに少しずつでしかなく、その証拠に、一九四九年の『地中海』は一九六六年のものとは同じではないのと同様に、一九六七年の『物質文明』第一巻は一九七九年の集大成を開始するものとはまったく異なっている。とはいえそれは著作の構成においては、つまり細部においては大きく異なってはいない。もちろんそれは一つの始まりでしかない。なぜなら当初予定されていた第二巻が、決定版三部作を締めくくることになる二冊になったことは、資本主義の最後の推進力へと興味の中心を移動させ、さまざまな修正の跡をとどめているからである。『地中海』を仕上げるための二十年間と、一九五二年にフェーヴルから命じられてからここまでの二十七年間。しかも捕虜生活という弁解もない（だがいくつかの利点もある）。当然、ブローデルが引き受けていた組織のあらゆる責任を考慮に入れる必要があり、実際、一九七二年に退職してやっと、彼は人間科学館建設という膨大な計画をやり終えるのだ。

この実現に時間がかかった本当の理由は、第一にブローデルの飽くなき好奇心にある。それは毎回彼を新しい調査へと駆り立てる。彼はその調査に自分の計画と理論的考察を組み入れ、その調査は著作に本当の意味での大きさをもたらした。ブローデルは広々とした空間のなかでしか本当にくつろぐことができない。彼は重要な問題とは、その上流への放射だけでなく下流への放射も最も強く、また最も広いものだと感じている。このことは時空において、あるいはもっと正確に言えば私が時間＝空間と呼ぶことになるもののなかで起きる。父親イレールから受け継いだ数学的素養がここでは、いわゆる位相的な推論能力をブローデルに与えるのだが、それは「包絡線」に言及するときだけではない。彼は四次元で考えているのだ。

時間を置いて、彼はブランギエに次のように説明している。

「私ははみ出してしまった。なぜならそれが私の性癖だから。私は長期持続の人間なのです。私はそれが私に何をもたらすのか、見てみたい。長期持続以外のものに関心がないと言っているのではなく、私に見えているものを示すためにそこにいるのだが、私にとって大事なことは長期持続です。長期持続は一階と二階や三階をわかつことはしない。物質的な生活は、長期持続の一つの現象です。市場も資本主義もそうです。大事なことは、長期持続なのです。」

そして長期持続が大部分の歴史家たち、すなわち短い時間のシークエンスから逃れることができずに、その結果、重大な社会的、経済的変化から距離を置いて進む歴史家たちから見落とされるだけかもしれないことを示すことである。そういう歴史家たちは、いわば彼らのあまりに小さな尺度によって、自分が根本的なものとみなしている出来事の歴史を余儀なくされている。反対に歴史的経済は、短期の景気変動と長期の景気変動が切り離せないほどに、変動局面の方へとつながっている。そして短期と長期の両者の結節点でもある。

一八九二年に生まれ、一九三〇年に「行方不明となった」ロシアの経済学者コンドラチェフ循環をブローデルが考慮に入れるのは、この時期である。(33) コンドラチェフはごく短い論文によって知られており、その英訳は死後の一九三五年に、『統計経済レヴュー』誌に「経済における長期波動」として刊行された。このなかでコンドラチェフは、経済生活にはおよそ五十年続く変動、すなわち二十五年の上昇と二十五年の下降があることを証明したのである。

「一九二九年は、コンドラチェフ理論による頂点です。このコンドラチェフは一八九六年以来上昇し、それゆえ計算すると、三十三年にわたる上昇となる。したがって十六年後の一九四五年までは、急激に下降することになる。確かに下降は普通、上昇よりも速いものだ。常に非対称性が存在するわけです。コンドラチェフ理論には決して終わりがない。なぜなら一つが終わると、別のものが始まるからです。コンドラチェフは一つの構造なのです。もしコンドラチェフ理論が現実的であるならば――いまではすべての経済学者がほとんどそのように考えているのですが――あらゆる意志、あらゆる組み合わせ、あらゆる秘密情報機関の予想外の変動のなかにいるわけです。どうやってコンドラチェフ理論の首をねじることができるというのか。」

そのためブローデルはブランギエのために次のように解説した。「これが私を悩ませているのです。なぜなら事態を遠くから見れば見るほど、人間の自由は失われてゆくからです。」とりわけ注目すべきは、消失するのが経済の任意主義（ボランタリズム）の力であり、コンドラチェフの著作ではなく、コンドラチェフ自身の「首をねじる」ようスターリンを導いたのは、おそらくその点にあるのだということである。しかしながら一九六七年に、コンドラチェフ循環と同時に百年単位の「トレンド」と闘うブローデルがそこにいる。

「長期の景気変動より下に下降することが可能かどうか、私は確かめたかった。長期持続とは何だろうか。それは長期変動のうちで最も長く、しかも最も深いものです。それは最も重要であるという意味ではないが、社会生活に不変の一つのデータであることを意味しています。〔……〕これはマルク・ブロックやリュシアン・フェーヴルと比べればまったく新しい歴史の見方です。ルイ十四世の時代の現象と現代の現象を比較した、マルクス主義歴史家のポルシネフ(34)に関して、フェーヴルは時代錯誤だと言って反論している。私の考えでは、ポルシネフは正しい。しかしフェーヴルは長期持続に反対なのです。彼は晩年になってそれに取り組んだが、『ラブレーの宗教』ではそのことに気がついていない。彼はラブレーの時代の精神的道具が無神論に行き着くことはできないことを示そうと試みるのですが、時間をさかのぼって遠くに行き、時代の展開のなかで生き続けるのが道具であると示そうとはしていません。彼がそれをしないのは、彼が長期持続のスペクタクルの前に達していながら、それが長期持続だと気づいていないからです。」

「なぜフェーヴルにそのことを言わなかったのですか」というブランギエの質問に対して、ブローデルは次のように答えている。

「私が彼にそのことを言わなかったのは、私自身が当時はっきりと理解していなかったからです。人は他人の思想に頼るが、それを繰り返すためではない。〔……〕突然、私はこの点において、フェーヴルの思想から抜け出たのです。マルク・ブロックについても同じことです。ブロックは『歴史とは変化の研究である』と言っていました。崩壊の兆しがあるとき、人は急ぐ。人はどれだけ深くクレバスが口を開けているか、よくわかっている。しかし変化する歴史だけが存在するわけではない。続行する歴史が存在するのです。私はマルク・ブロックも連続性を理解していないと思っています。彼はフェーヴルよりは少しはよく理解しているが、封建社会について彼が書いたものを読み返してみると(35)、彼がかなり長期に持続する現象に非常に敏感であったことがわかります。問題があったとすれば、それは彼が比較の歴史に賭けていたことですが、彼には長期持続はなく、その結果、彼は両脚を骨折したサッカー選手の状況にあるのです。人は一つの時代から別の時代に移行できないと彼は考えています。私はといえば、基礎によって、すなわち回顧的社会学、長期持続の社会学によってそれが可能だと考えている。長期持続とは［人類学的な意味で］文化的であり、精神的な構造を成すものです。」

人々はここで先駆者たちと比べて、文明の概念や構造の概念、そして人類学的な意味での文化の概念の深まりの結果を知る。人類学的な意味にブローデルが言及したのは、フェーヴルの死後、レヴィ＝ストロースによって人類学から突きつけられた問題提起と精神構造についてのフェーヴル特有の考察に影響されてのことである。このことは、私が引用した人々のすぐ後に、ブローデルがブランギエに話した言葉からさらによくわかる。

「私は現在の歴史、近い将来の歴史全体に関わる動きのなかに、過去の途方もない遺産があると考えています。過去が現在の時間を縛るのです。どんな社会も過去の水のなかにどっぷりと浸かっている。社会は無分別に未来を予測する。過去に起因する動きは、意識的な力ではなく、非人間的力でさえあって、歴史の無意識と言ってもよい。」

思うに、われわれはここでブローデルにおける境界を越えようとする性向の最も深い理由に関わっている。それは確かに彼の好奇心の一形態であり、たとえ制約が地理的あるいは時代錯誤的であろうとも、外面的な制約を本能的に拒絶しようとする姿勢の表明であるが、しかしマルクスに由来し、二十世紀に強化されてはいるが、ヘーゲル的意味では人類学によって時代遅れにもなり、乗り越えられてもいる歴史の考え方をじっくりと作り上げること、構造が生み出す結果によって、また構造が引き起こす停滞と閉鎖によって、間接的にのみ構造に達するのだという考え方に基づいて、人々はもっと直接的にとらえることができるものを覆い、また実際にそれを構造化する、原因や隠れたメカニズムにさかのぼる術を覚えなくてはならない。それゆえ、（常に位相的な意味で）これらの外皮の関与を理解するために空間と持続の広がりが必要になってくる。

ブランギエとの対談のなかで、ブローデルは次のように言っている。

「私は境界をはみだしている。なぜならあなたも知ってのとおり、それが私の性質だからね。私は長期持続の人間です。私は長期持続が私に教えてくれることを理解したいと思っているのです。」

ブローデルは実際、時間においてだけでなく、著作の主題そのものにおいてもはみ出そうなどと思ってはいなかったと説明する。リュシアン・フェーヴルは自分が監修する叢書のなかに『西欧思想または西欧思想と西欧の信仰』と名付けられるべきであるような本を考えていたが、その本を仕上げる時間はなかった。

「その結果、私が全体的な歴史を書こうという願望を常に持っていたので、――自分の原則に反して――私が書いた本は、いわば改悪され制限されてしまっている。というのもそれには文明または文化が欠けているからです。『地中海』では、私は自分の興味以外のいかなる分野も放っておかなかった。」

おそらく不満足だったのだろう。しかしわれわれと彼にとって幸運なことに、そのことで彼の視野が狭くなることはなかった。なぜならそれが絶えず動いている世界全体に関することであるだけでなく、数々の突破口において、まさにブローデルが切望していた、あの真に全体的な歴史を書くことが問題であるからである。「西欧の偉業、外洋航海」を扱う、第六章の「技術の普及。革命と遅延」の部分よりもよい例があるだろうか。数頁を使って、ブローデルは、なぜ外洋の征服が中国あるいはイスラムの仕業ではなかったのかを問題にしている。中国やイスラムは外洋航海を成し遂げるだけの知的、技術的な手段を持っており、その危険を冒した最初の人間でありながら、ヨーロッパだけが外洋航海を成し遂げたのはなぜなのか。彼は一四二〇年から一四三〇年頃について次のように語っている。

「並外れたポリネシア人を除いて、すべての海洋民族は狭い海に閉じこめられている。［……］しかし十一世紀以降、羅針盤の使用に恵まれ、いくつかの防水隔壁にわかれ、四本から六本マストで、十二枚の大きな帆を上げることができ、千人ほどの人間が乗船する、四層甲板の大型ジャンクを持っていた中国人は、過去にさかのぼって比類なき競争相手であるように思われる。(36)」

これまでに主張されてきたあらゆる説明を検討し、またさらに人々が「イスラムの船の不足を容易に説明しない」ことを認めた後、ブローデルは、問題を提起してきたすべての人々、すなわち航海革命の同時代人も歴史家も、この不足の「技術的解決」の研究にとらわれたままだったことに気づく。それゆえ、ついに別のところに、つまり知識のレベルだけでなく、精神構造のレベルで探すべきだという考えにたどりつく。西欧をイスラム教徒や中国から分けたのは、狭い「アジア岬」の上で動きが取れなくなった西欧は何よりもまず、世界のその他が必要となり、自分の家から外に出ることが必要だったからであるとブローデルは考えるようになる。必要性がますます抑えられなくなったのである。

「西欧の資本主義的都市の勃興がなかったら、何も可能ではなかっただろう、と中国史の専門家は繰り返す。[37] それらの都市は原動力であり、そういう都市がなければ技術は無力であった。遠洋航海をしたのがお金であり、資本であることを、それは意味しない。反対に、中国とイスラムは、今日われわれが植民地と呼ぶものを持っていたため、当時は裕福な社会である。彼らに比べれば、西洋はあいかわらず『プロレタリア』である。しかし重要なことは、十三世紀から、西洋の物質的な生活を上昇させ、西洋世界の心理全体を変化させるのは、長期持続の緊張状態だということだ。歴史家が金《きん》への渇望、あるいは世界の渇望や香辛料の渇望と名づけたものが、新しいものを絶えず追求し、役に立つ応用、すなわち人間に役立つためのものを、技術の分野において求め続ける。人間の苦労の緩和と同時に、最大の効率を確保するためである。実際に役立つ発見、世界を支配するという自覚的な意志を表す発見の蓄積、エネルギーの源であるもののために増大した関心が、ヨーロッパに対して、ヨーロッパが成功する前に、その真の姿と優位の約束を与える。[38]」

この一節は、一九六七年に、あえて言うならば、実験的な「はみだし」であるものすべてと同じように、小さな活字で印刷されていた。一九七九年には本文に組み込まれ、最終決定版でもまったく同じままである。そしてそれは私の知るかぎり、ブローデルの精神において、長期持続は研究のあらゆる段階で行ったり来たりする分析と一対になっていることを示している。その分析は、物質的な土台、経済、前資本主義だけでなく、厳密な意味での文明や、ヨーロッパの発展の原因の再構成において、最終的には最重要の位置にまで昇進した心理学的要素に至るまで行なわれる。

それは確かに全体的な歴史への接近であり、提起された問題、すなわち基本的に西ヨーロッパの発展の問題だけでなく、西ヨーロッパに限定された発展の問題の最高の理解への手がかりである。

例によって、ブローデルによって出された解決策の妥当性の度合いとは別に、ここで私の興味を引くこと、それは解決策が彼のアプローチと行動を起こさせる能力を明らかにしていることである。彼は自分が再構成する歴史のそれぞれの核心のために、最も適切だと思われる説明のレベルを持ち込むのである。ここでは、文化的なものが、経済や金融や科学技術を左右する。この伝記の冒頭で、私はブローデルが自分の著書に対して常に抱いていた不満感（そして最後まで彼を著書の完成へと駆り立てた不満感）を指摘しておいた。このことは彼の自分の仕事に対する批判的な評価、とりわけ晩年に表明された評価は、字義どおりに解釈されるべきではないことを意味している。おそらく彼はフェーヴルが定めた枠組のぎこちなさを感じていたに違いないが、一九六七年以降、彼は枠組みを越えてゆく。決定版においてはなおさらである。

一九六七年に出版された著作が『物質文明と資本主義』という題名であったことを忘れてはならない。これが一九七九年になって『物質文明・経済・資本主義』となったのであり、それは編集長によって改訂された本当のタイトルであった。先に述べたように、本には注も索引もないのだが、地図とグラフが豊富に入っており、産業革命以前のヨーロッパの経済史を完全にやり直すべきだということを最初に立証していた。もともとのフェーヴルの注文は確かに、フェーヴルがおそらく十分に確立されたと判断したこの歴史に焦点を当てることを目的としていた。ところが、ブローデルは源泉——すなわち彼が明らかにしたタイプの源泉、彼の先人たちのものではない源泉——へ立ち返り、それらに当たって調べてゆくにつれて、次のことを確かめた。

「源泉は、豊かな証拠を伴った、ヴェルナー・ゾンバルト（一九〇二年）[39]の図式も、ヨーゼフ・クリンャー（一九二八年）[40]の図式も、古典的で伝統的な図式とはほとんどあるいはまったく適合しない。」

彼はあまりに意識的で、あまりに見識のありすぎる歴史とは距離を置いている。そこではヨーロッパが他の世界から抽出されているように、経済が歴史の枠組みから抽出されており、「人間の歴史を二分する産業革命の到来まで、市場や企業、資本家の投資の合理性における段階的な開始」に矮小化するためである。

ブローデルは反対に、彼にはきわめて重要に思えるものの再構成に専念するようになる。それはすなわち「不透明なゾーン」であり、「市場の下の」経済活動、下部の経済活動のゾーンであり、人は至るところでそれに遭遇するわけで、「とほうもないボリュームの」ものである。そして彼が「やむを得ず、物質文明」と呼ぶことになるのは、この「地面すれすれの、分厚いゾーン」である。ところで、この基本的な経済活動の再構成は、世界レベルでしか受け止められない。そしてこの最初の構成が、当初の『地中海』のもっと地理学的な構成に類似しているとはいえ、それが現代史についての認識における根元的な変化、『地中海』の構想とこの本の構想との間に生じた変化の真の展望を受け入れていることに人々はすぐに気づく。

私が先ほど挙げた、作品の後半に属する遠洋航海についての例のなかで、人々はヨーロッパの離陸《テイク・オフ》の問題を明瞭に理解していた。ところでこの「離陸」という用語は、英語の「テイク・オフ」の訳であって、『ロベール仏仏辞典』では、この語が離陸の意味で用いられたのは一九六三年としている。「テイク・オフ」[41]の形で『文明の文法』のなかにこの語が見出されるのは、ちょうどこの時期であるが、ブローデルはそれをフランス語に訳さず、「真のプロセスをあまりに簡略化している」と判断している。まるである決められた時間に出発しなければならないかのようである。彼によって手直しされた概念は、しかしながら彼の推論の仕方を表している。なぜなら、彼が最初から明らかにしていること、それはヨーロッパ外ではこのような離陸が見られないことであり、二十世紀の副次的な産物である、第三世界の問題提起を、彼が研究している遠い過去の「低開発状態」に移してしまっているからである。「しょっちゅう立ち往生している経済に、つまり未完成の真の低開発諸国に」[42]移してしまっている。

確かに概念のアナクロニズムはあるが、現実のアナクロニズムはない。それは常にブラジルやドゥブロヴニクで行なわれた発見の展開であり、西欧やアメリカからの移動、隔たりは、歴史的経済の時間のなかでの再上昇に相当する。このことが経済＝世界の理解へと進んでゆくことになる。ゾンバルトの言葉「理論がなければ、歴史はない」に触れた後、彼は自分の意志で避けることのできない自らの図式を次のように定義する。

「十五世紀から十八世紀まで、人々の生活は確かな進歩を遂げた。ただしここで言う進歩とは、急速で絶え間ない成長という現代的な意味ではない。そこにはゆったりとした進歩、きわめてゆっくりとした、長期の進歩があり、激しい後退から切り離されている。いくつかの特権的な国だけにおいて、よいルートに到達し、それゆえもはや何も見失うことがなくなったのは、十八世紀になってからにすぎない。そういうわけで、一七五〇年以前、あるいは一八〇〇年ですら、進歩の動きは依然として思いがけない出来事どころか、大災害に左右されている。［……］この進歩の研究全体、そのために必要な議論、それを照らすかすかな光は、この本の基軸によって明確に位置づけられるだろう。[43]」

この図式は一九七九年の版では姿を消しているが、それはおそらくそういうものとして、それが一九八七年現在についての考察であると、あまりに日付がはっきりしており、進歩という概念をあまりにも特異なものとしているからである。進歩の概念についての議論とバリエーションは、決定版の際に本の内容そのものによりよく組み込まれることになる。しかし全体のタイトルが「可能性と不可能性――日常生活に直面する人間」から「日常性の構造――可能性と不可能性」に移行していても（「構造」を明らかにすることを強調することはもちろん除いて）、アプローチの仕方が変化したと言うことはできない。アプローチは、これから見てゆくように、不況の再出現とともに「栄光の三〇年」の連続した拡大を妨げた、一九七三〜一九七四年以後の現在によって、別なふうに彩られる。コンドラチェフ理論の確認。このことはやはり、すでにすたれていた、絶え間ない進歩の図式を遠ざけることになった。

しかし最終的な構成はすでに遠かった。「因習や遺産や大昔の成功」でできた「地面すれすれの」物質的な生活の間の三段階。より開かれ、「より大きな範囲の」「経済生活」、「それは交換と輸送と市場のさまざまな構造、すでに工業化した国と未開あるいは発展途上の国の間の駆け引きの成果である［……］。すでにそれ自体でほぼ一つのシステムである。[44]」

そして一九七九年に大いに議論を巻き起こすことになる、ブローデル的な意味の資本主義が第三段階としてある。資本主義とは、

「変動性、鋭敏さ、合理性であり［……］その規則、自覚、優位、危険を伴い、［……］昨今の経済生活の進歩の最先端である。[45]」

『物質文明』の出版以来、読者はこうして一九六七年春に、ブローデルがフェリペ二世から離れて地中海に向かったアプローチと同じくらい斬新なアプローチに招かれたのである。長期持続の実際の適用は、基礎の研究と同時に断片についての立証に導くものであるが、それはもはや地中海の比較的閉ざされた世界においてではなく、世界全体のレベルにおいてである。

「世界の計量」と、ピエール・ショーニュは『アナール』誌の書評欄で書くことになる。「人間の重み」と名づけられた第一部によって、まず歴史人口学に与えられた、きわめて暗示的な部分、また初めてこれほどまでにはっきりと明らかになること、つまり十八世紀とともに「長期持続の生物学的なアンシャン・レジーム」が終わるということ。人間が飢饉と病気によって縮められた平均寿命しか知らない時代が終わるのである。それゆえ「毎日のパン」、「贅沢品とふだんの食事――食べ物と飲み物」、「住居、衣服、流行」、そして最後に「技術の普及。革命と遅延」についての長い調査が続くのである。

もっと一般的な復元が二つそれに続く。すなわち貨幣の役割と都市の役割であり、そこでの西洋の近代性は『地中海』のなかですでに強調されていた。

しかし最初の章からすべての章をつらぬく一本の導線がある。それはこの発達のあらゆる段階における、あらゆる形での人間の不平等である。『物質文明』は低開発状態についての新しい認識から生まれただけでなく、後進性の問題の理解が一九五五年以降に引き起こし、廃墟から抜けだしたヨーロッパの再発展が証明した、さまざまな部類の不平等から生まれたのである。

そしてブローデルが細大もらさず説明することなく、ここでもう一度取り上げるのは、二十世紀によってもたらされた地理的な空間のなかでの変化を前の時代と前の持続時間の尺度に移すことによって、『地中海』を練り上げるなかで彼が行なった問題提起を移動することである。植民地のアルジェリアやブラジルの経験の際に心に留められた隔たりは、いまや独立したアフリカの現状であり、カストロやチェ・ゲバラが成功したキューバを手本とする、ゲリラを有し、危機に陥っているラテンアメリカ諸国の現状である。中国はそのような要求の使者の役割を演じる。これらの要求は今日では世界的な問題となり、当時本当に大規模なものになったアメリカのベトナム戦争によって刺激された、その危険な現状は、調査を強化し、活気づけるばかりである。

「不平等な世界」の理解を深めることは、『物質文明と資本主義』の初版の結論を生み出し、そのタイトルを明示している。注目すべきは、ブローデルが一九六七年のこの「結論に代えて」をほとんどそのまま決定版でも繰り返すことができたことである。それはただ単に自伝的側面としてだけではない——彼はまずこの本が「自分の前を走っていった」と断言することから始め、彼の「反抗精神」と「気まぐれと独特の論理」について、まるで一人の登場人物を語るように話している。それは読者を（私が彼の不機嫌な叫びを利用する、図書館の本に注を書き込んだ人のような）あまりに陰気で冷ややややかな男によって仰天させるばかりであった。

これは確かなことだ。最初の『地中海』の最も巧みな文章よりもさらに見事なこの本は、すぐれたガイドつきの旅である——世界の端から端まで行くためにそれが必要だった。しかしその旅で御者は決して自分の目的を見失うことはない。この『物質文明』が生まれ故郷のリュメヴィルへブローデルを連れ戻したのも当然だ。子供時代の思い出のなかでほとんど不動の、基礎のこの物質的な生活のいわば原型としてのリュメヴィルについて彼は次のように述べている。

「まるで世界が私の家の前に急流のように注ぎ込むかのような石の道。私の家自体は一八〇六年、イエナ橋建設の年に立て直され、牧草地の下の小川（「ロワーズ川」）では、昔人々が麻を水洗いしていた。[46]」

これらの目印は、人間味のない歴史の支持者を困らせるばかりであったが、これはテーマも歴史家もいないこの歴史に反するものであり、そこではアルチュセールによって主張された歴史性のない構造が作用しているのであって、たとえばブローデルはこのとてつもなく大きな試みを行なったのである。

フランス本土の知的背景を再現してみれば、一九六六年は構造主義者が急成長する重大な年であり、文学史とラシーヌについてのバルトとピカールの激しい論争から『言葉と物』でミシェル・フーコーが電撃的な成功を収めるに至る、歴史に対する攻撃が一般的になった重大な年であったことを忘れないでおこう。

ブローデルがそのことに対して敏感であったということは、『地中海』の再版のなかで構造を強調していることがすでに示しているが、彼は抽象的な理論から構造を救い出し、構造を具体化し、『アナール』誌と彼のものだった構造歴史学のために単刀直入に構造を取り戻す。したがって、この結論のなかで、人々は彼が最も逸話的な歴史にわざわざ決然と立ち向かうのを見るとき、過度の単純化と一方的な見解を覆すために、よく知られた彼の茶目っ気ぶりをそこに読むべきである。彼は次のようなイメージを引用することに楽しみを見出す。神聖ローマ帝国皇帝マクシミリアンは、宴会で出された料理を手づかみで食べ、処刑されるばかりのカルトゥーシュは出されたコーヒーのかわりに一杯のワインを選んだのだった。

それはまさに卑俗な逸話から、歴史家は可能な超越性と、彼の言葉で言えば、長期持続を引き出す術を心得ていることを示すためである。彼はそのことを間もなく一世紀の三分の一を経てもなお古めかしさの影もない言葉で示す――三分の一世紀後には、一九六六年の構造主義は周知のようにもはや研究者の目標ではないが、何について語られているのかを読者が知るために定義する必要がある、思想史の一つの現象である。

「それは歴史のちりであり、小さな出来事の〔……〕ミクロの歴史である。それらは無限に同じ事を繰り返しながら、確かに、現実が連鎖をなしているかのように明確にされる。それらの出来事の一つ一つが、静かな時の層を通り抜け、持続する、他の無数の出来事に有利な証言をする。われわれの注意を引いたのは、この連続であり、この『系列』であり、この『長期持続』である。これらは消線を引き、物質的な生活の風景全体の水平線を規則正しく引く。すべてのものがそこに一つの秩序を導入し、バランスを前提とし、永続性や定数から、要するに一見無秩序なもののなかにある、ほとんど説明できるものを取り出す。[47]」

これと並行してピエール・ショーニュの博士論文の書評のなかで、一九六三年に始まった時系列の歴史学についての議論が見られるが、規則性の理解へのステップとして、具体的な現実の分析能力に関する擁護が優位に立つ。同じ精神で、ブローデルは、あるイギリス人の中国旅行のなかで取り上げられた、一つの例についての文明に関する議論を豊かにする。そのイギリス人は一七九三年に、鉄床や鍛冶屋のふいごが、「まったく他の模範にならない」ことを示すやり方でヨーロッパのものとは違っていることに注目する。そしてこれが事実に対する考察の出発点である。「人口密度の高いそれぞれの世界が初歩的な応答集団を作り上げるという」事実、また「歴史を作り上げる大きな原因の一つである、遍在する惰性があるために、初歩的な応答集団に固執する悪い傾向を持っている[48]」という事実に対する考察の出発点である。

こうしてブローデルは、文明の長期持続を越えて、社会にまで到達する。「社会経済学」に対してブローデルがより厳密であろうとするために提示するのは、彼をマルクスに近づけるものであり、それら社会経済の序列のため、またマルクスが誰が生産手段をそこで持っているのか自問しながら提起する本質的な問題のためでもある。しかし彼は断固たる態度で、かつて遠洋航海から出発してそれを行なったように、物質的な生活のレベルを越えて、マルクスが「上部構造」と呼んでいるものを、ここでは国家の存在と重要性を再び導入する。国家の存在を受け入れさせ、社会と経済の関係の流れを変えるのは国家である。歴史的に社会を一つの構造から他の構造に、奴隷制に支えられた社会経済から農奴と領主による社会経済に、つまり「封建制の」社会経済に、そして彼の言葉で言うと、要するに「実業家がいる前資本主義的な」社会経済に移行させたとする、マルクスのあまりに機械論的な概念をブローデルが捨てるとすれば、それは物質的な生活の、一見控えめな構想以来、以下のことを強調するためである。

「問題はあいかわらず分類の問題であり、互いに関連しつつ熟慮された社会の階級制の問題として残っている。いかなるものも、この必然性から逃れられない。[49]」

これがこの結論部の結論へとつながっている。最上階の資本主義が「梯子の下にある慎ましい生活」を資本主義のはたらきのなかに組み込むやり方につながっている。ブローデルは私がいましがた彼の本の導線と呼んだもの、すなわち「人々の不平等な世界の格差」をここで繰り返すが、それにすべての歴史的次元を与えている。

「世界を活気づけ、唯一本当に変動する上部構造において絶えず世界を変えるものは、これらの不平等であり、不公平であり、矛盾である。それが大きいこともあれば小さいこともある。なぜなら資本主義は比較的自由な動きを持つ唯一のものだからである。時代によって、資本主義は至るところで成功し、交互にあるいは同時に、商業あるいは工場制手工業の利益、さらには地代や国家への融資あるいは高利貸しの利益に向けられることが可能である。〔……〕これが前資本主義を世界の経済的空想とし、あらゆる大きな物質的な進歩の源あるいは兆しとし、人間による人間のすべての最大の搾取の源あるいは兆しにしたものである。人間の労働の『剰余価値』の横領のせいだけでなく、力と状況の不均衡のせいでもある。この不均衡は、全世界のレベルでも国のレベルでも、状況次第で、他よりも利益のあがる搾取すべき部門、占めるべき地位が常にあるという結果を生む。選ぶことは、たとえその選択が実際にはかなり限定されたものであっても、なんと途方もない特権だろう！」

一九四五年以後の資本主義のすばらしい復興の反映――マルクス主義者たちにはまったく予想外のことだった――、ブローデルが書いたその三十年後には絶頂にある発展がここでどのようになったか、それは明白である。しかし重要なのはあらためてその方法であり、マルクスを含め、すべての先駆者を越えるために歴史家としてブローデルがそれを利用する方法である。マルクスは、スタートそのものにおいて、エンゲルスや彼自身の体験した産業革命の経験以来考えていた決定論にあまりに束縛されていた。

ブローデルの優れた点は、その間のあらゆる危機の経験とモデル化を利用して、マルクス後の一世紀を書いたことだけでなく、歴史と経済との関係を新しい関連づけで、すなわちゾンバルトやマックス・ヴェーバーやアンリ・オゼールに比べても新しい関連づけで、考え出したことである。彼はいまや長期持続の結果でもある制約と、選ぶことのできる状態にある人間の選択の可能性を同時に検討する術を心得ている。思索の進歩は『地中海』の決定版そのものに比べて、ここにある。『地中海』では、これらの問題はごく一般的に、ほとんど抽象的にしか取り扱われていなかったのである。ブローデルは例として、「行動力のある偉大な人間」とは、「自分の可能性の限界を正確に測定したうえで、その可能性のなかにとどまることを選び取り、しかも、不可避なものの重みそのものを逆に利用して、事柄の進展のなかで自分の力を発揮できるような人のことである」[50]と考えていた。

社会経済学的な格差だけでなく社会歴史学的な格差のより進んだ理解、「行動力のある偉大な人間」、さらには「意志とはほとんど関係なくできあがっている運命のなかに閉じこめられている人間」から、前資本主義者あるいは資本主義者という、状況のなかでの個人への移行は、さまざまな自由の度合いの新しい弁証法を導入する。それは一九六七年の終わりにしか達成しなかったが、物質文明と資本主義の関係を見事に説明するものであった。こうして著作は、ブローデルがこれまで以上に自分の地平と考えていた全体史へと踏み出してゆくことによって完成した。

この本は確かに高等研究院の援助を受けた多くの出版物の中の一つであった。とりわけ私がすでに引用したベーレルやグーベールやル＝ロワ＝ラデュリにおける歴史人口学の役割とともにエルネスト・ラブルースにおける歴史経済学と並ぶものである。しかしブローデルは世界の歴史を両腕でしっかりとつかんでいただけに、あらためて彼固有の次元を、すなわち「大きな歴史」への移行をもたらした。

まさにブローデルは仲間の歴史家たちに真の挑戦を行なっているのだ。本はその本当の斬新さに対してすぐには受け入れられない。というのもおそらく、見事で、説明を要しないほど雄弁な挿し絵つきであるが、専門性における真面目さの保証である参考文献なしで、一般読者向けの叢書で出ているからである。さらに、一九六八年の嵐が彼の上を通過する。十二年後の一九七九年の決定版で、本当に斬新なものになる。

しかしブローデルがこの最初の飛躍から姿を現すとき、彼は「大きな歴史」を制御するにあたりこれまでになく孤独である。確かに人々はブローデルのことをまだ「新しい歴史学」の教皇と呼ばないにしても、彼を尊敬しているが、パリにおいてのみ「新しい歴史学」の教皇と呼ばれない。人間科学、特に歴史において今日的意義があるのは、もはや彼が発展させてきて実践している問題提起ではない。したがって当然彼は一九六八年の危機の日を予測していない。しかしながら、彼はそれでもやはり危機的状況の重要性を認識している。それは彼が他の誰よりもその大きさを感じとっている大学の危機だけではなく、知的な危機である。彼の権力はかつてほど問題にはされないが、その権力が何の役に立つのか自問することを余儀なくされている。たとえ退職までにまだ五年あるとしても、このことは結局、自分の権力を手放すにせよ、委譲するにせよ、その方法を考え始めることにつながる。

第十二章　君臨の絶頂

1　第六部門の絶頂と国際的な関係

人間科学館はガストン・ベルジェのおかげで場所をシェルシュ・ミディという元の刑務所に見つけた。これは一九六一年に取り壊されていたが、すでに見てきたように、建設工事にはたっぷり八年間かかり、このため管理者であるブローデルにとって、その場所の元の所有者であり、法外な特権を要求してくる司法省との間の、あらゆる種類の気苦労、もめ事なしには進まず、人間科学館がオープンした一九七〇年以降にもこの仕事はついには体力を消耗させるものとなる。エチエンヌ・バウアーは、高等教育の責任者として、当時そのことを知るべき立場にいたが、彼はこの計画の実現困難な非常識な状況を「典型的にブローデル流の詩的で厳密な」計画と述べている。

バウアーが就任してまもなく、姉と一緒にラーヴェンスブルックの強制収容所に送られていたジェルメーヌ・ティリヨンが、ブローデルとかいう人物から一本の電話を受け取るだろうということを知らせる。

『あれはいい人です』。ジェルメーヌ・ティリヨンが言うところの『いい人』は、多くのことを意味していた。私は巨大な鼈甲縁の眼鏡と、偉そうにしているというよりはいたずら好きな知能指数の高い子供の目をした男が入ってくるのを見た。真っ白な髪のウエーブと差し伸べられた手。彼の後にはさらに大きく、若干背中のまがった人物がついてきたが、彼については人々は思いきりけなしていた。［……］その男、クレメンス・ヘラーは一方ではソ連の危険なスパイ、他方ではC・I・Aに買収された人物とされていた。彼らはすぐに私を魅了した。私はかつて高等教育と研究についてのカーンでのシンポジウムに参加したことがあった[1]。私は機械としての大学が、信じられないほどの機能不全を起こしているのを強く意識していた。［……］ブローデルが望んでいたのは——それも強く望んでいたのは——このサルガッソー海〔大西洋中部に広がる流れ藻の海域〕に小島を一つ作ることだった。［……］ブローデルと仕事をすることは、まったく精密な作業だった。彼は展望を開き、冒険を開始した。綿密で慎重かつ巧妙な戦略家として、とっぴなことに対して警戒心の強い大学と行政の茂みを横切って前進することに尽力した。彼の後ろには、世界中の歴史家の力、無垢や確信の香りと厳密さがあった。彼の前には純真無垢な人がおり、大臣〔クリスチャン・フーシェ〕はその人物を信用していた。私はブローデルの押伍となった。〔人間科学館〕計画は採択され、反故の戦い、内部での戦い、前線での戦いが始まった。文部省は、ブローデルの教唆で、未来の人間科学館建設のためにシェルシュ・ミディの軍事刑務所を要求していたので、価格交渉は、〔役人の生活の風刺に優れた〕クルトリーヌの戯曲を思わせる解決に達した。人間科学館はその最後の段階を軍法会議の参謀に委ねなければならなかった……。」(2)

しかし第六部門の本部は、ヴァレンヌ通り五十四番地にあり、その他にコレージュ・ド・フランス、ロックフェラー財団のあったラ・ボーム通り、さまざまな研究所の一つはアルクイユに、ソルボンヌ大学、法学部、そしてエコール・ノルマルはユルム通りにあるといったように、一九六〇年代の半ばには、あちこちに分散していて、自分で家具を買い揃えた家にはまだ住まずにいるとはいえ、それでも百くらいの講義を確実にこなし、専任講師や実習責任者から研究指導教授に至る序列を管理している。注目に値することだが、これには無益な官僚主義がなかった。組織の柔軟性はあらゆるレベルで立証され、全体の成功と切り離すことができない。そこから計画の最高責任者としてのブローデルの間接的な肖像が明らかになる。われわれはすでに幾度もそれが浮かび上がるのを見ているが、これほど重要で変化に富んでいる責任を見たことはいままでにない。

一九六六年度の授業計画を取り上げてみよう。そこでは第六部門がフル回転している。人類学は八つの講義を提供している。それはアンプレール女史の「先史時代の」人類学、クロード・レヴィ゠ストロースの「社会」人類学、そして「世界の運命」叢書で『文字を持つ前の人間』を出版したアンドレ・ヴァラニャックによる「伝統的な文明」、ジェルメーヌ・ティリヨンによるマグレブの文明を扱っている(この文明が二つのレジスタンス運動、すなわちナチスに対する闘いと、アルジェリア戦争に対する倫理的な闘いのレジスタンス運動において有名になったことを思い起こしておこう)。同様に、G・コンドミナスによって東南アジアと中央ベトナムのムノン・ガールも扱われているが、これはまったくエキゾチックな問題ではない。

人口統計学は、そのものとしては、第三世界に関する一般的な講義によってしか表されていない。そのかわり、経済学は一番良い部分を取っている。二十八の講義は「ラテンアメリカの経済的発展」からスラブ諸国の経済的発展まで、さらに当時の幻想のしるしである「社会主義経済の発展の理論」にまで及んでいる。しかし人々はジャン・フーラスティエの講義「技術的進歩の時期における価格の変動に関する研究」や、フランソワ・ペルーの講義「計画の数量的および技術的モデル」や、シャルル・ベッテルハイムの講義「経済計算と社会的目標設定」など、現代性に関わるすべての研究を聞くことができる。

地理学は、四つの講義があり、M・ロンカヨロの「発展の地理学」から、エスキモーに関する著作『トゥーレの最後の王たち』〔トゥーレとは、古代ギリシャ、ローマ人が世界の北端と考えた土地〕以来有名になったジャン・マロリーによる「北極の地理と歴史」まであり、また北アフリカとアメリカ合衆国に関する人文地理学の二つの講座があるが、これは当時の関心をよく表している。

歴史は支配的ではないにしろ、当然中心的役割を担っていて、約四十の講義は「歴史的考古学」からヴァディム・エリセーエフの「日本の近代史」や、ジャン・シェノーの「現代の極東」、あるいはジョルジュ・ハウプトの「バルカン諸国の社会史」まである。人類学への関与は「古代ギリシャの社会および宗教思想」についての講義を通して行なわれる。この講義はジャン゠ピエール・ヴェルナンとピエール・ヴィダル゠ナケの共同で行なわれたが、「現代以前の中国」はジャック・ジェルネに、「ブラック・アフリカ」は『アナール』誌初期の仲間であるアンリ・ブランシュヴィクに、「非アラブのイスラム世界」はアレクサンドル・ベニグセンに任され、アンドレ・デュプロンは「文明の歴史と集団心理学」を、そしてシャルル・モラゼは「歴史的経済学」を論じる。

文化史の面では、科学思想史の講義があるが、このときはガエタン・ピコンが「文学的意識と構造の歴史」を担当している。ジャック・ル゠ゴフが「中世ヨーロッパの歴史学と社会学」を指導する一方で、「近代ヨーロッパの歴史学と社会学」は、ジャン・ドリュモー、ピエール・グーベール、エルネスト・ラブルース、ジャン・ムーヴレそしてピエール・ヴィラールなど、その研究分野で最高の人を集めており、「一般歴史学と社会史」は、フランソワ・フュレ、エマニュエル・ル＝ロワ＝ラデュリ、そしてリュシアン・フェーヴルの昔からの仲間であるピエール・ルリヨによる。

フェルナン・ブローデルはきわめて象徴的な表明の仕方である「地理的歴史学」の主任としてこの組織に現れ、この年の彼の講義は単に「近代資本主義の起源」という題であったが、これが彼の大著と並行して進行していたのは明らかである。

ロジェ・バスティドとジョルジュ・ドゥヴルーによって「社会精神医学」の二つの講義が行なわれ、心理学は五つ、法学と政治学は三つ、そして「意味論、記号学、言語学」は六つの講義が行なわれ、「アラブの言語と文学」についてはアンドレ・ミケル、「一般意味論」についてはアルジルダス＝ジュリアン・グレマス、「記号、シンボル、表象の社会学」についてはロラン・バルトの名が見られる。

最後の大きな部分である社会学は、二十一の講義があり、この分野での著名な人々の名をすべて読みとることができる。「文化社会学」のピエール・ブルデュー、「ブラック・アフリカの社会学」のジョルジュ・バランディエ、「ヨーロッパの社会学」のレーモン・アロン、「社会変動の社会学」のアラン・トゥレーヌ、「仕事と余暇の社会学」のジョルジュ・フリードマン、「イスラムの社会学」のジャック・ベルク、そして忘れてはならないのが、リュシアン・ゴルドマンによる「文化と哲学の社会学」であり、「芸術の社会学」では近代美術館の創設者で、先頃いきなり引退させられたジャン・カスーが「近代芸術の精神的および物質的道具」について知見を提供していたし――あまり人気がなく、あまりにも無視されてきた先駆者の洞察力の大きさがよく理解できる――、この研究分野の創設者であるピエール・フランカステルと並んで授業をしていた。

全体がブローデル流のはみ出しぶりをはっきりと表している。そのはみ出しぶりは、(古典的な大学の見地からすれば)時としてありそうもない研究分野に対する彼の好み、共感、個人的な好奇心も越えているが、それには正しいと認められている限界を粉砕するという優れた点がある。いささかもセクト主義がなく、各方面から研究者を集める彼の能力は、名前のリストを見ただけで確かめることができるが、彼らが本当に斬新なものをもたらすとき、この時代の人間科学において動いているもの、変化しているものに関する彼の洞察力と一対をなしている。

円熟期にあって、十五年間の権力の行使が彼の好奇心を衰えさせたかもしれないときに、反対に人々は彼がかつてないほど革新をわが物とし、革新を教育に変えてゆくことに貪欲になっているのを見るわけだが、このことは決して簡単なことではない。クレメンス・ヘラーの処世術に助けられ、あくまでも専門家を集めようとする粘り強さが生じる。距離を置いてそれを分析すると、脇に置いたままにした（あるいは時としてわざと遠ざけていた）人々のリストに対して彼の普遍性が勝利を収め、その結果は明らかにブローデルに有利である。

人間科学の全体的なビジョンのなかで、才能ある人々と知的成功の何と優れたアンソロジーだろう！　世界の進歩とあまりに切り離されたことによってフランスの教育の最新版に対する、ひときわ目立つ、彼らの貢献が可能になったのである。なぜならこの授業計画へのブローデルの貢献を最もよく意味するもの、それは常に沖合に向かう方向であるからだ。

しかしながらそのことは細部に向けられる注意やバラエティーに富んだ研究を組み込む必要性をいささかも妨げることにはならない。私は先ほど数理社会学と政治学を抜かした。なぜならそれらは私の項目のなかに入っていなかったからだが、それらは間違いなく存在する。確かにいわゆる社会主義国、ソ連や、たとえばあまりにも広く共有されすぎて、意味があるとは思えないほどの中国（毛沢東はその当時学生にもてはやされている）に対して密着しすぎて正しい判断ができないものの、現代性は至るところにさまざまな不都合とともに存在し、また学問と現代生活との関係についての学生たちの不安に対して与えられる回答とともに存在する。ソルボンヌ大学とのギャップは明白であり、十九世紀でないにしても、両大戦間に比べればソルボンヌ大学を追い払っている。さらに、この計画を読むと、フランスの顔を変えた加速度的な変化の時代に大学が置かれているのを見た学生たちのいらだちを、彼が助長するばかりであったと考えるのを避けることはできない。このことは、第六部門が一九六八年の地震の衝撃波から完全に離れていることができなかったとしても、決して直接ねらわれなかったことの説明になる。

当時の第六部門はまさしくリュシアン・フェーヴルの直観の是認であったと同時に、ブローデル自身が彼の助言者の後を継ぐことを引き受けた十年前から、そこに付け加えてきたことすべてを是認するものであった。当然のことながら、このことは、もし一九四七年にブローデルがソルボンヌ大学に選ばれていたか、あるいはその時まで高等教育教授資格試験の審査委員長のままであったら——一九六六年に、彼はまだ六十四歳であった——彼がおそらく手に入れることができたもの、あるいは少なくとも準備することができたものを空想させる。しかし私が引用した唯一の授業計画は、これが制度上つまり大学的に言えば不可能であったことを証明している。

確かに、リュシアン・フェーヴルやマルク・ブロックの時代から『アナール』誌とソルボンヌ大学との間の距離は深まっていた。なぜなら第六部門が活気に溢れた人間科学の代表であることをはっきり示すにつれて、ソルボンヌ大学は、それら人間科学の精神を否定することはせず、むしろ文学部の名目でそれらを加えることによって、老朽化に拍車をかけた。しかしピエール・ルヌーヴァン学部長の責任が彼の支配の長さゆえにきわめて重かったとしても、彼の保守主義が後継者たちによってあまり異議を唱えられず、修正もされなかったことは注目すべきである。古き名門の攻撃性は、第六部門の全方位にわたる発展とその威光と威信に依然として向かっていた。おそらく、問題なのは過ぎ去ったソルボンヌ大学であり、それは一九六八年まで、ソルボンヌ大学が行使してきた他を損なう権力をまだ持ち続けていた。

ブローデルには譲歩する傾向はなかったが、どう見ても譲歩というのは形式上の妥協でしかなく、何の役にも立たなかったと思われる。そもそも溝は、実際はソルボンヌ大学の内部において、ラブルース、すなわちブローデルとさらに協力を深める経済史と、あいかわらず伝統的な歴史との間にできている。われわれはここで反対推論により、一九六八年の爆発直前の、高等教育における人間科学の知的な危機的状況の重大さを推し量ってみる。

私がこの危機について行なった唯一の要約は、当時、第六部門が、あまりに体制から外れていると判断された研究分野あるいは研究者に対し、どれほど生きる力を与えたかを明らかにしている。ここであらためてクレメンス・ヘラーに特別に重要性を与える必要がある。彼についてはすでに一九五五年の「地域研究」創設における働きとアメリカの財団のメセナ活動との交渉をすでに見ている。ところで、東西両陣営の対立が最も激しく続いていたこの時期に——学生の場合、アルジェリア戦争反対に取って代わる、アメリカのベトナム戦争反対への動員——そして、ソ連の再凍結がフルシチョフの失脚後にはっきりとしてきたこの時期に、第六部門は国際的な野心をいささかも制限しない。その反対である。このことはいくら強調してもしすぎることはない。

ガストン・ベルジェの時代のように、第六部門はたとえば文化の自由のための国際会議と密接に関わっているが、これはクレメンス・ヘラーのみならず、ジョルジュ・フリードマンやレーモン・アロンのおかげである。これは体制がソ連支持の外交を行なっていたのに対して第六部門が独立していたことの立派な証拠である。しかし多くの別のことも存在する。たとえば、クレメンス・ヘラーは、とりわけ東の諸国の奨学生の受け入れ体制の中心で行動する術を心得ていた。ピエール・グレミオンは、反共産主義の知的な交流関係の歴史を書いたが、次のように書きとめている。

「私はコンスタン・ジェレンスキーと一緒にパリにいた。彼は東欧、それも彼の場合にはソ連を含む東欧との知的関係の真の戦略を持っていた数少ない人間の一人である。[……]彼はきわめて巧妙に、ある時はアメリカの財団のパイプを、またある時は優秀な奨学生をフランスに来させるため、フランスと共産主義体制のさまざまな国との間の双方向的な文化交流を管理する混成委員会のパイプを利用する術を心得ていた。[……]それ自体すでにきわめて強い、これらの組織のメカニズムとは別に、飛躍的発展をとげつつあった機関である高等研究院が教授資格を与えることができる、新しい世代の歴史家とともにはっきりと輪郭が現れるのは、将来を担う、本当の意味での知的な結びつきである。[(3)]」

少なくとも歴史家にとって、高等研究院全体ではなく、第六部門、東側との関係、そしてクレメンス・ヘラーの役割をはっきりさせておこう。もちろんクレメンス・ヘラーがその当時、しかも十年間の終わりに、経済的援助とアメリカの文化外交との間に国際的な大きな差があることを明らかにし、さまざまな検閲とますます硬直化するフランスの大学に衝撃を与える、文化の自由のための反共産主義の国際会議を実行したのは確かである。フランスの人学においては、学生の極左主義の動き、そして反スターリン主義者よりも過激な反アメリカ主義者がたとえ優勢になり始めてはいるとしても、共産主義者の影響はまだ非常に強い。外交的かつ行政的な策略の大部分は、彼の交渉者としての才能と、東西両陣営の国際関係に関する知識に基づき、素晴らしい効果を発揮したが、示談の腕前や可能性の感覚、ブローデル委員長の開かれた精神、彼がもたらす隙のない支援もまた、決定的な役割を持っていた。もう一度言っておくが、ブローデルをつき動かし、梯子を変えることによって、解決できない様相をしていた問題を乗り越えることを可能にしたのは、彼の大きく広い感覚なのだ。

晩年になって、一九八五年十月のシャトーヴァロンでのシンポジウムの際、ブローデルは幾分誇りを持って、次のように要約する。

「フランスの輝かしさは、世界にむかって、とりわけヨーロッパにむかって開かれているということを抜きにしては、考えることができません。フランスの知的偉大さは、ヨーロッパの偉大さなのです。たとえば一九四五年以降にフランスが収めた輝かしい勝利の一つは、ポーランド知識人を心から迎え入れたということです。私の所属しております高等研究院、私はこの研究機関にたいへん恩義を蒙っておりますし、私自身もいくらかの貢献をしておりますが、この高等研究院は、一九五八年から一九八〇年までの間に千人以上のポーランド人留学生を受け入れてきました。私たちはポーランドのエリートたち全員にフランス語を再教育しましたので、ポーランドではフランス語で博士論文の公開審査を受けるものすらあるのです。コレージュ・ド・フランスの数学者がほとんど全員ポーランド人で占められていた時期もありました。これは何といっても驚くべきことです。私は人間科学館を創設しましたが、その時の協力者は、一人はウィーンで生まれアメリカ合衆国で学問を修めた人、もう一人はフィレンツェ人の血を引く人だったのです……」(4)

したがって、ブローデルにおける開かれた感覚、彼の外交的手腕、通念を覆すような情報にさえ影響を受ける感受性は、第六部門の未来を拡大するという全体的な総括において、たとえば十年間の最後に、さまざまな困難が蓄積されるときには、無視されるべきではない。あらゆる左翼の人々から見て、そしてそれどころか、C・I・Aが補助金を与えたことによって、文化の自由のための国際会議が危うくなったのはその時である。しかしブローデルは、迂回作戦を取らなければならないのではあるが、西へも東へも第六部門を開放しておくことに成功する。この一九六〇年代の終わりに、共産主義圏の政治がフルシチョフによる緊張緩和から新たな緊張へ、発禁本を外国で出版したために重罪の判決を下された、シニャフスキー＝ダニエル事件後、新たな弾圧へと移行するだけに、このことはよりいっそう微妙である。チェコスロヴァキアへの侵攻以後、強制がさらにひどくなる。

したがって、これらの調整、交渉全体が――エジプトやアルゼンチンで政治犯を解放させたり、ソ連やポーランドで異端者を助けたりするための介入も含めて――ブローデルの時間を消費し、当然のことながら、彼の「統治」の日々の作業に加わることを少し想像してみよう。彼の「統治」とは、すなわち講義の開始であり、一部の人々については、態度の監視であり――第六部門での勤勉さを証明することが必要だったし、ジャン＝ポール・アロンのように第六部門の方針に従うことができない人々は辞めなければならなかった――、協調精神と研究の奨励、多様な共同研究に必要な妥協、国際会議の代表を確保する必要性、予算の手品である。第六部門の拡大から生じる出版活動は言うまでもなく、関係者との手紙のやりとりや話し合いといったことが必要であったことは想像を絶する。こうしたことに加えて、相変わらず建築中の人間科学館の館長職のせいで、旅行の数を制限しなくてはならないとしても、シンポジウムに彼自身が参加することとそれに伴う数々の旅行がある。

人々が『地中海』の初版と『物質文明と資本主義』の間に著作が比較的少ないことに驚くとき、当然これらの活動全体を考慮する必要がある。彼が自分の著作の新しい版を絶えず書き直し、『物質文明』のある章などは十回も書き直したことがあることを忘れてはならない。そしてこのことは本に対する深い関心にも起因している。彼は『アナール』の編集に携わる前に、『アフリカ雑誌』の編集次長として仕事を始めているが、周知のとおり、彼は高等研究院で百冊ほどの著作の刊行者であり、フラマリオン社やアルマン・コラン社などの出版社が出す叢書の編集責任者でもあった。彼が書いた序文は数え切れないほどある。

その結果、人々は生涯を歴史と歴史の著作にささげた、一人の歴史家の人生を手に入れる。ところが歴史学は人間科学のなかで構造主義が力を増すことによって激しく揺さぶられることになる。構造主義は旗印として、また歴史に反対する者が一致する「主義」として出現する。文字通り同時代である、一九六八年五月の激震にも揺すぶられる。これはイデオロギーのカードをかきまぜて進行する。

『アナール』の二人の創設者の歴史家としての人生は、彼らが体験しなければならなかった二つの世界大戦によって完全に一変させられ、フェルナン・ブローデルの歴史家としての人生は、長い収容所生活から帰ってきて、再建され安定したヨーロッパの平和のうちに展開したとしても、穏やかな川の流れに運ばれていったものではない。あまりにも多くの人々が彼の座礁を見ることを待ち望んでいる所で、彼は絶えず暗礁に乗り上げるのを避け、廃川を避けなければならない。しかし新しい歴史の具体的な発展が、それを受け入れようとしなかったフランスの大学のなかでは、そのような代価を払う価値があると言うことができる。おそらく彼が絶えず導かなければならなかった闘いの針の先、とりわけ彼が観察するよう仕向けられた国際的な比較、それらは彼の著作を充実させるものであった。しかし一九四八年から一九五二年頃と同様に、人間科学は、自らが明らかにした新しい問題によって、彼自身が行なっている改革を理論的によく考えることを強いた。歴史だけでなく、新しい歴史そのものについての議論と問題提起が生じるのは、新たにこれらの人間科学からではなく、今回は人間科学の構造主義的角度からである。

2　君臨の絶頂、ミシェル・フーコーと歴史学の新しい諸問題

われわれのように距離を置いて状況を見る者にとって、歴史家フェルナン・ブローデルは、当時、その重要性を確認したばかりの第六部門の代表者であるという理由だけではなく、権威の頂点にあって重要性を持つように見える。『地

中海』の初版は長い間書店で手に入れることができなかったが、ついに決定版が出版され、読者の手に入るようになる。そして『地中海』決定版に続いて直ちに『物質文明と資本主義』が出版され、突然ブローデルのイメージは大きく変化した。発行部数が一九七〇年以降の十年間のそれとはまだ何の関係もないにせよ、専門家たちにとっての偉大なボスから、人間科学の急激な発展において大家の一人となるのだ。

この急激な発展は、戦後すぐにあったような、断固たる文化的な改革の結果ではなく、国民教育における危機の認識と結びついた、社会の深い危機感のしるしである。教育の民主化は、中高生や大学生の数を増やしているとしても、約束を守ってはいない。なぜならそれがことごとく失敗に終わっているからである。ところで、生徒たちの進路指導をするのはいまや家族ではなく、学校である。したがって社会階級を上がる不可能性にせよ、より深刻なことに、この階級を子供たちが下降してゆくことの責任者となるのは、学校である。それゆえ、社会学と教育心理学の一般化と普及が生じ、人々はこれらにシステムの矯正を求める。

人間科学のこの急激な発展はこうして、いろいろな側面から見ると、人間科学が直ちに収益性を上げると考えられる一面があることになり、当時昇進の王道である、数学クラスの帝国主義に対する挽回手段となる。それは、一九六八年以前の数年間において、書店ばかりか、さまざまな学部における学生の登録の比率や、文化についての既成の思考をも一変させつつある。これは流行であり、未来であると人々は思っている。人々はそこに殺到するが、このことが彼らを引き入れるという過ちを犯した文学部を異常に肥大化させる。

逆説的なことだが、歴史学はその恩恵に浴することになる。なぜならば知的および社会的混乱の重大さそのものが、なんらかの手がかりを見つけたいという強い欲求を引き起こすからである。しかし歴史学は初めは間接的に被告席に立たされている。なぜならばかなりの研究分野はその学術性を常に歴史学を土台にして作り上げるにいたっているからである。理論上の大変動は、新しい言語学との接近を理論づけたフィリップ・ソレルスとロラン・バルトの『テル・ケル』という雑誌とともに、文学の余白のなかで始まる。一九六五年、ツヴェタン・トドロフが、ロマーン・ヤーコブソンの序文入りの『文学の理論』においてロシアのフォルマリストを紹介する。その犠牲者は文学史であり、それはバルトとピカールの事件で見たように、創造から切り離された実証主義においてかなり硬直化した文学であると言わざるをえない。社会学も同じようにブルデューによって、そして哲学はジャック・デリダによって揺さぶられる。

まさしくこの大混乱は、フランス社会においても、最も急進派の学生においても、経済学や社会学のほうに向けられる注意を有効に利用する「新しい歴史」にとって、何よりもまず有益である。ところでブローデルが経済史家として国際的評価を確立するのは、一九六七年の『ケンブリッジ経済史』への寄稿と、十五年以上にわたる研究と実験の成果である、『一四五〇年から一七五〇年までのヨーロッパの価格』[5]についての壮大な研究によってである。この研究は、形成途上にあった数量歴史学の根本的な問題について、基準となる研究モデルを示している。これはアングロ・サクソンの世界における通行許可証であったが、ブローデルの署名入りで書かれた最初の寄稿論文である「ヨーロッパの拡大と資本主義、一四五〇〜一六五〇年」が、コロンビア大学によって一九六一年に『ヨーロッパ文明論』に発表されたときには、まだ名声を得ていなかった。

『アナール』はその間に少しずつ『歴史学雑誌』に損害を与えるようになった。この雑誌は誰もが参照する雑誌であり、退職間近のルヌーヴァンの支配下で勢いが衰えてはいるが、ソルボンヌ大学が厳重に監視し、その名はフランス国内よりむしろ国際的に知られている。しかしながら『アナール』はいまや、自らが基礎を築いたような構造主義の波によって引き起こされた精神的景観のすさまじい変化のなかに含まれている。『アナール』は構造歴史学を代表してはいないのか。用語とその新しさを見つけだすマスメディアは、きわめて高いレベルにとどまっている雑誌、それゆえ専門家向けの雑誌の革新的地位をさらに誇張する。その結果、一九六〇年代の終わりに、成功はしたが、しかし革命的な雑誌の、この逆説的な立場というものがあり、このことは、「主義」としての構造主義が人間科学全体のなかで増大させる歴史主義に対する攻撃を通して雑誌が進んでゆくことが可能になる。

確かに、ダーウィンの十九世紀の遺産であり、マルクスによって引き継がれた、進化論の説明的価値の時代はもう終わった。しかし言語学からはみだした、共時性と通時性の闘いの裏には、再検討あるいは苦境といった他の動機が隠されている。アメリカのポップ・アートとその亜流が、抽象的な経済発展政策や現代アートにまで背を向ける。現代アートは、進化主義の理論と印象主義以来のアバンギャルドの継承の俗っぽさとともに、いっぺんに壊れる新ダダイスムをもたらすが、このことはやがてポスト・モダニズムの拡大の原因となる。

ド・ゴールの努力にもかかわらず、彼はもっと深いところでフランスが「大きな歴史」から脱したことを察知できるようになる。地球を支配するのは、強大国、すなわちアメリカと中国とソ連である。さらに、ディエン・ビエン・フー後のアルジェリアの敗北は、一九四〇年の敗北の思い出をも呼び覚ます。非植民地化の幻滅はフランスの領域が狭くなったという感じをさらに強める。ヨーロッパ共同市場においてドイツの力が上昇してきたために、「アフリカ南部のザンベジ川よりもむしろフランスの中央山塊にあるコレーズ川」が強調された。

構造主義という言葉そのものは、現在の失われた鍵を表現することが可能な、隠れている現実に近づくための快適な信条や思想を妨げる出来事の泡から抜け出ることを可能にするようだ。ところでこの曖昧な言葉は、かつてないほど進化主義で歴史至上主義的なソルボンヌ大学が、猛烈にそれを忌避し始めるだけに、いっそう流行によって知られるところとなる。いまやそれは互いにきわめてかけはなれたアプローチ全体をカバーしているが、とりわけ一九六六年春のミシェル・フーコーの『言葉と物』の電撃的な成功以来、レヴィ＝ストロースからバルトまでの改革者たちを集結させているようだ。

この成功は、この非常に優れた本が突然、ちょうどその時に、フランスの知および大学の危機的状況の多種多様な側面に明確な形を与えていることに起因している。これは大学によって見事に広められた伝統的な知と革新の付加との間に絶えず拡がる断層の一環を成す。革新の付加とはまさに人間科学において、真の文化革命を引き起こしつつあるものである（この原因は、実際には内乱をカバーする中国語の表現がそれほどまでにもてはやされたことにある）。人々はそこに「構造主義は新しい方法ではなく、現代的な知の目覚めた、不安な意識である」ということを読みとることができないだろうか。しかし次のことも読みとれる。生物学、経済学、文献学などの学問に道を譲るために、古典主義時代の言説が消え去るとき、

「こうした考古学的変動の深層における運動のなかで、人間は、知にとっての客体であるとともに認識する主体でもあるというその両義的立場をもって現れる。従順なる至上の者、見られる鑑賞者としての人間は、ベラスケスの『侍女たち』があらかじめ指定しておいたとはいえ、長いことそこから人間の実際の現前が排除されていた、あの国王の場所に姿を見せるのだ。[6]」

副題の「人文科学の考古学」が『言葉と物』を一つの宣言書にする。宣言書は、当時評判のよかったピエール・デグロープとピエール・デュマイエの「みんなの読書」というテレビ番組にミシェル・フーコーが出演したことによって、突然大衆に発表されたのである。フーコーはそこで弁舌さわやかに、サルトルはいまだに「十九世紀の人間」であると述べ、勢いに乗って哲学の死と人間の死を宣言する。「人間というものは最近の発明品であり〔……〕、われわれの知のなかの単なる一つのひだにすぎない」。フーコーは「歴史主義」だけを告発するのではなく、デリダ後に人々が言い始めたように、それを「解体」する。「人間存在はもはや歴史を持たぬ。というよりむしろ、人間は話し労働し生きるがゆえに、自らの固有の存在のなかで、人間に従属もせず均等でもないいくつもの歴史と、すっかりからみあっているわけなのだ。[7]」

レヴィ＝ストロースによってこれよりも十六年か十七年前に行なわれたように、こんなふうに激しく非難されたのは、実際には歴史主義の歴史である。人間の哲学的な死が、レヴィ＝ストロースの冷たい社会と熱い社会と同じくらいブローデルの問題ではないとはいえ、ブローデルは「人間に従属もせず均等でもない」歴史と人間がもつれた関係にあることをほとんど副署することができるだろう。もう一度言っておくが、フーコーの最初の重要な著書『狂気の歴史』は歴史のかたちをとっているが、誇張ではなく、「新しい歴史」とは無関係のものであったのである。

マンドルーはしたがって一九六二年の『アナール』で、「古典主義時代の狂気を理解するための三つの鍵」というタ

イトルで、きわめて好意的に書評を書いた。またたいへん意味深いアプローチとして、ブローデルが「ミシェル・フーコーの独創性、先駆者的な性格を強調するため」編集事務責任者の書評に一頁加筆した。

その書評全文は次のようなものである。

「私はそこに歴史家が取り組むことが非常にまれな、しかしリュシアン・フェーヴル以後、われわれが自らの意向でそう呼んでいる集団心理学の研究の一つだけを見ているのではない。両義性において、三つか四つの異なった角度から一つの問題に取り組む特別な素質を私は認め、感嘆する。〔……〕この両義性はどんな集団現象にもある両義性であり、それゆえ文明の真理は相反した無意識の動機の闇に消える。このすばらしい著書は、一つの特殊な現象、つまり狂気、言い換えれば一個の文明の精神構造の謎めいた歩みがなりうるもの、その狂気がいかにしてそれ自身の一部から離れ、自由になり、それ自身の過去が提供するものにおいて、狂気が維持しようとするものと、狂気が拒否し、無視し、忘れようと願うものを区別することができるかを追求しようと努めている。この困難な追求のためには、歴史家、哲学者、心理学者、社会学者であるだけではなく、次々とその務めを果たすことのできる精神が必要であった……。人々は例としてその方法を提示することができないだろう。この方法は誰にでもできるというものではなく、才能以上のものが必要である。[8]」

ブローデルはフーコーの引用によって文章を締めくくる。最後の行には次のように書かれている。

「ある文化に、その限界としての経験の点で問いかけることは、歴史の極限において、いわば文化の誕生そのものたる裂け目において、文化を問題視することである。[9]」

人々は何がブローデルの心を強く打ったのか、いかに彼が人間科学の思いがけない側面から――ほとんど哲学の側面から――『アナール』の精神や新しい歴史、さらに彼自身が文明と考えていたもののための援軍を受け入れて喜んだのかを、よく理解することができる。マンドルーとブローデルが不和であったこの時期に、マンドルーの考えに修正を加える必要性が考慮されたことは、ありうることである。しかし、それでもやはりとっぴで、追伸の形での短い論説を飾る熱狂があったことに変わりはない。これは和解の申し出である。もっとも、フーコーの企てに対するブローデルの全面的な支持は弱まることはない。歴史に関して考え方の違いがあったことは別として、コレージュ・ド・フランスでのフーコーの選挙のときを含めて、ブローデルは、かつてレヴィ＝ストロースのために行なったように、有力な選挙人の役割を受け持つことになる。

強調しておくが、フーコーはブローデルから見れば新参者ではない。彼らはフーコーがワルシャワ大学のフランス文化センター長に任命されたときに出会っている。これは一九五八年のことであり、一九五六年終わりにゴムウカが第一書記に返り咲いた権力復帰に続くポーランドの「十月の春」は、単に過去の話ではなく、『現代』の特別号で評価された、共産主義の改革の可能性の糸口にさえなっていたようだ。もっともブローデルは第六部門に革新的な知識人たちを迎え入れていた。そしてこの文化的再生は革新的な知識人を最重要の地位に置いていた。たとえば中世研究家のブロニスラフ・ジェレメクとマルクス主義的哲学者のレツェク・コラコフスキーである。それゆえブローデルとフーコーは、パリの因習からはみ出した状況のなかで、すでに互いに評価しあっていた。それに、フーコーを通して、古いソルボンヌ大学の実証主義者たちを新たに困らせることは確かにブローデルには悪い気はしない。

当時、ブローデルの見るところでは、バルトの見解と同じく、フーコーが推進していることは、結局のところ「構造主義的歴史学」[10]である。

これより十年前のレヴィ＝ストロースの発言との比較は誤解からさらに強まるが、その誤解とは、大半の知識人が『言葉と物』のなかで、歴史の「主体」である人間に対する全体的な攻撃、つまりそのものとしての歴史に対する攻撃しか記憶に留めないということから生じるものである。この攻撃は、一九六〇年代の終わりに世界の状況が大混乱にあるがゆえに、一般的に認められる。すなわち歴史学は多くの人々にどこへ進むかもはやわからないという印象を与えるのだ。歴史主義的な歴史学は指針を失っているが、さらにマルクス主義歴史学も、ブレジネフのソ連における再氷結と中国の文化大革命が押しつける衝撃のために指針を失っている。

このことはわれわれをソルボンヌ大学に立ち返らせる。ソルボンヌ大学の見るところでは、フーコーの著書は火付け役のようなものである。ところで、すでに見たように、ソルボンヌ大学は知的危機に陥っているが、学生の就職についてはさらに危機に陥っており、このことがすべてを悪化させてゆく。学生の数は一九五五年以来飛躍的に増え続けており——いまやパリ地域で十五万人以上おり、そのうちソルボンヌ大学文学部だけで三万七千人であり、これだけで三個師団、つまり一つの軍隊を構成するほどである——彼ら学生は依然として完全な左派であり、特に学業成績不振に対して動員されるのだが、このような失敗は教育システムの社会的不平等のせいだと考えている。彼らは直接の先輩たちがアルジェリア戦争に対する執拗な反対運動を行なって以来、すべての体制に敵対する。アルジェリア戦争は、若い労働者たちがむしろそこで技術的な力を身につけることに役だっていたのに対して、学生たちの徴兵猶予を脅かし、学業を中断させたのだった。完全雇用の恩恵を受けていた若い労働者たちが分散したのに対し、学生たちの結集に助長されて、彼らの間のギャップはますます深まるばかりであった。

ついでに指摘すれば、ブローデルはこの状況の危険性を完全に察知していた。一九六〇年代半ばにフランス共和国大統領府事務局長であったエチエンヌ・ビュラン・デ・ロジエは、ワルシャワでの滞在以来——最高の勲章であるポーランド勲章がブローデルに授与された一九五八年に彼は大使であった——、ブローデルとフーコーに面識があったため、シャンゼリゼのレストランで二人だけの昼食をとったとき、ブローデルが彼に高等教育教授資格試験はもはや教授養成にふさわしいものではなくなったと説明したことを次のように証言している。

「［高等教育教授資格試験は］もはや高校の教師の育成にも、大学の講師の育成にもふさわしくない。私は国民教育の問題についてエリゼ宮の技術顧問である、ジャック・ナルボンヌに私たちの会話を伝えた。彼はフェルナン・ブローデルと話し合い、完全に意見の一致を見た。彼はそれをド・ゴール将軍に書面で報告し、将軍は説得された。ことは政府の決定機関の管轄に属していた。すなわち高級官僚らによって補佐された首相［ジョルジュ・ポンピドゥー］と文部大臣［クリスチャン・フーシェ］が、ド・ゴール将軍の政権下で職についていた政府である。私が覚えているかぎりでは、それは諮問委員会にかけられなかった。おそらくポンピドゥーの決定があらかじめ行なわれていたのだろう。彼は現状維持を考えていた。[11]」

われわれは偶然ブローデル自身が語ったこのエピソードを知っている。彼は死の直前、すなわち一九八五年十月にシャトーヴァロンで開催されたシンポジウムで次のように語っている。

「クリスチャン・フーシェが（彼は私に非常に好意をもってくれていましたが……）、改革委員会委員に私を任命したのです。みなさんが私の立場だったら、この好機を利用するでしょう。私はこの地位を大いに利用して、高等教育教授資格試験を改善してもらおうとしました。私は声を潜め、正体を隠して、試験改革を訴えました。私は選抜試験というものが嫌いなのです。あれは合格者を疲労困憊させ、落第者を奈落の底に突き落とすだけだからです。［……］いまでもお決まりとなっているさまざまな問題に答えるために、教科書で知識を覚え込まなければならない、それもつまらん知識をです。しかも、この若い時を利用して、ドイツ語やラテン語やギリシャ語や経済学を学ぶのを犠牲にしてなのです。だから私は高等教育教授資格試験改革を訴えたわけです。クリスチャン・フーシェは何かできると考えて喜びに逆上したのでしょうか、『試験は廃止できるだろう』と言っていました。そこでクリスチャン・フーシェ委員会で幾度か会議がもたれました。［……］高等師範学校の校長は、私にこう言いました。『でも高等教育教授資格試験の受験準備をしないとなったら、学生たちは何をするんですか』。その校長に対して、みんなは異口同音にこう答えました。『他のことをするんですよ』。［……］クリスチャン・フーシェがポンピドゥーを訪ねると、（ポンピドゥーはフーシェと君・僕で呼び合う間柄でした……）ポンピドゥーはフーシェにこう言いました。『君が高等教育教授資格試験のことにまだこの先あれこれ言うようなら、僕は君を首にするよ』と。そこでフーシェはよくよく考えた挙句のはて、改革は行なわれないことになってしまったのです。[12]」

エチエンヌ・ビュラン・デ・ロジエは次のように付け加えている。

「ポンピドゥーはそれについて直接ブローデルと話し合うことをいつも拒否した。官房長に迎え入れられたブローデルは、政府の政策を手厳しく批判した。『大学で爆発が起こるだろう！』と。ブローデルはもちろん一九六八年のことなど思ってもいなかった！　だがその言葉は記憶にとどめられた。ポンピドゥーの義兄はブローデルを一九六八年に対して責任があるとして正面切って非難したのである。ブローデルは微笑みながらこう答えた。『もしそれが事実なら、あなたは私にまったく別のやり方で話すでしょう。あなたは笑いが止まらないだけでしょうね……』」

この証言は、ブローデルが現状のままにしておこうとするポンピドゥーの非妥協的態度と六八年五月のポンピドゥーの責任を明らかにしているだけにいっそう重要であり、また逆に制度上の行き詰まりによって荒廃する結果を誰よりもよく察知し、彼の話を理解してもらうことのできる政府関係のあらゆる場所でそれを主張する——だが無駄だった——ブローデルの予知能力を明らかにしている。ポンピドゥーは共和国大統領就任の前に、ブローデルにそのつけを支払わせることになる。(13)

『言葉と物』の特別な重要性は、一九六六年の新年度に、その出版がまさしく、ソルボンヌ大学が現実世界からもたらされた、多少なりとも有効だが寛容な思想の氾濫に反対する締めつけを突然具体的に表す、知的解放の効力を持ったことに由来する。これらの思想は、大学の若者たちのユートピアへの欲求、革命について一般に受け入れられた考えをひっくりかえすものによってかき立てられた欲求に答えるものである。二、三年のうちに、非スターリン化、中ソの分裂、ソ連での再氷結、ソルジェニーツィンのような「反体制者」となりつつある人々の最初の著作の出現、イタリア共産党のレーニン主義思想に対する改革の企てといったものがすべてをひっくり返したのである。学生たちはもはや自由にヨーロッパのユートピアを手にしていないのだが、彼らの見るところでは疎まれた帝国主義の例証である、アメリカのベトナム戦争に対する彼らの反対運動が大きくなるばかりであるし、ボリビア（レジス・ドゥブレを参照）でのゲリラ活動にまで至るカストロ主義や、フランスでは人々がその悲しい現実を知らなかった「文化大革命」によって神話化された毛沢東思想へと彼らを駆り立てた。

フランソワ・フュレは、文化の自由のための国際会議の雑誌『証拠』に、一九六七年二月に——すなわち『言葉と物』

の六か月後に――象徴的に掲載された論文のなかで、当然のこととして「革新的な知識人たちに与えられた代理のメシア信仰(14)」について述べている。

フランス共産党は、その組織内で、若い労働者たちとあまりに強情な学生たちとを引き離さなければならなかったが、一九六五年に共産党員の学生たちの反抗的な幹部を壊滅させることを決心した。この年、ジャン＝リュック・ゴダールの映画『中国女』が作られ〔公開は一九六七年〕、ユルム通り、つまりエコール・ノルマルでは毛沢東崇拝が始まる。しかしだからといってそれが哲学上の論争を免れることはできず、党の指導はロジェ・ガロディとルイ・アルチュセールとにわかれた。ガロディは政治局のメンバーで、モスクワ大学の哲学博士であるが、「修正主義」、すなわちマルクス・レーニン主義のソ連の正統性を問題視するようになった人物であり、一方アルチュセールはユルム通りの哲学の受験指導「助教授」で、すでに述べたように、マルクスやレーニンを「構造主義化」する。アルチュセールは執行部の保守主義者たちにとってそれほど危険な人物であるようには見えない。残念ながら、彼の考察のいくつかは、毛沢東の方向に進んでいるようだ。一九六六年、いわゆるアルジャントゥイユの中央委員会で、フランス共産党は、時間稼ぎをするために、知識人たちにある種の研究の権利、すなわちあのような状況のなかで、スターリン的な教条主義の下に蓄積された火薬に火を付けるのを手伝おうとする権利を認める。『フランス文芸』はフーコーとレーモン・ベルールによる挑発的な長い対談に頁を割いている。

当然、『アナール』を取り巻く若い世代の歴史家たちは、この混乱を察知する。このような環境から見たこの時代の最良の分析は、すでに引用したようにフランソワ・フュレのものである。アルチュセールがマルクス主義を構造主義化することによっていかにマルクス主義を「非イデオロギー化したか」に言及しながら、またマルクス主義を「歴史の意味」の否定に変えるレヴィ＝ストロースの構造主義の普及にこの立場を関連づけて、フュレは次のような態度を示す。

「イデオロギーの確実性と歴史の『意味』の崩壊が、アングロ・サクソン流の研究や経験に基づく情報の再利用に到達しなかったことにショックを受けた。〔……〕今日、進歩主義の政治的幻滅は、左派の知識人の場合にはマルクス主義の影響力を根底的に傷つけたが、こうして作られた虚無感のなかで、絶大な影響力を振るうのはレーモン・アロンではなくレヴィ＝ストロースである。マルクス主義の自由主義的で経験主義的な批判ではなく、過度の主知主義で体系的な考えである。マルクス主義者または元マルクス主義者は自説を捨てることなく自らの過去をそのような方向に向けることができなかったばかりでなく、彼らはアンガージュマンの無邪気さや、歴史の意味から解放され、人間についての総合的な科学の野望や全体化する昔からの夢を［……］そこに再び見出した。(15)」

フュレはレヴィ＝ストロースにフーコーを付け加えることができただろう。フランスの社会がもはや十年前のもの、すなわちリュシアン・フェーヴルが死んだときのものではなくなっていることを、人々はまだ本当には知らない。しかし大半の家庭に行き渡り、世界についての映像を開始する（「第一面五段抜きの記事」）（白黒の）テレビと、トランジスタが生中継で広く伝えるラジオ（いまや一千万台以上の受信機があり、そのほとんどはポータブルである）は、かつて経験したことのない速さで出来事を――たとえば一九六一年のド・ゴールに対するアルジェリアの将軍たちの陰謀による内乱――、より一般的に言えば感性の変化を伝え、人々は集合心性について話し始める。

確かに、われわれは締めくくりの言葉と一九六八年の動乱を知っている。その当時、危機的状況の徴候は増していたのに、一九六五年の大統領選挙のときのド・ゴールが当選に必要な票を得ていないにもかかわらず、第五共和制が岩の上に建てられた岩でできているように見え、さまざまな徴候はまだ見分けられずにいた。しかし構造の有名な不動状態に直面して、出来事叙述が予測不可能なままに、大混乱を抑えきれない必要性の心理的要素が、フランスの現状のなかでますますくっきりと姿をあらわすことは明らかである。

既成の政治と経済に関するこれらの不調と、一九六五年から一九六七年が、ブローデルの考えに反してフランスの歴史学が生み出す作品において、一つの時代の終わりを示しているという、われわれの引き出す印象との間に因果関係をつくらないようにしよう。一九五〇年頃に開かれた鉱脈は枯渇するに至り、あるいはそれらの開発はある種の飽和状態にぶつかる。構造主義歴史学、社会経済史、歴史人口学によってもたらされた勢いは、研究や博士論文の花束とともに、その成果をもたらした。この種の最後の博士論文は、一九六六年のル＝ロワ＝ラデュリのものである。

結局、歴史家はある社会で生きている。その社会の絶え間ない繁栄は、非常に安定しているように見えるため、人々は「消費社会」という言葉を口に出し始めたのだが、一九六八年の学生たちが立ち上がったのは、まさにこの社会に対してである。深いところで動いているものは、個人の心の自由や家族計画キャンペーンに向けられた新しい関心の表れでもある。中絶についての女性の権利は、ヴィシー政権によって甦り、現状のままに残された検閲の一掃と同じように、世論を動員する。ピルが正式に認可されたのは一九六七年であり、避妊のための戦いにおいて決定的な一歩を記している（避妊に関する広告は、一九一四年から一九一八年の戦争での多大な人的損失を埋め合わせると思われていた一九二〇年の出産奨励法によって依然として禁止されていた）。人間科学の最前列にいる精神分析が勝ち取った場所、ラカンに対する反応によって評価される場所から、これはあまりに遠いだろうか。

フランスにとって完全に平和な最初の数年間、すなわちいかなる戦争にも植民地の鎮圧にも参加しない数年間の、思想的戦いにおける雰囲気の全面的な変化。人々は今世紀終わりの寛容な西洋の情勢におけるそのような変化の影響力をもはや思い描くことができない。それは一九四五年に始まった文化的な二十世紀について語るとき、おそらくフランスの第三番目の二十世紀を一九六三年から一九六八年に始めさせる必要があるほどである。

少なくとも間接的に歴史の意味の喪失によって損なわれた社会史は、たとえブローデルがそこから社会史を救い出したとしても、裏返しに心性の変化の歴史をすでに含んでいた。このことは、リュシアン・フェーヴルの著作、マルク・ブロックの著作（『王の奇跡』）、またすでに示したように、西欧文明あるいは西欧の離陸の条件にますます関心を持つようになってきているブローデル自身について、あてはまるのであり、先ほど見たように、歴史人口学に訴えることが必要不可欠なものとなった発展によって、当然のことながらさらに強くなる。

ところで、一九六〇年代半ばに起こることは、重苦しい歴史の下部構造に対して、マルクス的な意味で上部構造に与えられる役割の強調だけではなく、ジャック・ル＝ゴフが指摘したように、他の歴史との分離と、この「集合心性の歴史」という名称が意味する着想と説明の二分法に終止符を打つ傾向があるのは、「集合心性の歴史」への実質的な移行の最初の徴候である。

いわば、この分岐が、歴史において個人の回帰でないにしても、個人的なものの回帰へと通じる隔たりを示すためである——私は断絶のことを言っているのではない。さらに、違いを示すために『アナール』の内部で、私がすでに言及したように、生命現象と性へ道を広げる。ブローデルはル゠ロワ゠ラデュリの『モンタイユー』について、次のように言って、からかっている。「私たちは歴史学を食堂へ導いたが、君はそれを寝室に連れていくのかね。」

当然のことだが、私は世代交替の影響を故意に誇張している。いまでは望遠レンズで見ているから、影響がわれわれの目に見えるままに描いたとしても、世代の交替については、年月の糸はそれをより目立たないものにしているのだ。一九八七年の『自分史試論』の結論で、倒すべき修道騎士の化身をブローデルのなかに少し認めすぎるピエール・ノラには——ブローデルは当時亡くなったばかりだった——しかしながら、次のように強調するだけの理由があった。いわゆる集合心性の歴史学の分野で、それがこんなふうに明らかになる転換期の直前に、重要な定義が『アナール』の精神の最も信頼できる代表者らによって発せられたが、それらはきわめて断定的であると同時に、強く疑問を示す声明書の時期をはっきりさせるものである。[16]」

改めて挙げると、リュシアン・フェーヴルの「歴史における感性」『アナール』、一九四一年、「魔術、愚行または精神革命」『アナール』、一九四八年、「感情の歴史。恐怖」『アナール』、一九五一年、ジョルジュ・デュビーの「集合心性の歴史」『歴史とその方法。プレイヤード百科事典』、一九六一年所収、『ユニヴェルサリス百科事典』所収のロベール・マンドルーの「集合心性の歴史」、一九六八年、そしてジャック・ル゠ゴフの「集合心性。曖昧な歴史」『歴史をつくる』第三巻。

このように列挙してみると、一九六〇年以後の発展として、問題が継続していることがよくわかるが、私が明らかにする方向転換を覆い隠す傾向がある。集合心性の問題は、一九六六年から一九六八年までの間、それがブローデルにおいては長期持続における惰性の源の一つであったように、もはや考察の地平にあるというものではない。それは全体的な説明のレベルへと移っている。集合心性の構造は社会経済的構造に優先する傾向がある。そしてたいていの場合、前者の短期の時間もそうである。これはまだ逆転ではないが、繰り返して言えば、一つの転換であり、すでに傾向である。

マルク・フェローを加えて、一九六九年に雑誌の編集責任をル＝ロワ＝ラデュリとル＝ゴフに完全に任せる前に、当時のこの二人の編集補佐に自由にやらせることによって、ブローデルが『アナール』から離れ始めるのは、上述の傾向に気がついたからだろうか。ブローデルはあらゆることに興味を持ちすぎるため、新しい感性が自由に表現することができない――しかも彼はフェーヴルのように自分が出す記事を校正したり型どおりのものにしたりする必要がない――、だがこのことは彼が道標を立てた分野を外れた脱線を直ちに発見することを妨げるものではない。（少なくともコレージュ・ド・フランスで）一九七二年に襲いかかる退職の刃に近づき、達成した著作の範囲を制限しつつ、彼は『アナール』の内部で――このことが彼に強いた時間と労力とともに――新しい傾向と闘うよりも自分の個人的な大作によって、それを完成させることのほうが重要だと考えていると判断することができる。彼の見るところによれば、新しい傾向の危険性は、大きな歴史の道、つまりブローデルが次第に「大きな開口部を持つ歴史」と呼ぶようになり、彼の目には未来である歴史の外へと新しい世代を連れ出してしまうことである。

一方モーリス・エマールは、第六部門の研究指導教授採用当初のいわば完全な周辺人が、ル＝ゴフやル＝ロワ＝ラデュリやフュレなど（規格はずれ）だがエコール・ノルマルで目に付いたノルマリアンたちに少しずつ取って代わられていったということを、私に指摘した。すべての人が、拡大した文化的野望、たとえば風俗や美的現象に共通の感性を高等研究院から受け継いでいた。おそらく、ある意味では、ブローデルは彼らとともに『アナール』を一つの機関として確立したかったのだろうが、いまや『アナール』はそうなったわけなので、この変化、つまり周囲の人々の変化は、きっと雑誌の全体の方針を周辺人からプロへと、危険の多い突破口から流行のテーマへと、さらに社会経済史から集合心性へと変えてゆくのに役立つに違いない。

ブローデルのものでも、第六部門での採用への登竜門でもなくなり、国家内国家（しかし予算は変動がない）となった『アナール』から少しずつ離れていったのは、ブローデルなのか、それとも『アナール』の方がブローデルから離れていったのか。答えの要素は一九六三年が彼の数多い寄稿論文の最後の年であるということにある。これ以後、一九六八年のピエール・ヴィラールの博士論文をめぐる長い議論――この新しい規則にふさわしい――を例外として、彼は記念論文用のものしか出さない。ヴィラールの論文は直接ブローデルの地中海の問題に言及している。というのも、改めて言うが、それはカタルーニャとスペインの関わりを扱っているからである。すでに述べたように、ブローデルは『アナール』を一九六九年初めに、ル＝ゴフやル＝ロワ＝ラデュリやフェローに譲る。「彼らとまったく意見が食い違うことがある」と、彼は一九七二年の自伝のなかで述べている。なぜ、いかにしてそうなったのかを見ていこう。

実際、ブローデルは自分の著作を完成させる必要性――七十歳を目前にしていた――と、『アナール』でそうし始めたように遺産を保証する必要性にとらわれていたばかりでなく、国際的な地位確立に起因する彼の成功の新しい影響にもとらわれている。『地中海』の初版は、一九八四年にサム・キンサー〔北イリノイ大学教授〕が書いたように「ほとんど励しがないどころか、敵意のある論評[17]」をアメリカの歴史家たちから受けたが、第二版は『ケンブリッジ経済史』への参加と連動して、その傾向を覆した。

『地中海』における歴史の新しい書き方を賞賛する者は多かった。〔……〕人間科学の主要人物のうち誰も、すなわちその評価が大学内に限られていたミシェル・フーコーもレヴィ＝ストロースも、デリダ、バルト、ラカンも、『モンタイユー』で大歓迎されたル＝ロワ＝ラデュリでさえ、アメリカの一般読者の間ではブローデルに比べられるような人気を博さなかった[18]。」

確かに、それは『物質文明・経済・資本主義』三冊本の翻訳後の状況であり、このことはわれわれを次の十年の終わりまでさかのぼらせるが、一九六八年にはブローデルはすでにこの成功の最初の成果を受けている。一九六八年五月、彼はシカゴ大学に招待される。金銭面で折りよい招待であった。というのもモンティセリ通りに借りていたアパルトマンは大がかりな修繕を必要とするため、もう少し広くない場所へ移る必要があったからである。その場所は図面を見ただけで買ったものであり、ブリア゠サヴァラン通りのアパルトマンである。しかしまた、『アナール』が理解しているような歴史に対しての、アメリカにおける根本的な変化を示す招待でもあった。向こうでも同様にして起こった、一九六八年の学生運動は、ベトナム戦争によって引き起こされたモラルの危機に関連した歴史の再検討が先にあり、それによって準備されていた。深層の歴史、長期持続の歴史が、新しい世代の目に、新しい問題がアメリカ国民のアイデンティティそのものの域に達するにつれて、難解でもヨーロッパ特有のものでもなくなっていった。『地中海』は、ある意味では、この視点の変化の最初の享受者であった。

第十三章　一九六八年とそれ以後

1　一九六八年の激震

ブローデルは一九六八年の春にシカゴ大学に向けて出発した。彼はまったく冷静で、大学において現れ始めた抗議の声が、第六部門や、まだ出来かけの新しい「人間科学館」を問題にすることはなく、試験が近づけばまた静まるだろうと確信していた。しかし周知のように、運動はきわめて急速に、それが三月二十二日に始まったナンテールの郊外の大学から外に出て、象徴的にソルボンヌ大学全体を、さらにはオデオン座を占拠し、いわゆるカルチエ・ラタンにバリケードを築き、警察はカルチエ・ラタンを戒厳令下に置いた。

第六部門の会議室はほとんど襲われなかったとはいえ、この全体に広がった反抗から免れることはできない。マルク・フェローはこう語っている。

「内部運動があり、私はそれに少し関与していた。私の左翼思想は穏健なものであった、つまりへラーやブローデルに対して反抗しているものではなかった。ご存知の通りブローデルはいなかった。高等研究院にはいわば縦揺れのようなものがあった。私の知る多くの者がブローデルを問題にした。マンドルーのような何人かの研究指導教授さえもそうだった。ブローデルは帰国した時この話を聞いて激怒した。私はバルトやレーモン・アロンが顔面蒼白だったのを覚えている。高等研究院のすべての大先生がたは、クロード・レヴィ＝ストロースのように、自分が権威を剥奪されたように感じていた。彼らはやがてそれを取り戻した。」

そこにはまた、高等研究院で皮肉をこめて「奴隷」と呼ばれていた者たち、すなわち今後は完全な研究者とみなされたいと思っている自由契約の者たちの反乱もあった。しかしこの内部の危機は特に、ル＝ロワ＝ラデュリの手中にある歴史研究センターに向けられていた。

しかしながら、高等研究院についての記載を見つけるためには、この時代の最良の証言である、アラン・シュナップとピエール・ヴィダル＝ナケの『学生コミューン日誌』を読まなければならない。第六部門のギリシャ史研究指導教授ピエール・ヴィダル＝ナケの序説にはこうある。

「学生集会の『直接民主制』が介入や秘密裏の操作をしばしば助長したのは事実である。学生の世界の『ルソー主義』は、唯一の善なるものとしての一般意志の原則から出発し、大学と社会全体の再編成の諸計画を繰り広げた。それらの計画は、『国家と革命』のレーニンの図式に合致したもので、間違いなく官僚主義化をもたらすはずのものであった。それに歯止めをかけようと注意が払われることはほとんどなかったが、それこそが、現実社会の反映ではないことが望まれる大学には必要なものであったろう。高等研究院第六部門の再編成計画において、ある日誰かが『反‐評議会』の創設を提案した。それは、民主的に選ばれた評議会に対抗すべく、抽選で選ばれた、想像力と統制の機関である。このアテネ的な提案は採択されなかった。[1]」

こうした矛盾はピエール・ヴィダル＝ナケにある種の後退を許した――スト決行者たちが幽閉した工場監督と同じくらい直接に反抗と格闘している、ナンテールやソルボンヌ大学の教授にとって退却はもっと困難だった。その後退はこの本のなかにも読み取れる。ブローデルは、クレメンス・ヘラーに合衆国から緊急に呼び戻され、ストの全国的な広がりのため、飛行機でブリュッセルに行き、そこからバスでパリに帰ることを余儀なくされた。彼は自分の帰国に、似たような状況でルーマニア旅行を切り上げなければならなかったド・ゴールの問題に比すべき問題があるとは思わなかった。しかし彼はたぶん、自分の部門に潜伏していたこの蜂起に、同じくらい苦労したのである。

この暴力的な激発に気づいた彼が初めに感じたのは、自分が告発してやまなかった大学の硬直化が大津波を引き起こし、波が砕け散る際に改革のチャンス自体を奪い去りかねないということであった。学生の反乱を動かしていたあらゆる権威への拒否の姿勢が、彼の痛いところに触れ、彼を傷つけ、さらには非常に不正で不健全であると思われた。なぜなら彼は、高等研究院の責任者となって以来、ただ能力のみによって集められた教員たちを学生たちに提供することで、学生たちにより多くの風通しのよさと柔軟性を与えようと尽力してきたからである。

ブローデルはついに、ル＝ロワ＝ラデュリなど身近な同僚の説得によって、学生たちと会うことを受け入れた。自らの雄弁を頼りに、対話を支配し、局面を打開するつもりだった。彼は自ら得意とする親しげな態度を選び、群衆を前にして歴史研究センターの机の上に遠慮なく座った。しかし、一人の若い娘が彼にぞんざいな口を利き始めたとたん、彼の本来の性質が打ち勝ち、彼は「わが子よ」と言って娘の発言を遮った。これこそ年齢差が招いたことであったが、一九六八年の学生に対しては絶対に言ってはならないことであった。彼らは白髪の人間を前に自らの若さに酔い、対立のさなかの五月十五日に出版された『フランス文芸』の特別号で誰かが書いたように「あらゆるパパ」を忌避していたのである。

この大失敗のせいで彼はひどい野次を浴びた。このような失敗は、高校生から教授資格試験準備学生、ブラジルの政治家、捕虜となったフランス将校、第六部門の免許取得者に至る、あらゆる聴講者をそれまで魅惑してきた彼にとって、生涯で初めての体験であった。

ブローデルの傍らにいたエマニュエル・ル＝ロワ＝ラデュリは、ブローデルが「非常に驚き、非常に衝撃を受けた」と語っている。しかしながらそれでブローデルのユーモアが失われることはなかった。娘のフランソワーズにソルボンヌ大学のホールまで付き添って行ってくれるよう頼んだとき、小さなテーブルの後ろに座っていた若い娘に気づいた。そのテーブルの上には、見事な一対の睾丸と巨大な性器を持っている十字架にかけられたキリスト像が置かれていた。「ショックですか」とその若い娘は見事な白髪の紳士に尋ねた。「いやそんなことはない、わが子よ。それは若い娘の夢にすぎない……。」彼に衝撃を与えたのは、聖像破壊的な、しかしそれ以上に絶対自由主義的なこの運動によってもたらされたあらゆる権威の拒絶であった。ところで彼は、すでに見たように歴史家として、そしてさらには自らの経験によって、いかなる社会も階層秩序であることを確信していた。そしてこのいかなる権力もなぎ倒す激震は、当時の「重い」社会変革を前にした大学の狭量さや断絶を試したのであるが、その大学の荒廃によって以上に、それがフランスの深層状態を明らかにするものによって、彼を不安にさせた。

当然ながら彼は、いかなる文化をも力関係の表現として、また「支配階級の価値観の内面化」として非難する正面攻撃を拒絶した。あるいはアルチュセールによって鍛えられた「国家イデオロギー装置」としての大学という概念を拒絶した。これらの激化は必要な変革から話題をそらせる役にしか立ちえない。確かに、彼はこれらの行きすぎはやがて過ぎ去るであろうことを知っていたばかりでなく、またそれらのニヒリズムが一世代全体――ご存知の通り、その一部は工場へ行ったり農作へ戻ったりする――に傷跡を残すであろうことも知っていた。そして彼は、再建が彼の後でなされるには、あまりにも退職年齢に近すぎた。後になって、一九八四年十一月のスウェーデン放送のインタビューにおいて、彼はこう言うだろう。

「六八年五月は一つの革命の到達点です。われわれは突然、ある政治的な変化ではなく、文明の、生きかたの、習俗の変化に直面したのです。現代の社会がもはや、かつてと同じ生きかたも、同じ支えも持たないことは明白です。そうしたすべては重大な、非常に重大なことです……。われわれの子供たちはわれわれと同じようには生きていません。われわれの孫たちとわれわれを隔てる距離は途方もないものです。彼らはもはや同じ語彙も、同じフランス語も使っていません。[2]」

その少し前、一九八一年には、テレビ放映されたブランギエとの対談『回想フェルナン・ブローデル』[3]において、彼はさらに論を進めている。

「一九六八年の革命は［……］労働という概念の価値を失わせ［……］、そしていわば、いつも正当化できるとは限らない、文化のあらゆるかりそめの精神的価値を失わせました。私が六八年の連中に対して非難したいこと、非難してきたことは、あれらの障壁、特に性的な障壁を打ち破りながら……、私が彼らを批判するのは、卒直に言って、それでも彼らは幸福でなかったことです。彼らは幸福ではない、なぜなら文化的に言って、誰かの言い分を聞いていなければ幸福にはなれないからです。すなわち、正しいものにせよ間違ったものにせよ、ある思想によって現実から引き離されていなければ、すなわち、閉じ込められていなければ、幸福にはなれない。突然自由な感じになったという事実は、ある観点からすれば偉大なことです。いわば知的な観点、人間の運命という観点からすれば。しかしそれは悲劇的な偉大さです。少なくとも、そんなふうに私は考えています。六八年の連中は、私の見たところ、うまく自分を導くことができませんでした。さらに、自由を見出した若い娘たちときたら、私は彼女たちが微笑むのを見ませんでした。いつも不幸な様子でした。私が正しいにせよ間違っているにせよ、文明の危機こそ最も重要なことであり、それは至るところに存在しているのです。」

それは年長者の保守主義というよりも、この世代の哲学者の一人ジル・リポヴィツキーが時代の新しい空気を分析しようとして一九八三年に『空虚の時代』(4)と呼んだものの処置であった。フェルナン・ブローデルにおけるこのいわゆる道徳的な不安は、年毎に、しかしすでに政治的挫折や、さらには一九六九年春のド・ゴール将軍の辞任と直結して、ひどくなっていった。彼はその影響を即座に受けた。彼は経験からジョルジュ・ポンピドゥーが『アナール』を好んでいないことを知っていた——それはポンピドゥー自身が受けた伝統的教養とはあまりにかけ離れていた。また第六部門や、人間科学館や、さらに明晰さの罪をもつフェルナン・ブローデルを好まないことも知っていた。ポンピドゥーがブローデルを一九六八年の責任者にすることで、ブローデルの高等教育教授資格試験改革案にいかに反対したかはすでに見たとおりである。ポンピドゥーはド・ゴール政権下の十一年間続けられてきた財政支援を延長しなかっただけではない。フェルナン・ブローデルは人間科学館完成のためにあらゆる行政の、特に国土整備地方振興庁のわずらわしい手続きをとらなければならなかったのである。

おそらく最も重要なことは、ブローデルはあまりにも歴史家であり、現在についてあまりにも歴史家として考えすぎたために、次のことに気づかずにいられなかったということである。すなわち、第五共和制を揺るがしたこの六八年五月の革命の成果は、構造主義の流行から来る歴史への攻撃を超えて——しかしブローデルはフュレが「イデオロギーの終焉」と呼んだものを考慮に入れていた——、長期持続に反対する事件の復権に寄与するに違いないことである。それはもはや、社会経済史に反対して集合心性に重要性を付与したように、いわば釣合いの問題ではなかった。『アナール』

が創立以来、またブローデルが指導することによって体現してきた学問的精神の、急変の先駆けとなるしるしであった。彼は青少年時代にあまりにさまざまな事件の重みを被り、次いでそうした事件から距離を取ろうとあまりに腐心してきたので、この危険の重大さに気づかないわけにはいかなかった。彼は対抗しようとしていた。

彼を初めとする誰もが荒々しい暴力の闖入として受けとめた――人々は前兆となりうる、あるいはなるべきものを急いで探し求めたのだが、それは別の議論である――一九六八年五月は、突如として偶発事を前面に押し出し、また偶発事が長期持続のなかに突然開く裂け目を前面に押し出した。そしてその裂け目が、たちまち事件以後と以前とをかみ合わないものにした。

一九六八年秋以降、直接的で短期の歴史の指導者たちは、「彼らの」ソルボンヌ大学が受けてきた逆境の復讐をすべく、勝利の機会を逃しはしなかった。しかし動揺は、いくらかわけがわからなくなり、挽回を計ろうとする社会学者たちをも揺すぶった。そのことによってついに、かなり雑多な、しかし重要な集まりが開催されるにいたった。『ル・モンド』は十一月に「構造主義は六八年五月によって殺されたのか」と題された特集記事を掲載した。

フランソワ・ドスはジョルジュ・バランディエの指摘をある対話から引用する。「いかなる六八年も構造的世界を、構造的人間を否定した。[5]」熱狂を呼び起こした表現は次のようなものである。「構造はデモ行進には行かない。」それは、たとえ哲学的な流行によって迂回させられたとはいえ、それまで基本的に知的な方法であり精神的道具であった議論にけりをつけることを、デモ行進にゆだねるものであった。時代遅れになった大学人ほど、たちの悪いデマゴーグはない。

こうして激震の結果を事後に回収しようとした魔法使いの弟子たちにとって不幸なことには、デモ行進は――一九七二年頃になってようやく減り始めた暴力の再発を除いて――結局、伝統主義者たちの報復と締付けに反対して、大学において、最悪の構造主義の流行を大いに促進することになった。この流行が大学に浸透すると、新たなポストが大急ぎで創設され、多くはエピゴーネンたちによって占められた。そして異議申し立てを骨抜きにするために助教授たちが大量に採用された。この流行はさらに通俗的な形で中等教育にまで降りてゆき、生徒の親たちの心配を引き起こした。そういうなかで「新しい歴史」は馬鹿にさえされた。こうした成りゆきで、六八年五月は退行をもたらした。バリケードによって大学を改革することも、催涙弾によって大学を守ることもできなかった。ブローデルが予感したように、両者は一致して改革の邪魔になった。

ドスは、構造の支持者と反対者の間に生じた「シュルレアリスム的なスタイルの殴り合い」を再現しており、それは六八年五月以降の熱気をかなりうまく伝えている。それを証明するのは、

「一九六九年二月二十二日、ミシェル・フーコーがフランス哲学会で行なった講演の際に、リュシアン・ゴルドマンがジャック・ラカンに噛みついた際の熱気である。『あなたは六八年にあなたの構造を見た。［……］それはデモ行進している人々だった！』ラカンは反駁した。『五月の諸事件が証明するものがあるとすれば、それはまさしく構造がデモ行進に出たことだ。[6]』」

ブローデルの見方では、これについては明らかにラカンが正しかった。しかしこうした議論は、別の根本的な論争を開始しようとしていた。諸構造が、諸革命を引き起こすもののなかにはたらいているとすると、構造的歴史は、構造のある種の不動性を特権化して、断絶の瞬間を犠牲にすることにならないだろうか。これは、『ラ・ヌーヴェル・クリティック』が一九五一年にブローデル的持続に対して表明した、共産主義的攻撃のより練られた表現であった。それは、フランソワ・フュレが『アナール』において数量歴史学の称揚のなかで次のように書くまで、二年以上もかからない。

「いかなる方法論も完璧ではないというのが本当であるとしても、系の歴史は、長期とシステムの均衡を特権化するがゆえに、保持に一種のプレミアムを与えると私には思われる。それは、十九世紀がわれわれに遺した、歴史と変化との同一視に対する正しい補整措置である。そしてそのかぎりにおいて、知としての歴史の構築の一つの段階である。あとはやはりその前提と限界を知る必要がある。[7]」

そして同時に、ヴェネツィアでの講演において、フュレはブローデルの「長期の歴史」に関する自らの考えを次のように明確に述べている。

「長期間についての同一指標を選択することは、歴史家に、短期危機、より長期の景気後退、周期、トレンドなどの異なった時間性を見分ける手段を、そしてそれらを全体的解釈に取り込む手段を与える。しかしそれは同時に、一定のシステムの保持的諸要素を特権化し、数量的変化の要因を犠牲にすることになる。[8]」

この一九六八年の秋には、ド・ゴール将軍に帰せられる言葉によれば、六月に投票箱から出てきた「非常に珍しい議会」で多数派を占めるフランス社会党がフランス統一社会党の政策をとらねばならなくなり、そして、エドガール・フォールによる国民教育改革が大学の政治化を正当化する。そしてこの時――結局それほど奇妙なことではないが――歴史学の方法の意味作用についての新たな議論の諸要素が集められる。

ラッパは一九六八～一九六九年の冬の終わりに、ミシェル・フーコーによって鳴らされた。誰もがこの六八年五月以後、『言葉と物』によって得られた大成功に続く書物を首を長くして待っていた。それが『知の考古学[9]』となる。「知」であって「人文科学」ではない。フーコーは、彼にとってはおなじみの一種の逸脱によって、『言葉と物』において「私がどこから話しているか示す」ために企てたことの「こちら側に」帰ってくる。付け加えて言えば、当時ヴァンセンヌの真新しい異端の大学で教鞭を取っていた彼は、公衆の目には、古いソルボンヌ大学に対して彼が体現しているかに見えた転倒によって見事に昇進したように見えた。また、この一九六九年には、学生の反抗は後退するとともに、単にフランスの出来事と思われていたことを大幅に超えて、国際的な規模を獲得した。それは西洋文明における全体的激震という次元を獲得し、同時にイタリアや、ベルリンや、北アメリカ大陸のものとなった。たとえある種の自国中心主義がメキシコやポーランドで起こったことの大きさを小さく見せたとしても、そういった国では大学教授たちの首が切られ、弾圧によって学生がいなくなったのである。偉大な歴史家にして哲学者のレツェク・コラコフスキーがオックスフォードに来たのもそのためである。フランスも同様に、マルクス・レーニン主義の化石化に反対する学生の危機が一九六七年のプラハの春の起爆剤となったことをやはり十分に意識していなかった（しかし左翼の学生たちは、それに突然けりをつけた一九六八年八月二十一日のソ連による侵攻を否認した時も、自分たちの信条を揺るがすこの東側における改革のための革命を隠蔽しようとしていた)。

フーコーの序文の最初の数行は、おそらくは彼が『言葉と物』について歴史至上主義の歴史とあまりにも同一視される歴史についての迷惑な不明確さに気づいたために、名指しはしていないが、ブローデルとの戦闘を開始している。以下のテクストは、論点を切り詰めていて、私の論旨に関わっている。

「この数十年来というもの、歴史家たちは、とりわけ長い時期に注意を向けるようになった。それはまるで彼らが、政治的な大事件やそれにまつわる挿話などの下に、安定した毀れがたい平衡や、不可逆的な過程や、恒常的な調整や、数世紀の連続ののちに高まり逆転する傾向性をもった現象や、積み重ねの動きと緩慢な飽和や、それに伝統的な物語の錯綜がいままで出来事の厚みの下に覆い隠していた不動で無言の大きな土台などを、明るみに出そうと企てたようであった。[……] ところで、ほぼ同じ頃に、思想史 [……] などと呼ばれる諸学問において、それぞれの名称にもかかわらず、歴史家の仕事やその方法を大きく逸脱しているこれらの諸学問において、人々の注意は、逆に、『時代』とか『世紀』として描かれる大きな単位から、切断の諸現象へと移った。[……] 要するに、思考、認識、哲学、文学の歴史は、切断を増やし、非連続性のあらゆる林立を探し求めているように見える。ところが、いわゆる歴史、端的に言って歴史は、変動性なき構造のおかげで、出来事の闖入を消し去っているように見える。[10]」

したがってフーコーはブローデルを読んでいた、しかも注意深く。彼の議論は、一方では、長期持続を曲解し、そこに「変動性なき構造」を見ている。この気取った言い回しは結局、構造が不安定にはなりえないと言うことになる――これがブローデルの思想をゆがめることになるのだが、まあよい。そして他方では、現れつつある傾向、すなわち集合心性の歴史を曲解している。したがって、どんな新しい歴史も――その様式がどうであれ――油を絞られることになる。われわれはこれらの断言のなかに、かつてレヴィ゠ストロースとの間に起こったことを再び見出す。すなわち、『言葉と物』における以上に、分析を図式化し攻撃へと硬化させる性急な読書によって、フーコーによる思想の単純化が打ち立てられるのである。このことを緩和する表現を見出すには、少し先を読めば十分である。

「いまや、歴史家たちが、生きた、もろく、ゆれ動く『歴史』を取り逃がさざるをえないのではないか、などと絶対に考えずに、さまざまな構造を見定め、記述し、分析する好機である。構造／生成という対立は、歴史的分野の定義にとっても、またおそらく、構造主義的方法の定義にとっても、適切ではない。[11]」

しかし断絶や、非連続や、中断や、閾に対するフーコーのこだわりは、フェーヴルをブロックやブローデルに結びつけるものにおいて、『アナール』が実践する歴史学を見事に狙い撃ちする。そこにおいて狙われるのは、「マルクスを人類学化し、全体性の歴史家たらしめ、彼のうちにユマニスム固有のものを見出すことである。［……］まさしくこの同じ保守的な機能が、文化的全体という主題――その主題のために人々はマルクスを批判し、ついで改作した――のなかで、さらに、生きた、連続した、そして開かれた歴史という主題のなかで、働いている。したがって、歴史の分析において、あまりにも明からさまなかたちで、非連続性や差異の諸カテゴリーや、閾、断絶、変形などの諸概念が使われるのを見るたびに、人々は、歴史が殺されるといって非難するであろう。［……］人々はそこに、歴史の永続的な権利に対する侵害と、ありうるかぎりの歴史性の基礎に対する侵害を認めるであろう。[12]」

確かに、標的は「主体の総合的活動に関わる」歴史学である。しかしそれは、ブローデルが諸文明の定義を見出す「文化的・空間的領域」をも含んでいる。それ以上にフーコーは、ブローデルが探究するタイプの歴史学を、古い歴史学に送り返す。なぜなら、彼が断言するところによると、

「歴史分析から連続についての言説をつくること、人間の意識からあらゆる生成と実践の最初の主体をつくること、この二つは、同一の思考システムの二側面である。そのシステムは十九世紀以来一つの恒常的な役割を演じてきた。すなわち、あらゆる脱中心化に反対して、主体の至上権と、人類学とユマニスムの瓜二つの姿を救い出すこと。マルクスが――生産関係、経済決定論、階級闘争などの分析によって――行なった脱中心化に対して、それは、十九世紀の終り頃、一つの包括的歴史の探究をもたらした。すなわち、そこでは、一つの社会のあらゆる差異が唯一の形態に、一つの世界観の組織化に、一つの価値体系の建設に、文明のある一貫した類型に、還元されうるはずであった。[13]」

レヴィ＝ストロースは、たとえば自然地理学の埋もれた構造の役割といったいくつかの収斂をもとに、人類学と歴史学における構造についての理論に行き着いた。フーコーはそれとは反対に、単に歴史的連続性に対して断絶を特権化するのではなく、人間に関する現象の総体を扱う歴史学という使命に反対してそれを行なう。なぜなら、彼はそれらの現象を別なふうに「はっきり区切って発音し」、他の自律性を検出し、それらをいわゆる「主体の絶対的支配」という「中心から外そう」とするからである。彼はそこにおいて社会のなかの人間と歴史家たる人間を混同しているのだ。

ブローデルの方は、いつものことだが、彼自身の方法に反対する、あるいはそれをずらそうとする、より純粋に哲学的な面よりも、新しいアプローチとその知性とを優先させた。結局のところ、彼もまた人間を歴史の舵取りから排除していたし、『地中海』だけでなく『物質文明』も、中心をずらすことによってその名高い例となっていた。彼の目に本質的なことは、フーコーがスタイルをもって実践した古い体質の一新であった。したがって、すでに述べたように、彼は一九六九年十一月から一九七〇年四月の間に、デュメジルの側につき、『知の考古学』の著者をコレージュ・ド・フランスに選出させた支持者の一人であった。[14] もっと早く、しかしこの著作を知る時間が十分にあった時期に、フェルナン・ブローデルはすでに、ある種の尊大さをもって、歴史学のポスト構造主義的危機について判断する配慮を見せていた。五〇年代と六〇年代初頭の歴史に関する論文集、それは彼自身のアイデアではなく彼の同意のもとでポーランドのブロニスラフ・ジェレメクによって編まれたもので、フランスでは一九六九年の新学期に『歴史学論集』[15]としてポケット版で出版されたものであるが、そのフランス語版の出版の際に、フェルナン・ブローデルは一九六九年五月十六日付の序文を書いている。

それは彼の目標の再確認であり、主要な文章の行間に六八年五月の痕跡が姿を現すことはほとんどない。「有意義な了解が（私は何度でも執拗に言うが）長期持続についてなされるべきであろう。それは歴史の、唯一とは言わないが主要な道筋であり、それだけで現在ならびに過去の社会構造に関するあらゆる大きな問題を提起する。それは歴史を現在に結びつけ、不可分な一体とする唯一の言語である。ひょっとして時間があれば、私はこの主要な関心事について、さまざまな革新がわれわれの視野に定まりつつある現代社会のなかでの歴史学の位置について、そして歴史学が歴史家の生きている社会に根を下ろすやり方について、話せるかもしれない。なぜなら、われわれ歴史家の職業において私を熱中させる唯一のことは、人々の生活が、変革と伝統に直面しながら、同意や躊躇や拒絶や暗黙の了解や放棄をもって、われわれの眼前で織り成されてゆくことについてそれが説明してくれることだからである。[16]」

この「われわれの視野に定まりつつある革新」を前にした長期持続の反復が、五月十六日、すなわち六八年五月の学生たちの危機が国民的激震を引き起こしたまさにその記念日の日付をもっているということは、私には偶然とは思われない。ブローデルがフーコーに答えていると言っても、ブローデルを裏切ることにはならないと思う。断絶でも、非連続でも、閾でも、好きにするがよい。しかし、群集が街路へ出てデモ行進することの背後にある構造につながるのは、断絶ではなく、長期持続なのだ。

文章の末尾は、別の断言、歴史家の個人的役割についての断言へと続く。

「ついでにエマニュエル・ル＝ロワ＝ラデュリに苦言を呈すると、私は、『統計的歴史』について語る際に、未来の歴史家は『プログラマーとなるか、さもなければ存在しないであろう[17]』と断言することには、何らかの幻想、あるいは何らかのアリバイがあるのではないかと恐れている。私に興味があるのは、プログラマーをプログラムすることなのだ。いまのところ彼は、特定の仕事場の完成よりも、人間についての諸学問の集合を目指さねばならない（果たしてコンピューターのおかげで共通言語を作ることができるだろうか）。明日の歴史家はこの言語を作り出すであろう、さもなければ歴史家は存在しないであろう。[18]」

このことが思い起こさせるのは、コレージュ・ド・フランスにおけるブローデルの晩年の講義が、とりわけ統計学とコンピューターの役割を対象とするものであったこと、しかし彼の主要な関心は、変動はあったものの、人間諸科学の収斂にあったことである。それらの諸分野や用いられている手段の更新よりも、その全体性の更新であった。このこともまた『知の考古学』に答えるものである。

フェルナン・ブローデルは、『アナール』の運命を若き同僚たちに委ねたとき、それを若さに、つまり創設者たちに対して進んで批判的であろうとする若さに託したのと同じくらいに、行為者としてよりも観察者としてその続きを見守ることを選んだのではないだろうか。彼が一九七二年に七十歳になった時に、人間科学館の理事長職以外の役職を捨て、第六部門の委員長を降りたことは——それは規則で強制されたわけではない——知られている。[19]

彼が楽天主義者であると言うことはできない。彼が記録を保存していた一九七一年のインタビューで次のことを強調している。すべての学問領域が不断の教育を必要とするならば、「人間科学においては、それはたぶんもっと悪い。今日の研究は、二十五歳か三十歳で大学を出た者がわれわれのもとに来た時すべてをやり直さなければならないというふうに行なわれている。［……］形成途上にある学問ほど簡単なものはない。それは目の前に見えている。それが本当にあなたがたの目の前で形成されるという条件においてなら、それを始めるのは難しくない。しかしあなたがたは、伝統的な教育を後ろに置いてこなければならない。さもなければ何も理解できないであろう。そしてそれこそ、誰もがなしとげられるとは限らない特別な努力なのである。一方では国の実際的必要に応じて、そして他方では研究の必要に応じて、構想された教育へと到達しなければならない。欠けているのは有機的関連なのだ。」[20]

誰もがそうであるように、彼にも何が後に続くかはわからなかったとしても、一九六八年五月は、一つの時代が終わったという感覚を彼のうちにしっかりと打ち立てた。六十八歳にして——これは数字の偶然だ——、彼は『アナール』が、雑誌としては避けがたいことだが、時代の波によって、すなわち時代の空気の変化によって横切られるであろうことを感じ、そこから距離をとることを必要としたのである。そしてその変化が強烈なものであることは誰もが知っている。彼の大作、『物質文明』は、反対に後退を要求した。それはおそらく、彼がすでにこの新たな創造の過程の内側から、古いソルボンヌ大学を地面に叩きつけた出来事とこうした距離を置くよう助けられ促されたことを、見ていたからである。おそらく捕虜になって以来、歴史家としての人生が彼の生活そのものよりもこれほどまでに優位に立ったことは一度もなかった。

2 新しい『アナール』に直面して

問題は新しい『アナール』である。ブローデルの占めていた全面的なボスという位置には、いまや編集委員会があった。新しい編集書記のアンドレ・ビュルギエールは、この委員会の執行者であった。ブローデルはマルク・フェローの昇進に留意していたのだが、この昇進は、ブローデル自身が言うように、実際には「閑職の編集長」にすぎなかった。彼は私に向かって、これは政治的性格の変化であり、それは彼によればブローデルがボスであった時代との断絶を示すものだと明言した。彼が無視されるということは、

「すでに第六部門を指導していたグループ、すなわちル＝ロワ＝ラデュリやフュレやブザンソンといった、昔コミュニストでその後反コミュニストとなったグループとの間の危機の結果であった。彼らは、特に六八年の際の私の態度のせいで、私の破滅を願っていた。」

しかし彼らとブローデルの間には、たぶんフェローが思うほどの政治的敵意はなく、むしろ知的距離の方が離れていた。たとえブローデルが『アナール』の精神のうちに雑誌を非のうちどころなく作り上げたとしても、根本では、一九六七年にルヌーヴァンの引退の折に彼に編集するように申し出のあった『歴史学雑誌』により近い位置にいた。いずれにせよ、目次をたどってみると、ともかく新しいスタッフがブローデルの与えた方向性を全体として続けるよう配慮しているのがわかる。

主要な新しさは特別号にある。フェーヴルもブローデルも、ある主題を汲みつくしたという印象を与えないように、特別号をつくるという原則を拒否していた。それらの号は、その総括的性格から、元の雑誌からの逸脱を示している。ブローデルが非難して言うには、一九八三年にソ連の歴史家ダーリンに宛てて書くように、それらは、

「流行を追っている。この場合、後を追っているのであって、先行しているのではない。他方では、新しい『アナール』は、創刊以来の本質である、歴史における一種の全体性への欲望と手を切った。すなわち、これこれの質問について、それを形成し、またそれだけで質問を説明する社会的現実の総体を再構成しようとする欲望と手を切った。」

重要なのは、この最後の点である。対立は新しい『アナール』とともに生まれたのではなく、そこにおいてブローデルの目に、付随的でも個人的でもなく、本質的なものとして映ったのである。一九七七年のフェルナン・ブローデル・センター開設の際に彼は長々と説明する。

「全体性、つまり私の擁護する全体史とは、少しずつ私に課せられてきたものです。それは何か極端に単純なもので、あまりに単純なので歴史学の同僚たちの大半は私を理解してくれません。［……］世界の全体的歴史を書くと主張しているのではありません。［……］それは単に、ある問題に取り組むとき、その限界を体系的に超えようとする欲望にすぎません。私の目には、壁に取り囲まれた問題、独立した問題など存在しません。[21]」

これについての最初の議論は、実はル＝ロワ＝ラデュリの博士論文『ラングドックの農民』にまで、つまり一九六〇年代半ばまでさかのぼる。フェルナン・ブローデルは、最初は、まさに全体性の名において地理的研究を彼に課したのである。

「農民は、土地や、川や、土壌や、植物や、耕作や、山や、石灰質荒地や、石や、道なしには存在しません。」

彼はここでニームの先祖のことを考えていたのだろうか。あえて言うならば、彼自身の全体性のことを考えていたのだろうか。確かにリュメヴィルのことが念頭にあったのである。これより早いショーニュの博士論文に関しても、私がはっきりさせたいと思うのは価値判断ではなく、新しい例に対するフェルナン・ブローデルの知的なアプローチの仕方である。二番目の議論は、一番目の議論が地理学者の再出現によって条件付けられているとも考えられるだけに、より啓示的なものである。この第二の批判は領主を対象とするもので、フェルナン・ブローデルが言うには、ル＝ロワ＝ラデュリはそれを「取り扱わないと決めていました。アンシャン・レジームのフランスにおいて、領主なしの農民などいなかった、と私は言いました。すると、それはラングドックに関しては当てはまらない、と彼は言いました。そこには真の領主はいなかった、と。そうかもしれない、ただしその場合は偽の領主がいたことになる。そして私はこの偽の領主とは何者かを知りたいと思いました。土地所有者は地租収入と封建収入によって生活し、地代によって暮らしながら普通は都市に住んでいたということを、あなたがたは知らないわけではなかろう。そして都市とは、市場でもあったのだ！　だから、都市の歴史のない農民の歴史はない、と私は主張しているのです。それについて、私に反論するのは困難でしょう。［……］私にとって歴史の全体性とは何を意味するのか、あなたがたにはおわかりでしょう。知識を超えること、問題の果てまで行こうとする欲望なのです。[22]」

第三の例はさらに議論を拡げる。それはフランソワ・フュレとジャック・オズーフが出したばかりの本『読むことと書くこと、カルヴァンからジュール・フェリーに至るフランス人の文盲教育』[23]に関するものである。ブローデルはそれをこう要約する。

「フランソワ・フュレとジャック・オズーフは、初歩の伝統的な文盲教育の『読み方を習うこと』と第二段階の文盲教育の『読み書きを習うこと』とを区別しています。ところで、十八世紀のフランスを『読み方を習うこと』の観点から見ると、重要なフランスとはカトリックのフランスであることに気づくでしょう。キリスト教は書物の宗教です。その祈りを習うには読み方を知らなければなりません。もし反対に、第二段階の文盲教育『読み書き』のはるかに重要な革命に注目するなら、前面に出てくるフランスとは、北フランスのことであることに気づくでしょう。［……］それは非常に深い革命の端緒であり、口頭の文明、神聖な文明から脱することです。いわばそれは非神聖化であり、その結果はおわかりでしょう。[24]」

ブローデルは、それはすばらしい主題であると最初に言いながら、さらにより多くを望む。そして、フュレが受け入れたと彼が言うその議論の内容を見れば、彼にとって全体性とは正確には何を意味するかがよくわかる。

「初めに、文盲教育ⅠとⅡは十八世紀よりずっと以前に存在しています。読み書きを習うたびに非神聖化が行なわれるというならば、イタリアの都市やヨーロッパの都市では十二世紀、十三世紀以来、読み書きが習われていました。次に、印刷術と呼ばれる小さな革命がありました。そこでとにかく、印刷術とは何を意味したのかを私は知りたい。それはもっぱら教養人の役に立つものであり、初歩的なレベルの教養の人々には関わらないものであったのでしょうか。またとりわけ、ただ二つの文盲教育だけがあったのではないことはおわかりでしょう。文盲教育が大衆をある種の形の文明に引き入れることを意味するならば、一つや二つのステップがあるのではなく、まるごと一つの階段があるはずです。［……］最後に、文盲教育の研究は、アンシャン・レジームのフランスが多様であったことを示しています。［……］それは互いに働きかける、文化的にも社会的にも経済的にも政治的にもさまざまな空間によって構成されています。いましがた、ラングドックの農民の歴史の向こうに進歩の大きな周期の問題を見たように、文盲教育の問題の向こうに、フランスの区分の問題を見るべきです。(25)」

なるほどブローデルの全体的な好奇心は、彼が『地中海』や『物質文明』で示したような、口頭発表の工夫を著者たちに要求する。それは、そこで自らが迷ったり読者を迷わせたりすることなく、ある問題から出発してその「全体性」を把握するための工夫である。それはただブローデルのみに可能であり、全体性をいっそう把握するにつれて彼の本を作り直してきたのである。そしておそらくここに彼の教育が越えることはない境界があり、そのことが彼を個人的創造のうちに置きとどめている。死がわれわれから『フランスのアイデンティティ』の文化的全体性を奪ったことがいっそう惜しまれるばかりである。

ブローデルと新世代の歴史家たちとの矛盾は、こうした状況において鋭くなるばかりであった。フェーヴル、ブロック、ブローデルの視野の広さに対し、彼らは、反動から、限られた問題に焦点を当て、それを深く理解することで究め尽くそうとした。当時、彼らがほとんど手付かずの多くの主題に囲まれていたことも言っておかなければならない。たとえば新しい『アナール』のチームのさまざまな関心は、一九六九年十二月の「生物学と社会」特別号が示すような、新しい歴史の領域に性が入って来たことによって示された。これは新機軸の出発点のようなものとなった。

この性の到来は、世代交代の当然の結果であるが、私がすでにその規模の大きさを示した集合心性の革命の結果でもある。社会と文明の歴史雑誌が、「性革命」として語られる、新しい避妊法やその合法化のための戦いに関わる風俗の変化にどうして場所を与えずにいられるだろうか。この号には、J・デュパキエとM・ラシヴェールの共著論文「フランスにおける避妊の始まりについて」や、J-L・フランドランの「キリスト教西洋における避妊、結婚、恋愛関係」が見出される。しかし、指摘しておかねばならないのは、すでにル＝ロワ＝ラデュリが『ラングドックの農民』において強調していたように、

「青年が婚前に体験する長い禁止の時期、現代文化におけるよりもはるかに長く厳格な禁止の時期が、クーベールの研究（一九六〇年）やラングドックに関するゴデショとモンカッサンの研究（一九六四年）が明らかにした一連の事実から浮かび上がる。[26]」

人口学に向けられた新たな注意は、明らかにその前段階で起きていることに対して関心が持たれていることを示していた。たとえそれが一九六〇年代初頭にはまだ一種のタブーを意味していたとしても（親族体系についての人類学的研究はそのタブーをすでに犯していたが、それは「未開人」に関してだけだった。人類学はその時までむしろ周辺領域の学問であったので、高貴な伝統を持つ歴史学が自らに禁じ、低級な逸話的歴史に委ねていた自由を行使していた）。しかし、シャルル・モラゼが一九五二年に書いていたように、「出生率は心性を表現する」[27]。彼は自らこうして開かれた領域を開拓し始めていた。

ブローデルは根本的にあまりにも好奇心旺盛であり、あまりにも変化に夢中になるので、そういうことで気を悪くするようなことはなかった――彼は自ら新しいチームに対し、大胆なところを見せて習慣を引っ掻き回すよう奨励していた。たとえそれが彼の視野に属するものではなく、本来の社会経済的データに向かうよりも、心性的態度の重視に向かう傾向を示していたとしても。しかし実際にはその特別号には、ブローデルの目から見て本質的なものが欠けていた。つまり、扱われる問題の「全体性」である。目次を見るかぎり、拡散という印象を与える。

歴史学の変革と、人間科学を揺さぶったばかりの衝撃との収束は、確かに『アナール』の新たなチームが取りかかろうとしていたプログラムの中心にあった。彼らは、単にフーコーに対してだけでなく、一九六八年の激震が、学問的次元よりも公共の場において数多く生み出した、構造主義についてのあらゆる種類の議論に対して、自らのしるしを取り戻す必要があったのである。それらの議論はしばしば、六八年五月直後においていまだに測りがたいものであった制度的激震を前にした大学人の、それも反逆的な大学人の、狼狽をあらわにした。(28) そのことからも、収支決算をする必要があったのだ。

それゆえ『アナール』の新たな特別号「歴史と構造」〔一九七一年、三〜四合併号〕が出された。その編集はアンドレ・ビュルギエールに委ねられ、彼が紹介文を書き、この事実によって、雑誌編集の指導が新世代にまで広げられたことを示していた。そこにはビュルギエール自身の他に、ジャック・ルヴェルとリュセット・ヴァランシがいた。彼らが目次に登場するのはもっと後のことにすぎず、当時はこうなっている。「編集委員会　フェルナン・ブローデル、マルク・フェロー、ジョルジュ・フリードマン、ジャック・ル＝ゴフ、エマニュエル・ル＝ロワ＝ラデュリ、シャルル・モラゼ」。ポール・ルイリヨはまだ編集委員会の書記であった。

非常に象徴的なことに、この号はクロード・レヴィ＝ストロースの論文「神話の時代」によって始まっている。そこに見られる結論にはこうある。

「アメリカの各部族が非常に錯綜した歴史を引き受けたということと、しかし彼らが、常に模範とすべき伝統的な型の拘束と両立するかぎりにおいて自らの神話を作り変えながら、絶えずこれらの不運を相殺しようとしたということ、この二つを認めるのは矛盾ではない。〔……〕システムは、一つの点において動揺するやいなや、その全体性において反応しながら平衡を探し求め、そして神話という手段によって平衡を見出す。神話はその各部分が因果関係において歴史と結びつくが、全体においてはその流れに逆らい、絶えず自らの格子を調整しなおして諸事件の流れになるべく抵抗しないようにする。諸事件の流れは、経験が示すように、神話を打ち破り、流れに運び去るほど強いことはほとんどない。」

一九六八年五月効果への抵抗をおそらくこの最後の一文に読み取るべきである。『遠近の回想』におけるクロード・レヴィ＝ストロースの厳しさは知られている。彼はたぶんブローデルの厳しさと近い位置にいた。ただし彼自身は危機を当初からその地盤において経験していたという点を除けば。

「最初のもの珍しさが過ぎ去り、ばかばかしさに飽きてしまった後では、六八年五月というのは、私には嫌悪すべきものでした。［……］なぜなら、私はバリケードを作るために立木を切ったり（木は生き物ですよ、敬意を払うべきです）、みんなの財産であり、みんなの責任でもある公共の場所をゴミためにに変えたり、［……］ということを私は認めないからです。［……］知的仕事と施設の管理運営が無意味な屁理屈によって麻痺させられる、ということにも我慢なりません。［……］六八年五月が大学を解体したとは思いません。むしろ大学が自らを解体しつつあったがゆえに六八年五月の事件が起きたのです(29)。」

モーリス・ゴドリエが「神話と歴史。野生の思考の基礎についての省察」を扱い、ピエール・スミスとダン・スペルベルが「ジョルジュ・デュメジルの神話学」を分析し、ともに研究途上においてメリュジーヌに出会ったジャック・ル＝ゴフとエマニュエル・ル＝ロワ＝ラデュリがそれらをその主題に突き合わせ、こうして人類学者と歴史家の共存が具体化する。以上は「神話」の部にあてられる。

第二部「制度」はピエール・ヴィダル＝ナケ「ソフォクレスの『ピロクレートス』と青年兵学校」、D・A・ミレールの扱う「王権と性的両義性」、G・マラムーの「エミール・バンヴェニストの作品」に委ねられる。ユベール・ダミッシュ、クリスチャン・メッツ、マルク・ソリアノ、第六部門の新人ナタン・ヴァクテルの著書『被征服者のヴィジョン』の大部分がそこに姿を見せる。この作品は、スペイン人征服者の観点から語られた資料をインカ人の方へ向け、民俗学のうちに征服のトラウマの痕跡を分析したもので、大成功を収めた。

このような目次は、構造的歴史と、心性の歴史、民族学、言語学、芸術と文学の研究との共存をはっきりと示している。結局のところ、歴史人類学と呼ばれることになるもの、そして心性の歴史をもカバーするものへのある種の転回である。構造主義はここでは開かれた歴史的な構造主義である。しかしこうした一種の宣言の役割をもつ号においては、次のように始まるアンドレ・ビュルギエールの論説は決定的であった。「歴史と構造主義の戦争は起こらないだろう」。彼は、この構造主義という用語の普及が歴史に対して不要でもあり、また不当でもある攻撃性をまとわせていた流行そのものによって構造主義を拒絶していることをここに銘記したのである。それは歴史――『アナールの』歴史――が、かつて指摘されたことのない大異変から無事に脱出したことの確認であった。

「歴史を拒絶することがこの運動の広がり［構造主義］に明確な形を与え、その団結を固めるように見えたとしても、それはまず、これらの学問領域のために、それらが鋳造された歴史主義の型を破壊することを意味している。それは、現象の研究を絶えずその生成（起源による説明）の方へ移動させる型である。それはまた、さまざまなタイプのアプローチが、絶えず弁証法的議論（外的因果関係による説明）に依拠することによって、互いに激しい言葉の応酬を行なうことを強いる型である。しかし歴史へ戻ってゆく潮流はすでにそこに素描されている。」

そして歴史家たちにとって、構造とはまずアプローチの概念であることを指摘する。

「その概念によって歴史家は、知覚できないほど小さな運動を把握し、時間の外にあるものを歴史に組み込むことが可能になる。この構造主義の前生は、『アナール』の歴史と混じり合っている。そのことに言及するのはためらわれるほどである。それほどまでにそれは今日ではあらゆる歴史家の共通財産になり道具になっているのだ。たとえ構造主義者たち、それも大物の構造主義者たちが、彼らの歴史批判においてほとんどいつもこの寄与を否認してきたとしても。」

そして次に、いまとなっては興味がなくなってしまった、アルチュセールの単純化を取り上げる。それを利用して、歴史学に社会生活の意識的表現を、民族学に無意識的表現を任せるという、クロード・レヴィ゠ストロースが提案した分割を拒否するためである。

「歴史学が半世紀以来その知に取り入れてきたあらゆるもの、地理的歴史から心性の歴史まで、そして物価や人口や食物消費や気候などの時系列史から社会関係や制度の歴史まで、歴史学はそうしたものを意識的資料という境界を越えることで獲得してきたのである。そして歴史学が文学作品や芸術作品といった最も意識的な表現に戻ってくる時も、歴史学は自らの分析を表明された意味の彼方に基礎付けねばならない。あの無意識の表現のうちに、あるいは少なくとも、リュシアン・フェーヴルが心性の道具と呼んでいた暗黙なるものの表現のうちに、基礎付けねばならない。」

そしてアンドレ・ビュルギエールは正当にも、公式化されるのを拒否する「社会的現実のあらゆる種類の滓」を他の人間諸科学が歴史学の方へ排出することによって、歴史学をスケープゴートにする傾向を嘆いていた。しかし彼はまた、これらの論争を通して確定されたものを、たとえその論争がこうした間違った考えに巻き込まれている場合であっても、指摘している。たとえば「歴史を持たない社会」についての論争がそうである。この事実に関して民族学は歴史家たちに、一つの社会は時間のなかで社会が達成することによってしか理解できるものにはならないという彼らの確信を疑問視することを強いた。同様に、これがこの論説における強力な部分なのだが、ビュルギエールはそこから出発して、どんな社会もヨーロッパの発展との比較によって定義できるという歴史家の主張もまた疑問視されるようになったのだと指摘した。このことは、歴史学がともに歩み始めた進歩のイデオロギーに対する批判にまで至る。

「理論の濫用によって、［進歩主義は］あらゆる時代の上に、あらゆる文明の上に、産業ヨーロッパの価値体系を、変化と革新の崇拝を投影する。進歩主義は、ヨーロッパを高温度の成長へと追いやる成長のプロセスから、ヨーロッパが自らの独自性を引き出すあの累積的時間を作り出し、歴史の唯一の時間とする。まるでヨーロッパが、過去についての客観的知識という手段をわがものとしながらも［……］、過去を振り返って自らの運命を正当化するのに熱心であり続けたかのようだ。［……］このような歴史の考え方は、文明のあらゆる諧調をむりやり合わせようとするプロクルステスの寝台のようなものであり［……］、今日では、異文化を理解しようと努める者からも、われわれ自身の歴史の分野を開拓しようとする者からも、疑問視されている。」

後になってわれわれは、これらの文章が書かれたのは、ブローデルが当時企てていた仕事、つまり『物質文明と資本主義』が世界的に広まったおかげであると見定めることになるだろう。これらの文章の調子は、六八年五月と近年のフーコー以前ならきっと違ったものになっていたであろう。フーコーはここで、歴史の中心をずらすことを突きつけれる。それは彼自身のずらしとは異なる規模のものである。なぜならそれは実際惑星規模のずらしであり、彼が提案したものよりもいっそう深く現在の教訓に同化することから発したものだからである。人類学との収斂は実際に概念化される。その後に、マルクス主義との調整と、新しい歴史学の総括が続き、ついには文化史に力点が置かれることになる。

「歴史家が用いる材料に関して構造分析の濾過に抵抗するものは、材料の不純物であるが、それはまた材料の豊かさでもある。『すべては次のように起こる。構造が貧しくなるとき、実践が最大限に行なわれる。文化と自然との連関の第一段階は、第二段階に道を譲る』とリュック・ド・ウッシュ(30)はいみじくも書いている。[……]少しの構造主義は歴史学から遠ざけるが、多くの構造主義は歴史学へと連れ戻す。」

この発言に少し足を止めよう。ここで問題にされている構造主義は、当時流行の、形ばかりの構造主義ではありえない。それはむしろ、『地中海』第二版の末尾で明確にされた、ブローデルとレヴィ＝ストロースの間で論争になった構造主義である。左翼がまだわが物顔に振る舞うのをやめていない大学を前にして、相変わらず通りを支配している大規模なデモを前にして、それはまた、サルトルのように事件の後を追いかけようとする連中に対抗して、深層の歴史、構造の歴史を再確認するという意味を持つはずである。結局のところ、新世代が意識したのは、『アナール』の歴史学は危機を引き起こしたものとかつてないほど深く関わっているということである。

「結局、歴史家が構造的方法に求めるものは、雑音や喧騒を逃れるための、歴史的現実の不安定さを追い払うための口実ではない。いかに変形が行なわれるかを観察するための、また変化の分析という歴史家の任務のできるかぎり近くにとどまるための道具である。」

第六部門の委員長を引退する直前に、フェルナン・ブローデルはなじみの諸観念を大まかに言えば再び見出した。しかしそれはやはり、危険と判明するかもしれないいくつかの譲歩を伴っていた。それに先立つ目次は、明らかに、彼の征服に対する、また全体性に対する欲求を、満足させてはいなかった。この号は見るからに和平宣言のようだったので、彼を満足させることはできなかった。和平とは彼の目には、正統派に加わることを間違いなく意味したからである。ところで彼の観点からすれば、ここに分析の過ちがあった。

「人間科学は、フランスでもどこでも、歴史によって支配されはしません。それは歴史を無視し続ける。叫んでも、非難しても無駄なことです。それは歴史の教訓に目と耳をふさいでいるのです。[31]」

しかし、この一九七一年の特別号の文脈が、ある可能な団結を信じさせるものであることは言っておく必要がある。それゆえにこの論説は、歴史家の任務は「変化の分析」であるという確認で締めくくることができた。まるでそのことがすでに起こり、過去に属するかのように。このことは、当時ベトナム戦争が終りに向かっているという予感があったことから、説明できる。経済拡大は続いていた、だからポンピドゥー大統領はより大きな産業化を夢想し、誰一人一九七三年の不況や、ウォーターゲートのスキャンダルや、ニクソンの失墜や、ベトナムでのアメリカの敗北を、まだ予感してはいなかった。中国文化革命について、膨大な虐殺――さらにクメール・ルージュの虐殺も――についての情報がちょうど広がり始めていたところだった。しかしそれはパリのマオイスト（毛沢東主義者）の確信を少しも揺るがすものではなかった。チェコスロヴァキアやポーランドにおける「正常化」の弾圧の拡大とその残酷さが、共産党とフランソワ・ミッテラン率いる新社会党が署名したばかりの「共同綱領」の信奉者の心を動かさなかったのとまったく同じである。フランスの政治的閉鎖性はかつてないほど堅固であった。

『アナール』の新編集部は、「大きな歴史」というブローデル的な野心から次第に距離を取ってゆく。分裂は一九七九年、雑誌の五十周年の際に、私がすでに指摘したアンドレ・ビュルギエールの『アナール』の歴史についての論文[32]と、それに続くジャック・ルヴェルの研究「歴史と社会科学。『アナール』のパラダイム」によって、はっきりと明るみに出る。後者については後でまた取り上げよう。

実際のところ、一九七二年の転回とブローデルの事実上の引退は、特に彼にとって、人間科学館の経営困難を引き起こした。それはほんの二年前に開かれたばかりで、したがってまだ軌道に乗る途上であったが、しかし突然その自立をおびやかされ、そしてそのために彼は理事長にとどまることになった。そしてここから第六部門と人間科学館の間に葛藤が起こり、長く続くことになる。その間に、離婚のしるしとして、そしてアメリカ人に関する指導体制の変化のしるしとして、最終的にはクレメンス・ヘラーは容赦なく第六部門から人間科学館へと送還される。それはまるで、高等研究院の相続者であるジャック・ル＝ゴフが、同時にブローデル王国全体をも相続する者と思っていたかのようであり、実際人間科学館においても彼に認められていた国際的優越が全面的なものであることに耐えられなかったからであった。(33)

フェルナン・ブローデルはこうして、決して何一つ獲得されなかったこと、人間も相続も、ラ・ブリュイエールの言うように、愛に始まり野心に終わるということを見出した。人間科学館が無傷であり、むしろ苦難によって堅固になったとしても、それは結局、彼のものである権威のおかげであった。国のレベルにおいても――大学と経済産業の代表の諸制度が一体となった人間科学館の理事会においても――、世界的レベルにおいても――そこでは人間科学館はフランスの知的革新の譲渡できないしるしである――、そうであった。

ブローデルの居心地の悪さは、新しい社会科学高等研究院が取り組んだ講義によってより大きくなる。それは一九七五年に第六部門を引き継いで、それを一つの大学にしたのである。ブローデルは翌年の一九七六年にトライアン・ストイアノヴィッチの著作の序文において次のように書いている。

「一九六八年にソルボンヌ大学の牙城は一撃で崩壊し、十二ほどの高等教育機関に分割された。改革が、数多くの改革が続き、新たな生命が次第にしかるべき場所に置かれ、一つならずの革新が幸福な結果となった。これらの改革の結果として、第六部門は一九七五年に登録番号と名称そのものまで失い、学位授与の権利をもつ社会科学高等研究院となった。それは相変わらず研究機関であるが、同時に一つの大学となる。私がより若い歴史家たちのために数年前にその指導を離れた『アナール』は、大きな成功を得た。そこに論文を載せることは通常の『栄誉あるコース』の第一歩である。間違えてはならない。われわれはいまや正統になったのだ。それはよいことであるのか。」

正統が彼にとって危険を意味することはわかっている。殿堂に入ることは、敵をなくすと同時に、異端も、そしていていいつも外国人も、なくしてしまう。彼らなしでは第六部門はあのようなものではなかったであろう。彼が一番遠ざけられたと感じていたのは、まさにこの社会科学高等研究院からであった。彼は、できるかぎり意地悪な口調で、そこに集められ始めた肩書きをもつ人々の顔ぶれを見ると、一九三五年の彼のような人物は求められないであろうことがよくわかると当時私に話したものだ。その年、高等研究院第六部門は、数本の論文しか荷物をもたない若い教師にその門を開いたのであった。

3　歴史学の新たな危機と大事業の開始

われわれがいましがた見たように、アンドレ・ビュルギエールは、一九七一年になってもなお、「ヨーロッパを高温度の成長へと追いやる成長のプロセス」について現在形で語っている。ドルを金本位制から切り離そうとするニクソン大統領の同時代の決断は、第四次中東戦争、いわゆる「ヨム＝キプル戦争」の際にアラブ諸国によって決定された一九七三年十月の石油輸出禁止に引き継がれ、経済危機の兆候を生み出した。それは翌年、ウォーターゲート事件後のニクソンの失墜から生まれた不安によって現実のものとなった。

これらの事件とともに、長期持続のサイクル——それはコンドラチェフの達成ではないか——と、「事件の」政治学との関連付けが再び帰ってくるのだが、これらの事件を経験することは、一九二九年の危機に職業的洗礼を受けたブローデルのような社会経済史家にとっては、たぐいまれな練習であった。彼は日を追って、市場経済の反応を、つまり(彼が一九六七年に第一巻で言った意味での)資本主義の反応を、実物大で観察することになる。また、その洞察はより限定されたかたちで、一九七九年の三部作『物質文明』の第一巻への新たな序文へ直接には移されるのだが、そこで次のような確認をする。

「一九七三〜一九七四年の危機に続いた不況のあとを受けて、こちらは近代的なものだが、一種の市場外経済が蔓延し始めたからである。すなわち、ほとんど素顔のままの物々交換、サービスの直接的交換、巷間に言う『アルバイト』が行なわれ［……］、そのうえ多種多様の内職や『日曜大工』が加わった。市場の下側や埒外での、こうした活動の行なわれる層がかなり膨れ上がって、何人かの経済学者の注意を引くに至ったほどである。この活動は、控え目に見積もっても、国民生産の三〇ないし四〇パーセントを占めるのではなかろうか。ところがこれらの活動は、産業化した諸国においてさえ、市場外でのことゆえ、一切の統計の網から漏れてしまうのである。私は、理論の——あらゆる理論の——埒外において、ただひたすら具体的観察と比較歴史学とに導かれながら、このたびの著作を熟慮の上で構想したのであったが、こうして三区分図式〔物質文明／交換／資本主義〕が、この著作の参照図表となった〔強調はフェルナン・ブローデル〕。比較歴史学と言ったが、それは、時間をつらぬき、また空間をつらぬいての比較である。長期持続と現在／過去の弁証法で運んでゆく言語表現は、これまで一度として私を失望させたことがなかったが、そのような言語に頼りながら時間をつらぬいて比較したのである。『世界化』したものであるからして［……］可能なかぎり広い空間における比較である。[34]」

この世界主義者としての信仰告白は、とりわけ、国際的に注目されることが多くなり、同時にフェルナン・ブローデルの世界中の大学をめぐる旅行が増加することによって、補強される。ポーランドからマルタ、プラハ、合衆国への旅行は、彼の観察の視野を広げた（そして彼の名誉博士号の数も、パドヴァ、フィレンツェ、ケンブリッジ、ロンドン、ライデン大学等々）。経験が彼の予想を立証するとき、彼は理論家としての満足を覚える。景気の拡大／後退の周期が交替するということであり、また経済の三層構造のことである。

すでに述べたように、彼は十二年の隔たりを置いて、一九六七年の第一巻をほとんどそのまま再開することができた。このことは、世界的規模の社会経済史の本にとって、これほど大規模な不意の出来事に激動した十年間にあって、見事な成果と言える。

「個人的証言」が『現代史ジャーナル』に現れたのは一九七二年である（私はフランス語版である「歴史家修業」を主に使った）。この雑誌は同時にJ・H・ヘクスターの「フェルナン・ブローデルとブローデルの世界」を掲載している。私はそこから、『アナール』と第六部門の歴史に関係があるところを引用した。それは全体としては賞賛に満ちたものであるが、とっぴなやり方で、長期持続をブローデルの捕虜生活の「奇妙な敗北」の個人的心理的経験に帰し、それをサルトルの神話化されたレジスタンス活動と対比している。[35] これは分析をゆがめ、歴史よりもむしろハリウッド的でたらめに属するものである。しかしすべてを望むことはできない。

最も重要なのは、それでも、アメリカの歴史学研究がブローデルに対してむしろ好意的に注目したということである。それは、フランスから来た知的構築物に対してたいていはアプリオリに悪意を持つものである。フランスの知的構築物はすぐに「ガリック」なものとして扱われるが、これは「ゴーロワ」であるという意味だけでなく、細かすぎるということを意味する（哲学では事情は別である。あちらでのデリダの成功は周知の通りである）。また、同時に、ロンドンとニューヨークのハーパー・アンド・ロウ社から『地中海』と『物質文明』第一巻の翻訳が出た。キンサーが言うには、ハーパーから出たために、

「この二冊の本はアカデミックな世界を超えて普及した。『ニューヨーク・タイムズ』や『ニューヨーク・レビューズ・オブ・ブックス』[36]の書評は、歴史家たちの注目を引いた。それ以降ブローデルはアメリカ人にとって、さまざまな社会科学を歴史的現実の研究に統合する努力をしているフランス歴史学を体現する人物となった。[37]」

ビンガムトンのニューヨーク州立大学は、前代未聞のことだが、イマニュエル・ウォーラーステインの率いるフェルナン・ブローデル・センターを創設することになる。彼とブローデルの関係については後で見ることにしよう（私はすでに、一九七七年五月十三～十五日の開設講義におけるブローデルの発言の記録を多く利用した）。[38] それにブローデルの扱うテーマへの関心や、彼の著作にヒントを得た大学の活動が最も盛んな国を挙げるなら、イタリアは当然として、イギリスや、スペインや、ポルトガルや、ポーランドにおける成功も付け加えなければならない。こうしたすべての接

触（特にポーランドの批判的で革新的なマルクス主義者たちとの接触）が、こうした視点の変化が、こうした比較が、この新しい時期において明らかに大きく作用している。そこでは、彼が行政の仕事から解放され――人間科学館はそれでも第六部門よりは制約が少ない――、ますますフランス規模でものを考えなくなるのが見られる。自らの過去ゆえに、アルジェリアとマグレブの変化を、もっと一般的には、一方でアラブ世界の変化を、他方で中央・南アメリカ世界の変化を、明らかに間近から観察するだけに、いっそうそうなるのである。

このことが世界の「比較歴史学」に十全な意味を与える。もちろん忘れてはならないことだが、フェルナン・ブローデルはもはや『アナール』に協力していないとしても、かつて若い歴史家たちに生産させた材料から栄養を取り続けているのである。ほんの一例を挙げれば、一九七一年末にフランソワーズ・バイヤールがこの雑誌に掲載した論文「リヨンの銀行家商人、ブオンヴィジ家、一五七五～一六二九年」の研究と見取り図に基づいて、ブローデルがネットワークを研究し、一つの地図をつくるのが見られる。

それにもかかわらず、国際的成功がもたらした新たな可能性の背後で、ブローデルは、私がすでにその理由を多少描いた大いなる知的孤独から出発して、あの巨大な仕事に――量としては新たな『地中海』より少し多く、そしておそらく『地中海』同様に何度も書き直すことになる仕事に――取り組むのは明らかであった。

このような孤独ほど推し量るのが難しいものはない。彼が人間科学館の真新しい理事長室に秘書と一緒にいて、絶えず『アナール』や社会科学高等研究院の同僚たちに邪魔され、毎週月曜日に訪問者を迎えているのを見ても、それはほとんどうかがい知ることができなかった。しかし、仕事机の上で、フェルナン・ブローデルがただ一人その広大な仕事場のなかを進んでいたのは事実である。リュシアン・フェーヴルとその助言者たちがとうの昔に亡くなっていたからだけでなく、一九六五年以前と同じ知的環境はもはやなく、共通の発見への同じ熱意ももはやなかったからである。

確かにブローデルにとって、一九七四～一九七五年にかけて著作の仕上げに没頭している時には、ジャック・ルヴェルが一九七九年の『アナール』の論文において見出したと思ったパラダイムの変化に十全な対応をすることはできなかった。しかし、そこまで先回りをするのは止めにしよう。しかしながら、第六部門の変動を考慮しないで、歴史家ブローデルの孤独を推し量るには、フランスとまずその直接の周辺における歴史学の風景の変化を観察するだけで十分である。

すでに述べたように、彼は自らの後継者を確保しようと考えていた。ブローデルの考えでは、エマニュエル・ル＝ロワ＝ラデュリは高等研究院からコレージュ・ド・フランスへ直接移るはずであった。最初の面倒は、ル＝ロワ＝ラデュリが創設されたばかりのパリ第七大学の講座を引き受けたことから来ている。この大学は一九六八年の余勢をかって、旧精神とは縁を切った学部のように見えた。それは間違いであった。ル＝ロワ＝ラデュリはそのことを認め、ブローデルはコレージュ・ド・フランスの自分の後継者として彼を正々堂々と支持し、それをたやすく手に入れた。

しかし、一九七三年十一月三十日に行なわれた開講講義は、ブローデルにとって別の種類の失望を含んでいた。なぜなら、エマニュエル・ル＝ロワ＝ラデュリが『アナール』の路線にしっかりと身を置いていたとしても、それは、ほとんど名前の出てこないブローデルの貢献や思想を参照するためというよりは、フーコーやアルチュセールの攻撃、あるいは構造主義の数多くのパロディーに対抗するためだったからである。

「『アナール』」学派は、それが研究する社会のイメージそのものである。すなわち、遅いのだ。それは自らの継続を、われわれの世紀という長期間のうちに定める。穴を掘る老いたモグラは、わざわざ地下の回廊を見捨てはしない。それは地表で起こる現象には大きな無関心を示す。認識論的断絶は「これがアルチュセールとフーコーに向けられている」血を流すがよい。スカートはくるぶしまで下がり、あるいは膝上まで上がるがよい。それでも『アナール』の歴史家は不敵に足し算を並べ続けるであろう。歴史学が［……］精密科学の累積的な仕事に参加するというのは、それほどまでに真実なのだ。歴史は進んでゆく通りの世界に耳を傾ける。しかし、オート・クチュールのアトリエやプレタポルテのスーパーマーケットが発布する命令に合わせて、毎年のように自らを曲げることはできない。(39)」

実際、たとえル＝ロワ＝ラデュリが、かつて博士論文で研究したことのあるあのラングドックにおける、近代初頭の農村社会の「不動の歴史」を当然のごとく参照したとしても、長期持続は彼の説明の核心においてはこうしたものではなかった。それは、彼が「不動の歴史」と呼ぶものにきちんと場所を残していた。

「農民たちは、容赦なく強制する一連の数量的可能性に応じて、盛んに活動し増える。私が興味を持つのは、数え切れぬほどの民衆の非‐生成である。」

これは、ル＝ロワ＝ラデュリが「エリートの達成」と呼ぶものの推進力を排除することで「全体性」を遠ざけ、ブローデル的時間の多様性をならすことである。このように詰問されたブローデルは、『交換のはたらき』において彼にこう答えた。

「農民の歴史の全体的不動性を盲信してはいけない。〔……〕耕地や、家や、家畜や、人間や諺は同一である……。その通り。しかし、いかに多くのことが現実には絶えず変化してきたことか。〔……〕どんな長期持続もいつの日か壊れる。決して一撃で壊れるのではなく、また決して全体が壊れるのではなく、ひびが入ってゆく。〔……〕このような場合、フランスの農民社会を『ひびがないほどに堅固なシステム』と見なしたフェルディナン・ロに対してマルク・ブロックが反対したのは正しい。[40]」

ところで、このような社会的・経済的長期持続の不活性化は、生物学的基盤の重みによっていっそう大きくなる。ル＝ロワ＝ラデュリは一三〇〇年から一六五〇年の間に、まずフランスに、さらに南北アメリカに現れた一連の致死的な疫病による「世界の微生物的統一」を強調する。彼はそれについて最近大規模な研究を行なった。[41]

彼はそこに「われわれのエコシステムの安定化の最も強力な要因」の一つを見いだし、それを考察の対象となった時代の「固定化の第二の、そして見事な『要因』」、すなわち戦争と結びつける。

「結局のところ、こちら側には、戦争と、近代国家、あるいはいわゆる近代国家がある。より広い視野で言えば、私は国家間の（国際的な）システムを問題視する。なぜならその背景の上に、西洋全体が戦争に向かう傾向の諸相が個別化されるからである。[42]」

確かに、歴史人口学と戦争の役割についてのこうした考えの萌芽が、すでに『地中海』のなかに見出されることを証明することもできるであろう。しかしそれは、まったく異なった脈絡をもち、その上で社会・経済的力学が展開される重い歴史としてであった。ある意味で、ブローデルの視点からすれば、ル＝ロワ＝ラデュリは長期持続をその構成の上層から骨抜きにしたと言える。だから、あれほど叫ばれた大学の後継者という看板においても、十分な距離が取られ、環境がまず弟子と師匠の教えとの間のずれを示していたのである。

この同じ状況から見ると、ガリマール社においてピエール・ノラが出した新しい「歴史叢書」に入っているル＝ロワ＝ラデュリが前に出版した本、『歴史家の領域』は、数量的歴史とコンピューター、新しい農村史、歴史人口学、気候など、彼の興味の中心についての諸論説の安易な寄せ集めであり、第六部門の開設とブローデルに対する熱烈な称賛にもかかわらず、むしろブローデルに対して無礼にも見える。ノラが第六部門における研究指導と、ガリマール社における「歴史叢書」の編集とを結びつけることを、ブローデルが喜んでいなかったことは誰もが知っているがゆえに、ますますそうである。

ピエール・ノラは歴史叢書の紹介文を、「われわれは歴史の分裂を生きている」という言葉で始めたのではなかったか。おそらくこの断言には次のような説明が続く。

「近隣諸科学によって、そして長い間ヨーロッパの特権であった歴史的知識が世界全体へ広がることによって実り豊かになった新たな質問が、歴史家たちが過去に投げかける質問を見事に豊かにしてきた。つい昨日まで、同時代人に衝撃を与えた出来事の物語や、偉人の思い出や、諸国の政治的運命に向けられていた歴史学は、その方法を、その区分を、その対象を変えた。」

だからこの出版場所の選択は、違いを大きくするだけであった。しかしこの「歴史の分裂」が第一段階においては伝統的歴史と『アナール』の新しい歴史との分裂の確認として読まれうるとしても、それがもはや一つの情報ではなくなって久しい以上、こうした冒頭の断言が意味するのは、実際にはブローデル的長期持続はもはや王道ではなく、単に多くの方法のうちの一つにすぎないということに他ならない。相違でしかなかったものが、一九七五年にエマニュエル・ル＝ロワ＝ラデュリが出版した『モンタイユー』の驚くほどの成功によって増幅されることになる。これは異端審問記録に発する人類学的歴史調査であり、オック語の村で最も秘密にされてきたものの五十年がそこに見出される。長期持続もなければ、広大な地平もない。「全体性」とは反対に、心理的歴史への集中がある。ところで『モンタイユー』は、ジャック・ル＝ゴフとピエール・ノラの編集による三巻の論集『歴史をつくる』のすぐ後に「歴史叢書」として出版された。この『歴史をつくる』三巻はそれぞれ「新しい問題」、「新しいアプローチ」、「新しい対象」を扱っており、そこではあの歴史の分裂は見事に「新しい歴史」と溶け合って一つになっている。「新しい歴史」は最終的には、『アナール』の創始者たちやブローデルの世代の「大きな歴史」の路線に比べると、はるかに細分化されたかたちで現れ、長期持続は実際古いアプローチの側に移っている。やがて、転回をさらに強調するため、「粉々になった」歴史が語られることになる。この分岐点は結論において再び強調されるが、そこではまたもや挨拶の下で無礼がはたらかれる。

「歴史学は今日かつてない広がりをもち、仲間の諸学問との対立の後、ほとんどいつも新たに再発見される。それは、信頼できる堅固な方法や、年代的基礎付けや、その現実性のおかげである。それをおびやかす危険があるとすれば、それはむしろ、あまりにもうまく行くこの冒険主義のなかで自分を見失うことである。本書が征服に勝利した暁に見せたいと思っている――交渉開始の時間が、後退と慎ましい再定義の時間に場所を譲るのではないか、と自問してもよいであろう。」

フェーヴルの「大海に乗り出すこと」やブローデルの「巨視的な姿勢」や「全体性」に対して、これ以上うまく背を向けることはできない。現代の歴史家の肖像、「居心地の悪い［……］この開拓者、冒険家、征服者」に関して、ル＝ゴフはより明白にブローデルを過去に送り返す。

「彼は、次第に専門化しながらも、二十世紀後半の新たな科学的英雄の権威にまで彼を高めるはずの［……］技術性にまでは達しなかった。［……］職業人（マルク・ブロックがそのプログラムを作った）である彼は常に、あまりに技術の人でありすぎた、あるいは、十分にそうでなかった。[43]」

ブローデルに関する文には、ピエール・ノラの署名があるだけでなく、ジャック・ル゠ゴフの署名もある——たとえル゠ゴフが一九七二年に第六部門でブローデルの後を継いだときにガリマール社と距離を置いたにせよ。この三巻からなる新たな宣言は、ブローデルとブローデルが指名した後継者たちの間の思想レベルで、しかしより一般には展望のレベルで、断絶があるという印象を深めるだけである。それに、フランソワ・ドスが強調するように、一九七四年五月にピエール・ノラが『歴史をつくる』を『ル・ヌーヴェル・オプセルヴァトゥール』で紹介したとき、彼は「ブロック、フェーヴル、ブローデルの時代の歴史学の地平と、七〇年代のそれとの非連続性を認める。『今日問題となっているのは、あの全体史という概念であると私には思える。［……］われわれは、細分化され、折衷的で、拒むことができない好奇心の方へ膨らんだ歴史を生きている。[44]』」

おわかりのように、それはもはや単に新たな方向転換とか、局所的な対立といった事件ではない。ジャック・ルヴェルが一九七九年に言うように、学問全体の準拠システムの変化、パラダイムの変化なのである。[45]

これより二十年後、ピエール・ノラ[46]はこの転回の総決算を行ない、それは『モンタイユー』の成功をもってするのと同じくらい、この歴史の細分化のなかに表明されたものを明らかにした。その時彼は、この七〇年代初頭に三重の偶然の一致を見出す。すなわち、ジョルジュ・ポンピドゥーによる義勇兵トゥーヴィエの恩赦でヴィシー政府に関する議論が再燃したことと、占領下におけるフランス人の妥協を初めて見せた映画『悲嘆と憐憫』の上映と、六八年五月の影響が近代の否認と大地への帰還となって現れたこと、そして「ド・ゴール主義から『収容所列島』の出版によって揺るがされた共産主義に至る、大きなイデオロギーの失墜」。ところで、そこにはヴィシー政府の歴史的遺産が存在していた。「近代への憎悪と数世紀来の伝統の再発見からなる運動は、体制の終焉後に数多くの影響を残した。［一九四一年に］アレクシス・カレルが創設した人文問題研究のためのフランス基金から、フィリップ・アリエスのような歴史家、フランソワ・ペルーのような経済学者、ジョルジュ゠アンリ・リヴィエールのような民族学者、アルフレッド・ソーヴィのような人口学者、そしてINED（国立人口学研究所）のような機関が出てきた。新しい歴史学は、過去との新たな関係を表現するために、失われた世界という感覚に立脚した。」

実際、『アナール』のいくつかの研究との関連と通路とがここに見出せる。ただし、フェーヴル、ブロック、ブローデルは、ド・ゴールの側であるが、この過去の復活への意志は近代性の拒否を意味しない。それは逆に――ヴィシー政府には反対して――近代の観点によって、さらには近代の生誕のさまざまな矛盾によって、過去を解明することである。人口学はその間に学問的地位を獲得したので、理論上は、政治的に中立である。

ノラは自らの判断の根拠として、一九七五年の『アポストロフ』というテレビ番組を挙げる。ベルナール・ピヴォ〔上記書評番組司会者〕はスタジオに三人の重要な著者を集めて話をさせた。

「ジャケ・エリアスの『誇りの馬』（百万部も売れた）、フランソワ・ミッテランが前年の選挙キャンペーンで取り上げたエマニュエル・ル゠ロワ゠ラデュリの『モンタイユー』、ジョルジュ・デュビーが研究の指揮を取った『フランスの農村』四巻もまた出版された。フェルナン・ブローデルに続く歴史家たちによって発見され、二十年来彼らがその観念を研究するのを止めなかった長期持続は、一気に、フランスの心の奥深くに衝撃を与えた。」

確かに、これらの出会いは時代を画した。そして、エリアスの著書はビグデンの国（ポン・ラベ）のケルトを扱い、『モンタイユー』はオック地方を扱っているから、最初の二つの例が特定の地域を対象とし個別化することでブローデルの精神に反しているとしても、デュビーの編集した本は反対に、たとえその成功の一部がおそらくはこの時代をしるしづける定着の研究に負っているとしても、長期持続に必要なだけの広がりを持っていた。

しかし同じ成功は、最初は、アンドレ・ビュルギエールが私に指摘したように、一九六六年に出版され、一九六八年以降に再版されたピエール・グーベールの著書『ルイ十四世と二千万のフランス人』に向かった。それは、『アナール』に近い精神の持ち主において、国王の政治の歴史を家臣の状況の方に逆転させたのである。その成功は同様に、ジョルジュ・デュビーにとっては、都会生活についてのシリーズや女性史のシリーズに向かうことになる。より正確には、新しい歴史が一般読者のレベルで成功を収めるというかぎりにおいては、『モンタイユー』は象徴的意味を帯びることになる。ノラはこのことを明確に説明する。

『モンタイユー』の成功は、大学における新しい歴史学と、伝統的でアカデミックで挿話的な歴史学との偶然の出会いの結果である。大学の大きな歴史学は、小さな歴史学の枠や方法や年代学を再発見した。宮廷の年代記は民族学的地平に乱暴に移し替えられた。エマニュエル・ル＝ロワ＝ラデュリはあらゆる読者とあらゆる政治的家系を最大限に集めたのである。」

偶然でなかったのは、この成功が大きなイデオロギーの衰退と時を同じくしたことである。すでに見たように、フュレは一九六七年以来それを見抜いていたが、それは八年後にフランスで『収容所列島』が成功したことによってより明白になった。この一九七五年の転回をより明確にするためにさらに付け加えれば、アメリカのウォーターゲート事件とサイゴン陥落によって、ニクソンの「偉大なる政治」が嘲弄と悲劇のなかに沈んでゆくのが見られた。ブレジネフ——その反体制派が収容所の使用と心理的抑圧を暴露する——とともに、ヘルシンキ合意にささやかに署名が行なわれようとしていた。そこではフランスは、人権宣言の一節と引き換えに、独ソ平和条約の秘密条項においてスターリンがヒトラーから手に入れた国境を暗黙のうちに認めた。フランスは実際、ド・ゴールが政治の舞台を去って六年後に、まるで「大きな歴史」の外に出てしまったかのように振る舞い始めた。そして、よく言われるように、日下の歴史がまったく栄光がないだけに、それにいっそう順応した。若い歴史家たちが無意識のうちにどうしてその精神的影響を受けずにいられただろうか。

この二十世紀最後の四半世紀の初めにおいて、地平はユートピア以外には閉ざされているように見えた。かくして、各々の歴史家がその庭を耕す『歴史をつくる』は、距離を置いて見れば、『記憶の場所』のあの巨大な仕事の前兆となった。それはピエール・ノラの名を冠した世襲財産の全体目録であり、ほぼ正確に一つの「ブローデル以後」として一九八四年から一九九三年まで年代順に刻み込まれた。

ブローデル的長期持続は、実際、それを発明したマルクスに結びつくだけでなく、諸世紀と自然あるいは非自然国境をまたぐ時間＝空間によって、それがほとんど必然的に導く「大きな歴史」と「全体性」に結びつく。それは目的論ではなく、フランスとその周辺という限定を越えた、さまざまな視点の研究、長期への展望の研究である。だから、海岸の事象をはるかに超えて、ブローデルが彼の「大作」に取りかかったとき、「ブローデル以後」がある意味ですでに計画されていたことを彼が理解していなかったとすれば、彼は目も耳も塞がれていたことになるだろう。空間と諸空間の歴史を導入した歴史家である彼、地中海を越えてインド洋や大西洋を見ることができ、世界化に移行した彼が、どうして、切断なしには行ないえないこの解体によって、プロクルステスの寝台に載せられたように感じないでいられただろうか。空間を局地へと細分化し、長期持続を挿話へと解体することは、「時代精神」の一部をなしている。もちろん、流行が彼に逆行しているからといって、彼が一文字たりとも変更することなどありえない。彼の弟子たちや、弟子と思われていた者たちの態度が彼をいらだたせたとしても、彼の鋭い観察眼はそこに父への仕返しという部分があるのを見てとった。それは彼にとって不愉快なことではあったが、必ずしも未来を危うくするものではなかった。

ともかく、一般読者を対象とする雑誌『歴史』の一九八二年九月のインタビューで、彼ははっきりと懸念を表明しているが、これは一九七五年頃にすでに表明されてしかるべきものであった。

「新しい物好きの数多くの歴史家たちが、ある特定の地方において、これこれの日付に始まりこれこれの日付に終わる、限定された主題を研究するのには驚かされます。彼らはすべてを行なったが、ただし広い間口の歴史は行なわなかったということに気付いていません。なぜなら歴史とは通常の限界を超えた問題提起だからです。」

「広い視野で見なければならない、さもなければ歴史は何の役に立つだろうか」という、マインツでの捕虜生活の初めに妻に宛てて書いた言葉を思い出していただきたい。彼の「大作」は彼の歴史観の総仕上げであるだけでなく、年少者たちへの挑戦でもあったのである。

第十四章　大事業

1 交換のはたらき

一九六八年の激震が一九六七年の『物質文明と資本主義』の出版の上を通り過ぎていったので、それが一九七九年に『物質文明・経済・資本主義』と改題されて出版されるという企画は、まったく新たに三巻で一六〇〇頁のひと塊として受け取られるという大きな利益をこうむることになる。フェルナン・ブローデルがすでにテレビに出ていたとはいえ、彼はまだ本当には有名ではなかった。だからこの出版は、首を長くして待っていた親しいグループを除いて、衝撃を引き起こした。それはまずその分量によってであり、一つの集大成を、それも、ことさらに中性的なタイトルにもかかわらず、重大な主題に関する集大成をなすものによってであった。この厖大な著作が内的構造において〔以前の『物質文明と資本主義』とは〕まったく別物であることが、まもなく明らかになる。その構造は、絶えず互いに浸透しあう三層によって、全世界と、生まれつつある資本主義という一つの時代全体をカバーしている。ジャック・アタリはブローデルの死に際してこう言う。

「現代に先立つ四世紀を見渡すこの横断的視線の向こうに、フェルナン・ブローデルはあえて歴史の大理論を構築しようとした。〔……〕彼は、マルクス以来誰も試みなかったような、世界の全体的な読解を提示した。(1)」

それは実際に大胆な一撃であり、一九六七年に出版された本はそれを不十分にしか予言していない。それはまさしく世界の全体的読解であり、細分化された歴史の流れに可能なかぎり逆らうものである。それはまた、「資本主義」という語を喚起するだけで、長い間「共通綱領」において共産党と結びついていた全左翼に耳をそばだてさせるような、そんな時代の流れに逆らうものである。左翼の大部分は、一九八一年に「資本主義との訣別」に投票することになる〔社会党のミッテランが大統領になった〕。ブローデルは当然そんなことは歯牙にもかけない。おまけに、彼の言う長期持続は、すでに見たように、反動的とか追憶的というには程遠く、一つの過去を再構築するものである。彼はその過去を決定的に自分から切り離すことができるが、しかしそれは、現在の素材や未来学を用いてであり、現在がわれわれの眼下で開いて見せる、あるいは評価させることになる問題提起を用いてである。

すでに示したように、一九七三〜七五年の新たな世界的経済危機は、ブローデルの計画の巨大な挈となった。それこそが彼の研究にどこから見ても不整合のない飛躍をもたらした。

一九六七年において、第一巻はわれわれに二つの確認を残した。第一に、大都市、この「膨大な都市形成」はそれ自体のうちに未来よりもむしろ「アンシャン・レジームの経済の欠点と無力」をはらんでいたこと。これらの中心都市は実際には産業革命に参加しようとはせず、そこに観客として立ち会おうとしたのである。第二の確認は、「前資本主義のうちに世界の経済の幻想を」見ていたということである。この二つの確認は、ブローデルによる前資本主義の二つの原動力を、つまりしっかりと結びついた二つの原動力を明らかにした。すなわち一方では、経済のさまざまな部門での不均衡や不釣合。他方では、それらの部門のうちどこで活動し、どこに投資すれば最善かという選択を行なう能力。不均衡は、経済熱力学の原理に従って、経済社会力学の源泉そのものとして把握された。選択能力は、こうした可能性を実践する空間を開くことができるような社会構造へと帰着した。

こうした着想がそれまでの通念に対してもっていた大胆さは、すぐには気づかれなかった。三部作出版の六年後にカナダ人ジャーナリストのルイ＝ベルナール・ロビタイユによって行なわれた、ブローデルの最後のインタビューによって、そのことは理解された。彼の驚きを含んだ次のような質問がある。

「――あなたは、資本主義が新しい種類の不平等をつくったのではなく、むしろ不平等のなかにすべり込んだと言いたいのですか。

――社会というものはいつも不平等なものです。嘆かわしく、不愉快なことですが、私は水平に広がった社会を知りません。

――しかしそれでも、社会の不平等のあり方が変わったのではありませんか。

――いつも不平等なのです。不平等でない社会は存続できないでしょう。そう、確かに、後進国では先進工業国よりも不平等はずっと大きいが、それは財産の不平等ではなく、権力の不平等です。いわゆる民主主義社会である社会など、一つもありません。決してないのです。至るところで、管理が必要なのです。(2)」

「資本主義的搾取」がアンシャン・レジーム期の不平等を増加させたというマルクス以来の通念が、ついでに打破される。この「交換のはたらき」は、物質生活の基盤――直接的な使用と消費、「自給自足という名の強迫的な徴候下に」いわば「経済の不在」――と、ブローデルの主張によれば、交換価値の出現とともに始まる経済生活との接点に位置している。第一巻に比べると、彼の野心が拡大していることがすぐに見て取れる。

「私はこの第二巻において、初歩的な物々交換から最も手の込んだ資本主義までを含めて、交換のはたらきの全体〔強調はこの後もブローデルによる〕を分析しようと努めた。可能なかぎり注意深く、かつ中立的な記述から出発して、私は法則性とメカニズム、または一種の一般経済史（一般地理学というものがあるように）を把握しようとした。別な言葉で言えば、一つの類型学、あるいは一つの理論的モデル、または少なくともいくつかのキーワードの意味や、いくつかの明白に認められる事象の意味の確定を可能にする一つの文法を把握しようとした。〔……〕大雑把に言って、それは歴史の分節や進化を理解し、それにまた伝統的秩序を維持するさまざまの巨大な力を理解するための、解読の試みだったのである。〔……〕したがって社会的なもの、政治的なもの、経済的なものの接点にある研究なのである。(3)」

　これこそ、ブローデルの最も注意深い読者の一人であるアラン・マンクが、ブローデルの死の直後の賛辞において、(4)ブローデルの第一の教えとして指摘するもの、すなわち「社会が経済に闖入すること」である。もし性急な読者の目に「物質生活」がマルクスの下部構造と一致するものに見えたとしても、そしてその展開が世界的規模に至ったとしても、第二巻は決定的に沖に漕ぎ出したのである。ここで市場はその真の重要性をあらわにする。

　ブローデルがこの本を書いたのは一九七九年以前であり、ベルリンの壁の崩壊以後ではないことを指摘しておこう。彼はこの分厚い五〇〇頁にわたって、市場を、レーニンの発明した「市場経済／社会主義経済」という対立が時に信じこませたように――しかもフランスでは当時多数派の考えはフランス経済を市場の影響から守ることであった――、資本主義者たちの発明として定義するのではなく、人間社会が交換の回路に入るやいなや人間社会の「自然状態」となるものとして定義する。むしろこの攻撃を読み直すことにしよう。

「経済は、一見して、二つの巨大な領域から成り立っている。生産と消費である。後者においてすべては終結し、消尽される。前者においてすべては始まり、繰り返される。『社会は消費をやめることができないように、生産をやめることもできない』とマルクスは書いている。［……］しかしこの二つの領域の間に、第三のものが割り込んで来る。川のように狭いが勢いがあり、これまた、一見しただけで識別できる。すなわち交換、あるいはそう言った方がよければ市場経済である。この本が取り扱う数世紀において、それは不完全で不連続であったが、すでに無視しえないものであり、疑いなく革命的なものであった。かたくなに既成の平衡状態を指向し、まれにそこから踏み出したとしてもすぐにそこに立ち返ろうとする全体のなかにあった、交換は変化と革新の領域である。マルクスはそれを流通の領域と名付けた。この表現を、私はいまでもうまいと思っている。(5)」

それ以来歴史はブローデルに有利に裁断する。それは本当に見ものであった。一九八一年以来のフランスの社会主義政権と、共産主義から解放された中欧諸国の新政府は、市場経済を再発見し、再認識し、概ね歓迎した。ロシア自体さえもそうであった。しかし、すでに述べたように、一九七九年にこうした意見を表明することは、一九八一年にミッテランに投票することになるフランスの過半数の「反資本主義的」二元論を、そしてこの厖大な著作の潜在的読者である明らかにより多数の知識人を、敵に回すことであった。

『市《いち》』の役割を小さく見積もろうなどと、誰が本気で考えるだろうか。それは、供給と需要、そして他者への依存の選ばれた場であり、それなくしては、通常の意味での経済もありえず、ただ自給自足と非＝経済〔経済の不在〕のうちに『閉じ込められた』（英語で言えば embedded）生活だけがあるということになろう。市《いち》は、一つの解放、一つの出口、別な世界への入り口である。それは水面に浮かび出ることである。人間の活動、彼らが交換する剰余は、この狭い裂け目から少しずつ通り抜け始める。初めは聖書の言う『らくだが針の穴を通り抜ける』のと同様に困難である。やがて穴は広がり、数も増し、社会はしまいには『至るところが市《いち》になった社会』となるのである。しまいには、というのはつまり時代を下ってということだが、さまざまな地方において、決して同じ年代に、また同じやり方でそうなるのではない。したがって、市《いち》の発展の単純で直線的な歴史というものはない。ここでは、伝統的なもの、旧式なもの、近代的なもの、超近代的なものが併存しているのである。[6]」

ご覧のように、ブローデルにおいて歴史の運動と力学は、決してその権利を失うことはない。市場は、すべての経済的データと同じく、持続と地理の差異において把握される。彼にとって市場の出現と、その多様な発展のかたちは、遮断や歪曲や退行がありうるにもかかわらず、近代世界の自由化の大きな力の一つなのである。資本主義というのは第三段階であり、矛盾ではあるが同時に次のことを行なう。すなわちそれは、市場の領域を拡大し、その拡大の過程で多くの物質的、政治的障害を破壊する。しかし同時に、独占によって利益を誘導し、さらに自由化の力を押し殺すことで、「反＝市場地域」としての役割を果たす。

だからこの分析自体において、ブローデルは社会経済的長期持続を不動の歴史の基盤から解放していたのである。彼がルイ＝ベルナール・ロビタイユに対して強調したように、マルクスと違って、彼は下部構造が上部構造を決定するとは考えない。市場外の原始経済／市場経済という区分は、何世紀もの間に絶えず変動する。それは社会が、経済のさまざまな運動に対抗し、それらに自らを適合させ、さらにそれらを抑え、ブレーキをかけ、あるいは止めようとする能力があることを示している。絶えずそこに介入するが、しかしたいていの場合分別をもってではない。

次にオーストリア・ハンガリー出身でイギリスに帰化した、前商業経済の専門家、カール・ポランニー（一八八六〜一九六四年）との議論が続く。ポランニーは trade（交換）と、「価格の自動調節機である市場」と同一物と見なされていた market とを区別する。ブローデルにとっては反対に、

「歴史的に見て、一定の地帯の市場間において、価格の変動とその一致した動きが見られる時にはいつでも市場経済が

存在すると考えなければならない。それはさまざまな主権と法制を横断して起こるだけにとりわけ特徴的な現象である。［……］古代からすでに、価格は変動している。十三世紀には、価格はすでにヨーロッパ全域で一致して変動している。その後、ますますより厳密に規定される境界内で、一致はより明確な形をとるであろう。十八世紀にけ、高い山のなかにあって交通の便に恵まれていないサヴォワ地方の［ブローデルが夏にサン・ジェルヴェの別荘に向かうたびに通る］フォーシニのちっぽけな村々においてさえ、その地の物価が、その地域の全市場において、収穫と、需要と供給の必要に応じて、週ごとに価格が変動するのが見られるのである。(7)」

確かに、この市場経済は少しずつ形成された。それは、自給自足している区域が持続したり国家が介入したりしたため、全経済を覆ったわけではなかった。しかし「この終りなき歴史への本質的一歩」を、ブローデルは「それまで中規模であった市場」をもつ都市による併合のなかに見出す。これはおそらくギリシャ諸都市のフェニキア人から、つまりイタリアの都市国家よりも一五〇〇年早く始まる。そしてブローデルは、ガルブレイスに反対し、さらにレーニンに反対して、彼の言う「経済あるいは市場経済と資本主義」の間に「部門としての区分」が現れるのを認める。それは産業革命に関連した「新しい特徴」などではなく、

「ヨーロッパの、しかも中世以来の定数である。この相違は別にしても、また前産業時代のモデルに第三の部門、非＝経済という一階部分――市場がその根をのばしているが、それを全体としては把握していない一種の腐植土――を付け加えなければならないという点も別にしてのことである。この一階部分は巨大なものであった。その上に、市場経済にもっぱら属する層があって、さまざまな市場間の水平の連絡が増殖していったのである。そこでは通常、ある種の自動運動が供給、需要、価格を連動させていた。そして最後に、この層と並んでというよりは、その上に、反＝市場の地域があって、そこでは、才覚と最強者の権利が君臨していた。過去でも現在でも、産業革命の以前でも以後でも、資本主義の領域が占めるのは特にこの場所なのである。(8)」

ブローデルは、他の人の理論との議論に巻き込まれるたびに、最も高い視点へ、つまり自らの考えの最も簡明で最も

十全な表現へと到達する。これはたぶん、力学と社会的機能においてとらえられた諸経済の階層についての彼の考えの、最も明快な文献である。彼の大作の第二巻冒頭の三分の一において、アラン・マンクが一九八五年に彼の決定的な貢献の一つとして指摘する、資本主義と産業化過程との分離を認めることができるだろう。これはマルクスと伝統的マルクス主義に反対する意見である。これらは資本主義の運命を、

「産業社会の永続性と結びつけ、この経済発展段階が達成されるや消えゆくものとして定めた。中世末期からフランス革命に至るまで、いくつもの資本主義が次々と現れ、隣り合って繁栄してきた。すなわち、農業的なものから、産業的なもの、商業的なもの、財政的なものまで、階層秩序もなく、次第に高度化することもなく。明日も昨日までと同じように進むであろう。すなわち、ポスト産業社会、ポスト産業資本主義へと進んでゆく。資本主義は不断の不均衡で養われる。不均衡こそ資本主義の腐植土であり、若返りの水なのだ。だからといってそれを社会秩序の不可侵性と同一視することは右翼の詭弁である。それを自然死に運命づけることが左翼の詭弁であるように。(9)」

一九七九年に発表されたブローデルのこれらの意見が、フランス社会に速く浸透すればどれほど有益だったことであろうか！　マルクスに比べて――そしてそれ以上に同時代のマルクス主義者たちに比べて――ブローデルの新しさは、実のところ、彼が、そこでも直接的に、経済と資本主義の変貌に歴史を介入させたことである。彼はまずこう言明する。

十八世紀には商業の巨大な利益は、

「ヨーロッパのほとんど至るところで、産業あるいは農業の大きな利益よりもはるかに大きかった。(10)」

とりわけ数多くの大きな技術革新という事実によって、産業生産がより潤沢で急速な利益の展望を与えるように見えた時になって初めて、資本家たちはそこに彼らの投資を移し、「産業革命」を創造した。まさしくそこにおいて、彼の厖大な著作の転機、全体的周期性における転機、経済＝市場経済の第二階層のデータにおける転機を形成するまったく新しい考えが生まれた。この章の直後、次章〔第三章、生産あるいは他人の領分における資本主義〕に移ったところで、ブローデルはまずこのように、皮肉をこめて――経済の運命に触れるやいなや、これらの用語からこの一九七〇年代終りのフラ

ンスの重苦しい雰囲気を測ることができる――明言することから始める。すなわち、「資本主義」という語はまだ五、六度しか彼の筆先には現れていないと。

「それらを用いないですますこともできたであろう。どうしてそうしなかったのだと、この『論争用語』［フランソワ・ペルー］――曖昧で非科学的ででたらめな使い方をされる――を決定的にそのあるべき場所へ送り返したいと思っているすべての人々は叫ぶであろう。しかも、なかでも産業時代以前については、悪質な時代錯誤に陥らずにこの語を用いることはできないのだから。［……］私はこの語と同時に、その語に付随し、ある鮮烈さをもって現実の問題につながる論争を排除してしまうことに、何の利点もないと考えた。というのは、歴史家にとって過去を理解することと今日を理解することは、同一の作業だからなのである。歴史に対する情熱が、現実を敬して遠ざけ、そこから先は一歩でも踏み込むことが不穏当いや危険でさえあるという一定の距離で突如として停止するなどと想像されているのであろうか。いずれにせよ用心は空しい。資本主義を戸口から追い出せば、それは窓から再び入って来る。(11)」

論争はやはりブローデルによい結果をもたらした。フェルナン・ブローデルが大著において行なった革新が最大限に進展し、ありきたりのやり方や政治理論によって積み重ねられたあらゆる種類の重圧から逃れ出たのは、われわれの産業社会の全体的運動のレベルにおいてなのである。市場についての彼の論証が今日なおその鋭さを失っていないのみならず、ご存じのように、一九八九年末以来、中欧と東欧の見事な変貌ぶりが、その有効性について数多くの証拠を与えた。それもブローデルが、当時は信仰箇条に思われたものによって困惑しながらも、それらの論証を記した時に考えていたよりもずっと強力になのである。すなわち、この経済発展は、

「一昔前に、自動調節機能をもつ市場の盛りの日々に停止したのではない。地球上の巨大な空間にわたって、巨大な人間の群れにとって、社会主義的体制は、価格の国家統制によって市場経済に終止符を打った。市場経済が生き残っている場合でも、それは狡猾な策を弄し、ささやかな活動で満足しなければならなかった。(12)」

党＝国家についてのこれらの断言はいかなる方法でも現実に合っていないと、私が彼に指摘したとき、彼は私の言う

ことを信じなかった。私は彼にこう言って反論した。あらゆる反体制派の証言は、フィアットとトグリアティグラード工場のように向こうに投資した西側企業の証言と同じく、ソ連自体においても、闇市場の存在のみならず、国家計画に反する、またそれを超えた、巨大な闇市場経済が存在することを示している、と。それは労働者が工場で過ごす一日の後になされる職人的仕事から、巨大企業の非合法の備蓄にまで至り、それが計画によって定められた諸目標のぎりぎりの実現という幻影を与えている。闇経済は、中国については言うまでもないことだが、より産業化が進んでいるポーランドやチェコスロヴァキアにおいて、さらにいっそう広がっている。それに、この非合法な市場経済の必要性は、モスクワにおいて事実上「コルホーズ市場」とともに認められていないだろうか。ブローデルは私に答えたとき、これほどの規模で経済について公式に嘘が言われうるとは信じられない、ましてや向こうに招待された歴史家によって報告されているのだから、と言った。

私がこの話をするのは、一九七〇〜一九八〇年代において、共産主義に関する情報不足がフランスにおいて彼ほど自由な精神の持ち主をも欺くことができたということを示すためである。なぜならそれは、虚偽から保護されていると信じられていた、国際組織の領域に関するものであったからである。しかしこの過ちは彼にとっては、彼の分析において補いうる欠如にすぎなかった。それは実際、彼が事態を見る見方における前兆めいたものを引き立たせている。

私は、エマニュエル・ル＝ロワ＝ラデュリが「主の知恵のアマゾン的流量」と呼ぶことになるものについて決断を下し、そこから三層の格子の漸次的調節に戻ることにしたい。資本主義が承認を与えながらも結局まだ少ししか介入していない前産業的生産と、このレベルでの流通とを研究した後で、フェルナン・ブローデルは小麦を例に取って、階層化がいかに機能するかを、そして分割線がどこにあり、絶えずどこへ移り変わるかを見せてくれる。その分割線は、透明と同列視される市場経済と、投機と同列視される資本主義との境界ではありえない。

「ヨーロッパでは至るところに存在する商品である小麦でさえ、思い違いの余地なく、われわれの注意を引いている例の図式に従って分割される。自家消費であるとき、それは物質生活の基層に位置する。習慣的に穀物置場から、それらに対して『立地上の優位』を保っている近隣都市まで運ばれるとき、それは近距離の正規の商業である。州と州の間では、それは不正規の、時には投機的な商業である。最後に、長距離にわたり、飢饉という激烈で繰り返し起こる危機の際には、非常に大規模な商業の活発な投機の対象である。そしてそのたびに、商業社会の階を一つずつ昇ることになる。そこに参加するのは、それぞれ別のセクター、別の経済活動者なのである。[13]」

その証明は、ブローデルが経済の力学を社会の力学に結びつけるすべを知っている方法という点で興味深い。資本主義の階梯は強者の階梯である。情報に至るまで投資する手段をもつ者、独占を築き、危険を冒して利益を得る手段をもつ者たちの階梯である。この社会的な地平は、この第二巻とそこで用いられている方法の総仕上げである、新しい章「社会あるいは『全体集合』」に至る。

それまで、導きの糸は離陸の経済的推力であった。ブローデルはその後社会集団間の争いを、さらには、社会全体を揺さぶりうるあの「多様で革命的な変動に富んだ経済の増大する力」によって懐胎された争いを、競争に参加させる。社会的階層秩序や、経済の外部にある社会の諸部門が、そこに介入する。それらは、彼が明言するように、めったにアクセルとなることはなく、たいていの場合障害やブレーキとなり、時には何世紀にもわたって持続する。

「どの社会も流れに横切られており、障害や、道を塞ぐ頑強な過去の遺物や、その恒久性が歴史家にとって一つの啓示的特徴である長期的な構造が至るところに立ちはだかっている。これらの歴史的構造は、眼に見えるし、検出可能であるし、ある意味では測定可能である。すなわち、それらの持続が尺度なのである。[14]」

この何世紀にもわたる横断は、社会学者たちが自らは実行しないにもかかわらず歴史家たちからその所有権をいくらか奪ってしまったとブローデルが嘆いてやまなかった——それは実際多くの歴史家にとってその「全体性」であった——歴史社会学の見事な例である。それは本質的にヨーロッパ的なものである。なぜなら経済成長が行なわれるのはそこだからである。ブローデルはそこで、マルクスの上部構造／下部構造という人工的な切断を、そしてまたさまざまな葛藤を階級闘争へ還元することを、乗り越える。こうしてブローデルは次のことを示す。すなわち、十六世紀は、一四七〇年と一五八〇年の間の上昇する経済状況において、「ヨーロッパ全域を通じて、社会的昇進が加速され、その自然発生的なことにおいてほとんど生物学的発生に近いところを見せた時期である。商売から身を起こしたブルジョワジーが、無理をせずに当時の社会の頂点に到達する。経済の活況が、時には急速に巨大な商業資本を作り出す。そして社会的昇進の門戸は常に広く開かれている。[15]」

そして、この世紀の最後の何年かの間に傾向の変化が標定されるやいなや、「社会は再び障害を築く」。それはスペインや、ローマや、ナポリについてあてはまる。ブルゴーニュについても。フランスにおいてさえ、ブローデルは、旧教同盟とその激しい戦いによって「フランス貴族の明らかな衰退」を説明するピエール・グーベールの解釈に異議を唱え、旧教同盟の破滅は、

「ある見方からすれば、世紀末の景気変動の浮き沈みのなかに組み込まれており、この浮き沈みの一形態である[16]」と主張している。

この段階において、われわれは経済からフランスの政治とその情勢の変化との関係に移行し、地上に堅牢な財産を築いた「新貴族」の勃興や、商業や、聖職売買や、高利を追うことになる。ブローデルは、大法官セギエ（一五八八〜一六七二年）の「法服」における昇進の経歴、およびその見事な書庫によってであれ、あるいはルイ十四世治下におけるフランス王権の確立の諸形態によってであれ、われわれを文化的なものへと導く。

「それは経済が前世紀ほど活発でないからだろうか。王政は［……］高等法院評定官たちそのものを手始めにその官僚たちを自らに服従させることをめざす。さらにそれ以上に、王は、宮廷貴族なるものを復興した。［……］この宮廷貴族は『法服』の前に立ちはだかる。そして後者は、この障害につきあたるのみならず、自分たちに権力を委任しながらそれを制限する王政の壁にもつきあたるのであった。われわれの半ば貴族たちのグループ全体が政治面でも社会面でもこのようにどっちつかずの立場に置かれることになった。そして総仕上げとして、反宗教改革が、部分的に、そのグループに対して、その思想、その知的立場に対して、襲いかかるのである。そのグループは、すでに啓蒙の立場を先取

りしていた。彼らはある種の合理主義に影響され、歴史学の『学問的』形態を考えだそうとするところまで行っていた。ところで、すべては逆転した。すべては、そのグループにとって『逆に』進んだ。それは、イエズス会の攻撃の格好の目標となった……。それゆえ、ジャンセニスムの突然の出現とフロンドの乱の際の、このグループの役割は曖昧で複雑なものとなろう。[17]」

私の考えをよく理解していただきたい。私はここでこの豊かで巨大な作品の要約をするつもりはない。専門家たちはその作品のなかに入り込むことをやめないが、そのことはこの作品がもつ巨大な射程を如実に示している。その各部分における有効性の議論はあまり行なわれていない。私が明らかにしようとしていること、それはフェルナン・ブローデルの方法上の革新である。彼は単に十六〜十七世紀の社会と文化の歴史に経済を介入させるだけではない。そんなことはポルシネフやリュシアン・ゴルドマンがすでに試みていたことである。彼はさらに、この経済を特にヨーロッパ規模で比較して精妙に分析することから出発して、社会のさまざまな部門における変化の影響を、そして、これらの部門の反応形態や、さまざまな部門間の相互反応を、明らかにする。

その成果は三つある。すなわち、経済も社会も全体的に把握すること。その両者を政治と関連付けること。そして文化的領域と、アプリオリに固定されず具体的変化において観察される、社会経済的土台との間の構造的関係を確立することである。この研究ならびに発表方法の成功は、フェルナン・ブローデルのとった階層の選択と、彼の「全体集合」としての社会概念——繰り返すまでもないことだがそれらは驚くべき博識によって養われた——とが、との瞬間においても、持続においても空間においても、力動を損なわずにいたことによる。

これ見よがしの贅沢の存在を割り出したことは、次にブローデルを国家の役割へと導いてゆく。[8] その役割は「社会秩序のかなめである不平等を取り繕う」ためにも明らかになる。ここでわれわれは社会の「下層の大衆」に、社会運動の枠組みではなくその一構成要素としての階級闘争に、到達する。

ブルジョワジーについての分析はその見事な例である。ジョージ・フパートが言い出したフランスの「ジェントリー」

という概念を議論しながら、ブローデルは「ブルジョワ、それは都市の特権的市民である」という事実を強調する。しかし彼は次のような確認もしている。

「この語が普及するのは十六世紀の終り、あるいは十七世紀の終りである。それが一般的となるのは疑いなく十八世紀であって、大革命がそれを大流行させるのである。われわれがその語を期待し、時にはそれが現れる箇所で、『ブルジョワ』という語の代わりに〔……〕、普通使われる表現は、長い間『名誉ある人 honorable homme』というものであった。試金石となる表現である。それは、社会的昇進の第一段階を、『士の身分』すなわち農民身分と、いわゆる自由業と呼ばれる職業の身分との間の、越えがたい高低差を、間違うことなく指しているのである。〔……〕しかし、職業は、それだけでは『名誉』をつくり出すのに十分ではないであろう。特権者がある程度の富を持ち、〔……〕『通りに面した切妻』をもつ家に住む〔＝資産家である〕ことが『必要不可欠の』条件であった。〔……〕リトレの説明によれば、『切妻は、今日教会に見られるように、家の正面を形作っていた』し、その家の完全な由緒正しさを証拠立てていたのである。[18]」

このような社会的移動性の比較研究において、ヨーロッパの諸社会は、金銭の威信を前にしても、また生まれや権力の威信を前にしても、同一の態度をとらなかった。この研究の果てに、フェルナン・ブローデルは以下のことを明らかにする。

「この視点からすると、もろもろの社会は、同じ年齢も、同じ階層秩序ももたず、またそれらすべての帰結として、同じ心性ももたないのである。[19]」

重要なのは、期待通り心性が登場したことよりも、むしろこの「すべてを統括すること」である。ブローデルは心性を重視する、それは第三巻「世界時間」においていっそう明らかである。しかし彼はそれを、社会的経済的基盤に由来する状況や圧力と関連づけて考察する。「心性の歴史」という表現におけるように、心性が優勢になった時の彼の留保はそこに起因する。

このレベルにおいて、彼は偉大な先駆者たちに依拠しながらも、彼らを凌駕する。それはまず、彼らより遅れてきたがゆえに、彼らに対抗し、全体像をもつことができるからである。次に、彼の大作が、先駆者たちが開くことのできなかった、あるいは開こうとさえ思わなかった経済や商業の古文書館に通い詰めた四十年間の結実だからである。彼が最初にそこに闖入して以来、そこに通うことが歴史家や経済学者の通則となり、何百もの研究を生み出した。彼はそれらの研究を指導し、自分でもその成果を利用している。

しかしとりわけ、一九三六〜一九三七年の転機以来の「大きな歴史」の一貫した実践によって、彼は、ヨーロッパの離陸時に特有の重大な諸問題をえぐり出した。だから、国家財政の分析の後、最初の予算の部を終えるに際して、彼は読者を二つの立場の選択の前に置く。

「一つは、すべては国家にかかっていたとするものである——ヨーロッパの近代性も、そしてそのはねかえりとしての世界の近代性も（この近代性のなかにその産物であり動因である資本主義も含まれる）。これはその一つの著書『奢侈と資本主義』（一九一二年）と『戦争と資本主義』（一九一三年）におけるヴェルナー・ゾンバルトのテーゼに加担することである——これらの二冊の著書は、熱を込めて、資本主義の形成を国家の権力に帰着させようとする。なぜなら奢侈は、何よりもまず、何世紀もの間、王侯の宮廷の奢侈、したがって国家のその中核自体における奢侈だからである。そして戦争は、絶え間なくその兵員数とその手段を膨張させることで、近代国家の活力と波乱に満ちた成長の尺度となるからである。それはまた、——例外は法則を確証するので「これらの例外については、一つの注がわれわれに示すように、ラヴィッスと『地中海』におけるブローデルを読むこと」——近代国家をおとぎ話の人食い鬼、ガルガンチュア、モロク〔セム族の神で、子供をいけにえとして要求した〕、リヴァイアサン〔聖書ヨブ記に出てくる巨大な怪物〕にたとえる歴史家の一般的な意見に与することでもある……。

あるいは、逆の主張を、おそらくより大きな正当性をもって、行なうこともできよう。すなわち、国家は、未完成であり、何とか自分に欠けたところを補い、自力で自らのすべての権利を行使することもすべての務めを果たすこともできず、実際上、苦しまぎれに他者の助けを求めざるをえない、というものである。[20]」

私は指摘しておきたいのだが、ブローデルはここで再び、階級闘争の場合と同様に、最もアプリオリな説明に異議を唱えながら、国家の領域を歴史に大きく開け放つ。確かに近代国家は資本主義を優遇した。しかしまた、自分がそれを妨げることができるとわかった時には、資本主義を冷遇することもあったのである。まさにブローデル的な分析は、最初は戸惑わせるが、しかし確実な事実を重視することである。すなわち、二つの仮定は、「現実は常に予見の可能あるいは不可能な錯綜したものであるから、それが好意的であれ、非好意的であれ、近代国家は、資本主義がそのただなかに道を切り開いていった現実の一つであった。ある時は掣肘を受け、またある時は授けられ、そしてかなり多くの場合、そのどちらでもない地面の上を進んで行ったのである。それ以外にどんなあり方があったろうか。その臣民の繁栄が、原則として企業としての国家の利潤の条件であるので、国家の利害と国民経済の全体としてのそれはしばしば一致しはするが。――資本主義は、国際交易の最も活発で最も利益の多い流れの真ん中に入り込もうとする経済のあの部分のなかに位置する。資本主義は、かくして、通常の市場経済の平面よりも、また国家とその個別特殊の関心事の平面よりも、桁違いに広大な平面上で活動することになる。(21)」

こうして資本主義は多国籍な側面において姿を現す。リスボンがその例であり、そこでは財政を左右するものとして姿を現す中国の入口であるマカオ、インドのゴア、ロシア、ブラジル、ロンドンなど遠隔地においてすべてが起こるので、一見その存在は明らかではない。ここで再び、ブローデルの尺度を変える能力、すでに『地中海』において観察された能力に賛嘆することだろう。したがって「交換のはたらき」の巻はすでに、最終巻の経済＝世界に向けて開かれている。しかし、『地中海』におけるように、ブローデルは前もって社会から文明に移行する。「諸文明は常に否とは言わない。」

一つの文明、たとえばイスラムは、いかなる点で商業文明と言えるのか。それに対して、商品を前にしたキリスト教世界の態度はどのようなものであったのか。ここに「高利の不和」が起こる。

「ユダヤ、ギリシャ、西洋あるいはイスラム以外の社会において同じ敵意が見出されることは、示唆的である。実際、同様な事実がインドでも中国でも見出される。ふだんはあれほどの相対主義者であるマックス・ヴェーバーも、次のように書くことをためらわない。『……教会法典における利息の禁止は、世界のほとんどすべての倫理思想のなかでそれに対応するものを見出す。』これらの反応は、昔ながらの農業経済の環のなかへの貨幣——非個人的な交換の道具——の闖入から来るのではないだろうか。この奇異な力に対して反作用が起こったのである。しかし、進歩の道具である貨幣は、消えることはありえない。そして、信用貸しは、暦のめぐりの運不運、それが惜しげもなく振る舞う災厄、待機という危険にさらされる昔ながらの農業経済にとって、一つの必然である。[22]」

世界と持続というこの大きなスケールは、農業経済へ回帰する前の、高利から貨幣への観点の変化に伴うものである。よく用いられる弁証法について話すことはためらわれる。なぜならそれはブローデルにおいては、マルクス主義者におけるようなアプリオリなものの証明ではなく、物質的確認から出発し、長期にわたる歴史的展開のうちにその意味を見出すという、逆の運動だからである。

「回転するために十分な金銀貨を決して持ったことのない貨幣経済の急速化とともに、『唾棄すべき』高利貸しに白日の下で行動する権利が認められることは避けられないことであった。それには、時間と、適応のための大きな努力が必要であった。決定的な第一歩は、シュンペーターが『経済のプロセスについて全体的なビジョンを持ったおそらく最初の人』と考えている聖トマス・アクイナスによって踏み出された。[23]」

ブローデル的歩みの特性は、まさに歴史的経済に関する知識の堅固さであり、社会との相互作用を理解していることであり、改めて「全体を束ねること」によって、文化圏と心性との相互作用を理解していることである。ブローデルに対する攻撃と細分化された歴史からの要求のほとんどは、先行の分析と同じく分析においてブローデルのように全体的な社会経済史を扱うことができない歴史家からのものである。

こうして道がつけられると、「ピューリタニズムは資本主義に等しいか」とか「新しい生き方の技術、一四世紀のフィレンツェ」といった、心性に関する重要な問題が生じてくる。「諸文明はいつも否とは言わない」、しかしそれは時には否と言う。たとえば中国において、近代経済が不動の官僚政治社会と衝突した時のように。ヨーロッパは富の辛抱強い蓄積を優遇してきた。初めは、その社会が多様化したからであり、次には、経済から生じた諸家系が、結局自分たちに反対する、いかなる困難な障害にも、中国におけるような「全体的専制」にも、イスラムにおけるような「勝手な君主の専制」にも、出会わなかったからである。経済に基づいた社会秩序は、ヨーロッパにおいては、その第二位の地位を利用した。

「出生の特権にのみ基礎を置く社会身分とは対照的に、それは中庸と叡智と労働とを重んじ、ある種の存在の正当性を持つものとして自らを受け入れさせたのである。政治的支配階級は、雷を引き寄せる尖塔のように注意を一人占めにする。領主貴族の特権は、かくして、一度ならず、商人の特権を忘れさせるのである。[24]」

歴史家はこうして第二巻を閉じる。その際彼は、なぜ彼の先人である伝統的歴史家たちが、商品から生じた新しい「高級社会」をこれほどまでに把握し損ねたかを、社会経済史の探究によって、ていねいに説明してくれる。

2 世界時間の変化

『交換のはたらき』は、資本主義の発展がまずたくましい市場経済を、そして第二に開かれた社会との共謀を要求したことの確認でもって閉じられる。しかし世界市場の「解放的」な行動がなかったなら、何一つ起こりえなかったであろう。三部作の第三の、そして最後の巻が位置するのは、この「解放的」行動のレベルである。ブローデルはそこで、日常言語のなかにではないとしても、少なくとも経済学者や歴史家の省察のなかに、経済＝世界という概念を導入した。この概念はすでに彼自身によって地中海について、ピエール・ショーニュによって黄金時代のスペインについて、使われていた。幾人かのドイツの歴史家に由来し、特にブローデルによって移入されたWeltwirtschaftという語は[25]——世界的経済ではなく、まったく異なった、それ自体一つの世界であるような経済を指すものとして——、一つのキーワードとなった。

それはひとまとまりの経済空間の存在に、国境によって限定されないがそれでも自律的な経済的な枠の存在に対応する。それは明らかに一九七四年以来ブローデルとアメリカの社会学者イマニュエル・ウォーラーステインの対話によって豊かなものになった(26)。

「いかなる経済＝世界においても、諸地帯はまとまりをなして――ただし、相異なった水準において――連関しながら、たがいに嵌り込み、また肩を並べている。その場全体にわたって、少なくとも三つの『区域』、三つの範疇が色分けされている。すなわち、狭い中心が一つ、かなり発達した第二次的地方がいくつか、第三に膨大な外縁である。そして、社会・経済・技術・文化・政治秩序に関わる数々の特性および特徴は、観察者がある区域から別の区域へと歩みを移すにつれて、不可避的に変化を呈さずにはいない。この点についてては、非常に適用範囲の広い説明を参考にすることができる。イマニュエル・ウォーラーステインは、この説明に基づいて、その著作全体（『近代世界システム』）を構築したのであった。〔……〕中心である『心臓部』には、存在するかぎりにおいて最も先進的で、最も分化したものがすべて寄り集まっている。次に来る輪は〔……〕、『見所のある二流』のたむろする区域である。膨大な周辺部はというと、人口はまばらだし、打って変わって、昔風で、遅れていて、たやすく他人に搾取されるというふうである。一般世界史の書き手は、今日に至ってもなお、この差別地理学の罠にかかって、これでもって説明をつけようとすることがある(27)。」

ブローデルが、『地中海』以来その視野を広げながら、同時に彼の歴史地理学をどれほど複雑なものにしたかがうかがわれる。彼は、十一世紀の離陸以降、都市の繁栄が見られた「最初のヨーロッパ経済＝世界」から出発し、次に主要都市の登場を追う。ブリュージュ、ハンザ同盟の躍進、シャンパーニュの定期市の役割など。シャンパーニュは不運にも都市間のつながりを欠いていたので、フランス王国の流通の圏外に置かれた。それはドイツとイタリアの間の街道の発達と、地中海と北海の間の海上交通の発達のせいである。そこから次のような省察が生まれる。

「しかし、フランス経済ばかりでなく同時に領域国家なるものがオフサイドになっていたのではなかろうか。しかもそれは、いわゆる百年戦争と時を同じくする景気後退期に入るはるか以前からのことであった。もしフランス王国がその国力とまとまりを保持していたならば、たぶんイタリア資本主義はあれほど勝手気ままには振る舞えなかったであろう。しかし逆の言い方をすると、資本主義がつくった新しい回路は、とびきり強力な独占権の誕生を意味していた。それはイタリアおよびネーデルラントの諸都市国家にとって有利に働き、かたやイングランド、スペイン、フランスで生まれかかっていた領域国家は、当然ながらその事態から多大の影響を蒙らざるをえなかったのである。[28]」

フェルナン・ブローデルにおける「世界の全体史」はこのように進行し、新たな総合が行なわれる際にそれぞれの大問題に経済の運動を結びつける。ここで彼は、経済的空間から出発し、政治的空間へ、国家の発生へ、戦争へと移ってゆく。しかし彼は、経済的持続が現実に総合的な力動性を持っていることを目に見せ、理解させる。確かに、説明はこの持続を加速している。しかしこのようにして、伝統的な年表のなかでは、書きとめられた日付の間で細分化され固定されたように見える、世界の光景に彼は生命を与えるのである。これは流動的な歴史であり、人文経済地理学を実際には多次元的な持続に結びつけるものである。

こうしてジェノヴァが、次いでヴェネツィアとその「遅ればせの優位」が現れる。しかし両都市国家間の戦争が終わるならば、

「おりしも一三八〇年代に、長期にわたって躍進を続けてきた成長が閉塞し、それが今度は決定的終止符となったからではなかろうか。その段階では、戦争は大小を問わず、費用のかかりすぎる贅沢となったのである。平和共存がぜひとも必要となった。ジェノヴァとヴェネツィアとは商業的・植民主義的強国(「植民主義的」であるからにはすでに先進的資本主義の段階に達していた)であって、双方ともその利害を考えれば、相手の息の根を止めるまで戦うのは得策ではなくなったという事情もある。資本主義的競争にあってはいつの世にも、仇敵同士でさえ、常にある程度の示し合わせが認められてきたのである。[29]」

歴史学は見事に尺度を変えた。トルコという領土国家がその顔の上に投げかける「巨大な影」にもかかわらず、ヴェ

ネツィアは優位に立つ。そして、ヨーロッパのこの西端にある他の領土国家、すなわちアラゴン、フランス、ドイツ皇帝、オランダ公が「みな立ち直った」にもかかわらずである。しかしながら、十六世紀初頭におけるヴェネツィアの衰退はそこから来たのではない。一五〇〇年以降他の都市、すなわちアントワープがヨーロッパの中心に位置するようになったからである。

この冒険は、インド洋のためにアメリカ大陸（とコロンブス）を逸してしまったが、海と、主に北欧で消費されていた胡椒の支配を手に入れたポルトガルの飛躍の結果である。この冒険は、かつて逸話的で政治的な歴史学がわれわれに振る舞った最上の大衆小説のように、頁から頁へと展開される。われわれは単に事件を離れるだけでなく、表面的な激動をも離れ、重たい経済の流れの効果の方へ向かう。政治はそこでは影響を及ぼさない。アントワープは国家でさえないが、自らの位置を利用し、それまでヴェネツィアに向かっていた中欧と北欧の利益の多い交易において、リスボンへの欠かせない中継点となる。その時それは、カール五世治下における地政学的位置のために、十六世紀中葉にアメリカ大陸の銀から生じた富の流通の通過国となったのである。

「さきにポルトガルを見舞った事態が、このときにスペインを見舞った。スペインは、大西洋の向こうでの新規の任務――アメリカ大陸を開発し、建設する任務――に直面したとき、力量が足らず、ヨーロッパから多種多様の助力を得ないかぎり契約を履行できなかった。スペインは、バルト海から来る木材、厚板、タール、船舶、小麦、ライ麦を必要とした。あとで［……］アメリカに再輸出するために手工業製品を必要とした。時には膨大な量が必要となった。たとえば一五五三年には、五万点以上の布地がアントワープを出てポルトガルおよびスペインに向かった。」(30)

このアントワープの繁栄は、一五五七年のスペインの破産によって止まる。それは皇帝の所有するすべての国に（そしてそれらに囲まれていたフランスに）打撃を与える。その後のカトー・カンブレジの和約において、アントワープは第三の、今度は産業的な飛躍へと転じる。しかしそれは、それまで地下に潜んでいた他の力によって、すなわちオランダの混乱によって中断される。

「政治家たちの診断によれば、それは不服従の危機であった。実際には、深層から生じた宗教革命であった。経済危機と、物価高からくる社会的悲劇とが、その背景から鈍く響いてくる。［……］われわれの目から見て大切なのは、アントワープがのっけから嵐に巻き込まれたことである。誰もが唖然としたことに、一五六六年八月二十日から二十一日にかけて、偶像破壊の流行病が二日間にわたってこの都市を揺さぶった。[31]」

しかし、ブローデルが書くように、アントワープの凋落は、はるか遠く「まさしく地中海の大時計に」刻まれている。彼は一五五七年から一六二七年に「ジェノヴァの世紀」を置き、そのひそかな資本主義的支配を生き生きと再構成する。一九二八年夏の最初のシマンカス滞在時に、彼がすでにそれを突き止めていたことは知られている。[32]ジェノヴァは金融活動に移行し、利益にもならないのにスペイン国王の財政を管理することができた。ジェノヴァの勢力は、それが現在のバーゼルの決済銀行の役割に比較できるような役割を演じたことに由来する。

「ジェノヴァが築いた機構は、〈旧制度〉経済にとってはあまりに複雑かつ野心的であったがために、十七世紀のヨーロッパの危機とともに自壊したと言える面もあったのである。ヨーロッパがそのとき〈北〉へと傾き、しかもそれから何百年も傾きつづけたために、なおのこと自壊は決定的となった。これは特徴的なことであるが、ジェノヴァ人がヨーロッパの金融支配者の役を演じなくなって、経済＝世界の中心から姿を消したとき、中継ぎの役を担当したのはアムステルダムであった。アムステルダムが迎えた、まだ日の浅い盛運は、商品を基礎として築かれたものであった——これもまた時代のもう一つの徴候であった。[33]」

アムステルダムは都市主導の古い一連の経済＝世界を閉じる。その諸制度が、この都市を「独占それ自体」にすることで、独占を促進するにもかかわらず。これは強烈な言い方であるが、諸国家による中継地を意味している。それは国内市場の経済的覇権の始まる瞬間である。その時フランスは、「自らの巨大症の犠牲者」となり、イギリスやロンドンと場所を争うことができない。

もう一度、私は三百頁ほどの本を大急ぎで要約し、説明の構造を明らかにしようとした。それらの構造は、「大きな歴史」が単にフェルナン・ブローデルの欲求や野心ではなく、彼が構築するタイプの構造的歴史に、そしてそれが活動する時代の広大な地理的経済的空間に——長期持続と同じく——どれほど固有のものであるかを見事に示している。それはまた、世界の——少なくとも経済的世界の——規模に移行する前に、大陸の規模で出来事を把握する、彼の歴史家としての力量に固有のものである。

そしておそらくここで、「長期持続」という表現が含む時間的強調を修正せざるをえなくなる。それは、地理的空間に固有の役割、われわれが『地中海』の構造においてすでに確認しておいた役割を、前面に出すためである。経済＝世界という一見抽象的な概念がかくも見事に機能するのは、まさしく、ブローデルという歴史家と切り離しえない地理学者が、まずあらゆる種類の、つまり経済的、政治的、文化的問題を、空間の用語、惑星空間力学の用語で着想するからである。ブローデルは数学者たちの時空 espace-temps——それについて彼は平均以上に堅固な概念を持っている——の用語を入れ替える。なぜなら、彼は非常に深い歴史感覚をもち、そして実際、すでに述べたように、空時 temps-espace のうちに思考するからである。それはただ、その全生涯が二十世紀の時空のめざましい変化のうちに流れ去ったような人間であるからである。ところでこの変化は、惑星間ロケットや地球外空間の征服よりもずっと前、飛行の最初の成功以来、「空間の征服」と呼ばれた。それは同時に時間の征服であり、時間の想像上の収縮でもある。

すでに示したように、フェルナン・ブローデルはそのことを完全に意識していた。それも、コミュニケーションにおけるこうした革命の重要性にやはり気づいていたリュシアン・フェーヴルと出会う前からである。それはたとえば、彼を過去へと引き戻したブラジルでの体験の際に、すでに実証されている。そして彼はその結果を、空間の政治的評価、心性のレベルに至るまで、ルイ＝ベルナール・ロビタイユに許可したあの最後のインタビューにおけるほど見事に引き出したことはなかった。

「フランスは一つの断片となった。ヨーロッパの、そして同時に世界の縮んだ一片になった。時にフランスの衰退と呼ばれるドラマとは、フランスがコミュニケーションの手段の速度で縮小したことです。パリから一時間で、常にフランスから出ることができます。想像して御覧なさい。TGV〔新幹線〕によってフランスの国土縮小が起こった。もちろん、徒歩で山々を散策して、ユーグ・カペーの時代を生きたつもりになることもできます。しかしそれはもう同じことではない。〔……〕私はフランスの政治は非常によくわかる。人々はずっとチャドを持っていたい、アフリカ中心部に飛行機を飛ばせる可能性を、いわば航空母艦を持っていたい。われわれは空間を切らしているのです。[34]」

われわれは今日計画中の情報の高速道路の十年前にいる。それは情報伝達の瞬間性を際立たせるであろう。そしてわれわれの問題は、アフリカの中心部、ルワンダやブルンジ（ともにフランス語圏）において繰り返される。ブローデルの先見の明は、経済地理学的、歴史地理学的な空間の感覚によるものである。彼を評価するのに適切な位置にいたアラン・マンクが強調するように、ブローデルは、この二十世紀後半を特徴づける多国籍企業の役割を正確に把握し、それによって自らの経済＝世界の考えを豊かにすることができた。アラン・マンクによるこの第三巻の読解は、現在の機能の観察と過去の機能への接近との間の往復運動を明るみに出す。

「ルネサンスの大商会とともに生まれた〔多国籍企業は〕、利益追求と勢力基盤を外へ向けて、自らの世界――経済＝世界――を計画することをやめなかった。経済＝世界は決して経済活動の全体をその網にとらえることはなかった。景気や、時代や、偶然に応じて、程度の差はあれ大きな部分が逃れていった。それが権力本能を伸ばし、すべてを支配するに至るなら、それは窒息して死ぬだろう。なぜなら、経済＝世界の根本的性質は、市場経済や日常性の構造に対し透水性を持つことだからである。それは、さまざまな電圧を持つ電気のように生きる。とはいえ、その影響は自らの区域に限定されない。それは絶えず、自らの洗練、創造性、動機によってある運動に引き込まれ、その運動は浸透、模倣、あるいは支配によって他の二つの経済的世界に反映される。限定された世界に花咲くことで、多国籍企業は思ったよりも軽い手を持つことになる。しかし経済の上に張り出すことで、それらは自分の重さが欲する以上に大きな影響を振るうことになる。[35]」

ブローデルは、産業革命の当初より、この産業革命に関して立てられると思われていた規則とは反対に、特殊化を拒否する傾向を、従って資本主義による労働の分割を拒否する傾向を強調した。しかし、彼は自分の生きている世紀から空時 temps-espace と多国籍企業の行動の教訓を受け取ると同時に、一九二九年の危機後にロンドンからニューヨークへ経済＝世界の中心が移動したことを知り、そして生涯の終わりには、太平洋の勢力増大が語られ始めた。そこで彼は皮肉にも、この種の移動に固有の持続を縮めてはならないと指摘する。ニューヨークは死んでいないと。このことは、たとえ東南アジアが経済の新しい極を作ったとしても、私がいまこれを書いている十年後の今日なお真実である。

一九七七年に、フェルナン・ブローデル・センターにおいて、ブローデルは次のことを指摘した。すなわち経済＝世界であったものにとって、

「西洋世界の歴史において、中心の決定と再決定は、常に港の利益になるように行なわれてきた。ヨーロッパの周辺で次々と輝く経済の中心とはどんなものか。ヴェネツィア、ジェノヴァ、セビーリヤ、リスボン、アントワープ、アムステルダム、ロンドン、そして最後にニューヨークである。これらの例だけでは法則を作るに十分でないことは承知している。しかし大雑把に言って、中心を持つ一つの経済圏は、港に到達するように見えるのだ。ところで、他の二つのシステム［一九七七年における］は、内陸都市を中心に持つ。一つは北京であり、もう一つはモスクワである。信じていただきたいが、それは劣った点なのだ。[36]」

ブローデルは、モスクワ対サンクト・ペテルブルグ〔レニングラード〕の、北京対上海あるいは広東の競争がそれを例証すると付け加えることもできただろう。本当は、この第三巻の力と驚くべき生命力をなすのは、それを可能にした、広い視野で見られた「大きな歴史」への欲求が、再構成が進むにつれて花開いてゆくことである。それは、まずは都市国家から国民市場への移行によって、次には尺度の新たな変更によって起こる。尺度の変更は「世界はヨーロッパに賛成するか、あるいは反対するか」ということにつながる。確かに、似たようなアプローチは、フランク・スプーナーやポール・ベロックの国民総生産についての仮定によって可能になる。しかし、概算を余儀なくされるたびに修正される歴史経済学を超えて、[37]たとえば次のような例においてゲームを運ぶのは、全体史――あるいは完全に複雑なままの歴史

学と言った方がよいだろうか——である。すなわち、当時の観察者たちの驚きにもかかわらず、七年戦争（一七五六〜一七六三年）の際のイギリス勝利の大きな理由は、イギリスの負債であった。なぜなら、利子を汲々として支払ってきたことが見事な信用となり、イギリスはその公債のおかげで、

「まさにそれが必要な時点で、巨費を手元に持っていた。［……］フランスの弱みは、その信用の組織化が不十分だったことにある。[38]」

「非ヨーロッパ圏」に移って、ブローデルは他の経済＝世界を、すなわち一六三八年以降のモスクワ、トルコ、日本を分析する。すべては、人口において、「そしてさらに経済面のアンシャン・レジームが持続するかぎりは、その富において」、ほとんど疑いなく十九世紀以前の他の世界がヨーロッパを上回っていることを示すためである。したがってヨーロッパは、住民一人当たりの国民総生産をも含めた評価すべき点において、搾取していた国よりも平均的には豊かでなかったことになる。イギリスの覇権の時代が始まる、ナポレオンの失墜の頃においてさえも、そうであった。ところでこの確認は、産業革命の役割を「空想的に」価値付ける。

「今日の先進諸国（西ヨーロッパ、ソ連、北アメリカ、日本）の国民総生産を合計すると、一七五〇年には一九六〇年のドルに換算して三五〇億ドルであった。それに対して世界の残余は合わせて一二〇〇億ドルであった。一八六〇年にはそれが一一五〇億ドル対一六五〇億ドルとなった。先進諸国が残余の合計を追い越したのは、一八八〇年から一九〇〇年までの時期に至ってからである。すなわち一八八〇年には一七六〇億ドル対一六九〇億ドル、一九〇〇年には二九〇〇億ドル対一八八〇億ドルであった。しかし一九七六年には、数字を丸めると、三兆ドル対一兆ドルとなっている。[39]」

これらの概算から十五年たってわれわれがいまどこにいるのか、そしてソビエトの統計のとてつもない嘘がそれらをどこまでゆがめることができたのか、私にはわからない。しかしロシアとソビエトを除けば、おそらく全体的な傾向は正しいことが証明され、ブローデルの結論はその射程を失っていないように見える。

「疑いを入れぬことだが、ただヨーロッパだけが（おそらく技術的進歩にもまして、さらにいっそう社会的・経済的

構造上の理由からして）イギリスに続いて機械化革命を成功させることができたのであった。しかしこの革命は、もともと発展の道具に留まるものではなかった。それは国際競争を支配し、また破壊する道具であった。ヨーロッパの産業は、機械化することによって、他の諸国の伝統産業を排除する力を持つようになったのである。その時掘られた溝は、その後は拡大するばかりであった。一四〇〇年または一四五〇年から、一八五〇〜一九五〇年に至る世界史を眺めると、早くも十五世紀末期に始まった数百年にわたるねじれの影響で、昔は平等だった様相が砕けて段違いとなったさまが見えてくる。この支配的な一本の線と比べれば、他のことはなにもかも二次的である。[40]」

産業革命は、もはやいままでのようにそれ自体技術やプロレタリア化の問題としてとらえられるのではなく、資本主義とその投資の役割を決定するに至る経済学の角度から、したがって最大限の利益の探求の角度からとらえられる。ここにおいて産業革命は、かつてそうであったような離陸として、しかし同時に、国家的、国際的な競争の支配と破壊の道具として現れる。ブローデルはそのつど歴史家としてメダルの表と裏を見せてくれる。資本主義は産業革命において、その投資に対する自由な決定によって際立つ。しかし、ある部門が破滅に向かうと、資本主義はそこから身を引き、そこを衰弱と窒息に委ねる。

ブローデルは、それ自体を理論的に見せるのではなく、歴史的、空間的に見せる。ここで再び、『地中海』におけるように、前資本主義のあの空時の研究の初めに示した限界を軽快に超えることを余儀なくされる。彼は、産業成熟期の資本主義に取り組み、そしてさらに『世界時間』の最後の章「産業革命と成長」においては、現代の問題に直接取り組まなければならない。

私は繰り返し強調しておくが、これらの超越は長期持続に固有のものである。それは、世界的拡大が経済空間の、さらには資本主義の歴史に固有のものであるのと同様である。『物質文明・経済・資本主義』という最終的な表題の三つの語はここから来ている。約束はこれで果たされた。

一九七九年十月、経済危機の開始を見た十年間の終りに――それはポーランド危機がソビエト共産主義の崩壊を示す前である——完成したこの本はまた、ある議論を引き起こし、それは依然としてわれわれの議論である。すなわち、十九世紀半ばにおけるアンシャン・レジーム期の成長のリズムとの断絶によって、われわれは別の時代に入ったものと信じ込んでいた。

「すなわち、人口、物価、国民総生産、賃金が同時に上昇するトレンドであって、それは偶発的に生ずる短期サイクルによって何度か途切れたにすぎない。まるで、『連続的成長』を永久に約束してもらえたかのようだ。しかし一八五〇年から一九七〇年まで一二〇年の歳月が流れたにすぎない。世紀トレンドの長く続く危機は、現代に入るとともに永久に消え失せたのであろうか。[41]」

十五年後の返答は、否である。そして、公式の発言が危機の重要さを否定していた瞬間に、ブローデルがこのような問いを立てたのはまことに正しかったのである。[42]

彼は最後の結論において、まるで小企業が過去の遺物と考えられているかのように、国家の優先的援助が巨大企業に向かう傾向があるという事実を非難する。そして彼は次のことを付け加える。詳細を引用することを許していただきたい。なぜなら私は、長期にわたる彼の予見能力を強調したいからである。

「これ以上に危険な政策はない。これでは行き方こそ違え、社会主義諸国が犯した根本的な誤謬の二の舞である。レーニンはこう言わなかったろうか。『商業の小規模生産は、日ごと、一瞬ごとに、自然発生的に資本主義とブルジョワジーとを誕生させている……。小規模搾取と交換の自由とが存続するところには、資本主義が出現する』。[……]レーニンの以上の発言は、実際には、市場や、交換の下層地帯や、手工業者に、さらに私に言わせればやりくりにまで莫大な創造力が備わっていると言って敬意を表したのと同じである。この創造力とは、経済にあっては、単に基礎的な富であるばかりか、危機、戦争、経済の重大な不振など、構造改革を必要とする時期に、じっと待機の姿勢をとることである。一階部分は、その装備および組織の重さに負けて麻痺することがないから、小回りがきいていつでも順風をとらえることができる。そこは、資源が、即興的な解決策が、さらにはまた革新が湧き出す地帯である。ただしたいていの場合、その地帯で発見された最良のものは、資本の所有者の手に帰することになるのである。」

そしてフェルナン・ブローデルは、次のように述べる。

「市場経済と資本主義を明瞭に区別して、政治家たちがいつも決まってわれわれに言い出す『すべてか、しからずんば無』を回避すべきではなかろうか。まるで、市場経済を保全したければ、独占に一切の自由を許さざるをえず、それとも、それらの独占をやっかい払いしたければ、精一杯『国有化』せざるをえないかのようだ。〔……〕どのような社会主義であれば、企業の自由と身軽な動きとを維持できるのであろうか。解決策を提案してみても、それが『資本』の独占の代わりに『国家』の独占をもってくるだけであれば、要するに『資本』の欠陥に国家の欠陥を加えるだけであるならば、左翼の古典的解決策を提示しても選挙民が熱狂に沸き立たないからといって、誰も驚くわけがない[43]。」

これは、すでに述べたように、フランスの左翼同盟が「資本主義との断絶」を得意になって話していた時代について書かれたものである。このような過度の単純化は、おわかりのように、権力の試練に耐えて生き残れなかった。しかしブローデルは間違っていた。この計画は有権者の大多数に熱狂を引き起こしたのである。この「共通」計画の支持者たちは、彼らの信念が邪魔されないように注意していたということも言っておかねばならない。当時ジャン＝フランソワ・カーンが編集していた『レ・ヌーヴェル・リテレール』誌は、ブローデルの二部作の書評を私に頼んでいたのだが、私の書いた書評を送り返してきて、「書評欄で資本主義への称賛」を望んではいないのだと掲載拒否の理由を説明した。よく理解していただけると思うが、こうした馬鹿げた考えは、マルクス以来資本主義の独占欲求に固有の過ちがあまりに過激に暴露されていただけに、いっそう大きなものとなったのである。私はその書評を、当時『フィガロ・マガジーヌ』を始めたルイ・ポーヴェルに渡し、著作が当然値すると私が考える運命にそれを委ねた。

フェルナン・ブローデルは今世紀最大の歴史家の一人であることが明らかになった。彼は、アラン・マンクがその後書くように、「将軍がフランスに君臨するのと同じ確信と同じジュピター的権力でもって、歴史に」君臨した。しかし同時に「望んだわけではなかったが、現代の最良の経済学者」であった。ブローデルは、いかなる場合にも、資本主義誕生の条件と、この二十世紀末に照合したデータ全体を尊重する西洋の離陸の条件との、最初の総合を提供した。それは経済の世界化という照明の下での総合であり、皺一つついていない。それどころか、それによってフランスの、そしてヨーロッパ、アメリカあるいは東アジアの資本主義が抱える現在の問題を、ひいてはこの世紀末のフランス国家の現在の問題を、理解することができる。

一九八二年十月に、彼が予見する世界的再調整に備えてフランスは十分に武装しているかというジェラール・モアッティの問いに答えて、フェルナン・ブローデルはフランスが目覚しい産業的進歩に成功したことを指摘する。

「フランスは未来のために武装しているか。私はあなたに二つのレベルで答えよう。まず、フランスは資本主義者たちの国ではない。企業主の間においてさえ、それは少ししかいない。そこには知恵がある、あるいはフランスの吝嗇さと言ってもよい。あまりに早く成功しすぎる者は好まれない。平等に魅力を感じている。富を恥ずかしく思うのである。[……]他方では、危機に抵抗するために、精神の方向転換が必要である。努力と犠牲をわかち合うことが受け入れられる。要するに、スパルタ的心性が必要なのである。(44)」

「資本主義者たち」は明らかにブローデル的意味で理解されるべきである。きわめて稀なことであるが、定義を変えたのは彼の責任である。「資本主義」とか「資本主義者」をもはやブローデル以前のように使うことはできない。一九八五年十月のシャトーヴァロンのシンポジウムの議論でイマニュエル・ウォーラーステインほどそれを見事に強調した者はいない。

「実はこの点においてこそ、ブローデル教授の著作は決定的な役割を果したのです。[……]教授は市場と独占の関係を定式化しなおしました。それまでは競争と独占を、資本主義市場の、いわば交代する二つの極と考えるのが通例でした。ブローデル教授はこの二つを、むしろ絶えざる対立状態にある二つの構造と見ておられるのです。そして、その二つのうち、『資本主義的』と教授が名付けるのは、独占だけなのです。このようにして、教授は資本主義についての議論を逆転させます。つまり、歴史的な資本主義システムの鍵となる要素として市場を考えるよりも、むしろその役割を独占に与えるわけです。市場を支配する独占こそが、この資本主義システムの特異性をなしているのです。」

それは、本当に視点の革命なのである。

「［アダム・スミスもマルクスも］ともにこうした視点のいくつかを共有していました。その共通の視点で最も根本的なものは、資本主義的競争を――イデオロギー的にも統計的にも――通常のものと見なし、独占を例外的なものと見なすことです。独占とはどういうものかを説明し、これと闘わなければなりませんでした。こうしたイデオロギーは、現代でもなお人々の心のなかに――単に一般大衆だけではなく、専門家においてさえも――まだしっかりと根を下ろしているのです。しかし、統計的に見るならば、独占が稀にしか見られないというのは、まったく間違っています。事実はその逆なのです。それを裏付ける証拠はいくつも集められています（ブローデル教授の著作をひもときさえすれば、このことがわかるでしょう）。独占は、資本主義のなかに常に存在してきたばかりではなく、いつも主要な役割を果たしてきたのです。もとより、こうした独占を支配統制していたのは、常に資本を最も多く蓄積することのできた最強の者でした。彼らに資本を熱心に蓄積する才能があるかどうかは、独占状態を打ち立てる能力いかんにかかっているほどだったのです。[45]」

ここには、歴史家フェルナン・ブローデルが経済学者に対して優位に立っていることが見事に認められる。いかなる規範的な観点も彼には無縁のものである。彼は独占を確認し、まさしく資本の形成と発展との関連において、独占の運動と固有の意味を観察する。そして観察は資本主義そのものへと拡大される。彼は資本主義をいかなる道徳的、政治的判断もなしに、ただその歴史性において考察する。これこそが唯一の学問的態度である。

マルクス主義哲学者のフランソワ・フルケは、一九八七年に「ブローデルとマルクス」を扱いつつ、ブローデルによってもたらされた「視点の移動」を強調した。

「それは、資本主義の歴史を考察する伝統的な方法、すなわちマルクスの方法に関するものであった。マルクスは現実の歴史を、概念の時間決定としか、すなわち時間のなかでの概念の実現あるいは物象化としか考えない。彼は地理的空間を概念の位置決定としか見ない。それは『認識論的切断』でさえなく、新しい学問の創設でもなく、独自の哲学的発明でさえない。それは経験論や、叙述や、演出の実践への回帰にすぎない。長い哲学的遍歴の果てに、私が『物質主義的』と考える唯一の実践である。」

われわれはこう言い換えてもよいだろうか。ただ単に、歴史経済学の実践であると。

3　一般読者に受け入れられたことと『アナール』との訣別

挿絵入りで装丁されかなりの高価格で売り出された三部作が、非常に難解であるにもかかわらず、フランスで法外ともいえる大成功を収めたのは、多くの要因による。当然第一には、「新しい歴史」の近年の流行がある。それは、私が指摘したように、グーベールの著書『ルイ十四世と二千万のフランス人』、そしてエマニュエル・ル＝ロワ＝ラデュリの『モンタイユー』、最後にジョルジュ・デュビーの編集した本や叢書によって引き起こされたものである。一九一一年のサロン・デ・ザンデパンダンやサロン・ドートンヌにおけるキュービストのスキャンダルの時にピカソに起きたことが、ブローデルにも起きたのである。彼はその場にいなかった、しかし彼こそが新しいものの父であると誰もが知っていた。だから、ブローデルが姿を見せた時、人々は待ちかまえていた。私がすでに述べたように、一九七七年に、地中海についての十二回連続のテレビ番組のせいで、彼のイメージが歴史家たちの枠を越えるものになっていたために、いっそうそうであった。その番組はよくできており、おまけに引き続いて彼が編集した二冊のすばらしいアルバムが実現した。すなわち、一九七七年の『地中海、空間と歴史』と一九七八年の『地中海、人間と遺産』である。(46)これらのアルバムは、実際、彼の最初の一般読者向けの本であった。三部作について言えば、アンテンヌ2〔現在のフランス2〕というテレビ局でベルナール・ピヴォの司会する書評番組に出たし――なかなか受け入れられはしなかったが、輝かしい成功を収めた――、人の目をくらますような批評が出た。(47)

彼はたちまち、好機を逃したくないどの新聞にとっても、インタビューすべき人物となった。三部作において経済が専横を行なうということが――それもまったく新たな側面から見られた経済が――、人々の好奇心をますます刺激した。危機が定着し、急増する失業によってフランス社会の多くの部門がますます打撃を受けるのが感じられていた。安心を与えるために、当時の首相であるレーモン・バールは「フランスの最高の経済学者」という称号で身を飾った。長期持続が荘重に振り子時計の時間を直してみせる、このような作品は、ちょうど時流に合っていたのである。ピエール・ヴィラールのような共産主義者さえ、ブローデルの死の翌日、彼なりのやり方でそれを了解していた。

「フランスにおいて、数年前から、新たな『ブローデル現象』が現れている。ブローデルがこうして名声の頂点に登場したことのうちに、若干の楽天主義をもって、彼の紛れもない才能を単に承認しているだけだと見ることもできるだろう。しかしこの現象は彼のうちにはない。それはフランスとその歴史のうちにある。それは、一九六八年の知的衝撃と一九八一年の政治的衝撃からきちんと立ち直っていない支配的なイデオロギーが、『交換のはたらき』や『世界時間』のなかに、退却するのに都合がよいテーマを見出したという事実のなかにある。それはまた、産業の低迷や失業の責任を持たず、『地下経済』と闇労働によってそれに備えることができる、『資本主義』の正当化に都合がよい。〔……〕このようにして、『出来事』は構造の弁証法と経済情勢の運動のなかに組み込まれる。社会による歴史思想の受容もまた、そのなかに含まれているのである。[48]」

最後の方の文章に対して私は反論しない。そういうこともあろうと思っている。しかし、フランス共産党の文化週刊誌に発表された老歴史家(彼はブローデルより四歳年下である)の分析については訂正したい。まず、彼の「地下経済」についての事実的な過ちを指摘したい。それはフェルナン・ブローデルにおいては市場に属するもので、正確には資本主義に属するものではない。次に、これらの著書は、彼自身の記事のように一九八一年(そして左翼政権の到来)以後に書かれたのではなく、主に一九六五年と一九七八年の間に書かれている。それらはちょうど、ヴィラールもブローデルも知らなかったことに先んじている。すなわち、地下経済の広がりのみならず、東側の市場の凱旋にも先んじている。

彼の記事はまさしく、『物質文明・経済・資本主義』が歴史をイデオロギーの位置に再び導き入れながらも、だからといってイデオロギー的批判をなくすことができないことの証拠となっている。

しかしながら、一九七九年における彼の成功は、イデオロギーによってゆがめられた歴史学の経験的革新と、そこから生じる予測能力とに由来するものであった。しかもその成功は、ジャーナリストや教養ある一般読者のうちに、ある直感を引き起こした。すなわち、フランスや近隣ヨーロッパで、そして合衆国で、さらには東側諸国や中国においてさえ経験された現実のうち、一九六八〜一九六九年の簡略主義にも経済学者たちの公認聖書（ウルガタ）にももはやまったく対応しないものに、ブローデルが返答をもたらしたという直感である。ついにわれわれは、西洋が何であったかを——そして間接的になぜ西洋が危機にあるかを——説明してくれるような、西洋の歴史を読んだのである。

ブローデルがすでに資本主義について全体的な概観をもたらしたいまでは、われわれはそのことがいっそうよくわかる。彼の概観は、二十年以上にわたる継続的危機と失業の後のわれわれの経験の概観でもある。したがって、一九九四年の文庫版は紹介文を次のような問いで終わらせることができた。「今日の資本主義の運命は過去の光によって説明されるか？」

ピエール・ヴィラールの言葉を借りるなら、この本が構造の弁証法と経済情勢の運動のなかに組み込まれ、それらがまた「社会による歴史思想の受容」をも含んでいるとするならば、それは単に資本主義という、タブーでありお守りでもあるたった一つの言葉のせいではない。それは、進歩というイデオロギーの全体的な消滅に対する一九七〇年代末における不安に答えるような突然の解明を、「長期持続」がもたらしたせいである。それは単に、「栄光の三十年」が悪魔払いしたと思っていた大きな危機の再来とともに起きたのではない。それは、毛沢東の死や、「文化革命」の虐殺の暴露、クメール・ルージュによる皆殺し、学生たちが血を流していた時にブレジネフによってエチオピアのマルクス＝レーニン主義の革命派と承認されたメンギスツ、キューバやポーランドにおける経済的破滅——それはポーランドに「連帯」の猛烈な躍進を準備する——、「七七憲章」を引き起こしたプラハの終りなき「正常化」、これらのことが、フルシチョフ・レポートやハンガリーとチェコスロバキアへの侵入の後も生きのびた共産主義の幻影に対し、初めてその根幹において打撃を与えたのである。

ブローデルはフランス社会に対し、ピエール・ヴィラールが彼に帰したあの「退却」ではなく、「現在の問題や好奇心――あるいは心配や不安――の名における過去への問い」をもたらす。ブローデルは以前からそれを約束し、彼の『物質文明・経済・資本主義』はそれを大局的見地から読ませていた。シャトーヴァロンにおける彼の生涯最後の打明け話の一つにおいて、フェルナン・ブローデルはこう言う。

「人は驚異なしには生きていけない。また作り話をすることを止められない。現世での自らの存在を正当化し続けるのをやめることはできない。でも、ご安心下さい。人間が存在するかぎり、かけがえのない善を求める心、理想主義への願いは決してなくならないでしょう。こういうかけがえのない善を与えてくれるのは、誰なのでしょうか。それを創り出すのは、社会それ自体、文化そのものなのです。(49)」

これは、彼が取り組んでいたフランス史を念頭に置いて言われたことである。しかし疑いもなく、それはすでに三部作における彼の関心であった。

イマニュエル・ウォーラースティンは、シャトーヴァロンでの考察より前に、一九八二年初頭に、共産党分派が協力する、明らかに左派に位置する雑誌『今日の政治』に、彼の最上の書評の一つを発表している。経済の三層構造の全体的意図を要約した後、彼は、この著作がもたらすもう一つの一般的経済的革新を明らかにする。すなわち、ブローデルがそこで、「供給」と「需要」の古典的観点からではなく、「収益性と利益の観点から」生産をとらえているという点である。このことによって、われわれが見たように、産業革命とその技術的成果において、生産は巨大な利益の潜在的源泉として現れるということを、ブローデルは指摘するに至る。

「生産は資本家たちの強い注意を引く。[……] それはもはや別の形態に置き換わるような [……] 資本主義の一形態ではない。それはむしろ、資本家たちによる投資を生産へ移転することである。それは、彼らがそれまで交換や大規模取引において儲けになると見なしていたのと同じ独占、同じ反＝市場を、そこに創り出すためである。『産業革命』を自由な企業活動の到来と見なすどころか、生産者の間における独占と投機の到来と見なすことができる。［……］こう考えると、資本家たちのエネルギーが工業生産へ移転することは、生産様式の決定とも、過程の不可逆的で最終的な段階とも、見ることはできない。蓄積の最大化に応じて選ばれる段階の選択肢の一つとして、状況が変化すればすぐにでも放棄されうる選択と見るべきである……。[50]」

ウォーラーステインは次のように声を大にして言うだろう。この独占＝資本主義の間の関係がひとたび理解されるや、「今度は他のいくつもの意味のない問題もふるい落とすことが可能になります。たとえば、資本の国際化の年代確定（しかし独占は常に「国際的」なものでした）とか、ブルジョワジーの数々の『裏切り』についての説明といった問題です（しかしさまざまな部門への資本の移転は、実は変動する状況に対応する独占の論理に従っているのです）。また、十八世紀末のイングランドにおけるいわゆる産業革命に対する説明も、この瞬間からまったく様相を異にしてきます。まさにこの瞬間から、大資本を引きつけるのに十分なほどの独占的利益を織物生産から引き出すことができたなどと、どうして説明できるのでしょうか。[51]」

むしろ、一九九五年の今日における、「工場の海外移転」による、そしてヨーロッパ連合、アメリカ合衆国、そして今後は日本において生産を放棄することによる、巨大化を考えていただきたい！　しかしウォーラーステインは、さらに他の種類の考察を付け加え、ブローデルの著書の現代性を示した。その考察は十三年たったいま、なおいっそう説得力を増している。

「ブローデルがわれわれに対して行なった第一の貢献は、資本家と市場の関係を再考させたことです。資本主義を『反』市場と見なしたのは彼が初めてではありませんでした（したがってどんな資本主義的イデオロギーも、その最も過激な破壊者さえしばしばそれに加担するような、巨大な韜晦と見なされます）。しかし彼はわれわれにそれを、その十全な歴史性において見せるのであり、そのことがこうした議論をとりわけ説得的なものにしているのです。[52]」

そして、ウォーラーステインの言葉を再び用いるなら、「ブローデルというこのやっかいなじいさんは」、他の数多くの通念を損ない、私が述べたように、アダム・スミスにだけでなく、カール・マルクスにも反対して、「労働の分業を前にして奇妙にためらいがちな資本主義」を見せる。このことは多国籍企業の多様さによって次第に証明される。他方で彼は、独占の追求が単に資本主義に関する出来事ではなく、十七世紀中葉のアムステルダムの場合、国家それ自体に関する出来事であることを指摘する。そして、善良なアメリカ人批評家として次のように付け加える。

「自由貿易や自由主義や世界資本主義の深化に専心した覇権国家の独占ほど、大規模で効果的な独占はありません。」(53)

明らかにこのような内容は、左翼の読者も保守の読者も挑発して、この膨大な著作を読ませるに十分であった。しかしこの著作は、議論の豊かさや精妙さ、そして単にその分量を考えても、確かな注意への努力が必要であった。ブローデルは『アナール』によって始められた根本的な議論を呼び覚ました。それはこれまで、程度の差こそあれ表面には出ないでいたのだが、一九七九年の『アナール』誕生五〇周年記念号とともに、その広がりが明らかにされようとしていた。この号は私がすでに言及した二つの論文を含んでいた。すなわち、第一にアンドレ・ビュルギエールの「ある歴史学の歴史――『アナール』の誕生」、第二にジャック・ルヴェルの「歴史学と社会科学――『アナール』のパラダイム」である。

特にビュルギエールが、私がすでに示したように、リュシアン・フェーヴルとマルク・ブロックが「その身分によって完全にそして輝かしく大学のシステムに統合されている」という事実を強調しすぎる傾向があるならば（ブローデルはユルム通りすなわちエコール・ノルマルを出ていないし、アグレガシオンに一位で合格したわけでもない）、そして私が途中で言ったように、彼らの人格に対してではなく、彼らの思想に対する権力の信奉者たちのアレルギーをあまり強調しないのであれば、望むと望まざるにかかわらず、『アナール』の誕生」を個別に扱うことは、それをブローデルが指導してきた『アナール』と区別することでしかありえない。

いずれにせよフェーヴルは、のちのブローデルと同じくソルボンヌ大学から拒絶され、そしてまた同様に称号の授与から遠ざけられ、第五部門の限られた聴講者にしか講義をしていなかった。われわれはマルク・ブロックがたとえ最終的にソルボンヌ大学に到達できたにせよ、彼がたどってきた困難を知っている。だからビュルギエールのように、彼らの「現実的というよりは戦略的な周辺性」と断定するのは議論の余地がある。

確かに、彼はこう付け加える。『アナール』とともに、

「その周辺性とは、制度の外部に、そこから歴史家たちの共同体に呼びかけ、その誤った確信を非難できるような分派を定めることにあった。それは、学会の保守主義や礼儀作法に耐えられないすべての者を引きつけ、他の学説を理解してもらうための、特権的な場である。[54]」

実際、そこには分派があり、実権を握った者たちはそれをこうしたものと考えていた。この論文は、ブロックとフェーヴルの『アナール』に、急傾斜の方向性が登場するところで閉じられる。

「フランスではのちに社会科学はその方向性に従い、クロード・レヴィ＝ストロースの構造主義からミシェル・フーコーの知の考古学へと進んだ。人間が大文字の歴史の意味と世界の配置とを決定していた古い知的システムの長城に、歴史的思考がもたらしたこの裂け目に、研究は呑みこまれた。[55]」

明らかに、まさにこの場所に後継者であり開拓者でもあるブローデルの名がないこと、そして全体的に、雑誌の五〇周年の論文に彼に関するいかなる言及もないことは、ブローデルに対して距離を置こうとする姿勢を示している。それはジャック・ルヴェルの論文によって強調されている。私は、『アナール』の創設に関係があることと、私がすでに言ったことは脇に置くことにして、ブローデル時代のことだけを取り上げよう。「長期持続」に関する論文が、「学問の場の再編成がなされつつある」ことと、制度化がしばしば問題視されていた社会科学にブローデルが歴史家としてもたらした助けとを、どれほど示しているか、ルヴェルは力説する。その後で、ルヴェルは雑誌の欠陥と見なすものを強調する。『アナール』の頑迷な意志は、それが誕生した大不況の時代の理解困難な世界の現実的無秩序に対するイデオロギー的防御であると、しばしば繰り返されてきた。［……］『アナール』の主要な歴史学が、社会変化についてのいかなる分

析とも、またさらにある歴史的システムから次のシステムへの移行についてのいかなる説明とも、どれほど無縁であるかを確認するのは依然驚くべきことである。[56]」

マルクスへのめくばせは、ルヴェルが挙げるジョルジュ・ルフェーヴルや、共産党員のピエール・ヴィラールとギー・ボワの例によって明示される。この主題についての議論は、すでに一九七七年にフェルナン・ブローデル・センターにおいて行なわれている。ジャック・ルヴェルはそこで次のことを明らかにする。

「『アナール』は社会変化の理論を作り上げることに専念しなかった。この雑誌の権利であり、おそらくは名誉であることだが、『アナール』は変化しない要素や、構造や、非常に長期の運動を特権化してきた。もちろん、それらを変化するものから区別するためであった。しかし変化するものについて、そして変化のシステムについては、それは結局のところ、理論を構成しようとはしなかったか、または十分にはそれを行なわなかった。そうは言うものの、社会変化の理論は実在するのだろうか。それはまた別の問題である［……］。マルクス主義はその一つである。そして確かなことには、マルクス主義の拒否ではなく、フランス歴史学におけるある種の理論化の拒否が、おそらく社会変化についての問いを周縁的な位置へ閉じ込めたのである。この点において、『アナール』はおそらく外国の研究に学ぶものが多くあると私は言いたい。そしてこのホールにいるエリック・ホブズボーム［イギリスのマルクス主義者］もイマニュエル・ウォーラーステインも、私の言うことを否定しないだろう。」

これに対してブローデルは、もし実際に『アナール』が社会変化の理論を定式化しなかったとしても、それは単に構造や長期持続に対する好みのせいではないと答えた。そして「連続性は自動的に非連続性の問題を投げかける」ということを強調した。われわれにはこのことはおそらく一九七七年の時よりも明白である。彼はその少し前に、すでに『アナール』とマルクス主義の関係に関するある質問の核心に答えたところであった。

「フランスのマルクス主義者は常に『アナール』に書いていた。彼らが歴史や社会科学に関してわれわれの雑誌に比較できるような雑誌を持っていなかっただけに、なおさらです。」

そう指摘した後に、彼はまさしく非連続性を次のように扱う。

「世界の歴史は連続性と非連続性でできています。歴史的発展は決して完全に壊れることはありません。したがって、ひと春、二年、三年と続くような表面的な変化が存在します。私はこうした変化を相手にしません。」

そこから彼は『アナール』における世代の変化に移る。

「私の後継者たちは、経済を軽視して、心性を研究するのを好んだのです。彼らにとって残念なことです！　私だったら、それ以外のことを問題にせずに心性を研究したりはしません。なぜなら、私はエリック・ホブズボームに賛成だからです。自律的な心性の歴史などというものは存在しません。心性はその他のものと結びついています。思うに、私の後継者たちはそのことを完全には理解していません。彼らは——彼らが心性の方に向かうかぎりにおいて——、マルクス主義者である同僚たちとわれわれとを関係付けるこの経済的地盤を放棄したような印象を与えます。全体化する歴史を支持する私が、どうしてそれに賛同できるでしょうか。」

議論はその時、国家に関する別の質問によって方向性を変える。したがってブローデルは、『アナール』が何よりもまず政治を扱う伝統的歴史学に対する反動としてできあがってきたことを指摘し、それが国家を軽視してきたことを認める。

「私の同僚のミシェル・フーコーは、先ほど申し上げたように、文化史の観点から見てリュシアン・フェーヴルの唯一の後継者でした。彼は、もはや狂気ではなく、権力に取り掛かろうとしていました[57]。不幸なことに、彼は職業的歴史家ではなく、あまりに出来事にとらわれていました。［……］フーコーにとって権力とは、単に政治の道具を含むものではありませんでした。それは文化の道具や、社会階級や、経済力をも含むものでした。問題なのは、単に国家ではなく、社会的な力の集合全体なのです。しかし、われわれは『アナール』において、国家とその構造に十分に専念しなかった点で罪があります[58]。」

おそらくそうすれば、本当の意味での社会の非連続性に到達する手段となったことであろう。私はぜひともこの議論を詳細に示したい、なぜならそれは啓示的だからである。本当に、社会変化や権力の性質についての問題が、当時フランスでとりわけ先鋭なものであったとしても、ブローデルの反論——歴史家の仕事をするには短期の時間を超えなければならない——の妥当性は、距離を置くにつれて確認された。理論的な次元では、『物質文明・経済・資本主義』における、構造の変化や長期持続中の断層やさらに私が強調したその社会的影響についての分析が、ブローデルがこの領域における連続性と非連続性について述べていたことを明確にした。最後に共産主義の崩壊が、ルヴェルの話していたある社会システムから別のシステムへの移行についての、そしてフーコーにおける権力理論についての、一九八〇年前後の一般通念のなかにあるあらゆる単純化（と錯覚）を明らかにした。

ジャック・ルヴェルが識別するもう一つのより重要な「パラダイム変換」もまた、翼に弾を受けている。彼は次のことを明らかにする。すなわち、フェーヴルとブローデルの新しい歴史による人間諸科学の「資本組入れ」が行なわれるのは、

「人間のかりそめの統一から、少なくとも漸近的に、全体的な和解を期待できるという楽天的観点においてである。[……]この知の星座は、二十年ほど前からわれわれの目前で崩壊している。社会科学の研究領域は細分化し風化してゆく。以前の装置の中心像である人間は、基礎となる指示対象であることを止め、学問的言説の特殊な配置の、ある日付をもった過渡的な対象となる。[59]」

今日においては、「学問的言説の特殊な配置の、ある日付をもった過渡的な対象」となったのは、フーコーによる「人間の死」を不滅のものにするこうしたやり方ではないだろうか。そこから帰結される「歴史の分裂」を引き受けることも、同様ではないだろうか。このことからルヴェルは次のような問いかけをするに至った。

「より局地的な実践、しかしそれが用いる学問的手続きをより明示的にしようと努力する実践の要求は、『アナール』の最初の二世代にとってあれほど本質的であった、全体史の観点を疑問に付すだろうか。[60]」

彼は、この全体史を過去に送り返し、そこに「個別の歴史学を加算するための中性的な枠組み」を見出し、次のこと

を指摘する。

「元来、全体史は歴史学そのものについての問いであった。〔……〕『アナール』が示唆する全体的アプローチは、過度に調和的で過度に図式的な総合の誘惑に逆らって、初めから空間の多様性や、進化のずれや、時間の多様性や、非連続性に注意深くあろうとした――そしてフェルナン・ブローデルの『地中海』が今日もこの企て全体を象徴する作品であるのは、おそらく偶然ではない。この本は、その計画において、その構成において、差異のシステム全体を通して社会問題を理解しようとする意志を明白に語っている。ここでまた研究の形式とスタイルは変化した。[61]」

『物質文明・経済・資本主義』が現れる前にこう確言するのは思いきったことである。（本当は、『アナール』の周囲の人々はそれが完成するなどとは思っていなかった。）ブローデルは後継者を持たなかった。なぜなら彼は自らそれを継続することができたから。本当にそうなのだ！　確かに、エリック・ヴィーニュが一九八四年に書いたように、「誰一人として、三層からなる歴史というブローデルの構築物を模倣しようとはしなかった。誰のせいだろうか。[62]」彼の著作の一九九三〜一九九四年の文庫版は、ある裁判によって出版が遅れたが、それが現代性を失っていないことを明らかにした。共産主義の崩壊がヨーロッパのここ二世紀間の歴史考察のあらゆる書物を疑問に付した時に、ブローデルが称揚したような広い間口をもつ全体史の必要性が消滅したと断言するのは、少なくとも時期尚早であるように思われる。フランソワ・フュレの『フランス革命（一七七〇〜一八八〇年）』と彼のエッセイ『幻影の過去――二十世紀の共産主義思想についての試論』の二例を取り上げただけでも、こうした考えが無効であることがわかる。尚早な理論化はかつてないほど不適当である。フクヤマ氏のなじみの『歴史の終わり』に何が起こったかは周知の通りである。ジャック・ルヴェルの論文は、今日とりわけ、ブローデルが経験した孤独の度合いを示してくれる。

彼はと言えば、生涯の最後まで、物事についての自分の考えを繰り返し主張してやまなかった。シャトーヴァロンにおいて、彼は力をこめて繰り返す。

「私にとっては、この深層の歴史、長期持続の歴史が、表層の歴史を構造化しているのです――構造化という言葉を私は俯瞰の意味で言っています。あなたは無理に私と見解を同じくする必要はありません。しかし私にとっては、特定傾向を示す最小限の規則にも到達することを許さないような『歴史学』は、お遊びとしてしか見えませんし、学問の領域には属さないように私には思えるのです。[63]」

実際、『アナール』の変遷と関連付けてブローデルの著作を理解するために、最も重要な文献は、私の考えでは、フランソワ・フュレが一九八二年初めに出版した論文集『歴史学のアトリエ』の序文である。彼はストイアノヴィッチの著作への序文を書いたブローデルを取り上げて、次のことを明らかにすることから始める。

『アナール』がこの学問の狭量さと自己満足に対して収めたすべての勝利は、少しずつその存在理由を消していった。［……］歴史学は多形性の学問であり、その対象は定義することも範囲を決めることさえもできない。その方法と素材を変化させたと見なされる知的革命においてさえも、歴史学はこの根本的な不明瞭さに依然として忠実である。この革命はたやすく定義できるものではないのだ。それは、その創設者たちの思想よりも、その敵たちの横顔からより明瞭な特徴を受け継いでいる。[64]」

ひとたび勝利が得られるや、『アナール』で仕事をした最初の歴史家たちの観点はこのように要約される。しかしフュレはさらに先に進む。ヨーロッパ人に「歴史学の対象である時間の目録作成」を割り当て、他の者たちに「旅行者たちの領域である空間の目録作成」を割り当てた古典主義の時代からわれわれが抜け出したことを示した後、今日においては「あらゆる社会が歴史を回収した。［……］すべてが歴史的なものとなった」と彼は述べる。しかし同様に、「何世紀にもわたって不動のものは歴史的でないものと見なされていた。変化だけが歴史的なものであった。歴史とは、人間社会を進歩に向けて運んでゆくこの運動であった。［……］この時間の主要な線が砕かれると同時に、歴史は、ヨーロッパの諸社会が自らを考えたり、自らを理解したり、自らを治めたりするために数世紀前から作り出した、あらゆる言語に対して開かれた。そして同時に、実に多様な種類の現象や、まさしく無数の出来事に対して開かれた。［……］歴史学が数十年前から被っている変異の根本は、私にはこのようなものであるように見える。この変異は、知の次元の外部にある現象に常に結びついており、ヨーロッパの没落と、伝統的に『文明』の進歩のベクトルであったその支配諸国の危機を抜きにして、理解することはできない[65]。」

ブローデルは彼の三部作によって、より広くは『地中海』以降の著作によって、フュレが定義するヨーロッパの危機と結びついたこの変異を見事に称揚してきた。彼はすでに、空間あるいは空時から歴史学の新しい枠組みを作り出すことによって、古典的歴史学の外部への脱中心化を行なっていたのではないだろうか。それは、二十世紀後半の光の下での歴史学、あるいは、確かに存在すると私が次第に確信を深めている、文化的な第三の二十世紀の光の下での歴史学に向けての脱中心化である。フェルナン・ブローデルは、ヨーロッパ中心の系譜学的枠組みの外に出て、実際に地球規模の歴史学に到達するような方法を促進した。そしてこのプラグマティズムは、フランスの多くの歴史家たち――ただしフュレと、フェルナン・ブローデルの事実上の弟子である何人かを除いて――の理解を超えているとしても、経済学者たちの理解は超えていないのであり（これについてはマンクを参照のこと）――、アングロ・サクソンの歴史家たちの関心を十分にそそるものであった。

アングロ・サクソン世界において『物質文明』の第一巻の翻訳が受けた待遇は、ブローデルを勇気づけるものであった。「ペーパーバック」版の出版は、オックスフォードの偉大な歴史家であるヒュー・トレヴァー・ホッパーの熱烈な書評を彼にもたらした。三部作はニューヨークに一九八一年と一九八三年の間に登場し、『ブック・オヴ・ザ・マンス』の支店によって今月の一冊に選ばれ、初刷は四万部に達した。

一九七六年にブローデルは、ストイアノヴィッチの著作への序文を、ストイアノヴィッチの記述に対する次のようなコメントで締めくくった。それは、

「一九七五年にパリで見られたような歴史学の情勢についての記述であった。確かに混乱した状況であり、まるで荒れ狂い安易な航海を許さない海である。歴史学について最も激しく騒いでいるのは、非歴史家たちであり、哲学者たちである。そして彼らの最前列には、最も輝かしく最も共感に満ちたミシェル・フーコーがいる。しかし、哲学者たちに向

かって唯一声高に、もしかしたらあまりに声高に語ることができる今日の歴史家たちは、自分自身の言語を語ることを恐れているように見える。それは新しい手段によってより巧みに用いられるが、しかしそれでもなお古い道具を用いて、地面の高さでつくられる、昔ながらの仕事の言語である。歴史学の未来は歴史家たちのものである。もし彼らにそれだけの力と勇気と知性があれば、彼らこそが昨日までのパラダイムと訣別すべきである。私が思うに、彼らは大きな重要性をもつ次の新たな事実によって助けられるだろう。すなわち、今日『アナール』のパラダイムが行使されているのは、単にフランスだけでなく、思考の世界的な地平においてであるという事実である。この拡大した対決から新しい論争が飛び出してこないはずがないと、私には思われる。」

そうであるなら『アナール』五〇周年の分析が、ヨーロッパと世界における歴史思想の大きな広がりに直面してのフランスの萎縮をどれほど証明しているか、ブローデルがまだ十分に感知していなかったと言えるだろうか。彼は一九八一年にブランギエにこう言うだろう。

「私は、フランスがもっと寛大であることを望んでいます。私はフランスがあまりに農民的で、あまりに慎重であると思う。あまりに閉鎖的です。フランスは、自らが農民的であることをやめたことに気付いていない。そのことは、私の目から見ても、ある側面では不愉快なことです。フランスには文化的に優れているというコンプレックスがあるのです……。」

だから、フェルナン・ブローデルがその後、自分の経歴の総仕上げに、フランスに関する書物を書き始めたとしても、それは偶然ではない。このことは二重の意味で異端に見えるだろう。まず、純粋で無情な構造的歴史の信奉者にとって。次に、細分化された局地的歴史の信奉者にとって。とはいえ、心性の信奉者たちは反対にそこに利益を見出すかもしれない。

第十五章　業績の成就

1　一般読者に開かれた『地中海』

地中海についてのあの二冊のアルバム〔テレビ番組に関連して刊行した写真、図版の豊富な『地中海世界』二巻本〕がなかったら、『物質文明・経済・資本主義』はあれほどの衝撃を与えただろうか。メディアも読者もコミュニケーションに関するブローデルの才能を疑うものはいなかったはずだから衝撃を与えたことに間違いはなかろうが、その速度はもっと遅かったかもしれない。

一般読者に向かって扉が開かれたおかげで、すでに引いた二冊のアルバムでブローデルが提示していた地中海との新たな遭遇が可能になった。彼はアルバムの序文でこう書いている。

「この本では、海の上を船が通い、波が唄を口ずさみ、葡萄作りの農夫たちがジェノヴァ辺りのリヴィエラ海岸を眼下に見下ろすチンクェ・テッレの丘を降りてゆく。プロヴァンス地方やギリシャではオリーブの実が棒ではたき落とされており、ヴェネツィアの静かなラグーナ、あるいはジェルバ島の水路では漁師たちが網を引いている。今日も大工たちによって昨日と同じ舟が建造されてゆく……。そして今度もまた彼らを見ていると、われわれは時間の流れの外にいるような思いにかられる。ここで試みようとしたのは、過去と現在の絶えざる出会い、一方から他方へと絶えず繰り返される移行、生のままの飾り気のない二部合唱で歌われる果てしないリサイタルである。」

ここにブローデルの声を付け加えよう。

「歴史とは、われわれを取り巻き、悩ませている諸問題や好奇心――さらには不安や苦悩ゆえに過ぎ去りし時代に絶えず問いかけをしてゆくことをおいてない。人間が住んでいる他のいかなる世界にもまして地中海はそのことを証明している。地中海世界は絶えず自らについて語り続け、自らを生き直すのをやめたことはなかった。それはおそらく楽しみゆえにやってきたことであろうが、それに劣らず必要に迫られてのことでもあったのだろう。かつて存在したことはいまも存在することの条件である。[1]」

この図版入りの地中海も地理、陸地、海など悠久の存在から説き起こしているため、一見すると『〔フェリペ二世時代の〕地中海〔と地中海世界〕』の切り貼りのように思えるが、すぐにそうでないことがわかる。それは、フェルナン・ブローデルがかつてなしえた古代の原史および歴史についての最も見事な講義だからである。彼はエリコの初期の都市について、トルコのチャタル・ヒュユクの神殿について、ミケーネ文明滅亡後のフェニキア人拡大の実態について新知識に通じており、刮目に値する。

ブローデルは、貨幣の出現形態やカルタゴの役割を明確にすることによって、いつものように現在とのあいだに橋を架けようとしている。

「確かなことは、それはカルタゴの宗教が人々の上に強圧的に重くのしかかっていたことで、それは恐ろしい、威圧的な宗教であった。人身御供が行なわれたこと――これはラテン人が繰り返し非難していた点である――は紛れもないことである。サランボーの至聖所『トフェ』から幼児の黒焦げの骨を収めた多数の壺が見つかっている。〔……〕犠牲者たちの血によってカルタゴの名は汚れるだろうか。実際にはすべての原始的宗教がこのようなことを行なっていたのである。この点でカルタゴはビブロスのカナン人やイスラエルのセム族のひそみにならっていたのである。アブラハムは息子イサクを生け贄に捧げようとしていなかっただろうか。ただ驚くべきことにカルタゴでは経済活動が未来に向けて走っていたのに、宗教生活は何世紀も遅れなずみ、〔……〕人間と外界とを調和させていたギリシャ的開放性と対照的であったことは明白である。歴史家ならためらうことなく言うであろう。ここカルタゴでは密度の高い経済活動、『資本主義的』精神による生活そのものが守旧的な宗教心に甘んじていた、と。マックス・ヴェーバーならこれを何と言ったであろうか。[2]」

こうした見方は、初版の『物質文明』よりもいっそう図像に対するブローデルの深い関心を明らかにしてくれる、スケールの大きな図像研究によって強められている。早くも一九三〇年から一九三一年にかけて発表された彼の初期の書評のうち三編はマグレブの図像研究を扱っている。専門の勉強をしてこなかったため私は芸術史をこれ以上導入できない、とブローデルが嘆くのを私は耳にしたことがある。『地中海世界』第一巻は、モーリス・エマールにまかされた「空間」の総論と、ブローデル自身が論じている「歴史」の総論の二つから出来上がり、およそ四十頁で十世紀にわたる文明が論じられる。まずローマ文化とキリスト教世界。次いでイスラム世界。そして最後に「その顔から直ちに覆いを取ることができない第三の登場人物」すなわち「ギリシャ世界、ギリシャ正教の世界」が論じられる。

このような仕事は、フランス本土に局限されることにも、またヨーロッパにますます組み込まれてゆくことにも耐えられなかった当時のフランスのアイデンティティ危機に——その危機にどれほど打撃を受けているのかはまだわからなかったにせよ——見事に応えている。

一九七七年、フェルナン・ブローデル・センターにおいて、「現代のフランス社会はとりわけそのアイデンティティを気にかけていた」と力説するジャック・ルヴェルにフェルナン・ブローデルはこう応えている。

「社会というものは自分にとってすべてがうまくいっているときこそアイデンティティを気にするものだとのお考えですが、まさにその通りです。つまりそれは贅沢。いわば金持ちの病気なのです。そして、いまは経済危機に見舞われていますが、おそらくこの経済危機は長引くと私は踏んでいますが、こんなときでも、経済が、奇妙な具合に、本来の権利をまもなく回復するだろうと予測できるのです。モードは変わるでしょう。(3)」

短期の時間に基づいた判断とは逆の見事な予言である。しかし新しい『地中海』には、まぎれもなく、このアイデンティティの危機に対して長期持続が出す答えが含まれている。

こうして、構造主義が薄められたかたちで普及し、時間的秩序からも出来事からも切り離された歴史が子供たちに教えられだしたちょうどその頃、このカリカチュア化された「新しい歴史学」の守護聖人と誤って目されていたブローデルは、好奇心旺盛な若者たちとその親に、常に全体性をめざす歴史学と彼らの過去とルーツを再発見するのに必要なものを提供している。

一九七八年に刊行された『地中海世界』第二巻『人間と遺産』はこのイメージをいや増しに強めた。もっとも、ブローデルは手綱を共著者に預けて、彼自身はヴェネツィアの章しか——しかし、大家らしい堂々たる書きぶりではあったが——書いてはいない。

この『地中海世界』を完結させる、フォルコ・クイーリチによる写真[4]が入ったアルバム『ヴェネツィア』〔邦訳『都市ヴェネツィア——歴史紀行』〕。そして同じフォルコ・クイーリチ[5]が監督したテレビのシリーズ番組をもとに作られたもう一冊のアルバム『ヨーロッパ』。これら、ブローデルの生前最後のものとなった作品は以上のような印象をますます強くするものだった。おそらくフェルナン・ブローデルは漠然と、この先長くはない、急いですべてを言っておかなければならないと思っていたのだろう。当時の写真を見ると、窪んだ顔の眼鏡の奥からは、かつてなかったほどに鋭い眼光が輝いている。私が最後に会ったのは、彼がとりわけ好きだったレ・アールのレストランで昼食を取った折りだったが、そのときもかつてないほど美食家ぶりをあらわにしていた。彼はくつろいでいたが、フランスの将来に対する不安は隠さなかった。

一九八四年に出版された『都市ヴェネツィア』は遺言のような印象を与える。地理学者は診断をくだす。「どう考えても自体は深刻である。」

「かつてヴェネツィアの港は総督宮殿の真ん前にあり、〔……〕ジュデッカ運河沿いに、いわば西へ移動してドルソドゥーロの南端に移り、そこにドックや埠頭や近代的な倉庫が造られた。同時に、こちらのほうがさらに重大なのだが、本土の縁にマルゲーラ港湾施設が建設され、急速かつ大規模に発展した。〔……〕一八六六年、ヴェネツィアがイタリアに併合された時、町自体の人口は十三万人だった。潟に浮かぶ島々やそれを縁取る岸に住んでいたのはせいぜい三万五千人——かつて『ドゥカート』と呼ばれたヴェネツィア領自体の人口は全体で十六万五千人であった。〔……〕メストレを取り巻く小さな町も含めて、ヴェネツィア周辺全体では人口が三十六万人にも達しているのだ。なんという重荷だろう！　しかもヴェネツィアはその中心でさえない。〔……〕メストレの工業都市化は、頑丈な顎と長い連絡網をもつ発展のもたらす避けがたい結果であった。〔……〕この一連の動きはヴェネツィアの手に負えず、『静謐このうえなき共和国』は庶民を失って行く。」〔邦訳、一四〇頁〕

そのかわりヴェネツィアは観光客でいっぱいになる。すると突然、われわれが信頼を置くだけの価値が出てくる。

「リーオ・マリーンに面した借家で過ごした、すばらしい夏の三か月を私は思い出す。八月いっぱいサン・マルコには近づかず、つつましい家々の立ち並ぶ、つつましい通りの未知のヴェネツィアを他所で発見して過ごした……。九月一日、私はトーダロの道を辿った。群衆をやっかい払いしたサン・マルコ広場は、もと通りの規模を取り戻し、再び完璧な美しさを見せていた。」〔邦訳、一四五頁〕

「ヴェネツィアは新たに発明されなければならない」とブローデルは結論する。

『ヴェネツィア』が、自分の知っていること、自分の目で確かめた他人――モンテーニュ、ド・ブロス院長、カサノヴァから、シャトーブリアン、アンリ・ド・レニエ、マルセル・プルースト、ポール・モラン等々に至るまで――の記述を、すべて出し切った個人的な本だとすれば、『ヨーロッパ』は共同作業による本であり、近しい人々や地理学者のピエール・グールー、先史学者のジャン・ギレーヌやモーリス・エマールの名がそこには見いだせる。フェルナン・ブローデルは、そこに自分の好きなテーマを二つ確保している。「ヨーロッパは惑星を征服する」と「ヨーロッパの外の複数のヨーロッパ」である。

それは彼にとって『物質文明・経済・資本主義』の大テーマの一つを数頁にまとめる良い機会だった。しかし、一九七七年にジョンズ・ホプキンス大学で行なわれた講演の再録で、三部作のなかで展開した資本主義の役割を大筋において練り上げた『資本主義の力学』(6)〔邦訳『歴史入門』〕とは反対に、『ヨーロッパ』は、大作を完成させるために引きこもっていた三、四年の間に練り上げられた円熟、総合の成果であり、手を付けられていない、あるいは中途のままになっている問題に答えるものになっている。

したがって、ヨーロッパの発展とヨーロッパによる世界の征服というこの重要な点について、われわれはフェルナン・ブローデルの思考の最終的な到達点を持ち得たことになる。彼は、周囲の第三世界主義や多文化主義によって喧伝された考え、すなわち、ヨーロッパは己の発展の代金を世界のその他の国々に払わせた、という考えから出発し、この征服欲が必然的にもたらす「良心のやましさ」について問う。では、ヨーロッパ「だけに罪があるのだろうか。なるほど中国、インド、そしてイスラム世界さえ（もっとも、ヨーロッパと真っ向から対立しているとはいえ、イスラム世界についてては多少留保が必要かもしれないが）西洋よりは物静かな文明である。だが彼らもすぐに自前の植民地を持ち、ずうずうしくも国民から奴隷のように搾取することになったのだ。インドはその支配をインドシナ半島やフィリピン、南半球のアフリカ沿岸にまで広げていたし、中国は周囲をぐるっと属国に取り巻かれていたのである……。これらの文明は満腹だった。つまり、食卓で他人の食事を摂っていた。中国の内部でさえ、海南島にせよ、内陸の諸州にせよ、そこに住んでいる少数民族を中国人たちは一段下の人間と見なしていて、彼らを孤立化させ、ことあるごとに野獣のように追放しているし、巨大な『亜大陸』をなすインドもまた、その輝かしい文明に混じって、『不可触賤民の下に』隣人から追放された原始社会を抱えている。［……］小麦を主食とするヨーロッパでは、これとは違った歴史の展開をする。すべての山岳民は西洋式の暮らしに慣れ、同化している。それがたとえ、ヨーロッパは一歩外へ出ると、中国やインドのような裕福な食卓を持っていなかったという理由にすぎないにしても。結局、戦争の歴史のなかであまりにしばしば持ち出されてきた考え方、すなわち、あまりにくつろいだ兵士、あまりに栄養がいい兵士は前もって犠牲者に選ばれるという考え方を踏襲しているのである……(7)。」

全体性を失わないまま穏やかな知的勇気を兼ね備えたブローデルは、当時権勢を揮っていた第三世界主義の誤った主張を覆す。この「痩せた」ヨーロッパの擁護、称賛は、「富裕をきわめていたイスラム世界に対する」十字軍の時代に地中海を征服したことに、いや、それにもまして、十五世紀末から十六世紀初頭にかけてヨーロッパが地中海の束縛から抜け出して「大西洋を奪取したことに」はっきりと示されている。

「大西洋という、ほとんどなにもなく、何千年にわたって、いや、太古の昔から人が住む世界を真っ二つに分けていたこの大洋、かつていかなる文明もわが物だと主張したことのないこの大洋は、近い未来がやがて証明するように、世界を開く鍵だった。クリストファー・コロンブス（一四九二年）とヴァスコ・ダ・ガマ（一四九八年）によって、ヨーロッパは世界に奇襲をかけてこれを奪取し、内海に与えられていた優位性を転倒し、ヴェネツィアのあまりに穏やかな地位を背面から攻撃したのである。普通ヨーロッパはアメリカ大陸と喜望峰をまわる海路を発見したと言われている。しかしすべてをひっくるめてこう言った方がよりシンプルで、より真実に近いのではなかろうか。ヨーロッパは大西洋を発見した、と。」

ここには、早くも初版の『地中海』に現れ、その後、絶え間なく深められ、政治的な論争をものともせずに見直され、地理的な視点だけでなく時間的な視点も備えた広い視野から書き直されてきた一つの主題について、ブローデルが、偉大な版画家が自分の版画をそうするように、自分のアイデアをしじゅう取り上げてはこれに最も密度の濃い、最大限陰影に富んだ鮮明な画を与えようとしていることが見てとれる。そのたびごとに深みへの扉を開けてくれる啓示は、いわば経済の長期持続である。こうして大西洋は、スペインの政治の振り子が西へ振れるときの賭けであり、「世界を開く鍵」となるために「地中海から脱出しようとする大きな歴史の」賭けなのだ。

しかし、これは地理的な決定論への回帰ではない。それどころか、そのような決定論は存在しないということの最良の証明である。なぜなら、大西洋が世界を開く鍵だとしても、それを発見するだけでは十分でなく（発見は、すでにわれわれが指摘したように、なんらかの新しい社会と新しい心性を必然的にもたらす）、この発見が可能性として秘めているものを理解する必要があったからである。そして次の条りほどそこのところをブローデルがうまく言いえている箇所はない。

「ヨーロッパはなるほど世界を開ける鍵を手にしたし、それをほぼすぐに使うことができたけれども、それはヨーロッパがはるか以前から、気づきもしないうちに、心理的、物質的な準備をしてきたからである。十分な力、知識、器用さ、暴力を行使する能力を蓄えていたからなのだ。少なくとも二重の蓄積があった。第一次産業革命の前およびその間の蓄積。大発見時代の前とそれ以降の蓄積である。(8)」

われわれは、すべてがつながり合った実質的に地球規模の歴史のなかを進んでいる。ブローデルは、一九七九年の三部作によってすでにわれわれが知っていた経済＝世界の変化を大急ぎで辿り、イギリスの覇権に至る。

「一世紀以上にわたって、イギリスはたった一国でこの広大な世界を精一杯の努力をして支えてきた。というのも、テムズ川の船渠《ドック》とシティーの銀行まで到達したヨーロッパの経済＝世界が、そのまま世界経済になったからである。重い惑星が、イギリス人の機敏で堅固な手のなかに収まっている。しかしながら、ひょろりとして腰のくびれたイギリスは少しずつその重みに耐えられなくなってくる。そして、もはやヨーロッパがイギリスの傘下に直接入ることのできない時がやってくる。［……］おそらくイギリスは自滅したのだ。第一次世界大戦（一九一四〜一九一八年）が自殺を促し、第二次世界大戦（一九三九〜一九四五年）が白紙にした。とはいえ、あえて言おう。こうした大乱戦がなかったとしてもヨーロッパは厳密な意味で世界の中心に居座り続けることはできなかっただろう。それまで何世紀にもわたってやってきたようにオーケストラのタクトを振り続けることはできなかったに違いない、と。なるほどヨーロッパの狂気、自殺、間違いはこのことに力を貸しただろう。しかし、病気が致命的になるのは、疲弊し、歳を取りすぎた肉体にとってだけである。この肉体にとっては成功ですら致命的となる。肉体を過去の環境に閉じこめてしまうからだ。［……］ロンドンはインドに催眠術をかけられてしまい、もはやほとんどヨーロッパというものを理解できなくなっていた。世界に向き合ったとき、ロンドンは、己がそこから解放される狭い陸地に無関心だった。しかし、この陸地がなかったら、ロンドンは何ができたというのか。結局、ロンドンからニューヨークへの地滑りは当然だったのだ。しかしヨーロッパにしてみれば、率直に言って、ニューヨークよりも手の届くロンドンに世界の中心があれば、そのほうが良かった。われわれもまた太陽の近くにいたのだから。没落したのはイギリス人ばかりではなかった。ロンドンの人影のない船渠はわれわれの活力も奪ったのだ。(9)」

時宜にかなったこの本を長々と引用したが、これはブローデルの死によって、はからずもヨーロッパと世界におけるヨーロッパの位置づけについて書かれた彼の遺書になってしまった。植民地化と脱植民地化の物語（アルジェリア、インド）であるこの「ヨーロッパの外の複数のヨーロッパ」に、アメリカ大陸とシベリアの長期にわたる土地の征服、原住民の殲滅、奴隷化を加え、われわれの運命のこの地球的なビジョンを完成させなければならない。

2　未知の国フランス

ブローデルにおいて、『地中海』と『物質文明』はいずれもフランス史という中心に出るための間道のようなものであった。したがって彼は、新しい著作の冒頭を宣言さながらの文章で書き始め、彼の考える歴史学はもはや時代遅れだという言葉を投げつけるすべての人に対して間接的にこう答えている。

「歴史家の仕事はこの半世紀［一九八一年十月現在］の間に深い変形を蒙り、過去のイメージと問題はおのずとすっかり様変わりしてしまった。当然のことながら、過去の問題とイメージは休息に入っている。だが、翻って考えれば、これはわれわれがいまどこにいるのかを問うよい機会だ。過去は教訓であり、われわれの生活に影響を与える不可欠の一部であるだけに、フランスの過去を明確にするとは、フランス人をその固有の文脈に据えることを意味するのだ。友人のある歴史家はこんなことを書いてよこした。『私たちの歴史を、幾重にも封じ込めている壁――いや城壁と言うべきか――から取り出す必要があるのかもしれない。』」

こうして革命的な突破口に飛びつくブローデル。このとき突破口とは、容赦のない再検討に他ならないと彼は言う。それは

「何にもましてまず、人間に関するさまざまな科学が、歴史学のうちガードの弱い分野に介入してきたその結果である。歴史学はこうして、さまざまな方面から照明を当てられたのだ。［……］難しいのは［……］こうした照明の当て方のどれ一つとしてないがしろにしてはならないということである。［……］いまやわれわれには全体性を語る義務が、

[……]『全体史だけが唯一の真なる歴史である』と断言する義務がある。[10]」

今世紀末に入って経済上の大問題が発生し、ガット〔関税・貿易に関する一般協定〕の挑戦を受けて世界通商に関する議論が活発になったり、資本主義を闇市に限定しようとする官僚の計画に窒息しかかっていた旧社会主義国に起業の自由が戻ってきたり、『物質文明・経済・資本主義』の最後の二巻をあまりに完璧に実証する事態が起こったため、ブローデルの思想の革新性はいささか通俗化されてしまった。困ったことに、ブローデルの死によって、このフランス全体史が奪われた。以下に見るように、ブローデルはフランス全体史の序章しか書くことができなかったからである。

フェルナン・ブローデルはこの仕事に取りかかるとき、これが最後の大きな知的冒険になることがわかっており、彼の計画において現在というものがどれほど大きな比重を占めるかを見事に計測している。

「フランスは一九五〇年代から七〇年代にかけて、かってなかったほどの変動を経験した。フランスの社会と文化はそれまでの歯止めを失ってしまった。[……]〔フランスは〕その自由の多くを、したがってそのアイデンティティの多くを失ったのです。だがその一方で、不幸なことに、フランスはそのお高くとまった態度を失うことがなかった。それがなければおそらくヨーロッパを形成していたはずなのに。しかしその罪はわれわれフランス人ばかりにあるのではない。[11]」

『アナール』の二人の創始者マルク・ブロックとリュシアン・フェーヴルもまた、ブローデルと同じ問いを、彼と同じく、二つの世界大戦によって受けたトラウマから出発して口にしたが、ブローデルはどの程度この二人の遺志を引き継ぐべきかもわかっていた。

「実際、われわれフランス人のうち、自らの国について、現在という時について、さらにはわれわれの運命がその行程において絶え間なく横切ってきた悲劇的な時代について、胸の内にかつて問いかけたことのない、あるいはいまなお問いかけない者などいるだろうか。これらのカタストロフィーはわれわれにとって、そのたびごとに現れる歴史の巨大な裂け目だが、それは、今日飛行機で旅をしていて、厚い雲にぽっかり穴や井戸のような切れ目が開き、その下から陸地が見えるのに似ている。ぱっくりと口を開けたカタストロフィー、深淵、悲しい光の井戸。わが国の歴史はそんなもので満ちている。過去をそんなに遡る必要はない。一八一五年、一八七一年、一九一四年……。われわれのために二回目の弔鐘が鳴るのは一九四〇年。スダン近郊、敗戦の未曾有の混乱のなかで、ダンケルクの悲劇が準備されるときである。(12)」

ブローデルは、農業国フランスへの長大な問いとなったあの『フランス農村史の基本的性格』〔ブロックの著作、一九三一年〕が、一九一四年から一九一八年の戦争経験に何を負っているか見事に把握している。ちょうどブロックが第二次世界大戦について『奇妙な敗北』をしっかり捉えていたのと同じように。そして、ブローデルは、リュシアン・フェーヴルがコレージュ・ド・フランスの講義で、長い間、わが国の国民意識の発生について論じていたことを知っていた。また、自身で原稿を保存していたが、やがて行方不明になってしまった『名誉と祖国』が、ド・ゴール将軍のスローガンを思い出させるとすれば、それは、フランス人であるということが彼らの王との名誉に関わる問題であった時代と、それが一国の存在を前提にする祖国への帰属意識に変化した時代との間に横たわる、わが国の歴史における根本的な転回点を論じているからであることもブローデルは知っていた。ブローデルは遠くアルジェリアやブラジルからフランスを眺める術を学んだが、それと同じくらい、いやそれ以上に、マインツやリューベックの捕虜生活からもフランスを眺める術を学んだのである。

彼のうちのなにもかもがこの最後の本を必要としていたのだ。だが、彼はまもなくして仕事半ばにして亡くなる。第三部で国家、文化、社会を、第四部でフランスの外のフランスを論じることはかなわなかった。結局、「地理がフランスを作り上げた」のかという問いと、第二部「人と物」の問題、すなわち、本質的にはフランスにおける人口と農村経済の長期持続だけが残った。つまり、『地中海』の土台をなし、『物質文明』の対象となったものを、わがフランス国内において深めるにとどまり、それ以上先へ行くことはできなかったのである。

計画の中断は大きかった。一九八二年十二月、フェルナン・ブローデルは『リベラシオン』紙のインタビューでそのことを打ち明け、こんな見通しを述べている。

「深層の歴史、かなり緩慢で、ほとんど動かず、幾世紀にもわたる歴史、断絶と断絶の間が長く、生きられた時間の共謀と蓄積がなければその断絶が表にあらわれない、そんな歴史を復元することが重要です。しかも、一口に長期持続といってもいろいろあります。人間とその環境、すなわち地理とが切り結ぶ諸関係の長期持続がありますし、外的な環境、経済と言ってもかまいませんが、これと人間が切り結ぶ諸関係の長期持続もある。後者は国家であるか否かを判断するための長期持続です。それから、文化、文明、社会を問い直す必要もある。そしてまた、当然、フランスの外のフランスを見ることも必要です。というのも、フランスとはフランス本土に収まっているわけではないのですから。おそらくこれが最も難しい問題です。この章には『フランスの疎外』というタイトルをつけようと考えています。[13]」

一九八四年、第一巻がほぼ完成した折りに――刊行は一九八六年――フランソワ・エヴァルドとジャン＝ジャック・ブロシエのインタビューを受けたフェルナン・ブローデルははっきりとこう言っている。

「私にとって重要なのは『フランスのアイデンティティ』、すなわち第一巻です。第一巻は二部にわかれています。『落伍者フランス』――空間、人口、経済生活――は、人々が甘受しているもの、ひとことで言えば、苦しむフランスです……。第二部は、フランス人は彼らの歴史の栄光と破局に対する責任はあるのか、という問いに答えようとしています。第二巻は『フランスの誕生』に関わることになるでしょう。まったく伝統的な本です。第三巻『フランスの運命』はフランス革命以後から始まります。そこでは新しいフランス像が提示され、私はとりわけその困難でドラマチックな運命に光を当ててみたいと思っています。[14]」

周知のように、結局は第一巻第一部だけで終わってしまう。だが、これだけでも独創性を十分推し量ることができるし、ことに、残りの部分の欠落がいかにも残念に思える。ブローデルはそこで長期持続を見事に働かせているからだが、とはいえ、早すぎる中断によって長期持続は地理学、人口統計学、農村経済学のなかに閉じこめられてしまった。

亡くなる二か月前、彼はシャトーヴァロンでこう打ち明けている。

「ひそかな悪意を抱いてフランス人の歴史を書く人もいます。［……］私はフランス本土を離れて生活したことがたびたびあります。北アフリカ、南アメリカ、イタリア、スペイン、ドイツでも、かなり長い間、暮らしてきました。そうして、人生も終わりになって、自分の母国に対してこれまで忠実ではなかった、という気持ちになったわけです。そういうわけで、うしろめたさも手伝って、ある種の借金を返すようなつもりで、フランスの歴史に取りかかった次第です。」

確かに借金かもしれない。しかし、それは同時に、フェーヴルの時代には彼のもとから常に逃れていたあの文化史へ、ついに到達するチャンスでもあった。そのうえ、弟子たちの逸脱を目にして、自分の立場をはっきり説明しておきたいという欲求もあった。

「私は『新しい歴史学』と呼ばれるある種の歴史学の考え方を擁護しています。おそらく『新新歴史学』から区別するためにもですね。なぜなら、私の弟子諸君は私と同じ考え方をしていないからです。さて、かねがね私は、この『新しい歴史学』は、いわば古い新歴史学ですが、その大きな原理と根拠を、わかりやすい例を取って明らかにしたいと思っていました。[……]私は、長期持続のなかにあるフランスを提示することによって人々にショックを与え、彼らに反応を惹起して、私の言っていることを否が応でも理解させるつもりです。[……]私は生年が予想させるよりも古い世代に属しています。間違いなくリュシアン・フェーヴルとマルク・ブロックの同時代人なのです。したがって、私と、私の『弟子』と呼んでもいい後継者たちとの間にはきっと、一つの大きな、とても大きな亀裂が走っているはずです。[……]歴史についての私の考え方、これを私はフランスに適用しているのですが、それは全体史の考え方、すなわち、人間諸科学すべてによってふくらんでいる歴史学、という考え方です。[……]私はフランスの全体史を書きえたことはなかったが、それを試みたことはあった。私の後継者たちは、私よりも分別がありますから、なによりもまず心性の歴史学を発達させています。この心性史というのは、私より二十歳も、三十歳も、あるいは四十歳も若い歴史家たちによって、きわめて鮮やかに示されている歴史ですね。(15)」

出版された第一巻「空間と歴史」には、それを形作るダイナミズムとともに、『地中海』を特徴づけていた空間の役割に対する理解が再び見いだせる。しかし、この空間の理解はまずもって持続のなかで論じられている。シャトーヴァロンの三日目のシンポジウムはフランスがテーマだったが、そのときの司会者アルベール・デュ・ロワは、フェルナン・ブローデルがフランス統一の端緒をジャンヌ・ダルクの時代にも、フランス革命の時代にも置かず、鉄道の時代に置いたことに驚いている。

「私はまじめにそう申しているのですし、自分の言っていることは正しいと考えています。でも、ジャンヌ・ダルクは私と同じロレーヌ地方の出身なのですから、彼女にはもう少し甘くしてやるべきだったかもしれませんね。[……]しかしながらシャルル七世時代末期に、フランスが、統一されたフランスが、ゆるぎなきフランスが、存在していたとは思えません。それから、フランス革命に対して私が強く心惹かれていることは、誓ってもいいことです。そもそも私の歴史家としての出発点は、同世代の他の多くの人々と同様、フランス革命についての研究だったのです。それにもかかわらず、フランス革命がもたらした破壊、傷、革新がいかなるものであれ、その時代のフランスはまだそれほど緊密な一貫的結合をもったものではなかったのです。[……]フランスは、空間的に狭くなればなるほど、まとまってゆく、ますますまとまってゆくようになるのです。(16)」

ここには再び時＝空という充実した概念が見られる。この概念はフランス本土の次元の異なるさまざまな変動に応用されるが、そこでは地理に沿った形ではなく、持続において応用されている。距離の変化についての章は、再び政治的な分析のモデルである。

「かつて[人間の移動の]緩慢さは空間を閉じこめ、孤立化させていた。いまではなんということもない広さのフランスも、当時はまだ街道と障碍が延々と続く広大な空間だった。[……]いまではやすやすと横断してしまうブルゴーニュもシャルル勇胆公の時代には、一九八二年のフランス全土の十倍から二十倍はあった。したがって、いわゆる百年戦争が、あるいは一世紀の三分の一も続いたわが国の宗教戦争（一五六二〜一五九八年）が、わが国の全領土を一度として呑み込んだことがなかったとしても驚くにはあたらない。距離とはそれだけで障碍であり、防御であり、禁止なのだ。カール五世はこの名前のない敵にぶつかってくだけ散るという不幸を二度経験している。一五三六年七月には、プロヴァンスを征服したが、あまりに長い行軍とままならない連絡との果てに力を失した軍隊は、ついにマルセイユを前にして挫折しているし、一五四四年には、サン＝ディジエの小要塞に奇襲をかけて奪い、マルヌ川のルートを開いたのち、狭い川に沿ってモーまで行軍し、モーで商店を荒らし回ったがここで息切れして、クレピー＝アン＝ラノアで平和条約が結ばれたことに大喜びして勝負を投げだしているのである。冒険が再開されるのは息子のフェリペ二世のときであった[17]……」

　このように、フェルナン・ブローデルは長期持続を操りながら決してそれを手放さない。その長期持続は上空飛行を引き起こし、眼下には、出来事や事実を偏重する歴史学から解放されて、何世紀にもわたって厚い層をなした政治の覆いに埋もれていた構造が突如として浮かび上がってくるのだ。ここでは生きられ、変化を蒙った地理学が、距離は不正確だが、

「一八一四年、ナポレオンがフランスで彼の若い部隊とともに行なった見事な軍事行動において〔それなりの役回りを演じている。〕この軍事行動は、距離が実際の距離にすぎなかったら思いも寄らなかったはずである。パリに集まる谷間をゆっくりと進む連合軍に対し、ナポレオンは休息の時間も惜しんでエーヌ渓谷からマルヌ渓谷、オーブの渓谷へと強行軍で走る。敵よりも早く空間を移動したことが、敵軍が大挙してパリに押し寄せる前にナポレオンに奇襲、退却、生き残り……を可能にしたのである[18]。」

　ここでも私が興味を引かれるのは、ブローデルが数世紀を飛び越えて――構造は長期にわたって変化しない以上、そこに時代錯誤はない――距離を置いて見るその見方、比較対照のやり方である。とりわけ歴史を表現する方法、歴史を理解する方法として。一八七〇年、プロシアの軍隊が鉄道を使うに至り、距離の構造は一変する。彼は若い将校としてこの負け戦に参加したフォシュの証言を引く。フォシュは、

「自分が指揮官だったら、ピレネー山脈まで、フランスの最果ての空間までも使って戦っただろうに、といくども繰り返していた[19]。」

ここで重要なのは、空間、距離、地理の細分化、および古い戦争においてそれらが果たす役割あるいは重みに加えて、ブローデルが「フランスの過去が縁取る輪郭」と呼ぶものである。そして、この第一巻のなかで、彼は多様性の与件、さまざまな空間の間の関係の与件から、彼の個人的な経験に由来する別の観点へと移行する。彼はこの観点にとりわけ重要性を与えているのだが、それは、「フランスを孤立させることなく、それを取り巻き、そのさまざまな部分を結びつける国境を教えることの[20]」重要性である。

とはいえ、「きわめて重要なテスト、国境」の章は、いかなる意味でも「自分＝史」に属していない。なぜならば、この章は、距離に関する章と同様、何よりもまず、視線と偏心に関わっているからである。フェルナン・ブローデルはナタリー・サロートが「不信の時代」と呼んだ時代にあまりにどっぷりと浸かって生きてきたため、そして『アナール』の創始者たちのものであれ、のちのフーコーのものであれ、歴史学の主観性に関するあらゆる批判をあまりに考えすぎたために、彼の幼児期の地理的な環境が彼に与えた主観性を迂闊に使えなかったのだ。

シャトーヴァロンの最後の打ち明け話で、彼はこう言っている。

「私たちロレーヌ地方の者たちは、遅れてフランスに帰属したフランス人です。それは一七六六年のことですから、それほど遠い昔のことではありません。［……］私たちはちょうどフランスに背をもたせかけているような格好なのです。［……］私たちは中央ヨーロッパの方角に目をこらしているわけです。フランスの安全・保護に気を配っているのです。私たちは非常に特殊なフランス人です。ところで、私が幼児期の精神状態をひとまず脱したとしても、完全に脱し切れたと主張する自信はありません。私は自分がナショナリストだとは思いませんね。外国で暮らしていた頃は、心情においてはイタリア人、情熱においてはスペイン人になっていましたし、一九三九年以前にはドイツを狂ったように愛していました。その後は、百パーセントブラジル人になりました。こうして半ば意識することなく、私はフランスのナショナリズムから徐々に離れていったのです。私もかつてナショナリストであったこともありますが、いまではもう違います……。」[21]

しかし、だからこそ、自らの国の歴史と「同じ平面上で」、この位置から出発して、歴史を書く方法を彼は身につけたのである。それは次のようなことだ。

「住んでいるということは、すなわち、存在し始めているということである。フランスはきわめて早くに国境を持った。明確な形で存在するより前から、きわめて早くに住居を持った。遺産として引き継ぎ、征服され、再び奪回されたあれらの国境は、かつてのコミュニケーションの緩慢さにちょうど見合った形で、広大な空間の境界を定めたのである。この点からすると、フランスは長い間『怪物』であり、一国だけで『大陸』だった。一種の超＝国家、広大すぎる政治面積、いわば帝国のようなものだった。こうした理由から一つにするのが難しい地域をまとめあげ、国内の脅威からも、また国外の危険からも守らねばならなかったのである。とてつもなく大きい軍事力、忍耐、警戒の誇示という犠牲を払って。[……]国境はフランス史を喰い尽くした。国境はフランスのエネルギーと『すぐに使える金』を蕩尽してしまったのである。[……]いかなる行政上の限界も、いわんやいかなる政治的な境界も、ひとたび正式に画定されれば、持続、さらには永続さえする傾向がある。[……]このように歴史は、それがまるで自然の偶発事であるかのように国境を根付かせようとし、国境はひとたび空間に溶け込むと、容易には移動できない[22]……。」

こうすることによってフェルナン・ブローデルは、「自然の境界」の間で交わされる永遠の対話を新たな展望のもとに捉え直せるようになるばかりでなく、さらには、最も自然なもう一つの境界、すなわち、「ゆっくりと到達され、決して支配されることのない」海が形成する境界を、あたかも一人の人物のように扱うことが可能になるのだ。ここでもまた長期持続の視点が有効に働いて、第一巻の終わりになると、われわれは「長きにわたって転変を繰り広げるフランスの、統一への巨大かつ緩慢な歩み」と格闘できるようになっている。

この第一巻では、フェルナン・ブローデルは、フランスの正史と同じだけ古い問題について新たな視線を投げかけたが、第二巻『人間と物』では、素材自体も新しくなっている。相変わらず長期持続を扱ってはいるものの、今度は人口の長期持続、すなわち人口統計学と経済の長期持続が主役の座を占める。

　この『フランスのアイデンティティ』は当然有史以前から始まっていて、ブローデルはこれを炭素十四と年輪年代学によって、次々と年代の大幅な修正がなされていた時代に書いているが、農業とインド＝ヨーロッパ人の東経由の到来については現在の視点をすでに持っていた。[23] 次いで黒死病の大災厄が克明に把握される。最も興味深いのは、戦争や人口を考慮に入れながらも、一四五〇年からこの本を書いた時点まで続いた緩慢な進歩の根拠である。いつ疫病は消えたのだろうか。衛生と食べものの進歩の結果だろうか。結論はこうである。

「ヨーロッパは、そしてそのまんなかにあるフランスは、その緩慢な進歩を己自身から引き出さねばならなかった。この修正によってモラルがやや持ち直した。己に勝つことに成功したのである。[24]」

　一つの事実確認と一つの疑問が生じてくる。避妊法に関して「フランスは驚くほど早くから確実に発達していた」ということがその事実。ではどこからこんな独創性が生じたのか。これが疑問である。

「一方にフランスは、もう一方にヨーロッパ――というかたちで違いをつけない説明は、いかなる説明であっても、おそらくアプリオリに拒絶するべきだろう。したがって、この早熟性がフランスのしかじかの経済的水準からやってきたと言ってはならない。フランスは隣国と苦難をともにしているのだ。フランスが最初に避妊法を発見したなどと言ってはならない。避妊法ははるか以前から発見されていたが、ヨーロッパの人々はその法則を習得する必要がなかったのである。[25]」

　残る説明は二つ。フェルナン・ブローデルが「最近、これに反対して立ち上がったものの、いささか早すぎた」と認めているアルフレッド・ソーヴィの文化理論の説明と、彼がそれに対置する経済・人口統計学的な説明である。ブローデルは文化理論の説明を要約しながら、こう主張する。

「宗教改革と反＝宗教改革の間でフランスは独特の揺れ方をしており、少なくとも知識人、人文主義者、リベルタン〔自由思想家〕の陣営では、このどちらからも逃れようとする努力がなされている。フランスの文化的な独自性とはこの揺れ、この往復運動、それぞれ独自の道を追究するこの姿勢であり、モンテーニュからヴォルテールまで、さらにはその後に至るまで影響を与え続けている、精神の独立に向かって人を鼓舞する力である。教会が失敗し、傷を大きくすることは事の前から明らかだったのだ。この独立への鼓舞こそが、避妊を前にしたフランス人の態度になにがしかの影響を与えたと私は考えている。(26)」

これに劣らず新しい二番目の説明は、フランスが長期持続的に相対的な人口過剰を経験したという、マルセル・レナールとその共著者たちが『世界人口史』で提示した十七世紀にまで遡る証明に基づいたものである。「アンシャン・レジーム下の」経済の食糧資源に対して一七八九年の二六〇〇万人という大きな人口は相対的な人口過剰であったが、十九世紀の「産業の挽回が緩慢で、困難で、不完全であったため」その傾向はさらに加速された。そのうえ以前は、息子が一等兵としてたいていの場合戦場で死んでしまうという不安もあったのである。

こうして長々と述べたのは、これが完全に文化的な問題に長期持続が適用された例だからであり、問題を「全体的に」扱うまえに解決すべき問題の特殊性だけをまず抜き出して明らかにするという、ブローデルによってすでに練り上げられた方法が見いだせるからである。この方法は、ヨーロッパの他の地域にブローデルの目を向けさせることになる相対的な人口過剰の問題に見出すことができるわけだが、そこでは次のようなことを明らかにしようとしている。

「十世紀ないしは十一世紀から十五世紀中葉まで、フランスとヨーロッパは不可逆的な運命を経験した。[……]ヨーロッパの最初の富はフランスに集中した。シャンパーニュの大市がフランスに一世紀にわたる相対的な繁栄の時代をもたらしたが、その世紀が終わろうとする頃、海が陸地の空間に打ち勝ち、それ以後もはや、フランスがヨーロッパの最も進んだ富に全面的に参画することはなくなる。北イタリアに発し、ジブラルタル海峡を経由してネーデルラントに至り、次いでネーデルラントからドイツを経て再び北イタリアに戻る、フランスとは無縁の[……]円環に閉じこめられたままになるのである。フランスはそれ以後、他人の成功の傍観者となり、少なくとも二度、それに魅惑されることになる。一四九四年九月、シャルル八世はイタリア征服のためアルプス山脈を越えるが、イタリアは彼の手から逃れる。

一六七二年、ルイ十四世とコルベールはオランダまでフランス軍を送ったが、オランダも彼らの手から逃れる。フランスを取り巻くヨーロッパはまた、フランスの運命の輪郭と限界をも描いているのである。一六七二年は、まだアメリカ大陸のことだけ考えていたほうがましだったのだ……。しかし、どれもこれもみな叶わぬ夢になってしまった！　だが、歴史を書き直し、別の歴史を想像してみれば、取り返しようもなく書き込まれてしまった歴史をよりよく理解できないだろうか[27]。」

フェルナン・ブローデルはかねてから「広い視野で見なければならない。さもなければ歴史は何の役に立つだろうか」と考えてきたが、彼はここでその考えを、フランス国家の選択を明らかにする仮説上、実験上の歴史に移しかえている。

最終巻の第三巻で再びフランスに戻る。今度はまた別の特異性、すなわ「フランス、ある農村経済」が論じられるのだが、

「この表現は農業それ自体を指しているのではなく、農村形式に必然的に伴う、しかしそれを犠牲にして少しずつ拡大・発達してゆくさまざまな活動に対して、この農村形式が優勢な経済形態全体を指している[28]。」

フェルナン・ブローデルは農村経済という表現を、ダニエル・ソーナーというインド学者が一九六四年に『アナール』に掲載した論文から借用している。これは、ブローデルの言葉を借りれば、「決定的かつ解放的な論文」だった。解放的だというのは、フェルナン・ブローデルが説明しているように、歴史的言説を「空虚な形式」から解放したからである。そしてかの有名な「東洋的生産様式」、マルクスから受け継ぎ、フランスのマルクス主義者たちが当時喜んで利用していた「東洋的生産様式[29]」を例に取る。この農村経済の分析を進めている間、当然ブローデルは幼い頃に過ごしたリュメヴィルを、国境の村としてではなく、農村経済の所産を目にできる村として思い出している。そのおかげで彼は、都市部の人間が犯しやすい誤解、たとえば自給自足に関する誤解を避けることができている。そして、かつての食糧不足のさまざまな原因を見事に描き出してみせ、相対的な人口過剰という考え方に連結してみせるのである。

しかし、この巻の最も重要な点は、わがフランスの国民史の基本に関わる諸問題の一つ、すなわち近代性の発達と、

その相対的な遅れについてである。おそらくここにおいて、フェルナン・ブローデルの総合力は、『物質文明』三部作よりもなおいっそうの冴えを見せている。主題が大きいからばかりではない。乗り越えるべき状況、論ずべき分析が多様だからである。ごくかいつまんで言うと、フランス経済はフランス革命以前に大幅に進歩していたのに、なぜ産業化の原動力に欠けていたのかという問題である。諸都市は、産業化の飛躍の先頭に立つよりもそれを後追いする形になったのだ――ブローデルは、「アンシャン・レジーム下のフランスの都市が産業に見放されていた」兆候すら指摘している。ではこの弱点は、国が都市をきちんと保護せず、都市の資本が他の目的に流れてしまったことに起因するのだろうか。

ここに至って、フェルナン・ブローデルは逆に農村部の責任を問う。依拠するのは、わが国には、十八世紀の終わりに、「農業革命」(イギリスで起こった類のものであることは言うまでもない)がなかった、というミシェル・モリノーの論拠である。

「さて、こうした先行する、あるいは随伴する革命がなければ(すなわち賃金労働者を他の仕事へ向けて解放しながらも農村地帯の経営者を富ませる生産性の向上がなければ)、産業革命はほとんど考えられない。[30]」

そして、いつもの比較癖に従って、フェルナン・ブローデルはこう加える。この世界的な経済戦争において、ロンドンが勝負に勝った原因はおそらく、イギリスの領土が狭かったこと、そしておそらく、

「お金そのものに対する姿勢というより、それをどのように稼いだり使ったりすれば自らに相応しいのか、あるいは相応しくないのかを判断する態度にある。本物の貴族にせよ、偽貴族にせよ、彼らにとって『高貴に生きる』とは商業や産業にどっぷり身を沈めないことであった。[……]勝敗はワーテルローのはるか以前に決せられていたのだ。ところで、経済および都市の飛躍的発展を最高度に成し遂げるためには、くじ引きで一等賞を引いていなければ、すなわち、世界経済でトップのポストについていなければならない。だが、もしワーテルローで勝っていたら? と読者は問うだろう(それが今日の仮説の立て方だ)。もしそうなっていたら、ひょっとすると一七八三年[イギリスがアメリカの独

立戦争で負けた年」と同じ状況が再現されていたかもしれない。イギリスが負けて、平和条約が締結されていただろう。こう見てみると［……］私は、わが国の何人かの歴史家に異を唱えたくなる。彼らはフランス革命とその帰結に、経済的な後退、遅延、破局を見ているからである。彼らは正しいのかもしれない――部分的には――。しかし、一七八九年以前にすでに勝負は大方ついており、負けていたか、少なくとも大幅な妥協を余儀なくされていなかっただろうか。」(31)

ここでも、数行のあいだにブローデルのすべてが表れている。「大きな歴史」に対する嗜好、産業経済あるいは農業経済から心性や文化的なものへの移行ばかりでなく、逸話を越えるために実験的に歴史を仮構する方法（もしわが国がワーテルローで勝っていたら、もしブリューヒャーが……であったなら）を駆使する能力も、すべてが。言い忘れたが、われわれはすでに「二十世紀までの農民経済」の部が終わって「上部構造」の部に入っている。「上部構造」の部は、いま結論を述べた「まず初めに、都市」の章に始まり、この最終巻の要点でもあり、また例によってとりわけブローデル的でもある「交通と構造」の章で終わっている。

『地中海』のなかで強調されていた交通は、自明のものとしてそこに現れていたが、ここでは交通を導入するにあたってまず長々と自己弁護をしている。「マルクス主義史学」は、『アナール』創刊当時の一九二九年から、この雑誌が「生産を第一線に」置くかわりに交通に賭けていると言って批判してきたというのである。これはすでに見たように、一九五一年の『ラ・ヌーヴェル・クリティック』誌に再録された批判である。この批判は、つい最近『物質文明』をめぐってなされたイマニュエル・ウォーラーステインとの議論にも反映している。フェルナン・ブローデルは当然それが自説であることを強調し、これを固持しているが、ここではフランスにきわめて独特な王道、鉄道、国家の役割が関わっているだけに、また、二十世紀末のいま、その帰結を彼が生きているだけになおさらである。「決して全体的ではなかったものの長い間活力に満ち溢れていた」地方の自給自足体制が終焉を迎えるという無言の革命を彼はいままさに生きているのである。ブローデルが力説するように、いまや食糧において、「国はあまりに広大な世界に向かってぽっかりと大きく開いている」。

「統一が成し遂げられ、一つのフランスへの移行はついに成就した。フランス人は移行を望んでもいなかったし、それに気づかないことすらあったというのに。古い経済の脆さはいかんともしがたく、かろうじて形成された国内市場は水に浸した砂糖のように溶け、その代わりに、国際市場がいま徐々にわれわれを呑み込んでいる。(32)」

これに続く章は、かかる農民経済がいかに浸食作用を受けてきたか、というよりむしろ、われわれがいま暮らしているこのもう一つのフランスがいかに現れてきたか、その歴史を追っている。工業化、商業の発達、信用取引の発達、現代資本主義の発達と段階を追う展開は、フェルナン・ブローデルにおいてはお馴染みだが、このフランスがいかに出現してきたかという歴史である。だがそれは、すでに触れたように、紛れもなくこれからの序文であった。こうして刊行された最初の数巻は「基本的な現実を吟味している」にすぎないと念を押す最後の数頁にそれがまざまざと感じられる。企画が完全に実現すれば、少なくともこれらの巻の三倍にはなったはずだと言う。『地中海』で早くも胎動しているところを目の当たりにし、『物質文明』でさらに洗練された交替システム、内的コミュニケーションシステムにとどまっていることはなかっただろう。

フェルナン・ブローデルは、フランスの成立そのもの、というよりはむしろ「広大な世界の経済に取り込まれた」フランスという空間の成立というべきか、これに関する「手ごわい問題」に手がかりを与えてくれている。彼とともに、フランスを大きな円だと考えてみよう。

「中心にはパリ。幾何学な観点から見て、フランスに間違いなく巨大な中心を与えるパリがある。本当の中心たるブールジュは、シャルル七世の時代に一時歴史的価値を持ったにすぎない。円周上には大きな港がある。マルセイユ、ボルドー、ラ・ロシェル、ナント、サン＝マロ、ルーアン、ダンケルク——より中心に近い陸地には国境の町リール、ストラスブール、そしてとりわけリヨン……。これらの都市はすべてフランスの内部に半ば繋がれながらも、外へ向かって引っ張られている。[……] いずれにせよ、こうした図式は、周縁が遅れ、貧困、搾取の運命の星の下にあるという経済＝世界の図式に異議を申し立てている。このような対比を両立させるには経済学者と歴史家の想像力が必要だ。いかなる理性的な国家も、世界秩序のなかに己の場を占めるためであれ、自らの限界に従って行動すべく運命づけられていないだろうか。周縁があるおかげで、国家的次元と国際的次元が接合できるのである。恐ろしいほど濃密なこれらの問題は、この著作の最終章『フランスの外のフランス』で再び取り上げることにしたい……。」

これがまさに、一九八六年末、死の一年後に出版されたこの巻の最後でフェルナン・ブローデルがわれわれに残してくれた文章である。そこには、アルベール・デュ・ロワがシャトーヴァロンで彼に尋ねたときに露わにした不安と似たような不安が漂っている。

「――著書のなかでこうおっしゃっています。『いつ家に火がついても不思議はない』と。これは、フランス人をいわば恒常的な内戦状態に引きずり込みかねない国内の対立のことを仰っているんですか。

――もちろんです。しかし、理性的な国で灰燼のすぐそばにいない国などありません。生きているかぎり、どんな国も意に反して分裂しているのです。表面下に分裂がなかったら、フランスに統一などないはずです。

――統一ばかりでなく、不統一の要因でもある国家に、あなたがこれほど積極的な役割を与えていらっしゃることに驚いております。

――統一、不統一……おわかりだと思いますが、この二つの言葉は通底しあっているのです。[……]私は今日の国家が好きではありません。仕方なく我慢しているだけです。国家があそこまでフランス社会に踏み込んでくるなんてぞっとします。最悪なのは、自由がないこと。フランスの将来がどうなるか私にはわかりません。国家が後退できるとはとうてい思えない。国家自らが後退する可能性は完全に捨て切れないかもしれませんが。でも、多くのフランス人は国家の延長上で仕事をしてゆくことになると思います。国家が自分の仕事だけに集中してくれて、少しはわれわれに静かに暮らしをさせてくれると良いのですが。(33)」

フェルナン・ブローデルが国家に関する部分を書き得なかっただけに、これを読むといっそう残念な気持ちになる。シンポジウムでは、ポール・ファブラの質問に答えて経済的な見通しに触れているが、あれから十年後に、われわれはそれが正しかったことを確認することになる。

「現時点においては［つまり、一九八五年十月］危機が終息してくれないかぎり、どんな修正モデルを試してみたところで、現実に適合しないだろうということは、ほとんど確実なことです。そういうわけですから、経済政策に成功しなかったあれこれの政府に対して向けられる判断や批判は、私に言わせれば、どれもたいして意味のないものです。というのも、誰がやったところで、同じように失敗に終わるからです。これと同じ論理で、逆に、もし明日にも世界情勢が好転し、そして危機がありがたくも消え去ってくれれば、どんな政府でも経済政策を成功させることができるでしょう。当然成功するはずがないような政府でも成功するのです。[34]」

これこそが、人生の終りに彼が考えていた重要な事柄だったのだ。ブローデルはその名声に手を借りて、助言を求めてくる数多くの政府高官たちにこの考えを伝えた。彼らが、自らの権力を制限しようという判断を心密かに持ったことは疑い得ない。フェルナン・ブローデルはこのときついに彼の「賢明さ」に達したのだ。

「自分自身に対してはなんとか賢明であることもできましょうが――しかしこれは怪しいものです。他人に対して賢明であることは、それだけでいっそう難しいことです。しかし、さらに未来に対して賢明であること、これはもう不可能です。私たちの社会が何か超自然の栄養分を必要としていることが私にはよくわかります。カトリック教会の凋落は――短期・長期を問わず――恐ろしい空虚を産み出しました。よかろうが悪かろうが、何かをもって、この空虚を埋める必要が絶対にあるのです。人は、奇跡なくしては生きてゆけないからです。［……］そう、とても辛いことなのです。私はいまフランスの宗教史について仕事をしています。この宗教史からわかるのは、宗教が『故障』を起こすたびに、一種の代替物が現れるということです。ですから、これからも必ず代替物が現れるでしょう。しかし、人間は合理的な宗教のなかで生きてゆくことなどできるものでしょうか。そんな努力をしたところでうまく行くはずなどありません。［……］私の賢明さ、ですか。ごらんの通り、そう遠くまで見通せないようです。[35]」

大したものでないとしても、それは、共産主義の崩壊が、ある考えのフランス人たちから、世俗の宗教として働いていたものを奪い去ったあとでこの文章を読むのでなければの話である。ここでもまた、ブローデルが最後に抱いていたこうした宗教史への関心——エマニュエル・ル＝ロワ＝ラデュリに強い印象を与えた——は、われわれが失ったものを云々するのではなく、想像するためのきっかけを提供してくれている。とはいっても、うまく想像できるわけではないのだが。

おそらく、一九八一年にブローデルがブランギエと交わした会話に助けを借りれば、もう少し遠くまで行けるかもしれない。会話は例によって心性の長期持続から始まる。ところが、突然フェルナン・ブローデルはこう打ち明ける。

「私はつねづね宗教史へアプローチするのを躊躇ってきました。なぜなら、歴史家たるもの、生き生きとした共感を持たねばならない運命にあると信じるからです。イスラム教徒でなければイスラム史はできないし、ドイツ人でなければドイツ史はできない。熱烈な宗教心がなければ教会史はできません。とはいえ、私に欠けているのは熱烈さではありません。それよりなにより、そもそも私は最初の手ほどきをきちんと受けていないのです。教理問答書は授業でまったく習っていませんし、聖史も十分に教わっていない。失われた時を取り戻そうと試みましたが、ひとたび失われた時は決して取り戻すことができません。」

こうして、フランス史を書くために、研究の深化を他人任せにしていたこれらの問題に自分で取り組まなければならなくなったのである。

「さて、これらの問題は私にとってひどく重要ですが、また、通説とはひどく異なるようにも思えます。フランス人にとって文明史というと、プレイアード詩派であったり、古典主義であったり、ロマン主義であったりします。［……］しかし、私はそういうことだとは思いません。深いところで文明の運命は宗教の運命なのだと思うのです。」

ブローデルはフランス史を次のように考える。基層には原史時代からの深さを持つ原始宗教があり、その上にほとんど知られていないドルイド教と異教が重なり——しかし、異教については本当に知られているのだろうか——、そしてキリスト教が上に乗る。キリスト教は遺産全体、お互いに浸透しあった一連の遺産全体を征服してそこに重畳するのである。

「この原始宗教は、今日なお生きています。押しつけられたわけです。押しつけられ、押しつけ直された。そのためには人々を再教育する必要がありました。イエズス会によって再び征服されたコルシカ島の話はすでにしましたが、すべての山が再び征服され、すべての野が再び征服されなければならなかったのです。」

新たな導きの糸は、フランスの特殊性の追究である。いかなる国民も想像上の慰めを、彼岸への信仰を必要としていると彼は言う。

「ひとは奇跡を待ち望むなかであらゆることを見るものです。さて、フランス文明、少なくとも上位の文明の基礎を成すキリスト教に恐るべき打撃をもたらしたのは、批評であり、科学的な思考でした。まずは自由思想家たちが教会にまんまと引っかき傷をつけて攻撃の口火を切りますが、聖史にとびついた批評がこれを引き裂く頃になると、攻撃は直接キリストに向けられるようになる。こうなるともうすさまじい変形ぶりです。」

宗教に対するこの攻撃と脱宗教化について一言述べたブランギエに、彼はこう応ずる。

「脱宗教化だけでは十分ではありません。公教育はフランス革命以前にすでに宗教の手から離れていました。おわかりですか。私はさまざまな層の間に対立を見ようとしているのです。しかし伝統的な宗教、思考された宗教、いわば制度化された宗教によって占められる上の層が……この網の目に弱いところが現れるようになると、この宗教を補う別の宗教が現れる。イデオロギーがそれです。イデオロギーとは宗教を補う宗教の配備なのです。私はフランスの文明史をそんなふうに見ています。」

まさに自由な会話の記録である。フェルナン・ブローデルは著書だったらこんなに直接的に、こんなに露わに書かなかったに違いない。全体性の長い緯糸（フランソワ・フュレとジャック・オズーフとブローデルが交わした議論を思い出そう）の背後にある彼の思想の素地をわれわれに明らかにしてくれる。

ブランギエはテレビで放送された対談でブローデルに質問を浴びせながらもう少し先まで話を進めた。

「――お書きになるものを読んでも、人間の考え、習慣、儀式、神話がどうも感じられません。忘れられたもの、隠蔽されたもの、私生活や幻想や意識に属するものが感じ取れないのです。

――それは私の『フランス史』を最後まで読んでいないからですよ。いろいろと理由はあります。そもそもそれは初めから終わりまで書かれていませんし。」

ここで父親が宗教と絶縁した話が語られる。ブローデルは先を続ける。

「――私は苦しみました。驚異、超自然に伴われなければ人間は十全に生きることができないと信じているからです。幻想や、なんでもいいんですが、教会が詩情と教育とともにもたらしてくれる驚異や超自然がなければ人間は十全に生きられない。別の雰囲気、異なった家庭環境で育ったらきっと私もこうしたものに深く感動していたはずです。私はキリスト教の美しさをずっと感じてきました……キリスト教について私が知らないこと、勉強しようとしたこと、そして結局、私の好奇心をもってしても摑めなかったことがいかにたくさんあったか、想像もつかないでしょう〔……〕。

――とすると、いささか二股をかけているような感じだと言ってよいでしょうか。

――ええ、二股どころか、三股ですよ。〔……〕無神論者になりおおせているわけでもなければ、完全なカトリック教徒というわけでもない。〔……〕カトリック世界の驚くべき点は、教会がいわば防波堤になってくれて、あなたを守っているということです。〔……〕あなたは教会によって神から切り離されているのです。〔……〕あるとき気がつきました。いろいろあって私は教会と断絶してしまったが、教会は間違いなく存在している。それがたとえ母と祖母を経由しているにすぎないとしても……。無垢はまあ弁護しますが、そう見えるほど私は教会に対して無垢じゃありません。こう言ったらいいでしょうか。自分自身の外にいるかぎりにおいてとても惹かれるのです。〔……〕私はそこにとてつもない満足を感じます。でも教会でラテン語が話されなくなってからというもの、それはもう、つまらないこと甚だしい。」(36)

フェルナン・ブローデルは一九八四年、スウェーデンのテレビのインタビュー番組でもう一度同じ問題に答えている。「時の流れを遡るなんて簡単にできることではありません。ひとたび生きてしまった現実は取り戻せない……それだけの重みがあるのです。だから、何らかの宗教的実践をしてこなかった人が［……］あとになってからやり直そうとしたって無理な話です。この分野でリサイクルは諦めたほうがいい。［……］ヒトは紀元前何千年も前に人間になりました。［……］死者を敬うようになったときから、ヒトは人間になった。ヒトは自分がいずれ死ぬということを知った日に、奇跡の敷居を跨いだのです。人間がこれを手放しで喜ばなかったことは明らかです。生命がいつの日か自分を決定的に見捨てるという考えを受け入れるのですから、無念を感じなかったわけはありません。(37)」

そして「絶対に対する欲求は、人間に限界があるという意識に結びついていないでしょうか」という質問に対し、フェルナン・ブローデルは次のように答えている。

「人間を特徴づけるものは、当然その限界であり、どうあがいてもその外へ出ることのできない『包み』なのです……。」

おそらく、彼が夢見ていたこの宗教構造の歴史は、彼が言うところの感情的、宗教的な参加を意味するのなら、おそらく端的に実現不可能である。いずれにせよ、二十世紀の終わりにこれが必然であることを誰が否定しえよう。フランソワ・フュレは『幻影の過去』を閉じるにあたってこう記している。

「神を奪われた民主主義的な個人は、今世紀も暮れようとしているいま、歴史という神が土台の上でぐらつくのを目の当たりにしている。この言い知れぬ不安を払いのけなければならない日がまもなくやってくるだろう。(38)」

おそらくこうした広い視野に立って文明史を眺めてこそ、フェルナン・ブローデルによって切り拓かれた領野の全貌ばかりか、現在への省察を深めることによって研究と分析に光を当てることができる彼の能力を最もよく見渡すことができる。ブローデル自身このことをはっきりと意識していたし、文化を論じたものであれ、経済を論じたものであれ、彼の著作にいつまでも衰えることのない現代性を与えているのもおそらくまた、自分と自分の仕事に対するこの聡明さなのである。

第十六章　最後の仕事、名誉、そしてブローデル以後

1 最後の仕事と名誉

フェルナン・ブローデルの伝記のこの最終部分を書きながら、彼が書いた最良の本の一つ、『イタリア・モデル』をどこに入れるべきか私は長い間逡巡してきた。一九七二年から七三年にかけて、すなわち第一線を退いてからすぐに書かれ、エイナウディ社の『イタリア史』第二巻の結論として一九七四年に発表されたこの本が独立した一冊の本として刊行されたのは一九八六年、見事な図版入りのオリジナル・フランス語版として発表されたのはさらにその後、一九八九年末になってからである。こうした経緯によって、この本はフランスで受容されるまでに十五年経ってしまった。しかしながら、私はこの本をブローデル最後の発言に加えることにした。理由は二つある。まずは彼の他の発言の例にもれず文明を扱っているからである。なかんずく、フェルナン・ブローデルがめったに扱わない題材、すなわち文化史に関してまったく自由に語っているという理由があげられる。彼はイタリア人のために書いている。しかも、もはや彼の肩越しにのぞき読むような者はいないから、死に先立つ数週間前、シャトーヴァロンの最後のシンポジウムでもしているように、自分の思考をとことんまで突き詰めている。

ブローデルは、結論で、一四五〇年から一六五〇年のイタリアを扱っている。一九八六年のイタリア語版には（『第二のルネサンス、二つの世紀および三つのイタリア』）というタイトルが付けられることになる。このタイトルは彼の分析を典拠としている。

「連続した三つのイタリア。時代環境も明るさもまったく違う三つのイタリアが一目で区別できる。三つのイタリアは伝統的な区切りに対応している。戦争と平和がその主たる決定者だが、戦争と平和はしばしば経済局面の緩慢な脈動の表れである。」

フェルナン・ブローデルがこうして区別するのは、ヴェネツィア、フィレンツェ、ミラノの間に「ローディの和」が締結された一四五四年以降一四九四年まで穏やかだった平和なイタリアと、フランス、スペイン、スイス、ドイツといった諸外国との戦争によって荒廃したイタリア、そして、「思いがけぬイタリア、つまり、他の多くの条約と同じように、いい加減であったとしてもおかしくないカトー・カンブレジの条約が一五五九年四月一日から三日にかけて［フランスとイギリスの間で、次いでフランスとスペインの間で］締結されるという単純な出来事によって再度平和がもたらされた後の、思いがけぬイタリアである。さて、条約からまもなくしてイタリアは長い休暇、きわめて長期にわたる平和のなかへと転落する。それはまるで平和の牢獄に入れられ、戦争状態の外に留まることを余儀なくされているようなものであった。［……］かくして三つのイタリアが区別できる。一つ目は自由に活動できるイタリア。二つ目は他者の星のもとにあるイタリア。三つ目は、もしスペイン人が駐屯しなければ、再び、しかも長期にわたって自由であったはずの平和なイタリアである。しかし、スペイン人は、ほんの形だけそこにいたにすぎないのではなかろうか。なぜならば、イタリアを支える既存の社会にアリバイと良心を与えたのだから。フレデリコ・シャボが証明したのはこのことである（一九五八年）。［……］スペインという薄いニスの層が剥がれるやいなや、イタリアの上流社会が顕れる。この上流社会が操縦桿を握っているのだ。十六世紀の中葉以降もずっと、真実はミラノその他にあった。[1]」

純粋な出来事から出発して――年来の友人フレデリコ・シャボに助けられ――重厚な歴史へと至る、ブローデル的全体性の鮮やかな手並みの例である。そして当然、その途上にはあらゆる大問題が立ち現れてくる。「産業革命を目前にした一四五〇年のイタリア」から、「イタリアの衰退は識別しうる過程に対応しているのだろうか」という問いまで、あらゆる大問題が。二〇〇年にわたる地中海をたっぷりと彷徨ったあとで、あの愛するイタリアが生きる姿に専心できることにブローデルは強い歓びを感じている。

しかし、この本のひときわ特異な斬新さは別のところにある。すでに述べたように、『フランスのアイデンティティ』が中断されたことによって、これが彼の書いた文化史に関する唯一の大きな本になったという点である。人文主義、ルネサンス、バロックに関する頁は、しばしばこまかな逸話に終始しがちな主題をきわめて高度な視点から概観しており、それゆえきらびやかなものになりえている。だがそこから大きな疑問が生じる。第一番目のイタリアにおいて、経済的に衰弱していたにもかかわらず、フィレンツェが比類ない輝きを無理なく持てたのは一体なぜなのか。この問いは、この本の最後の最後に至るまで発し続けられている。権勢と文化的光輝は本当に無関係なのだろうか。それとも、同じ現象の表裏なのだろうか。それにしても、権勢と衰微は具体的に何を基準にして測ればよいのだろうか。この問いに答えるべく、ブローデルは深く、また同時に広く考えを進める。

「一見したところ不可能なこの問題を克服するには一体どうしたらよいのだろうか。［……］重要な点は、つきつめれば、かかる変動局面がどんな現実、どんな社会的なギャップを問題にしえたか、あるいは実際に問題にしたのかを知ることにあるだろう。誰が打撃を受け、誰が高潮から守られるのか。一般に、富者が蓄積した貨幣を投資にまわすことはめったになく、きわめて良好な経済活動に転換する場合はまれにしかなかったと考えられる。では、富者は奢侈と見栄のためならもっと喜んで貨幣を蕩尽するということだろうか。なるほど社会秩序はそのような蕩尽、そのような気晴しに駆り立てている。裕福な商人は、ビジネスの歓びと利益が減じると、お大尽暮らしに走るものなのだろうか。この比較からおそらくさまざまな連想がよぎることだろう。十六世紀末（一五九五年以降）と十七世紀初頭、ヨーロッパは価格の下落、財政的な浪費、文化的な輝きという状況のうちになかっただろうか。たとえば黄金世紀のスペインが、スチュアート家の輝かしいイギリスが、大公とルーベンスのネーデルラントが、花咲くオランダが、あまりにしばしばルイ十三世様式と呼ばれるアンリ四世様式のフランスが、われわれの脳裏に浮かぶ。(2)」

経済的な土台から心性へ、芸術家たちがいつにもまして実力を発揮できる蕩尽方法へと移行するさまには誰もが感心するに違いない。ここには経済から文化、芸術へと移る歴史がまぎれもなく息づいている。これほどはっきりとした尺度の転換はおそらくどこにも見られないだろう。問題が決着したというのではない。フェルナン・ブローデルはためらっているし、誤った問題にかかずらっているのではないかとさえ言っている。しかし、もしたとえ歴史経済学の分析がいまだ茫漠として彼に明確な答えを出させるものになりえていないとしても、ヨーロッパ規模で見いだせるこうした偶然の一致こそが、芸術史が縮こまったまま収まっている堅く窮屈な殻をいずれぶち破り、遠く離れた心性の歴史や、反対側にある社会史の方へ近づけることになることは誰の目にも明らかではないだろうか。ブローデルは、いつの日かきっと吟味しなければならなくなる布石をここに打ったのである。まだほとんど姿が見えないとはいえ、『アナール』学派規模の革命がいずれこの分野にも起こり、構造的な歴史といわゆる「芸術」史を一つに纏めあげることになるとき、この布石は吟味しなければならなくなるはずである。

人文主義とルネサンスの関係について書かれた章は、おそらく、この主題に関してリュシアン・フェーヴル以来最も力強く、最も斬新な文章だろう。次の指摘を引くにとどめておく。

「一方では贈与や譲渡を、他方では受諾、採用、適用、拒否を明らかにすることで、イタリアから出発して文化財がどのように広がっていったか一歩一歩完全に辿ることができるような歴史学は、かつて書かれたこともなければ、また、書くべく試みられたことさえもない。[……]文化財の普及やあらゆる種類の仲介業者・芸術家だけでなく、商人や単なる旅行者にも同時に注意を払わなければならない。当然のことながら、彼らがいなければこれらの資産は移動することはなかったからである。こうした仲介業者とは一体誰だろうか。彼らはどこで、どのように活動していたのだろうか。」(3)

著書『バロック』を締めくくる文明の問題――あるいは本来の意味での文化の問題と言ってもよいかもしれない――について、ブローデルの発言に耳を傾けてみよう。彼はまず確認する。この文明という語は、「由来こそわからないが、ド・ブロス院長(一七三九年)、ルソー(一七五二年)、ヴェルフリン(一八八八年)によって提唱された。[……]イタリアがこの広大な領域において重要な部分を他にぬきんでて代表しているとはいえ、わが国でイタリアだけを指して使うときの文明という語よりも、それは広い全体を指している。ヨーロッパの中央舞台からあまりにも離れたスペインとなると、なるほど芸術をあまり輸出できないが。[……]バロックとロマン主義に共通する本質は、果てしなく哀しい不安感である。人間は己の条件のうちに苛まれ、絶望し、牢獄のなかに引きこもったまま壁に体をぶつけ、死ぬほどの冷気を感じている。人間は深淵のふちで瞑想するか、深淵を見ないふりをするしかない。時代とともに不安はそのトーンを変え、絶望の問いはその形を変え、哀しみはその対象を変えるかもしれないが、気分にほとんど変わりはない。同様に、フランス革命と帝政時代のヨーロッパで起こった戦争という巨大な冒険は、フランスが、というかある種のフランスが、一五五九年以降強い郷愁を抱くことになったイタリアの戦争というもう一つの冒険に、すみからすみまでというわけではないにしても、どこか似ている。こうした状況の類比例を挙げてみれば、スタンダールの『赤と黒』が私にはバロック的に思える。『パルムの僧院』となればいっそうバロック的である。(4)」

この条りを引用したのは、ブローデルが長期持続を芸術に適用しているからだが、人は時代錯誤を恐れるあまりこうしたことを決してやらない。なるほど、そのことをよく弁えているブローデルは、一九八四年、いささか得々としてこう述べている。

「現代を語るのにルイ十四世の時代の現実をいくつか取り上げるからといって、私が時代錯誤の誇りを受けることはないでしょう。あの『フランス史』では、みんながよく知っている分野において、こんなアプローチの仕方もあるんだということを示したかったのです。実験万歳！　ですね。(5)」

バロックに関する省察には、確かに、あらゆる種類の専門家をして（そして、何人かのスタンダール研究家にさえも）強い抗議の声を上げさせるものがあるだろう。しかし繰り返すようだが、提起された問題は、いやしくも文化史であるという自覚のある芸術史なら、「新しい」歴史学と協力してその答えを出すべき類の問題なのである。

こうしてブローデルは、本来グローバルであらねばならぬ歴史学が陥った誤った蛸壺を、休むことなく破壊し続けてきた。それだからこそ、『イタリア・モデル』はかくも重要なのである。この本は、現在、文化史に関して読みうる最良の書物の一つであるばかりか、歴史の自由へ向けた最も瞠目すべき宣言書でもあるのだ。

ブローデル最晩年の仕事としては『フランスのアイデンティティ』がまず念頭に浮かぶが、彼はまた相変わらず殺到するさまざまな論文の依頼にも応じており、かつてないほどに文明――まずもってフランスの文明――について答えている。一九八三年、あまり重要視されておらず、かろうじて題名だけが記憶されている論文「文明、歴史、食品」[6]において、彼はこの問題に立ち戻っている。だが、この論文を二義的と見るのは間違いである。食品とは文化に属しているのだ。話は一九四五年以後のナポリのピザとホットドッグの旅から、古代ローマ時代におけるスパイスの旅、ガリアでワインを発見したことが、この地に大軍をもって侵略する「下地」になったという逸話にまで至り、さらには、アルコールやタバコなどの興奮剤にまで及ぶ。こうしてフェルナン・ブローデルは食品の「途方もない文化の旅」の長期持続へと乗り出してゆくのだが、それを綴る筆はいつものように冴えわたっている。だが、もちろん食品の拒絶についても調査している。「十六世紀、バターを使った料理や北欧のビールを前にして、南欧の人々、とりわけスペイン人の誰が悪口雑言を吐いたか」。しかし、大問題は別のところにある。

「食品はあらゆる社会層に存在し、しばしば文化的諸現実の中心にある。食品だけで一つの文明または一つの文化の総体を特徴づけることすらできる。これこそまさに（ほとんど不可逆的な）長期持続の真実なのだ。だがこの真実はじつに奇妙な重みを持っている。」

「小麦を食べる」ヨーロッパの到来はすでに見た。『物質文明』初版が刊行された一九六七年頃ちょうど始まった穀物の前史学は、一九八三年には大いに進歩を遂げていた。それにともなってフェルナン・ブローデルの省察も深まりを見せている。

「狭い大陸の文明とは小麦の、パンの文明である。［……］注目すべきは、この結果が古代の選択から生じたものだという点で、その後はもはやそこから自由になれなくなってしまった。もっとも、極東の米やアメリカ・インディアンにとってのとうもろこしについても、同じ事実が確認できる。小麦の猛威と呪縛力の起源は［……］新石器革命にある。「blé〔小麦〕」という語の起源もケルト語かそれ以前に遡る。［……］小麦は毎年同じ畑で収穫することができない。小麦だけ作っていると土地が涸れてしまうので、土地を変え、『輪作する』ことが必要になってくる。［……］こうしたことに必要な移動や重労働を人間の力だけで賄えるとは思えない。この問題は紀元前三世紀からすでに浮上しており、そのときから運命は決せられていたのである。〔……〕すなわち、小麦生産者は必然的に畜産業者でなくてはならなかったのだ。その結果として、小麦生産者は肉を食べ、牛乳と乳製品を摂取するようになったに違いない。小麦を作る百姓は動物性エネルギーを摂取するおかげで、稲作の百姓よりも重労働にも堪えられるようになったのだろう。米なら常に同じ土地に生育し、集約的な農法をとれば、ほとんど人の手だけで一年に二回から三回の収穫を得ることができるのだが……。」

何とすぐれた教育者をわれわれは失ってしまったのだろう！　そして、『文明の文法』がある世代の教科書の原型にならなかったのは実に残念である。この本を読めば、生徒たちは、旧石器時代と氷河期の末期へ、次いで新石器時代の革命にわれわれを連れ戻してくれる発見のなかに書き込まれた長期持続に通暁することができ、いま私たちが占めているこの土地の基層がどうなっていたのか、われわれの見ている風景は、食糧供給のスタイルは、どのような変遷を辿ってきたのか理解できるし、そうすれば、少しずつ、人類学的な意味におけるわれわれの文化の仕組み全体が見えてくるというのに。

フェルナン・ブローデルは、一九八四年末、アンドレ・シャンソンの椅子を継ぐアカデミー・フランセーズ「元帥」に選出され、これを受け入れた。彼は、自分と一緒にマルク・ブロックとリュシアン・フェーヴルもアカデミー入りしたのだと皮肉な冗談を後に言ったらしいが、ブローデルはアカデミー入りするのが遅すぎたとモーリス・ドリュオンが悔しがっていたというから、それもまんざら嘘ではなかったようである。すぐあとで見るように、ブローデルはこの栄冠にいささかも興奮する様子はなかった。歴史学の著述家として、また組織の管理者として休みなく闘い追求してきた変化によりも、彼の得た名声の方にこの栄冠が与えられたように思えたからである。

幸いにも、死に先立つ五週間前にシャトーヴァロンで催されたシンポジウムは、「フェルナン・ブローデルの歴史授業」〔邦訳では『ブローデル、歴史を語る』〕というタイトルにふさわしいものだった。実をいうと、この同じ南仏旅行の際、最終講義としてトゥーロンの中学校で授業を行なっており、シンポジウムはいわばそれを繰り返したものであった。講義の主題に選んだのは「一七〇七年のトゥーロンの攻囲戦」。録画フィルムも存在する〔テレビでの放送は、一九九二年一月十四日〕。

シャトーヴァロンのシンポジウムからはすでに、地中海、資本主義、フランスの三つのテーマをめぐってブローデルが最終的な態度を表明している部分から多くを抜粋した。しかし、その他にも彼は歴史家としての人生に関わる根本問題について見解を述べている。私の知るかぎり、彼がかつてこうした見解を述べたことはない。別の分野の専門家や、彼の弟子、あるいはジャーナリストたちとオープンに語り合ううちに誘発されたのだ。たとえば、経済の諸規則による交換の不平等について説明し終えたポール・ファブラに対して、彼は即座にこう応じている。そこが、とフェルナン・ブローデルは言う、

「経済学者たちの欠点なのです。あなたはいわば内因的説明を提起していますが、私のような歴史家は、むしろ経済学の枠を超えて、外因的な説明を探究する方を選ぶのです。したがって、経済的不平等を経済の枠を超えて説明しようとすれば、経済的不平等は社会的不平等の移し換えにすぎないと気づかされます。私の知るかぎり、不平等でないような人間社会などありませんから。〔……〕その理由は何でしょうか。人間諸科学の分野においては、また精密科学の分野においてもおそらく、一つ問題を提起して、それを解決すれば、かならず別の問題を提起することになるのです。『問題を提起してごらんなさい。それが歴史学全体の始まりであり、同時に終わりになるのです。問題がなければ歴史学はありません』とリュシアン・フェーヴルはよく言っていました。社会的不平等に話を戻しますと、戦史時代の原始社会において、すでに不平等があると思っています。したがって、不平等は、根本的な問題としてあるわけで、これを私は、社会の動物性——みなさんはお笑いになるかもしれませんが——という言葉でまとめようと思うのです。社会的動物であるかぎり、人間はそのなかに住んでいる集団のいわば犠牲にならざるをえない。不平等のない、階層のない集団などありません。経済的不平等は社会的不平等の帰結なのです。(7)」

歴史経済学といわゆる政治経済学の違いは、前者が経済に固有な規範の定義を模索せずに観察する一点に存する。そして経済学者に対するブローデルの特異性は、アラン・マンクが力説したように、経済のなかに社会や社会構造を常に

介在させる点にある。したがって、長期持続における不変要素を明らかにするにあたり、ブローデルが有史以前の人間社会から出発し、新たな基礎に立ったうえで、ジャン＝ジャック・ルソーが『人間不平等起源論』を書いた十八世紀末まで遡る問題を捉え直していることに不思議はない。クロード・レヴィ＝ストロースは、一九六二年、ルソー生誕二五〇年にあたり、『人間不平等起源論』を書いたルソーを「人間科学〔人類学〕の創始者である」[8]と喝破したが、ブローデルはこの文献を読んでいたはずである。つまり、彼が固有の意味での歴史学を越えようとして、民族学の蒐集した資料に足がかりを求めようとしていることは至極当然の営為であると私は言いたいのだ。

いままさにわれわれは、彼が夢見て止まなかったこのうえなく広大な歴史の問題意識のなかにいる。シャトーヴァロンで彼が残す最後の、というかほとんど最後の、いずれにせよ歴史学に関して最後の言葉は、まさにこう繰り返している。「歴史学の領域に境界線はない」。そしてこう断言している。歴史学は「人間諸科学の統一に協力」しなければならない、と。

「私と新しい『アナール』の間にある対立点、私とエマニュエル・ル＝ロワ＝ラデュリの間にある対立点は、私が人間諸科学を救うためなら歴史学を犠牲にしてもよいと決心していることに存するのです。[9]」

そしてなにより、「見通しの入念さ」を擁護する決心にも。彼は最初に、現在に関してこう言っていたのだった。

「実際に重要なことは、その日その日に政治的局面でなされるさまざまな決定が、フランスの歴史であると同時に世界の歴史である深層の歴史のうえを漂うフランスの歴史の流れに一致しているかどうかを知ることです。[10]」

この三日間の対話の最後で、「誰があなたのことを理解できたでしょうか」と問うセオドア・ゼルディンの激しい攻撃から身を守るため、フェルナン・ブローデルは、まだ上梓されていない『フランスのアイデンティティ』に関してこう答えていた。

「どうも曲解されることになりそうですね。しかしそれだけでも満足ですよ。なぜなら、人々はあなたを理解しないかぎりにおいて、勝手にあなたのことを定義しようとするからね。[11]」

次いで答えを補うため、もう少し先で、彼は自分自身の人生の評価に話題を移している。

「私は厖大な数の生徒を持ちました。彼らのことがとても好きです。彼らとたびたび議論してきましたが、必要とあらば、これからもまだ議論してゆくつもりです。よくこう言われます。『先生は本当に恵まれた人生を送っていらっしゃいましたね』と。そういうとき、私はこう抗弁します。［……］私は生涯フランスの大学生活から、そして端的にフランス人としての人生から締め出されたまま生きてきました。私は改革や改善を愛する者の一人ですが、正直に申し上げて、私はそれが簡単なことだと信じてきました。ところが、本当の意味でそれに成功したことは一度としてないのです。［……］高等研究院の第六部門は、一九二九年から一九六八年までの間、最大の研究機関でした。きっと私はずいぶん多くの人たちの神経を逆撫でしたのではないでしょうか！」[12]

振り返ってみて、フェルナン・ブローデルが委員長を務めていた六年間、歴史学の高等教育教授資格試験の審査で一体どんな議論が戦わされていたのだろうか。彼はこう結論している。

「十回に一回、私は締め出されました。私は改革をめざす人間としては、なるほど根本的に左翼の人間です。しかし、私は左からも右からも攻撃されていました。誠実であろうとすると右翼でも左翼でもなくなってしまうからです。最近、左翼が政権の座に就き、多くの旧弊が打破されました。それはそれで正しかったと思います。しかし、ああいう形で国有化政策を進めているのは間違っています。」[13]

これより少し前に、彼はこうした国有化をイタリアのファシズムになぞらえ、なぜこれを断罪するのか説明している……。ただ、のちのちミッテランがブローデルに恨みを抱くことはなかった。アテネまで彼を同行させているし、さらにはブラジルにまで招待している。フェルナン・ブローデルはプラート〔イタリア〕で主宰する集まりがあり、ブラジル行きは断らざるをえなかったが……。

シャトーヴァロンでブローデルは、ついにこうして、あるがままの姿を見せた……。もはや失うものも得るものもない彼は、自分にとって最も重要な事柄をあらいざらい言うことができたのである。もちろんブローデルは、広い視野でものごとを考え、成し得なかった理想の側から現実を評価し、フランスの大学が国のなかで、またまさに変化のただなかにある世界のなかでどうあるべきかを考えている。リュシアン・フェーヴルが一九四六年末すでに予見していたように、「決定的な不安定のなかにある世界」のなかで。ブローデルには一面確かに、近親者が繰り返し証言しているように、「常軌を逸していた」側面があったかもしれない。しかし、常軌のうちにとどまっていたなら、彼はあれほど「生きる歓び」を感じ、歴史に対するあれほどの信頼を持てただろうか。ポール・ブローデルに宛てた格言を思い出そう。「広い視野で見なければいけない。さもなければ歴史は何の役に立つだろうか。」

これこそ、一九八五年十一月二十七日から二十八日にかけての夜、サン・ジェルヴェで死が彼を襲ったときに、彼があの世に持っていった格言であった。良い意味で不可知論者だった彼は、死が正面からやってくるさまを、瞬きもせず眺めていたのである。

2 ブローデル以後

フェルナン・ブローデルはアカデミー・フランセーズの元帥に選ばれていたため、葬儀は盛大だった。『ラ・クロワ』紙〔カトリック系〕から、かつては共産党が彼を攻撃したことも忘れて『ユマニテ』紙までがブローデルの友人や弟子たちの筆を借り、こぞって手放しの弔辞を送った。『ル・コティディアン・ド・パリ』紙は「歴史学の流れを変えてしまった男」とぶち上げ、『レクスプレス』誌はエマニュエル・ル゠ロワ゠ラデュリの「現代で最も偉大な歴史家は帝国を打ち立てた」という記事を載せ、『オプセルヴァトゥール』誌はアンドレ・ビュルギエールのペンで「ブローデル王の壮挙」を称賛した。当時の文部大臣ジャン゠ピエール・シュヴェヌマンは「フェルナン・ブローデルはフランスのために力を尽くした。おそらく他の誰にもまして、われらの時代に光明をもたらす貢献をしたのである」(14)と書いている。一方、ジャック・ル゠ゴフはこんな言葉を投じた。

「フェルナン・ブローデルの突然の死は、私の歴史家人生において最大の衝撃の一つである。〔……〕ブローデルは、われわれがしたいことをしたいようにやれるよういつも励ましてくれた例外的な師であり、精神の独立と建設的な反抗精神を持ち合わせた手強い同志だった。[15]」

マルク・フェローは若い頃の思い出を語って「ブローデルは『銀の騎士』と呼ばれていました」と書き、ジョルジュ・デュビーは『リベラシオン』紙にこう書いている。

「ブローデルは守護聖人だと私は書いたことがあります。紹介されてすぐのことでした。こちらがお願いできないものを彼はずっと私に下さったのですから。〔……〕本当に気前のいい方でした。彼にはどこか王侯貴族のようなところがありました。そんなわけで、今晩、私は気が動転しています。」

概ねこうしたコメントにあって、いささか調子の違うものがいくつかあった。ロベール・ボノーが『ラ・カンゼーヌ・リテレール』誌に載せたコメントがその一つである。一九八二年九月に『歴史』誌に載った短いインタビューで、ブローデルが「大きさも厚みも出てきて『アナール』が成熟期に入ったことは認めます。でも私とは無縁な存在になってしまいました」と語っていて、ブローデルが現在の『アナール』と縁が切れてしまったことを指摘するロベール・ボノーは、続けて次のように述べている。

「人間諸科学『共通の集散地』。歴史学の統合者。ブローデルは、彼の指導のもとで見事な実現を見た前衛歴史家のグランド・デザインをこう定義していた。だがブローデルを成功者として葬るためそこに留まっていなければならないのだろうか。『共通の集散地』の彼方には、『統合』が、人間に関わる諸現象の統一された単一の科学がある。その実現には基礎となる理論がなくてはならない。いままでとは違った努力が、違った人間が、違った『アナール』が必要になるだろう……」

この追悼の合唱中、おそらく最もブローデル的なコメントである。ブローデルが没して十年たつが、地平線には何も現れてこない。だが、問われているのは一人歴史学や歴史家だけではない。人間諸科学の、あるいはおそらくそれよりも広い学問領域の問題なのだ。というのも、ブローデルは遺産を譲渡していないからである。彼が遺産として残した『フランスのアイデンティティ』は、あまりにもストレートに個人的な作品で、他人がその研究を引き継ぐことも、先を続けることもできなかったのだ。その方針からして『アナール』学派がこのような国史を書くことはあるまいと（誤って）考えていた人々をことごとく困惑させただけになおさらである。ベストセラーの仲間入りを果したこの本に、真剣なコメントはまだなされていない(16)。

一九八九年、アンドレ・ビュルギエールとジャック・ルヴェルは自著『フランス史(17)』を紹介しつつ、世間が『フランスのアイデンティティ』を迎え入れたときの「驚きと、ときおり現れた無理解」についてコメントを述べている。二人はそこに、

「大方の場合、『アナール』の動きと国史との関係を歪めてきた誤解（があることに気づいたのである。）［……］おおよそ『実証主義』として非難されていた歴史＝物語が、『アナール』の創始者たちによって恰好の標的とされてきたことは誰も否定しないだろう。フランスの大学で長い間教えられ、疑問に付されることもなかった政治史が、彼らにとって歴史学のあらゆる欠点を集約しているように見えたこともまた明らかである。長い間かけて構築された彼らの批判の根本には、彼らの後継者たちが、政治的なものに不信を抱き続けてきたという事実がある。政治的なものをあまりに安易に出来事すなわち単なる泡沫と同一視し、泡沫の下にこそ、真に重い意味を担ったより深い発展の歴史があるのだと考えていたからである。しかし、時間とともに硬化し、単純化されたこの不信の態度を見て、彼らが本当に国史に興味がないと信じるべきだろうか。否。決してそうではない。」

実は、ブロックにせよフェーヴルにせよ時間がなくてこうした国史を扱うことができなかったという事実が、問題をいっそうやっかいにしてしまったのである。ブローデルにしたところでこの機会を持つのが遅すぎた。確かにこのことが「時間とともに硬化し、単純化された」閉塞状態の一因ともなったし、そもそも『フランスのアイデンティティ』が未完で、文化を（そして、このレベルでは政治を）扱う部分が再開され得ぬままに終わってしまったことも一因になっ

ている。すでに明らかにしたように、三部作が――いくぶんブローデルに衰えが見えるとはいうものの――物質文明に閉じこもるどころか、文化的な経験（人類学的な意味における）や政治的な経験の実験室に向かってそれを乗り越えようとしていただけに、それはいっそう残念なことである。その結果、その著作（と同時に、心性にのみ焦点を合わせた歴史学に対するブローデル自身の批判と断罪）を振り返るとき、どうしても彼が社会＝経済的な長期持続しか研究してこなかったように見えてしまい、いきおい、心性構造の長期持続は忘れられてしまう。すでに強調したように、『イタリア・モデル』がフランスで出版されるのがやっと一九八九年になってからであり、ブローデルの後継者たちがイタリアに関するブローデルの遺産を相続しなかったことに誰も文句を言えないことが事態に拍車をかけている。

すでに指摘したとおり、ブローデルの偶像を引きずり降ろそうという動きは、一九八七年の『自分史試論』、とりわけ、ピエール・ノラがその後記で、「開祖たちへの proskynèse」という、開祖たちへの拝跪とでも訳せるはずの言葉を新語と呼んで攻撃したことに遡る。ノラはマルク・ブロックの傍らをすりぬけ、フェーヴルとラブルースには軽く触れるだけですましてブローデルを際立たせると、開口一番、「『ルナン氏宅での一週間』のバレスに期待している」と口にする（事実、あれこれ考えると、ブローデルがルナンよりあのバレスに近いことに賛成する者もいるかもしれない）。しかし、確かにこの『自分史』集は、おそらくかなりの皮肉を込めてノラが言っているように、「自分の記述に相当の頁を割いている。ラテンアメリカに五時間でショーニュは輝き、バルザールに小ジョッキ一杯でデュビーは騎士に叙せられる。厳かな耳にロンバルディアという単語を囁けば、ル＝ゴフは他人が自分につい耳にしたことを許してくれる。アギュロンはブローデルに代父を頼みにきてくれるだろうか。文を三つも書けば、やっと主題が明らかになり、範囲を明確にされた博士論文が粉々に砕け散り、不実な名付け子はこっそり逃げ出すのである。」(18)

人間科学館をめぐってル＝ゴフとブローデルが起こした衝突の折りに「老け始めた私人」についてル＝ゴフが書いた辛辣なコメントについてはすでに見たが、次にこのコメントを取り上げ、ノラはこう続けている。

「冷酷な後裔たちは、彼の神秘的な外観から現在発されている蜃気楼を雲散霧消させ、彼の価値を下げて、ソ連の元帥よろしく勲章で飾りたてたブローデルと同じ重要性を、たとえばフィリップ・アリエスのような周縁的な人物に与えるかもしれないし、ブローデルにかろうじて残っているものとして［……］人を熱狂させるカリスマ性、天賦の広い視野、有能な人間を探しだし一大帝国を築き上げたとてつもない功績それだけということになるかもしれない。つまり、フランスの正史にペタン主義がはびこるなか、ド・ゴールのように自由な歴史を唱えた人物としてしか残らないかもしれないのである。彼は具現者という種族に属している。彼は、歴史学がまるで肉食獣のように貪欲になった二十年間に捉えたものを具現し、連合し、象徴したのだ。[19]」

『エプタメロンをめぐって』（一九四四年）以後新著を発表しなかったフェーヴルが没してからの十年を入れて二十年と計算しているが、ブローデル一人が具現者だったことを考慮したとしても、これはあまりに短い。肉食獣よりも貪欲な歴史学をこうして具現したのは、実は『地中海』（一九四九年）の出版からシャトーヴァロンの時期までの三十六年間である。いや、死後出版の『イタリア・モデル』を含めた四十年とした方がよい。『イタリア・モデル』は、一〇〇〇年以後に初めて発展を遂げて以来、ヨーロッパ史が経験した最大の転回点についてなされた相当数の定説を覆した著作だからである。

アンドレ・ビュルギエール監修による『歴史科学事典』で「ブローデル」の項目を執筆したモーリス・エマールは、ブローデル固有の貢献をより狭く、しかし、より深く考える見方を取っている。エマールは、『物質文明』が「閉じられた」全体をいささかも形成していないこと、そして事実、『地中海』のように、そのさまざまな要素が全体の堅牢さを危うくしないまま修正や訂正ができるくらいに柔軟な枠組み[20]」を提供していると強調している。

彼はまたこうも力説している。すなわち、

「空間と時間の弁証法は閉じていない。われわれの社会の将来は、資本主義と市場経済のあからさまな衝突にかつてなく結びついている。おそらくそのあたりに、フェルナン・ブローデルの最もアクチュアルな教えがある。なにしろ、あるていどの高みに立ち、いくらか身を引いて、歴史学がその道行きのなかで練り上げてきた、あるいは借用してきた概念から自由になったときにしか歴史は理解できないからである。『全体の集合』たる一個の社会の現実は、こうした概念から常に溢れだしてゆき、汲み尽くすことなど決してできない[21]。」

われわれはここで、ブローデルが他の人間諸科学を用いて切り開いた課題、新しい概念を借用し、これを取り込み、乗り越えてゆく彼の能力、というよりむしろ、歴史学の必要に応じて新しい概念を自家薬籠中のものとする彼の能力が、ロベール・ボノーによって再び問題にされているのを目にする。しかし、ブローデルが没して十年経った一九九五年のいま、彼が歴史家として具体化した他の人間諸科学との総合を実現するためには、彼と同じくらい総合的な精神を持った人の強い影響力がぜひとも必要だという気がする。彼と同じくらい総合的な精神を持った人とはすなわち、先駆者マルセル・モースであり、人類学への関心を目覚めさせてくれた理想的な対話者レヴィ＝ストロースであり、構造へと開かれた生物概念に導いてくれたジャン・ピアジェであり、ブローデルが『生物学から文化へ』という本を出版させたジャック・リュフィエであり、社会学に関して意見の不一致はあったもののジョルジュ・ギュルヴィッチであり、先史時代へ手ほどきをしてくれたアンドレ・ルロワ＝グーランであり、印欧語族社会における三分割機能へと導いてくれたジョルジュ・デュメジルである。これに哲学者のメルロ＝ポンティとフーコーを加えておこう。

確かに構造の研究とその深化という点で彼らは共通していたが、彼らが交流する共同体は構造主義と呼ばれるものにはいささかも対応していなかった。彼らの共同体が頂点に達するのはおそらく、クロード・レヴィ＝ストロースが『神話論理』を完成させ、ブローデルが『歴史学論集』をまとめ、さらにエルネスト・ラブルースとの共著『フランスの経済社会史』を世に問い、アンドレ・ルロワ＝グーランが『身ぶりと言葉』および『西欧芸術の先史時代』を、ジョルジュ・デュメジルが『インド＝ヨーロッパ語族の叙事詩における三機能のイデオロギー』を発表する一九七〇〜七二年の直前であろう。

これらの領袖たちは、今日私たちの目には、不動の一世代を形成しているように見える。だが、どの学問分野においても、総合が必要とされる時代に続いて分化の時代がやってくる。それは一人歴史学だけではない。おそらくそれは、次の総合を迎えるまでに通過する発展の必然的な一段階なのだ。しかし、この状況のおかげで、われわれは、歴史学の歴史におけるブローデルの位置をより明確に看取することができる。すでに見たように、ブローデルは自分が次の世代よりも創始者の世代、すなわちリュシアン・フェーヴルやマルク・ブロックの世代に近いということを知っていた。実は、シャルル・モラゼのように両世界大戦間に歴史家として成熟した人々と、一九四五年以降に「専門家になった」人々の間には断絶が起きていたのである。

それにはいくつかの歴史的な理由があるが、そのうち最もはっきりわかるのは――『アナール』の創始者たちが明らかにした理由――、ブローデルが『アナール』の創始者たちと同じように、一八七〇年の戦争によって傷を負い屈辱を嘗めた国を歴史によって救おうとしたラヴィッスの影響下に成長し、自己形成を遂げたというものである。一九一八年の偽りの勝利によって一八七〇年よりもさらに深く、だがまた違った意味で傷つき、屈辱を味わったフランスにおいて、最も自由な精神の持ち主たちは別の歴史、広い視野を持つ歴史を必要としていた。報復の精神から時間的にも空間的にも解き放たれ、フランス帝国を中位にまで縮めた世界を全面的に受け入れる歴史を必要としていたのである。かくして全体史あるいは総体史という考え方が誕生した。この歴史学には当然経済学が含まれていなければならないはずだが――インフレの再発、金フラン表示〔生産物やサービスの値打ちを、一八三〇年のジェルミナル・フラン法で定められた金の価値を基準として示す尺度〕の放棄、一九二九年の危機、そして言うまでもなくワイマール共和国のドラマを経験してきて経済から逃れることなどできようか――、時代はまた同じくらいの力で、思考の道具一式が辿る変容の分析に導いてもいった。もっともそれは科学の基盤そのものが激変したことが原因に他ならなかったのだが。

ブローデルは諸先輩の後に自己形成を成し遂げたが、その歩みは結局彼らと同じだった。早くも一九四七年末には冷戦が平和の幻想を打ち砕き、インドシナにおける最初の敗北が、またヨーロッパにおいて再びドイツが台頭してきたことが、のちにわれわれが言うように、勝利の女神をばらばらにしてしまった（少なくとも実際に戦争で戦ってきた少数の人々にとってはそう言える）。戦後第二世代の歴史家であるビュルギエールとルヴェルは、考え方が変化した説明として、こんな考え方を提起している。つまり歴史教育が、

「われわれの社会では問題意識になったのだ。一九〇〇年の、一九三五年の、さらには一九五五年の教師にとってさえ、国民の物語は理解できる原則のなかにとどまっていた。知識を得ることと理解することは、なんの苦もなく同一視できていた。ところが、一九八九年の生徒や［……］、いまの社会で暮らし、考えながら［……］彼らを教える人たちは［……］、当然のことながら、自国の歴史が広く共有された価値や意味の一覧表を提供できると言い切れる自信が目に見えて弱くなっている。これにさまざまな理由が加わり、その効果はいや増す。［……］まずは、長い間歴史の意味と呼ばれてきたものに対する信頼の喪失という形を取ってここ二十年来表れてきた感受性の大きな変化である。フランスはもはやさしたる覇権を持っていない。植民地戦争の終焉、第三世界の難産、世界的な景気の後退、それに伴って不可避となった秩序の再編が［……］実際の歴史において長い間万人に信じられてきたことに揺さぶりをかけたのである。今日という日は決定不能になった。明日のことなどなおさらである。［……］われわれは終焉の世界に生きている。進歩の終焉、イデオロギーの終焉、農民の終焉、労働者階級の終焉、家族の終焉、そして最後に、二〇〇〇年にわたる長い革命のサイクルが疲弊の極に達したことを示す、政治の『例外主義』の終焉[22]……」

　この本の出版は一九八九年だが、一九九五年に入って現象はよりいっそう顕著になっている。ピエール・ノラもまた、「フランスの苦悩と不安［を一九七〇年代にまで遡れるとしている］。すなわち、大きな歴史から抜け出したという気持ち、ヨーロッパの建設によって掻き立てられた『国民的アイデンティティの危機』、ジャコバン的なきわめて中央集権的な国が蒙った脱中央集権化の問題、アイデンティティ喪失の別の形態たる移民、そして、まったく偶発的にフランスにいるため、より『消化』しにくい外国人の存在が同化の伝統に提起する問題などの苦悩と不安です。フランス社会の一部は、過去の遺産に支えられているのですから[23]……」

　以上に挙げたうち、フェーヴルとブローデルの世代が第一次世界大戦後に経験したトラウマが最も強力なものとして

浮かんでくることに注目したい。この世代の人間は、一九二九年の危機の結果、フランスの農業伝統がすっかり揺らいでしまった現実を目のあたりにしていた。鉄道によってすでに始まっていた脱僻地化は自動車の普及でさらに拍車をかけられ、その結果、生活水準の前代未聞の比較が農民にもたらされたからである。両世界大戦間にフランスは「消化しにくい」移民問題を経験していた。マルセイユに流入したアルメニア人やパリに流入した中欧ユダヤ人が当時どう書き立てられていたか考えてみればよい。その後も、ファシズムを逃れて流入してきたイタリア移民の政治問題、次いで、ナチズムを逃れてやってきたドイツ人の政治問題と続き、ついにわが国はヒトラーに売り渡すためスペインの共和主義者を大量に収容することになったのである。

極右新聞が激しくわめきたてていたように、こうしたやっかいな危機的事態は、すでにこの頃からフランスのアイデンティティに触れる問題を含んでいた。ナチズムの経験によってこうした声はさいわいいままで和らげられてはきたが、当時も、今日これらの歴史家たちが気づいているのと質的にほとんど変わらない危機感が産み出されていたのである。そのうえ、フランスの民主主義が、ソ連、ドイツ、イタリアにおける、得体の知れない不穏な独裁権力の餌食となったヨーロッパに囲撓されているという意識があった。そしてポーランド、ハンガリー、ルーマニア、フランコ政権のスペインなど、より小さな国家に増殖した独裁体制。それらに囲撓されているという意識は、いまでこそ経験されることもないし、忘れ去られてさえいるけれども。ヨーロッパは今日やっとさまざまな国に対して門戸が再び開かれるようになったが、一九一四年以降は閉ざされていたのである。

ド・ゴールがいたにもかかわらず、フランスが戦勝国の祝宴で失地回復程度の恩恵にしか与れず、一九四〇年の敗戦が原因で、ラヴィッスの世代が経験したいと念じていた大きな歴史からフランスがコースアウトしてしまったこともまた、フェーヴルとブローデルが逃れることのできない問題だった。

一八七〇年の敗戦以来フランスを毒してきた短期的な偶発事から歴史学を解放する必要があり、その代価を払わないかぎり歴史学は科学たりえないという信念を共通して持っていた点で、『アナール』の創始者と彼らの仲間に加わったときのブローデルは後の後継者たちと大きく異なっていた。なるほど、ビュルギエールやルヴェル、あるいはノラを読んでみると、彼らの歴史の説明が、あまりに直接的であまりに短期的な歴史に条件づけられていることが目を奪う。ブローデルが『アナール』で展開した批判を借りれば、流行に条件づけられているのである。

ブローデルが引退するときに歴史学の創造に加わった世代が、ラヴィッスと同様、今度は一九四〇年の敗戦に「毒されて」いることはもはや紛れもない事実である。トゥーヴィエ事件からブスケの犯罪露見まで、あるいはブスケとフランソワ・ミッテランの関係が暴露された事件まで、一九四〇年の敗戦の影響はさまざまな形で表れ、一九九〇年代のフランス人の頭上にひっきりなしに降り懸かっているのだ。第三共和制が崩壊し、人民戦線内閣がペタンに膝を屈したことは、二十世紀史の局地的な出来事ではあるが、実は、その「重い」変化はまったく別のところで起こった。戦争を拒否し、捕虜になってそこから逃げ出すことで、ブローデルはいわば、それらの出来事との距離を発見したのだ。彼に続く二世代のフランスの歴史家はその距離をいまだに取り戻せていない。

フランス史に固有のこのトラウマ――五十三年前の占領下において、ブスケの役割がなぜ政治を暴くことになるのか、一九九五年のいま、アメリカ人に説明してみるとよい――は、いままさに紡がれている歴史よりはむしろ、一国の正史を省察する態度を左右している。それは、ソ連の記録文書保管所が開放されたときの、思いもかけない衝撃を見てみれば十分である。ジャック・デュクロは一九四〇年六月から七月にかけてナチの首脳部との交渉記録を送っていながら、一方ではコミンテルン〔第三インターナショナル〕、ソ連共産党、国家政治保安部、K・G・Bなどの指導者や協力者とまったく同じように、不滅の共産主義を支持する文章を書いていたのである。これらの記録文書が公開され、メガトン級の虚偽が発見されるや、突如として揺すぶられたのは、二十世紀の歴史であるよりはむしろ共産党正史の重みに押しつぶされて長らく粉飾を余儀なくされてきた歴史の方であった――反主流派のコミュニストたちはこのことをすでにあらかた書き終えていた。たとえば、一九三九年から四〇年にかけてのフランス共産党については、ブローデルが一九五五年に高等研究院第六部門に採用を拒否したあのアミルカーレ・ロッシが書いている(24)。

結局のところ、歴史の流れにたまたま現れた副次的な現象にすぎないものが――科学的たらんとするようになって以来、歴史学は常に記録保管所で発見された文書から出発して作りなおされてきたわけだから――、フランス正史に固有の面倒があったために、生の資料の出現しか期待しない「実証主義的」フェティシズムを目覚めさせてしまったのである。こうなると記録文書を無批判で受け入れるフィリップ・ビュラン流の実証主義への退行はほぼ確実になる。しかもこうした歴史観の修正に伴って、ノラがブローデルのなかに、「フランスの正史にペタン主義がはびこるなか、ド・ゴールのように自由な歴史を唱えた人物」を見るのがおそらく間違っていなかった時期にあって、実証主義は「全体性」すなわち展望を拒否するのである。

現代史の記録文書を漁りまわっているだけの輩が書いたものを読んでいると、ヴィシー政権、ナチの占領と続いた暗い時代の終わりにフェーヴルが行なった信仰告白を、彼らの鼻先につきつけたくなってくる。

「みなさん、事実というものは、時が多少なりとも深く埋め込んだ実体的な現実なのだから、これを掘り出し、汚れを取って、同時代人の前で白日のもとにさらせば事が済むとお考えでしょうか。〔……〕オーラール、セニョボス、ラングロワのようなわが先人たちの同時代人にとってはそれでよかった。『科学』という言葉がきわめて重くのしかかっていた時代ですから（しかし、彼らは科学の経験的知識もなく、その方法についても無知でした）。〔……〕十年一日のごとき考え方です。一つ一つがはっきりと異なる、きれいに磨き上げられた小立方体のモザイクピースが組み合わされて事実ができている。地震がこのモザイクをバラバラにする。立方体は地面に埋まる。さあ、これを再び掘り起こそう。なににもまして、たった一つでも取りこぼさないように注意しよう。〔……〕選り好みは禁物だ。われわれの師が言っていたことはつまりこういうことだったのです。まるで、〔……〕いかなる歴史学にも選択はないかのようでした。〔……〕恣意性、不可。先入観、可。〔……〕人間的な事実の思考を拒否する歴史家になるべし。あたかも事実は人間の製作物ではないかのように、いかなる意味においても、事実があらかじめ人間によって『選択』されてはいないかのように、こうした事実に素直に、単純に従う歴史家になりたまえ（そしてそれらの事実は歴史家によって選択されないわけではない)。――これは技術上の助言にしかすぎません。優秀な人材は輩出するでしょう。しかし、それは歴史家とは言えません」[25]。

ここにあるのは世代間の交差点だ。「歴史記述を偏重する」歴史学の虚しい大混乱や、「実証主義的」歴史学の閉域から抜け出して、深層の歴史学に到達し、出来事の連なりのはるか彼方で変動の根拠と方向を明らかにするため、『アナール』の創始者たちは過去の転換期を選んだ。マルク・ブロックは中世と封建社会を、リュシアン・フェーヴルは宗教危機と不信仰の十六世紀を、ブローデルは同じく近代経済と資本主義の黎明期たる十六世紀と十七世紀を選んだのであった。彼らは臆することなくこれらの問題に立ち向かっていった。現在の諸問題から出発してこうした転換期を研究していたのである。

ラヴィッスによって具体化された、共和国末期に向けられた歴史学に対抗して、彼らはヨーロッパの「大きな歴史」に合流し(多くの人にとって、若い頃、ヨーロッパとはドイツを意味していた)、フランシュ゠コンテ地方や地中海の観測所から見たヨーロッパとはいえ、ヨーロッパ形成史を明らかにしたのである――マルク・ブロックが一九四〇年に始めた最後の研究ノートのタイトルは「ヨーロッパ文明の枠組みにおけるフランス社会の歴史」ではなかったろうか。さらに細かく言えば、フェーヴルがたとえばライン川に関する本のなかで国境に注意を払っていたことを思い出すことができるかもしれない。

ブローデルはまさにこの路線の後継者だった。フェーヴルが晩年にしか実証することのできなかったこの世界化を、ブローデルは最も脂ののりきった時期に経験しており、第六部門、次いで人間科学館を通してそれに参加したのである。そしてこの世界化は、彼が大作を産み出す誘因となった。人類学の問い直しと、世界規模の経済と情報の発達という別の形で理論的に不可避な影響を彼に与えていただけにいっそうその誘因となった。以前ブローデルは、坩堝のイタリアに夢中になるさらにその前、マルクスからマックス・ヴェーバーに至る、経済を中心にしたドイツの史料編纂によって開かれた途方もない地平に惹かれて十六世紀史家になったことがあった。そのときと同じように、彼の歴史学が世界化に向かって拡大してゆくにあたっても、歴史プロパーとセットになった人間諸科学の相互依存が決定的な影響を与えたのである。

ブローデルにこうした研究と実験の分野を提供したのは時代であった。そして、トックヴィルやミシュレからラヴィッスや初期『アナール』の人々に至るフランスの偉大な近代史家はすべて、時代とともに生まれた新たな問題に過去を読み解く新しい方法で答えを与えたときに誕生している。ブローデルの成功は、フランス、ということは必然的にヨーロッパが二十一世紀に入って抱えることになろうと思われる問題意識に対し、彼の三部作が今日なお最良の答えを与えてくれるという事実によって明らかである。これまでかくも強く農業経済に特徴づけられてきたフランスは、どのようにしたら工業大国、農業大国、輸出大国として成長し続けてゆけるのか。合衆国、東アジアに対し、ヨーロッパ共同体を経済＝世界としてどう組織し、そのためにフランスという空間をどう組織すべきなのか。こうしたことに照らしてフランスの長期持続を調べようとしていた矢先、彼の死がそれを中断させてしまった。

これまでフェルナン・ブローデルの本当の大きさに評価をくだすことができなかったのは、リュシアン・フェーヴルとマルク＝ブロックの往復書簡がなかなか出版されなかったからだけではなく、今日、ベルトラン・ミュレール、マルレーン・ヴェッセル、さらにはリュシアン・フェーヴルの講義録『ミシュレとルネサンス』を出版した他ならぬポール・ブローデルの業績などによって、欠落は徐々に埋められるようになってきてはいるものの、彼らと彼ら固有の貢献に関する全体的な研究が欠けていたからである。私がこの本を書き終えようとしている現在も、フランス史の流れをいまのフランスに立って鳥瞰させてくれるような著作は一つとしてない。

もっとも、現在まで科学がどのように推移してきたかという調査を、物理学や生物学の分野でさえ、人間科学となればなおいっそう、教育・研究の場面から遠ざけてきた直接の責任がわがフランスの大学にあることは指摘できる。造形芸術、詩、文学一般にも関しても同断である。かかる調査研究は自己批判でしかありえないだろうし、そもそもはっきり目に見える類のものではない。だが、ここにこそフランスにおけるブローデル離れ、「脱ブローデル化」の傾向を解く鍵があるのだ。ブローデルのような十六世紀研究家ばかりでなく、啓蒙主義やフランス革命の歴史家たちもわかっていたように、フランス本土の歴史の外に出て、少なくともヨーロッパの歴史、より広くは西洋の、さらには世界の歴史に出て行かないかぎり、十九世紀あるいは二十世紀の研究家になることはできない。フランソワ・フュレは彼の最新作でそのことをきちんと理解していた。

ブローデルは『アナール』山系の最良部分に連なっている。『アナール』とは、このとき、彼の言っていたように初期『アナール』のことだ。彼はとりわけリュシアン・フェーヴルのおかげで歴史全体、世界全体を理解し、説明したいという欲求を掻き立てられた。そのために彼は、人間の将来に対する信頼、つまるところ長期持続に由来する信頼に突き動かされる必要があったのである。

彼が直接詰問されたのはまさにこの点に関してなのである。構造歴史学は、変化や革命によって自らの規則に違反する現場を取り押さえられることはあるのか。構造歴史学は本当に構造の不動性に価値を置いているのか。逆に、不動性の下に、いまにも爆発しそうな緊張を暴いてくれるのではなかろうか。ブローデルの生涯に産み出された大きな不連続を見てみると、一九二九年のウォール街のブラック・サーズディから六八年五月革命、ヨム＝キプル戦争〔第四次中東戦争、一九七三年〕後の一九七三年の危機の勃発、そしてついには共産主義の崩壊に至るまで、これら不連続のほとんどが予測のつかなかったものであることにまず驚かされないだろうか。いずれの場合も確かに、六八年五月革命に関してラカンが述べた言葉が現実を突いているかもしれない。街頭に出たのは、また東ドイツの人々が実際に足を運んで投票するという形で表れたのは、あるいは経済指数において急成長を遂げたのは、構造である、という言葉か。しかし、グリュックスマンの非難が残る。こうして実践された構造歴史学は、ある不連続性だけを無視しているというのである。ある特定の不連続性。すなわち戦争だけを。

戦争といっても昔の戦争ではない。十六世紀、十八世紀の出来事の泡のような戦争でなければ、フランス革命や帝政の戦争でも、いや、一八七〇年の戦争ですらない。ここで戦争とは近代戦のことである。周知のとおり、フェーヴルとブロックは第一次世界大戦の不条理と恐怖に反発を抱き、そこから逃れようと努めながらも同時に第二次世界大戦を予測させそうなものに注意を怠らず、彼らなりの仕方でこれに立ち向かおうとしていた。ところがブローデルはこれを拒否する。捕虜時代の講演ノートからすでに、彼が第二次世界大戦を月並みな現象として扱っていたことがうかがえる。つまり、一九一四〜一八年の戦争と一九三九〜四五年の戦争を長期持続の鎖の一つの環に含めているのである。

彼は直接に惨禍を蒙った一九三九年から四五年のこの戦争を、その予兆から結末に至るまで、ほぼ一度も考慮に入れずに分析している。文明の危機にはあれほど注意を払っていた彼が——六八年五月革命以降について彼が言っていたことを思い出してほしい——、自ら経験した二つの戦争を括弧に入れているのである。

フェルナン・ブローデルが戦争を前にして幼い頃に経験した排外主義ヒステリーに屈しない理性を保とうとしたことはほぼ間違いない。医学に対する嗜好が、理性と感情のデカルト的な分離を彼に教え込んだのである。この分離は今世紀の終わりに至るまでほとんど疑問に付されることがなかった。彼には遅すぎたのだ。

しかし、捕虜時代の講演原稿を手にしているいま、彼が両大戦を視野の外へ駆逐した直接の理由は、戦争が押し流してゆく出来事の力そのものによって、社会、経済、構造の深部において働く真の「大きな歴史」が覆い隠されてしまうことを危惧していたからだと考えることができる。両世界大戦の衝撃が時とともに薄らいできて、それらの戦争がかつていかに全面的であったとしても、また、いまますます全面的になりつつあっても、彼がめざす全体性には関わりがないことに彼はおそらく気づいたのだ。これら二十世紀の戦争は、その構造そのものからして起源となる上流を持っていなかった。それなのに、われわれはその戦争が下流に投じた影のなかで生きてきた——そしていまだに生きているのである。ヨーロッパは二つの戦争が産み出した恐怖の体制を脱却した。だが、世界はそれらを作った台風の進路からまだ外れずにいる。長期持続を語るにはまだ早すぎるのだ。

これこそ後に続く歴史家たちに彼が未解決のまま残した問題である。彼らは、ブローデルと違って、「エントフレムドゥンク」すなわち対象との隔たりが失われることにもはや恐怖心を抱くことはないだろう。ブローデルは歴史における距離の問題をまた違った形で立てている。

ブローデルをブローデルたらしめたのは彼の着想した歴史学だったのだろうか。彼は〔テレビ番組〕『回想フェルナン・ブローデル』に収録されたインタビューのうち放送された部分で、ブランギエにまさにこう答えている。彼がかくある歴史家になるにあたっては、

「教職についたこと、教えるのが好きだったこと、何人かの人〔ピレンヌ、リュシアン・フェーヴル〕に出会ったことなど全体が作用していました。少しずつと言ったらいいか、知らず知らずのうちに、私はいまの私になっていたのです……」

つまるところ、歴史家としての彼の矛盾とは、「大きな歴史」の探究が精神の領域であり、その領域で、経済的なものと文化的なものを支配する変動局面を前にして、彼によれば資本家のように「賭け」ができることを経験的に確かめようとしたことにあった。利益——この場合は知的な利益——が最大限になる領域を選ぶこと。つまり、「無分別な存在」と彼が称していたものが最大限になるように、あらゆる壁を崩壊させること。窮極の目標として「全体性」を追求すること。これが歴史家としての彼の生き方だった。『回想』のなかで、同じくブランギエに、こう語っている。

「現在の世界において私が受け入れているのは、私がまだ自分なりのやり方で生きてゆけるということです。」

「でも、不安は?」

「ありません。」

「この先についても?」

「私は生まれつき将来のことが不安にならないたちです。将来はひどくうっとうしいものになるでしょう。あれこれさんざん聞かされてはいても、社会の改革だって、政府の改革だって、経済の改革だって、やっている様子はまったく見られませんから〔一九八一年現在〕。暮らしは以前と変わりませんよ。過去は現在に嵌入し、言ってみれば、われわれの暮らしを捉えるものだと私は思っています。過去といっても最近の過去ではありません。古い過去のことです。

[……] あがいてもむだです。われわれは塊のなかに捉えられたまま引きずられているんですから……」
「どうもそのことを残念がっているように見受けられるんですが。過去に生きた人だというのに。」
「いや……残念がっているように見えるとすれば、それは何かを提示するときのポーズですよ。[……]ご存じでしょ。私が一切の判断を自らに禁じていることは。私はなるべく……なるべく物事の外側に立とうとしているんです。容易なことではありませんが。」

ブローデルは、いまわれわれが立ち上げようとしているヨーロッパにかくも重くのしかかり続けている過去の「覆い」をすべて白日の下に曝し尽くしたわけではないが、少なくともその途は開いた。現在、歴史学は細分化されているが、この現状を越えて大いなる総合への欲求がやがて生まれてくるだろう。リュシアン・フェーヴルが歴史家たちに発した厳命は、いまだにその今日的意義を失っていないのではなかろうか。

「この先も相変わらず研究室に閉じこもって、鎧戸を閉め、カーテンを引いて、カードと首っ引きになっているかぎり――両目を見開いて生を見つめようともせず、生に関わる問いをあえて自らに発することのない歴史学、いまや不安と不満がますます高まっているというのに、その現代人に栄養を与えることもできない歴史学を培ってゆくかぎり――、われわれは周囲の世界から孤立してしまうでしょう。」

情熱、歓喜、郷愁、矛盾を経巡りながらわれわれはブローデルの旅をしてきた。この長い旅の終わりに、彼がシャトーヴァロンのシンポジウムで口にした最後の言葉を引くことにしよう。彼が聴衆に宛てた最後の言葉である。
「たいへん楽しかったですね。私が好感を持っている人たちから、シンポジウムの前にこう言われたものです。『いつものように突拍子もないことは言わないで下さい！』とね。みなさんは私が彼らの忠告を守ったと思いませんか。(26)」

パリ、サン＝トロペ、メジェーヴ、パリ

一九九三年七月～一九九五年六月

原注

第一章

（1）『歴史のための闘い』アルマン・コラン社、一九五三年、二九五および三〇七～三〇八頁。〔邦訳、長谷川輝夫訳、平凡社ライブラリー、抄訳のため訳書には収録されていない〕。

（2）初めは『アナール手帳』アルマン・コラン社、一九七四年に発表され、次いで一九九三年に刊行された。一八五頁。

（3）クシシトフ・ポミアン「『アナール』の時代」、ピエール・ノラ編『記憶の場所』第二巻「国民」ガリマール社、一九八六年所収〔以下、本書については、ポミアン、と記す〕。

（4）本書、第十四章、五六一頁参照。

（5）コーネル大学出版局、ロンドン、一九七六年。〔以下、「序文」と記す〕。

（6）『リュシアン・フェーヴル（一八七八～一九五六年）、歴史の境界で』

（7）ファイヤール社、一九九四年。

（8）『アカデミー・フランセーズ入会演説』アルトー社、パリ、一九八五年、三九～四〇頁。

（9）そういうわけでフェルナン・ブローデルの母親の名前はルイーズ・ファレ、一八七八年三月九日パリのウエスト通り生まれ、ルイーズの父親は不詳。証人の名前は――実際には父親――ビュテ（出生証書ではビュッテ）、ニーム（またはその近郊）生まれであった。

(10) フランソワーズ・ピノー提供の覚書。

(11) 特に指示しないかぎり、フェルナン・ブローデルの打ち明け話は、一九八一年のジャン＝クロード・ブランギエとの対談から原稿を起こしたもの（私が手を加えた）の抜粋である。したがって、自由な発言の断片であり、フェルナン・ブローデルが修正していないものであるから、引用と見なすことはできない。

(12) 『アカデミー・フランセーズ入会演説』三九頁。実際、祖父のジュール・ブローデル（一八三七～一八九八年）は、リュメヴィルから二五キロ北のトレヴレの粉屋の息子で、トゥーロンで兵役についたが、イタリアとモロッコへの遠征には加わらなかった。家族の言い伝えでは、この祖父は「鏡のような美男」であった。彼は一八六七年十月三十日にエミリー・コルノと結婚した。

(13) 「私の歴史家修業」『歴史学論集』第二巻、アルトー社、一九九〇年、一〇頁に再録。〔邦訳「個人的証言」、井上幸治編集・監訳『フェルナン・ブローデル』、新評論、一九八九年、一三三～一三四頁〕。

(14) 本書第六章、二二四頁以降参照。

(15) 『歴史学論集』第二巻、一〇頁。

(16) 『フランスのアイデンティティ』第三巻、アルトー＝フラマリオン社、一九八六年、九六頁。

(17) 『歴史学論集』第二巻、一〇頁。

(18) 『フランスのアイデンティティ』第一巻、一四六～一四七頁。

(19) 同右、一五五頁。

(20) 同右、注、一三三頁。

(21) 同右、一五六頁。

(22) 同右、一五五頁。

(23) 同右、一五六頁。

(24) 後述、次節四八頁参照。

(25) このマルクス主義者という単語を私はかっこに入れておくが、「フランスの」という形容詞を付けている。なぜならオーラールは、マルクスという名前を知っているとしても、当然マルクスについてはきわめて漠然たる知識しか持っていなかったからであり、カウツキーのような当時のドイツのマルクス主義者の認識とはいかなる関係もないからである。それに現在われわれがこの用語を理解するような意味でオーラールがマルクス主義者であったとは彼については言うことができない。政治的には、オーラールは、「信念の堅固な急進派」と呼ばれるものであったし、フリーメーソンのメンバーであったし、一八八六年以来彼のために創設されたフランス革命史の講座の主任教授であった。

(26) ブローデル文書。〔フランス国立古文書館に所蔵されているブローデル関係資料〕。

(27) 「ブローデル、新しい歴史のボス」『マガジーヌ・リテレール』二一二号、一九八四年十一月、二〇頁。

(28) 同右。

(29) 『歴史学論集』第二巻、一一頁。

(30) アンドレ・マジノ(一八七七～一九三二年)、彼の名前を持つ要塞線で有名になる前に、一九一四年の戦争で閣外大臣で、重傷を負った武器のせいで有名であった、当時の政府の要人の一人。ジャン゠ピエール・アルビュロによれば、新聞発行の音頭をとったのは編集長のレオン・フロランタンである。彼は「マジノに味方して、仲間の急進派から離れていた。穏健派であったレオン・フロランタンはその頃読者に二つの指示を与えていた。〈反動でもなく、革命でもない〉というものであったが、それはまた政教分離を支持するものでもあった。そういうわけで彼は、一九二四年に、共和国をまだ卑劣な政体扱いしていた、ムーズ県で一番よく読まれていた週刊誌『ムーズの十字架』と定期的に対立していた」。

(31) 『歴史学論集』第二巻、一一頁。二つ目の引用文は、『ブローデル、歴史を語る』シャトーヴァロン、一九八五年、一六六頁〔邦訳、福井憲彦・松本雅弘訳、新曜社、二〇八頁〕からとったものである。この要約は二つの悪い思い出を排除している。まず第一に、ラ・フレーシュの陸軍幼年学校に赴任するのを拒否して、職を見つけてくれたアグレガシオン審査委員長に対してブローデルは我慢のならない態度をとったという事実。「私は軍隊は好きじゃない。――ではトゥーロンはどうか。――いえ、海軍は好きではありません。」〔兄のレーモンが海軍を選んだばかりだったのだ。〕次に、父親の姉が住んでいたコンデ゠アン゠バロワの若くて美しい小学校教師に対する初めての恋愛に失敗したこと。「フェルナンの両親は、コンデに行ったとき、娘の両親に会いに行かなかったのです。大変な侮辱でした」

とフランソワーズ・ピノーは語っている。ブローデルはアグレガシオンを手にして、バールで会うことを約束したが、相手の娘の方は来なかったのである。
(32)『歴史学論集』第二巻、一一頁。
(33) フェルナン・ブローデル『バール＝ル＝デュックにおけるフランス革命の始まり』ムーズ資料 (O.C.C.E., Section de la Meuse, 3, rue François-de-Guise, 55000 Bar-le-Duc) 八頁。
(34) もっともこれこそはオーラールの教えである。フランソワ・フュレは『ある幻影の過去。共産主義者の神話の歴史』(ラフォン社、一九九五年、八一頁) で、オーラールは「〈状況〉による放免を最も広範に用いたフランス革命の歴史家である」ことを強調している。
(35)『バール＝ル＝デュックにおけるフランス革命の始まり』一一八頁。
(36) 同右、一〇および一一頁。

第二章

(1)『アナール』八号、一九五四年、三七四頁、注一。『地理学。五十周年についての反省』。
(2)「ブローデル、新しい歴史のボス」『マガジーヌ・リテレール』一八頁。〔『フェルナン・ブローデル』二一八頁〕。
(3) ジョルジュ・デュビー、ギイ・ラルドロー『対話』、フラマリオン社、パリ、一九八〇年、九五頁。〔邦訳、『歴史家のアトリエ』、阿部一智訳、新評論、一三五〜一三六頁、なお後出のフュレ『歴史学のアトリエ』は別の著作である〕。
(4) この人はソルボンヌ大学でブローデルの先生である。
(5)『フランスのアイデンティティ』第二巻、一三〜一四頁。
(6) ベルトラン・ミュレール編『マルク・ブロック、リュシアン・フェーヴル往復書簡集』第一巻「『アナール』の誕生、一九二八〜一九三三年」、ファイヤール社、一九九四年、序文、XIV頁からの引用。
(7) イヴ・ラコスト「空間を考える」『マガジーヌ・リテレール』三三頁。〔『フェルナン・ブローデル』二四四頁〕。
(8)『マガジーヌ・リテレール』一八頁。〔同右、一六八頁〕。
(9) ブローデルは、国民議会議員選挙の際にコンスタンティーヌの (右翼の) 議員に反対のキャンペーン活動を公然と行なっていた。トゥーロンへの配置転換は違法であったこ。というのも本人の意志に反して教員を移動させることができるのは職業上の理由からだけだからである。ブローデルは文部省に「トゥーロンヘノ配置転換ハ違法デアッタ」という電報を送った。退職の直前に、ブローデルは自分に関するファイルを要求した。責任者はそれを重々しい様子でブローデルに返却した。「あなたは悪いファイルをお持ちですね。」この冗談は例の電報に関係していたのだった。

(10)『歴史学論集』第二巻、一二三頁。

第三章

(1) ブローデル文書。

(2) 一九九四年十二月一日の証言。

(3)『ル・モンド』一九八五年十一月三十日。

(4) ブローデル文書。

(5) ブローデルを先生としたポール・ブローデルは、私にこう言った。「あれはよく考え抜いた戦術でした。ブローデルは自分のクラスを皮肉によって運営していました。パリではあきらめたに違いありません。なぜならよくこう言っていたからです。『アルジェでは、ああいうふうに皮肉を言うことができた。クラス全体が犠牲者の側だった。しかしパリでは、クラスは、残念ながら、どっと笑うだけだった。』」

(6) これは、戦いを継続しようとする国会議員たちを一九四〇年六月にボルドーからモロッコまで連れてゆく船である。

(7) フェルナン・ブローデル自身の手で校正されたフランス語原稿。ブローデル文書。

(8)『回想フェルナン・ブローデル』、一九八四年八月に放送された対談の部分。

(9) 一九四五年以後ブローデルの生徒であったフレデリック・モーロは、シマンカスで夕方になると、ハミルトンとブローデルは何をしていいかわからず、互いに向き合って座っていて、ハミルトンがブローデルに次のように言っていたと伝えている。「私はパリ駐在のアメリカ大使だ。君は外務大臣だ。賠償問題を議論しようじゃないか！」

(10)『マガジーヌ・リテレール』一八頁。〔邦訳、『フェルナン・ブローデル』、一六六頁〕。

(11)同右。
(12)無理やりにである。というのは一九三七年に高等研究院に任命されたためにその年の秋と次の学年度パリにいなければならなかったし、一九三八年七月にはリュシアン・フェーヴルが博士論文の執筆を開始するよう説得したから、撮影の禁じられていたドゥブロヴニクには戻らなかったのである。
(13)「私の歴史家修業」一四頁。
(14)『歴史学雑誌』一九五〇年、二二七頁。〔邦訳、『フェルナン・ブローデル』三〇五～三〇六頁〕。
(15)リュシアン・フェーヴル『フェリペ二世とフランシュ＝コンテ地方』再版、フラマリオン社、パリ、一九七〇年、前書き、九～一〇頁。
(16)『歴史学雑誌』一九五〇年、前出。〔邦訳、『フェルナン・ブローデル』、三〇六頁〕。
(17)同右。〔同上、三〇六頁〕。
(18)『マガジーヌ・リテレール』一八頁。〔邦訳、『フェルナン・ブローデル』一六六～一六七頁〕。
(19)ポール・ブローデル「フェルナン・ブローデルの知的起源」『アナール』I、一九九二年。
(20)『歴史学雑誌』一九五〇年、前出。〔邦訳、『フェルナン・ブローデル』、三〇六頁〕。
(21)『マガジーヌ・リテレール』一八頁。〔同右、一六七頁〕。
(22)『歴史学雑誌』前掲書、二二八頁。フェーヴルは注のなかで自分は「人物の高い位と言っているのであり、主題について言っているのではない」と強調している。「というのは、地中海を扱った本はすでに数多く出ているからである。〔……〕しかしそうした本は、たいていは大急ぎで書かれた著作で、いま私が関心を持っているこの本とは何ら共通するところがない。」〔邦訳、三二六頁〕。
(23)「私の歴史家修業」一一～一二頁。〔邦訳、『フェルナン・ブローデル』、一三六頁〕。
(24)後述、一〇三～一〇四頁参照。
(25)『マガジーヌ・リテレール』一八頁。〔邦訳、『フェルナン・ブローデル』、一六八頁〕。
(26)『アルジェリアの歴史と歴史家』パリ、一九三一年。
(27)『歴史学論集』第一巻、四七頁。
(28)「フェルナン・ブローデルの知的起源」前掲論文、二四〇頁。

(29)『歴史学論集』第二巻、二一〇〜二一一頁。〔邦訳、『フェルナン・ブローデル』、一四九〜一五一頁〕。

(30) 一八六六年にオランに生まれ、一九四〇年に亡くなった。『アナール』の編集委員として、彼は熱心な寄稿者でもあった。戦争中反ユダヤの法律の犠牲になり、彼の蔵書は徴発され、住まいは略奪された。だからモンプリエに逃げなければならなかった。」『マルク・ブロック、リュシアン・フェーヴル往復書簡集』五一八頁。ここにはアンリ・オゼールの生涯に関する情報が見つかる。

(31) 東洋学者ウィリアム・マルセの弟で、当時はアルジェ大学教授であり、アルジェ古代博物館館長である。マルク・ブロックは、学会発表や要旨を含む巻の『アナール』の報告のなかで、「アルジェの歴史やマグレブの歴史の学会ではなく、アルジェにたまたま集まった歴史家の学会を」やったことを嘆いている。これについては、本書一一五頁後述のジョルジュ・マルセの発表についてのブローデルの意見を参照。

(32) 一八六二〜一九三五年。アンリ・ピレンヌと『アナール』との関係は、『マルク・ブロック、リュシアン・フェーヴル往復書簡集』五二〇〜五二一頁にある。「リュシアン・フェーヴルは、一九一〇年に『いささか偶然』アンリ・ピレンヌを発見していたし、次にマルク・ブロックは自分たちがどれほどアンリ・ピレンヌに負うところが大きいかを絶えず思い出させた。アンリ・ピレンヌの著作、第一次世界大戦中の抵抗運動、名声ゆえに、大戦の直後にリュシアン・フェーヴルが計画していた経済史の国際的な雑誌の編集を担当するように名指された。」これをピレンヌが拒絶したことは周知の通りだが、『アナール』の友人になり、またリュシアン・フェーヴルの言い方によれば、『アナール』の編集者たちが躊躇するような場合に頼りとする『守護神』でもあった。」

(33)「フェルナン・ブローデルの知的起源」二四一頁。

(34) アンリ・ピレンヌ『マホメットとシャルルマーニュ』再版、フランス大学出版局、一九七五年、三七頁および一〇五頁。

(35) 同右、二二四〜二二五頁。

(36) 同右、二二五頁。

(37)『アルジェリアの歴史と歴史家』前掲書、二六六頁。

(38)『歴史学論集』第二巻、二八一〜二八三頁。

(39)「シャルル＝アンドレ・ジュリアンの『北アフリカの歴史』について」『アフリカ雑誌』一九三三年、三五四〜

三五五号、四四頁。

(40) 同右、四六頁。

(41) 『私の歴史家修業』一三頁。〔邦訳、『フェルナン・ブローデル』、一三八〜一三九頁〕。

(42) 『アカデミー・フランセーズ入会演説』四三頁。

(43) 『私の歴史家修業』二四頁。〔邦訳、『フェルナン・ブローデル』、一五五頁〕。

(44) 『私の歴史家修業』二三〜二四頁。〔同右、一五四〜一五五頁〕。

(45) 「一つの歴史についての話、『アナール』の誕生」『アナール』一九七九年六号、一三四七〜一三五九頁。

(46) 「現代フランスの歴史学」『フランスにおける歴史研究の二十五年』フランス国立科学研究センター、一九六五年、XXII-XXIII頁。

(47) 「フランス歴史学の四十年」『文学および道徳・政治学学級紀要』ベルギー王立アカデミー、一九七九年、第六五巻、第五号、二三二〜二三三頁。

(48) 「一つの歴史についての話」前掲書、一三五八頁。

(49) 同右、一三五二頁。

(50) 「私の歴史家修業」一四頁。〔邦訳、『フェルナン・ブローデル』、一四〇頁〕。

第四章

(1) クロード・レヴィ＝ストロース、ディディエ・エリボン『遠近の回想』ポワン叢書、パリ、一九九〇年、三一頁。〔邦訳、竹内信夫訳、みすず書房、三九〜四〇頁〕。

(2) 同右。〔邦訳、四一頁〕。

(3) ビュシエ＝シャステル社、パリ、一九八二年。

(4) ブローデルは、一九八二年十二月三十一日付けの『ル・モンド』で「ジャン・モーグエのアドルフ」というタイトルで『いらだち』の書評を書く。ブローデルはこの本の「縮約表現、早書きの味わい、鉛筆よりもむしろドライポイント」を称え、そこに「もはやあってはならないものを再開するため、別の出発、別の行程を想像するためのエッセイ」を見ていた。
（5）『いらだち』前掲書、一一一頁。
（6）『遠近の回想』前掲書、三六～三七頁。〔邦訳、四七～四八頁〕。「それは撮影したフィルムを読むために手に入れたかさばる機械を据え付ける大きな仕事机を入れるためであった」とポール・ブローデルは言っている。後述参照。
（7）『いらだち』前掲書、九四頁。
（8）『アカデミー・フランセーズ入会演説』一九八五年三月十八日、九二頁。
（9）『アカデミー・フランセーズ入会演説』一一四頁。
（10）『都市ヴェネツィア』アルトー社、パリ、一九八四年、五五頁。〔邦訳、岩崎力訳、岩波書店、五二頁〕。
（11）『歴史の知識について』、ポワン・スイユ、一九七五年、五六頁（初版は、一九五四年）。
（12）ミシェル・ド・セルトー『歴史のエクリチュール』ガリマール社、一九七五年、八四頁。〔邦訳、佐藤和生訳、法政大学出版局、九一頁〕。
（13）同右、七八頁。〔邦訳、八四～八五頁〕。
（14）この言葉の本来の意味は言語学的なものである。ここで喚起されている意義はトーマス・クーン『科学革命の構造』〔シカゴ、一九六二年、邦訳、中山茂訳、みすず書房〕という本の英語の意味に由来している。クーンの本ではパラダイムはある一定の科学共同体の「創始者たる神話」という意味で使われている。その典型はニュートンの『プリンキピア』やラヴォアジエの内燃理論であった。トライアン・ストイアノヴィッチの本は『フランス歴史学の方法、『アナール』のパラダイム』であり、フェルナン・ブローデルの序文が付いている（コーネル大学出版局、一九七六年）〔以下、「序文」と記す〕。本書第七章、2以下を参照。
（15）『遠近の回想』三三頁。〔邦訳、四三頁〕。
（16）「ブローデルの知的起源」二四二頁。
（17）『いらだち』前掲書、九五頁。
（18）同右、九六頁。
（19）同右。
（20）『アカデミー・フランセーズ入会演説』前掲書、九二～九三頁。

(21) アルトー＝フラマリオン社、パリ、一九八七年、一五頁。〔松本雅弘訳『文明の文法I』みすず書房、一三〜一四頁〕。
(22) 「ブローデルの知的起源」二四一頁。
(23) 同右。
(24) 『マガジーヌ・リテレール』。〔邦訳、『フェルナン・ブローデル』一六七頁〕。
(25) 『マガジーヌ・リテレール』一八頁。すでに引用。
(26) 「ブローデルの知的起源」二四三頁。
(27) これについては、第七章3以下を参照。
(28) 『歴史学論集』第二巻、二七九頁。
(29) 第六部門時代のこうした諸問題については、第九章、三四六頁以下を参照。
(30) 『地中海』邦訳、I、一九〜二〇頁。
(31) マリオ・ロケスは一八七五年ペルー生まれの言語学者で、一九一一年には中世フランス古典文学叢書の創設者であった。手稿ならびに未刊資料探しと信頼すべきテクスト作成がその目標であった。

第五章

(1) 『いらだち』前掲書、一一七頁。
(2) フェーヴル『歴史のための闘い』〔邦訳、一九〜三三頁〕に収録。
(3) アルマン・コラン社、一九三五年。一九三〇年に出版した『ライン川の歴史問題』を手直ししたもの。
(4) 「フェルナン・ブローデルの知的起源」二四一〜二四二頁。
(5) 『歴史のための闘い』前掲書、三四三頁。
(6) 『マルク・ブロック、リュシアン・フェーヴル往復書簡集』前掲書、「序文」XL頁。
(7) ポミアン、三八二頁。
(8) 同右。
(9) 『歴史のための闘い』前掲書、三二一頁。〔邦訳、六三頁〕。

（10）ポール・ブローデルによるポルトガル語からの翻訳。発表された講演の部分については、本書一四四頁を参照。
（11）一九〇四年生まれ。ブローデルは、『リュシアン・フェーヴルの存在』において、ブランシュヴィクはフェーヴルとマルク・ブロックの教え子であると言うことになる。当時、ブローデルはパリのリセに任命されたばかりであった。
（12）序文のフランス語版。ブローデル文書による。
（13）『リュシアン・フェーヴルへの賛辞。歴史家、言語学者、地理学者、経済学者、社会学者、民族学者に友情により提供された生きた歴史の幅』、パリ、一九五三年、六頁所収。
（14）「私の歴史家修業」、二七頁。〔邦訳、『フェルナン・ブローデル』、一五六〜一五七頁〕。
（15）同上、二九頁。〔同上、一六三頁〕。
（16）『地中海I』一九四九年版、一八頁。〔邦訳、二四頁〕。
（17）「フェルナン・ブローデルの知的起源」二四一〜二四二頁。
（18）「私の歴史家修業」一四頁。〔邦訳、『フェルナン・ブローデル』、一四〇頁〕。
（19）『リュシアン・フェーヴルへの賛辞』所収、六頁。
（20）「フェルナン・ブローデルの知的起源」二四一〜二四二頁。
（21）「マガジーヌ・リテレール」一八頁。
（22）「私の歴史家修業」二六頁。〔邦訳、『フェルナン・ブローデル』、一五九頁〕。
（23）一九四〇〜一九四五年のフェルナン・ブローデルとリュシアン・フェーヴルの未刊行の往復書簡からの抜粋。この往復書簡にはブローデルの捕虜生活中に交わされた書簡全部がある。往復書簡を清書したポール・ブローデルの前書きによれば、「粗悪な紙に、必然的に鉛筆で書かれて、捕虜から送られてきた手紙と、それに添えられていた返信用はがき（これ以外の通信はみとめられていなかった）は大変もろいものである。」それゆえ右に引用した手紙の断片は、その日付から引用したものであり、清書されたものの一部である。手紙を書いて送るのにいろいろな条件が付いていたために、手紙は簡潔であり、しかも省略が多い。それでも、フェルナン・ブローデルは草稿を送ること、本を受け取ることを許可され、支給されていた陸軍中尉の俸給の使用を管理すること（もちろん面倒ではあったが）を許可されていたことに注意を払っておく必要がある。

(24)　この距離を置いた態度を晩年に当時の戦友の一人に送った手紙からも推測することができる。その手紙で戦友に対して「ワインが樽のなかで凍ってしまった三九〜四〇年のひどい冬」を思い出させている。またブローデルが大臣宛の手紙をフェーヴルに書くという事情もある。その手紙で、ブローデルが説明しているところによれば、七五ミリ口径砲は戦車に対して唯一有効な武器であるから、七五ミリ口径砲を持つ中隊は解消して歩兵部隊それぞれに大砲を持たせるように命令を下してほしいと懇願している。ポール・ブローデルが私に言ったところによれば、国会で「なぜマジノ線の間隙には予備役将校も徴集兵もいないのか」という質問があったのに対して、あれは見限った軍隊であるという返事を聞いて、リュシアン・フェーヴルは憤慨していたそうだ。フェーヴルがブローデルを他の場所へ転属させるのを受け入れるようにブローデルにしつこく言ったが、無駄であった。うまくいかなかったので、フェーヴルはポール・ブローデルに取りなしを依頼した。そのことを「私はやりたくなかった。まったく個人的な決定だと思っていたものですから」と彼女は言う。

(25)　当時、リュシアン・フェーヴルは、「十七歳になる息子を安全な場所に置き、個人的に非占領地区のフランスと接触を保ちたい」という考えに取りつかれている。「〔……〕このときの逃亡は私にはまったく無意味であると思われました」と、サンタムールから七月八日にコレージュ・ド・フランス理事長であったエドモン・ファラル宛に手紙を書いている。この手紙は、マルセル・フルニエ『マルセル・モース』ファイヤール社、パリ、一九九四年、七二八頁に引用されている。

(26)　『ブローデル、歴史を語る』シャトーヴァロン、一九八五年十月、アルトー＝フラマリオン社、一九八六年、七一〜七二頁。〔邦訳、八九頁〕。

(27)　フェルナン・ブローデル『文明の文法』アルトー社、一九八七年、三四七頁。〔邦訳、『文明の文法Ⅱ』、松本雅弘訳、みすず書房、一四頁〕。

第六章

(1)　フェルナン・ブローデルは、一般に政治的に苦境にあった人たちが有利になるように介入する目的で送られた書簡のなかで、のちに、この手紙を自分の責任においてテクスト通りに取り上げることになる。

(2) ブローデルは常に原稿を破棄した。残っているのは、捕虜収容所で行なわれた講演の聴衆が書き留めたメモをもとに作られた草稿の複写だけである。この草稿は、一九四七年頃にメモを手に入れたブローデルが完成することのなかったものであるが、『ブローデル著作集』第二巻『歴史学の野心』に「世界の尺度としての歴史」というタイトルで公刊予定である〔本伝記執筆時点では、未刊論文を集めたこの著作集はプロン社から刊行予定であったが、アルロワ社から刊行されている。邦訳、「世界の尺度としての歴史。三つの定義、出来事、偶然、社会」、浜名優美・尾河直哉訳、『環』vol1, 四四〜六五頁、藤原書店〕。

(3) 「フェルナン・ブローデルを偲んで」『行政学雑誌』一九八六年三月〜四月号、二〇〇頁。

(4) 「出来事の歴史……」という表現で、ブローデルはここで世代の異なる二人の歴史家を近づけているとと理解しなければならない。ポール・ラコンブ(一八四八〜一九二一年)はパリの歴史家で、アンリ・ベールが大学の「黒い羊」であった当時のベールの友人であった。リュシアン・フェーヴルはそのことを一九二〇年代に次のように記述している。「[ベールの研究室で]時にはうとうとし、見かけは沈黙しているが、突然目を覚まし、活発で、元気いっぱい、常連中の常連、『総合雑誌』の最初の頃に権威をもって専門分野を守る風変わりな人の姿をいまでも思い浮かべる。」ブローデルは、一九〇〇年に『総合雑誌』に発表されたベールの考察に衝撃を受けた。その考察をブローデルは『歴史学論集』第一巻、七五頁に次のように引用している。「時間は、客観的には、それ自体では何でもない。時間はわれわれにとって一つの観念でしかない。」フランソワ・シミアン(一八七三〜一九三五年)はご存じのとおり社会学者で経済学者であり、労働史の専門家であった。

(5) ポミアン、三九三頁。

(6) フリードリヒ・マイネッケ(一八六二〜一九五四年)は、ヒトラーのニヒリズムにひどく不安になって、当時のドイツ歴史学のなかで最も力強い著作の一つ『ドイツの悲劇、考察と回想』を一九四七年に出版することになる。

(7) 『歴史学論集』第一巻、一七六頁。

(8) フラマリオン社、一九六九年、四八頁。

(9) 実際、リュシアン・フェーヴルは、一九三六年の『フランス百科全書』第七巻で、ルロワ=グーランの寄稿した「人間と自然」をめぐって、すでにこの概念を持ち出していた。しかし、ブローデルがその文献を知っていたと仮定するとしても、彼はマインツでその文献を手にしていたわけではない。

(10) それでもブローデルは、晩年に当時の仲間の一人に宛てた手紙で「屈辱的な検査」があったことを思い出させる。悪い思い出に対してはいつも距離を置いているのだ。
(11) リュシアン・フェーヴル『十六世紀における不信仰の問題。ラブレーの宗教』、アルバン・ミシェル社、パリ、再版、一九六八年、一二頁。
(12) 同右、一〇〇頁。
(13)『アナール』編集委員のアンリ・ブランシュヴィクと同姓同名の人物か。
(14)『プラハ文学』(Litteraria Pragensia) 一号、プラハ、一九九一年。
(15) スイユ社、一九九五年。
(16) 私は簡略な表記にしておく。というのもリュシアン・フェーヴルは、一九四二年以前には、雑誌に比べれば検閲の程度が緩和されていたこういうかたちの本があることに気がつかなかったからである。
(17) フィリップ・ビュラン「自己自身に劣るリュシアン・フェーヴル」『ル・モンド』一九九五年二月二十八日付け。ビュラン氏は、南部地域で出版されている雑誌で、フージェールという偽名のもとに誰が隠れているのかを知るために警察が捜査を行なったことを疑ってはいないようである。ましてユダヤ人の身分がどんなものであったか考えてもみない。このような出版と非合法の問題については、友人のピエール・セゲルスが書いた『レジスタンスと詩人たち』(セゲルス社、一九七四年)という本――この本のことをビュラン氏はご存じないらしい――や拙著『アラゴン』を参照していただきたい。別の例として、ビュラン氏はアラゴンのあまり売れなかった非合法の出版物『二階席の旅行者たち』にしか関心を示さず、『心臓破り』の成功のことは忘れている。なぜならこれはビュラン氏が有罪宣告しようとする意志と合致しないからだ。同様に、ジョリオの行動において、彼が地下組織のレジスタンスに加わっていたことを忘れているし、そのことについてあたかも彼がナチスとの交渉について人々が知っていることにおいてまったく――しかももっぱら――無傷であるかのように語っている。明るいところで起こることしか記憶にとどめないことによって、レジスタンスに属して、影が要求していたものを簡単に排除してしまうのだ。ソルボンヌ大学のユダヤ人教授、マルク・ブロック、ギュスターヴ・コーエンの排斥と、ランジュヴァンの逮捕に抗議する一九四〇年十一月八日のコレージュ・ド・フランス前のデモ隊の一員であった者として、私は、ビュラン氏はレジスタンスの要求の一つがフランスの大学が尊厳を取り戻すことであったことを理解していないと付け加えておきたい。ナチスはこのことを完璧に理解していた。というのも学生デモの翌日、つまり三日後の、十一月十一日には、ナチスはソルボンヌ大学を閉鎖したからである。しかし抵抗を続ける学生たちはソルボンヌ大学再開を求める代表団を送った。もちろん、ソルボンヌ大学再開は排除された教授が元のところに戻ることなく行なわれるだろうということがわかっていた。レジスタンスはフランスの解放のために闘ったとしても、もっと控えめな直接的な目標のために占領軍に対してフランス人を動員するすべも心得ていたのである。

(18)「検閲、沈黙、レジスタンス……」前掲記事、一五頁。単にその意図を伝えるために、もっと広範で、掘り下げた分析をここでは凝縮したかたちで訳している。

(19) ベルトラン・ミュレールは、ブロックの名前なしに出版された『アナール論文集』の第一巻を受け取ったときに、ブロックからフェーヴルまでを引用している。「誰もが理解するだろうと思う。たまたま何人かの馬鹿者が耳をふさいだところで、その者たちに光を当てるのを私はあきらめるだろうか。」「リュシアン・フェーヴルを火刑に処さなければならないか」『ル・モンド』一九九五年二月八日付け。

(20)『ドイツ時代のフランス』前掲書、三二八頁。

(21)『リュシアン・フェーヴルへの賛辞』前掲書所収、八頁。

(22)『歴史のための闘い』前掲書、一九頁。

(23)『リュシアン・フェーヴルへの賛辞』前掲書、一一頁。

(24) 同右、一二頁。

(25) 同右、注一〇頁。

(26) 暗黒の年月の間のフェーヴルの態度に関してフリードマンがフェーヴルに対して示している敬意については後述参照。

(27) ポール・ブローデルは、厳密に証言を行なった。「私がリュシアン・フェーヴルについて知っていること」『リベラシオン』一九九五年三月二十四日付け。

(28)『ドイツ時代のフランス』前掲書、五二三頁、注四四。

(29) ポール・ブローデルは次のように書いている。「ある朝、二人のドイツ人が、誰もいなくなったパリのアパルトマンにいるリュシアン・フェーヴルを逮捕しに来たとき、彼は家族と休暇中であった。〔……〕パリに帰るために、何人かの大学関係者の一斉検挙の結果を待ったが、彼自身がこの一斉検挙の対象になるはずだった。」

（30）「リュシアン・フェーヴルを火刑に処さなければならないか」前掲記事。
（31）「私の歴史家修業」『歴史学論集』第二巻、一五〜一六頁。〔邦訳、『フェルナン・ブローデル』、一四二頁〕。
（32）マルク・アンドレ・ベラについては、前述、一九八頁、注（3）を参照。
（33）アンドレ・グリュックスマン『ド・ゴール、君はどこにいるのだ？』J・C・ラテス社、パリ、一九九五年、七五〜八三頁。
（34）出版することを念頭に置いてブローデルが書いておいた序文には、次のように書かれている。「長いことためらって、またためらいがあったがゆえに、自分の講演骨子と聴衆の一人が取った不完全なメモをもとにして講演を書き始めたが、できるかぎり、もとの話した形式を保つようにした。しかし話すのと書くのでは大違いである。」
（35）このディテールは、先に引用したJ・M・ドゥープの論文の注に記されているが、年代的な目印になるものである。したがって、ブローデルが「この恐怖が本物であったこと」を信じたのは、解放から十五年後のことである。

第七章

（1）「リュシアン・フェーヴルの存在」『リュシアン・フェーヴルへの賛辞』前掲書、一三頁。
（2）同右。
（3）同右。
（4）同右。
（5）同右。
（6）同右。
（7）同右。
（8）同右。
（9）同右、一三頁。
（10）同右。
（11）「結論に代えて」『レヴュー』イマニュエル・ウォーラーステイン編集、第一巻、三〜四号、ニューヨーク、一九七八年、二四四頁。〔以下『レヴュー』と記す〕。

(12) ブリジット・マゾン『社会科学高等研究院創設時のアメリカのメセナの役割』あとがき、エディシオン・デュ・セール社、パリ、一九八八年。後述、第八章、二八五〜二八六頁、注(5)参照。〔以下、本書については、ブリジット・マゾン、と記す〕。

(13) リュシアン・フェーヴル『歴史のための闘い』前掲書、三五頁。〔邦訳、六九〜七〇頁〕。

(14) 同右。〔同上、七二〜七三頁〕。

(15) 同右。〔同上、七九〜八二頁〕。

(16) これは一九四七年現在の路線の話である。

(17) 『アナール』第二年度、一九四七年一月〜三月、一号、一〜二頁。

(18) ブローデル文書。

(19) 筆者との会話、一九九五年一月三十一日。

(20) ピエール・ショーニュ、フランソワ・ドス『歴史のなかの歴史家』プロン社、一九九二年、六九頁。〔『歴史のなかの歴史家——瞬間が炸裂するとき』、仲澤紀雄訳、国文社、七〇頁〕。この本は、ブローデルに関しては、インタビュアーのフランソワ・ドスがブローデルに対して示す喧嘩腰ゆえにやや事実を歪めている。ドスの前作『粉々になった歴史、アナール派から新しい歴史へ』ラ・デクーヴェルト社、パリ、一九八九年参照。

(21) クリストフ・シャルル『大学共和国』スイユ社、一九九四年。

(22) 『マルク・ブロック、リュシアン・フェーヴル往復書簡集』一三二頁。

(23) 『ブローデル、歴史を語る』二一六頁。〔邦訳、二七二頁〕。

(24) ピエール・ノラ『自分史試論』ガリマール社、パリ、一九八七年、三五三〜三五四頁には、ルヌーヴァン擁護とルヌーヴァンが政治的に、また同僚に対して心が広かったことを擁護する記述が見られる。私としては、私自身が強制収容所から戻った一九四五年五月〜六月にソルボンヌ大学で感じた雰囲気ゆえに、ちょうど近代史の学士取得の時期の一九四〇年十一月に私が逮捕されたために中断していた歴史教育の学士号の再取得を思いとどまらせたことを付け加えておく必要がある。

(25) 『歴史のなかの歴史家』前掲書、八五および一三七頁。〔邦訳、八七、一四三頁。引用文は前後している〕。

(26) マルク・ブロックが提起した、開かれた領域と囲い地をフランスにおいて配分するという問題が深められたのはブローデルによるところが大きい。ディオンは歴史主義をますます強調していたが、彼の大論文「パリ盆地の農村住居の説明における地理学の役割と歴史の役割」は、一九四六年になって出版されたので、ブローデルがすでに仕上がっていた自分のテクストの調子を変える以外にこの論文から何かを引き出すには遅すぎたのである。

(27) ブローデルの捕虜生活を考慮して、副論文として「一四九二年から一五七七年までのスペイン人と北アフリカ」という一九二八年の研究論文を提出することが許可されていた。ゼレは当初は、その論文の報告者であるはずであったが、主論文の検討を行なうために——すなわち主論文を「こき下ろす」ために報告者になるのを控えたのである。

(28) 「フェルナン・ブローデルに乾杯。『地中海』刊行二十五年にあたって」『フェルナン・ブローデル記念論文集』パリ、一九七二年、第一巻、九頁。

(29) ブローデルにとって自費出版であったことがよかったのは、初版の出版を拒否したアルマン・コラン社から『地中海』第二版の出版を要請されたとき、英語版の版権を持っていたことである。ところで一九七三年の英語版は大変な成功を収めたので、ブローデルはスペイン国境近くのセレに別荘をつくることができた。初版について言えば、コレージュ・ド・フランス教授に選ばれたばかりという口実で、ソルボンヌ大学での悔しい気持ちから博士論文のすべての部数を、慣例に反して無料で配布せざるをえなかっただけに、高くついたのである。国立科学研究センターの借用金と頒布者の分（四〇パーセント）をそれぞれに対して返済しなければならなかった。

(30) 『地中海』一九四九年版、三〇頁。〔『地中海Ⅰ』四八頁〕。

(31) 『マガジーヌ・リテレール』三三～三四頁。〔邦訳、『フェルナン・ブローデル』二四二頁〕。

(32) 『地中海』一九六六年版、一五五頁。〔『地中海Ⅰ』二八二～二八三頁〕。

(33) 『地中海』一九四九年版、一八九頁。

(34) フラマリオン社、パリ、一九九三年。

(35) 『地中海』一九四九年版、一九〇頁。

(36) 同上、一〇八九～一〇九〇頁。

(37) 『地中海』一九六六年版、第二巻、五一六頁。〔『地中海Ⅴ』一八六頁〕。

(38) 『地中海』一九四九年版、二九五～二九六頁。

(39) 同右、三〇一頁。

(40) 同右、三〇一～三〇三頁。
(41) 『地中海』一九六六年版、第一巻、三二二頁。〔『地中海Ⅰ』五九三頁〕。
(42) 同右、三二二頁。〔『地中海Ⅰ』五九三頁〕。
(43) 同右。〔『地中海Ⅰ』五九四頁〕。
(44) 『歴史学雑誌』一九五〇年、前掲書、二二〇頁。〔邦訳、『フェルナン・ブローデル』三一〇頁〕。
(45) 『地中海』一九四九年版、一〇九四頁。
(46) 同右、一〇九五頁。
(47) 同右、三一〇頁。
(48) すでに引用したジューン・マン夫人宛の一九七五年の手紙で、ブローデルは、初版にユダヤ人に関する一章がないことはベオグラード大学教授ヨリオ・タディッチから指摘されたと説明している。なおこの手紙にはホロコーストへの言及がない。もちろん一九四五～四六年にはほとんどわかっていなかったが、一九六五年にははるかによく知られるようになり、まして一九七五年には知らない者はいないのだが、ブローデルには第二次世界大戦から退避する傾向がいつもある。
(49) 『地中海』一九四九年版、七二一頁。
(50) 『地中海』一九六六年版、第二巻、一二一四頁。〔『地中海Ⅳ』一三頁〕。
(51) 本書二五一～二五二頁参照。
(52) 『地中海』一九四九年版、一〇三三頁。
(53) セニョボス、ミリウコフ共著『ロシア史』を『総合雑誌』一九三四年、第七号においてフェーヴルが断罪したこと。『タブローとしての歴史に反対して総合のため』『歴史主義的歴史』『タブローとしての歴史』の訴訟。上の引き出しには政治。右には国内の政治。左には国外の政治……。まず初めに『政治』の訴訟。」『歴史のための闘い』前掲書に収録。七〇頁。
(54) 『論文集』前掲書、一六頁。
(55) 『歴史学雑誌』一九五〇年、前掲書、二一八頁。〔邦訳、『フェルナン・ブローデル』三〇七頁〕。

第八章

（1）『レヴュー』二四八頁。
（2）『アカデミー・フランセーズ入会演説』前掲書、九七頁。
（3）『マガジーヌ・リテレール』一九頁。〔邦訳『フェルナン・ブローデル』、一七七頁〕。
（4）『歴史のための闘い』に収録、四二六～四二七頁。〔邦訳、一七七～一七八頁〕。
（5）ブリジット・マゾン〔『社会科学高等研究院創設時のアメリカのメセナの役割』（以下同）〕、一一一～一一二頁。
（6）ブリジット・マゾン、一七七頁。
（7）同右、一七八頁。
（8）『アカデミー・フランセーズ入会演説』前掲書、一一六頁。
（9）フランソワーズ・マイユール『フランスにおける教育方法および教育の一般史』第三巻、四四五～四四六頁から引用。
（10）テリー・シンの著書『理工科学校　一七九四～一九一四年』への序文、ブリジット・マゾン、一一一頁に引用。
（11）ブリジット・マゾン、二八頁。
（12）ブリジット・マゾン、四九～五五頁。
（13）モラゼはブリジット・マゾンの著書の後記で次のような点を想起している。すなわちアメリカ合衆国における歴史学は、「三つに分けられている。〔……〕科学の諸学部（Faculties of Sciences）における歴史学、経済学者における歴史学、そして残りは人文学（Humanities）の歴史学である。」
（14）ブリジット・マゾン、六七頁。
（15）一九九五年一月十七日の筆者とのインタビュー。
（16）ブリジット・マゾン、八九～九二頁。
（17）筆者とのインタビュー。
（18）ブリジット・マゾン、九三頁。
（19）同右。

(20) ブリジット・マゾン、あとがき、一七九頁。
(21)『マガジーヌ・リテレール』二二頁。
(22)『アカデミー・フランセーズ入会演説』一一七～一一八頁。
(23) フェルナン・ブローデルが高等教育教授資格試験の委員長時代に、教授資格試験を受けた受験生の一人が、ブローデルに宛てた手紙のなかで次のように語っている。「あなたは私の年代の学生たちにどれほどためになることをしたのか知る由もないでしょう。あなたは、試験を準備するにはどんな点が功利的かをまずわれわれに考えさせることで、それまでソルボンヌ大学がその格式張った教育ゆえにわれわれに見せてくれなかった生き生きとした歴史の形態について、否応なしにわれわれに目を開かせるという良いことをしたのだということを。」(ブローデル文書)
(24) 一九五〇年の高等教育教授資格試験に関して発表した報告書のなかで、フェルナン・ブローデルは、「選抜試験が基本的に要請していることは依然変わっていない。審査委員の構成がどのようなものであろうと変わらぬままなのである」と強調した後で、次のように明言している。「すばやく、明確に自身の知識を結集したり、問題を設定された通りに理解したり、慎みを持ちながら自分の書類を弁護することのできる者に与えられた奨励金」に逆らう理由などない。肝に銘じておくように。
(25)『自分史試論』前掲書、二二一頁。
(26) ブリジット・マゾン、序文、I～II頁。
(27) フランドルとノール県の町を研究対象とする歴史家(一八六九～一九四八年)。アンリ・ピレンヌの友人で、『アナール』創刊以来、同誌の編集委員会のメンバーだった。
(28) 歴史家(一八七三～一九四〇年?)。
(29)『歴史学雑誌』一九五〇年、前掲書、二二四頁。〔邦訳、『フェルナン・ブローデル』三一五頁〕。
(30) ブリジット・マゾン、序文、III頁。
(31)『アナール』II、一九四七年、『歴史のための闘い』、一一四頁。
(32)『アナール』II、一九四七年、『歴史のための闘い』前掲書に収録、一一六～一一七頁。
(33) ストイアノヴィッチ『フランス歴史学の方法』「序文」。
(34) ブローデルはゴルドマンの著書を『文明の文法』四七～四八頁〔邦訳、『文明の文法I』四六頁〕で分析することになる。
(35) 一八九七～一九八七年。ルイリヨは一九三九年まで『アナール』の編集事務を務めていた。リュシアン・フェーヴルは、一九五四年、高等研究院の第六部門に彼を入れる。ルイリヨの生涯に関しては、『マルク・ブロック、リュシアン・フェーヴル往復書簡集』五一九頁を参照。
(36) 『アナール』第二年度、一九四七年十月～十一月、第四号、五〇〇頁。
(37) 『文明の文法』三七二～三七五頁〔邦訳、『文明の文法II』、三七～三八頁〕のなかにユマニスムに関してブローデルが行なった長い議論が見うけられる。彼はそこでこう述べている。「ユマニスムという言葉は曖昧だから、その用法と身元をすぐに明確にしておかなければ危ういことになろう。」〔邦訳、三七頁〕。このように彼はユマニスムという言葉がドイツの歴史家たちによって十九世紀に作り出されたということ、そしてそれが遅く生まれた言葉であることを想起させている。そして彼はオーギュスタン・ルノーデから次のような広い定義を借りている。すなわち「ユマニスムの名のもとに、人間の高貴さについての倫理学を定義できよう。」
(38) 「一九五〇年における歴史学の位置」、『歴史学論集』第一巻、一五～三八頁に収録。
(39) 一九八九年十一月～十二月号、六十周年を記念した『アナール』の論説のなかに、「個人的で孤立した経験が際限なく積み重なって行くことのなかに」存する危険が明白に述べられている。「というのも、そうした経験においては、研究者それぞれが、個人的な分析規則を絶対のものとしてとどめるであろうし、その結果、再現することができなかったり、またその研究成果を他と比較したり、他に併合することのできない個々のケースの研究の集積が生じるであろうから。」『アナール』第四四年度、第六号、一三二二頁。
(40) ロベール・ボノー、ピエール・ヴィダル＝ナケ「大きな歴史における冒険」、『論争』第七五号、一九九三年五月～八月号。
(41) 『歴史学論集』第一巻、一六頁。
(42) 同右。
(43) 同右、一七頁。
(44) 同右、二一頁。
(45) 『文明の文法』一三頁。〔邦訳、『文明の文法I』、一一頁〕。

(46)『ブローデル、歴史を語る』二二三頁。〔邦訳、二八一頁〕。

(47) トライチケ（一八三四～一八九六年）。自立したものとして構想された社会科学の擁護者であると同時に彼の著書『十九世紀ドイツ史』では、ビスマルク時代のプロシアの正当化の擁護者でもあった。

(48)『歴史学論集』第一巻、二二頁。

(49) 同右、二四頁。

(50) 同右、一七～一八頁。

(51)『マルセル・モース全集』ミニュイ社、全三巻。

(52) これらは、一九二九年五月アンリ・ベールによって準備された総括週間の際のモースの講演「文明、諸要素と諸形態」のなかでブローデルが特に注目した考えである。マルセル・フルニエ『マルセル・モース』前掲書、五五九頁参照。モースは、文明とは「一種の社会システムの超社会的システム」であると考えていた。

(53)『歴史学論集』第一巻、二四頁。

(54) 同右、三二頁。

(55) 同右、三四頁。

(56) 同右、三五頁。

(57) 同右、八一頁。

第九章

(1)『アナール』一九四七年、第一号、一頁。

(2) エマニュエル・ル＝ロワ＝ラデュリ『パリ・モンプリエ、共産党、社会党、一九四五～一九六三年』ガリマール社、一九八二年、一一八～一一九頁。

(3) この文章は、ブローデルが審査委員長を務めた最初の高等教育教授資格試験の首席合格者で、一九五〇年、共産党の学生機関紙『クラルテ』に辛らつな『地中海』批判を載せたモーリス・アギュロンの筆になるのではないかと考える者がいた。彼は筆者の問いに対し、自分はこの文章の著者ではないと答え、当時はトゥーロンに住んでいて、共産党の歴史委員会とは疎遠であったことを強調した。

（4）これはまさに、エマニュエル・ル＝ロワ＝ラデュリが語っている歴史家委員会の介入の例である。私は『ラ・ヌーヴェル・クリティック』の創刊者の一人だが、当時は、『ス・ソワール』の編集に完全に気を取られていた。したがってこの論文に気づいたのは、それが発表された後である。雑誌の編集長ジャン・カナパに説明を求めたところ、自ら弁護して、この論文は「四四」に、すなわちフランス共産党指導部に由来するものだと打ち明けてくれた。

（5）この論文がいかなる効果も引き起こさなかったことだけは最小限言える。モーリス・アギュロン、エマニュエル・ル＝ロワ＝ラデュリら若い共産主義者の歴史家たちは、相変わらずブローデルと接触を続け、彼の助言を仰いでいたからである。後述三四〇頁のクロード・カーンの反応を参照。

（6）『レヴュー』二四八頁。

（7）ブリジット・マゾン、序文、Ⅲ頁。

（8）同右。

（9）ブローデルは基金を「事業を立ち上げるための給費」として使い、その後、文部省を通して更新させた。

（10）ブリジット・マゾン、九五頁。

（11）同右、一二六頁。

（12）共産党員の歴史家からの攻撃は、一九五二年五月の『ラ・パンセ』に発表された論文で続けられていた。その論文で、クロード・カーンは自分の考えがゆがめられているのを知った。

（13）ブリジット・マゾン、一一〇頁。名目フランで、二百二十万フランから九百二十万フランになった。

（14）ポール・ブローデルを連れて、「地域研究」の諸問題について取材をする目的で、コロンビア、ハーバード、バークレー、プリンストンの各大学を訪れた。地域研究から歴史を排除していたアメリカ人たちは、経済学および社会科学の学派の指導者が二人とも歴史家であることに当惑していた。

（15）ブリジット・マゾン、一四七頁。

（16）『アカデミー・フランセーズ入会演説』一〇六～一〇七頁。

（17）ブリジット・マゾン、一二二頁。

（18）ロックフェラー財団自体がマッカーシズムの標的にされていた、とポール・ブローデルは回想している。「ダームズ［ニューヨークにあるロックフェラー財団の代表］の事務所で、私たちは二匹のゴリラの襲撃を受けました。［……］質問。『なぜ学校はコミュニストの先生を新規採用するのですか。』フェルナン・ブローデルの答え。『なぜならフランスにはコミュニストが二十五パーセントいるからです。したがって、候補者の学歴にしか注意を払わない場合、私は四人に一人はコミュニストを採用することになります。ところで、私は政治的な意見を配慮することもできなければ、するつもりもありません。』これで学校への補助金の話がふいになってしまったと考えたダームズ氏は混乱し、絶望します。そのときです。私にすばらしいアイデアが閃きました。私はダームズ氏に、夫が常日頃、右からも（モスクワに身売りした野郎、とボー・ド・レオニーのむかつくような論文がフェーヴルと夫を攻撃しています）、左からも（コミュニストからは、アメリカに身売りした野郎と罵られます）攻撃されていたことを話しました。長女がリセから出てくるときに新聞売りに呼び止められ、『てめえの親父はアメリカに売られたんだ！』って言われたときのことを話したのです。長女が泣きながらそのことを夫に話すと、夫はにこやかな顔をして冷静にこう言ったことも話しました。『あいつらに言っておやり。売れるには売れたけど、代金はまだもらっていないってね！』ダームズは紹介状の提出を求めませんでした。私たちが二か月後にニューヨークに戻ったとき、シェノーのことはもう問題になっていませんでした。歴史の皮肉と言うべきか、こうして『ラ・ヌーヴェル・クリティック』がブローデルのアリバイに役立ったのです。ダームズは最も尊敬すべき大学人の一人でした。」

（19） ブリジット・マゾン、一二三～一二八頁。

（20） この人については、次の文献参照。*Vichy 1940-1944. Quaderni e Documento inediti di Angelo Tasca*, a cura di Denis Peschanski, Fondazione Giangiacomo Feltrinelli, C.N.R.S., 1985.

（21） ブリジット・マゾン、一三〇頁。

（22） ブリジット・マゾンが発表した（ブリジット・マゾン、一三一頁）文化圏研究計画の予算が示すところによれば、一九五六年と一九五七年に九〇〇万フラン、次いで一三三〇万フランが文部省から、また毎年一〇五〇万フランがロックフェラー財団から補助金があった。一九五八年から一九六〇年にかけての三年間にアメリカからの補助金は八万ドルに達していた。

（23） 一九五四年から一九六〇年までに「彼は研究指導教授の人員を三倍にし［……］、予算額を拡大し、とりわけ第六部門が最大限柔軟で自由に運営できるよう許可を与えた」と、ブリジット・マゾンは書いている。ブリジット・

マゾン、一四四頁。

(24) エマニュエル・ル＝ロワ＝ラデュリ『パリ・モンプリエ』前掲書、二二三頁。

(25)『レヴュー』二四八頁。

(26)「序文」。

(27)『歴史学論集』第一巻、一二四頁。

(28) 同右、一二五頁。

(29) 同右、一二七頁。

(30) 同右、一三〇～一三一頁。

(31)『自分史試論』前掲書、三〇頁。

(32) 一九九五年五月二十三日の筆者とのインタビュー。

(33) 一八七三～一九四〇年？『地中海』には、一九二九年に発表されたものとして『十二世紀から十五世紀末までのチュニスにおけるヨーロッパ人の貿易』が引用されている。サユーは、一九三六年の『アナール』にブローデルがここで言及しているのがそれだと思われる論文「資本主義システムの創生。十五世紀スペインにおける経済活動とその心性」を発表している。ただし、経済学に関するヴェルナー・ゾンバルトの著作『資本主義の最盛期』パリ、一九三二年に付した重要な序文はここには入っていない。その他、『マルク・ブロック、リュシアン・フェーヴル往復書簡集』五二二頁にある次の情報がサユーに関する情報のすべてである。「博士論文（『ドイツ証券取引所と商品取引所』パリ、一八九八年）の出版から一九二〇年代に至るまで、彼はビジネスマン、経済記者、商工業者連盟会長であった。」

(34)『歴史学論集』第一巻、一三一頁。

(35) エマニュエル・ル＝ロワ＝ラデュリは当時ムーヴレに会っていて、彼についてこう書いている。「彼は控えめな学者で、刊行物が少なく、しばしばごく内輪の雑誌にしか発表していなかった。まるで、ばかげた批評をわが身に集めるのがいやで、読まれたがっていないかのようだった。[……] 彼のゼミに出るというのは、一目置かれる存在になるどころか、高い地位につける栄誉なことだった。」『パリ・モンプリエ』前掲書、二二八頁。

(36)『アナール』一九五五年、第三号、三七二頁。

(37)『アナール』一九五六年、第二号、一九四頁。
(38)『アナール』一九五五年、第二号、三〇六頁。
(39)同右、三〇九頁。
(40)これはラブレーの言葉からフェーヴルが作り上げる用語で、grabelerとは「検討する、吟味する」という意味である。
(41)『アナール』一九五五年、第二号、三一二頁。
(42)同右。
(43)後述、第十三章を参照。
(44)「序文」。
(45)『歴史学のアトリエ』フラマリオン社、一九八二年、七頁。
(46)本書前述、三三五～三三七頁。
(47)『パリ・モンプリエ』前掲書、二二三～二二四頁。
(48)『アナール』一九五六年、第三号、二九〇頁。
(49)『パリ・モンプリエ』前掲書、二二四頁。
(50)『マガジーヌ・リテレール』二三頁。〔邦訳、『フェルナン・ブローデル』一八三頁〕。
(51)同右、二五頁。〔同右、二二一～二二三頁〕。
(52)主要部分は『十七世紀の十万人の田舎者』フラマリオン社、一九六八年に再録されている。
(53)さまざまな博士論文が何をもたらしたかの詳細な分析については、クシシトフ・ポミアンの仕事に譲る。ポミアン、四一八～四二二頁。ブローデル固有の仕事を研究する際にこの問題に戻る予定である。
(54)『現代史ジャーナル』一九七二年、第四四巻、四八八頁。〔邦訳、赤井彰ほか『ブローデルとブローデルの世界』刀水書房、四三頁以降〕。
(55)『自分史試論』前掲書、二二九頁。
(56)同右、二二六～二二七頁。
(57)『現代史ジャーナル』前掲書、四九一～四九二頁。〔『ブローデルとブローデルの世界』五九頁〕。
(58)ポミアン、四二四頁。

（59） 一九九三年十一月十八日、筆者とのインタビュー。

第十章

（1） 『親族の基本構造』ムートン社、パリ、ハーグ、一九六七年、X頁。〔クロード・レヴィ＝ストロース、『親族の基本構造』、福井和美訳、青弓社、一九～二〇頁〕。

（2） 『古代社会』一八七七年に出版。だがフランスでは一九七一年にアントロポ出版で翻訳されるまで出版されなかった。したがってモーガンの著作もマルクス主義の人類学的側面もわが国ではクロード・レヴィ＝ストロースとともに始まった人類学の新たな出発の結果としてしか知られなかったのである。レヴィ＝ストロースは、次のような指摘を行なう。「マルクスにとって、資本家とプロレタリアの関係は、植民地主義者と被植民地人とのあいだの特別なケースでしかない。この観点からすると、マルクス主義の思想において、経済学と社会学は、民族誌に属するものとして生まれると主張しても差し支えないだろう。」これは一九六一年九月の国際社会科学委員会での報告「文化の非連続性と経済、社会の発展」での意見で、『構造人類学』第二巻、プロン社、パリ、一九七三年、三六八頁に収められている。

（3） 『マルセル・モース』前掲書、七五八頁。

（4） 『アナール』一九五〇年、五〇一頁。

（5） 『形而上学・倫理学評論』一九四九年、第三～四号、三六三～三九一頁。『構造人類学』プロン社、一九六八年、三～三三頁に再録。〔邦訳、荒川幾男・生松敬三・川田順造・佐々木明・田島節夫共訳、みすず書房、三～三四頁〕

（6） フランス大学出版局、一九五〇年。一九六八年に再刊。

（7） 『社会学と人類学』前掲書、序文、XXX頁。

（8） 「象徴的効果」『宗教史雑誌』一九四九年、第一号。〔邦訳、二一四頁〕。

（9） フランソワ・ドス『構造主義の歴史』第一巻、ラ・デクーヴェルト社、パリ、一九九一年、六〇頁から引用〔『構造主義の歴史　上――記号の沃野　一九四五～一九六六年』、佐山一・清水正訳、国文社〕。

（10） シミアンの論文はベールの『歴史総合雑誌』に発表された「歴史学の方法と社会科学」で、セニョボスが「社会諸科学に応用された歴史学の方法」において、歴史学を「社会科学」のなかに位置付けることによって、明らかにしたばかりの伝統的な視点を非難していた。シミアンは、一九三五年に亡くなるまで、フェーヴルとブローデルにとって準拠すべきものであり続ける。オゼールについては、ブローデルの先生であったことと、ブローデルが常に賞賛していたことが知られている。

(11) 『構造人類学』前掲書、三二頁。〔邦訳、二八～二九頁〕。

(12) 『遠近の回想』九二～九三頁。「第六部門の委員長はほぼ自分のやりたいようにやっていた。啓蒙専制君主制だった。」〔邦訳、一二二頁〕。

(13) 『構造人類学』第二巻、三九三～三九四頁。

(14) 同右、三九五～三九六頁。

(15) 同右、四〇一頁。

(16) 特に文脈から切り離された「ちょっとした言葉」のせいである。たとえばレヴィ＝ストロースが「歴史はいらだたせる」と言っている一節のような場合、歴史が出来事に優位性を与えているという事実に注意を払っていない。

(17) 『構造人類学』前掲書、二三～二四頁に所収。

(18) クロード＝アンリ・ロケとの対話『世界の根っこ』ベルフォン社、パリ、一九八二年、一〇六頁において、ルロワ＝グーランは次のようにまとめている。「レヴィ＝ストロースと私はやや正反対の立場でした。しかし最終的には合流したのです。」

(19) クロード・レヴィ＝ストロース、ディディエ・エリボン、『遠近の回想』、前掲書、九二頁。〔邦訳、一二一～一二二頁〕。

(20) 『レヴュー』二四七頁。

(21) 『アナール』一九五八年、第四号、十月～十一月号、七二五～七五三頁。『歴史学論集』四一～八三頁所収。〔邦訳、『フェルナン・ブローデル』一五～六八頁〕。

(22) 『構造人類学』、前掲書、三七九頁。〔邦訳、三八四～三八五頁〕。

(23) 『歴史学論集』四一頁。〔邦訳、『フェルナン・ブローデル』、一五頁〕。

(24) 『マガジーヌ・リテレール』二二頁。〔同右、一七五頁〕。

(25) 『歴史学論集』四二頁。〔同右、一六～一七頁〕。

(26)『歴史学論集』四三頁。〔同右、一七〜一八頁〕。これについては、クロード・レヴィ＝ストロースが『野生の思考』プロン社、一九六二年、三二四〜三五七頁〔邦訳、大橋保夫訳、みすず書房〕（「歴史と弁証法」）でサルトルの思想について行なっている議論は、サルトルの概念である持続の伝統的な概念にとどまっていると指摘することができる。

(27) 同右、五七頁。〔邦訳、『フェルナン・ブローデル』三三〜三四頁〕。

(28) 同右、七〇頁。〔同右、四七頁〕。

(29) 同右、七三頁。〔同右、五一頁〕。

(30) 同右、五〇頁。〔同右、二六頁〕。

(31) 同右、七六頁。〔同右、五四頁〕。

(32) 同右、七九頁。〔同右、五七〜五八頁〕。

(33) 同右、八〇〜八一頁。〔同右、五九〜六〇頁〕。

(34) 同右、五五頁。〔同右、三〇頁〕。

(35)『レヴュー』二四四頁。

(36)「序文」。

(37)『公教育歴史・地理学教師協会報』四六年度、一四五号、一九五六年一月、二一八頁。

(38) ポール・ブローデル提供の筆者への覚書。

(39)『地中海』一九四九年版、一九六六年版。序文。シャルル・ベモン（一八四八〜一九三九年）は、英国の専門家で、『歴史学雑誌』編集長であった。〔邦訳『地中海Ⅰ』、二四頁〕。

(40)『ブローデル、歴史を語る』二一六〜二一七頁。〔邦訳、二七一〜二七三頁〕。

(41) ブリジット・マゾン、一四二〜一四三頁。彼女は一九五八年のブローデルの別の文献を引用している。そこでブローデルはアメリカでの事情を次のように説明している。「人間科学の再編成は、現在の問題を基礎にして行なわれるので、短期の時間について求められる［……］。企てが取り上げられなければならないのは、長期の時間も短期の時間も含めて、すべての時間をもとにである。フランスの思想は、そういうことに効果的に適応できるかもしれない。」

(42)『文明の文法』、九頁。〔邦訳『文明の文法Ⅰ』、七頁〕。

(43) 同右。

(44)同右、一二頁。〔邦訳、一〇～一一頁〕。
(45)『マガジーヌ・リテレール』一二頁。〔邦訳、『フェルナン・ブローデル』一七九～一八〇頁〕。
(46)ブリジット・マゾン、一四五頁。
(47)大蔵省の上級役人、マルティネの同意を得たにもかかわらず。マルティネは、大蔵省が法学部卒業の新規採用の役人のために養成教育を組織しなければならないのを残念なことと考えていた。彼は最初の正規のポストを得るために第六部門の援助を行なった。
(48)ブリジット・マゾン、一四八頁。
(49)同右、一四八～一四九頁。
(50)同右、一五〇頁。
(51)同右。
(52)同右、一六一頁。
(53)同右。
(54)『マガジーヌ・リテレール』二三頁。〔邦訳、『フェルナン・ブローデル』一八〇～一八一頁〕。
(55)『ル・ヌーヴェル・オプセルヴァトゥール』一九八五年十二月六日号、八二頁。
(56)ブリジット・マゾン、序文、一頁。
(57)「ブローデルとブローデルの世界」四九四～四九六頁。〔邦訳、六二一～六二二頁〕。

第十一章

(1)『地中海』初版、一九四九年、五五二頁。
(2)同右。〔『地中海Ⅲ』、一七〇頁〕。
(3)同右。
(4)『地中海』一九六六年版、第二巻、九五頁。〔『地中海Ⅲ』、一七〇頁〕。
(5)『遠近の回想』、前掲書、九六頁。〔邦訳、一二五～一二六頁〕。

（6）『構造人類学』に再録、一九五八年、三八九頁、ただし英語。〔邦訳、三九六頁〕。
（7）『歴史学論集』二六四頁。
（8）同右、二九二頁。
（9）『文字を持つ前の人間』アルマン・コラン社、一九五九年、Ⅷ～Ⅸ頁。
（10）同右、Ⅹ頁。
（11）同右。
（12）『文明の文法』、二六頁〔邦訳、『文明の文法Ⅰ』二四頁〕。
（13）『文明の文法』、二八頁〔同右、二五～二六および二八頁〕。
（14）もちろん、ブローデルは、一九六一年の第二二回大会におけるスターリン主義告発の広がりの重要性に気がついているが、フランソワ・フュレが『幻影の過去』前掲書、五〇三頁で書いているように、「一九一七年以降ソビエトの体制を包囲してきた見事なまでの秘密と、その神話を守るために嘘で固めた高いバリケードにもかかわらず」、何冊かの著作はスーヴァリンの『スターリン』のように真実に到達したとしても、「自分たちがやってきた裁判で証人となった元共産党員は、自分たちの態度の急変の高い代価を払ったのであった。彼らが書いていることと反対のことをかつて支持してきたのだから、一体どうやって彼らのことを信じたらよいのだろうか。」反対に、ブローデルは、この問題についてのアメリカの新しい歴史学のことは知らないようである。『幻影の過去』五〇四頁参照。
（15）『歴史学論集』二一七頁に再録。
（16）『アナール』一九六一年、三号、七二三～七二八頁。
（17）ピエール・ショーニュ、フランソワ・ドス『歴史のなかの歴史家――瞬間が炸裂するとき』、八〇頁。〔邦訳、八一頁〕。
（18）『歴史のなかの歴史家』、八一頁。〔邦訳、八二頁〕。
（19）『歴史学論集』第一巻、前掲書、一三六頁。
（20）同右、一三八頁。
（21）ポミアン、四一八頁。
（22）『歴史学論集』第一巻、一五一頁。

(23)『地中海』一九六六年版、一七頁。〔邦訳、『地中海I』、二七頁〕。
(24)『地中海』、一九六六年版、一七頁。〔邦訳、『地中海I』、二七～二八頁〕。
(25)『地中海』、第二巻、五二〇頁。〔邦訳、『地中海V』、一九四頁〕。
(26)同右。〔邦訳、『地中海V』、一九三～一九四頁〕。
(27)本書第七章、二三九頁参照。
(28)一九四九年の印刷部数は二五〇〇部であった。一九六六年の総部数は五万部に達した。文庫版の初版は二万部であった。ハンガリー語、ポーランド語、スペイン語（メキシコ）の翻訳は一九七六年のことであり、ポルトガル語訳は一九八三年、イタリア語訳は一九八六年、セルビア・クロアチア語訳は一九八七年、ギリシャ語訳は一九九一年、ドイツ語訳とオランダ語訳は一九九二年である。中国語と韓国語の翻訳は進行中である。〔日本語訳は一九九一年、中国語訳は一九九六年である〕。
(29)本書第七章、3、二六三頁以降参照。
(30)スイユ社、一九八三～一九八五年。〔久米博訳、国文社〕。
(31)一九六七年の印刷部数は五〇〇〇部であった。三部作出版のときには部数は一〇倍に増える。
(32)これらの引用文はすべて一九四六年の『アナール』巻頭言（フェーヴル）から取ったものである。『歴史のための闘い』前掲書、四二頁。〔邦訳、八三頁〕。
(33)フランス語による研究は、ガストン・インベール『コンドラチェフの長期波動』エクス・アン・プロヴァンス大学法学部叢書、一九六九年による。
(34)ボリス・ポルシネフの『十七世紀の民衆蜂起』に関する研究は、完全なフランス語版としては一九六三年になってやっと出版されたが、彼の思想を理解することができる重要な断片は、マルクス主義の雑誌『思想』に一九五二年から出ていた。「本当の偉大な世紀」四〇、四一号。ロラン・ムニエは一九五八年からポルシネフのテーゼを問題にしていた。
(35)『封建社会』はベールの「人類の進化」叢書で一九三九年に出版されたが、この本についての書評は占領中の『アナール』に出た。本書、第六章、2を参照。
(36)『物質文明』一九六七年版、三一三頁。

(37) 一九六七年版には注がなかったが、一九七九年版には、ジョン・バロウ『中国旅行』一八〇五年の本への参照が行なわれている。
(38) 『物質文明』一九六七年版、三一三〜三一四頁。
(39) 近代資本主義についてのゾンバルトの著作の初版の日付。実際にはブローデルは一九二一年から一九二八年に出版された第三版を用いている。
(40) これも『中世および近代の経済史』の初版の日付。第二版は一九五八年である。
(41) 『文明の文法』四二五頁。〔邦訳、『文明の文法Ⅱ』八二頁〕。
(42) 『物質文明』一九六七年版、九頁。
(43) 同右。
(44) 同右、一〇頁。
(45) 同右、一一頁。
(46) 同右、四三三頁。
(47) 同右、四三四頁。
(48) 同右、四三五頁。
(49) 同右、四三六頁。
(50) 『地中海』一九四九年版、五二九頁。〔邦訳『地中海Ⅴ』、一九四頁〕。

第十二章

(1) 一九六六年にA.E.E.R.S(学術研究拡大のための研究団体)が主催した。一九六八年以後のエドガール・フォールによる法律を準備した。
(2) ブローデル文書。
(3) ピエール・グレミオン『反共の知性』ファイヤール社、一九九五年、四九七頁。
(4) フェルナン・ブローデル他、『ブローデル、歴史を語る――地中海・資本主義・フランス』、一六八頁。〔邦訳、二一〇頁〕。

(5) 図表に関してはフランク・スプーナーの協力があった。フランス語の原文は『歴史学論集』第二巻に再録された。

(6) ミシェル・フーコー『言葉と物――人文科学の考古学』、ガリマール社、一九六六年、三二三頁。〔邦訳、渡辺一民・佐々木明訳、新潮社、三三二頁〕。

(7) 同右、三八〇頁。〔邦訳、三九〇頁〕。

(8) 『アナール』第四号、一九六二年七月〜八月、七七一〜七七二頁。

(9) ミシェル・フーコー『狂気の歴史』一〇頁。〔邦訳、田村俶訳、新潮社、九頁〕。

(10) 『クリティック』第十七号、九一五〜九二二頁、『エッセ・クリティック』スイユ社、一九七一年に収録。

(11) ブローデル文書。

(12) 『ブローデル、歴史を語る――地中海・資本主義・フランス』、二一七〜二一八頁。〔邦訳、二七三〜二七四頁〕。

(13) その年に、フランス国立科学研究センターの選挙で戦うことにうんざりし、仕事の責任が重すぎると思っていたブローデルは、結局は、モンベーグの懇願に負けて、大臣候補になることを受け入れたのだが、ポンピドゥーはブローデルの名を削除させた。

(14) 『歴史学のアトリエ』前掲書、三九頁に収録。

(15) 同右、五一〜五二頁。

(16) 『自分史試論』前掲書、三六二頁。

(17) 『マガジーヌ・リテレール』「アメリカにおけるブローデル」三八〜三九頁。〔邦訳、『フェルナン・ブローデル』二五四頁〕。キンサーはこのことは「ヴィダル＝ド＝ラ＝ブラーシュ、シミアン、ラブルース、フェーヴルなどのアメリカの大学の伝統とは縁のない、地理学的、経済学的な方法に基づいた」方法論のせいだとしている。ハーバード大学教授バーナード・バイリンは、一九五〇年にこの本を本当に激しく攻撃した。彼は『地中海』に歴史哲学のようなものを見ていたのである。

(18) 同右、三八頁。〔同右、二五三頁〕。

第十三章

（1）『学生コミューン日誌』スイユ、一九六九年および一九八八年、四九頁。
（2）この文章はブローデルによって校閲されている。ブローデル文書。
（3）第1チャンネルにおいて一九八四年八月十五日と二十二日に放送。
（4）「エッセイ」叢書、ガリマール社。
（5）『構造主義の歴史』第二巻、前掲書、一五二頁。〔邦訳、『構造主義の歴史　下――白鳥の歌　一九六七～一九九二年』、仲澤紀雄訳、国文社、一四九頁〕。
（6）同右、一五九頁。〔同右、一五六頁〕。
（7）「数量的歴史学と歴史的事実の構成」、『アナール』、一九七一年、第一号、六三～七五頁。ジャック・ル＝ゴフ、ピエール・ノラ編『歴史をつくる』第一巻「新しい問題」、ガリマール社、一九七四年所収。この論集は、これ以後「ブローデル以後」の開始として現れる。
（8）「歴史と民族学」ヴェネツィア、一九七一年四月二日～四日。『歴史学のアトリエ』前掲書、九七頁所収。
（9）ガリマール社、一九六九年三月十三日に印刷。
（10）『知の考古学』、前掲書、九～一三頁。〔邦訳、九～一三頁〕。
（11）同右、二〇頁。〔同上、二二頁〕。
（12）同右、二四頁。〔同上、二五～二六頁〕。
（13）同上、二二頁。〔同上、二四頁〕。
（14）ディディエ・エリボン『ミシェル・フーコー伝』、フラマリオン社、パリ、一九八九年、二二七～二三一頁〔『ミシェル・フーコー伝』、田村俶訳、新潮社、二六七～二九九頁〕。
（15）フラマリオン社、『歴史科学』叢書、一九六九年第四期。
（16）『歴史学論集』第一巻、六頁。
（17）「歴史家とコンピューター」、『ル・ヌーヴェル・オプセルヴァトゥール』、一九六八年五月八日号、『歴史家の領域』、第一巻、パリ、一九七三年、一四頁に再録。
(18)『歴史学論集』、第一巻、七頁。この立場は、ミシェル・フーコーの反対の立場に比較されるであろう。後者は一九六九年二月二十二日に「作者とは何か？」という講演を行ない、「書く主体が姿を消すことを止めない空間の開始」に向き合った。
(19) 実際、ブローデルは当初は、任期更新が行なわれるはずの委員会において、翌年にはこの理事長職を離れると言っていた。彼の意見が変わったのは、ル＝ゴフが、法務省が占めていた五つの階を高等研究院のために取り戻すだけで満足せず、今度は人間科学館が高等研究院の管理下に入るようにジャン＝ピエール・ソワソン大臣に対して要求していることを知ったためである。人間科学館を高等研究院の下に置くことはブローデルの計画の破滅を意味した。このやり方は、人間科学館評議会の全メンバーを再び団結させ、そこにはブローデルをあまり好まなかった者たちも含まれていた。そして全員が、つまり最初はブローデルに対し好意的でなかった政治学院のシャプサルも含めて、彼に留まるよう頼みこんだ。そこから、人間科学館評議会全体を大臣が容認するために、彼と大臣の問に長い争いが続いた。結局、大臣が譲歩し、昼食会でこのひそかな戦いは最終的には決着した。その結果については後述を参照。
(20) ブローデル文書。
(21)『レヴュー』二四五頁。
(22) 同右。
(23) ミニュイ社、一九七七年。
(24)『レヴュー』二四六頁。
(25) 同右。
(26)『ラングドックの農民』、SEVPEN社、パリ、一九六六年、第一巻、六四四頁。
(27)『フランスのブルジョワジー、十七〜二〇世紀』、アルマン・コラン社、一九五二年、一一三頁。
(28) 特に、フランソワ・ヴァール編の論集『構造主義とは何か』、スイユ社、一九六八年第四期出版を参照のこと。
(29)『遠近の回想』前掲書、一一六頁。〔邦訳、一五一頁〕。
(30) 当時『なぜ彼と結婚するのか』（ガリマール社、一九七一年）を出版したばかりの人類学者。
(31)『レヴュー』二四六〜二四七頁。

（32）『アナール』、一九七九年、六号。本書第三、四章参照。

（33）ジャック・ル゠ゴフが次のように書くのを読めば、この危機の大きさが、あるいは少なくとも彼がそれをどう経験したかが、そして彼の幻滅の大きさが、わかるであろう（『自分史試論』、前掲書、二二八頁）。彼が歴史学における制度の重要性を認めるとしても、彼はそこで「いくつもの失望を経験し、なかでも最もつらかったのは、権力の行使と特にその権力の衰退において、人間が歴史家の高みにまで及ばないフェルナン・ブローデルを見出したことであった」。これはブローデルの死から二年経って発表された。このことについてコメントは不要であろう。

（34）『物質文明・経済・資本主義』、アルマン・コラン社、一九七九年、第一巻、九頁〔邦訳、『日常性の構造1』、村上光彦訳、みすず書房、四頁〕。

（35）ブローデルがリューベックでの捕虜生活に関する告白において、長期持続は戦争の出来事という圧力に抵抗する手段であったと言ったせいで、ヘクスターは、彼が「奇妙な敗北」に抵抗するために長期持続を発明したと推論する。それに対して、ヘクスターはサルトルが日々レジスタンス活動を送ったという誤った考えから、その時サルトルはそのために出来事を、すなわち"the daily test of his very being"「自己の全存在の日常的テスト」を称賛したと推論する。これは幻想であり、歴史家を含めたほとんどすべてのアメリカ人が、敗戦と占領後のフランスの生活や、レジスタンスの闘士の活動や、戦争捕虜の状況を現実には想像できないことを示している。

（36）実際には一九七五年五月十八日の『ニューヨーク・タイムズ・ブック・レビュー』のこと。そこには、この「驚くべき革新的研究」である『地中海』第二巻の英語版の出版によって、アメリカ人は「おそらくは第二次世界大戦以降に現れた最も重要な歴史作品」の全体を読むことができるようになる、とある。

（37）『マガジーヌ・リテレール』、三九頁。〔邦訳、『フェルナン・ブローデル』二五五頁〕。

（38）『レヴュー』〔一九七八年〕に掲載されたため、日付を一九七八年とした。

（39）『歴史家の領域』第二巻、ガリマール社、一五頁に再録。

（40）『物質文明・経済・資本主義』第二巻「交換のはたらき」一一一三頁。〔邦訳、『交換のはたらき1』三二一～三二二頁。『マガジーヌ・リテレール』、三九頁との原書の記述は間違い〕。

（41）「一つの概念、世界の微生物的統一（十四～十八世紀）」、『スイス歴史研究』、一九七三年。

（42）『歴史家の領域』第二巻、前掲書、一九頁。

(43)『歴史をつくる』第一巻、前掲書、「前書き」。
(44)『構造主義の歴史』第二巻、前掲書、三三二頁。〔邦訳、下、三三〇頁〕。
(45) この語の元来の意味は言語学的なものである。本書第四章、1、一三九頁、注および、このジャンルの最初の論文であるトライアン・ストイアノヴィッチの論文「フランスの歴史学の方法、『アナール』のパラダイム」を参照。
(46)『ル・モンド』、一九九四年十一月二十九日号に掲載されたインタビュー。

第十四章

(1)『ル・ヌーヴェル・オプセルヴァトゥール』、一九八五年十二月六日号、七六頁。〔邦訳、『フェルナン・ブローデル』二七〇頁〕。
(2) 同右、七八頁に再録。〔同右、一九二～一九三頁〕。
(3)『物質文明・経済・資本主義』、一九七九年、第二巻、七～八頁。〔邦訳、『交換のはたらき1』、山本淳一訳、みすず書房、一～二頁〕。
(4)『レクスパンシオン』、一九八五年十二月二十日号、一二八頁。
(5)『物質文明・経済・資本主義』、一九七九年、第二巻、一一～一二頁〔邦訳、『交換のはたらき1』、八頁〕。
(6) 同右、一二頁〔同右、九～一一頁〕。
(7) 同右、一九七九年、第二巻、一九五頁〔同右、二八一頁〕。
(8) 同右、一九七九年、第二巻、一九七頁〔同右、二八四頁〕。
(9)『レクスパンシオン』、一九八五年十二月二十日号、一二八～一二九頁。
(10)『物質文明・経済・資本主義』、一九七九年、第二巻、三七八頁。〔邦訳、『交換のはたらき2』、山本淳一訳、みすず書房、一七四頁〕。
(11) 同右、一九七九年、第二巻、一九九頁。〔邦訳『交換のはたらき1』、二八六頁〕。
(12) 同右、一九六頁。〔邦訳、同上、二八三頁〕。
(13) 同右、四〇五頁。〔邦訳、『交換のはたらき2』二一三頁〕。
(14) 同右、四一〇頁。〔同右、二二〇頁〕。
(15) 同右、四二五～四二六頁。〔同右、二四一頁〕。

(16) 同右、一九七九年、第二巻、四二六頁。〔同右、二四二頁〕。
(17) 同右、四三四頁。〔同右、二五二～二五四頁〕。
(18) 同右、四三〇～四三一頁。〔同右、二四八～二四九頁〕。
(19) 同右、四三五頁。〔同右、二五五頁〕。
(20) 同右、四八九頁。〔同右、三三三頁〕。
(21) 同右、四九四頁。〔同右、三四〇頁〕。
(22) 同右、五〇〇～五〇一頁。〔同右、三五一頁〕。
(23) 同右。〔同右〕。
(24) 同右、五三四頁。〔同右、三九八頁〕。
(25) 同右、第三巻、七八頁「世界時間」において、ブローデルはフリッツ・レーリヒと一九三三年の彼の『中世における世界経済 Mittelalterlische Zeltwirtschaft』とを参照する。それはマインツ図書館での発見である、なぜなら彼はそれについて、捕虜生活中の講演への注において語っているから。
(26) ウォーラーステインは『十五世紀から現代に至る世界システム』第一部、アメリカ版、一九七四～一九八〇年を刊行した。フランス語訳はフラマリオン社、学術叢書、一九八〇～一九八四年。
(27) 『物質文明・経済・資本主義』、一九七九年、第三巻、一八頁。〔邦訳、『世界時間1』、村上光彦訳、みすず書房、三六頁〕。
(28) 同右、九四頁。〔同右、一四二頁〕。
(29) 同右、九六頁。〔同右、一四五～一四六頁〕。
(30) 同右、一二五頁。〔同右、一八九～一九〇頁、原著には引用頁数の注はない〕。
(31) 同右、一九七九年、第三巻、一二七頁。〔同右、一九三頁〕。
(32) 前述、本書第三章、1を参照。
(33) 『物質文明・経済・資本主義』、一九七九年、第三巻、一四四頁。〔同右、二一九～二二〇頁〕。
(34) 『ル・ヌーヴェル・オプセルヴァトゥール』、一九八五年十二月六日号。〔邦訳、『フェルナン・ブローデル』一九三頁〕。
(35) 『レクスパンシオン』、一九八五年十二月二十日号。
(36) 『レヴュー』、一二五二頁。

(37)とりわけ、それが経済学者たちの興味を引かないという事実によるものである。ブローデルはそれに苦言を呈することをやめなかった。

(38)『物質文明・経済・資本主義』、一九七九年、第三巻、三二四頁。〔邦訳『世界時間1』四九八頁〕。

(39)同右、四六一頁。〔邦訳『世界時間2』二〇〇頁〕。

(40)同右。〔同右、二〇〇～二〇一頁〕。

(41)同右、五三五頁。〔同右、三〇九～三一〇頁〕。

(42)一九八二年の『レクスパンシオン』のためのある論文において、ブローデルは一九七八年以来の主張を再確認している。すなわち彼は、少なくとも世紀末まで続くような、非常に長期の危機の存在を信じており、それゆえ「孫たちのために残念なことである」。

(43)『物質文明・経済・資本主義』、一九七九年、第三巻、五四七～五四八頁。〔邦訳、『世界時間2』三三一～三三二頁〕。

(44)『レクスパンシオン』、一九八二年十月号。

(45)『ブローデル、歴史を語る』、一二七～一二八頁。〔邦訳、一五五～一五六頁〕。

(46)アール・ゼ・メチエ・グラフィック社〔『地中海世界』、神沢栄三訳、みすず書房版はテクスト版の翻訳である〕。

(47)三巻のそれぞれの発行部数は五万部、四万五千部、四万二千部であった。

(48)『レヴォリューション』、三〇二号、一九八五年十二月十三日号。

(49)『ブローデル、歴史を語る』、一五四～一五五頁。〔邦訳、一九一頁〕。

(50)『今日の政治』、一九八二年、一～二合併号、一二一～一二三頁。

(51)『ブローデル、歴史を語る』、一二八頁。〔邦訳、一五七頁〕。

(52)同右、一二二頁。

(53)同右、一二三頁。

(54)『アナール』、一九七九年、六号、一三五三頁。

(55)同右、一三五八頁。

(56)同右、一三七一頁。

(57)『監獄の誕生』、ガリマール社、一九七五年〔田村俶訳、新潮社〕。

(58)『レヴュー』、二五五〜二五七頁。
(59)『アナール』、一九七九年、六号、一三七三頁。
(60)同右。
(61)同右、一三七五頁。
(62)『マガジーヌ・リテレール』「新しい歴史学のボス、ブローデル」、二七頁。〔邦訳、『フェルナン・ブローデル』二三八頁〕。
(63)『ブローデル、歴史を語る』、七一頁。〔邦訳、八八頁〕。
(64)『歴史学のアトリエ』、前掲書、八頁。
(65)同右、一三〜一四頁。

第十五章

(1)『地中海世界』一九七七年版、七頁。〔『地中海世界1』神沢栄三訳、みすず書房、三〜四頁〕。
(2)同右、九九頁。〔同右、九九〜一〇〇頁〕。
(3)『レヴュー』二五八頁。
(4)アルトー社、パリ、一九八四年。
(5)アール・ゼ・メチエ・グラフィック社、パリ、一九八二年。
(6)アルトー社、パリ、一九八四年。
(7)『ヨーロッパ』前掲書、一三六頁。
(8)同右。
(9)同右、一四八〜一四九頁。
(10)『フランスのアイデンティティ』第一巻、一一〜一二頁。
(11)『マガジーヌ・リテレール』二三〜二四頁。〔邦訳、『フェルナン・ブローデル』一八四頁〕。
(12)『フランスのアイデンティティ』第一巻、一八頁。
(13)『リベラシオン』一九八二年十二月十四日。

(14)『マガジーヌ・リテレール』一九～二〇頁。〔邦訳、『フェルナン・ブローデル』一七一頁〕。
(15)『ブローデル、歴史を語る』、一六一～一六二頁。〔邦訳、二〇一～二〇三頁〕。
(16)同右、一六三～一六四頁。〔同上、二〇三～二〇四頁〕。
(17)『フランスのアイデンティティ』第一巻、九五頁。
(18)同右、九七頁。
(19)同右。
(20)同右、三三七頁。
(21)『ブローデル、歴史を語る』一六七頁。〔邦訳、二〇八～二〇九頁〕。
(22)『フランスのアイデンティティ』第一巻、二七九～二八一頁。
(23)ランフルー『ヨーロッパの誕生』を参照。この本はポール・ブローデルの翻訳でフラマリオン社の「新科学叢書」で一九八三年に出版されている。
(24)『フランスのアイデンティティ』第二巻、一六四頁。
(25)同右、一八一～一八二頁。
(26)同右、一八二～一八三頁。
(27)同右、一四九～一五〇頁。
(28)同右、第三巻、九頁。
(29)一九五七年にヴィットフォーゲルの『東洋的専制君主制』が取り上げている。
(30)『フランスのアイデンティティ』第三巻、二二五頁。
(31)同右、二二六頁。
(32)同右、二五六頁。
(33)『ブローデル、歴史を語る』一六五頁。〔邦訳、二〇五～二〇六頁〕。
(34)同右、一五四頁。〔邦訳、一九〇～一九一頁〕。
(35)同右、一五四～一五五頁。〔邦訳、一九一頁〕。
(36)『回想フェルナン・ブローデル』。

(37) ブローデルによる修正原稿。ブローデル文書。
(38) 『幻影の過去』前掲書、五七二頁。

第十六章

(1) 『イタリア・モデル』アルトー社、一九八九年、五三〜五四頁。
(2) 同右、五七〜五八頁。
(3) 同右、七八〜七九頁。
(4) 同右、一二五〜一二六頁。
(5) 『マガジーヌ・リテレール』一九頁。〔邦訳、『フェルナン・ブローデル』一七一頁〕。
(6) 『未来と健康』一九八三年三月七日。
(7) 『ブローデル、歴史を語る』九五頁。〔邦訳、一一九頁〕。
(8) 『構造人類学』第二巻、四五頁。
(9) 『ブローデル、歴史を語る』二二二頁。〔邦訳、二七九頁〕。
(10) 同右、七〇頁。〔同上、八八頁〕。
(11) 同右、一九九頁。〔同上、二四八頁〕。
(12) 同右、二一六〜二一九頁。〔同上、二七〇〜二七三頁〕。
(13) 同右、二一八〜二一九頁。〔同上、二七四〜二七五頁〕。
(14) 『ル・マタン』一九八五年十一月二十九日。
(15) 同右。
(16) 第一巻は二十三万部以上売れ、それより少し後に出た他の巻はおよそ十五万部売れた。
(17) スイユ社刊。
(18) 『自分史試論』前掲書、三五八頁。
(19) 同右。

(20)『歴史科学事典』フランス大学出版局、一九八六年、九八頁。
(21) 同右、一〇〇頁。
(22)『フランス史』第一巻、前掲書、一三〜一四頁。
(23)『対話』前掲書。
(24)『奇妙な戦争の間のフランス共産党員』一九五一年、パリ。私はこれらの問題を『沈黙の社会主義』(スイユ社、一九七六年)と『フランス共産党の異端者』(ラフォン社、一九七九年)で分析したことがある。
(25) 本書第八章、2、三〇七頁参照。
(26)『ブローデル、歴史を語る』二二四頁。〔邦訳、二八二頁〕。

訳者あとがき

フェルナン・ブローデルが亡くなって十年後の一九九五年に本書がフランスで出版され、藤原書店から日本語版を出す話がまとまってからすでに七年が経過した。遅くともブローデル生誕一〇〇周年の二〇〇二年に出版しようと努力したが、私的に多忙を極める事態となったため、残念ながら記念出版には間に合わなかった。

そうなのだ。ブローデルは一九〇二年生まれだから、もう一〇〇歳なのだ（もちろん生きていれば）。つまり、ブローデル夫人が言うように「古い」人であり、『アナール』の世代からすれば、本人の言うとおり、創始者のリュシアン・フェーヴルとマルク・ブロックの世代に近い人間なのだ。ところがブローデルが世界的に知られるようになったのは『地中海』の英訳版が出た一九七二年である。ブローデル七〇歳。それまでの主な著作は一九四九年に自費出版した『地中海』である。『マガジーヌ・リテレール』が「新しい歴史のボス、ブローデル」特集を出したのが一九八四年十一月号。ブローデル八十二歳。亡くなる直前のことだ。だから人々はブローデルのことを「新しい歴史学」の権威とみなし、ブローデルに続く、第三世代のアナール学派の仕事とブローデルをしばしばいっしょくたに考えてしまいがちであった。私も一九八〇年代にアナール学派が日本に紹介され始めた頃には、そんなふうに考えていた一人であったが、すでに『アナール』の編集方針をめぐって思想的な対立が終わり、一九六九年にブローデルが『アナール』の編集長を退いてからかなり時間が経過していたし、コレージュ・ド・

フランスや高等研究院の現場から退く頃（一九七二年）になって、ブローデルはマスコミに登場し始めたのであった。フランスでも歴史学界を越えて一般の読者やマスコミにブローデルの名が知られるようになったのは、前述の『地中海』の英訳版によるところも大きい（参考までに英訳版は一九八四年までに一〇万部売れたと言われる）が、一九六七年に出版した『物質文明と資本主義』によって経済史家として「長期持続」の視点を具体的に明らかにしたところによる。つまり一九七三年以来の経済不況の長期化を抜け出すための知恵を経済史家としてのブローデルに求めるようになったということである。経済学者が大臣を務めても経済はいっこうによくならないが、経済史家の五〇年、一〇〇年という長期的な視点は有効だと考えられるのである。

日本では、ブローデルの主著の一つ『物質文明・経済・資本主義』（一九七九年原著刊行）の第一巻「日常性の構造」の翻訳は一九八五年に出ている。だが、このときにはブローデルの歴史観が日本の学界、マスコミにそれほど強いインパクトを与えたとは思われない。せいぜい政治中心の歴史から日常生活の歴史への転換の視点が強調された程度であった。

しかし、『地中海』が一九九一年に出たときの反応は訳者の予想し得なかったほど大きいものであった。書評だけで本が一冊出来上がるほどの事態になるとは誰も思っていなかったにちがいない（『「地中海」を読む』藤原書店参照）。以後、ブローデルに依りつつも自説を展開する歴史家も次から次へと登場してきた。その後、長らく完結が待たれていた『物質文明・経済・資本主義』全巻の翻訳がようやく一般読者の手の届くものとなり、ブローデルの仕事の全容が理解されるようになった。残念なのは晩年になって開始したフランス史（『フランスのアイデンティティ』）が未完に終わったことである。

ブローデルの仕事をひと言で言えば「全体史」の歴史家ということになるが、二十人の歴史家が共同で行なってはじめてできるような「全体史」を一人で『地中海』で実現したような仕事の仕方を継承した歴史家はいないし、またそれは個人でできるようなものでもない。一人の偉大な歴史家が二十代から四十代の後半までかけて成し遂げた偉業を継承することは困難をきわめることは言うまでもない。「現在、歴史学は細分化されているが、この現状を越えて大いなる総合への欲求がやがて生まれてくるだろう」（本書六二八頁）というデックスの言葉を読むとき、ブローデルが前人未踏の道を切り開いたことが改めて思い知らされる。ブローデルの「全体史」が歴史家たちに正確に理解されず、また継承されていないことを嘆くブローデル夫人の「全体史について」を本書の序文に代えて取り上げたのも、「全体史」の野望の重要性を改めて強調しておきたいと思ったからである。「全体史」とは、ただ単に地理的に広い空間だけではないし、経済＝世界の概念だけでもない。社会も経済も地理も軍事も政治も含む歴史、つまり「広い視野で見なければならない、さもなければ歴史は何の役に立つだろうか」という捕虜生活中の手紙にある言葉（一九四一年）が重要なのである。

友人でもあり、戦後のフランスの人間科学や社会科学の動きをつぶさに観察してきた「ヌーヴェル・クリティック」の批評家でもあるピエール・デックスによるブローデルの伝記が最終的なメッセージとして伝えようとしているのも、この「全体史」の重要性であると思われる。

ブローデルの生涯、人間関係、主な業績などについては当然本書に詳しいので、そちらに譲るとして、この『ブローデル伝』において私が唯一残念に思うのは、第二の主著である『物質文明・経済・資本主義』においてブローデルが展開した「資本主義」についての記述にやや物足りなさが感じられる点であるが、これについては私のような素人の出る幕ではなく、経済史の専門家による本格的な研究が出るのを待ちたいと思う。

本書の内容について多言は不要であろう。ただし、あえて言っておけば、ブローデル夫人からの依頼によって書かれた『ブローデル伝』は、実際ブローデル的な仕事から最も遠いものである。ブローデル的な歴史への反動として文化史、マンタリテの歴史、性の歴史、女性の歴史、身体の歴史、そして伝記が多く書かれるようになったのは事実である。いわば不肖の弟子ル＝ロワ＝ラデュリの言うように「われわれはいまポスト・ブローデルの時代を生きている」（『ル・フィガロ・リテレール』一九九五年八月三十一日）のも事実である。それでも本書はブローデルの未公刊の資料、リュシアン・フェーヴルとの往復書簡、親しい人々への直接的なインタビューやジャン＝クロード・ブランギエとのテレビのための長時間にわたる対談などを織り込んでいるので、ただ単にブローデル個人の伝記にとどまらず、ブローデルが生きた時代の社会科学および歴史学の全体像を視野に入れて書かれているということは言っておきたい。伝記なのだから読み物として読んで、偉大な歴史家の生涯を知っていただき、ブローデルの主な仕事についてはすでに翻訳が出ているので、この伝記をきっかけとして翻訳書を時間をかけて読んでみたいという気持ちになっていただければ、訳者の務めは果たしたことになると思っている。

本書のほかにブローデルの伝記としては、イタリアのボローニャ大学教授で歴史家のジュリアナ・ジュメッリによるもの（Giuliana Gemelli, *Fernand Braudel*, préface de Maurice Aymard, Odile Jacob, 1995、原著はイタリア語、一九九〇年）がある。デックスの記述に比べ、学術的な内容に関して突っ込んだ議論が行なわれているのだが、あえてそちらを取り上げなかったのは、フランス語訳からでは重訳になるからだけではなく、たとえばリュシアン・フェーヴルとアンリ・ルフェーヴルとを取り違えるといった初歩的な間違いが目立ったためである。またデックスの伝記を下敷きにした簡略なブローデル伝（Alain Brunhes, *Fernand Braudel, Synthèse et liberté*, Editions Josette Lyon, 2001）も出版されていることも付け加えておこう。

著者ピエール・デックスは一九二二年生まれ。ソルボンヌ大学の学生時代にレジスタンス活動に加わり、戦後は『フランス文芸』を創刊し、一九四八年から一九七二年まで編集長を務め、その後『ス・ソワール』紙、『ル・コティディアン・ド・パリ』紙の編集者としてジャーナリズムの世界で仕事をするかたわら、美術史家、批評家、作家として小説や批評を五〇数冊出している。主な著作には、本書のほかに『批評の構造』（一九六八年。邦訳、審美社、一九七二年）、『私がソルジェニーツィンについて知っていること』（一九七三年）、『アラゴン』（一九七五年）、『パブロ・ピカソの画家としての人生』（一九七七年）、『ロダン』（一九八八年）、『ゴーギャン』（一九八九年）、『ピカソ事典』（一九九五年）、『近代美術の文化史のために』（一九九八年）などがあり、美術、文芸批評、ソ連問題、共産党問題など関心の広さがうかがえる。

終わりに、本書のために序文を寄せてくださったブローデル夫人には原著にはない貴重な写真や絵も提供していただいたし、翻訳中に面談の機会を得て、訳者の質問に丁寧に答えていただいたほか、電話や手紙で数々のご教示を賜った。ブローデル夫人のご厚意に改めて感謝の意を表したい。

また本書の翻訳にあたっては、私の個人的な事情で多忙になったため、後半部分について尾河直哉君、真野倫平君、木村宣子さんの三名に一部手伝ってもらったことを記して、感謝の意を表したい。

二〇〇三年一月二十四日　父の命日に

浜名優美

イーリチの写真入りの『都市ヴェネツィア』を出版。

1985年［83歳］3月……『資本主義の力学』（邦訳書名『歴史入門』）を出版。「人間科学館」でアカデミー・フランセーズ会員の剣の授与式。

5月、フランス学士院でレセプション。

10月、ブローデルの著作をめぐって3日間シンポジウムが開催される（その記録は『ブローデル、歴史を語る』として刊行）。トゥーロンの中学3年生のクラスで歴史の授業を行なう（「1707年のトゥーロンの攻囲について」）。

11月28日……サヴォアの別荘でブローデル**死去**。

1986年……『フランスのアイデンティティ』の3巻が刊行（未完）。

1987年……『文明の文法』

1989年……『イタリア・モデル』フランス語版刊行。

1990年……『歴史学論集』第2巻。

1993年……第1回ブローデル学会がメキシコで開催され、夫人のポール・ブローデルが地中海完成までの経緯を語る（その記録はのちに『第1回ブローデル学会記録』として刊行）。

1997年……ブローデル夫人とド・アヤラ編集の『ブローデル著作集』（第1巻『地中海をめぐって』、第2巻『歴史学の野心』）刊行開始。

1998年……『地中海の記憶。先史と古代』

2000年……『地中海』が高等教育教授資格試験の試験科目プログラムになる。

2002年……『日々の歴史』（『ブローデル著作集』第3巻、詳細な書誌が付録として付いている）

（作成／浜名優美。なお年譜作成にあたり、ピエール・デックス『ブローデル伝』および Alain Brunhes, *Fernand Braudel*, Editions Josette Lyon, 2001を参照した。）

創設。(ピエール・ヴィラール『近代史におけるカタルーニャ』を出版)
1963年［61歳］……『現代世界』(のちに『文明の文法』) という高校生用の教科書を執筆。論文「モスクワから見た『アナール』」
1964年［62歳］……『歴史総合雑誌』に「アンリ・ベール讃」。(1965年、ドニ・リシェ、フランソワ・フュレ『フランス革命』を出版)
1966年［64歳］……ミラノで『カルロス5世』を出版。『地中海』第2版刊行 (図版を加えるとともに本文を大幅に加筆修正)。(ル＝ロワ＝ラデュリ『ラングドックの農民』、ミシェル・フーコー『言葉と物』を出版)
1967年［65歳］……「1450年から1750年までのヨーロッパの価格」(ケンブリッジ大学)、『物質文明と資本主義』(のちの『物質文明・経済・資本主義』の第1巻) 刊行。
1969年［67歳］……『歴史学論集』第1巻。ブローデルは『アナール』の編集から退き、エマニュエル・ル＝ロワ＝ラデュリ、ジャック・ル＝ゴフ、マルク・フェローに編集を委ねる。ミラノで『フェリペ2世』を出版。
1970年［68歳］……エルネスト・ラブルースと共同編集で『フランス経済社会史』を刊行 (1982年まで)(ミシェル・フーコーがコレージュ・ド・フランス教授に就任。ロラン・バルト『記号学の原理』を出版)
1972年［70歳］……高等研究院第6部門とコレージュ・ド・フランス退職。『現代史ジャーナル』に自伝的な「個人的証言」(フランス語版は「私の歴史家修業」) を発表。
1974年［72歳］……ミラノで『イタリア史』第2巻の結論として「Il secondo Rinascimento」を発表 (1989年に『イタリア・モデル』としてアルトー社より刊行)
1975年［73歳］……高等研究院第6部門が学位の出せる研究機関になり、社会科学高等研究院 (EHESS) となる。
1977年［75歳］……ニューヨーク州立大学ビンガムトン校に「フェルナン・ブローデル・センター」創設 (イマニュエル・ウォーラーステイン所長)。創設記念シンポジウムは「社会科学に及ぼしたアナール学派のインパクト」(記録は1978年の『レヴュー』第1巻、第3-4号に掲載)。フランス、イタリア共同制作のテレビ番組『地中海』(12回シリーズ) 放送 (この番組制作とともに『地中海世界』を刊行)。
1978年［76歳］……トックヴィル『回想録』(ガリマール社) の「序文」執筆。
1979年［77歳］……『物質文明・経済・資本主義』全3巻を刊行。
1981年［79歳］……『ヨーロッパの人間』(フランス、イタリア共同制作の映画に参加)。
1982年［80歳］……『ヨーロッパ』(ブローデル監修) 刊行。
1983年［81歳］……イタリアの新聞『イル・コッリエーレ・デッラ・セーラ』に時事的な記事を連載。
1984年［82歳］6月……アンドレ・シャンソンの後を受けてアカデミー・フランセーズ会員に選ばれる。フランス国立視聴覚研究所（ＩＮＡ）がブローデルに関する番組を2つ制作し、8月にテレビ放送する。テレビ番組『地中海』の監督をしたフォルコ・ク

1945年［43歳］5月初め……リューベックはイギリス軍により解放される。
5月26日……オランダ経由でフランスに帰国。

1946年［44歳］……高等研究院第4部門の研究指導教授に復職。ソルボンヌ大学文学部長から高等教育教授資格試験受験生のためのラテンアメリカについての授業を任される。『アナール』が『アナール。経済、社会、文明』と名称を変更して再刊される。

1947年［45歳］3月1日……博士論文『地中海』の公開口述審査を受ける（審査員はロジェ・ディオン、エミール・コオルナエルト、マルセル・バタイヨン、エルネスト・ラブルース、ガストン・ゼレ）。

1948年［46歳］……高等研究院第6部門（経済学および社会科学）の設立。リュシアン・フェーヴルが高等研究院院長となり、ブローデルは事務局長となる。

1949年［47歳］……『地中海』自費出版。リュシアン・フェーヴルの後任としてコレージュ・ド・フランス教授に選ばれる。歴史学の高等教育教授資格試験審査委員長に任命される。（クロード・レヴィ＝ストロース『親族の基本構造』を出版）

1951年［49歳］……ルッジェロ・ロマーノとの共著『リヴォルノ港に入港した船と積荷（1547～1611年）』出版。

1955年［53歳］……高等教育教授資格試験審査委員長を辞任。アメリカで「地域研究」の方法について研究旅行。ロックフェラー財団からの財政援助を取り付けて帰国。

1956年［54歳］7月26日……リュシアン・フェーヴル死去（享年78歳）。ブローデルがフェーヴルの後任として第6部門の委員長になる。

1957年［55歳］……フェーヴルの死去に伴い、ブローデルが『アナール』の編集責任者になる。この年に、ロラン・バルト、エマニュエル・ル＝ロワ＝ラデュリ、ジョルジュ・デュビーなど若手の研究者が登場。

1958年［56歳］……『アナール』に「歴史と社会科学」という論文を発表し、クロード・レヴィ＝ストロースの構造主義に反駁し、「新しい歴史学」のボスとなる。（レヴィ＝ストロース『構造人類学』を出版）

1959年［57歳］……「『アナール』30年（1929～1959年）」と「マルク・ブロック称賛」を書いて、新しい歴史学の総括をする。文部省から多額の助成金を得て、数多くのポストを新設し、第6部門の拡大を図る。

1960年［58歳］……ジョルジュ・ギュルヴィッチ監修の『社会学概論』に「歴史と社会学」を発表。（ピエール・グーベール『17世紀のボーヴェ地方とボーヴェ人』を出版。ピエール・ショーニュは博士論文『1504年から1650年までのセビーリャと大西洋』の審査を受ける）

1961年［59歳］……コロンビア大学（アメリカ）のために「ヨーロッパの拡大と資本主義、1450～1650年」『ヨーロッパ文明論』所収を寄稿。

1962年［60歳］……マルク・フェローが『アナール』の編集事務責任者になる。ロラン・バルトが第6部門の講義担当者になる。ロックフェラー財団の援助で「人間科学館」

1933年［31歳］……リセ・コンドルセ（パリ）に任命される。ソルボンヌ大学補助教師として働く。この時期にはアナール派と対立する『歴史学雑誌』や『歴史総合雑誌』に出入りする。

9月14日……アルジェ時代の教え子でグランド・ゼコール予備学級のポール（18歳）と再婚（本名は「ポーレット」だが、通常は「ポール」を使用。初婚相手を意識してか）。（エルネスト・ラブルース『18世紀の価格史』刊行）

1934年［32歳］7月……リセ・アンリ4世（パリ）に任命される。パリの「歴史総合センター」で初めてリュシアン・フェーヴルに出会う。

1935年［33歳］2月21日……ブラジルのサン・パウロ大学にフランス教授団の1人として赴任を命じられ、3月14日に娘が生まれるのを待ってブラジルに出発する。同僚のなかにクロード・レヴィ＝ストロースがいた。

秋冬の休暇（ブラジルの夏休み）……フィレンツェ、ヴェネツィア、ジェノヴァ国立古文書館で調査。

1936年［34歳］……同様。ドゥブロヴニクでラグーザ共和国の商業の実態を示す資料を発見し、16世紀の地中海世界についての理解が突如として深まる。このときに博士論文のテーマを「フェリペ2世時代の地中海と地中海世界」とすることを決めたらしい。

1937年［35歳］8月……ブラジル国内旅行。

秋……フランスに戻る。このフランス帰国のために乗船した船で講演旅行から帰るリュシアン・フェーヴルに再会し、これ以後生涯にわたって「ほとんど息子のようなもの」という親しい関係を結ぶ。高等研究院第4部門（歴史哲学部門）教授に就任。『アナール』の編集委員会の仕事を手伝う。

1938年［36歳］……ズデーテン危機の際に、ブローデルはアルプス山脈の国境地帯に動員される。

1939年［37歳］……リュシアン・フェーヴルの別荘で『地中海』の執筆を開始するも、砲兵隊中尉としてドイツ（マジノ線）に動員される。

1940年［38歳］6月29日……休戦協定から7日後ドイツで捕虜になり、マインツの将校捕虜収容所ＸＩＩＢで過ごす。資料もなしに記憶だけに頼って博士論文の執筆を継続。

1941年5月、捕虜収容所内で「大学」を始め、8月から10月にかけて20数回講義を行なう（1943～44年にリューベックでも継続する）。特に「長期持続」の概念に基づいた歴史観の授業を展開する（このときの講義は『ブローデル著作集』藤原書店近刊に収録）。（マルク・ブロックはレジスタンスに参加し、地下活動を行なう。リュシアン・フェーヴルは単独で『アナール』の刊行を継続）

1941年［39歳］11月23日……『地中海』第1草稿完成。

1942年［40歳］……リューベックの将校捕虜収容所ＸＣに移される。（1943年、ラブルース『アンシャン・レジーム末期とフランス革命初期のフランス経済の危機』出版。1944年、マルク・ブロックはユダヤ人としてドイツ軍により銃殺される）

フェルナン・ブローデル年譜

1902年［0歳］8月24日……フランス北東部、ロレーヌ地方ムーズ県リュメヴィル＝アン＝オルノワ（現在はゴンドルクール＝ル＝シャトーに地名変更）に生まれる。父はシャルル・イレール・ブローデル、母はルイーズ・ファレ。父方の祖母エミリー・ブローデル＝コルノ（1847年生まれ）のところで18か月から7歳までを過ごす。

1909年［7歳］……父親の転勤に伴い、パリ郊外のメリエル（現在はヴァルドワーズ）の小学校入学。映画俳優ジャン・ギャバンが同級生であった。

1914年［12歳］……厳格な父親が第1次世界大戦に動員され、1917年までブローデル少年は自由を味わった。リセ・ヴォルテールに進学。

1920年［18歳］……ソルボンヌ大学歴史学科に登録。地理に興味を覚える。

1923年［21歳］7月……ソルボンヌ大学卒業、卒業論文は「バール＝ル＝デュックにおけるフランス革命の始まり」（ムーズ県出版物として1989年に刊行）。高等教育教授資格試験（歴史学）合格。10月、アルジェリアのコンスタンティーヌにリセの歴史教師として赴任（1932年までアルジェリアに滞在）。サハラ砂漠などを旅行。

1924年［22歳］夏……祖母コルノ死去のため一時帰国。

9月19日……トゥーロンへの赴任命令に抗議し、アルジェ赴任を勝ち取る。

1925年［23歳］4月から1926年10月まで……兵役のためドイツ（マインツ）に行く。博士論文のテーマとしてドイツ史を考えるが、のちにテーマを16世紀スペインのフェリペ2世の地中海政策に変更する。

1926年［24歳］10月から1932年7月まで……アルジェのリセに赴任。生徒のなかに、アルベール・カミュ、ジャック・ベルク、ポール・ロベールなどがいる。

1927年［25歳］……父親シャルル＝イレールの死去。博士論文のテーマとして「フェリペ2世とその地中海政策」を選び、パリで調査を始める。

10月27日……リセの学監の娘ポーレット・ヴァリエと結婚。

1928年［26歳］……ジュール・フェリー奨学金を得てスペインのシマンカス古文書館で勉強する。最初の論文「スペイン人と北アフリカ」を『アフリカ雑誌』（アルジェで発行）に発表する。（1929年、マルク・ブロックとリュシアン・フェーヴルが『アナール』（社会経済史年報）を創刊）

1930年［28歳］4月14日から16日……第2回歴史学全国大会がアルジェで開催され、ブローデルは事務局長補佐を務める。この時期にアンリ・ピレンヌの講演を聴いて、大いに知的刺激を受ける。

1932年［30歳］秋……ヌイイのリセ・パストゥールに赴任。

死後出版

1986 *Discours de Réception de M. Fernand Braudel et Réponse de M. Maurice Druon à l'Académie française*, Arthaud, 1986.(井上幸治編集=監訳『フェルナン・ブローデル』新評論、1989年に所収)
Une leçon d'histoire de Fernand Braudel, Colloque de Châteauvallon, Arthaud, 1986.(『ブローデル、歴史を語る——地中海、資本主義、フランス』、福井憲彦・松本雅弘訳、新曜社、1987年)
L'identité de la France, Arthaud, T.1 : Espace et histoire : T.2 : Les hommes et les choses (1) ; T. 3 : Les hommes et les choses (2). (coll. Champs, 1990)

1987 *Grammaire des civilisations*, Arthaud, 1987. (coll. Champs, Flammarion, 1993) (『文明の文法1, 2』松本雅弘訳、みすず書房、1995-1996年)

1989 *Le Modèle italien*, Arthaud, 1989. (coll. Champs, Flammarion, 1994)

1990 *Ecrits sur L'histoire, II*, Arthaud, 1990.(coll. Champs, Flammarion)

1991 *Prato, Storia di una citta*, 1991 (collection dirigée par F. Braudel).

1996 *Les Ecrits de Fernand Braudel, I, Autour de la Méditerranée*, Editions de Fallois, 1996.(Le Livre de Poche).(『ブローデル著作集』藤原書店近刊)

1997 *Les Ecrits de Fernand Braudel, II, Les Ambitions de l'Histoire*, Editions de Fallois, 1997. (Le Livre de Poche).(『ブローデル著作集』藤原書店近刊)

1998 *Les Mémoires de la Méditerranée*, Editions de Fallois, 1998. (Le Livre de Poche, 2001).(藤原書店近刊)

2001 *Les Ecrits de Fernand Braudel, III, L'Histoire au quotidien*, Editions de Fallois, 2001.(『ブローデル著作集』藤原書店近刊)

(作成/浜名優美)

フェルナン・ブローデル主要著作一覧

1949　*La Méditerranée et le monde méditerranéen à l'époque de Philippe II*, Armand Colin, 1949 ; 1160p. (Le livre de Poche, 1993)

1951　*Navires et marchandises à l'entrée du port de Livourne (1547-1611)*, Armand Colin, 1951. (avec Ruggiero Romano), 127p.

1963　*Le Monde actuel* (en collaboration avec S. Baille et R. Philippe), Belin, 1963. (1987年に *Grammaire des civilisations* として刊行)

1966　*La Méditerranée et le monde méditerranéen à l'époque de Philippe II*, 2 vols., 2ème édition revue et corrigée, Araman Colin, 1966. (『地中海』全5巻、浜名優美訳、藤原書店、1991-1995年、第二版の翻訳［藤原セレクション、全10巻、1999年］)

1967　*Civilisation matérielle et capitalisme (XVe-XVIIIe siècle)*, t.I, Armand Colin, 1967.

1969　*Ecrits sur L'histoire*, Flammarion, coll. Science, 1969, 315p. (Réédité sans changement en coll. Champs-Flammarion, 1977).

1977　*La Méditerranée*, Arts et Métiers Graphiques, T.1 : L'espace et l'histoire , Ouvrage collectif publié sous la direction de Fernand Braudel, 1977.

Histoire économique et sociale de la France, publiée sous la direction d'Ernest Labrousse et de Fernand Braudel, tome I, préface par Fernand Braudel (pp.1-8), P.U.F., 1977.

1978　*La Méditerranée*, Arts et Métiers Graphiques,T.2 : Les hommes et l'héritage, 1978. (coll. Champs, Flammarion, 1985) (『地中海世界1, 2』神沢栄三訳、みすず書房、1990-1992年)

1979　*Civilisation matérielle, Economie et Capitalisme, XVe - XVIIIe siècle*, 3 vols., Armand Colin, 1979. (『物質文明・経済・資本主義』全6巻、村上光彦・山本淳一訳、みすず書房(「日常性の構造1, 2」「交換のはたらき1, 2」「世界時間1, 2」1985-1999年)

Histoire économique et sociale de la France, publiée sous la direction d'Ernest Labrousse et de Fernand Braudel, tome IV ; chapitre "Précocité des flux et reflux interséculaires" dans les Conclusions générales, P.U.F., 1977.

1982　*L'Europe*, Arts et Métiers graphiques, 1982.

1984　*Oltremare. Codice casanatense*, Franco Maria Ricci, 1984.

Venise, photos de Folco Quilici, Arthaud, 1984. (『都市ヴェネツィア――歴史紀行』岩崎力訳、岩波書店、1986年)

Le Monde de Jacques Cartier, Berger-Levrault, 1984, 317p. Direction de l'ouvrage et introduction.

1985　*La Dynamique du capitalisme*, Arthaud, 1985. (coll. Champs, 1988) (『歴史入門』、金塚貞文訳、太田出版、1995年)

わ　行

ま 行

や 行

ら 行

な　行

は　行

た 行

さ　行

書名・紙誌名索引

あ　行

か　行

ワ　行

ヤ　行

ラ　行

マ　行

ハ　行

タ　行

ナ　行

サ　行

カ　行

人名索引

ア 行

著者紹介

Pierre DAIX（ピエール・デックス）

1922年生まれ。作家、美術史家。元レジスタンス闘士。『フランス文芸』編集長を1948年から1972年まで務めた。その間に人文科学と歴史学の発展をつぶさに観察してきた。『ス・ソワール』紙編集次長（1950–1953年）、『ル・コティディアン・ド・パリ』紙編集顧問（1980–1985年）など新聞記者としての活動のほかに、主な著作として、『批評の構造』（1968年、邦訳1972年、審美社）、『私がソルジェニーツィンについて知っていること』（1973年）、『アラゴン』（1975年）、『パブロ・ピカソの画家としての人生』（1977年）、『ロダン』（1988年）、『ゴーギャン』（1989年）、『ピカソ事典』（1995年）、『近代美術の文化史のために』（1998年）など多数。

訳者紹介

浜名優美（はまな・まさみ）

1947年生まれ。1977年、早稲田大学大学院文学研究科フランス文学専攻博士課程満期退学。現在、南山大学総合政策学部教授・副学長。専攻は現代文明論・フランス思想。著書に、『ブローデル『地中海』入門』（藤原書店、2000年）など。訳書に『地中海』I–V（藤原書店、1991–95年）『ルソー全集』（共訳、白水社、1978年）、イリガライ『性的差異のエチカ』（産業図書、1986年）、シャンジュー、コンヌ『考える物質』（産業図書、1991年）、エブラール『プロヴァンスの秘密』（集英社、1995年）など多数。

ブローデル伝

2003年2月25日　初版第1刷発行©

訳者　浜名優美

発行者　藤原良雄

発行所　株式会社　藤原書店

〒162-0041　東京都新宿区早稲田鶴巻町523

TEL　03（5272）0301

FAX　03（5272）0450

info@fujiwara-shoten.co.jp

振替　00160-4-17013

印刷・製本　図書印刷

Printed in Japan

ISBN4-89434-322-3

世界システム論を超える

新しい学
（二十一世紀の脱＝社会科学）

I・ウォーラーステイン
山下範久訳

一九九〇年代の一連の著作で、近代世界システムの終焉を宣告し、それを踏まえた知の構造の徹底批判を行なってきた著者が、人文学／社会科学の分裂を超え新たな「学」の追究を訴える渾身の書。

Ａ５上製　四六四頁　**四八〇〇円**
（二〇〇一年三月刊）
◇4-89434-223-5

THE END OF THE WORLD AS WE KNOW IT　Immanuel WALLERSTEIN

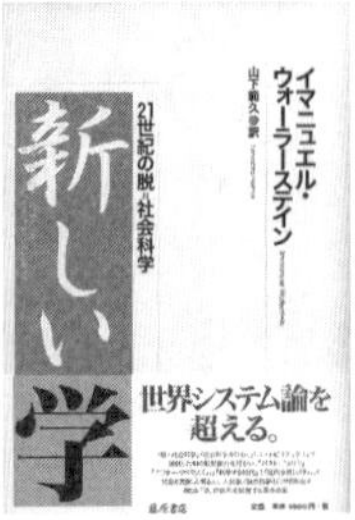

新しい総合科学を創造

脱＝社会科学
（一九世紀パラダイムの限界）

I・ウォーラーステイン
本多健吉・高橋章監訳

一九世紀社会科学の創造者マルクスと、二〇世紀最高の歴史家ブローデルを総合。新しい、真の総合科学の再構築に向けて、ラディカルに問題提起する話題の野心作。〈来日セミナー〉収録。（川勝平太・佐伯啓思他）

Ａ５上製　四四八頁　**五七〇〇円**
（一九九三年九月刊）
◇4-938661-78-0

UNTHINKING SOCIAL SCIENCE　Immanuel WALLERSTEIN

陸のアジアから海のアジアへ

海のアジア史
（諸文明の「世界《エコノミー》＝経済《モンド》」）

小林多加士

ブローデルの提唱した「世界《エコノミー》＝経済《モンド》」概念によって、「陸のアジアから海のアジアへ」視点を移し、アジアの歴史の原動力を海上交易に見出すことで、古代オリエントからＮＩＥＳまで、地中海から日本海まで、躍動するアジア全体を一挙につかむ初の試み。

四六上製　二九六頁　**三六〇〇円**
（一九九七年一月刊）
◇4-89434-057-7

「西洋中心主義」徹底批判

リオリエント
（アジア時代のグローバル・エコノミー）

Ａ・Ｇ・フランク　山下範久訳

ウォーラーステイン「近代世界システム」の西洋中心主義を徹底批判し、アジア中心の単一の世界システムの存在を提唱。世界史が同時代的に共有した「近世」像と、そこに展開された世界経済のダイナミズムを明らかにし、全世界で大反響を呼んだ画期作の完訳。

Ａ５上製　六四八頁　**五八〇〇円**
（二〇〇〇年五月刊）
◇4-89434-179-4

ReORIENT　Andre Gunder FRANK

五〇人の識者による多面的読解

『地中海』を読む

I・ウォーラーステイン、網野善彦、川勝平太、榊原英資、山内昌之ほか

各分野の第一線でいま活躍する五〇人の多彩な執筆陣が、今世紀最高の歴史書『地中海』の魅力を余すところなく浮き彫りにする。アカデミズムにとどまらず、各界の「現場」で二一世紀を切り開くための知恵に満ちた、『地中海』の全体像が見渡せる待望の一書。

Ａ５並製　二四〇頁　二八〇〇円
（一九九九年一二月刊）
◇4-89434-159-X

世界初の『地中海』案内

ブローデル『地中海』入門

浜名優美

現実を見ぬく確かな眼を与えてくれる最高の書『地中海』をやさしく解説。大著の引用を随所に示し解説を加え、大著の読解を道案内。全巻完訳を果した訳者でこそ書きえた『地中海』入門書の決定版。付録――『地中海』関連書誌、初版・第二版目次対照表ほか多数。

四六上製　三〇四頁　二八〇〇円
（二〇〇〇年一月刊）
◇4-89434-162-X

陸中心史観を覆す歴史観革命

海から見た歴史

（ブローデル『地中海』を読む）

川勝平太編

陸中心史観に基づく従来の世界史を根底的に塗り替え、国家をこえる海洋ネットワークが形成した世界史の真のダイナミズムに迫る、第一級の論客の熱論。**網野善彦／石井米雄／ウォーラーステイン／川勝平太／鈴木董／二宮宏之／浜下武志／家島彦一／山内昌之**

四六上製　二八〇頁　二八〇〇円
（一九九六年三月刊）
◇4-89434-033-X

人文・社会科学の一大帝国

ブローデル帝国

フランソワ・ドス編
浜名優美監訳

『地中海』と「社会科学高等研究院第6部門」「人間科学館」の設立・運営を通しブローデルが築き上げた「人文社会科学の帝国」とは？　**フェロー、ル＝ゴフ、アグリエッタ、ウォーラーステイン、リピエッツ**他、歴史、経済、地理学者が「帝国」の全貌に迫る。

Ａ５上製　二九六頁　三八〇〇円
（二〇〇〇年五月刊）
◇4-89434-176-X

BRAUDEL DANS TOUS SES ÉTATS
EspaceTemps 34/35